Christopher Marx

Aeldion Saga | Kinder des Schicksals

Christopher Marx

Aeldion Saga

Kinder des Schicksals

1. Auflage
Copyright © der Originalausgabe 2021 by Christopher Marx
Alle Rechte vorbehalten.
Christopher.Marx-Autor@web.de

Umschlagillustration: Tithi Luadhong
Bildbearbeitung & Umschlaggestaltung: Christopher Marx
Illustrationen: Heiko Schilling
Karten: Christopher Marx
Buchlayout: Jasmin Schilling, Christopher Marx
Korrektorat: Lucas Schäfers, Jasmin Schilling
Imprint: Independently published
ISBN: 978-3-9823930-1-8

Für meine Familie und Jasmin, die mich bis hierher
auf meinem Weg begleitet haben und immer begleiten werden.

Über den Autor

Christopher Marx, geboren 1986, studierte Digital Film und Animation in Frankfurt. Seit 2013 arbeitet er als Allrounder in einer Medienproduktionsfirma aus dem Kreis Groß-Gerau und sorgt dort für den idealen Schnitt. Seine andere lebenslange Freude besteht im Gesang, den er seit seinem zwölften Lebensjahr in dem Popchor „Hörsturz" aus Nauheim nachgeht. Fest zu seinem
Leben gehören auch seine zwei Mopsdamen Cookie und Muffin, die zwei seiner drei treuesten Begleiterinnen sind.

Die erste Aufmerksamkeit erhielt er 2012 als Gewinner eines Schreibwettbewerbs von PIPER-Fantasy mit Michael Peinkofer, durch den er sein erstes E-Book „In die Finsternis" veröffentlichen durfte. Der Debüt-Roman „Das Vermächtnis der Götter" erschien November 2020 via Selfpublishing auf Amazon.de als E-Book und Taschenbuch und setzte den Beginn der „Aeldion Saga".

Bisher erschienen aus der Aeldion Saga:

Das Vermächtnis der Götter (2020)

Taschenbuch | E-Book
Erhältlich bei Amazon

Kinder des Schicksals
Aeldion Saga

Band 2

*„Kenne deine Vergangenheit
und du siehst deine Zukunft."*

Alte Weisheit der Vilandri

Prolog

Das donnernde Grollen der Berge übertönte den fast schon unwirklichen und schnell verstummten Schrei der Gestalt unter ihm. Mit seiner letzten Kraft rutschte er schnell nach vorne und packte erneut den Stein, seine einzige behelfsmäßige Waffe in diesem Moment. Mit aller Kraft hämmerte er ihn auf den jetzt matschigen Klumpen, der einmal ein Schädel gewesen war. Blut und Knochensplitter spritzten ihm ins Gesicht und verteilten sich in einer dunklen Lache auf dem rauen Boden unter der zuckenden Gestalt, gegen die er um sein Leben gekämpft hatte.

Die zermarternde Müdigkeit und Erschöpfung zogen ihn wie in einem Sog hinab zu Boden, doch er wehrte sich mit aller Kraft dagegen, jetzt aufzugeben. Es blieb keine Zeit für eine Pause. Sein Herz raste und pumpte mit jedem Schlag das Adrenalin durch seinen muskulösen, durch die vergangenen Kämpfe geschundenen Körper. Er kämpfte ums nackte Überleben.

Ein weiterer Angreifer näherte sich bereits, schrie hasserfüllt und riss ihn an der Schulter nach hinten, fort von dem leblosen Körper unter ihm. Statt überrascht sein Gleichgewicht zu verlieren, trieb ihn sein Blutrausch voran. Noch immer den blutigen Stein in seiner Hand, drehte er sich blitzschnell um, rammte seine Schultern mit aller ihm verbliebenen Kraft in den Oberkörper seines Angreifers und warf sich schreiend mit ihm zu Boden. Mit der freien Hand packte er das Handgelenk seines Gegners, die andere schnellte nach oben und sauste wieder herab. Er schrie sich die geschundene Seele aus dem Leib und schluckte den bitteren, kupfernen und ekelhaften Geschmack des Bluts hinunter, das ihm in Augen, Nase und Mund klatschte, während er auch diesen Schädel unter sich wie ein aufknackendes Ei zertrümmerte.

Ein dritter Angreifer hielt inne. Er starrte auf den blutüberströmten Krieger, der sich langsam schnaufend aufrichtete und dabei seinen Feind mit aufgerissenen, blutunterlaufenen Augen anstarrte. Der Ragnar zögerte – solch eine Entschlossenheit hatte er noch nie erlebt. Die schiere Kraft und Brutalität des Trojoxanten ließ ihn zögern. Drei weitere Ragnar hatten den

Schauplatz des Gemetzels erreicht und starrten auf das abstruse Bild eines einzigen Trojoxanten, der die körperlich überlegene Rasse so grauenvoll hingerichtet hatte und jetzt in Blut, Knochensplittern und Eingeweiden seiner besiegten Gegner watete.

„Ihr werdet mich den Pass weitergehen lassen", befahl er stockend, richtete sich entschlossen auf und schaffte es, einen festen Stand zu finden.

„Du bist nicht in der Position, Forderungen zu stellen."

Die Ragnar richteten ihre Waffen auf ihn und traten geschlossen einen Schritt näher auf den scheinbar wahnsinnigen Trojoxanten zu, der sich ihnen stolz entgegenstellte.

„Es ist meine Bestimmung."

„Das Einzige, was hier bestimmt wird ist, in wieviele Teile wir dich zerhacken werden. Du wirst alleine hier sterben, Grauhaut", damit gingen sie auf den verwundeten Krieger zu, der überraschend schnell dem ersten Angriff auswich und sein Gegenüber geschickt entwaffnete. Mit einem flinken Ausfallschritt tauchte er unter dem Hieb der Keule hindurch, trieb die Klinge des erbeuteten Schwerts in die Achsel seines Angreifers und riss sie mit aller Kraft nach oben. Sehnen rissen und in einem lauten Schrei ging der Ragnar zu Boden, sich den halb abgehackten Arm haltend. Der Trojoxant war unbarmherzig und hackte ihm im nächsten Schlag mit aller Kraft und einem einzigen kraftvollen Hieb den Kopf von den Schultern. Jetzt traten die verbliebenen Ragnar ehrfürchtig zurück.

Dieser Trojoxant war anders als jene, die sie schon früher hier aufgesucht oder angegriffen hatten. Er war nicht nur physisch stärker, obwohl er überhaupt nicht danach aussah, sondern auch wild entschlossen, den verbotenen Bergpfad zu passieren. Der langjährige Krieg zwischen ihren Völkern hatte in einem unruhigen und fragilen Waffenstillstand geendet. Umso erstaunter waren die Ragnar, als der Trojoxant hier auftauchte und den für sein Volk verbotenen Pfad bestreiten wollte.

Ihre Völker hatten schon immer Krieg gegeneinander geführt und es gab nur selten Zeiten, in denen Plünderer beider Seiten nicht die Siedlungen des anderen überfielen. Den rauen Wetterbedingungen trotzend, waren es aber die Trojoxanten, die ein immer stabileres Reich aufbauten und sich scheinbar untereinander vereinten. Sie hatten gelernt, dass ihr Volk zusammenhalten musste und gemeinsam den Krieg gegen die unbarmherzige Natur und Ragnar gewinnen konnte. Ihre zahlenmäßige Überlegenheit sorgte aber wiederum für Ressourcenknappheit und daraus resultierende Kämpfe sowie Überfälle. Den Ragnar blieb nichts anderes übrig, als sich zurückzuziehen und die Grenzen zu ihren Ländern zu verdichten. Sie zogen in den Süden und hielten diesen fortan gegen die Angriffe ihrer Feinde. Zuerst nicht wissend, dass dies folgenschwere Auswirkungen haben würde. Niemand von ihnen ahnte, was im Süden lauerte und ihr Volk erwartete. Schließlich hatten die verfeindeten Völker eine brüchige Einigung gefunden und der Waffenstillstand hielt überraschend lange an.

Nun aber stand dieser Trojoxant hier und verlangte, in die Feuerberge zu reisen. Er war arrogant und stolz, wie es die Grauhäute nun einmal waren. Dem kriegerischen Volk blieb eine gewisse Arroganz anhaften, auch wenn sie wie die Ragnar, schlichtweg um ihr Überleben kämpften.

Der Graue, wie die Ragnar ihren Feind aufgrund dessen Hautfarbe nannten, drehte schnell sein Handgelenk und schnickte das Blut von seinem Arm und der Klinge, als wäre es etwas lästiges, das ihn nur störte. Er funkelte die Ragnar an und lächelte entschlossen und grimmig, wie jemand, der in einem Zwiegespräch mehr wusste als sein Gegenüber und dieses Wissen nun auszuspielen wagte: „Wer sagt, dass ich alleine bin."
Ein leises Geräusch.
Ein Schritt hinter ihnen.
Der Speer bohrte sich knirschend durch das Gesicht des Ragnar, noch ehe seine verbliebenen zwei Mitstreiter herumspringen konnten und sich einem jetzt unbewaffneten Trojoxanten gegenübersahen, der sich mit kriegerischem Zorn auf sie stürzte.
Er eilte zu seinem Speer, doch einer der Ragnar stellte sich ihm in den Weg. Er packte die Stabwaffe, zog sie aus dem Gesicht des Gefallenen und trieb ihn hastig zurück zurück. Der Trojoxant lächelte grimmig voller Kampfeslust, zog einen gezackten

Dolch und stürzte sich in das Duell mit dem gut eineinhalb Kopf größeren Ragnar. Sein blutüberströmter Freund hatte nicht lange gezögert und war jetzt im Gerangel mit dem verbliebenen Ragnar. Dabei verlor er plötzlich die Oberhand, stolperte und schlug hart zu Boden. Sein Gegner zögerte nicht, schnellte hervor und rammte ihm die Schwertspitze in den Oberkörper. Der Schrei seines Freundes weckte eine ungeahnte Kraft, die ihn dazu antrieb, sich wagemutig an seinem eigentlichen Gegner vorbei auf den Ragnar zu stürzen. Er warf den Dolch, verfehlte und fluchte. Die gelben Augen des Ragnar funkelten gierig, er schob das Schwert noch tiefer in den Magen seines Opfers, während sein Blick triumphierend auf dem heranstürmenden Krieger lag, der jetzt zu seinem Freund hinabblickte. Dieser nickte und spuckte dem Ragnar über sich Blut ins Gesicht. Überrascht zuckte der Ragnar zurück. Nach oben schnellend und die beißende Stichwunde ignorierend, bohrte sein eigentliches Opfer dem Ragnar jetzt zwei Finger mit aller Wucht in die Augen, packte seinen Kiefer, schrie hasserfüllt und riss so heftig daran, dass die dunkle Haut mitsamt Fleisch, Sehnen riss und er jetzt den vor Blut triefenden Kiefer mitsamt der Zunge in seiner Hand hielt.

„Nein!", der verbliebene Ragnar starrte überrascht auf das Blutbad und blieb wie angewurzelt stehen. Der Speer zitterte in seiner Hand. Noch nie hatte ein Ragnar gezittert. Erst recht nicht vor einem Kampf.
„Warum wollt ihr mit aller Kraft in das verbotene Land? Was im Namen Gottes bewegt euch zu diesen Taten?"
Der Trojoxant starrte den Ragnar an und antwortete voller Inbrunst: „Eben genau dieser."

- 1 -

Die steilen Berghänge waren eine große Herausforderung und der Pfad war nicht immer das, was sein Name versprach. Das vulkanische Gebirge war unberechenbar, manche der scheinbar festen Steinplatten und Felsen rutschten bei zu viel Belastung wie eine Lawine unter ihren Füßen hinfort. Das ferne Grollen wurde teils lauter und gelegentliche Beben bezeugten ihre Nähe zu den feuerspeienden Bergen im Süden. Das schwarze Gestein unter ihnen war scharfkantig und glatt.

Keine guten Voraussetzungen, wenn man eine schwere Stichwunde aufwies. Doch die Freunde hielten zusammen. Sie hatten die Wunde notdürftig mit Stoffdetzen versorgt. Es musste einfach genügen, bis sie ihr Ziel erreichten.

„Du solltest mich hier zurück lassen und den Weg allein fortsetzen."

„Niemals", die Stimme des Trojoxanten war entschlossen und voller Zuneigung seinem Freund gegenüber. Sie hatten sich schon ihr ganzes Leben lang gegenseitig beschützt, für- und miteinander gekämpft und schon so vieles erreicht.

Nicht zuletzt hatten sie den gefährlichen Weg ins feindliche Gebiet im Süden bestritten, sich erfolgreich um die Siedlungen der Ragnar geschlichen und den gefährlichen Aufstieg in die Berge geschafft. Erst beim Erreichen des Passes hatte ihr Glück sie verlassen. Sie waren in die Gruppe der Ragnar geraten, die diesen Zugang bewachten. Diese Ragnar waren Wächter, die den Weg mit ihrem Leben beschützten und diese Pflicht hatten sie nun erfüllt. Schon bald würden die Ragnar anderen Pflichten nachkommen und ihrer wahren Bestimmung. Die Vilandri, Orani und Shivianer hatten bewiesen, dass es da draußen andere und größere Feinde gab als jene im eigenen Land.

„Dieses Ziel werden wir gemeinsam erreichen. Es geht um mehr als mich oder dich, es geht um unser Volk, um das Schicksal aller." Erneut waren es kluge und hoffnungstragende Worte, die von einer Weisheit zeugten, die seinem Alter nicht gerecht wurde. Und sie entfachten eine neue Kraft, vielmehr noch war es jedoch der Wille und Glaube an das höhere Ziel seiner Reise. Sie beide waren bereit, alles hinter sich zu lassen und zu opfern, doch nicht einander.

Die Felsen über ihnen ragten verworren und teilweise wie umgefallene oder schräge Türme empor. Manche waren glatt geschliffen, andere wirkten wie die Ruinen einer uralten untergegangenen Zivilisation. Sie wiesen so glatte Kanten auf, dass sie nicht eines natürlichen Ursprungs sein konnten. Schwarze Steine und Klippen sowie bodenlose Abgründe ließen sie glauben, dass ihr Weg in den Süden und tiefer in die Feuerberge hinein, in eine andere, uralte und vergessene Welt führte. Der Himmel wurde von dichten, dunklen Wolken verdeckt, die sich bedrohlich in- und voreinander schoben, und sah ebenso zerklüftet und wild aus, wie das fremdartige Reich, das sie inzwischen betreten hatten.

Hier und dort wagte es ein kärglicher Baum oder trockener Busch, den Witterungen zu trotzen und dieser scheinbar toten Gegend einen Hauch von Leben zu schenken. Plateauähnliche Schiefernplatten warfen zersprungene und scharfkantige Gebilde über einen Hang, der von den aufkochenden Dämpfen heißer Geysire umschlungen wurde.
Lediglich hier, an einem geschützten Taleingang fanden sie ein Stück grünes Land, das ein paar trostlose Pflanzen aufwies und den beiden für eine längere Rast halbwegs Schutz bot. Das brodelnde Geysir dort schenkte ihnen jene Wärme, die ihnen in der Nacht fehlte. Hier schafften sie es auch endlich, ein kleines Lagerfeuer zu machen und suchten jetzt eine Möglichkeit, die Wunde zu veröden.

Diese kleine unscheinbare Oase im Talkessel schien einmal ein Zufluchtsort gewesen zu sein. Ihnen fiel auf, dass Teile der Felswand so glatt waren, dass sie von Werkzeug bearbeitet sein mussten. Und tatsächlich entdeckten sie unter einem Geröllberg die Überbleibsel einer einstigen Gebäudewand im schwarzen Felsen und darin den Ansatz eines eingemeißelten Portalrahmens, die traurigen letzten Überreste einer uralten, untergegangenen Welt.
Doch welcher?
Von all dem, was hier einmal gewesen sein musste war nichts mehr übrig geblieben. Und um diesem Schicksal zu entkommen, waren sie hier.

**

Sie hatten ein beschwerliches Leben und bereits viele Kämpfe ausgetragen, doch ihr größter Kampf stand ihnen noch bevor. Den letzten hatten sie verloren. Aus diesem Grund waren sie nun hierher unterwegs und nichts würde die beiden Freunde von ihrem Vorhaben abhalten. Weder Ragnar, noch die unwirtliche Gegend, oder wer oder was auch immer sich ihnen noch in den Weg stellen würde.

Wieviel Zeit vergangen war, konnten sie nur schwer erahnen. Sie waren inzwischen so tief im Gebirge verschollen, dass sie gelegentlich nicht nur auf Geysire wie diesen hier, sondern auch auf Risse im Boden stießen, unter denen flüssige Lavaflüsse sich langsam durch das Gestein fraßen. Die Wärme tat wenigstens in Maßen gut. Hier im Süden blieb es immer trüb und düster. Gelegentlich grollte es, oder vibrierte der Boden von leichten Beben. Ein Steinsturz hatte einen Teil des ursprünglichen Pfades blockiert, also hatten sie widerwillig klettern müssen, was sie viel Zeit und umso mehr Kraft gekostet hatte. Die Erschöpfung dieser Anstrengungen hatte sie mindestens einen weiteren Tag gekostet. Schlimmer als das wurde nur der Zustand der Wunde.

„Warte", die Stimme war schwach und weckte neue Sorge um seinen Zustand. Der Blick seines verwundeten Freundes blieb an einer Öffnung im Boden hängen und ehe er ihm zu Hilfe kommen konnte, kniete der Verwundete bereits und beugte sich herab.

„Was hast du vor?", sein Freund zitterte, die Stimme klang kratzig vor Trockenheit. Sein Freund hatte sich ein Stück Ärmel abgerissen und es um eine Hand gewickelt.

„Das wird mir helfen."

Der Verwundete griff in den Spalt im Boden und biss die Zähne so fest aufeinander, dass Blut zwischen ihnen hervorquoll. Er riss die Hand schnell zurück und ließ den glühenden Stein fallen.

„Schnell. Brenn mir die Wunde richtig aus", flehte er, seine Hand fest an seinen Bauch gedrückt. Ohne zu zögern entriss er den kokelnden Fetzen, hob den glühend heißen Stein schnell auf und starrte seinen Freund an.

„Mach schon!", brüllte dieser, riss seine Tunika nach oben und entblößte seine wieder offene, blutende Wunde. Normalerweise hätte er ihm befohlen, auf etwas wie ein Stück Holz zu beißen, da sie aber nichts dergleichen besaßen, sah er ihn einfach einen Moment an.

„Mach schon!"

Sein Gegenüber jaulte auf, während sich die Hand mit dem glühenden Stein in die Wunde fraß und das zerschnittene

Fleisch ausbrannte. Eine gnädige Ohnmacht überkam ihn, er sackte zur Seite und rührte sich nicht mehr.

***

Das ferne Brodeln war lauter geworden und sie waren nun ganz offensichtlich einem aktiven Vulkan näher gekommen, der hin und wieder mit einem Donnern und einer Eruption auf sich aufmerksam machte. Ihr Volk nannte dieses Gebiet den ‚Schlund‘, denn alles hier wurde verschlungen. Womöglich krochen noch immer die monumentalen feuerspeienden Drachen und giftigen Wyvern durch die Berge und versteckten sich an den Hängen, wo sie still verharrend auf Opfer warteten und von Ruß und Asche bedeckt wurden, bis manche von ihnen versteinerten. Manche der Schlote weiter im Norden der Berge sahen verdächtig nach jenen monströsen Kreaturen aus. Vermutlich hatten sie sich in ihrer Trägheit einem erkaltenden Schicksal ergeben und waren im Laufe der Jahrhunderte zu eben jenen feuerspeienden, steinernen Schloten transformiert.

Der letzte Wyvern, von dem sie selbst gehört hatten, wurde vor über dreihundert Jahren erlegt, als sich eine große Jagdgemeinschaft auf der traditionellen Korask-Eber Jagd befand. Die gewaltigen und zähen Monstren waren eine ehrbare Beute und ihre Hörner sowie die robuste Haut, die ein fast undurchdringbares, aber sehr formbares Leder ergab, waren äußerst wertvoll. Das große Glück der Jäger war damals, dass sie schon für die Eber spezielle Groß-Speere mit Widerhaken und besonderer Legierung benötigt hatten.
Der Wyvern, so erzählte man sich später, maß eine Flügelspannweite von zwanzig Metern und besaß gewaltige Zacken auf seinem Rücken, die am Schwanz in einer keulenartigen Wucherung endeten, welche die Kreatur wie eine Keule auf die Jäger herabsausen ließ. Auf zwei kräftigen Beinen laufend und seine ledrigen Flügel spannend, stürmte die Bestie von einem Berghang, auf dem sie gelauert hatte, und riss zuerst einen Eber, bevor sie auf die leichte Beute der Jagdgesellschaft aufmerksam wurde. Doch statt Furcht war der gleiche Überlebensinstinkt in den Trojoxanten erwacht wie in der Kreatur. Sie kämpften erbittert und

mit aller Kraft gegen die enorme geflügelte, schlangenartige Kreatur. Am Ende war die Gesellschaft siegreich. Sie kehrte stark dezimiert zurück. Mit sich führten die Jäger nicht nur Beute in Form der mühsam erlegten Korask-Eber sondern auch der mächtige Wyvern. Dessen Knochen und Schädel benutzten sie, um dem Haus der Jäger-Kaste einen neuen Tempel zu widmen. Dieser sollte für lange Zeit die Stärke der Jäger gegenüber der Kriegerkaste gleichstellen.

Die Trojoxanten waren schon immer ein Volk, das sich an seiner Stärke maß. Das war auch der Grund, wieso sie die Unterwerfung der Ragnar anstrebten. Ihre Völker waren beide stark und kriegerisch, sich in vielen Punkten völlig fremd und dennoch sehr ähnlich. Manchmal sogar auf groteske und unerklärliche Weise zu ähnlich. Den Ragnar aber ruhte eine Aggression und Kraft inne, die den Trojoxanten fehlte und eine Spur dessen, die sie noch menschlich machte. Im Blutrausch kannte ein Ragnar nichts anderes mehr als den Tod.

Und der Tod selbst waren die Ragnar. Sie fürchteten ihn nicht. Sie beteten den Tod an. Sie beteten für den Tod. Sie waren der Tod.

***

Als sie schon geglaubt hatten, niemals ihr angestrebtes Ziel zu erreichen, sahen sie es schließlich: Ein großes Gebäude, dessen Front, geformt aus glänzendem schwarzem Stein, tief in die Felswand um sich eingelassen war. Das bedrohliche rote Licht eines nahen schmalen Lava-Rinnsals tänzelte funkelnd über die Oberfläche, die von einem großen Portal geteilt wurde. Die Pforten waren nicht verschlossen und ein sanftes, warmes Licht drang durch den Spalt, der für die Trojoxanten deutlich überdimensionierten Tür. Sie hatten ihr Ziel erreicht.

„Du wirst allein hineingehen müssen, Kuja", seufzte sein Freund und ließ sich kraftlos auf einen Steinhaufen herabsinken. Er hatte es so weit geschafft und trotzte seinem unausweichlichen Ende mit jeder weiteren Stunde, spürte aber die schwindende Kraft seinen Körper verlassen.

„Nichts da, alter Freund", der starke Trojoxant, selbst am Ende seiner Kräfte, hob den Verwundeten hoch und wollte den Tempel betreten, den er so lange gesucht hatte. Hier würde sich ihr Schicksal erfüllen. Hier würde sich alles verändern. Für Kuja, für seinen Freund und für die Trojoxanten.

„Haltet ein!", die Stimme hallte von den Wänden des Gebäudes wider und ließ Kuja herumfahren. Ein Ragnar in schlichten Roben gekleidet, stand ihm gegenüber und der Platz war voll von weiteren, die wie aus dem Nichts aufgetaucht zu sein schienen.
„Ihr dürft diesen Ort nicht betreten. Niemand darf das."
„Ihr seid also die Hüter", erkannte Kuja und seufzte grimmig. Er setzte seinen verwundeten Freund ab, der aufmerksam zwischen ihm und den Ragnar hin und her blickte. „Tu es nicht", seine Stimme war schwach, aber besonnen.
„Du wirst keinen von uns mehr töten, Trojoxant", erwiderte der hochgewachsene Ragnar stolz und deutete auf die umstehenden Ragnar. Keiner von ihnen war bewaffnet.
„Nein, das werde ich wirklich nicht", versicherte Kuja und deutete auf den Schrein hinter sich. „Ich werde dort hinein gehen und mir aneignen, was mir zusteht."
„Du verstehst nicht, was du damit anrichtest. Alles was wir wollen, ist Frieden. Diesen gefährdest du durch dein Handeln."
„Frieden!" Kuja spuckte das Wort aus. „Unsere Völker kennen das Wort, aber wir wissen nichts von seiner Bedeutung. Was ist schon Frieden, wenn im Süden Berge ihr Feuer spucken, unsere Länder in trostloser Asche untergehen und Plünderungen unsere Siedlungen verwüsten?"
„Frieden ist nicht nur ein Wort. Frieden kann auch ein Gefühl sein, eine Bestimmung", erklärte der Ragnar ruhig und mit stolzer Stimme.
Den Trojoxanten fiel auf, dass die Ragnar resigniert und ruhig waren, sie traten langsam näher, zeugten aber von keiner Aggression, machten nicht einmal Anstalten, ihnen zu drohen. Völlig anders als die anderen ihres Volkes.
Das wenig fratzenhafte Gesicht des Redners blieb eben so emotionslos und starr, wie die seiner Begleiter: „Wir raten dir, nimm deinen verwundeten Freund und verlasse diesen Ort."
„Was sonst", fragte Kuja mit bedrohlicher Stimme, „wollt ihr gegen mich kämpfen?"

„Wir kämpfen nicht", der Redner deutete auf die anderen Ragnar. „Wir haben schon lange aufgehört zu kämpfen und uns einem höheren Ziel verschrieben. Dem Schutze des Tempels und seines Erbes."

„Dann wisst ihr, dass ich genau deswegen hierher gekommen bin. Unser Volk braucht wieder Hoffnung und ich weiß, dass ich derjenige bin, der sie ihm geben kann."

Der Ragnar schwieg einen Moment und begutachtete den verwundeteten Trojoxanten neben Kuja: „Nicht ihr werdet ein Opfer bringen, sondern jene, die nach euch kommen. Das Opfer, das ihr bereit seid zu geben, ist nichts im Vergleich zu dem, was uns alle erwartet, wenn ihr den Tempel mit dieser Absicht betretet."

„Es dient nicht mir und ich handle nicht aus egoistischen Gründen", verkündete Kuja mit stolzer Stimme und wurde immer lauter, so dass ihn jeder der Anwesenden hören konnte. Ein schwaches Echo hallte von den glatten Steinhängen zurück ins Tal. „Ich werde dieser Welt etwas neues schenken und unserem Volk, nein, allen Völkern das geben, was sie verdienen. Freiheit! Und das Ende sinnloser Kriege."

Der Ragnar nickte und schien mehr zu wissen, was Kuja aber nicht beunruhigte. Der große dunkelhäutige Ragnar in der Kutte hob seine Hand und deutete auf den Eingang: „Freiheit wirst du darin nicht finden."

Kuja hielt inne und sah ihn herausfordernd an: „Ach ja, und was dann?"

„Opfer. Und es wird nicht bei einem einzigen bleiben", der Ragnar blickte zu Kujas verwundetem Freund, dessen Augen groß wurden von der Erkenntnis und er sah zu Kuja.

„Hör nicht auf ihn! Er versucht dich zu manipulieren und zu blenden! Die Ragnar sind unsere Feinde, sie würden alles tun, um uns unser Schicksal zu nehmen!"

Die Ragnar waren näher gekommen und bildeten einen weiten Kreis um die Trojoxanten. Ihre dunkle Haut schien trocken, sie selbst ausgelaugt und schwach.

„Die Macht in diesem Tempel ist nicht für dich bestimmt, Kuja von den Trojoxanten. Diese Macht wirst nicht du kontrollieren, sondern umgekehrt. Wir sind hier, um sie zu bewahren. Das Schicksal unserer Völker ist miteinander verwoben, du weißt es nur nicht. Ich weiß, du willst dir diese Gabe aneignen, weil sie dir die Macht über unser Volk gibt, doch nicht so, wie du es denkst."

„Du irrst dich", erwiderte Kuja. Sein Blick war eisern und entschlossen: „Diese Macht ist genau das, was ich suche. Und ich weiß sehr wohl, was sie bewirkt."

„Macht wird von denen angestrebt, die auch bereit sind, sie anzuwenden", antwortete der Verwundete schwach voller Zuneigung. Er glaubte an das, was Kuja tat und würde alles für ihre gemeinsame Sache machen.

„Und ich bin bereit", Kujas Stimme war fest, sein Blick absolut entschlossen. Er würde zur Not jeden dieser Ragnar mit seinen bloßen Händen abschlachten. Sie waren lediglich ein erbärmliches Abbild ihrer sonst so martialischen Rasse, schwächlich, ohne Kampfgeist und den Willen, ihn in einem ehrenvollen Kampf von seinem Tun abzuhalten. Die Diskussion schien den Ragnar zu ermüden, oder war es etwas anderes, das ihn so wirken ließ?

„Du wirst nicht finden, wonach du suchst. Wer bist du schon, außer ein offensichtlich machthungriger Trojoxant, der blind von dem Ziel ist, das er anstrebt? Wieso glaubst du, du seist der Auserwählte, der
diesen Ort betreten kann?"

„Weil ER zu mir sprach."

Eine lange und erdrückende Stille folgte den harten Worten Kujas, der keinen Zweifel in seinen Augen hatte und auch nicht in seinem Herzen zuließ. Der lange Ärmel des Ragnar raschelte, als er resigniert und mit abgewandten Blick zur Seite trat und auf das große schwarze Portal deutete: „Du wirst aber nicht allein hineingehen."

Die Trojoxanten sahen einander entschlossen an.

„Nein", antwortete sein verwundeter Freund und lächelte wissend. Er würde endlich sein Schicksal erfüllen und Kuja bei dessen Feldzug helfen, eine bessere Welt zu erschaffen. Eine gottesfürchtige Welt. Der Älteste seufzte und schien in sich gekehrt.

„Dann geh und wisse, dass du dein und mein Volk verdammst."

„Nein, ich werde dein Volk befreien."

***

Als Kuja den Tempel wieder verließ war er allein, doch mit sich führte er das Vermächtnis des Gottes, der ihn gerufen hatte. Kuja war bereits ein großer Feldherr gewesen und hatte mit seiner Armee diejenigen angegriffen, die sich selbst ‚die freien Völker' nannten. Sie wussten ja nicht, dass sie alles andere als frei waren und ihre vermeintlichen Götter sie seit Anbeginn der Zeit belogen hatten. Sie waren verblendet und verstanden nicht, was sich wirklich auf Aeldion abspielte. Sie waren einfache Marionetten eines größeren Konstruktes, das sie an falsche Götter band, die ihre Fäden zu lange gezogen hatten. Damit würde bald Schluss sein. Viel wichtiger jedoch war Kuja die Freiheit seines Volkes, das sein Leben lang im Kampf mit den Ragnar um die spärlichen Ressourcen des Kontinents gerungen hatte, während auf Aeldion Reichtum und Wohlstand erblühen konnten. Auch damit war nun Schluss. Er würde die zwei verfeindeten Völker der Ragnar und Trojoxanten einen und gemeinsam einen Feldzug gegen die falschen Götter anführen.

Der lange Dünenstrand endete in zerklüfteten Felsen, vor denen ihre Mutter sie immer wieder warnte. Die hohen Klippen fielen über dreißig Meter in die Tiefe und das aufbrausende Meer hinab, das sie mit der Brandung gierig verschlang. Sie waren zur Küste gegangen, um dort nach Tarlik-Muscheln zu suchen, in der Hoffnung, endlich mal eine mit frischem Fleisch zu finden, das nicht bereits von den kreischenden Raubvögeln geschändet worden war.

Ein großer Teil des Küstengebiets war vulkanischen Ursprungs, aber auf dem mehreren Kilometer langen Streifen erhoben sich zwischen Steilküste und Innenland etliche Hügel aus urzeitlichem Sand, die der Wind hier von den felsigen Klippen landeinwärts trieb. Es war, als erobere der trockene Sand immer mehr von der Küste und wüsste nicht, dass ihn im Landesinneren nur weitere trübniserregende Ödnis erwartete. Dort, wo gewaltige Wellen gegen die steilen Felshänge brandeten und donnerten als wären sie Ungetüme, die sich tobend aus dem Meer erhoben, stürmte die Gischt mit feinen Schauern und Sprenkeln über die Klippen. Dieser feine beständige Sprühregen sorgte für den grünsten Landstrich, den der junge Sathus kannte. Er nährte das Land mit dringend benötigter Feuchtigkeit und so wuchs eine Vielfalt von Pflanzen auf dem Landstreifen, die man sonst nirgends auf diesem vermeintlich trostlosen Landstrich vorfand. Diese wüchsigen Gräser, Büsche und besonders die verformten Bäume hielten den Stürmen stand, ebenso der Kälte, dem Salz und der Dunkelheit durch die andauernde schwarzgraue Wolkendecke am Himmel, die den Kontinent wie ein Leichentuch verhüllte. Landeinwärts fand man sie nicht. Sie brauchten das Wasser, das von tief unten an den Felswänden in die Höhe gesprüht und mit den Winden ins Landesinnere getragen wurde.

Sathus duckte sich unter dem lauten Kreischen eines Schwarms Krumids hinweg, der über sie hinwegflog. Er blickte den Vögeln mit ihren schwarzen Federn und widerwärtigen langen, graugelben Schnäbeln hinterher. Er hatte schon immer ihre glühenden Augen gehasst, die ihm selbst bei näherer Betrachtung wie matte

Münzen erschienen. Sein Bruder und er klauten ihnen gerne die Eier, denn sie waren, anders als ihre Optik vermuten ließ, schmack- und nahrhaft und ließen sich sogar roh recht gut ertragen. Die Brutsaison der Flugtiere war jedoch bereits vorbei.

Beim Muschelsammeln versuchte Sathus, die hässlichen Jungtiere mit gezielten Würfen herumliegender spitzer Steine zu verjagen. Ein leidiges Unterfangen – seine Zielgenauigkeit mit Steinen war nicht viel besser als mit der Steinschleuder, die sein Bruder Arkas ihm einst gebastelt und geschenkt hatte. Ihrem Vater hatten sie erzählt, dass der jüngere Bruder die Schleuder selbst hergestellt hatte.

Präsente waren den Trojoxanten weder fremd, noch verboten, aber zeugten von einer Zuneigung und Schwäche, die ihr Volk in aller Öffentlichkeit strikt zu unterbinden suchte. Die Trojoxanten waren ein starkes Kriegervolk und eben genauso mussten sie sich auch untereinander und anderen gegenüber verhalten. Dennoch war es ihre Mutter gewesen, eine anerkannte und starke Persönlichkeit, deren Klugheit und geistige Kraft ihrer Physis in nichts nachstand, die ihre Söhne immer wieder hierher brachte.

Manchmal, so kam es den Brüdern vor, machte sie daraus scheinbar ein Geheimnis und schien etwas verbergen zu wollen. Dann wieder bemerkte Arkas, der in seinen jungen Jahren deutlich aufmerksamer als Sathus gewesen war, dass sie sich gänzlich anders verhielt, wenn sie nur unter sich waren. Meist, wenn ihr Gatte nicht anwesend war, schien eine Starrheit und Kälte von ihr abzufallen, die Thalira gekonnt wie eine Maske zu tragen schien. Einmal hatte sie Sathus über einen Gefühlsausbruch zu sich gezogen und ihn zuerst verprügelt, nur um ihm dann mit einer sanftmütigen Geste durchs Gesicht zu streicheln.

„Gefühle sind keine Schwäche, Sathus. Behalte sie dir immer im Herzen, aber zeige sie niemals offen. Insbesondere nicht deinem Vater gegenüber."

Von seinem Vater wiederum hatte er ganz andere Weisheiten eingetrichtert bekommen, die aus ihm einen besseren Mann und Kämpfer machen sollten: „Mache dir manche Gefühle zu Nutzen. Zorn kann deine Feinde blenden, ebenso Freude. Nur eifrige Männer, die standhaft sind im Angesicht des Feindes, werden sich auf ewig in das Gedächtnis ihres Volkes einbrennen. Es ist an dir, Sathus, zu entscheiden, ob du in Erinnerung bleiben willst, oder spurlos verschwinden möchtest, wie ein erbärmliches Sandkorn in der Wüste der Bedeutunugslosigkeit. Du bist zehn, also benimm dich auch so."

Die größte Lehre jedoch hatte Sathus von Arkas mitgenommen, der ihn in jungen Jahren immer wieder brüderlich zusammengeschlagen hatte.

„Leid", hatte er dann immer gesagt, „ist ein Lehrer, merk dir das." Doch Arkas war ruhiger und zurückhaltender im Alter geworden, blieb aber zielstrebig und ambitioniert. Anders als sein jüngerer Bruder, war es Arkas bestimmt, in dem Konklave als Legat und ihrem Volk so zu dienen, wie er es dank seiner Wortgewandtheit, Raffinesse und Auffassungsgabe am besten konnte. Sathus hingegen strebte danach, ein ruhmreicher und geachteter Krieger zu werden, wie es ihr Vater war.

Arkas und Sathus liebten einander, wie Männer der Trojoxanten einander nur als Brüder lieben konnten. Sie hatten in jungen Jahren verstanden, wie wichtig und nötig ihr Zusammenhalt war, in dieser grausamen von Kampf und Leid durchzogenen, tristen Welt. Sathus würde seine Hand für Arkas ins Feuer legen und umgekehrt. Der jüngere der Brüder war jedoch genauso temperamentvoll wie stur und nachdem er mehrfach zu ungeschickt mit der Steinschleuder nach den hässlichen Krumid Vögeln geschossen und sie weit verfehlt hatte, schmetterte er sie trotzig und voller Zorn auf den Boden. Um seiner Wut weiteren Ausdruck zu verleihen, stampfte er noch so lange auf ihr herum, bis das gewundene Holz gänzlich barst und machte dann auch noch Arkas dafür verantwortlich.

Dieses Mal war Arkas wenig besänftigend und schlug Sathus so fest zu Boden, dass der Junge sich blutspuckend und in Rage auf ihn stürzte. Sie rangelten über den schroffen Boden und schürften sich dabei sämtliche Gliedmaße auf. Sathus, blind vor Zorn, schlug immer wieder mit aller Kraft abwechselnd in den Magen und das immer blutiger werdende Gesicht seines Bruders, der plötzlich lachte.

„Du großer Krieger wärst eine Schande für Vater, wenn ich dich jetzt besiegt hätte." Sathus hielt inne und bemerkte seine näher kommende

Mutter. Arkas hatte nicht Unrecht. Er würde ein Legat und Sathus zum Krieger ausgebildet, da war es für ihn würde- und ehrlos, gegen Arkas bereits im Faustkampf zu verlieren.

Thalira blieb vor ihnen stehen, ihr Blick verriet nicht wirklich etwas über ihre Gedanken und Meinung, vielmehr wirkte sie abgelenkt und schaute mehrfach in Richtung Küste, so als erwartete sie dort etwas.

„Ihr könnt eure Kräfte messen", sagte sie ruhig, während die Brüder sich voneinander lösten, aufstanden und sich das Blut mit dem Ärmel aus dem Gesicht wischten, „wenn euer Vater zurück ist."

Die Brüder seufzten und gehorchten ihrer Mutter, auch wenn Sathus hinter dem Rücken ihrer Mutter Arkas anrempelte und ihn angrinste. Ein letztes Mal schweifte ihr Blick in Richtung Küste.

„Wonach hältst du Ausschau?", fragte der aufmerksame Arkas misstrauisch, der sich jetzt fragte, ob ihr Ausflug wirklich den Tarlik-Muscheln gewidmet war.

„Das Wetter ist heute nicht so trübe, wie sonst", meinte sie abgelenkt. Sie befahl ihnen, die zwei Körbe mit ihrer Beute zu nehmen und lief vorweg zurück zu dem schmalen Pfad über die Dünen. Früh am Morgen waren sie hierher gekommen, noch bevor es dämmerte, denn dann ruhten die meisten Krumid-Vögel noch und es war deutlich einfacher, die Tarlik-Muscheln zu sammeln. Thalira schien heute ein wenig unruhig, bemerkte Arkas und er fragte sich, was sie so aufwühlte.

Sie erreichten den Handkarren, den sie vor den Dünen unter einem massiven Felsvorsprung abgestellt hatten, beluden ihn mit den zwei Körben voller genussversprechender Muscheln und ohne weitere Aufforderung schnappte sich jeder der Burschen einen der Griffe, dann zogen sie ihn hinter sich her. Stolz auf ihre Sprößlinge, setzte Thalira sich auf den Wagen und ihr Blick fiel auf die Dünen, die sie nun hinter sich ließen.

„Wisst ihr, meine Söhne", sagte sie jetzt, „es gibt viel mehr als das alles hier."

Die Brüder schwiegen. Sie wussten, was ihre Mutter jetzt erzählen würde, denn wenn ihr Vater nicht anwesend war, hatte sie schon oft davon erzählt, dass ihre Heimat ein trostloser Ort war und ihr Volk verflucht, hier auf Ewig gefangen zu sein. Sie war der festen Überzeugung, dass es fernab der unüberwindbaren Klippen und der tiefdunklen See noch mehr geben musste, eine ganz andere und fremde Welt.

Thalira glaubte nicht, dass die triste graue Ebene, die sie ihre Heimat nannten, alles war, was Gott ihrem Volk vermacht hatte. Sie sagte, dass ihr Volk schon viele Teile des Landes und jede Küste abgesucht hatte und nirgends eine Möglichkeit gefunden hatte, von diesem Plateau zu entkommen. Doch das konnte nicht wahr sein.

***

Sathus Blick wanderte zum Landesinneren und den schweren schwarzen Wolken, die von den Bergen im Süden heraufzogen. Ein bedrohliches Glühen drang gelegentlich durch die tristen Grautöne des Himmels und zeugte von den aktiven Vulkanen im Süden, deren Beben sie immer wieder spürten, selbst hier in der Küstennähe. Diese feuerspeienden Berge mussten gewaltig sein. Gelegentlich konnte man an klaren Morgenden vom Bergfried von Troje aus die Ausläufer der Vulkane erkennen. Sathus hatte sich vorgenommen, einmal dorthin zu reisen und sie von nahem zu sehen, doch sein Bruder hatte geschnauft und ihm genervt erklärt, was ihr Vater ihnen bereits mehrfach beigebracht hatte. Dort im Süden lag das verbotene Land. Zwischen den Bergen und den Trojoxanten lag das Land der Ragnar, eine kleine Region verglichen zu dem Königreich der Grauen, aber der einzige Zugang zu den Feuerbergen. Dorthin zu reisen, war nur dem König gestattet.

Ein Grund mehr, dachte Sathus, selbst Herrscher zu werden, wenn es so weit ist.

In diesem Moment vernahm er ein anderes Beben, ein fremdartiges Vibrieren, das in der Luft lag und nicht vom Landesinneren und auch nicht von der Küste zu kommen schien.

„Was ist das?"

Sein Blick suchte den Himmel ab und dann sah er einen dunklen, ovalen Bauch aus den Wolken ragen, der sich immer weiter herabsenkte und ein großes anorganisches Geschöpf offenbarte, das sich schwerfällig aus dem Himmel schälte. Der Bauch des Ungetüms schien aus dunklem Holz zu bestehen. An ihm führten Gestänge und Taue zu gewaltigen Propellern, von denen nur einer langsam rotierte. Über dem Korpus des fliegenden Fischs ragte, an etlichen Tauen gesichert, ein großer, lederner Ballon, der das Gefährt offenbar am Himmel hielt. Das Ungetüm sank langsam aber stetig herab und steuerte einen Teil südöstlich von ihrer jetzigen Position an.

Wachsam war Thalira vom Wagen gesprungen.

„Was ist das?", wiederholte Sathus seine Frage, doch seine Mutter blickte gemeinsam mit ihren Söhnen dem Spektakel hinterher.

„Ihr wartet hier", befahl sie und zog den Dolch aus seinem ledernen Halter am Gürtel. Die Brüder sahen ihr nach, wie sie dem herabstürzenden Ungetüm entgegeneilte. Arkas verzog eine Grimasse und streckte sich über einen Korb in den Wagen, kramte in einer Tasche und zog dann das Messer, mit dem sie die Muscheln knackten.

„Du rennst in die Stadt und holst Vater", befahl er Sathus und wollte seiner Mutter hinterher eilen. Sein jüngerer Bruder aber packte ihn am Arm und schob das Kinn nach vorne. „Du bist schneller. Und ich ein Krieger", er streckte die Hand aus und verlangte nach dem Dolch. Arkas zögerte und sah schnell zu ihrer Mutter.

„Töte, was auch immer da aus dem Bauch dieses Dings kommt", ermahnte er ihn und rannte los. Sathus deutete auf das kleine Messer und rief ihm hinterher: „Deswegen holst du Hilfe! Lauf, Arkas!"

**

Sathus stolperte wütend über die Sanddüne und rutschte erneut ab. Wie hatte seine Mutter es geschafft, so schnell den Hügel zu erklimmen, ohne ständig im trockenen feinen Sand abzurutschen? Sie war bereits auf der anderen Seite wieder hinabgerutscht und hatte einen großen Vorsprung zu ihm. Er hatte mehrfach erfolglos nach ihr gerufen. Entweder hatte sie ihn nicht gehört, oder wollte ihn nicht hören. Von hier oben blickte er kurz hinüber zum Landesinneren und der jetzt so fern wirkenden Stadt mit ihrem gewaltigen Bollwerk. Arkas war ein kleiner schwarzer Punkt, der sich immer weiter von ihnen entfernte.

Das schwebende Gefährt war weiter gesunken und schabte nun mit seinem Bug über die Dünen, was es deutlich verlangsamte. Es kam schließlich knarrend zum Stillstand und kippte mit einem lauten Dröhnen zur Seite. Seine Mutter eilte noch immer mutig auf das Gefährt zu und Sathus erwischte sich dabei, ihr einfach nur hinterher zu schauen. Zu gebannt war er von dem Schauspiel, das sich da gerade abspielte, zu verwirrt von der plötzlichen Tat seiner Mutter und den sich überschlagenen Ereignissen. Ohne zu zögern setzte er sich jetzt auf den Hosenboden und rutschte die erklommene Düne herab, übersah einen Steilhang vor sich, schrie und fiel plötzlich ungebremst mehrere Meter in die Tiefe. Er sah noch den steinigen Boden vor sich, schaffte es irgendwie, seine Arme vor sein Gesicht zu heben und schlug dann hart auf.

***

Sathus erwachte mit dem kupfernen Geschmack von Blut im Mund. Er spuckte, noch bevor er realisierte, dass sein Gesicht flach auf dem Stein lag. Sein ganzer Körper zitterte und schmerzte, doch er spürte jede Gliedmaße und die Pein bis in die Zehenspitzen. Seine Wange schmerzte und war glühend heiß. Seine Nase fühlte sich falsch an, gebrochen. Als er sich aufzurichten versuchte, spürte er das Blut im Gesicht. Er wischte sich die blutverschmierten Augen, rutschte nach hinten und richtete sich soweit auf, bis er kniete. Seine Arme und Hände waren voller Schürfwunden und sein Gesicht fühlte sich nicht viel besser an. Er bemerkte etwas wackeliges in seinem Mund, schob mit seiner

Zunge gegen den Zahn und spuckte ihn dann aus. Ein zweiter folgte. Er atmete flach und brauchte einen Moment, bis sich sein Brustkorb wieder normal hob und senkte. Er ahnte bereits, dass er sich mindestens eine Rippe gebrochen hatte. Sein Kiefer zuckte und erst als er ihn mit der Hand umfasste und fest zudrückte, renkte sich das Gelenk wieder ein. Brennender Schmerz zuckte durch seinen Körper fast so schnell wie die Erkenntnis, dass er ohnmächtig gewesen sein musste.

Sathus riss den Kopf hoch und starrte zu dem dunklen Koloss auf der anderen Seite der Dünen. Der Junge richtete sich schwerfällig auf und versuchte dabei, seinen Schmerz zu ignorieren. Er stöhnte bei dem Versuch, das Gleichgewicht zu halten und torkelte dann in Richtung der Absturzstelle. Er merkte, dass er das Muschelmesser verloren hatte, drehte sich um und suchte den Boden ab. Da er nicht wusste, wieviel Zeit vergangen war, entschied er, nicht danach zu suchen und torkelte los, um seiner Mutter zu helfen.

Er bemerkte eine Unzahl an Gestalten um das Gefährt und ihm wurde schnell klar, dass es Soldaten der Stadt waren. Sie bemerkten den sich nähernden Jungen und einige näherten sich ihm mit erhobener Waffe.

„Bursche", der Krieger erkannte Sathus und sah über seine Schulter zurück, einen seltsamen Ausdruck im Gesicht, „dein Vater hat nach dir suchen lassen."

„Hier bin ich", murmelte Sathus. „Wo ist meine Mutter?"

Sein Blick wanderte zu einem Haufen von Leichen, deren blutverschmierte oder teils zerstückelte Körper im Sand lagen. Sie besaßen keine graue Haut. Er trat neugierig einen Schritt näher, doch der Soldat hielt ihn zurück.

„Ich bringe dich zu deinem Vater", erklärte der Krieger, packte den blutverschmierten Sathus und zog ihn von den Leichen fort. Das erste bekannte Gesicht war das seines Bruders, der ihm entgegeneilte. Sathus musste lächeln.

„Du hast es geschafft", sagte er, aber sein Lächeln erstarb augenblicklich. Arkas Blick war starr und hohl, seine graue Haut wirkte kreidebleich und ein leichtes Zittern ging durch seine Arme.

„Wo warst du?", Arkas ohrfeigte Sathus mit der flachen Hand so schnell ins Gesicht, dass er auf ein Knie fiel und stöhnte.

„Mutter –"

„Du sagtest, du beschützt sie!" Arkas Tritt grub sich in seine Magengrube und Sathus stürzte zu Boden. Jetzt waren sämtliche Schleier gefallen, der stolze Bursche schaffte es nicht länger, seine Gefühle vor den anderen Soldaten zu unterdrücken. Er schluchzte und weinte, doch Arkas beugte sich hastig zu ihm und half ihm wieder auf.

„Was ist passiert?", wimmerte Sathus und erschrak vor dem Blick seines Bruders, der nicht auszusprechen wagte, was er gesehen hatte.

„Diese Fremden", antworte die strenge Stimme seines Vaters, der Arkas zur Seite schob, Sathus an seinem Arm packte und aufrichtete, „haben deine Mutter getötet. Arkas meinte, du wärest ihr gefolgt. Wo warst du?"

„Ich bin einen Hang herab gestürzt", antwortete Sathus und wagte es nicht, seinem Vater ins Gesicht zu blicken.

Der eiskalte Stich in seiner Brust kam mit der Verzögerung, die sein Kopf benötigte, die Worte seines Vater zu verarbeiten. Das lähmende Gefühl in seiner Brust überdeckte jeglichen Schmerz, der seinen ganzen Körper übermannt hatte. Sathus schluckte und spürte, wie zuerst sein Kiefer, dann sein ganzer Körper zitterte. Er wagte es nicht, seinen Vater anzusehen, doch der Krieger vor ihm schnaufte voller Verachtung, durchbohrte seinen Sohn mit seinem Blick und schwieg ebenfalls einen Moment. Sein Kiefer schien zu mahlen.

Kronos von Troje war ein gefährlicher Mann, ein unnachgiebiger und erbarmungsloser Krieger, den viele fürchteten und das zu Recht. Als er im Alter seiner Söhne war, hatte er bereits mehrfach gemordet und war einer der jüngsten Kämpfer der Kriegerkaste geworden. Von Kindesbeinen an hatte er Opfer gebracht, um seine Existenz gekämpft und sich behauptet. Er war ein strenger Vater und in seiner Erziehung ebenso erbarmungslos, wie im Kampf. Selbst bei der Jagd bewies er großes Geschick, das er Sathus auch beizubringen versuchte. Er verlangte vieles von seinen Söhnen ab, belohnte aber ebenso gern, wie er bestrafte. Ihm war ein höheres Amt bestimmt, hatte er immer wieder zu seiner Familie gesagt und Sathus hatte an ihn und seine Unbesiegbarkeit geglaubt. Als er seinem Vater jetzt aber ins Gesicht blickte, sah er zum ersten Mal in seinem Leben ein feuchtes Funkeln, das er sich erst später als Trauer erklären konnte.

„Du folgst mir."

Sathus gehorchte, eine andere Wahl blieb ihm aber auch nicht, da sein Vater ihn immer noch am Arm hielt und nun auf das herabgestürzte Gefährt zulief. Sie durchschritten eine große Öffnung in der Bauchseite des Gefährts, herausgerissene Planken ragten ihnen entgegen. Das Ungetüm hatte Teile seines Inneren nach außen gestülpt, war aufgebrochen und anhand der verheerenden Kampfspuren schloss Sathus darauf, dass die Soldaten für diese Öffnung verantwortlich waren.

Vater und Sohn betraten ein dunkles Inneres und ihnen stieg der Geruch von Blut sowie Kot und etwas anderem in die Nasen. Lediglich das Klackern des Schwertes an Kronos lederner Rüstung füllte den Raum mit einem kalten, metallenen Geräusch. Leichen lagen auf ihrem Weg und jetzt konnte Sathus einen Blick auf die fremdartigen und unterschiedlichen Geschöpfe erhaschen. Manche hatten seltsame braune Hauttöne, so etwas wie Schuppen im Gesicht oder lange spitze Ohren und schwarzsilbernes Haar, das jetzt von Blut verschmiert war. Andere wiederum hatten hohe kegelförmige Köpfe und ovale Ohren. Doch Sathus blieb bei einem aufgespießten Leichnam stehen, dessen tote, weit aufgerissene Augen und Mund auf den Boden vor ihm gerichtet waren. Es war ein ausgewachsener und muskulöser Mann, der einem Trojoxanten unnatürlich ähnelte, aber eine helle, gelbrötliche Hautfarbe besaß. Der fremdartige Anblick der Leichen verblüffte Sathus für den kurzen Bruchteil, in dem er vergaß, weshalb sein Vater ihn hierher gebracht hatte.

„Sieh her, was du nicht verhindert hast", mahnte sein Vater und deutete nach vorne. Ein schwerer Kloß lag auf Sathus Kehle. Sein Körper zitterte. Beim Anblick seiner toten Mutter schluchzte er und drückte sein Gesicht in die Brust seines Vaters. Er zuckte erschrocken, als Kronos ihm durchs Haar strich und den Kopf streichelte. Hier waren sie allein.

Diese gefühlvolle Geste seines Vaters überraschte ihn. Dann hörte er ihn seufzen.

„Diese Fremden kamen in diesem fliegenden Ungetüm in unser Land. Als ich hier ankam, blieb mir nichts, als diese Monster abzuschlachten und deine Mutter zu rächen." Jetzt löste sich Sathus von seinem Vater und trat an seine Mutter heran. Sie lag mit dem Rücken auf einem umgeworfenen Tisch, eine große Stichwunde direkt in ihrem Herzen. Kronos trat an sie heran, strich mit der Hand über ihr schönes Gesicht und küsste sie zum Abschied. Dann kehrte er ihr den Rücken und sah seinen Sohn streng an.

„Diese Fremden kamen von außerhalb. Sie sind nicht von unserem Kontinent. Sie nennen sich selbst die große Allianz, die ‚freien Völker'. Sie kommen, um unser Volk zu vernichten und hier mit ihrer Magie zu bannen."

„Woher weißt du das, Vater?", fragte Sathus zögerlich und sein Vater legte ihm eine Hand auf die Schulter.

„Weil dein Vorfahr bereits Krieg gegen sie führte."

Was hinter uns liegt

Ein Blick nach vorne kann dir die Sicht zurück vernebeln.
Aber ein Blick zurück kann dir zeigen, was vor dir liegt.

Die schwarze Erde unter ihren Füßen bebte schwach, mehrere der spitzen kleinen Steine neben ihren Stiefeln zitterten und tänzelten über den Grund bei den tiefen Vibrationen des Bodens. Ein Geysir brodelte und spuckte wütend seine kochenden Innereien in die Höhe.

„Du hast eine viel wichtigere Aufgabe"

Die Worte Arkashas flogen durch seinen Kopf wie zwei aufgewühlte Krumid Vögel. *„Du wirst dich auf die Reise in die Berge begeben, wie einst dein Vater, und dein Schicksal erfüllen."*

Seine Stiefel schoben sich durch das vulkanische Gestein, als er sich hochstemmte und einen Felsen erklomm, hinter dem jetzt ein schwarzes Gebäude zum Vorschein kam, das tief in den Felsen eingehauen war.

„Was erwartet mich dort?"
„Unser Gott."

Sathus sah die schroffen Berghänge hinauf und suchte nach einem Anhaltspunkt, doch außer den dunklen Wolken konnte er nichts erkennen. Seine Laterne flackerte im dämmrigen Licht und er fühlte eine Kälte in seinem Nacken, obwohl hier eine warme Luft durch das Tal fegte, in dem sich der schwarze Tempel befand.

„Ich kann nicht glauben, dass dieser Ort all die Jahre vor unserem Volk verborgen blieb", schnaufte Arkas und warf seinen Umhang zurück. Er sah von dem Gebäude aus schwarzem Obsidian hinüber zu einem längst erloschenen und trockenen Flussbett, das wohl entstanden war, als sich einst ein Lavafluss durch das Tal gefressen hatte.

„Jahrhunderte", korrigierte Arkasha und seine Augen weiteten sich vor Freude beim Anblick dessen, was ihm Gott in einer Vision gezeigt hatte.

„Hier", erklärte der Priester jetzt weiter und lief leichtfüßig an Arkas vorbei, „hat einst Kuja der Große gestanden und das Schicksal der Welt verändert."

Sathus sah sich erneut um und erkannte nichts weiter als Trostlosigkeit inmitten der Ödnis aus Steinen und Asche. Die feine Vulkanasche tänzelte sanft durch die Luft und legte sich auf den Boden und ihre Kleidung. Er wuschelte sich durch die langen schwarzen Haare und hustete bei dem schwefligen Geruch, der hier in der Luft hing.

„Kuja", murmelte er und sah hinüber zu dem bedrohlichen Gebäude, das verlassen und allein in diesem Tal stand. Etwas knirschte unter seinem Fuß und als er hinsah, erkannte er einen versteinerten, gesplitterten Knochen. Sathus beugte sich herab fuhr mit der Hand über den Boden, der von porösem, glasigen Vulkangestein bedeckt war und entblößte den knöchernen Überrest eines humanoiden Geschöpfes. Sein Blick schweifte über den Grund des Tals und er vermutete, dass es hier überall so aussah. Er wollte den Knochen hochheben, der war aber so spröde, dass er augenblicklich zerbrach und zerfiel.

„Kommt. Wir haben unser Ziel erreicht", Arkasha wirkte zufrieden mit sich selbst und so euphorisch wie schon lange nicht mehr. Seine Schritte eilten ihnen voraus und über das von Asche bedeckte Stück zwischen ihnen und dem verborgenen Schrein.

„Wer hat das alles erbaut, wenn nicht Trojoxanten?", fragte Arkas und die Brüder sahen einander an, ohne eine Antwort darauf zu finden. Die Ragnar, die sie begleitet hatten, waren vor dem Tal stehen geblieben. Einer von ihnen, dem ein Arm fehlte, erklärte ihnen jetzt, dass ihnen nicht gestattet war, dem Tempel näher zu kommen. Sathus hatte den Einarmigen verächtlich angesehen und die Krieger zurück gelassen.

Jetzt spürte er mit jedem Schritt ein seltsames Unbehagen, das von den Worten des Ragnar bestärkt worden war. Ein ungewöhnliches Gefühl machte sich in ihm breit und erst, als er mit Arkas nur noch wenige Meter vor der gewaltigen Pforte aus dem schwarzen Obsidianstein stand, erkannte er die Furcht in seiner Brust. Er war auf den Spuren seines Vorfahren Kuja, der vor vielen Jahrhunderten ebenfalls an diesem Ort gestanden und den heiligen Ort betreten hatte. Kuja war der Mann aus den Geschichten, zu dem Sathus aufschaute, der sein Volk in den ersten Krieg der Befreiung geführt hatte und von dessen Legenden Kronos ihnen bereits im Kindesalter erzählt hatte. Er war wie ihre Mutter Thalira ein Magier gewesen, dessen Zauberkraft die vieler übertraf und hatte die Ragnar ihrem Volk unterworfen. In den Geschichten hatte Kuja das Kriegervolk im Alleingang bezwungen und unterworfen und ihren Anführern einen Eid abgeschworen, der nicht aufgehoben werden konnte. Sie waren den Trojoxanten Untertan.

Sathus hatte lange Zeit mit seiner Familie außschließlich unter ihrem Volk gelebt und erst als junger Mann zum ersten Mal die Ragnar mit eigenen Augen gesehen. Damals hatte er Thalira an seine Seite gewünscht, wie jetzt, da er vor dem Portal zu dem geheimnisvollen Gebäude stand, das bereits Kuja vor so vielen Jahrhunderten betreten hatte, um vor ihren Gott zu treten. Der junge Trojoxant spürte die Schwere seines Handelns und sein Bruder bemerkte sein Zögern. Er legte ihm ermutigend eine Hand auf die Schulter, hier waren sie untereinander und konnten sich solche Gesten erlauben.

„Bruder, du musst das nicht tun", flüsterte Arkas, wusste aber genau, dass seine Worte eine hohle Phrase waren und sowieso bei seinem jüngeren Bruder auf wenig Gehör stoßen würden. Sathus hatte ihm den Altar von Arkasha gezeigt und ihn damals in die Geheimnisse von sich und dem Priester eingeweiht, er war immer ehrlich zu seinem Bruder gewesen. Das hatten sie einander geschworen. Sie würden einander niemals etwas verschweigen, hatte Sathus lange Zeit gedacht, doch das Geheimnis, das Kronos ihm an seinem Sterbebett offenbart hatte, wurde nun langsam aber sicher gelüftet. Er hatte Arkas zuerst nicht eingeweiht, um seinen Bruder zu beschützen. Nun aber verstand er, dass das Vertrauen in seine Familie und der Glauben an ihr großes Ziel die Bestimmung der beiden war. Das Schicksal hatte die Brüder dazu erkoren, diesen beschwerlichen Weg gemeinsam zu gehen. Arkasha, zwar noch jung aber gesegnet, war ihr spiritueller Führer und immer an der Seite ihrer Familie gewesen, so als wäre es ihm vorherbestimmt.

Der junge Priester war gemeinsam mit Sathus am Sterbebett seines Vaters gewesen, als dieser seinem Sohn Wahrheiten einräumte, die er sein Leben lang vor ihm verborgen hatte. Kronos offenbarte, dass ihr Volk kein Gefangener dieses Kontinents war. Die Legende sagte, dass nach Kujas Niederlage ihre Feinde einen magischen Bann auf das Land und Volk gelegt hatten. Eine undurchdringbare Barriere hielt die Trojoxanten auf dem Plateau ihres Kontinents gefangen, dem sie niemals wieder entkommen konnten.

Das war eine einzige Lüge.

Sie waren frei, wie jedes andere Volk und nicht gebunden an diesen düsteren und beschwerlichen Kontinent. Doch die größte Lüge war die, dass die Götter, denen die Völker Aeldions huldigten, falsche Götter waren und der einzig wahre war der Eine, der ihm das Wissen über das mächtige Relikt vermachte.

Arkasha hatte die Stimme ihres Gottes vernommen, von der Prophezeiung gelernt und auch schließlich erfahren, dass der Schrein aus Obsidian sich in den Feuerbergen des Südens verbarg, dort im Schlund, wohin einst Kuja gereist war, um das Schicksal ihres Volkes für immer zu verändern.

***

„Bruder, du musst das nicht tun." Arkas Wiederholung klang besorgter als zuvor, doch Sathus vernahm eine Schwäche in jeder einzelnen Silbe, die ihm erneut klarmachte, warum er und nicht sein Bruder auserwählt war. „Du verstehst das nicht", flüsterte er, eine innere Unruhe in sich, die einer Nazarr-Schlange glich, die sich durch die Dünen schlängelte und ihren eigenen Schatten jagte.

„Ich verstehe sehr wohl, dass alles, was jetzt folgen wird, alles verändern wird", erwiderte Arkas und sah dem Priester nach, der nun vor dem Portal stehen blieb.

„Ist es nicht genau das, was wir immer wollten, Bruder"?, fragte Sathus und schob bestimmt die Hand seines Bruders von der

Schulter. „Ich fürchte den Preis, den wir dafür zahlen." Sathus erwiderte nichts, sondern trat vor Arkas.

„Es ist meine Bestimmung. Dorgan ging in das Land unserer Feinde, um mich zu unterstützen, Arkasha opferte alles und mein Bruder", er sah Arkas tief in seine dunkelgrünen Augen, „beginnt jetzt zu zweifeln, wo wir das Ziel fast erreicht haben?" „Ich zweifle nicht", erwiderte der ältere der beiden mit vor Stolz hervorgeschobener Brust, „ich fürchte nur um das, was du zu opfern bereit bist."

„Unser Vater hat die Freiheit des Volkes geopfert, nur um uns hier auf diesem Kontinent zu halten, während auf dem Rest Aeldions die Völker auf fruchtbaren Ländern leben? Zu welchem Preis? Mutter starb durch die Hand dieser Barbaren, die in unser Land kamen. Wieso? Weil sie uns alles nehmen wollen, auch unsere Freiheit. Sie fürchten uns seit Kuja und wollen verhindern, dass wir so mächtig werden, wie ihre feige Allianz. Nein, Arkas", jetzt trat Sathus näher an seinen Bruder heran, „diese Völker verdienen es nicht. Sie dienen falschen Göttern und wir müssen ihnen die Augen öffnen. Das ist meine Bestimmung. Unser Volk verdient ein besseres Leben. Arkas, ich werde diese Welt zu einem besseren Ort machen und von den Lügen der Alten befreien. Dazu wurde ich erkoren. Ich bin der Aufstrebende, der erste Auserwählte. Und ich werde in diesen Schrein gehen und vor unseren Gott treten, denn er hat nach mir gerufen. Nach mir, seinem Erben."

Arkas blieb stumm bei diesen Worten, denn er verstand ihre Tragweite. Sathus glaubte von tiefstem Herzen an die Prophezeiung, an die Worte Arkashas und ihres Vaters, Kronos. Er sah in sich den Auserwählten, der er vermutlich auch war. Doch seine letzten Worte ließen Arkas zum ersten Mal zweifeln, denn Sathus hatte ihm soeben gesagt, dass er sich als den Erben eines Gottes ansah.

Sathus trat an das Portal des in die Bergwand eingemauerten Tempels aus dem glänzenden und glatten schwarzen Stein. Sein Blick wanderte über die polierte Oberfläche des hohen Torflügels vor sich. Die Ausmaße des Gebäudes und der Türen waren gewaltig und viel zu groß für einen Trojoxanten. Erneut fragte er sich, wer sie wohl erschaffen hatte, wenn nicht ihr Gott selbst oder dessen Diener. Arkasha hatte ihn und seinen Bruder beobachtet, lächelte jetzt humorlos und nickte in Richtung Pforte. Er stemmte sich mit beiden Händen gegen die Tür und schob mit aller Kraft. Dröhnend und Zitternd schob sich das schwere Portal nach innen und offenbarte eine finstere Leere, die ihm nun entgegen gähnte. Er sah Arkasha an, der nickte und sein letzter Blick fiel über seine Schulter zu Arkas, der nicht näher gekommen war. Dann trat er in die Finsternis, die ihn verschluckte.

**

Sathus blinzelte in der Dunkelheit. Durch den Spalt des Portals hinter ihm fiel das fahle Licht von außen und reflektierte sich auf einer gegenüberliegenden glatten Oberfläche. Ohne erkennen zu können wohin, trat er weitere Schritte in die Finsternis. Er hörte in der Stille nur seinen arrhythmischen Herzschlag und das leise Hallen seiner langsamen Schritte. Seine Augen gewöhnten sich allmählich an das fahle Licht, er begann die Konturen des Raumes zu erkennen, der von zwei gewaltigen mehrkantigen Säulen flankiert wurde.

Hinter sich hörte er weitere Schritte und wie Arkasha ehrfürchtig bei diesem Anblick die Luft einzog. Der Torflügel knarzte ein weiteres Mal und Arkas schob ihn noch ein Stück weiter auf, worauf noch mehr Licht den geheimnisvollen Innenraum erhellte. Vor ihnen führten drei tiefe Treppenstufen in den Hauptraum des Schreins, dessen Zentrum ein großes Becken dominierte, das den halben Raum einnahm. In seinem Zentrum, erreichbar durch einen schmalen Steg, ragte ein eineinhalb Meter hoher Quader empor wie eine Plattform. Auf seiner Oberfläche waren Runen und Symbole eingraviert, die entfernt an einen uralten trojoxantischen Dialekt erinnerten und dennoch gänzlich fremd wirkten. Der schmale Steg selbst führte über das große Becken voll erloschener Lava, die irgendwann einmal den ganzen Raum mit ihrem roten Glühen erhellt haben musste und jetzt nur noch in seiner tristen versteinerten Form das Becken füllte. Hinter dem Quader ragte eine monströse Kreatur mit zwei ausgestreckten Flügeln in den Raum und nahm ihn vollends ein. Ein gewaltiger schuppiger Hals bog sich über das Becken, an seinem Ende klaffte ein gewaltiges Maul auf den Betrachter und aus den Augen funkelten zwei purpur glühende Kristalle im matten einfallenden Licht auf die drei Trojoxanten herab. Der Drache war gewaltig und bestand ebenfalls aus dem schwarzen Gestein, sah aber so lebendig und echt wie ein erstarrtes Lebewesen aus, das einst diese Welt heimgesucht hatte.

Sathus sah vom Drachen zu der Plattform und seine Aufmerksamkeit galt vollends dem Quader, der sich darauf befand. Erst bei einem zweiten Blick erkannte er, dass es sich um einen Sarkophag handeln musste. In den Katakomben des Bergfrieds hatte Kronos nach seiner Krönung Thaliras Körper in einem solchen steinernen Sarg untergebracht. Sathus war mit seinem Bruder regelmäßig dorthin gegangen, um nach ihr zu sehen.

Der Sarkophag hier wirkte viel zu groß für einen gewöhnlichen Trojoxanten. In seiner Mitte ragten zwei steinerne Hände mit der Handfläche nach oben empor auf denen etwas längliches, dunkles lag. Sathus trat auf den Steg. Arkas sog scharf die Luft ein und schien ehrlich besorgt, dass seinem jüngeren Bruder etwas passieren konnte. Vielleicht erwachte das versteinerte Beckeninnere wieder zum Leben, die Plattform stürzte ein, oder ein mächtiger Zauber tötete jeden, der sich dem Heiligtum näherte. Sathus setzte mutig einen Fuß vor den anderen und lief geschickt über den Steg zur Plattform herüber. Er kehrte dem Sarkophag den Rücken, breitete schmunzelnd die Arme aus und verneigte sich zum Spott seines Bruders vor ihm.

Als er sich wieder zum Sarkophag umdrehte, erkannte er endlich was die zwei Hände hielten. Es war ein Schwert mit langer, schwarzer Klinge und einer purpurnen Kerbe in seiner Mitte. Sathus stockte, denn er erkannte hinter dem Sarkophag eine große Öffnung am Bauch des Drachen und darin stand eine Figur, rabenschwarz und glänzend, die Arme vor der Brust gekreuzt, ihre Hände auf den Wangen ruhend.
Sathus erkannte eine Frau und spürte ein unwohles Gefühl in seiner Magengegend. Er konnte von hier nicht ausmachen, ob die reglose Gestalt eine Statue war, oder ob sie lebte. Sie besaß

langes schwarzes Haar, zumindest sah es danach aus. Wie ein Schleier fiel es an Schultern und Rücken herab und schmiegte sich an einen vermeintlich nackten, pechschwarzen Körper, den Sathus in der Dunkelheit kaum vom Rest des Alkoven unterscheiden konnte. Bis auf Augen und Stirn war ihr Gesicht nicht schwarz, wie der Rest ihres glänzenden Körpers, der ihn an eine Wachsfigur erinnerte. Augen und Mund waren geschlossen. Sie wirkte wie ein Trojoxant, doch ihr heller Hautton im Gesicht glich dem eines Menschen. Für einen Moment glaubte Sathus in dem Alkoven, in dem sie stand, in einen Sternenhimmel zu blicken, dessen Zentrum sie wie eine omnipräsente Gestalt einnahm.

Sathus trat einen Schritt um den Sarkophag auf den Alkoven im Inneren des Drachen zu, um sie besser erkennen zu können.

„Was ist da?", fragte Arkas und wollte ebenfalls über den Steg laufen, den Blick nicht von dem gewaltigen Drachen abwendend. Er bekam keine Antwort, selbst nicht, als Sathus ganz um den Sarkophag herum gelaufen war. Die Gestalt hatte ihn gebannt.
„Bruder?"
Sathus stand nun vor der Frau und er erkannte, dass sie so etwas wie eine Statue war, auch wenn sie lebensecht wirkte. „Ich kann es nicht in Worte fassen."

„WENIGE KÖNNEN DAS, WENN SIE DIESEN ORT BETRETEN", dröhnte eine Stimme aus der Finsternis und zum ersten Mal seit seiner Kindheit erschrak Sathus.
Schlagartig richtete er sich auf und suchte nach dem Ursprung der Stimme, ebenso wie sein Bruder. Arkas tat unwillkürlich einen Schritt zurück und griff nach seinem Schwert. Arkasha jedoch fiel seufzend auf die Knie und lachte euphorisch. Seine Lippen bebten und er begann leise und für sich etwas zu brabbeln, küsste dabei den schwarzen Boden und blickte immer wieder zu dem Abbild eines schwarzen Drachen hinauf. Die versteinerte Figur im Alkoven blieb reglos. Sathus hatte irgendwie für einen Moment geglaubt, sie würde zum Leben erwachen und mit ihm reden, doch sie schien wirklich nur eine Statue, deren Bedeutung er wohl nicht so schnell verstehen würde.

„Ich bin auf dein Geheiß gekommen!", rief Sathus und sah zum Kopf des Drachen hinauf, der über ihm thronte. „Ich bin der Auserwählte, den du gerufen hast. Ich bin Sathus von Troje."

„DER AUFSTREBENDE", donnerte die Stimme und in diesem Moment glühten die zwei purpurnen Kristalle auf. Ihr Licht spiegelte sich in der glänzenden Oberfläche der Wände und tänzelte über sie hinweg, wie das Lichtspiel von sich reflektierendem Wasser in einer Grotte. Eben genauso blieben die Lichter an den zwei Säulen links und rechts kleben, an denen weitere solcher Kristalle hervorragten und nun auch sanft zu leuchten begannen. Das purpurne Licht pulsierte im Tempel und sammelte sich in den Kristallen, die nun alle schwach glühten. Auch im Alkoven mit der schwarzen Frau leuchteten Sternenbilder auf, die nun die Oberfläche der glänzenden, nackten Gestalt in sanftes Licht hüllten.

„Mein Sprachrohr hat dich zu mir geführt, wie es dir bestimmt war", grollte die Stimme nun vielmehr in den Köpfen der Anwesenden. „Tritt hervor und nimm mein Vermächtnis. Wisse aber, dass es fortan kein Zurück mehr gibt."

Sathus atmete tief ein und sah zu dem Schwert auf dem Sarkophag herüber: „Für mich gab es nie einen Weg zurück, nur nach vorne."

„Bruder", Sathus sah zu Arkas herüber, der ihn besorgt anblickte, doch der jüngere Trojoxant ließ sich nicht beirren. Für ihn führten alle Wege hierher. Alles, was er getan hatte und tun würde diente dem höheren Zweck. Er glaubte und wusste genau, dass das Schicksal viel von ihm abverlangen würde. Der Tod seiner Mutter war der Beginn seiner Reise im Kampf gegen die freien Völker und falschen Götter gewesen. Der nächste Schritt war die Suche nach den Artefakten und Auserwählten, die ihnen prophezeit wurden.

„Ich bin bereit."

„Ihr habt mich und die Auserwählten hierher gerufen", rief Arkasha und stellte sich vor die Plattform, entzückt, erneut diese Stimme ihres Gottes zu vernehmen.

„Ich bin euer ergebenster Diener und werde die Wahrheit und den Glauben an Euch zurück in die Welt tragen. Ich war es, der die Prophezeiung erhielt und an den Auserwählten weitergab.

Wir werden die falschen Götter vernichten und jeden, der sich uns dabei in den Weg stellt!"

Erneut schwieg Arkas, diesmal ruhte sein Blick auf Arkasha und der Legat erkannte, dass weder der Priester noch sein Bruder jemals von ihrem Weg abkommen würden, oder sich beirren ließen, ihre Ziele zu erreichen. Diese beiden waren vielleicht genau das, was sein Volk brauchte. „Ich bin bereit, mein Schicksals anzunehmen", sagte Sathus entschieden und mit einer Stärke in der Stimme, die keine Zweifel zuließ.
„Dann", erwiderte die Stimme, „sollst du meine Macht erhalten. Geh und nimm das Vermächtnis deines Gottes."

- 1 -

„Was bringt mir das Vermächtnis meines Gottes", fluchte Sathus, „wenn ich mit diesem Schwert nicht tun kann, wozu ich erkoren wurde?" Seine Finger zitterten und fuhren über den Griff des Schwertes, das er aus dem Tempel mitgenommen hatte. Er war sauer und verbittert, denn all die Geschehnisse, die dem Tag im Tempel folgten, hatten ihn zu dem gemacht, der er jetzt war, aber nichts an seiner Ausgangslage geändert. Noch immer war er der Aufstrebende, ohne aber seinem Ziel wirklich folgen zu können.

„Zwei Jahre sind vergangen! Zwei Jahre des Wartens! Wo bleiben die Antworten, Arkasha?" Der Becher in seiner Hand schoss durch das Zimmer und zerschellte an der Wand hinter dem Priester, der unbeirrt dastand und sich nicht rührte.

„Zwei Jahre sind mitnichten eine kurze Zeitspanne. Und dennoch ist vieles geschehen und du hast vieles erreicht, König." Die Hände gefaltet und auf dem Rücken verschränkt, drehte er sich um und blickte der herabfließenden, süßlichen Flüssigkeit nach. „Das, ist der Fluss der Zeit", erklärte er jetzt in ruhigem Tonfall, „die Fugen in der Wand sind tiefe Rillen, doch das Wasser fließt über sie hinweg auf sein Ziel zu. Die Zeit rinnt ebenso voran, nur kann niemand sagen, wann sie den Grund erreicht."
„Ich will keine Ausflüchte mehr hören, Priester! Was ist geschehen,

dass die Stimme Gottes nicht mehr zu dir spricht? Wieso ist es still und dunkel im Tempel? Ich bin der Auserwählte und zu mir spricht er auch nicht!"

Ein eisiger Stich durchfuhr den Priester bei Sathus Worten. Natürlich hatte er sich selbst Tag und Nacht eben jene Frage gestellt, doch er zweifelte niemals an der Macht oder seinem Glauben an den einzig wahren Gott, ihrer aller Schöpfer. Tiefe dunkle Ringe lagen unter seinen Augen, die nun eingerahmt zwischen Tätowierungen müde und einsam in die Leere starrten. Er hatte sich weitere rituelle Zeichen aus dem Tempel tätowieren lassen, nunmehr bedeckten sie den Großteil seines dünnen Körpers. Für seine Zweifel schämte er sich, für jeden schwachen Moment, den er durchlebte, geißelte er sich selbst. Sein Rücken war vernarbt und jede einzelne Narbe erinnerte ihn an seine blasphemische Gedanken. Die langen Schnitte auf seinen Armen und Beinen waren ebenfalls ritueller Natur. Immer wieder hatte er sein Blut auf dem Altar in seinem Gebetsturm vergossen und war zurück zum Tempel aus Obsidian gereist und hatte dort für seinen Gott geblutet. Arkasha hatte inständig gehofft, damit seinen Gott endlich zu besänftigen, sodass dieser wieder zu ihm spreche. Doch nichts war geschehen seit ihrer ersten Reise in das schwarze Heiligtum.

Nach ihrer Rückkehr war Sathus im Besitz des Artefaktes, es einzusetzen wagte er aber nicht, da ihm das Ausmaß der Waffe noch nicht bewusst war. Trotzdem war ihnen der Putsch gegen das Konklave geglückt. Arkasha hatte im Laufe der Zeit viele Anhänger für sich und seine Ziele gewinnen können. Sathus Kampf um den Thron war lang und hart gewesen. Seine Anhängerschaft war beständig gewachsen. Viele glaubten an ihn und seine höheren Ziele. Das heruntergespülte Gerede des Konklave ermüdete das Volk, das Hoffnung brauchte und jemanden, der es in eine neue Richtung führen konnte. Die Führer des Konklave waren schwach geworden, ihre unangefochtene Machtposition ins Wanken geraten. Erste Unruhen waren gewaltsam zerschlagen worden, doch die Prophezeiung des Priesters und dessen treue Ergebenheit sicherten Sathus sehr schnell die Loyalität des Klerus. Dann war es zu einem gewaltsamen Bruch gekommen, der Hohe Rat hatte mit Waffengewalt gegen die Opportunisten unter Sathus Führung gehandelt und sich damit die Sympathien seiner Anhänger verspielt. Die Söhne des einstigen Königs rebellierten gegen das Regime und schließlich war es zu dem von Sathus in langer Hand geplanten Putsch gekommen. Die Mitglieder des Rates wurden allesamt ob Mann oder Frau öffentlich hingerichtet. Ihre Schädel thronten nun als Mahnmal vor den Toren des einstigen Konklaves. Ihre Körper wurden zerstückelt und in alle Teile des Landes geschickt, als Mahnung und Zeichen der neuen Herrschaft.

Der Kriegsfürst Sathus von Troje hatte jetzt die Macht und Kontrolle über das Volk, das in ihm einen Helden sah, der mit Arkasha dem Volk wieder einen Glauben zurück gab. Den Glauben an Gott und seine Auserwählten. Arkas hatte sie unterstützt, was er im Tempel erlebt hatte, öffnete ihm letztendlich die Augen und zeigte, dass Arkasha kein wahnsinniger war, sondern gesegnet mit einer befremdlichen aber beeindruckenden Gabe. Die drei Männer bildeten eine neue Regierung, Sathus als Kriegsfürst, Arkas als oberster Legat und Arkasha als das Sprachrohr Gottes. Ihr Volk umjubelte die neuen Herrscher und begann, zu seinem alten Glauben zurück zu finden. All dies ließ die Trojoxanten erstarken und mächtiger werden, als es sich ihr Vater Kronos je erträumt hatte.

„Vertrau mir, mein König. Die Zeit wird kommen", Arkasha erinnerte Sathus an die Worte der Prophezeiung, die ihn zu seinem größten Befürworter und Diener machten.

„Derjenige, der sich als einziger unter vielen erhebt, wird der erste Auserwählte sein und sie alle anführen bis zum Ende."

Sathus lächelte, er sah sich selbst in den Worten wieder und erkannte seine Rolle als Welterneuerer. Die Macht als König war nötig, um seine höheren Ziele zu erreichen und seinem Volk das zu geben, was es verdiente. Frieden und eine Heimat, in der es sich zu leben lohnte.

Ihm lag einzig der Erhalt seines Volkes am Herzen. Um nichts anderes ging es hier.

Der Hohe Rat hatte sich von seiner Macht verblenden lassen und die Gefahr geleugnet, die ihnen allen drohte. Hunger und ein unerbittlicher Tod durch die bedrohlichen Berge im Süden waren nur die Kleinsten der Übel. Die ‚freien' Völker waren eine große Gefahr, so wie sie damals für den Tod seiner Mutter verantwortlich waren. Sein Vater Kronos hatte richtig gehandelt, sie alle abzuschlachten bis auf drei Gefangene. Aus jedem der fremdartigen Völker hatten sie ein Exemplar geschont, um ihre Sprache und Geheimnisse zu entlocken.

„Nur wer seinen Feind wirklich kennt", erklärte Kronos ihm, „kann ihn auch bezwingen."

Sie folterten ihre Gefangenen. Aber nie so weit, dass sie dem Tode nahe waren. Mit ihren Methoden sorgten sie dafür, dass die Gefangenen alles preisgaben und lernten von den Sprachen, Kulturen und Ländern ihrer Feinde alles, was die Insassen selbst wussten. Es hatte sich herausgestellt, dass die Eindringlinge nicht Eroberer, sondern Entdecker und Gelehrte waren. Umso ärgerlicher war es gewesen, nicht in ganzem Ausmaß von der Kriegskunst der Feinde zu lernen oder profitieren.

Sathus hatte erkannt, dass ihr Volk drohte, sich selbst zu zerfleischen und noch ehe dies geschehen konnte, musste jemand etwas tun, der sich nicht mit ihrem Schicksal abgefunden hatte. Und das waren einzig Sathus und Arkasha, der zuerst nur dafür gelebt hatte, seinem Volk den Glauben zurückzugeben. Die Stimme Gottes hatte ihn von seiner wahren Bestimmung unterrichtet, der geistige Führer von Sathus und dessen heiligem Feldzug zu sein. Ihm oblag die schwere Bürde, die Auserwählten zu finden und zu einen.
„Aber wie soll ich vertrauen, wenn mein Herz mir sagt, dass es keine Hoffnung gibt? Unsere Spione aus dem Nebelgebirge sind nie zurück gekehrt. Es gab nie auch nur ein Lebenszeichen von Dorgan, selbst einen Hinweis auf seinen Verbleib. Seine Mission scheint ebenso gescheitert, wie die Jagd nach dem Kind. Die Suche nach dem Verfluchten zerfrisst mich. Ich bin es leid und müde geworden, mein Freund."
Kein Muskel in seinem Gesicht rührte sich, obwohl der König

ihn zum ersten Mal nicht mit seinem Amt angesprochen hatte, doch für Arkasha waren solche Dinge Nichtigkeiten in einer Welt, die vollends der Huldigung des einzig wahren Gottes zugeschrieben war.

„Und er sah das Schaf, das an der Klippe lief und führte es vom Abgrund fort, um ihm das saftige Grün der Wiese zu zeigen." Arkasha hob seine Hand und zeigte auf die Tür, die sich öffnete und einen Mann offenbarte, mit dem Sathus nicht mehr gerechnet hatte.

„Ihr rückt vom Abgrund fort", sinnierte Arkasha und bat den Spion herein, von dessen Ankunft er vor der Audienz beim König erfahren hatte. Aus diesem Grund war er zu Sathus an diesem Tag gegangen, obwohl er ihn und seine Laune zurzeit zu meiden versucht hatte.

Sathus Miene blieb unverändert.
„Ich hoffe du bringst nur gute Nachrichten, Wiesel." Der Neuankömmling nickte müde, wirkte erschöpft, gar ausgemergelt, zwang sich aber zu einem Lächeln: „Für Euch nur die besten."

Das ferne Grollen

Die Straße vor dir ist gelegt,
sie muss aber nicht der Weg sein, den du gehst.

Das Übungsschwert landete im Sand und wirbelte den Staub zu einer kleinen chaotischen Wolke auf, durch die der besiegte Kämpfer wütend trat, dann müde auf die Bank am Rande des Übungsplatzes sank. So hatte er sich das Schwertkampftraining wirklich nicht vorgestellt. Er hatte sich eingebildet – und das gestand er sich jetzt ehrlicherweise selbst ein – ein guter Schwertkämpfer zu sein, allein aus dem Grund, dass er der Auserwählte eines göttliches Schwertes war. Dabei hatte er aber vergessen und unterschätzt, dass er ein Kind war und erst jetzt den Umgang mit einer solchen Waffe wirklich zu lernen begann.

Marek sah neidisch mit zu, wie sein Freund Jaleel noch immer gegen zwei Mitschüler in einer schnellen Hiebfolge kämpfte. Er hatte Marek mit drei schnellen Treffern ausscheiden lassen und wieder einmal bewiesen, dass er ihm körperlich weit überlegen war.
„Du hast dir das alles ein bisschen anders vorgestellt?"
Adan saß neben ihm, einen kühlenden Beutel auf sein Knie gepresst. Sein jüngerer Bruder musste nicht antworten. Sie verstanden einander ohne viele Worte. Doch sein grimmiger, eifersüchtiger Blick zu ihrem gemeinsamen Freund verriet Adan genau, was Marek dachte. Er schnaufte und schüttelte seine Arme aus, massierte die langsam immer deutlicher hervortretenden Muskeln, die durch ihr regelmäßiges Training immer ausgeprägter wurden.
„Mir tun die Arme weh."
Adan zuckte mit den Schultern. „Unser großer Held hat gelernt, dass man nicht wie in den Geschichten stundenlang mit dem Schwert herumwirbeln und kämpfen kann." Sein gehässiger Ton war unverkennbar und wurde von ihrem Ausbilder unterstützt, der neben ihnen stand und mit unverholenem Missmut zu Marek blickte.
„Vor Allem nicht *herumwirbeln*." Alan Diran verschränkte die

Arme vor der Brust und richtete seine Aufmerksamkeit wieder auf den Pan-Thar, der mühelos und fast schon unverschämt gut gelaunt seine Mitschüler im Schwertkampf übertrumpfte.

Der stolze Junge seuzfte, diese Lektion hatte er gelernt. Er blieb ein selbstbewusster und sturer Bursche, aber war nicht unbelehrbar. *Immerhin*, dachte er, *kämpfe ich mit fairen Mitteln* und dachte dabei an das magische Feuerschwert, in seinem Besitz, das er vor seinen Mitmenschen verbarg. *Mit Eldin hätte niemand eine Chance gegen mich.*

Diran sah auf Adans Knie herab. Das kühlende und in einem Tuch eingewickelte Eis sollte die Prellung abschwellen. Es war praktisch, dass die Schlepper immer wieder auf dem Wasser treibende Eisschollen vom Eismeer einsammelten und in die Hafenstadt brachten. Angeblich trieb die Kälte im Norden immer wieder große und kleinere Eisberge übers Meer, oftmals zum Leidwesen der Seefahrer, wie die Brüder immer wieder hörten, wenn sie sich im Hafenviertel herumtrieben.

Alan Diran hatte genau gesehen, wie Adans Verletzung zustande gekommen war und tadelte Adan nun für dessen Unachtsamkeit im Zweikampf. „Solche Fehler dürfen euch nach einem Jahr Ausbildung nicht passieren. Du musst deinen Blick immer auf den Gegner gerichtet halten.“
„Und gleichzeitig auf meine Umgebung achten“, beendete Adan den Satz, den er schon mehrfach gehört hatte. „Sieh beides als eine Einheit. Du musst lernen, alles unwichtige herauszufiltern und dich dennoch auf alles zu konzentrieren.“
„Denn auf einem Schlachtfeld hast du es nie allein mit nur einem Gegner zu tun“, vollendete Marek den zweiten Leitsatz. Diran nickte zufrieden. „Ihr habt ja doch etwas bei mir gelernt.“ Sie lächelten einander an.
„Ihr seid aber noch weit davon entfernt, Musterschüler zu sein. Euer Freund ist ein wahres Naturtalent, ein geborener Kämpfer.“ Bemerkte Diran achtungsvoll und schien stolz darüber zu sein, dass Jaleel einer seiner Kadetten und Schüler war.
„Das wird sein Vater nicht gern hören.“ Marek schmunzelte bei dem Gedanken an einen erbosten zweihundert Kilo Pan-Thar,

der unbedingt wollte, dass sein Sohn dessen Erbe als stolzer Reederei-Besitzer antrat und ohnehin nur widerwillig dessen Ausbildung zugestimmt hatte. Balthazar Rook konnte eine angsteinflößende Person sein, hatte aber ein ebenso großes Herz, wenn nicht noch größer. Auch, wenn die Pan-Thar zu enormen Stolz neigten und ihre Traditionen wahrten, gehörten sie unter den Fionis zu den anpassungsfähigsten.

Die Tiermenschen hatten im Laufe ihrer Historie einen schweren Stand auf Aeldion. Im Gegensatz zu den Großen Völkern wie den Orani, Shivianern, Vilandri oder Ayan waren sie ein vielfältiges Volk, das im Allgemeinen als Fionis bezeichnet wurde. Doch Fionis war nichts anderes als ein anderer Begriff für Tiermenschen, denn damit waren alle Völker und Rassen gemeint. Nju, die Echsenmenschen, waren ebenso Fionis, wie die Pan-Thar, Luthan, oder das stolze Nomadenvolk der Tha'ur. Anders als zum Beispiel die Menschen, bei denen die Hautfarbe nicht ihre Rasse definierte, konnte man die einzelnen Rassen aber nur schwer miteinander gleich setzen oder vergleichen. Allein die Kulturen von Nju und Pan-Thar waren so unterschiedlich wie Tag und Nacht. Im Grunde missfiel es den Tiermenschen, in so ein Gesamtpaket gesteckt zu werden. Andererseits waren dunkel- und hellhäutige Menschen ja auch einfach nur Menschen. Wie in jedem Volk blieb ihre Kultur das oberste Gut.

Wenn ein Pan-Thar Vater also den Wunsch verspürte, dass sein Sohn dessen Erbe antrat, war es fast schon Unding und Frevel, wenn dieser mit seiner bekannt schnippigen Art soetwas erwiderte, wie: „Vater, ich respektiere dich und unsere Familie. Aber bevor ich wirklich Reederei-Besitzer werden möchte, will ich etwas in meinem Leben bewirkt haben."

Zugegeben, weder Marek noch Adan waren bei diesem Gespräch dabei gewesen, aber Jaleel hatte ihnen versichert, dass sein Vater es alles andere als mit einem lauten Wutausbruch und mehreren Wochen Hausarrest bestrafte. Dass sie ihn dennoch zwei Wochen nicht gesehen oder gehört hatten, lag an einer schweren Krankheit, die ihn ans Bett gefesselt hatte. Darauf beharrte Jaleel noch heute.

„Wird Jaleel die Chance bekommen, in der Armee zu dienen?",
fragte Marek ehrlich interessiert an der möglichen Karriere seines
Freundes, doch Diran hob eine Augenbraue.
„Für die Armee wäre sein Potential verschwendet. Es ist zu früh,
um ein Urteil zu fällen und sein Stolz kann ihm noch das eine
oder andere Bein stellen. Ich könnte ihn mir aber in der Garde
vorstellen", dabei hob er ermahnend einen Zeigefinger, „wenn
er sich noch mehr anstrengt, auch regelmäßiger seinen klugen
Kopf einzusetzen. Wenn Partan Tribolis diesen Jungen sieht,
wird er vermutlich sofort mit seiner eigenen Ausbildung beginnen
wollen. Eine direkte Offizierslaufbahn."

„Das dürft Ihr seinem Vater erklären", murmelte Marek und
dachte an die ambitionierten Pläne von Balthazar Rook, seinen
Erben zu einem mächtigen Reederei-Besitzer zu machen. Diran
ignorierte aber seine Aussage und deutete auf Adans Knie-
verletzung.
„Aber für solche Pläne ist es noch viel zu früh und ihr seid viel
zu jung." Adan wusste genau, welche Aussagen jetzt folgten und
ging sie im Kopf gleichzeitig mit Diran durch, als er sie tatsächlich
wortwörtlich so aufsprach.
„Ihr seid noch jung und formbar. Eure Ausbildung hat erst
begonnen. Bei eurem jetzigen Wissens- und Lernstand seid ihr
noch weit davon entfernt, überhaupt irgendwelche Ziele zu
erreichen. Eure Noten sind zweckmäßig, aber nicht so gut,
wie sie sein sollten und können. Du, Marek bist zu forsch und
impulsiv, etwas, das du dir zwingend abgewöhnen musst. Und
du Adan darfst dir durchaus mehr zutrauen. Insbesondere im
Duell."

Jetzt horchte Adan auf, denn der letzte Teil war für ihn überraschend neu. „Du könntest besser sein. Besser als Marek bist
du bereits."
„Was?", platzte es aus einem empörten Marek heraus, der nur
ungern hörte, dass jemand in etwas besser als er selbst sein sollte.
Er streckte den Rücken durch, sein entsetzter Blick wanderte
von ihrem Lehrmeister zu Adan und zurück zu Diran, dessen
vielsagender Blick auf Marek landete. „Die größte Lehre ist die
zu wissen, dass wir niemals alles wissen."

Die Aufmerksamkeit der Schüler heftete sich auf den imposanten Kampf des Pan-Thar, der mit einer eleganten Schwertführung jeden Angriff seiner zwei Gegner abwehrte und seine körperliche Überlegenheit gegenüber den Menschen geschickt einsetzte. Sein gelenkiger, raubkatzenartiger Körper war für sein Alter sehr muskulös, aber Jaleel war drahtig und flink. Er dachte vor Allem um die Ecke und das verschaffte ihm immer wieder einen Vorteil. Unfair, wie viele behaupteten. Doch Diran und alle anderen Ausbilder betonten auf diese Beschwerden nur immer wieder: „Lernt den Vorteil anderer zu erkennen und gegen sie zu nutzen!"

Jaleel schickte, wie Adan erwartet hatte, seine zwei Kontrahenten zu Boden und beendete den vermeintlich unfairen Kampf zu seinen Gunsten. Eine kämpferische Natur lag den Pan-Thar im Blut und so war es nicht verwunderlich, dass er den Menschen auch körperlich überlegen war. Ihr Freund sah auf und grinste, wie es nur Jaleel konnte und machte eine hämische Grimasse. *Gottseidank nur körperlich überlegen*, sinnierte Adan.

Alan Diran huldigte Jaleels Sieg mit einem kurzen Applaus.

„So sieht es aus", rief er mit erhobener Stimme, damit ihn jeder seiner Schüler hier im Atrium gut verstand, „wenn zwei Schüler der Meinung sind, ihre Überlegenheit läge in ihrer Überzahl. Unterschätzt niemals", er wurde noch lauter und legte eine besondere Betonung auf das Wort, „niemals euren Gegner! Die Geschichte lehrt uns eines." Sein Zeigefinger wanderte auf Robin, einen mittelmäßigen Schüler mit scharfer Zunge und noch schärferen grüngrauen Augen. „Hochmut kommt vor dem Fall."

Diran sah ihn einen Moment zu lange an und suchte sich mit dem gleichen erwartungsvollen Blick einen anderen Kadetten, der aufsprang und kurz mit den Worten rang, bevor er rief: „Kennt euren Gegner."

Diran nickte und wiederholte diese wichtige Weisheit mit ruhiger Stimme: „Kennt euren Gegner." Er trat in die Mitte des Atriums, in dem Jaleel noch immer stand und schwer atmete.

„Beobachtet so gut es geht. Seid aufmerksam, lasst niemals eure Verteidigung sinken und", da erhob er erneut die Stimme, „lernt euren Gegner kennen."

Er sah zu Jaleel: „Rook," rief er ihn lauter als nötig an und der Pan-Thar zuckte überrascht zusammen, „was ist noch existenziell?"

„Gewinnt?" Jaleel zuckte mit den Schultern und schmunzelte bei seiner Antwort, denn das erwartete Gelächter seiner Mitschüler raunte durch das Atrium. Doch noch ehe Jaleel verstand, was geschah, fegte Diran ihn mit einem Fußtritt von den Beinen und er starrte in den wolkigen Himmel und das jetzt über ihm erscheinende Gesicht seines Ausbilders, der ihn grimmig anlächelte.

Diran sah auf und schaute in die Runde. Seine Stimme war hart und entschlossen. Denn die Lektionen, die er ihnen mitteilte, entschieden über Leben und Tod. Oder machten einfach bessere Menschen aus seinen Schülern. „Habt *Respekt*."

Ohne zu ihm herab zu schauen, streckte Diran Jaleel seine Hand helfend entgegen und der Junge nahm sie dankend entgegen. Wieder auf den Beinen, klopfte Jaleel sich den Sand und Staub von der Hose, doch Alan Diran sah ihn herausfordernd an: „Denkst du etwa, meine Lektion ist für heute beendet?"

- 1 -

Die Akademie war sehr anstrengend und nicht nur im Unterricht forderten die Lehrer die volle Konzentration der Kadetten. Vor Allem die schmerzhaften und mehrstündigen Übungsstunden in der Kaserne unter der Leitung des Waffenmeisters Oscar Gregory und Alan Diran persönlich, der ihnen in den Monaten ihrer Ausbildung immer unsympathischer geworden war, verlangten sehr viel von den drei Freunden ab. Dennoch hatte im Laufe des letzten Jahres eine beständige Veränderung der Kinder stattgefunden. Sie lernten nun endgültig die Härte der Welt kennen sowie die Tücken des Erwachsenwerdens.

Die Furcht der Brüder vor dem, was vor ihnen lag und dem gut gehüteten Geheimnis in Form des Feuerschwertes Eldin ließ sie dennoch nicht aus den Augen verlieren, was ihr Leben grundlegend verändert hatte. Die Angst davor blieb unterschwellig immer vorhanden, wie ein leises Rumoren im Raum, das man irgendwann nur noch unterbewusst wahrnahm.

Alan Diran holte das bestmögliche aus den Jungs heraus.

„In deinen Söhnen", hatte er einmal im Vertrauen zu Benedict gesagt, „steckt viel Potenzial. Sie müssen lernen, Geist, Sinne und Konzentration zu fokussieren, dann werden sie einmal gute Krieger abgeben. Du hättest sie schon viel früher selbst trainieren können."

Die Bewertung ‚gut' war schon eine besondere Ehre, wenn sie über Alan Dirans Lippen kam. Benedict blieb nach wie vor unschlüssig, ob er überhaupt sehen wollte, dass seine Söhne ‚gute Krieger' wurden.

Oscar Gregory war da noch um einiges strenger. Der Waffenmeister galt als der beste Fechter von Xatiox und vielleicht sogar des östlichen Königreiches und hatte nicht nur in seiner Jugend etliche Turniere und Herzen für sich gewonnen.

Viviane hatte bei einem Bankett von den dortigen Klatschtanten deren Tratsch gehört, dass Gregory nicht zwingend und ausschließlich nur Frauenherzen erwärmte und wohl gerne auch im Schlafzimmer die *„Säbel rasseln ließ"*.

Sie, als ehemaliges Mädchen aus der Provinz, fühlte sich immer wieder unwohl, wenn sie als die Begleitung ihres Mannes bei solchen Veranstaltungen teilnehmen musste. Weniger wegen der damit verbundenen Politik, der auch Benedict, trotz seiner offiziellen Position als Adjutant von Diran, liebend gern aus dem Weg ging. Sondern vielmehr wegen der unerträglichen Plaudertaschen und pseudo-elitären, wohl situierten Damen höheren Stands.

Gelegentlich erhellte eine, sich in diesem Umfeld ebenso unwohl fühlende, Mitstreiterin ihren Abend – wie eine ihrer inzwischen guten Freundinnen Alissia Larroc, der die angeblich feinen Damen der Gesellschaft mit ihren hinter vorgehaltenen Händen ausgesprochenen Tratsch- und Lügengeschichten gehörig auf die Nerven gingen.

Alissia hatte sie einmal in die peinliche Situation gebracht, dass sie lauthals auflachen musste und jegliche Aufmerksamkeit in diesem Moment gänzlich Viviane galt. Sie hatte in ihrem ersten

Gespräch mit Alissia mit vielem gerechnet, aber niemals mit ihrer plötzlichen Aussage über ‚*stinkreiche Schnepfen von Oben*'. Seitdem waren sie gute Freundinnen geworden und auch Viviane hatte endlich begonnen, sich wirklich in Xatiox wohl zu fühlen.

***

Dem Waffenmeister verdankten Vivianes Söhne Marek und Adan ein knallhartes, aber überaus effektives Lernprogramm, das Körper und Geist stählte. Inzwischen konnten die Brüder nicht leugnen, dass auch ihre jugendlichen Körper mit drahtigen, trainierten Muskeln, denen ihres Freundes in nichts nachstanden. Zumindest, wenn man sie fragte. Aus Sicht eines Außenstehenden trennte ihre Physis zwischen Jaleel und sich noch um einiges an Muskelmasse. Gregory war trotz aller Härte ein gütiger Mensch und hatte in raren Momenten sogar Rücksicht auf Verletzungen – bei seinen Übungskämpfen schlug er nur selten zweimal auf die gleiche Stelle.

Tatsächlich wuchsen Jaleel, Adan und Marek zu sehr begabten Schwertkämpfern heran. Und nicht nur das. Die Brüder hatten enorme Schübe gen Himmel gemacht und den alten Honatius längst überholt. Dieser hatte sich endlich erbarmt und seinen Bart gestutzt. Vielleicht, so dachte Marek, war ihm die Peinlichkeit vor der shivianischen Königin doch irgendwann bewusst geworden.

***

Der kleine, gefühlt ständig mürrische, Trodainer war eines Tages aufgebrochen, ohne sich wirklich von den Brüdern zu verabschieden. Sie wussten von ihren Eltern und von früher, dass er oftmals lange und mehrjährige Reisen auf sich nahm, doch seitdem er mit einem Haufen Ragnar im Nacken nach Talon gekommen war und sie mit Sack und Pack die Provinz des Mittellandes verlassen mussten, war er immer an ihrer Seite geblieben und die Brüder hatten sich an seine Anwesenheit mehr als gewöhnt. Sie kannten ihn ohnehin seit ihrer Geburt. Für Adan und Marek war Honatius nicht einfach nur ein guter Freund der Familie, er war ein Teil davon. Sie nannten ihn selbst immer liebevoll Großvater, auch wenn der Trodainer weit davon entfernt war, in irgendeiner Weise blutsverwandt mit ihnen zu sein. Umso mehr tat es ihnen weh, dass er ohne großes Aufhebens aufgebrochen war, ohne auch nur den Jungs zu verbieten, seine Bibliothek und das sich darin befindliche Labor zu durchforsten. Was die Brüder natürlich auch *nicht* taten.

Umso größer war die Überraschung, als Benedict eines Morgens einen Brief erhielt, der eindeutig die etwas krakelige Handschrift ihres Freundes trug. Honatius war in ihrer alten Heimat im Mittelland!

Er berichtete ohne große Ausschmückungen – was außergewöhnlich war, da er gerne in einen Redefluss verfiel – von den Neuigkeiten in Talon. Benedict hatte um ehrlich zu sein immer wieder daran gedacht, dass sie zwar Talon verlassen hatten um das Dorf, aber vor allem Adan zu schützen. Aber von diesem Umstand konnten ja schlecht ihre Häscher wissen. Er hätte es sich niemals verziehen, wenn er die Nachricht eines weiteren Überfalls auf Talon erhalten hätte. Bereits nach ihrer Ankunft in Xatiox und seinem ersten Treffen mit seinem alten Freund Alan Diran, einem der wenigen Eingeweihten in die besonderen Umstände ihrer Flucht aus der Provinz hierher nach Xatiox, hatte er diesen gebeten, dass man verschärft auf das Mittelland Acht gab.

Diran war ein umsichtiger Mann und hatte exzellente Kontakte. Statt dem offensichtlichen Weg, schlug er den eines Taktikers ein und schleuste mehrere kampferprobte und loyale Soldaten als Spione in die Nebelberge, die dort zufälligerweise in Talon ihre neue Heimat fanden und ihm in regelmäßigen Abständen Bericht erstatteten. So gewährleistete er, dass kein Unheil über die Bewohner des Städtchens in den Bergen einbrach und sie immer auf dem Laufenden blieben. Glücklicherweise blieb das Dorf vor einem weiteren Angriff verschont. Es schien, als wäre das damalige Unheil vergessen. Benedict wusste es jedoch besser.

Trotz seiner Sorgen blieb der Brief seines Freundes durchweg positiv und erfreute die Toks mit schönen Neuigkeiten. In Talon hatte sich offensichtlich nicht viel verändert und die Menschen dort gingen ihrem gewohnten Alltag nach. Die Familie Tok wurde weder vermisst noch vergessen. Jonathan Korn war inzwischen Bürgermeister und stolzer Vater zweier Töchter. So, wie Honatius es schrieb, schien Priester Travek wenig erfreut über dessen Besuch gewesen zu sein. Umso mehr hatte sich der Trodainer wiederum gefreut. Benedict musste bei dessen Erzählung schmunzeln. Für sein undefiniert hohes Alter war der Trodainer immer noch gerne ein Schelm.

Jonathan hatte veranlasst, dass man den Zugang zum Schrein von Datura unter dem ehemaligen Haus der Familie Tok versiegelte und zumauerte. So blieb gewährleistet, dass nichts von dem großen Geheimnis von Talon doch noch eines Tages an die Öffentlichkeit geriet. Es war den Bürgern und allen eingeweihten lieber so.

Von den Nebelbergen selbst konnte Honatius weniger erfreuliche Nachrichten überbringen. Njuvenheim war verändert. Nicht nur war der alte Geschichtenerzähler Weimar an einem Herzinfarkt gestorben. Die Nju hatten die Pässe zu ihren Ländern gesperrt und niemanden mehr herein- oder hinausgelassen. Irgendetwas musste vorgefallen sein. Honatius hatte zwar versucht etwas über ihre Freunde herauszufinden, doch es war ihm schier unmöglich gewesen.

Er hatte lediglich Gerüchte aufschnappen können. Dank einer Drossel, die für ihn ins Tal geflogen war, hatte er zumindest herausfinden können, dass die Klans sich scheinbar nicht bekämpften. Die Nju blieben umtriebig in den Bergen, aber schienen den Kontakt zu Menschen zu meiden.

Das, was er dank seiner Fähigkeit als Trodainer vom Vogel erfuhr, blieb ihm zu offen, um sich ein Bild von der Situation in Kirath Annun zu machen. Honatius schloss eigene Annahmen und fürchtete, dass ein neuerlicher Kampf innerhalb der Klans ausgebrochen war. Der vermeintlich sichere Frieden nach ihrem Erlebnis im Feuerschrein und der Kür ihres Freundes Gimion Giarson zum kommenden Khan und Herrscher der Nju schien doch brüchiger zu sein, als angenommen. Doch Honatius hatte bereits etwas derartiges befürchtet als Gimion die Toks in Xatiox besucht hatte und sein treuester Freund Talars bereits sehr mürrisch danach klang, dass Gimion sein Amt leichtfertig aufs Spiel setzte. Was, wenn der Kampf um den Platz des Herrschers aller Klans der Nju erneut ausgebrochen war und ihr Volk mehr gespalten hatte, als zuvor?

Auch Benedict ließ dieses Gedankenspiel nicht kalt. Er hatte in den Echsenmenschen neue Freunde gewonnen und empfand großen Respekt vor Gimion, der ihn und seine Familie bei ihrer Reise durch die Berge nicht nur beschützt hatte, sondern sie auch zum richtigen Feuerschrein brachte. Dort hatte Benedict die Wahrheit über sich und seinen Sohn erfahren. Dort hatte sich endgültig ihr Leben für immer verändert. Benedict sah mit einem Gefühl von Schwäche auf seine Hände und die Brandnarben auf den Handinnenflächen. Die Nerven in den Fingern fühlten sich manchmal taub an. Seine Hände zitterten gelegentlich. Manchmal glaubte er zu spüren, wie sich das glühende Schwert durch sein Fleisch brannte. Ein Phantomschmerz, der ihm aber weniger Schmerzen verursachte, als die Erinnerung. *Du bist es nicht.*

Er trug nicht nur Narben auf seinen Handflächen, sondern auch im Herzen. Diese vier Worte hatten sich ebenso in sein Herz gebrannt, wie der Schwertgriff sich damals in seine Haut. Die Narben waren die schmerzliche Erinnerung an sein früheres Leben und all das, was er verloren hatte und Angst hatte, erneut zu verlieren. Das Feuerschwert, einst ein Werkzeug des Friedens in seiner Hand, war eine schreckliche Waffe im Krieg und hatte ihn zu einem Helden werden lassen. Er hatte mithilfe des Feuerschwertes Kämpfe besiegelt, noch ehe sie ausgetragen wurden. Er hatte sich maskiert und war als geheimnisvoller Ritter mit glühendem Feuerschwert ein Symbol von Hoffnung und Frieden für eine ganze Nation geworden. Doch dann hatte er in einem unachtsamen Moment inmitten eines Kampfes die Kontrolle verloren. Du bist es nicht. Er hätte diese Worte sich selbst immer wieder sagen müssen. Nach dem Tod seines Bruders durch das Feuerschwert war er selbst geläutert und verängstigt. Hatte alles hinter sich gelassen und war geflohen. In die Provinz. Weit weg von allem, das ihn an sein früheres Leben erinnerte. Dorthin zurück, wo er das Feuerschwert erhalten hatte. In dem jetzt versiegelten Schrein in Talon. Dort hatte er Viviane geheiratet und seine Söhne großgezogen. Und er hatte es verdrängt. Das

Feuerschwert war seine Bürde. Und jetzt war es die Verantwortung seines Sohnes Marek. Und sein Schutz blieb Benedicts Aufgabe. Er würde alles daran setzen, dass Marek nicht die gleichen Erfahrungen machen musste, wie er selbst. Wenn es nach ihm ging, würde Marek niemals wieder das Schwert erheben. Aber so sehr Benedict sich das auch wünschte, er wusste selbst, dass dies nicht mehr als ein hoffnungsvoller Gedanke bleiben würde. Das Schicksal hatte seine Pläne und dem konnten sie sich nicht entziehen. Soviel hatte Benedict gelernt und verstanden. *Du bist es nicht.*

Aber das muss ich auch gar nicht. Ich muss nur für meine Söhne da sein und sie beschützen, bis sie sich selbst beschützen können. Und selbst dann noch werde ich immer ihr Vater und Beschützer bleiben.

- 2 -

Der Frühling hatte sich recht gutmütig gezeigt und erfreute die Menschen mit tauendem Eis und der Vorfreude auf wärmere Tage. Tatsächlich war es deutlich kälter geworden, als man es hier gewohnt war. Seefahrer berichteten immer wieder von ungewöhnlichen Schneestürmen auf hoher See. Die drohende Kälte und das Eis waren während des Winters näher gekommen als jemals zuvor. Besonders aus Shiv hatte man vernommen, dass die Tage in den Wintermonaten immer härter wurden. Immer wieder vernahm man Gerüchte über Schiffe, die schwimmende Eisberge rammten und sanken. Der kalte Tod, so erzählten die Seefahrer, kam aus dem Norden. Man nannte seinen Ursprung schlicht das ‚Eisgebirge‘, ein gewaltiges Stück weißen Landes, das sich nördlich von Shiv aus dem Meer erhob und mit jedem Jahr wuchs, wenn man den Beobachtern und Seefahrern Glauben schenkte, die diese Route regelmäßig fuhren. Immer wieder brachen Schollen von den Gletschern und trieben über die See und die kühle Seeluft verdankte man ebenfalls diesem Ungetüm, das bedrohlich im Meer nördlich von Shiv thronte. Angeblich, so sagte man, hatte dieses Eismassiv einen magischen Ursprung. Fragte man die Gelehrten, wiesen diese erstaunlich wenig Kenntnis darüber auf. „Das Eisgebirge war schon immer und wird auch immer sein.“

Doch es war unabstreitbar, dass die Eismassen wuchsen und mehr wurden. Etwas ging dort vor sich, doch Expeditionen kehrten selten mit neuen Erkenntnissen oder glücklich zurück. Die eisige Kälte dort war unerträglich und schien nur von den eisigen unerforschten und unbewohnbaren Landmassen im nördlichsten und südlichsten Teil der Welt überboten werden zu können.

Das alles interessierte in Xatiox in diesem Frühling jedoch nur eine verschwindend geringe Anzahl der dort lebenden Bevölkerung. Denn bereits seit Monaten bereitete sich die Stadt auf die folgenden Tage vor. Prinz Dante Vadamiak Bondarric feierte seinen dreißigjährigen Geburtstag mit einem großen mehrtägigen Fest. Hierfür hatte er sich einiges einfallen lassen.

Marek, Adan und ihr Freund Jaleel liefen begeistert durch die Reihen der Handwerker, die schon seit mehreren Tagen damit beschäftigt waren, auf dem großen Marktplatz eine gewaltige hölzerne Bühne zu errichten. Hier wurde gerade eine Gruppe laut pöbelnder Demonstranten von einer Minderzahl eifriger Soldaten und Wachen zurückgedrängt, die hinter sich gleichermaßen eine größere Menschentraube zurück hielten. Für die Jungs ein unterhaltsames Schauspiel, so als versuchten die Stadtwachen, zwei aufeinander näherkommende Wände aufzuhalten. Adan erkannte die extravagant gekleideten Männer und Frauen in ihrem bunten Brokat als die Schauspieler des Städtischen Theaters. Sie blieben sich und ihrem kunterbunten sowie lauten Lebensstil treu und fluchten wilde Verwünschungen gegen die Leute auf ihrer Gegenseite.

„Es ist eine Schande! Warum will der Prinz eine Gruppe von ausländischen Stümpern und Dilettanten und nicht uns?"
„Hat wohl seine Gründe!", blökte ein Gnom auf den Schultern seines menschlichen Kumpans, der lachend grunzte. Dabei wirkte der Gnom so, als würde er auf den Schultern des Mannes reiten, was wiederum zur Erheiterung der um ihn stehenden sorgte. „Weil er euch langsam leid ist!", brüllte eine andere Frau, die offensichtlich gegen die Demonstration der Künstler war.

„Spielt weiter in euren Katakomben, aber verschont uns mit eurem Mist!"

Ein Soldat versuchte den Streit zu schlichten und mischte sich ein, machte es aber nicht unbedingt besser, als er trocken meinte: „Angeblich haben sie einen Troll."

„Es heißt ,*Katerkomben*', du Ignorant! Wir sind die ,*Lachkater*'!", brüllte eine arrogante Schauspielerin mit langen Federn in den Haaren der Frau noch lauter entgegen, woraufhin ein keckcr junger Mann erneut konterte:

„Ihr seid zum Lachen und eure miserablen Stücke auch!"

„Das ist Sinn und Zweck der Sache!", erwiderte ein schlanker Blonder mit einem hohen Hut und Gehstock, den er schwungvoll in die Luft erhob und dabei drohend zum Pöbel wank. „Also die Sache mit dem Lachen!", ergänzte er hastig.

„Hört hört!", rief jetzt sein Kollege aus: „Warum betrinkt sich eine einsame Katze?" Offensichtlich verwirrt über diese Frage, blickte die Menge auf den Mann mit vornehm geschnittenen Bart und wartete auf die prompt folgende Pointe: „Damit sie einen Kater bekommt!"

Für einen Moment blieb es ruhig, doch dann lachten und grölten die Anwesenden. Die Wogen glätteten sich, bis einer aus der Menge gelangweilt rief: „Den kannte ich schon!" Und somit erneut ein Streitgespräch auslöste.

Der Pöbel pöbelte wieder.

***

Adan bedeutete den anderen, ihm zu folgen. „Erwachsene können so albern sein." Die Freunde verließen die streitende Masse um sich kurz darauf in einem anderen Gemenge wiederzufinden. Rufus war eifrig dabei, seinen Unmut an einigen Menschen auszulassen. Als er die Kinder sah, lächelte er jedoch sanftmütig und wank sie zu sich heran.

„Ist es denn zu glauben? Weil ein Herrscher sich selbst feiern lassen will, muss der Markt weichen! Damit hat er uns allen großen Schaden zugefügt." Er erklärte, dass der Markt zum Verdruss der Händler auf den kleinen Platz weichen musste, der sich nun überfüllt von Angeboten fand. Händler wie Rufus mussten ihre Läden sprichwörtlich übereinander stapeln.

Ein wichtig aussehender Mann in einem viel zu kurzen Umhang richtete sich auf seinem Pferd in der Menge auf und reckte die Brust empor, rollte ein Schriftstück aus und verlas mit hallender Stimme die schlichtenden Worte des Regenten, der eine angemessene Entschädigung versprach.

„Kinder, ich hoffe wenn ihr erwachsen seid, geht keiner von euch in die Politik."

„Wo liegt denn das?", scherzte Jaleel, der eine besondere Leidenschaft für Sarkasmus zu entwickeln schien. Rufus machte eine abschätzige Geste, zurrte zwei Riemen fest, gab seinem störrischen alten Gaul einen Klaps auf den Hintern und zog dann seinen Wagen hinter sich her.

Die Kinder folgten ihm und halfen ihrem Freund schließlich, einen Platz zwischen den unzähligen anderen Händlern zu finden, die hier um jeden Zentimeter Platz kämpften. Marek und Adan ignorierten die bitterbösen Worte, die Jaleel in dem Gedränge den Männern an den Kopf warf, die selbst teilweise überrascht von dem jungen Pan-Thar und seiner scharfen Zunge zu sein schienen.

Auch der Luthan hatte ein paar äußerst jugendgefährdende Ausdrücke auf Lager, wobei sich die Brüder fragten, ob es normal war, dass Tiermenschen so gut fluchen konnten. „Vielleicht hat ja Jaleel auch von Rufus gelernt?", munkelte Marek und sein Bruder kicherte amüsiert über das Zusammenspiel der beiden Fionis.

„Wohl eher umgekehrt."

Rufus bedankte sich schließlich über die unerwartete Hilfe und gab ihnen Anweisungen, während sie seinen kleinen Laden wieder auf Vordermann brachten. Die drei Freunde schlenderten zurück auf den großen Marktplatz.

„Rufus ist bei weitem nicht so gesprächig, wenn Honatius nicht dabei ist", bemerkte Marek.

„Wo ist er überhaupt?", fragte Jaleel und erwartete eine ausführliche Antwort, doch die Brüder zuckten mit den Schultern. „In unserer alten Heimat", erklärten sie knapp und wirkten auf ihren Freund nicht so, als wollten sie das Thema besonders vertiefen.

Da schien Adan etwas zu bemerken:

„Schaut mal."

Die Demonstranten waren verschwunden. Oder verschwunden worden., dachte Adan und beobachtete ein besonders großes Aufkommen der Stadtwache, die an einer Gasse stand und dabei penibel darauf achtete, dass nicht zu viele Menschen auf den Platz gelangten.

Die Kinder wurden nach wie vor ignoriert und konnten somit ansehen, wie die Bühne wuchs und wuchs. Sie war halbkreisförmig erbaut worden, sodass man von jeder Seite etwas erkennen würde. Drei gewaltige Tribünen säumten die andere Seite des Marktplatzes. Dort würden die Zuschauer genug Platz finden. Aber sollte das wirklich für alle Leute reichen?

„Ganz sicher nur für die Bewohner der höheren Stände und Viertel", mutmaßte Adan, der verstanden hatte, dass in dieser Stadt nicht alle gleich gut oder schlecht behandelt wurden. Auf der mittleren Tribüne ragte eine große Kanzel in die Höhe, die noch mit Blumen und Kränzen geschmückt wurde. Auf dem Dach der Kanzel wurde soeben eine hölzerne Krone aufgestellt, die golden bemalt wurde. Ein Vorarbeiter, der soeben einige Arbeiter hin und her scheuchte, starrte die Jungs an. „Verschwindet gefälligst von hier!" Die Freunde kicherten und eilten durch die Menge. Je später sie in die Übungsstunde kommen würden, desto härter würde Diran sie sich zur Brust nehmen.

Noch schlimmer wäre es, wenn Gregory sich ihrer annehmen sollte. Er bevorzugte niemanden, selbst die besten Schüler nicht. Und er machte sich auch nichts aus Freundschaften, die Schülern einen Vorteil verschafft hätten. Unter seinem Blick gab es keinen Schutz und keine Bevormundungen. Marek kreuzte zwei Finger und hoffte, Diran auf dem Übungsplatz zu sehen und nicht Gregory.

Der Trubel in der Stadt war größer denn je. Die Menschen, die einen Bogen um den Marktplatz und die Hauptstraßen aufgrund der Vorbereitungen machen mussten, zwängten sich nun durch sämtliche andere Straßen und Gassen. Hier und da teilte sich die Masse vor den vielen berittenen Herolden, die lauthals Neuigkeiten ausriefen.

Benedict stockte mitten in der Bewegung als er hörte, was ein Mann auf dem Schimmel in die Masse brüllte. Konnte das wirklich wahr sein? Der Prinz hatte alle Arbeiter der Stadt für die nächsten vier Tage von ihrer Arbeit freigestellt. Von Gesetz her, war es all jenen unterlassen zu arbeiten, deren Aufgabe nicht unabdingbar war. Und denen wurde ein Kompromiss gemacht, in dem verkündet wurde, dass sie in Schichten eingeteilt würden. Benedict lächelte. Der Prinz könnte damit wirklich das wütende Volk halbwegs ruhigstellen.

Er hörte von einer Bekanntmachung, dass von nun an alle fünf Jahre dieses viertägige Ereignis wiederholt werden sollte. Zu Ehren des Prinzen und seiner edelmütigen Art und Weise. Benedict blieb an einem Plakat stehen, das in verspielter Schrift das große Ereignis ankündigte. Er drängte sich durch die Masse und stellte sich vor das Plakat, sodass er es lesen konnte. Wenn er bedachte, wer sich so um ih tummelte, bezweifelte er sowieso, dass die meisten überhaupt lesen konnten. Wahrscheinlich starrten sie nur auf das Bild, das unter der großen Überschrift gezeichnet worden war. Es zeigte ein stilisiertes Luftschiff mit zwei großen Ballons, über denen der Titel in verspielter Schrift verlief. Rings um das Luftschiff waren verschnörkelte Linien und Formen gezeichnet worden, die Tiere, Menschen und andere fabelhafte Dinge darstellten. Benedict seufzte. Schauspieler. Er las noch einmal den Titel und Text:

„Die einzigartigen und berühmten ‚Fliegenden Salamander‘, unter Leitung des großartigen Xander Xelophylisios. Erlebt noch nie da gewesene Schauen von Legenden, Fabeln und Grauen."

Ein kleines Mädchen sah an ihm mit großen türkisen Augen hoch. Es war offensichtlich, dass sie wissen wollte, was dort geschrieben stand, obwohl viele sicherlich auch einfach nur die schöne Zeichnung bewunderten und sich gar nicht erst die Mühe machten, die geschriebenen Worte zu entschlüsseln. Benedict fragte sich erneut, wieso es nicht möglich war, jedem Stand eine Schulbildung anzubieten und überlegte, ob er vorsichtig seinen Freund Alan bat, dieses Anliegen in einer ruhigen Minute beim Prinzen anzusprechen.

Benedict lächelte das Feli'Dae Mädchen an, das mit seinen großen Katzenaugen förmlich bettelte. Eins ihrer spitzen und aufrecht stehenden Ohren zuckte, während die Neugierde dem Mädchen ins Gesicht geschrieben stand. Erst jetzt bemerkte Benedict, dass auch andere ihn erwartungsvoll anstierten. Scheinbar war offenkundig, dass er des Lesens mächtig war. Er räusperte sich verlegen und las dann so laut vor, dass es jeder um ihn stehende hören konnte:

„Schausteller, Theaterleute und fabelhaftes Getier, das alles sag ich dir, komm und sieh uns zu, wir verzaubern dich im Nu!"
Und ganz klein war ein kurzer Satz geschrieben, der Benedict erst später ins Auge fiel.

„Mit einer neuen einzigartigen Attraktion, die noch nie zuvor ein Sterblicher sah!" Er runzelte die Stirn und quetschte sich dann wieder durch die Masse, die aufrückte und weiter gebannt auf das Plakat starrte.

***

Benedict war inzwischen bei dem Tuchmacher gewesen, zu dem er ursprünglich wollte und machte sich nun auf den Heimweg, mehrere Meter neuen Stoffes über seinen Arm geworfen. Er streichelte zufrieden das weiche Material. Es war sehr gute Ware und würde sich wunderbar auf der Haut anfühlen. Viviane hatte explizit darauf bestanden, dass es Stoff dieses Händlers sein musste. Scheinbar hatte sie inzwischen, dank und durch ihre Freundin Alissia tiefgehende Einblicke in die Welt der Mode erhalten, der sie nicht abgeneigt zu sein schien.

Im Gegensatz zu den anderen Frauen in diesem Stand, überließ sie es aber nur ungern Bediensteten oder Schneidern, ihre Kleidung zu schneidern. Viviane hatte schon immer eine Abneigung gegenüber Arroganz durch Reichtum und es war vielmehr das Verhalten der Reichen, Aristokraten und vermeintlichen Edelleute, das sie regelmäßig erzürnte. Sie tat sich immer wieder schwer mit anzusehen, wie diese teilweise ihre Bediensteten behandelten. Sie hatte bereits als bürgerliche aus der Provinz Spott geerntet. Als dann heraus kam, dass sie ihre Kleider selbst nähte, oder einfach anpasste, blieb Verständnis und Anerkennung aus und wich abschätzigen Blicken, sowie Getuschel hinter vorgehaltener Hand.

Viviane erwischte sich immer wieder dabei, wie sie abends im Bett neben ihrem Mann lag, dem diese Umstände wenig auszumachen schienen. Zumindest ließ er sich selten bis nie etwas davon anmerken. Er war immerhin hier aufgewachsen. Ihr jetziges Haus, war sein Familienerbe und die Familie Tok war finanziell gut gestellt gewesen. Nicht reich, aber wohlhabend genug, um sich dieses Haus und eine gewisse Anerkennung zu verdienen. Wenn sie auch weit entfernt von der Aristokratie waren, schlecht ging es der Familie Tok nie.

Benedict und sein Bruder David waren kluge und ambitionierte Männer geworden, hatten eine steile Laufbahn und Karriere in der Garde abgelegt und hatten sich nie etwas zuschulden kommen lassen. Viviane hatte Ben jedoch als gebrochenen Mann kennen gelernt, der mit dem Tod seines Bruders schwer zu kämpfen hatte und sich selbst immer wieder die Schuld dafür gab.

Er war ein gutmütiger Vater und liebevoller Ehemann geworden, der jetzt einigen Pferdeknechten ausweichen musste, die mehrere ungeduldige Rösser in Richtung der Stallungen brachten. Benedict lächelte, denn noch immer mochte er den urigen Geruch von Stroh und Heu, auch wenn er selbst nur noch selten auf einem Pferd saß. Vielleicht, so überlegte er, würde er ja häufiger in einem Sattel Platz nehmen. Dann, so schloss er seinen Gedanken, würden aber zweifelsohne seine Söhne ebenfalls Unterricht wollen. Ob er das wollte, wusste er in diesem Moment noch nicht. Gedankenverloren erreichte er die Turmstraße, in der das Haus der Toks stand, und folgte der geradlinigen Straße hügelabwärts Richtung Hafen.

Kurz vor seinem Haus hielt er inne, als er einen schmächtigen Jungen vor der Haustür bemerkte, der sich mit Viviane unterhielt. Der Bursche trat verlegen einen Schritt zurück, als

Benedict seine Frau mit einem Kuss begrüßte und ihr die Stoffe übergab.

„Verzeiht mir, Herr", räusperte sich der Bote und trat von einem Fuß auf den anderen. Seine feine Weste war mit edlem Brokat verziert und in den blauen Farbtönen der Stadt gehalten.
„Ihr habt die Bitte, sofort nach Hohenwacht zu kommen, Herr." Benedict zuckte mit den Achseln. „Hat Großmeister Diran gesagt, warum er mich sehen will?" Der Junge schüttelte den Kopf: „Es war der Prinz, der nach Euch rief, mein Herr."

- 3 -

Der Tagungsraum war angefüllt mit vielen Männern, die auf-gebracht miteinander sprachen und nur kurz innehielten, als Benedict zögerlich eintrat. Alan lief ihm entgegen, berührte seine Schulter und zog ihn entschlossen mit sich in den Korridor hinaus.

„Es gibt Probleme."
Sofort gingen sämtliche Alarmglocken in ihm los und Benedict fürchtete um seine Familie. Sie waren vor Menschenjägern der Ragnar und Trojoxanten aus dem Mittelland geflohen und hatten hier in Xatiox eine neue Heimat gefunden. Benedict hatte seitdem mit Alan nach Antworten für die vielen offenen Fragen gesucht, wie dem Grund dafür, dass sie Adan jagten und entführen wollten.

„Wie viel weißt du über das Konzil von Ardelic?" Benedicts Blick verriet, dass er nicht wirklich wusste, was sein Freund von ihm verlangte. Alan entschuldigte sich prompt, manchmal vergaß er die Stellung seines Freundes. Auch wenn Benedict sein Adjutant geworden war, er war bei weitem nicht so tief in der Materie und in alle Verwicklungen eingeweiht. Generell versuchte Alan, Benedict aus dem Meisten herauszuhalten. Aus den unterschiedlichsten Gründen.
„Entschuldige, manchmal vergesse ich, dass du ja eigentlich nichts mit all dem Geplänkel hier zu tun hast."
„Haben will", korrigierte Benedict trocken und hörte sich die Erklärung seines Freundes an.
„Das Konzil von Ardelic befindet sich auf Shadia. Es besteht aus

den wichtigsten Priestern, Bischöfen und dem Patriarchen der ‚Sanktum Ivaelon', einer dogmatischen kirchlichen Vereinigung des Glaubens an die Götter. Der Patriarch des ‚Sanktum Ivaelon' heißt Aubrel Dam Groor und er wird von zwölf Kardinälen unterstützt. Sie sind zur besonderen Mitverantwortung an der Gesamtleitung der Kirche verpflichtet. Du kannst noch folgen?"

„Soll ich mitschreiben?", fragte Benedict mit zynischem Unterton, weil er immer noch nicht verstand, worauf das Gespräch hinaus lief, außer, dass er schon wieder mit Dingen bombardiert wurde, die ihm nichts sagten und er nicht ganz verstand. „Zu viel Inhalt in zu kurzer Zeit. Erklär es mir, als sei ich einer meiner Söhne."

„Witzig, wie eh und je", Alan wirkte äußerst humorlos an diesem Vormittag. „Pass auf. Das Konzil ist im Prinzip dafür verantwortlich, welche religiöse Richtung Shadia einschlägt. Während wir hier und sonst überall die hohen fünf Götter des Lichts anbeten", in Gedanken listete Benedict Ethion, Avaelin, Anagalis, Nairu und natürlich Datura auf, dessen Inkarnation in Form eines Ashur er im Feuerschrein begegnet war, „aber auch unseren Glauben an die Auserwählten haben, sagt das ‚Sanktum Ivaelon', dass kein Sterblicher je über den Göttern steht, also auch kein König, anderer Herrscher oder Auserwählter. Der Patriarch hat jetzt im Konzil durchgerungen, dass er, als Abgesandter und Sprachrohr der Götter des Lichts, und nicht Imperator Arad Beneza'Olar die Herrschaft über Shadia übernehmen soll."
„Das würde bedeuten, die Kirche steht über der Regierung?"
„Nicht ganz. Es bedeutet, die Kirche ist die Regierung."
„Klingt nicht gerade nach den Orani."
„Genau darum geht es. In Shadia bricht eine Revolution aus. Die Machtverhältnisse scheinen endgültig zu kippen. Allem Anschein nach brechen sie förmlich in sich zusammen. Darüber diskutieren wir schon den ganzen Morgen."

Erneut fühlte sich Benedict in eine Situation gezwängt und mit einem Problem konfrontiert, mit dem er nichts zu tun haben wollte. Umso mehr fragte er sich, warum sein Freund ihm das alles erzählte, so als müsse er es wissen.

„Alan, du weißt, ich bin nicht so fit in diesen politischen Dingen und verstehe nicht mal im Ansatz, was du mir jetzt eigentlich sagen willst, oder was das mit mir zu tun hat." Sein Freund deutete mit düsterem Blick zur angelehnten Tür, hinter der gedämpfte Stimmen hervordrangen.

„Unsere Befürchtungen haben sich bewahrheitet, Ben." Er trat näher, als wolle er nicht, dass irgendjemand im Korridor ihr Gespräch weiter mithörte. „Der Imperator Arad Beneza'Olar wird sich jetzt entweder gegen das Konzil von Ardelic auflehnen, dann wird Shadia in einem Bürgerkrieg gespalten, oder schlimmer noch – Shadia wird sich verändern. Die sich bereits androhende Spaltung zur Allianz wirkt unausweichlich."

Benedict dachte erneut über das Gehörte nach und fand schließlich den Kern des Problems, zumindest glaubte er es: „Wenn dieser Patriarch an die Macht kommt, ist er der geistige Führer ihres Glaubens. Das bedeutet, dass ein Auserwählter alles andere als gern gesehen wird?"

Alan nickte.

Sie versuchten nach wie vor nichts über Benedicts wahre Hintergründe und Verbindung zum heiligen Feuerschwert Eldin durchblicken zu lassen, aber Prinz Dante war nicht dumm. Wenn in Xatiox ein Auserwählter offen lebte und somit bewies, dass nicht der Patriarch den Göttern am nächsten stünde, könnte dies für eine politische Kontroverse und Unruhe sorgen. Alan würde nicht so weit gehen, das ‚Sanktum Ivaelon' als radikal zu bezeichnen, aber ironischerweise wirkten sie auch nicht wie heilige.

„Das Ganze zieht einen gehörigen Rattenschwanz hinter sich her. Überleg mal, wenn die Allianz zu bröckeln beginnt, was passiert dann? Seien wir ehrlich, wirklich gesichert scheint sie spätestens seit dem Diebstahl der Luftschiffe von Landris sowieso nicht mehr zu sein. Gefühlt geht jeder seinen eigenen Weg. Und wir kratzen seit Jahren nur an der Oberfläche. Meine Angst ist", jetzt kam er noch näher, „dass Shadia mit Trojox paktiert. Das wäre katastrophal."

„Die Trojoxanten?" Benedicts Herz gefror bei dem Gedanken

an diejenigen, die seinen Sohn jagten. „Wir haben keine Ahnung, was sich da draußen wirklich abspielt, aber es verheißt nichts gutes."

„Das ist doch Irrsinn. Wieso sollte dieser Patriarch über den Auserwählten stehen? Das macht nicht mal Sinn!" Fast wäre aus Benedict herausgeplatzt, dass er vor einem Gott gestanden und mit ihm gesprochen hatte, dass sein Sohn von Datura auserwählt wurde, sein Vertreter zu sein, der Träger des heiligen Feuerschwertes Eldin.

„Fakt ist", Alan hob mahnend seine Hand, „dass Shadia droht, von innen heraus zu zerfallen. Kirche und Imperator stehen einander gegenüber. Und über allem liegt eine Bedrohung, die in den Schatten lauert. Ich bin ehrlich, ich habe keine Ahnung, in welche Richtung das alles geht. Aber wir müssen vorsichtig bleiben."

„Das musst du mir nicht zweimal sagen."

Alan nickte wissend, schien das Gespräch beenden zu wollen und wollte zurück ins Zimmer.

„Alan", hielt Benedict ihn zurück, „der Prinz hat nach mir rufen lassen."

Der Blick seines Freundes blieb der gleiche, doch etwas unerwartetes lag in ihm, etwas, das Benedict nicht deuten konnte. „Ben –"

„Verzeihung!", ein verschwitzter Bote drängte sich an den beiden vorbei. Er hielt eine versiegelte Schriftrolle in der Hand. Für Alan genügte ein schneller Blick, um das Siegel darauf zu erkennen. Erneut packte er Benedicts Arm und führte ihn zurück in den Raum. Dort war eine unruhige Stille eingetreten, als der Prinz die Rolle entgegennahm. Sein Blick fiel kurz auf die nun eintretenden Männer und verharrte dann auf dem Siegel in seiner Hand.

Er stockte und zögerte einen Moment, bevor er das Siegel öffnete und das Schreiben entrollte. Seine Augen rollten über den Text und sein Mund wurde von Zeile zu Zeile schmaler. Prinz Dante ließ sich schließlich in seinen Stuhl sinken.

„Wen das Übel am Tage heimsucht, der wird in der Nacht keine Ruhe finden." Die Anwesenden setzten sich alle schnell wieder hin.

„Dies ist eine Botschaft meines Bruders. Meine Herren, es herrscht Krieg."

***

Die Unruhe im Raum beendete Prinz Dante mit einer harten Handbewegung, noch bevor es Partan Tribolis, General von Xatiox tun konnte – was zu einer seiner liebsten Tätigkeiten hier im Rat gehörte.

„Es ist ein trauriger Zufall, dass dieses Schreiben uns so kurz nach der Hiobsbotschaft von Shadia ereilt. Doch müssen wir nun der Gefahr ins Auge blicken und unsere Blicke gen Osten richten." Ein anderer Großmeister beugte sich leicht vor, sodass seine weißschwarze Tunika leise raschelte: „Osten? Es hat nichts mit der Sanktum Ivaelion zu tun, Herr?"
Dante schüttelte den Kopf und ließ das Schreiben vor sich auf den Tisch sinken: „Mein Bruder berichtet von schweren Auseinandersetzungen in Trodox mit einem Feind, den wir trotz aller Warnungen zu ignorieren wagten." Der Prinz sah schuldbewusst zu Benedict herüber, der seine Worte sofort verstand.

„Man hat uns gewarnt und in unserem Hochmut haben wir nicht darauf gehört." Er machte eine kurze Pause. „Wie Bjarn Thristhale, Botschafter aus Ayan, mir vor kurzem mitteilte, hat mein Vater die Produktion der Luftschiffe um seine Armada wieder angekurbelt. Wir, als zentraler Hafen, werden laut Befehl des Königs von Ayan die Werften wieder in Betrieb nehmen und eine Flotte aufbauen. Bitte, Botschafter."

Dante machte eine Geste zu dem Botschafter seines Vaters, der nickte und sich erhob. „Zu dem damaligen Zeitpunkt wusste ich noch nicht um die näheren Umstände, doch der König hatte vor zwei Monaten den Bau neuer Luftschiffe veranlasst, wohl wissend, dass das Wissen um ihre Nutzbarkeit stark eingeschränkt ist. Ingenieure entwickeln seitdem unablässig an neuen Techniken und Methoden, die die Schiffe flugtauglich machen können. In Ayan haben wir die industrielle Rate der Flugschiffe verdreifacht und uns dennoch stark im Bau von Waffen beteiligt.

Vierzig Prozent der Werften des Nordlands bauen nun an Flug-schiffen und in Ayan sogar knapp sechzig Prozent. Ich bin sehr optimistisch, wir werden Luftangriffen standhalten und sogar eigene koordinieren können."

Ein Mann in grüner Robe erhob sich ebenfalls und sprach mit empörter Stimme. „Wir wissen doch alle, dass das magische Potential gen Null geht! Warum werden die letzten Ressourcen in deren Besitz wir uns wägen, für diese kriegstreiberische Maschinerie verwendet?"
„Hütet Eure Zunge Darnadus von Argedier. Wir tun alles um dieses Land zu schützen, Kurator!", wandte Bjarn Thristhale zornig ein.

„Um das Land zu schützen? Ihr ruiniert es! Seht euch die eisige Wüste im Nordwesten des Landes an! Die Kältesteppe breitet sich immer weiter aus und einst fruchtbare Länder wandeln sich in eine unbewohnbare Tundra! Kharrok versinkt in einem ewigen widernatürlichen Winter. Das geschieht nur, weil die magischen Ressourcen des Landes versiegen! Ich bin mir sicher, dass auch das Eis und die Kälte von Übersee mit dem Verschwinden der Magie in Aeldion zusammenhängen!"

Prinz Dante hob beschwichtigend die Hände: „Wir alle wissen, dass die vergangenen Kriege ihren Tribut gezahlt haben. Ich kann den Neubetrieb der Werften ebenfalls nicht gut heißen. Zumal es Ressourcen kostet und verschlingt, die wir uns nicht so einfach leisten können. Aber wenn es heißt, dieses Land zu verteidigen, werde ich nicht zögern, alle nötigen Maßnahmen einzuleiten! Und ich werde mich nicht gegen die direkte Order des Hochkönigs widersetzen."

„Aber warum denn Luftschiffe, Euer Gnaden?" Der in Grün gewandete Mann war Kurator der Magicros, der größten Gilde von Magiern in Ayanox. Er setzte sich wieder hin und machte keinen Hehl aus seiner Empörung. Prinz Dante strich mit dem Handrücken über das Pergament vor sich und sah nun mit düsteren Blicken in die Runde: „Weil der Feind mit Luftschiffen angreift."

Benedict horchte auf. Prinz Dante deutete auf das Schreiben: „Es ist inzwischen fast zwei Jahre her. Wir hielten einen Rat mit den Botschaftern der Länder und erörterten den Fall des Diebstahls mehrerer Luftschiffe. Bereits damals war uns eine drohende Gefahr bewusst, doch nichts sprach mehr für diese. Wir ließen leichtfertig die Ermittlungen einstellen. Nun aber ist geschehen, womit kaum einer gerechnet hat." Er sah vielsagend zu Alan und Benedict und in seinem Blick lag eine tief ehrliche Entschuldigung, sich nicht mehr darum bemüht zu haben.

„Es sind die Grauen und Ragnar, die sich mit den Schatten aus der Dunkelheit emporgehoben haben und nun erneut nach der Macht zu greifen versuchen."
Ein Raunen ging durch die Menge und Benedicts Herz verkrampfte sich. „Also hat es begonnen", flüsterte er.

Alan nickte und bemerkte, wie der Prinz einem Diener etwas ins Ohr flüsterte. Kurz darauf wurden Getränke serviert. Darnadus sah zornig zu Prinz Dante herüber. „Ich spreche nur ungern gegen die Taten eines Königs, doch solltet Ihr wirklich überlegen, ob dies die richtige Entscheidung ist, mein Herr."
Dante stellte langsam seinen Becher ab, als drohe dieser zu explodieren und funkelte den Kurator an: „Euch steht es frei, über mein Handeln oder das des Hochkönigs zu urteilen und richten. Doch ob es etwas ändern wird, ist einerlei. Um ehrlich zu sein, kann ich die Entscheidung meines Vaters auch nicht gut heißen, doch werde ich mich seinen Plänen nicht in den Weg stellen.

Seid euch gewiss, dass ich aber keineswegs in Betracht ziehe, dass die Ostmark in den Krieg zieht. Wir produzieren die Schiffe. Mehr nicht. Ich werde mich raushalten und einen rein defensiven Posten anstreben. Xatiox wird der Haupthafen der Flotte sein, von hier werden die Schiffe vom Stapel laufen. Das macht uns natürlich zu einem großen Ziel, doch wir werden viele der Produktionsstätten auslagern. Ich werde mein Volk nicht gefährden. Ich bin Prinz und Statthalter, nicht Herrscher. Mir obliegt das Wohl und die Sicherheit *meiner* Stadt. Wir werden nicht aktiv in den Krieg meines Vaters eingreifen."

Der Prinz ließ von seinen drei Adjutanten Martin Windwasser, Vincent Belaskar und Steven Orval zusammenfassen, was in der damaligen Sitzung mit den Botschaftern besprochen wurde und ans Licht gekommen war.

„Wie wir alle inzwischen wissen, habe ich einen großen Fehler begangen, mich nicht noch intensiver um diese Geschehnisse zu kümmern." Der Kurator Darnadus von Argedier erhob sich und sah den Prinzen entrüstet an: „Es ist nicht nur eine Schande, was Ihr uns vorenthieltet, vielmehr erschüttert es meinen Glauben und Respekt an Euch und Eure Sache, mein Prinz. Ihr wusstet von der möglichen Gefahr eines Krieges und habt nichts unternommen, während einfache Männer", dabei deutete er auf Benedict und Alan, „ihr Bestes unternahmen, um ein Komplott aufzulösen?"

„Mein Prinz, ich kann nicht mit ansehen, wie ihr eine Flotte errichtet, die es niemals geben dürfte und vielleicht nicht gegeben hätte, wäret ihr bereits damals nicht blind vor eurem unermesslichen Stolz gewesen. Als nächstes wünscht ihr vermutlich, die Drachenreiter wieder aufleben und somit eine unbesiegbare Armada in den Lüften kreisen zu lassen? Es tut mir aufrichtig leid, dies kundtun zu müssen, aber die Magiergilde der Magicros wird sich jeglicher Hilfe verwehren, sich in einen drohenden Krieg einzumischen. Unsere Aufgabe obliegt primär dem Schutz und der Erhaltung der Magie. Mit dem Bau einer Flotte und dem Einsatz der Luftschiffe gefährdet Ihr dieses empfindliche Gleichgewicht nur noch mehr. Denkt an meine Worte, wenn ihr die ersten Schiffe emporsteigen lasst." Dante hob beschwichtigend seine Hand, doch der Magier Darnadus raffte seine grünen Roben, erdreistete sich aufzustehen und verließ ohne weiteren Kommentar den Raum.

General Tribolis räusperte sich und richtete sich an den Prinzen. „Wenn Ihr die Güte hättet, uns endlich zu berichten, was genau in diesem Schreiben steht?"

Dante funkelte ihn kurz an und nippte erneut an seinem silbernen Becher. Er sah zu den steinernen Skulpturen, die die Tür flankierten. Statuen von Silberdrachen ragten mit ihren, bis ins kleinste Detail in den Stein gehauenen, schuppigen Körpern bis zur hohen Decke, die sie mit ihren Vorderpranken hielten, während ihre schmalen Köpfe auf den Saal hinabblickten und ihre langen Zungen hervor bleckten, die Kuppel des Raumes auf ihren langen Hälsen stützend.

„Vor einem halben Jahr fielen Beobachtern Bewegungen im Süden von Trodox auf. Über mehrere Wochen hinweg wurden dabei Schiffe beobachtet, die aus dem Westen kamen und irgendwo am Südkap verschwanden. Vereinzelten Berichten nach wurden sie hin und wieder in Küstennähe entdeckt, vermehrt sind es aber Phantome, die kommen und verschwinden. Keine Hoheitsabzeichen, keine klare Zuordnung."

„Das Südkap besteht aus vielen Atollen und kleinen Inseln. Sie sind die idealen Verstecke für Schmuggler und Piraten. Generell für jeden, der unentdeckt bleiben möchte", bestätigte Erres Lithlonn, der trodoxianische Botschafter, ein Vilendri mit einer markant breiten und ebenso langen Nase, die einem Gebirgszug gleich zwischen den Seen seiner wachsamen Augen emporstieg. „Doch unsere Vermutung legt nahe, dass es sich um eine ernsthafte Bedrohung handelt", fuhr der Prinz fort und übergab das Wort an einen drahtigen braungebrannten Mann mit hoher Stirn und eingefallenem Gesicht.

„Die von Großmeister Diran geschilderten Vorfälle mit Angriffen von Ragnar auf vereinzelte Ortschaften innerhalb unseres Landes und die Berichte über unbekannte Truppenbewegungen lassen nur auf eines schließen. Die Ragnar erheben sich erneut." Stimmen der Unruhe wurden laut, doch der Mann fuhr fort.

„Nach dem Diebstahl der Luftschiffe aus Landris haben wir begonnen, systematisch die Küstenregion und den Südkontinent zu beobachten. In den letzten Monaten sind viele verschleierten Dinge geschehen, einschließlich einer offenen Auseinandersetzung auf Hoher See. Dazu mehr." Er sah zu einem bärbeißigen Vilandri in einer prunkvollen Uniform, der einen voluminösen geflochtenen Bart trug. Seine hohe Stirn war mit rituellen Symbolen tätowiert und an seinen abgerundeten Ohren hingen schwere Ringe. Er erhob sich stolz und stellte sich vor: „Admiral Kajima, Imperiale Flotte von Trodox – für alle, die mich nicht kennen.

Eins unserer Schiffe hatte Kontakt zu dem Feind, doch leider wurde das Schiff versenkt, noch ehe wir entern konnten oder nah genug heran waren. Es führte weder Hoheitsabzeichen, noch sichtlich erkennbare Merkmale des Bautyps. Die feigen Hunde haben sich selbst versenkt, um uns zu entgehen. Dennoch habe ich Merkmale erkennen können, die eindeutig auf Shadia hindeuten."

Der oranische Botschafter Malacis Apor in seiner langen sandfarbenen Robe erhob sich erneut fassungslos und sichtlich empört: „Ich muss mir doch nicht jedes Mal solche Beleidigungen anhören! Die Anwesenden wissen sehr wohl von der Schwere, die auf meinem Herzen durch den Umbruch in meinem Land lastet. Muss ich mir jedes Mal anhören, dass wir nur Piraten und Lügner sind?"

Er deutete auf Erres Lithlonn: „Hier, nehmt ihn! Er war an der damaligen Verschleierung beteiligt, was die Luftschiffe von Landris angeht. Warum richtet niemand sein Auge auf ihn und seine verlogenen Landsmänner?"

Partan Tribolis, General der Stadtarmee, schlug mit aller Wucht auf den Tisch, sodass die Becher klirrten. Benedict erinnerte sich amüsiert an die letzte Sitzung. „Diplomaten, die sich feige hinter Beschuldigungen verstecken, widern mich an!", er verzog das Gesicht zu einer Grimasse falschen Lächelns und wusste, wie er die Streithähne endgültig bloß stellen konnte: „Wenn Ihr so freundlich wäret, Euren persönlichen Disput untereinander auszumachen und nicht ständig in diese Versammlung einfließen zu lassen, wäre ich Euch sehr dankbar! Ich kann auch gerne zwei Duellanten-Degen und den Platz vorbereiten lassen, wenn es den Herren Recht ist."

Betroffenes Schweigen folgte für einen Moment und der Orani schien eine Antwort abzuwägen. Seine Lippen bebten, doch er blieb still. Benedict hielt sich während der ganzen Gespräche stark im Hintergrund und versuchte erst gar nicht, sich in die Geschäfte der Oberen und Kriegsherrn einzumischen. Er verbarg sein schiefes Lächeln hinter seinen Händen. *Was liebe ich die Politik.* „Niemand kann im Moment wirklich dafür garantieren, was von Shadia kommt und ob es vom Monarchen oder dem Konzil ausgeht", räumte der Botschafter schließlich ein. „Also wäre es nicht unvorstellbar, dass Shadia, oder zumindest vereinzelte Gruppen, an den Truppenbewegungen im Süden von Trodox mit beteiligt sind?", fragte Dante unparteiisch und Apor nickte resignierend: „Das ist anzunehmen."

„Also können wir von der Bedrohung ausgehen, dass entweder in Trodox Ragnar gelandet sind, oder ein Angriff seitens Shadia folgen könnte?"

„Ich fürchte in diesem Punkt muss ich widersprechen", beteuerte der Botschafter erneut und wurde sich der prekären Lage bewusst, in der sie alle steckten. „Als ich mein Land auf dem Weg hierher verließ, lebte der Imperator noch. Ich kann nicht sagen, wie es nun um meine Heimat steht. Einzig gewiss ist, dass das Sanktum Ivaelon mehr und mehr Macht gewinnt. Dieser Konflikt ist aber auf Shadia begrenzt. Es wäre irrational einen Krieg gegen die anderen Länder zu fürchten."

Admiral Kajima führte seine Erklärungen fort: „Nach dem Aufeinandertreffen entschieden wir, vermehrt auf Bewegungen am Südkap Acht zu geben. Ich habe meine besten und schnellsten Schiffe entsendet, die Seewölfe – wahre Jäger auf dem Wasser. Doch noch während wir dies taten und unsere Aufmerksamkeit auf die See lenkten, wurden wir innerlands erneut angegriffen."

Erres Lithlonn nickte zustimmend: „Landris war erneut Ziel der Angreifer und diesmal wurden gleich mehrere Luftschiffe gestohlen!"

„Wie konnte das nur erneut zugelassen werden?", erzürnte sich ein Diplomat. „Wie konnte es geschehen", korrigierte er ihn. „Unachtsamkeit und Überraschung. Noch ehe wir realisierten, wie uns geschah, war der Feind geflohen, ohne eine Spur zu hinterlassen."

„Unmöglich!"

Dante versuchte, die aufkommende Unruhe sogleich zu ersticken: „Viel wichtiger ist die Frage, wieso der Feind vermehrt Luftschiffe stiehlt, wo doch die Macht damit zu fliegen immer weiter versiegt."

Betroffene Stille folgte seinen Worten und dann war es Benedict, der das Wort erhob: „Liegt die Vermutung denn dann nicht nahe, dass der Feind über viele Magier und magische Reserven verfügt?" Ein beunruhigender Gedanke. Angsteinflößend. Was war, wenn die Magie, die in ihren Ländern versiegte, auf dem Grauen Kontinent wuchs. Sie drohten von einer Armee angegriffen zu werden, die mit einer Macht arbeitete, auf die sie nur begrenzt bis gar nicht zurückgreifen konnten.

***

Alle Blicke fielen auf ihn und er spürte, dass die Anwesenden scheinbar nicht an so eine Möglichkeit gedacht hatten. Es gab nicht mehr viele Magier und noch weniger Magie. Aus einem unerklärlichen Grund schwand das Potential und nicht einmal die klügsten Gelehrten hatten bisher eine Antwort gefunden.

Malacis Apor sah seine Chance gekommen und streckte ein wenig zu stolz die Brust empor: „So, so, Magie. Vielleicht sollten wir dann wirklich den Ursprung des Konflikts auf Trodox suchen?" Damit meinte er zweifelsohne den Hohen Rat der Magier. Zuerst reagierte niemand auf seine Aussage, doch als sich erste Stimmen kund tun wollten, erhob der Prinz gebieterisch die Stimme: „Es sind Trojoxanten und Ragnar! Wie oft muss ich das noch betonen? Werdet ihr Tölpel denn niemals müde, den anderen zu beschuldigen?" Das Temperament des jungen Prinzen kam gerne zum Vorschein und zeigte, dass er auch kein Problem damit hatte, gegen Konventionen anzukämpfen. Dante blähte sich zornig auf und beendete somit den Disput zwischen dem Botschafter der Orani, der seine Robe stolz zurecht rückte, sich dann stillschweigend hinsetzte und für lange Zeit schwieg.

Der Prinz rieb sich seine Schläfen: „Ich war noch nicht fertig! Diese Sitzung kann ich sehr schnell beenden. Dann stehen wir alle mit den Problemen alleine da!" Das betroffene Schweigen wurde von einem leisen Räuspern unterbrochen.

„Rebellion, Komplotte, Magie, Trojoxanten, Ragnar – das alles klingt so fern und unecht, wie die Legenden, die uns Vater früher erzählte." Seine Fingerkuppen tänzelten über das Pergament vor ihm. Prinz Dante legte das Schreiben vor sich auf den Tisch und blickte in die Runde. „Die Ragnar sind nur der Schlag des Hammers, der Hammer selbst sind die Trojoxanten."

Admiral Kajima räusperte sich: „Ich möchte es wagen, diese anmaßende Bemerkung zu machen, aber wieso versammelt die Allianz nicht einfach ihre Streitmächte und macht diesen Hunden das Leben zur Hölle? Eine schöne Seeblockade, wie es sie schon einmal gab, das wäre ein Anblick. Was ist mit der hochgerühmten Armada der Orani, sie wäre ideal um die Trojoxanten zurück auf ihren kargen Stein zu prügeln?"

Der Prinz tippte mit einem Finger auf den Brief: „Ich fürchte die Allianz ist bei weitem nicht mehr das, was sie einmal war. Diplomatie hat sie von innen heraus zerfressen und zu einem kümmerlichen Abbild ihres Glanzes von einst werden lassen." Er sah zu Botschafter Malacis Apor, der seinen Fehler eingesehen hatte. „Shadia zerfällt in sich selbst. Trodox verbarrikadiert sich hinter seinen Ängsten und Shiv hält sich aus den Konflikten der anderen gepflogen heraus. Der letzte Besuch der Königin von Shiv liegt zwei Jahre zurück, ich weiß, dass sie ein einziges Mal eine Unterredung mit dem Hochkönig in Ayan in der Zwischenzeit hatte. Die Vorkommnisse in Xatiox bei ihrem Besuch trugen auch nicht zwingend für ein besseres Verhältnis bei." Benedict erinnerte sich leider nur zu gut an das unfreiwillige Zusammentreffen seiner Söhne und dem Königshaus von Shiv.

„Aber Shiv ist zu einem unabhängigen Kontinent geworden, der sich warum auch immer zurzeit bedeckt hält. Doch diese Worte stehen mir eigentlich nicht zu. Ich bin nur Statthalter und Verwalter von Xatiox, Prinz zwar, doch kein Thronfolger. Kein Herrscher, so wie meine Brüder und mein Vater."

Der noch junge Prinz wirkte plötzlich um viele Jahre gealtert. „Ihr seid ein guter Mann und großer Führer. Es benötigt nicht den Titel des Herrschers für diese Qualitäten", sprach Martin Windwasser dem Prinzen Mut zu, der ihm dankbar entgegenblickte.

Diran deutete auf den Stapel Unterlagen vor sich. „Alles ergibt einen schrecklichen Sinn. Die Trojoxanten erheben sich also wirklich! Jetzt in der Zeit größter Uneinigkeit. Mit sich bringen sie Chaos und Dunkelheit. Die Legenden stimmen also."

„Legenden", erboste sich Tribolis. „Was sind schon Legenden als die Geschichten derer, die sie verfasst haben und derjenigen, die ihnen zuhören und es glauben."

„Dennoch steckt immer ein Funken Wahrheit in den Legenden", erwiderte Admiral Kajima und es war Benedict, der den Blick abwendete, wusste er doch, wie wahr Legenden sein konnten.

Am liebsten wäre er aufgestanden und hätte allen von Datura und seiner düsteren Vision einer untergehenden Zukunft berichtet. Doch, so wie die Dinge standen, hätte dies auch nichts geändert, außer ihn und Marek unnötig in den Vordergrund zu drängen. Und eben dies wollte er verhindern. Wo er es doch schon geschafft hatte, dem Prinzen weiszumachen, dass er nicht der Auserwählte war und das Feuerschwert verloren hatte. Seine vernarbten Hände, die Wunden durch den glühenden Schwert- griff, waren nie ganz verheilt und waren sein stärkster Beweis.

„Die Trojoxanten erheben sich! Sie wappnen und rüsten sich für einen neuen Angriff, wie zur Dunklen Zeit, als die Allianz geboren wurde. Wenn die Länder erkennen, dass uns allen er- neut Gefahr durch die Ragnar und Trojoxanten droht, werden sie sich wieder vereinen", hoffte Diran, doch es war der Prinz, der ihm überraschenderweise widersprach. „Die Allianz ist damals durch diese Bedrohung entstanden. Nun sind unsere Völker für sich allein so mächtig, wie die Allianz zu jener Zeit. Niemand wird es für nötig halten, den anderen zu Hilfe zu eilen."

General Partan Tribolis nickte eifrig und er schien entschlossen und bereit für eine Konfrontation: „Sollen sie ruhig kommen. Wir sind stärker denn je. Was soll eine Armee schon gegen uns ausrichten können?"

„Sollte es wirklich so weit kommen", begann Kajima, „werden unsere Flotten sich verbünden und den Aggressor im eigenen Land in Schach halten. Bei Avaelin, das sollten wir tun! Und am besten noch, bevor der erste richtige Schlag einen von uns treffen wird!"

4

Nach Beendigung des Rates, war Benedict zuversichtlich, dass sich endlich etwas tat und ein Funke Hoffnung keimte in seiner von Sorgen zerfressenen Brust.

„Bitte, Adjutant Tok, bleibt noch einen Moment."

Die Worte des Prinzen zerschmetterten diesen Funken und schürten mit ihm ein neues Feuer der Angst. Benedict hatte seit Erhalt der persönlichen Einladung des Prinzen diesen Augenblick gefürchtet und nun saß ihm ein Kloß so schwer im Hals, dass er nicht einmal antwortete, sondern einfach stehen blieb. Sein starrer Blick fiel zu Alan, der auch nur schwer sein ungutes Gefühl verbergen konnte.

„Ich wünsche auch Eure Anwesenheit, Diran."

„Mein Prinz", Alan verneigte sich höflich und bedeutete seinem Freund ihm und dem Prinzen zu folgen. *Na das kann ja heiter werden.*

Sie betraten ein gemütliches, abgeschottetes Zimmer mit schweren Wandbehängen und einem breiten, luxuriösen Diwan. Der Prinz bot ihnen zwei Plätze auf Sesseln an, ließ einen vollmundigen trockenen Wein bringen und machte es sich mit einem ausgedehnten Seufzen bequem. Er blieb stumm und trank genüsslich die ersten zwei Schlucke, beobachtete das wachsende Unbehagen seiner Gäste und deutete dann durch den Raum.

„Ich ziehe mich gerne hierhin zurück um nachzudenken. Die Ruhe ist ein Segen nach solchen Treffen. Vor allem das Durcheinander dieser Sitzungen treibt einen früher oder später in den Wahnsinn. Möchtet Ihr auch noch?" Er wank bereits den Diener zum Nachschenken, wobei weder Benedict noch Alan auch nur einmal nippen konnten und der Prinz nun seinen zweiten Becher erhob. Sein Blick heftete sich dabei auf Benedict. Ein langer Schluck. Seine Augen hafteten sich an dem Adjutanten haften. Ein zweiter Schluck. Als er den Becher absetzte, brach er endlich die unangenehme Stille.

„Benedict Tok", der Prinz sah an ihm argwöhnisch herab und ließ sein Gegenüber im Ungewissen, ob dieser darauf etwas zu

auch nicht, nachdem ich Jahre später von diesem Komplott erfuhr. Mir ist auch heute nicht danach, irgendwen für all das zu richten. Dazu seid ihr alle mir zu wichtig. Nein. Aber, Ihr Benedict habt eine zweite Chance bekommen und verdankt mir Euer Leben in Frieden. Ich habe mich damals nur zurück gehalten, weil ich nicht die Weitsicht hatte und glaubte, dass ein heiliger Schwertträger nach dem Ende des Krieges nicht mehr benötigt wurde und vielmehr war als ein Symbol. Jetzt spiele ich also endlich mit offenen Karten und bin ehrlich zu Euch, Benedict. Ist es da nicht das Mindeste zu erwarten, dass ihr dies erwidert?"

„Euer Gnaden, ich weiß nicht, was ich hierauf erwidern soll", gestand Benedict, den der Monolog des Prinzen bis ins Mark und Bein erschüttert hatte. Benedict hatte damit gerechnet, dass der Prinz ihn noch einmal konfrontieren würde, aber nicht so. Und auch nicht damit, dass der Prinz all die Jahre alles über ihn wusste. Was, wenn die Nachforschungen und Spione des Prinzen verantwortlich waren für den Angriff auf Talon?

Dante fuhr herum und zerquetschte die letzten Trauben in seiner Hand. „Wie wäre es mit der Wahrheit, Tok? Ich lasse mich nicht von Eurer Arroganz an der Nase herumführen. Ich bin der Prinz, mein Vater ist Herrscher über die Vier Königreiche des Nordens. Wenn ich Euch befehlen würde, das Schwert hervor zu holen und damit unsere Feinde niederzubrennen, würdet Ihr nicht fragen ‚Wieso', sondern ‚Wo', ist das klar?" Der jähe Ausbruch des Prinzen schien ihm selbst zu missfallen. Er nahm sich ein Tuch und wischte sich die Hand sauber, räusperte sich und schwieg. Seine Finger wanderten über jeden einzelnen Ring an seinen Händen, während er mehr oder wenig auf eine Erklärung des Schwertträgers wartete.

„Mit Verlaub, Euer Gnaden. Ihr behaltet nur in einem Punkt Recht", Benedict entblößte seine vernarbten Hände und zeigte sie ihm offen: „Ich war der Schwertträger, das ist richtig."
„Ihr habt mir erzählt, Ihr hättet das Schwert verloren. Doch ein Auserwählter verliert nicht einfach so das Artefakt eines Gottes! Eldin, das heilige Schwert des Feuers ist in Eurem Besitz!"

Benedict blieb resigniert und versuchte es nun auf eine andere Weise dem Prinzen zu erklären: „Ich bin nicht der Auserwählte, für den man mich hielt. Für den ich mich hielt."

Alan Diran sah ihn wehmütig an. Er war bereits erschöpft von den langen Diskussionen des Rates und hätte nicht mit so einer Wendung und dem Druck seitens des Prinzen gerechnet, der plötzlich von Benedict Dinge verlangte, die er nicht einhalten konnte. Alan wusste um Mareks Schicksal, Benedict hatte sich ihm anvertraut. Als sein Freund hatte er geschworen, seinen Sohn nicht zu gefährden. Er hatte sich besonders unauffällig einer besonderen Ausbildung der Brüder angenommen, um sie auf ihre ungewisse Zukunft vorzubereiten. Er verstand aber auch den Prinzen, der die Hoffnung in den Auserwählten legte, der sicherlich den Krieg beenden könnte, ehe er wirklich begann. Doch wer war so herzlos und würde ein Kind in eine Schlacht schicken? Alan hatte sich bereits tief in etwaige Probleme verstrickt, seitdem er Benedict unterstützte und auch jetzt, während er half Mareks Identität zu verschleiern. Etwas anderes blieb ihnen aber auch nicht übrig. Das Leben eines Kindes zum Wohle eines Reiches zu gefährden, so grausam konnte und durfte niemand sein.

„Kein *wahrer* Auserwählter. Was soll das bitte bedeuten?" Er seufzte und schien gewillt, Benedicts Erklärung zuzuhören. „Ein letztes Mal will ich Eure Geschichte hören, doch ich warne Euch, Tok. Mich zu belügen ist *Hochverrat*."

Benedict spürte, wie sich sein Magen umdrehte, doch er wusste, dass Alan hinter ihm stand. „Euer Gnaden, ich habe Euch bereits damals bei unserer Ankunft in Xatiox alles so geschildert, wie es vorgefallen war. Bitte glaubt mir doch. Ich verlor das Feuerschwert an den wahren Auserwählten während meiner Reise hierher. Seht Ihr diese Verletzungen? Ich hätte beide Hände verlieren können. Dies ist das Werk des Feuerschwertes, das mich nicht mehr als seinen Träger anerkannte."

Prinz Dante betrachtete stillschweigend das zerstörte Gewebe seiner Handflächen und blickte dem Mann tief in seine dunkelgrünen aufrichtigen Augen. Alan bemerkte, dass der Prinz unsicher wirkte und sich vermutlich vor der Zukunft fürchtete. „Wenn es stimmt was Ihr sagt, Benedict Tok, dann wisst Ihr aber dennoch, wer der wahre Auserwählte ist. Versteht mein eindringliches Verhalten nicht als Drohung Euch gegenüber. Ihr wisst ebenso wie ich, dass der Heilige Auserwählte an der Front unserer Armeen jede Schlacht beenden könnte, noch bevor sie beginnt. Meine Hoffnung liegt nicht darin, jemanden zu offenbaren und öffentlich zur Schau zu stellen. Ich will Sicherheit. Ein Symbol. Wenn die Menschen wissen, dass einer der legendären Auserwählten unter ihnen ist, gibt ihnen das Sicherheit und Geborgenheit, Zuversicht und eine Aussicht auf ein baldiges Ende des Krieges, von dem sie noch nicht einmal wissen. Und wir werden dies so lange wie möglich geheim halten. Ich kann keine Unruhen gebrauchen. Vor allem nicht jetzt, da die Festlichkeiten bevorstehen, die sowieso schon unter keinem guten Stern stehen."

Er trat auf Benedict zu und legte ihm eine Hand auf die Schulter: „Benedict. Ich bitte Euch, sagt mir, wer der Auserwählte ist."

Die beiden blickten sich einen langen Moment an und jeder las in den Blicken des anderen. „Der Auserwählte ist nicht in Eurer Reichweite, Euer Gnaden", flüsterte Benedict schließlich und schluckte einen schweren Kloß herunter, sich seiner Worte und der fast schon darin liegenden Drohung bewusst. Dante starrte ihn lange an, sah tief in seine Augen und biss den Kiefer aufeinander.

„Ich betrat den Schrein Daturas als Gast der Nju im Glauben, der Auserwählte zu sein und verließ ihn ohne das Schwert und mit diesen Wunden. Der Akanju als Auserwählter der Nju nahm das Schwert an sich."

Dante, nur wenige Zentimeter von seinem Gesicht entfernt, stierte noch immer in seine Augen. „Die Nju also", dann plötzlich löste er sich von Benedict. „Ich glaube Euch." Prinz Dante stolzierte um den Tisch, riss seinen Becher empor und leerte ihn in einem Zug. Sein Blick war kalt und durchbohrend, etwas unangenehmes lag darin: „Geht nun."

5

„Da seid Ihr!" Benedict hielt inne und sah den Flur herab zu einem Pagen, der herbei eilte und sich kurz und knapp verbeugte. „Ich habe Euch überall gesucht, Herr Tok." Alan war verwundert, dass nicht er, sondern sein Adjutant gemeint war.

„Ich soll Euch ausrichten, dass der Trodainer hier ist und in den Küchen auf euch wartet." Benedicts Überraschung stand ihm ins Gesicht geschrieben.

„Dein Freund ist wieder im Lande?" Alan schien ebenso überrascht, verabschiedete sich aber von seinem Freund. Sie würden noch einmal in Ruhe über das Gespräch mit dem Prinzen reden müssen.

***

Als Benedict die gewundene Treppe in die unteren Etagen der Dienstboten hinab stieg, zog ihm der herbe Duft von frischen Kräutern und bratendem Fleisch entgegen. *Natürlich würde sich mein alter Freund so ein Mahl nicht entgehen lassen.* Benedict folgte dem Gang in eine große Küche, in der hektisches Treiben herrschte.

Und in all dem chaotischen Durcheinander saß ein ausgehungerter alter Mann, den Kopf tief über eine große Schüssel gebeugt und tief darin versunken, eine herrlich duftende Suppe zu schlürfen. Einer der Köche sah Benedict missbilligend an, doch galt sein Missmut nicht dem Neuankömmling, sondern dem Gast, der es sich inmitten der Arbeit bequem gemacht hatte.

Honatius sagte immer: „An der Quelle zu sitzen ist gut, doch in ihr zu Baden noch besser!"

Plötzlich stampfte eine kräftige Frau, eine sehr kräftige Frau, an Benedict vorbei, die Arme in die Hüfte gestemmt und plusterte ihren voluminösen Oberkörper vor Honatius auf.

„Ihr seid ja immer noch hier!"

Scheinbar hatte sie Angst, dem alten scheinbar gebrechlichen Mann alle Knochen zu brechen, wenn sie ihn mit aller Gewalt aus der Küche heraus schleifte, was sie zweifelsohne ohne viel Mühe tun könnte. Anhand ihres roten Kopfes unter der Kochmütze war dies wohl nicht das erste Mal, dass sie Honatius bat, hier zu verschwinden. Als Honatius aufsah um etwas zu erwidern, bemerkte er Benedict am anderen Ende des Raumes. Er lächelte die Köchin verlegen an: „Ihr kocht nach wie vor vorzüglich meine Teuerste."

Sie machte große Augen und zur Zornesröte gesellte sich nun noch Scham. Honatius nutzte diesen Moment der Schwäche und sprang auf. „Ihr werdet mich entschuldigen?" Er lief zielstrebig an ihr vorbei und konnte sich ein Grinsen nur schwerlich verkneifen. Die Gehilfen sahen ihm fassungslos nach und schüttelten den Kopf. Dann gingen sie ihrer normalen Tätigkeit nach, um nicht auch ein Opfer der Wut ihrer Vorgesetzten zu werden.

Benedict umarmte seinen alten Freund freudig voller Zuneigung. „Schon nett, wenn man eingeladen wird."

„Warst du denn eingeladen?"

„*Natürlich*!" Honatius kicherte schelmisch. Dies bescherte seinem sorgenzerfressenen Freund ein Lächeln, für das er in diesem Moment dankbar war. Als sie in den Gang hinaustraten schüttelte Benedict den Kopf.

„Du bist also zurück. Und das erste was dir einfällt ist, dich im Palast einzuschleichen und dir den Wanst voll zu schlagen?" Ergänzte er nach einem Moment der glückseligen Zufriedenheit des Trodainers.

„Es war eine beschwerliche ereignisreiche Reise, zugegeben. Ich bin die Seefahrerei nicht sehr gewohnt."

„Seefahrerei? Du warst doch im Mittelland." Der Trodainer lächelte grimmig. „Okay, das war vielleicht übertrieben. Ich bin mit einem Schiff die Rhaine herunter gekommen."

„Wo ist da denn bitte viel Seegang?", erwiderte Ben amüsiert.

Honatius starrte ihn einen Moment an und schnauzte dann in seiner gewohnt kauzigen Art: „Fahr du erst mal so lange auf einem Boot, Schiff, was auch immer! Glaub mir, dir kommt mehr raus, als du überhaupt aufgenommen hast." Sein Stab klackerte mit jedem Schritt in dem steinernen Korridor. „Nein, ernsthaft. Es brauen sich ganz schön düstere Wolken zusammen."

„Wem sagst du das."

Benedict erzählte Honatius, was er alles in der Ratssitzung erfahren hatte. „Ich hätte nicht gedacht, dass die Zeichen wirklich auf Sturm stehen. Jetzt, nach all dieser Zeit."

Honatius runzelte die Stirn. „Es wundert dich wirklich?"

„Ich frage mich nur, warum jetzt und nicht schon viel früher?"

„Der Krieg könnte *die* Dunkelheit sein, die wir fürchten", er blickte sich um und sprach leise weiter, *„welche die Götter fürchteten, die deinen Sohn wählten."*

Benedict blieb stehen.

„Es darf einfach nicht sein. Ich will nicht, dass Marek in den Krieg mit reingezogen wird. Es reicht schon, dass der Prinz ein Auge auf mich hat und nach wie vor glaubt, dass ich der Auserwählte bin. Du hättest seinen Blick sehen sollen. Ich wusste nicht, ob er mich einkerkern oder hinrichten lassen wollte."

„Du kannst ihm nicht verübeln, dass er Angst hat. Und dass er in dem Auserwählten Hoffnung sieht. Ist das nicht der Grund, wieso es sie gibt? Die Auserwählten sollen Hoffnung machen und dienen gleichermaßen einem höheren Zweck."

„Sie dienen den Göttern", hielt Benedict dagegen.

„Sie dienen allen. Sie dienen dem Licht und bringen Hoffnung."

„Marek bringt nur Sorgen."

Honatius hielt kurz inne und schwieg dann. Sie drehten sich im Kreis, doch Benedict verstand und wusste, worauf er hinaus wollte. „Früher oder später wirst du Marek nicht mehr vor der Welt verstecken können – und vor allem nicht vor seiner Bestimmung." Benedict schnaufte grimmig, denn er war sich seiner Lage durchaus bewusst.

„Ich weiß."

Honatius sah den Gang hinab. Nachdem er sich vergewissert hatte, dass ihnen niemand zuhörte, setzte er zu einer Antwort an: „Du bist nicht der Auserwählte. Dein Sohn wird eines Tages die Bürde tragen, Eldin im Namen der Götter gegen die aufkommende Dunkelheit zu führen und das Böse abzuwenden."

Eine angesammelte Wut entlud sich schlagartig in Benedict, die er immer wieder erfolgreich heruntergeschluckt hatte: „Die Götter sind mir gleich!"

Seine Stimme hallte durch den Flur und er erschrak vor sich

selbst. So laut hatte er nicht reden wollen. „Der Tag, an dem mein Sohn sein Schwert führen muss, ist der Tag an dem ich als sein Beschützer versagen werde. Das kann ich nicht zulassen. Er ist noch ein Kind! Die Götter haben mich und meine Familie in etwas hineingezogen, mit dem ich nichts zu tun haben wollte. Ich hatte nicht mal eine Wahl."

„Auch Marek hatte keine Wahl, Benedict. Er wurde von Datura auserwählt. Das ist nun einmal so. Und dennoch. Wir haben immer eine Wahl."

Benedict atmete schwer und funkelte seinen Freund an.

„In deinem Fall ist sie leider eingeschränkt."

„Wie kannst du nur so etwas sagen?"

Der Trodainer seufzte. „Es tut mir leid, aber was soll ich denn tun? Du selbst warst dabei, als uns Datura erschien und unsere Aufgabe verkündete. Es gibt kein Zurück mehr."

„Es ist nicht gerecht, dass die Götter uns keine Wahl gelassen haben!"

„Nein, das ist es natürlich nicht", antwortete Honatius mit großem Wehmut in der Stimme. „Du hast aber auch bereits eine Wahl getroffen, Ben."

Sein Freund wartete. „Du hast dich entschieden, hierher zu ziehen."

Mehr brauchte Honatius nicht zu sagen. Benedicts Gewissen tat den Rest. Er wusste genau, dass er das Richtige tat, auch wenn es ihm überhaupt nicht gefiel. Und auch wenn er unterbewusst genau wusste, was er tat und sich gleichermaßen dafür hasste, hasste er die Götter noch mehr. Doch nur, weil sie sein Schicksal auf das seines Sohnes übertragen hatten. Warum nur war er nicht der Auserwählte, sondern Marek?

Das Schicksal hatte es nicht gut mit ihm gemeint. Marek war dazu bestimmt, in dem Kampf der Götter eine entscheidende Rolle zu spielen. „Ich hoffe nur, die Götter wissen, was sie getan haben." Damit traten sie in einen Innenhof und ihnen flutete strahlendes Sonnenlicht entgegen.

6

Viviane war alleine.

Sie stützte ihr Kinn auf der Hand ab und seufzte. Ihre Finger tippten in einem gleichmäßigen Rhythmus auf das geschliffene Holz des Tisches, während ihr Blick immer wieder auf die freien Plätze neben sich wanderte. Es wurde langsam Abend. Seit einer halben Stunde war es Zeit für das Essen, doch von den anderen fehlte jede Spur.

Viviane leckte an ihrem Daumen und strich dann damit über den Teller vor sich. Die letzten Krümel des Körnerbrotes saugte sie langsam zwischen ihre Zähne und kaute grimmig darauf herum. Ihre Sorge, dass ihren Jungs etwas zugestoßen sein könnte, hatte sich schon vor einiger Zeit gemildert. Die Kinder wussten auf sich aufzupassen und hatten mehr als einmal bewiesen, dass dumme Ideen zu einer Verspätung führen konnten. Sie glaubten wohl auch immer noch, dass keiner der Erwachsenen wusste, wo ihr geheimes Versteck lag. Dass sie sich jedoch nie eine perfekte Ausrede ausdenken konnten, honorierte Viviane inzwischen mit strengeren Strafen. War es früher noch Hausarrest gewesen, durften die Jungs inzwischen Wäsche waschen, Putzen, Spülen, die Gartenarbeit und unter Umständen auch Flickarbeiten verrichten, wobei sich vor allem Marek als geschickt erwiesen hatte. Viviane gähnte laut. Sie hatte einen langen Tag hinter sich und war erschöpft von ihrer Hausarbeit. Sie rieb sich die Augen und spürte, wie ihr Kopf immer schwerer wurde. Sie seufzte und atmete langsam. Ihre müden Lider fielen schließlich zu.

Ein leises Klicken erregte ihre Aufmerksamkeit.

Sie öffnete die Augen. Scheinbar war es schon spät abends. Die Kerzen gaben nur ein überaus schummriges Licht von sich. Sie war wohl für mehr als nur ein Paar Sekunden eingenickt. Warum hatte sie niemand geweckt? Es war sehr dunkel im Zimmer. Dunkler als es eigentlich hätte sein können. Aber das war sicherlich nur ihrer Müdigkeit geschuldet. Ihre Augen mussten sich einfach an das Licht gewöhnen und das dauerte manchmal einen Moment.

Das Klicken wiederholte sich und lenkte ihre Aufmerksamkeit nun auf die Haustür, die unheilvoll und knarrend aufschwang. Viviane richtete sich auf, als ein kühler Windstoß herein blies und die Kerzen löschte. Für einen Moment war es stockdunkel. Dann trat sanftes silberfarbenes Licht durch das Fenster in die Küche und ließ ungewöhnliche Schatten durch den Raum gleiten.

„Hallo?" Viviane sah immer noch zur Tür, ohne eine Antwort zu erwarten. Zwei kleine Schatten erschienen im Türrahmen. Plötzliches Unbehagen befing Viviane und ein kalter Schauer lief ihren Rücken hinab. Er löste sich in Nichts auf, als Marek und Adan eintraten und langsam näher kamen. Im Halbdunkel waren sie nur Schemen.

„Ihr seid zu spät."

Die Jungs traten näher. Ein neuerlicher Schauer lief Viviane eiskalt den Rücken hinab. Das Küchenfenster schlug auf und ein kalter Windstoß blies herein. Viviane schrak auf und starrte zum Fenster. Der kühle Wind blies über ihre Haut und ihre Härchen stellten sich auf. Als sie wieder zu ihren Söhnen blickte waren sie verschwunden. Kalter Wind blies herein und mit ihm säuselte etwas durch den Raum, das wie eine Stimme klang.

Die Zeit läuft ab!

Viviane sprang auf, eilte zum Fenster und schloss es hastig. Sie spürte, wie ihr Herz gegen ihre Brust hämmerte. Als sie sich umdrehte, zuckte sie vor Schreck zusammen. Adan und Marek standen vor ihr.

Es bleibt kaum noch Zeit.

Viviane schrie, als die Brüder sich in dunklen wabernden Rauch auflösten. Ein schwaches Licht schien über Vivianes Schultern. Sie drehte sich widerstrebend um und fand sich plötzlich nicht mehr in ihrem Haus, sondern auf einem Schiff wieder. Es war, als wäre die Zeit eingefroren, denn die Welt stand still. Vor sich konnte Viviane etliche schwarze Figuren erkennen. Zwei davon waren in einem stummen Kampf erstarrt. Eine der Gestalten rammte der anderen ein Schwert in die Brust. Blut spritze empor und schwebte starr in der Luft wie in einem Gemälde. Viviane ging einen Schritt darauf zu und versuchte die Gesichter zu erkennen. Ihr eigenes Unbehagen hielt sie zurück. Hier war noch jemand.

Sie fuhr herum und sah sich plötzlich einer Frau mit glühend weißer Haut gegenüber, die in der Dunkelheit hervorstach wie ein Stern am dunklen Himmelszelt. Viviane wurde geblendet und hob eine Hand vor ihr Gesicht.

Nimm dich in Acht vor denen, deren wahre Natur hinter einer falschen Maske verborgen liegt. Sie werden dir wegnehmen, was du liebst.
„Was geschieht hier?"
Die Lichtgestalt schwieg.
„Wer bist du?"
Du wirst lernen müssen, Dinge loszulassen, die du liebst.
Viviane starrte die Frau an.
„Was hat das alles zu bedeuten?"
Suche die Antwort nicht und du wirst sie finden.
Viviane verstand gar nichts. Die Lichtgestalt hob eine Hand an ihr Ohr. *Hörst du das?*

***

Ein leises Klicken.
Stimmen aus der Ferne, die immer näher heran drangen. Und dennoch waren sie nichts weiter als ein leises Getuschel. Viviane öffnete die Augen und sah sich um. Adan und Marek saßen an ihren Plätzen und starrten ihre Mutter an. „Ist alles in Ordnung?", fragte Adan und legte eine Hand auf die ihre.
Viviane sah sich unsicher um und blickte zum Fenster herüber. Es war geschlossen. Das rötliche Licht der Abendsonne fiel sanft herein und streichelte die Vorhänge, an denen es vorbeischien.
„Du wolltest gerade sagen, welche Strafe wir heute kassieren?", murmelte Marek missmutig. Viviane runzelte die Stirn und überlegte. Ihre letzte Erinnerung waren die Brotkrümel auf ihrem Daumen.

Die Bilder des Traumes zogen noch immer an ihr vorbei. Ein seltsames Unbehagen überfiel sie, ein Gefühl der schrecklichen

Vorahnung. War es nur ein schlimmer Alptraum gewesen, der sich aber überraschend echt angefühlt hatte?

„Wisst ihr was? Ich hoffe einfach, dass ihr bald zur Vernunft kommen werdet." Die Brüder sahen sich verdutzt an und lächelten dann. In diesem Moment ging die Haustür auf und Benedict trat ein. Sein strahlendes Lächeln brachte Viviane sofort auf andere Gedanken. Als Honatius ebenfalls eintrat, sprangen die Kinder freudig auf und begrüßten ihn überschwänglich. Er war immerhin für längere Zeit fort gewesen. Doch Viviane blieb sitzen. Sie freute sich sehr, dass er wieder hier war und dennoch blieb sie verhalten und in Gedanken an diesen – Traum?

Nimm dich in Acht vor denen, deren wahre Natur hinter einer falschen Maske verborgen liegt, sie werden dir wegnehmen, was du liebst.

Ein seltsamer Gedanke schoss ihr durch den Kopf. Honatius löste sich von der Umarmung der Kinder und lief in die Küche. „Wie tragisch. Ich habe leider bereits gegessen."
Viviane nahm seine Worte nicht richtig wahr. Sie sah in die Leere vor sich und dachte an den Traum, oder was auch immer es gewesen war. Doch dann stand sie auf und umarmte Honatius zur Begrüßung.

Während des ganzen Abends schwirrten ihr immer wieder die Bilder des Traumes und diese seltsame Stimme der Frau durch den Kopf. Selbst als sie gemeinsam am gemütlichen Kaminfeuer saßen, konnte Viviane an nichts anderes denken. Honatius erzählte der Familie von seiner Reise und der Rückfahrt über die Rhaine. Seine Erzählungen waren wie immer farbenfroh ausgeschmückt und einfach erzählt, sodass die Kinder alles verstanden und meist ihre Augen schlossen um sich Bilder zu den Geschichten zu schaffen. Sie fragten ihn über die Echsenmenschen aus und all die Dinge, die Benedict bereits durch seinen Brief wusste und ihn nicht mehr überraschten.

„Honatius", fragte Adan mit einem seltsam entschlossenen Gesichtsausdruck, „wenn du jetzt ohne Probleme und ganz entspannt mit einer Fähre die Rhaine bis nach Xatiox durchgefahren bist –", er machte eine gedankliche Pause und Marek sah neugierig und erwartungsvoll zwischen ihm und Honatius hin und her, „wieso sind wir damals nicht auch mit dem Schiff einfach die Rhaine heruntergefahren?"

Alle sahen einander überrascht an. Marek lachte laut, da sie damals diese Möglichkeit nie angesprochen hatten. Honatius Miene wurde düster, als er in Gedanken verfiel und nicht mehr weiter sprach:

„Vielleicht wären wir das ja, wenn wir damals einfach den Pass weiter gefahren wären, statt uns von Nju überfallen zu lassen, sie zu begleiten, vor Ort zu erfahren, dass dein vorlauter Bruder ein Auserwählter ist", da lachte Marek erneut kurz auf, „uns durch einen Bergpass zu quälen, und dann die Hauptstraße über das Urkal-Gebirge zu nehmen, um dann hier anzukommen."

Viviane musste bei seiner grimmigen Erklärung lächeln. Sie fühlte sich irgendwie wohl, wenn ihre Familie so zusammen saß und sie sich zankten, stritten und einfach eine Familie waren. Die unangenehmen Kopfschmerzen wiederum lösten in ihr ein größeres Unbehagen aus, als sie erwartet hatte. Sie wünschte allen eine gute Nacht und ging zu Bett. Eingekuschelt in ihre warme Decke konnte sie noch die gedämpften Geräusche der anderen hören, die ebenfalls zu Bett gingen. Doch noch ehe Benedict sich zu ihr gelegt hatte, war sie bereits in einen unruhigen Schlaf versunken.

**

Mitten in der Nacht schreckte sie auf. Die Stille im Raum wurde nur vom gleichmäßigen Schnaufen ihres Mannes unterbrochen. Sie spürte einen kühlen Luftzug. Viviane setzte sich auf und sah sich im Halbdunkel des Zimmers um. Sie rechnete damit, jeden Moment erneut von einer schrecklichen Vision erschreckt zu werden, die in der Dunkelheit auf sie lauerte. Etwas klapperte gegen das Fenster. Viviane streifte die Decke ab.

Talon lag in einem Tal und oftmals hatten unausstehliche Winde durch die Straßen geweht, doch hier am Hafen herrschten ganz andere Winde. Das Meer trieb die eisigen Böen von weit her in die Bucht. Viviane öffnete das Fenster und beugte sich über den Rahmen um den Laden zu greifen. Dabei fiel ihr Blick auf den vom Mond angestrahlten Garten.

Sie erstarrte.

Eine kleine Gestalt stand dort inmitten des Beetes und sah zum Mond hinauf. Sie drehte sich um und blickte nun zu Viviane auf, die Honatius im fahlen Mondlicht erkannte. Sein Gesicht wurde vom Mondlicht beschienen, doch Viviane erkannte seine vielen Falten sowie die unverkennbar knollige Nase und Stirn des alten Trodainers. Sie sagten nichts, sondern sahen sich nur einige Augenblicke an, bevor er ihr zunickte. Viviane wurde unwohl zumute. Was machte Honatius zu so später Stunde alleine dort draußen, scheinbar den Mond anstarrend?

Als sie den Laden zumachte, lugte sie noch einmal nach unten. Er war verschwunden. Träumte sie etwa schon wieder? Viviane hängte den Laden ein, schloss das Fenster und ging eilig im dunklen Zimmer zurück in ihr Bett. Sie deckte sich hastig zu und kuschelte sich eng an Benedict, der leise grummelte. Als sie seine Wärme spürte, fühlte sie sich schlagartig geborgen. Schon bald fiel sie in einen gnädigerweise traumlosen Schlaf.

- 7 -

Ein leises schelmisches Kichern. Warme Sonnenstrahlen auf dem Gesicht. Viviane öffnete langsam die Augen und fand sich alleine im Bett wieder. Aber nicht alleine im Raum. Marek stand vor ihr an der Bettkante und lächelte sie an.

„Bist du krank?", fragte er. Viviane sah sich um und wischte sich den Schlaf aus den Augen.

„Wie spät ist es?"

Sie gähnte und zog die Decke ein wenig höher. Plötzlich zerbarst alles Licht in dem Raum und Mareks Gesicht wandelte sich binnen eines Lidschlags in eine grässliche Fratze, die sie anschrie. *Zu spät!*

Viviane schrak auf. Benedict saß neben ihr auf der Bettkante und sah überrascht über seine Schulter. „Ich wollte dich nicht wecken, tut mir leid." Er küsste sie zärtlich. Marek und Adan standen am Fußende des Bettes und sahen traurig zu ihr herüber.

„Bist du krank?", fragte Marek und sah besorgt zu Honatius, der soeben mit einem hölzernen Tablett ins Zimmer kam.
„Nur gut, dass wir noch etwas von dem Teklo Kraut im Garten hatten. Hab's heut Nacht noch gepflückt, bei Vollmond entfalten sich die Blätter in ihre volle Größe und haben das beste Aroma."
Er stellte das Tablett auf ihre Beine. „Ich habe dir eine wohltuende Kräutersuppe bereitet. Das wird dir wieder einen klaren Kopf bereiten und das Fieber senken." Viviane sah an sich herab. Sie trug ein anderes Nachtgewand, als sie in der Nacht getragen hatte. *Fieber? Werde ich langsam verrückt?*

Sie nahm die Schüssel mit der Suppe vom Tablett und griff nach dem hölzernen Griff, als ihre Erinnerungen an die Nacht zurückkehrten. Den Schrecken vom Morgen versuchte sie schnellstmöglich zu verdrängen. Sie erinnerte sich an das Klappern des Ladens und Honatius.
„Du warst heute Nacht unten im Garten?" Es war mehr Feststellung denn Frage. Honatius sah zu Benedict herüber und nickte dann. Viviane zögerte. Sie hatte aus dem Fenster geblickt und er hatte sie gesehen, ihr sogar zugenickt. War dies alles nur ein Traum gewesen? Sie entschied, dass sie lieber nichts sagte. Nicht, dass sie von ihrer Familie noch für verrückt gehalten wurde. Ein Fiebertraum etwa? *Aber Honatius war wirklich im Garten gewesen.*

„Du brauchst Ruhe und Schlaf. Das Fieber hat dir ganz schön zugesetzt." Ben nickte, küsste Viviane auf die Stirn und scheuchte dann die Jungs aus dem Zimmer. Sie sah allen hinterher, wie sie nach und nach den Raum verließen. Benedict ging als letzter.
„Ich komme nachher noch einmal nach dir schauen", mit einem liebevollen Lächeln schloss er die Tür hinter sich. Viviane war glücklich, so einen liebevollen Mann zu haben. Sie seufzte und schlürfte die heiße Suppe mit dem markant herben Geruch des Teklo Gewürzes.
Wahrscheinlich sind das alles nur Fieberträume gewesen.
Mit dem beruhigenden Gefühl krank und nicht wahnsinnig

zu sein, ließ sie sich schließlich nach der Suppe wieder in das weiche Kissen fallen und schlief schnell wieder ein.

***

Zwei Tage später waren die Strapazen des Fiebers ohne weitere Halluzinationen überstanden. Viviane war zwar noch etwas schläfrig zumute und laut Honatius würde sie wahrscheinlich noch ein paar Tage brauchen, bis sie wieder vollends genesen war, doch das Schlimmste hatte sie überstanden. Viviane mochte es nicht, so tatenlos zu sein und verabscheute sich meistens selbst, wenn sie denn einmal krank war und fast nur im Bett liegen konnte.

Ihre Arbeit war liegen geblieben. Wahrscheinlich hatte niemand das Haus auf Vordermann gehalten und sich um die Wäsche gekümmert. Zu ihrer großen Überraschung glänzten ihre Söhne aber schließlich durch ihre edelmütigen Taten, die ihnen sicherlich ganz ohne Zwang von Benedict auferlegt worden waren, was sie aber gewiss niemals offenbaren würden. Viviane umarmte ihre Kinder und war wieder einmal stolz auf sie. Ihre schlimmen Gedanken hatte sie verbannt. Die Erinnerungen an die schrecklichen Träume hatte sie so weit in ihrem Unterbewusstsein vergraben, wie es ihr nur möglich war. Dennoch plagte sie jede Nacht die Furcht, erneut einen dieser schrecklichen Albträume zu durchleben. Die schlimmen Gedanken wurden langsam aber sicher von anderen Ereignissen verdrängt. Immerhin machten dies die Herolde immer wieder deutlich, die lauthals von den kommenden Ereignissen priesen und die seltsame Gruppe „Fliegende Salamander" in höchsten Tönen lobten.

Benedict hatte Honatius gefragt, doch auch er hatte zuvor nicht sehr viel mehr gehört, als das, was auf dem Plakat stand. „Angeblich sind sie für ihre fantasiereichen und magischen Stücke bekannt, mit denen sie die Menschen immer wieder in Erstaunen versetzen sollen. In Trodox sind sie wohl sehr bekannt." Benedict zuckte die Achseln.
„Wir werden sehen." Sein alter Freund kicherte und ging dann wieder in seine Bibliothek. Er hatte gerade Rufus besucht, der

sich noch immer über die Unverschämtheit aufregte, dass der große Marktplatz einem „Sammelsurium an Kuriositäten" weichen musste. Inzwischen hatte Benedict verstanden, dass Rufus mehr als nur die üblichen Waren feilbot. Doch scheinbar waren es nur auserlesene Kunden wie Honatius, die in den Genuss seiner heimlichen Schätze kamen. Sein alter Freund hatte ihm verschwörerisch zugeflüstert, dass Rufus sein geheimer Lieferant für alchemistische Experimente war. Vielleicht hatte die Enge des kleinen Marktplatzes und die somit verbundene Nähe zu anderen Händlern Rufus geheime Verkaufszahlen sinken lassen und ihn deshalb so in Rage versetzt. Benedict musste lächeln. Wie kompliziert die Welt doch wurde, wenn ein Prinz seinen Geburtstag feierte.

- 8 -

Benedict deckte den Tisch. Er hatte von Viviane verlangt, dass sie sich noch schonte und ihr im Gegenzug versprochen, all das mit gutem Gewissen zu tun, was sie sonst oft allein verrichtete. Immerhin war Benedict nicht vollends ungeschickt, was das Zubereiten einer Mahlzeit anging. Er hatte sich viel Mühe gegeben und sich eins der fetteren Hühner zur Brust genommen. Nachdem er es gerupft und gewaschen hatte, tupfte er es sorgfältig ab, rieb es mit Salz ein. Dann pellte er eine dicke Knolle Knoblauch ab, hackte eine Zehe in kleine Würfel, zerrieb Rosmarin und Kümmel aus dem Garten und füllte gedankenverloren das Huhn. Ein wenig von der Mischung aus Rosmarin und Knoblauch verrieb er ebenfalls auf dem saftigen Fleisch. Die Füllung bestand aus Zwiebeln und Äpfeln. Schließlich spießte er das Huhn auf und hängte es zum Braten über die Feuerstelle. Da keiner der Jungs zugegen war um sich vielleicht zu erbarmen ihm zu helfen, blieb er die ganze Zeit in der Küche und drehte das Hähnchen gleichmäßig, den Blick bedächtig auf das womögliche Festmahl gerichtet. Benedict lächelte bei dem köstlichen Anblick und seine Gedanken schwammen um die Kochstelle, verloren sich im knisternden tanzenden Feuer und fanden sich an jenem Fest wieder, als er Viviane kennengelernt hatte.

Sie tanzte mit all den anderen Mädchen und Frauen um das
große Daturas-Feuer zu der munteren folklorischen Musik,
während die Männer sie eifrig anfeuerten und bejubelten. Die
Menschen lachten, sangen, tranken und tanzten den halben Tag
und die ganze Nacht.

In Talon feierte man, so hatte sein Freund Honatius ihm damals
erklärt, dreimal im Jahr das Daturas-Feuer, ein Fest zu Ehren
des Feuerschmieds. Talon wurde viele Jahrzehnte zuvor von
einer Feuersbrunst fast vollständig zerstört – wie Benedict jetzt
glaubte, weil ein unrechtmäßiger Mann versucht hatte, das dort
im verborgenen Schrein liegende Feuerschwert zu nehmen. Das
Vermächtnis der Götter darf aber nur und ausschließlich von
den wahren Erben der Götter, den Auserwählten in die Hände
genommen werden, wie er jetzt wusste. Vermutlich hatte eine
unachtsame Tat oder Gier für den Brand gesorgt. Das Dorf war
neu errichtet worden und die gläubigen Bewohner hatten eine
schlichte, aber schöne Kapelle zu Ehren Daturas errichtet. Sie
stand auf einem Hügel, den sie mit einer Steinmauer mit einer
Rinne für Öl umrundeten, die sie dreimal im Jahr anzündeten
und so das Fest für Datura einläuteten. Vor dem Hügel hatte das
tanzwütige Volk ein großes Lagerfeuer errichtet – denn was war
eine Feier zu Ehren der Götter ohne ein großes Lagerfeuer, viel
Gesang, Tanz und Feierei?

Viviane war Benedict zuerst gar nicht aufgefallen. Der junge
Soldat hatte Augen für eine ganz andere Schönheit, ein lockiges
Mädel namens Michelle, die ihm bereits mehrfach seit seiner
Ankunft schöne Augen gemacht hatte. Sie war eine wilde Froh-
natur und hatte sogar schon mit ihm gesprochen, wirkte trotz
ihrer offenen und direkten Art aber gleichermaßen geheimnisvoll. Die Musik war laut und der Abend bereits fortgeschritten,
als sein einziger Bekannter Honatius sich mit einem leicht
glasigen Ausdruck und nicht mehr ganz so ruhigen Beinen
verabschiedete und ihm einen schönen Abend wünschte.

„Du willst mich hier doch nicht allein lassen?", rief Ben ihm noch hinterher, doch der Trodainer grunzte munter und deutete auf den Weg vor sich.

„Offenkundig doch", er hob die Hand zum Gruß und entfernte sich langsam – sehr langsam – aber sicher vom Platz.

Benedict schmunzelte und bemerkte Michelle, die an ihm vorbei tänzelte, ganz offensichtlich langsam genug, dass sie ihm auffallen konnte. Er wollte ihr folgen, als er selbst völlig unerwartet stolperte und fiel. Sie lachte und wurde von ihren gackernden Freundinnen umrahmt, die gemeinsam mit ihr in Richtung Kapelle tanzten, ohne ihn eines weiteren Blickes zu würdigen.

„Kaum in der Stadt und schon ein hoffnungsloser Fall", die Stimme über ihm war zynisch, aber warm und melodisch.

„Ich bin dir aber aufgefallen", fasste er sich schnell und konterte mit seiner damals schelmischen Art, die schon so manches Herz auf seine Seite gezogen hatte – hin und wieder, ohne dass er davon gewusst hatte.

„Willst du jetzt den ganzen Abend Wortwitze machen?", erwiderte die Stimme. Benedict drehte sich um und richtete sich mithilfe seiner Gesprächspartnerin auf.

„Wenn sie dir gefallen?", witzelte er weiter und sah sich einer genervten Fremden entgegen, die ihre Augen bei seinem ungeschickten Anbandlungsversuch verrollte und ihn gelangweilt ansah. Das Schmunzeln auf ihren schmalen Lippen strafte ihre Genervtheit aber Lügen.

„Ich habe schon befürchtet, dass die Leute aus der Stadt nur Spaßvögel sind." Ihre Hand zuckte hoch und sie presste ihm sofort einen Finger auf die Lippen.

„Wage dich – keine Wortwitze."

Die unerwartete Berührung kam so plötzlich, dass er nicht einmal etwas erwiderte. „So wie du aussiehst, solltest du nicht zur Kapelle gehen."

Er sah an sich herab und machte eine entschuldigende Geste: „Ach nein, wieso? Sollte ich die Hose etwa auszieh–" der Finger presste sich erneut auf seine Lippen.

„Ich korrigiere mich", erwiderte sie mit einem unterschwelligen Tonfall, „du solltest am besten nirgendwo hin gehen."

Benedict, auf nichts aus und ohne Hintergedanken, zuckte mit den Schultern. „Na gut, dann bleibe ich eben hier. Bei dir."

Das Mädchen ihm gegenüber verrollte erneut ihre überraschend schönen grünen Augen. „Ein wahrer Scherzbold und Schürzen-jäger."

„Ich war noch nie Jagen", erwiderte er erneut und tat so, als überlege er. „Vielleicht sollte ich–"

„Nicht versuchen, deine Schande zu überdecken, dass du gerade hingefallen bist, als du Michelle Genner hinterher laufen wolltest, wie all die anderen liebestollen Narren, die ihrem Charme erliegen. Kennst du sie überhaupt? Wusstest du ihren Namen? Wer ihre Familie ist? Dass sie einen Freund hat? Irgendwas, außer, dass sie hübsch ist und nicht in einen kleinen Ort wie diesen hier gehört?"

Sie schien keine Antwort zu erwarten und setzte erneut an, da aber hob Ben einen Finger auf ihre überraschend weichen und festen Lippen und antwortete rasch: „Kaum, ja, nein, nein, nein."

Sie schnippte seine Finger von ihrem Mund und sah ihn herausfordernd an. Er erwiderte ihre Blicke und musterte das freche, schlagfertige Mädel. Sie trug ihre langen braunen Haare offen mit drei geflochtenen Strähnen, was ihm irgendwie gefiel. Ihre grünen Augen strahlten wie kleine Teiche auf ihrer zarten Haut, die von Sommersprossen gesprenkelt wurde.

„Du hast mich erwischt", gab er jetzt zu.

„Ich weiß", damit lachte sie, drehte sich von ihm weg und tänzelte zum Feuer zurück, wo sie bereits ihre Freundinnen erwarteten. Ben bemerkte, dass diese kicherten und zu ihm herüber blickten und hob verlegen eine Hand zum Gruß. Noch in der Bewegung riss er sie selbst wieder herunter und lief los.

Vollidiot.

Es hatte ihn keine fünf Schritte weit getragen, als er lächelnd innehielt und zum Lagerfeuer herüberblickte, wo die Frauen noch immer tanzten. Und das freche Mädel mit den grünen Augen. Etwas an diesem Gespräch hatte ihm gefallen, aber auf eine Art, die er nicht definieren, nicht greifen konnte – noch nicht.

Sein Lächeln wurde breiter, als er sich umdrehte und näher zu den Tanzenden ging. Die Fremde verschwand gerade mit ihren Freundinnen hinter dem Feuer, also wartete er, bis der tanzende Kreis wieder bei ihm ankam. Die Mädchen hatten ihn entdeckt und scheinbar erwartet, denn sie schoben ihre Reihen auseinander, packten und nötigten ihn, mitzutanzen. Die Männer außerhalb des Kreises lachten über den neuen nicht unbedingt begabten Tänzer, der zu allem Überfluss in einer Reihe von Frauen tanzen musste und nicht im Ring der Männer, die außerhalb und in entgegengesetzter Richtung tanzten. Um das Ganze für ihn noch schlimmer zu machen, wurde ein neues Lied angestimmt, das noch energischer war. Er hatte keine Chance, außer mitzutanzen, auch wenn er die Schritte nicht kannte. Bisher bestand der Tanz aus einem gegenseitigen Griff ans Handgelenk und rhythmischen Sprüngen nach links oder auf Ansage in die Gegenrichtung. Als er sich gerade wohlfühlte und endlich ein Wort fassen wollte, teilte sich der Ring und jeder Tänzer machte einen Schritt auf den anderen Ring zu, drehte sich im Kreis und wechselte so nicht nur Richtung und Position sondern auch den Ring.

Benedict wusste nicht, wie er diesen Tanz überlebt hatte, doch am Ende saß er keuchend auf seinem Hosenboden und lachte von Herzen, wie er es in den ganzen letzten Monaten nicht mehr getan hatte.

Ein Becher mit Met tauchte in seinem Blickfeld auf. „Für einen Städter tanzt du ganz passabel." Er nahm ihn von der schlagfertigen Brünetten entgegen und lächelte, bot ihr unnötigerweise einen Platz neben sich an, während sie sich bereits setzte. „Ich schätze mal: Danke." Sie sahen einander an und stießen die Böden der Becher gegeneinander.

„Willkommen in Talon Fremder."

„Ben. Benedict Tok", er lächelte und deutete mit dem Becher zu ihr. „Viviane Auenberg, nicht? Du hast keinen Freund, deine Mutter mag meinen Tanzstil, du bist hübsch und wohin du gehörst, konnte keiner so richtig sagen." Sie zuckte zurück, schien überrascht, verwirrt und beeindruckt zugleich.

„Ich muss mich bei dir entschuldigen", begann er mit einem schelmischen Grinsen und erklärendem Unterton, „ich wusste wirklich nichts über Michelle Genner. Aber wir Städter", dabei betonte er das letzte Wort so übertrieben abfällig, und imitierte dabei ein Klatschweib, „sind neugierige Wesen, wenn uns etwas interessiert." Er ließ eine Kunstpause, bevor er schelmisch ergänzte: „Vielleicht auch ein wenig stolz."

„Du überraschst mich", sie schmunzelte und sah sich um, so als suche sie das Fest nach einem bekannten Gesicht ab.
„Weißt du ich bin kein sonderlich guter Tänzer", beteuerte Benedict, „aber ich unterhalte mich gerne und bin beharrlich. Und obwohl mir bei diesen Tänzen echt die Luft ausging, habe ich mich bei deinen Freunden schlau gemacht."

Viviane lachte herzhaft und nahm einen langen Schluck um zu verbergen, wie beeindruckt und überrascht sie war. Sie würde es lange Zeit nicht zugeben, doch in diesem Moment war ihr klar, dass dieser Mann neben ihr nicht nur ein Sturkopf, sondern ihr Sturkopf werden würde.
„Du wärest erschrocken, wie redselig die Menschen bei einem solchen Fest sein können", empörte er sich und lächelte ihr zu.
„Du hast mich vorhin ganz schön kalt erwischt."
„Ist das wieder ein Witz, weil wir den Feuergott anbeten und hier feiern?" Benedict lächelte noch immer, etwas, das sie ein wenig verunsicherte. Dann stand er auf, nahm beide Becher und eilte zum Ausschank. Er ging diesen Weg noch mehrmals in dieser Nacht.

Beim zweiten Daturas-Fest, das Benedict mitmachte, konnte er nicht nur mittanzen ohne sich zu blamieren, wie Vivianes Mutter zufrieden festgestellt hatte, sondern kannte auch mehr als nur ein paar Namen. Es wurde für ihn immer mehr ein Gefühl von Zuhause, etwas, das er aufgegeben und tief in seiner Brust weit hinter seinem Herzen verbannt hatte. Für Benedict hatte ein neues Leben angefangen und bereits bei ihrem dritten gemeinsamen Fest machte er Viviane den Hof.

***

Benedict schmunzelte und realisierte, dass jemand durch den Flur zu ihm kam. Honatius lief herein und flog hochkant wieder raus, als er amüsiert nach der fehlenden Schürze um Benedicts Hüfte fragte. Benedict revidierte sein Handeln direkt und bat seinen alten Freund und Mentor zurückzukommen. Noch ehe Honatius daraufhin reagieren konnte, hielt er ein Messer und eine Schüssel mit Kartoffeln in Händen.

„Du bist mir eine große Hilfe, alter Freund." Grummelnd setzte sich Honatius an den Tisch und machte sich dran, die Kartoffeln zu schälen.

„Hast du was über Adan herausfinden können?"

Honatius blickte auf, scheinbar überrascht von der Frage. Er seufzte und legte eine Kartoffel in die Schüssel. „Oolon ist vor einigen Jahren verstorben, wie ich erfahren musste."

„Wer?" Benedict hatte noch nie von ihm gehört.

„Oolon Rabenschwarz war ein ziemlich kluger Kopf und vermutlich einer der wenigen Gelehrten, die so ziemlich jedes Schriftstück auswendig kannten, das er je gelesen hat. Er hätte mir sicherlich etwas über ähnliche Phänomene sagen können, wie Adans Gabe, Dinge zu sehen." Honatius rümpfte die Nase. „Oder über diese geheimnisvolle Wächterin, die wir laut Datura suchen sollen. Langsam bin ich mir nicht mehr sicher, was ich noch tun kann. Vielleicht kannst du über deinen Großmeister Freund ein gutes Wort für mich einlegen, dass ich endlich mal die großen Bibliotheken aufsuchen darf?"

„Alan meinte, dass das kein Problem sei. Aber in den Bereich mit den interessanten Büchern darfst du dann trotzdem nicht, schätze ich."

Honatius rümpfte die Nase genervt und verzog eine Grimasse: „Ein Trodainer ist kein Weiser oder Gelehrter und hat nichts mit der Geschichte zu tun. Ja, ja ich weiß. Der letzte Bibliothekar hat mich so auch vertröstet." Honatius schnaufte schwer und Benedict brauchte einen Moment um zu verstehen, dass es nicht um den Zugang zur Bibliothek ging, sondern um etwas anderes.

„Ich hätte nicht gedacht, dass ich mal Oolon überlebe." In Honatius Stimme schwang eine Traurigkeit mit, die Ben bisher nur selten bei ihm erlebt hatte. Sein alter Freund wirkte resigniert und müde, als er weiter sprach: „Und er sicherlich auch nicht."

Die letzte geschälte Kartoffel fiel in die Schüssel. Sie hatten vieles versucht, doch niemals auch nur einen Hinweis auf die ominöse Wächterin entdeckt, von der sie nicht mehr wussten, als diesen Namen und dass sie für sie von großer Wichtigkeit sein würde.

Honatius strich die abgeschnittenen Scheiben in seinen Ärmel und trug sie zu dem Holzeimer, der für eben solche Essensreste gedacht war. Wenn er voll war, fütterten sie damit ihre zwei kleinen Ferkel. Die Familie hatte zwar einen nicht sehr großen Garten hinter dem Haus, dort aber genug Platz um ihre Gemüse und Kräuter anzupflanzen und ein paar Hühner sowie zwei Schweine zu halten. So sparte man oftmals viel Arbeit und Geld. Eigentlich taten dies viele Leute in ihrer Nachbarschaft, doch gerade bei den Tok, von denen ihr nicht unerheblicher Wohlstand bekannt war, wurde dies sehr missbilligend und sogar als verschroben angesehen.

Benedict sah missmutig auf das garende Hähnchen. „Es ist so vieles geschehen, Honatius." Sein Freund schwieg und ließ ihn reden. „Ich war Träger des Feuerschwerts, Marek ist ein Auserwählter, Adan hat diese Gabe mit seinen Augen. Warum haben die Götter uns das alles auferlegt?"
„Das hast du bereits Datura gefragt."
„Und was hat es gebracht? Nichts", erwiderte Benedict grimmig. „Datura hat mich und meine Familie verflucht und nicht mit einer Gabe gesegnet."
Honatius schnitt die Kartoffeln in Scheiben und füllte sie in den Topf. Das Wasser brodelte bereits. „Das kannst du jetzt sehen, wie du magst. Keine dieser Gaben wirkt sich schlecht auf euch aus, also ist es in meinen Augen kein Fluch."
Er wusste, dass er sich auf dünnem Eis bei diesem Thema bewegte und wie sehr Benedict sich und sein Schicksal dafür hasste, doch dass seine Söhne in all das hineingezogen wurden, war für ihn oft zu viel. Benedict zögerte und schüttelte dann den Kopf. „Ich habe dir immer vertraut, Honatius. Aber warum bist

du damals ausgerechnet auf mich zugekommen und hast mir vom Schrein erzählt?"

„Weil ich es *musste*", antwortete Honatius und sah ihn eindringlich an. „Ich *wusste*, dass nur du diese Bürde tragen kannst."

„Aber woher?"

„Das", beteuerte Honatius, „war … ein Gefühl. Ich konnte es damals und kann es auch heute nicht wirklich beschreiben."

Benedict schnaufte und wurde das Gefühl nicht los, dass ihm sein Freund nicht alles erzählte. „Du bist ein Trodainer und kein großer Zauberer, die in den Geschichten immer den Protagonisten auf seinen Weg schubsen. Vermutlich hat dir das alles Datura im Traum eingetrichtert, dass du gar nicht wusstest, was du tust."

Honatius schüttelte unmerklich den Kopf und verzog das Gesicht zu einer wissenden Grimasse. „Um ehrlich zu sein, weiß ich immer, was ich tue."

Eine unangenehme Spannung hatte sich zwischen ihnen aufgebaut und Honatius spürte, dass Benedict erneut nach Antworten oder einem Schuldigen suchte. Sein Gegenüber schien das zu bemerken und entschuldigte sich schließlich.

„Ich kann es doch verstehen, Ben", beteuerte Honatius. „Lass dir nicht deinen Mut und deine Kraft von Zweifeln zerfressen. Du hast gelernt, dass nichts dem Zufall überlassen ist und alles aus einem Grund geschieht. Nutze dieses Wissen. Du kannst mehr bewirken, als du denkst. Aber du kannst niemanden vor seiner Zukunft bewahren. Weder dich selbst, noch deine Söhne."

Der Trodainer sah auf das sich drehende köstlich braune Hähnchen über der Feuerstelle und deutete darauf. „Ich möchte dir nur ungern in deine Kochkunst hineinreden, aber noch länger sollte das arme Ding nicht braten."

Das knusprige Hähnchen breitete seinen herrlichen Duft in der warmen Küche aus und zog durch das Haus. Benedict lockerte die Halterungen des Gestänges und holte sich dicke Lappen, nahm den Spieß von der Feuerstelle und trug das Hähnchen vorsichtig zu einer großen, flachen, vorbereiteten Holzschale. Dann öffnete er das Küchenfenster einen Spalt breit, um nicht nur frische Luft herein zu lassen, sondern auch für hungrige und neidische Mäuler zu sorgen, die am Haus vorbeiliefen und beim unerwartet köstlichen Duft kurz innehalten mussten.

Benedict nahm den Topf mit den gekochten Kartoffeln, schüttete das Wasser ab und verteilte die Kartoffeln rund um das Hähnchen in der Schale, die wie ein Boot auf dem Tisch stand. Honatius hatte bereits Messer an die Plätze der Familie gelegt, sodass Benedict sich nur noch stolz hinzusetzen und warten brauchte.

Viviane kam hinunter und in die Küche und als sie das Werk ihres Mannes sah, lächelte sie voller Zuneigung und drückte ihm einen sanften Kuss auf den Mund.

„Das sieht herrlich aus und riecht einmalig gut", lobte sie ehrlich beeindruckt und setzte sich auf ihren Stuhl. Honatius rutschte auf seinen Lieblingsplatz und schmatzte ungeduldig.
„Eins muss man dir lassen, Viviane. Du hast einen guten Geschmack was Männer angeht." Viviane zuckte die Schultern und sah ihren Mann liebevoll aber mit diesem für sie typischen schelmischen Blick an. „Er hat eben Glück."

Poltern kündete die herannahenden Kinder an. Als sie die Treppe herunter trampelten, verstummte Benedicts Lachen. Er sah zur Tür und plötzlich verstummte alles um ihn herum, als falle er in einen Brunnen, der sämtliche Geräusche verschlang außer dem Lachen seiner Söhne. Die Brüder erschienen im Türrahmen und rauften sich aus Spaß, schubsten einander und froren in der Bewegung ein.

Adan beugte sich gerade nach vorne, um den Kopfnüssen seines Bruders zu entgehen. Ein kaltes Gefühl durchzog Bens Körper und sammelte sich an seiner Brust. Er spürte seinen Herzschlag und dann für einen unendlichen Moment nichts mehr. Ein jäher Gedanke durchfuhr ihn und er wünschte sich, dass wenn Adan aufblickte, er seinen Vater mit den grünen Augen seiner Mutter ansah, statt dieser unheimlichen toten, weißen Augen. Diese Hoffnung hatte er aber nicht für sich, sondern seinen Sohn, dem er ein normales Leben wünschte, ohne all diese Probleme und unbekannten Gefahren, denen sie gegenüberstanden. Das eingefrorene Lachen stand im Kontrast zu den Ängsten, die die Kinder mit sich herumschleppten. Auch wenn sie es sich nicht anmerken ließen – besonders Marek wusste von seiner Bestimmung und versuchte sie gekonnt so lange zu ignorieren, wie es ging. Das selbe galt auch für Benedict, wenn er ehrlich war.

Adan jedoch war kein Auserwählter, Datura hatte nichts zu ihm gesagt und dennoch hing er irgendwie mit ihnen in dieser Sache mit drin. Seine weißen Augen – diese verfluchten weißen Augen – hatten bewiesen, dass er kein normaler Junge war. Obwohl er aussah wie ein Blinder, konnte er sehen. Und es war inzwischen klar, dass Adan Dinge sehen konnte, die sie nicht sahen. Er konnte deutlich besser als jeder andere im Dunkeln sehen, außer vielleicht Jaleel, aber der war ja ein Pan-Thar. Adan hatte bewiesen, dass er auch die fast unsichtbaren Chameal der Echsenmenschen erkennen konnte. Eine Gabe, die sonst niemand besaß, von dem sie gehört hatten.

In Talon hatte man Adan als böses Omen gesehen, sprach hinter vorgehaltener Hand von einem Fluch und jetzt ertappte sich Benedict bei dem oft ignorierten oder verborgenen Gedanken, dass er sich wünschte, sein Sohn wäre normal. Er hoffte es so sehr für seinen Sohn. Benedict konzentrierte all sein Denken auf Adan. Als er dann aufblickte war es, als zerplatze ein Traum in einer Wasserblase vor Benedicts Augen, die alles in tiefe Dunkelheit hüllte.

Vor ihm lag ein blinder Säugling, den er sofort wieder erkannte. Es war Adan, mit seinen schrecklichen weißen Augen, denen in diesem kurzen Moment ein sanfter blauer Schimmer innewohnte. Vielleicht wäre seine natürliche Augenfarbe blau geworden. Er streckte seine Finger nach dem Säugling aus, der nicht schrie und nicht weinte und die schreckliche Erinnerung an seine Geburt kam zurück. Die Gedanken, die Benedict vergessen wollte, weil sie ihm selbst zu große Angst machten. Angst, dass womöglich doch etwas mit seinem Kind nicht stimmte, so wie es die Menschen von Talon stets behauptet hatten. Adan hatte in seinem ganzen Leben keine einzige

Träne vergossen. Nicht als Säugling, nicht als Kind und auch jetzt nicht.

Der Säugling vor ihm wuchs binnen Sekunden heran, wurde zu dem Jungen mit langen, schwarzen, lockigen Haaren und diesen grausamen kalten weißen Augen. Schuldgefühle und Zorn erfüllten Benedict, weil er sich wieder dabei ertappte. Bei diesen schrecklichen Gedanken über seinen Sohn. Adan wuchs, wurde älter, doch das Bild verschwamm, als würde Benedict mit geöffneten Augen unter Wasser tauchen. Diese weißen, diese grausamen und schrecklichen weißen Augen! Benedict spürte, wie ihm etwas die Kehle zuschnürte. Etwas kaltes und unnachgiebiges, etwas beständiges und existentielles, etwas, das vorhanden war, das man einfach spürt, wenn man durch die Dunkelheit geht, auch wenn man weiß, dass man alleine im Raum ist.

Du weißt, dass du nicht der Auserwählte bist und dennoch klammerst du dich an diese Hoffnung. Wisse, dass sämtliche Hoffnung fahren wird, wenn du nicht endlich verstehst und aufhörst dich daran festzuklammern.

Diese Stimme!

Er kannte diese Stimme! Benedict wollte antworten, doch etwas schnürte ihm die Kehle zu, als drücke eine eiserne, eiskalte Hand seinen Hals zusammen. Alles verschwamm. Weiße Augen! Diese schrecklichen, weißen Augen!
„Wer bist du?", fragte Benedict, doch niemand antwortete. Das verschwommene Bild vor ihm wich dem klaren Abdruck eines hochgewachsenen jungen Mannes, der ihm hinter einer reflektierenden Oberfläche gegenüberstand, die wie ein Spiegel wirkte, aber keiner war. Er sah nicht sich, sondern Adan auf der anderen Seite des Spiegels. Oder einen jungen hochgewachsenen Mann, der Adan ähnlich sah und dessen weiße Augen besaß. Erneut streckte er seine Hand nach seinem Sohn aus und berührte die kalte Scheibe vor sich. Das Material vor ihm wellte sich und wurde zu einer senkrecht stehenden Wassermasse, die ihn jäh in sich hineinzog.
Vater?
Die weinerliche Stimme eines Kindes, das einsam und alleine in

einem dunklen Raum saß. Benedict wollte zu seinem Sohn. Er wollte um alles in der Welt sein Kind erreichen und es aus dieser Dunkelheit befreien. Doch er konnte sich nicht bewegen.

Vater, lass mich gehen.

Benedict wusste, dass es Adan war. Und das was er hörte, machte ihm große Angst. *Lass mich gehen und du wirst mich wiedersehen.*

Eine Hand, greifbar nah und dennoch fern. Er streckte seine Finger danach aus und berührte schließlich die Fingerkuppe. Alles um ihn herum zerbarst und fiel wie ein Spiegel in unendliche schneidend scharfe Splitter, die ihm das Fleisch bis auf die Knochen zerschnitten. Da brach über ihm eine flammende Wolke herab, umhüllte Benedict und die Flammen wurden zu dunkelblauem Wasser, das ihn umgab und unter sich begrub. Noch immer war alles zeitlos. Es war, als würde er im Wasser schweben. Unter ihm jedoch begann erneut das Wasser zu Feuer zu werden. Er war gefangen zwischen dem Kampf der beiden Elemente. Plötzlich wirbelten die Wogen der Flammen und des Wassers wie ein Tornado auf und brachen ineinander. Sie umgaben Benedict, der sich im Auge des Sturms wieder fand. Die Frau sprach erneut.

Lasse das Unausweichliche geschehen und Chaos wird sich in Ruhe wandeln.

Benedict verstand nichts von dem, was sie sagte.

Die Zeit läuft ab. Es bleibt kaum noch Zeit.

„Wofür?"

Die Stimme schien plötzlich in seinem Schädel zu sitzen.

Der Auserwählte ist auf dem Weg. Die Dunkelheit breitet sich aus, streckt ihre gierigen Finger aus.

„Das bist wieder du?"

Das Spiel der Elemente tänzelte stumm vor seinen Augen. Die Kälte war zurück und liebkoste seine nackte zerschnittene Haut.

Werdet ihr bereit sein?

„Wer bist du? Bist du die Wächterin?" Diese Stimme!

Suche die Antwort und du wirst sie nicht finden.

Alles löste sich auf und er war wieder in der sicheren Dunkelheit, die ihn umarmte. „Was soll das alles? Was bist du?" Aus der Dunkelheit brach ein Licht und formte sich zu den Umrissen einer Frau, die langsam näher kam.

Im größten Sturm vermag der kleinste Lichtpunkt Hoffnung für das verirrte Schiff zu sein.

Ein Moment der Stille folgte.

Du hast mich gesucht, finden kann mich aber niemand. Ich bin das Licht. Ich bin die Hoffnung. Ich bin die Wächterin.

Ihre Stimme wurde rein und klar, nicht mehr brüchig oder seltsam verzerrt. Nun klang sie, wie eine normale Frau, die mit jedem Wort, das sie sprach Autorität zu gewinnen schien. Das gleißende Licht ihres Gesichtes wurde immer schwächer, bis sich langsam feine Linien und schließlich die Konturen von Augen, Nase und Mund formten.

Benedict starrte voller Entsetzen und Überwältigung die Frau an, die sich als Wächterin offenbarte. Und dennoch wusste er, dass sie nicht real war. Er erstarrte. Diese schrecklichen weißen Augen!

Höre mir achtsam zu. Diese Warnung ist die letzte. Behüte dein Kind wie es von einem Vater erwartet wird. Nichts und niemand darf sich dir bei dieser Aufgabe in den Weg stellen. Dein ältester Sohn darf in seiner Kindheit nicht geschädigt werden. Wenn es so weit ist – und du wirst erkennen, wenn es das ist – musst du ihn gehen lassen.

Benedict dachte voller Panik an die Ragnar und Trojoxanten, die nach Adan fahndeten. „Ich würde alles tun um sein Leben zu retten." Die Frau hob ihre feine Augenbraue.

Dann erkenne, dass es nicht der Tod, sondern das Leben ist, das es zu fürchten gilt.

„Bitte, ich tue alles – aber lass meine Söhne in Frieden leben! Ich würde alles geben für sie!"

Du triffst voreilig folgenschwere Entscheidungen. Bist du wirklich bereit, alles für sie zu geben?

„Ohne jeden Zweifel und ohne zu Zögern, ja! Wer bist du? Kannst du uns helfen?"

Ich bin die Wächterin. Ich half und helfe schon immer.

„Hast du einen Namen?"
Asyna.

∗∗∗

„Das sieht ja fantastisch aus!", rief Adan begeistert, gewann das Gerangel mit Marek und eilte vom Türrahmen auf seinen Platz. „Wenn es immer so tolles Essen gibt, darfst du ruhig öfter krank sein." Meinte Marek, seine Mutter schien das aber nicht so witzig zu finden, wie der Rest am Tisch.

„Dann lasst uns mal loslegen." Honatius klatschte freudig in die Hände und schaufelte sich eine große Ladung Kartoffeln auf den Teller.

„Esst, solange es noch warm ist", hörte Benedict sich selbst sagen, doch seine Gedanken waren noch immer bei dem Traum, der Vision, oder was auch immer das war.

Die Kinder ließen sich das nicht zweimal sagen und machten sich über das köstliche Mahl her, doch die Erwachsenen wechselten immer wieder Blicke und versuchten die Gedanken des anderen zu ergründen.

Die Zeit läuft ab.

Benedict fiel es schwer, sich nichts anmerken zu lassen, oder Honatius anzusprechen und dennoch unterhielten sie sich während des Essens über vielerlei Dinge. Benedicts Gedanken kreisten und blieben aber nur bei der Vision und dem Namen der Wächterin.

Asyna.

Das fremde Mädchen

Siehe wie alle anderen,
aber erkenne, was sie nicht sehen.

Der Regen hielt sich beständig bis zum letzten Tag vor den offiziellen Festlichkeiten. Die Kanalisation war zweimal übergelaufen. Selbst die Rhaine war angestiegen und an einigen Stellen über die Ufer getreten. Der Wasserstand im Hafenbecken war rapide in die Höhe geschossen.

„So eine deprimierende regnerische Woche", bemerkte Honatius, „hat es schon seit vielen Monaten nicht mehr gegeben." Er sah belustigt einigen Kindern zu, die in einem im Rinnsal entstandenen Bach am Straßenrand kleine Holzboote absetzten. Sie ließen sie davon treiben, nur um ihnen dann lachend hinterher zu rennen. Kopfschüttelnd drehte er sich vom Fenster weg und setzte sich. Er nahm seine Pfeife vom Halter neben seinem Sessel, stopfte sie mit liebevollem Druck und zündete das herb duftende Kraut schließlich an.

„Scheinbar ist eure Euphorie nicht mehr so groß, wie vor wenigen Tagen?", amüsierte er sich und zwinkerte Adan, Marek und Jaleel zu, die gelangweilt auf dem Teppich zwischen ihren Büchern saßen und einige Lektionen wiederholten. Mareks grimmiger Blick entging dem Trodainer nicht.
„Morgen steigt hier ein riesiges Fest und alles ist klatschnass." Jaleel gähnte überzogen und warf sein Buch auf seine verschränkten Beine. „Und wir lernen."
Honatius zog genüsslich an der Pfeife und zeigte auf den Stapel Bücher vor ihnen. „Ihr werdet früher oder später einmal dankbar dafür sein."
Der Pan-Thar verdrehte die Augen und bemühte sich erst gar nicht, den Spott in seiner Stimme zu verbergen: „Ich habe tierischen Spaß. *Ooh* Pflanzenkunde, wie *aufregend*!"

Honatius nahm sich ein Buch, lehnte sich zufrieden zurück und rümpfte die Nase. „So ist's schon besser."

Als der nächste Morgen hereinbrach, waren Marek und Adan überraschend früh auf den Beinen. Sie eilten in den Garten, verrichteten ihre tägliche Arbeit und bereiteten dann ihren Eltern ein kleines Frühstück vor, nachdem sie sich selbst gewaschen und ihre Kleidung gereinigt hatten. Viviane und Benedict blieb ihre Euphorie natürlich nicht unbemerkt, jedoch gönnten sie sich noch einen Moment im Bett. Viviane drehte sich zu ihrem Mann um und stützte den zotteligen Kopf auf ihrem Arm ab. Seit langem hatten sie endlich wieder eine sehr leidenschaftliche Nacht voll sinnlicher Zärtlichkeit hinter sich.

„Was ist los? Die letzten Tage kommt es mir so vor als bedrückt dich etwas?"
Benedict sah von der Decke zu Viviane und streichelte ihr sanft die nackte Hüfte: „Es ist das schlechte Wetter."
Sie sah ihn missmutig an.
„Dich bedrückt etwas anderes."
Da zog er sie an sich heran und küsste sie leidenschaftlich. Sie schmiegten sich aneinander. Benedict seufzte nach einem Moment. „Du brauchst die Antwort nicht zu suchen, weil es keine Frage gibt."
Viviane musterte ihren Mann mit ungutem Gefühl. Sie hatte diese Aussage in einer anderen Form schon einmal gehört. Aber nicht von Benedict und nicht hier. Sie spürte wie ihr Herz raste. Noch nie zuvor hatte Benedict so etwas gesagt. War es wirklich ein Fiebertraum gewesen? Ein leises Klopfen riss sie aus ihren Gedanken. Benedict streckte sich und antwortete auf das zaghafte Klopfen. Als die Tür aufging stand Adan aufgeregt im Türrahmen. „Sie kommen!"

***

Aufgeregte Rufe drangen durch die Straßen und eine Gruppe Kinder hastete in Richtung Innenstadt. Die Toks waren nicht die einzigen, die aus dem Haus traten und das Spektakel mit ansahen, das sich über Xatiox abspielte. Jubelrufe von allen Seiten brachten neuerliches Leben in die verregneten Straßen. Das rege

Kommen und Gehen auf der Straße war erstarrt und alle blickten in eine Richtung. Ein fernes Rumoren kam immer näher. Viviane brauchte einen Moment, bis sie realisierte, dass es aus der Luft kam und alle Leute erwartungsvoll zum Himmel hinauf blickten. Noch immer hingen trübe Wolken über der Stadt und bildeten eine massive graue Wand. Doch es kam Bewegung auf und die Wolken zerstoben unter einem jähen Windstoß, der einem großen Schatten voranging.

Dann brach ein gewaltiges Luftschiff durch die Wolkendecke und die Menschen riefen erstaunt. Die Menge starrte voller Begeisterung und Verblüffung auf den Anblick des Luftschiffes, das von mehreren gewaltigen und bemalten Ballons in der Luft gehalten und von mächtigen Propellern angetrieben wurde. Dekorationen in knalligen Farben stachen wie Lichtpunkte in der Tristesse des grauen Himmels hervor und ließen das Schiff wie einen gewaltigen, bunten Vogel erscheinen. Musik erschallte und schürte die Euphorie nur noch mehr. Ein Windstoß brachte das Schiff gefährlich nah an die Hausdächer und die dortigen Bewohner schrien ängstlich auf. Bunte Blumen und Girlanden regneten herab und Adan konnte Gestalten auf dem Schiff erkennen, die ihnen zuwanken. Das Volk auf der Straße jubelte und applaudierte und viele folgten dem vorüberziehenden knallbunten Ungetüm.

Jaleel kam lachend die Straße angelaufen und deutete auf das Luftschiff. „Habt ihr das gesehen? Sie sind drei Straßen über uns aus dem Himmel gebrochen! Meine Großmutter hat sich vor Schreck hinter ihr Bett geworfen und dachte es wäre ein Drache!"

Die Kinder lachten und auch Benedict huschte ein selten gewordenes Lächeln übers Gesicht. Aber vermutlich auch nur, weil er sich eine ergraute Pan-Thar Großmutter vorstellte, die panisch vom Fenster weg und hinter ihre Schlafstatt sprang. Viviane die ihn zu gut kannte stupste ihm ihren Ellenbogen in die Seite und zwinkerte. Natürlich hatte auch sie das ulkige Bild vor Augen. Jaleel packte jubelnd Adans Arm und zog ihn mit sich.

„Lasst uns hinterher gehen!"

Marek lachte und eilte mit ihnen vorweg. Die Erwachsenen

folgten ihnen im gemütlichen Tempo und schüttelten den Kopf über ihre jugendliche Euphorie.

Das große Schiff kam bald über dem Marktplatz an und verringerte stetig die Höhe. Nun schwebte es langsam herab. Etliche Arbeiter standen bereit und warteten nur auf die Taue, die ihnen nun über die Reling zugeworfen wurden und vertäuten sie an extra für diesen Zweck hergestellten schweren Pollern, wie man sie vom Hafen kannte. Die Kinder sprangen aufgeregt hin und her und beobachteten das rege Treiben der Arbeiter mit all den anderen neugierigen Menschen, die sich jetzt auf dem Platz versammelt hatten.

Erneut erschallte eine heitere Musik und bunt gekleidete Figuren erschienen, tanzten oder staksten auf meterhohen Stelzen gekonnt die Reling herab und auf die Menge zu. Jongleure, Akrobaten und Tänzer lenkten die Aufmerksamkeit von der eigentlichen Attraktion der bunten Truppe ab, die sich an der Reling aufbauten und dem Publikum zuwanken und sich feiern ließen obwohl niemand sie kannte. Marek lächelte zufrieden und beobachtete einen Feuerschlucker. „Das könnte ich mir die ganze Zeit anschauen." Zufrieden dachte er daran, dass er ebenfalls solche Kunststücke vollführen könnte, verdrängte aber sofort wieder den Gedanken an Eldin, das ihm vielmehr Unbehagen bereitete, als er sich einzugestehen lieb war. Während die Menge gebannt und begeistert dem Spektakel zusah, wurde vor dem Schiff die Bühne fertig aufgebaut.

Sie schauten gespannt dabei zu, wie das Bühnenbild wuchs und seine volle Pracht entfaltete. Plötzlich ragte eine Wendeltreppe empor, die zu einem verkleideten Gerüst auf eine höhere Etage führte. Das bemalte Bauteil stellte eine Burgmauer und eine Brücke dar. Der linke Teil der mehreren Meter langen Leinwand war ein Wald in saftigem Grün gehalten. In der Mitte wurde ein zweites Bühnenteil aufgestellt, das einen Brunnen und einen großen Kristall darstellte, der sich hoch bis ans Ende der Wand zog. In den Brunnen wurde mit einigen Eimern Wasser geschüttet und danach überdeckten drei Männer das Ganze mit einem silbrig glänzenden Schimmer aus seltsamen, kleinen

Steinchen, die aussahen, wie kleine Kristalle.

Während unzählige Arbeiter fleißig an der Bühne hantierten und werkelten, bemerkte Adan, dass einige seltsame Gestalten auf dem Luftschiff umherliefen und einige auch von Bord gingen und in einem abgesperrten Bereich verschwanden. Dann erhob sich wenig später das Luftschiff und es schwebte in Richtung Hafenbecken und verschwand außer Sicht. Adan war äußerst gespannt auf diese Fremden und ihr Stück. Vor das ganze Bühnenbild wurden Fackeln auf langen Stangen positioniert, denn die Vorstellung sollte erst abends beginnen. Noch war unbekannt, welches Stück zu Ehren des Prinzen aufgeführt werden sollte, doch in einem war man sich sicher, es sollte spektakulär und einzigartig werden.

- 2 -

Am Abend erstrahlte die Stadt in unendlichen Lichtern. Vor allem der Marktplatz, der nun Schauplatz dieses Theaterstücks werden sollte, strahlte eine wohlige Wärme unter den Lichtern aus, die überall brannten. Eine Vielzahl an Kutschen kam und ging zum Marktplatz und brachte die gehobenen Gäste.

Der Prinz selbst, so hatte Alan Diran erzählt, würde vermutlich erst erscheinen, wenn die Leute auf ihren Plätzen saßen. Prinz Dante war kein besonders eitler Mensch, doch hin und wieder musste selbst er zeigen, wer der Herr von Xatiox war. Diran hatte eine Kutsche zu Benedicts Familie kommen lassen, die ihre beste Kleidung angelegt hatte und nun ehrfürchtig einstieg.

Die Brüder mussten unwillkürlich an ihre unfreiwillige Kutschfahrt vor zwei Jahren denken, als sie die Prinzessin von Shiv kennengelernt und angeblich entführt hatten. Marek schoss das Gesicht und der Name des gruseligen Leibwächters der Prinzessin durch den Kopf.

Demian.

Er hatte ihnen am Ende des Abends mehr oder weniger gedroht und es in wohlgemeinte Ratschläge verpackt, aber die Brüder und vor allem Jaleel würden diesen Shivianer so schnell nicht vergessen.

Marek zupfte sich immer wieder an den Ärmeln seiner grünen Tunika. Er mochte besonders die feine Borte, die seine Mutter gemacht hatte, doch irgendwie war sie ihm ein wenig zu groß geraten. Adan trug eine dunkelblaue Tunika und ein warmes Wams darüber, das er sich vorerst auf den Schoß gelegt hatte. Er bezweifelte, dass es diesen Abend kalt werden würde, aber seine Mutter hatte darauf bestanden, dass er etwas warmes bei sich trug.

Die Brüder hatten sich gewaschen, ihre Haare ordentlich bürsten müssen und trugen sie nun glatt nach hinten gekämmt, wobei gerade Adans lockiger Ansatz es ihm besonders schwer gemacht hatte, die widerspenstigen Haare an Ort und Stelle zu halten. Er fühlte sich ein wenig unwohl und schmierig. Viviane hingegen war – typisch Mutter – hin und weg von seinem Auftreten. Sie selbst trug ein eng anliegendes und äußerst edles Kleid, das wunderbare weite Ärmel mit herrlicher Borte zierte. Honatius trug zur Abwechslung einmal edle Roben, die ihn wie einen Magister, Geistlichen oder Gelehrten wirken ließen. Sein stoppeliges Kinn hatte er sich in mühsamer Feinarbeit gestutzt und erneut wirkte er seltsam kahl und ermattet. Viviane hatte ihn längere Zeit genau betrachtet, nur um schließlich zu dem Entschluss zu kommen, dass seinem eher rundlichen Gesicht ein Bart vielleicht doch besser stand. Ihm das jetzt zu gestehen, wo er ihn doch nach all dem Gezeter und Murren abrasiert hatte, kam aber einem Freitod gleich.

Benedict hatte zur Feier des Tages etwas getan, das Viviane ein wenig stutzig, wenn nicht sogar wütend, gemacht hatte. Ihr Mann trug die Gewandung eines Gardisten. Als Adjutant von Alan Diran stand ihm dies voll und ganz zu, doch sie hatte nicht erwartet, ihn so für die Feierlichkeiten gekleidet zu sehen. Wenigstens, so dachte sie, trug er nicht seine alte Uniform. Doch dann hatte er ihr erklärt, dass es sehr wohl seine alte Gewandung war.

Die leichten Abnutzungsspuren hatte er sich von einem Schneider ausbessern lassen. Der feine Baumwollstoff war von bester Qualität und besaß eine reich verzierte weiße Borte. Darauf waren feine Linien so verworren gestickt, dass sich aus dem Muster feine Symbole abzeichneten. Seine Hose war eng geschnitten, wurde aber an den Schuhen breiter und bedeckte so ein wenig von seinen Stiefeln. Darüber hatte er den neuen Waffenrock gezogen, den die Garde nun trug. An seiner Schulter hing das Emblem eines Adjutanten des Tempel-Großmeisters.

Als die Familie am Marktplatz ankam und sie Alan Diran in der gleichen Aufmachung begrüßte, verstand Viviane. Sie warf ihrem Mann einen vielsagenden Blick zu: „Willst du jemandem imponieren?"
Benedict lächelte sie schief an und seine Stimme hatte einen respektvollen Tenor angenommen: „Um der alten Zeiten willen."

Ihre schmalen Augenbrauen zogen sich zu einer grimmigen Linie zusammen. „Solange du ‚um der alten Zeiten willen' nicht wieder der Garde beitrittst."
Seine Position als Adjutant war mehr oder weniger von Diran fingiert worden, damit Benedict in seiner Nähe und an den Versammlungen tagen konnte. Inzwischen glaubte Viviane jedoch, dass vielleicht für Benedict doch mehr hinter seiner Position steckte, als er ihr eingestehen konnte.

Er schwieg und begrüßte Alan mit einer festen Umarmung. Der Großmeister machte eine noble Verbeugung und gab Viviane einen Handkuss, begrüßte die anderen höflich und führte die Familie in die Logenplätze. Dort hatten sich die wichtigsten Leute versammelt. Die Sitzplätze der Loge waren ausschließlich den reichen Kaufleuten, Aristokraten, Magistern, Vögten, Grafen und Herzogen vorenthalten. Ebenso hatten hier die höchsten Vertreter der hoch angesehenen Tempelgarde ihre Plätze eingenommen. Alan brachte die Familie an die unterste Sitztreppe der Empore und verabschiedete sich dann, um zwei Reihen weiter oben bei den anderen Großmeistern Platz zu nehmen. Über den Großmeistern stand einzig der Erzmeister und anders als Viviane geglaubt hatte, war Alan als Großmeister nicht der ranghöchste seines Ordens.
Wie Namen und Titel doch trügen können.

Viviane wurde etwas ärgerlich, da sie sich mit ihrer Familie nun inmitten der Gardisten wiederfand. Vermutlich würde ihr Mann diesen Moment genießen und an alte Zeiten denken. Zumindest an dessen gute Zeiten. Sie setzte sich neben ihre Söhne und sah sich neugierig um und beobachtete das wuselige Treiben auf den Tribünen und Plätzen. Die Leute, die weder einen Platz auf einer der drei Tribünen oder einen Stehplatz ergattern konnten, hatten sich von ihrer einfallsreichen Seite gezeigt und sich auf Balkonen und sogar den Dächern der Häuser rings um den Marktplatz breit gemacht. Niemand wollte sich das einmalige Schauspiel entgehen lassen, für das all dieser ganze Trubel hier veranstaltet wurde.

Als sie saßen, beugte sich Alan zu ihnen vor und stütze sich dabei auf die Schultern zweier Männer vor ihm. „Es tut mir aufrichtig Leid, dass ich euch keine besseren Plätze organisieren konnte."
Viviane entfuhr ein trockenes und betroffenes Lachen. Gerade als sie etwas zu Alan sagen wollte, begann ein Trommelwirbel und alle Blicke fielen auf den Ehrenplatz des Prinzen. Die Blicke der Menge richteten sich auf die hohe Treppe zur Empore. Dort waren soeben die Herzöge der umliegenden Regionen erschienen, mitsamt ihrer Familien und höchsten Dienerschaft. Erst als sie Platz genommen hatten erschien Owen Windschall der Marschall der Ostmark, die Hauptmänner der Armee von Xatiox und Theodore Grindeldorn der Erzmeister vom Tempel zu Hohenwacht, der wie Benedict seinen Söhnen erklärte, eigentlich gar kein Tempel war, sondern diesen Namen aus Tradition innehielt.

Ihnen folgten die höchsten Mitglieder des Hofes von Xatiox in hierarchischer Reihenfolge, bis zuletzt der Zeremonienmeister erschien. Ihm folgte endlich Prinz Dante Vandamiak Bondarric, dessen Begrüßungen in tosenden Applaus und Fanfaren untergingen. Er wank höflich in jede Richtung und begrüßte manche derer, die er kannte, mit einem anerkennenden Nicken. Er war in der Tat ein junger Regent, der noch vieles lernen musste, doch an Höflichkeit mangelte es ihm in keinem Maße.

„Zu schade, dass die Herren von Ayan nicht erscheinen konnten",
bemerkte Alan zu Benedict über den Lärm hinweg, der nur kurz
angebunden nickte. Diran meinte damit den Hochkönig, die
Mutter Dantes und die anderen Herrscher ihres Königreiches.
Mit einem breiten Lächeln und umringt von seinen Leibwächtern
stieg der Prinz die Treppe zu seiner Empore hinauf und nahm
auf dem großen Stuhl in blauem Samt platz. Er trug einen edlen
Gehrock und einen langen purpurnen Umhang, der in einem
hohen Kragen endete. Wenn ein Mensch durch ein einziges
Lächeln Zuversicht und Vertrauen in anderen wecken konnte,
war es der Prinz. Honatius erkannte sogar unter dem Publikum
Rufus, der ebenfalls dem Prinzen zujubelte. Der Trodainer
grinste und verrollte die Augen. So viel zu seinem Groll dem
Prinzen gegenüber.
Andererseits, wer würde sich schon dieses Spektakel freiwillig
entgehen lassen? Als der Jubel nicht verebben wollte, wank
Dante ab, doch zu seiner Überraschung stimmte plötzlich ein
Großteil der Menge zu einem heiteren Lied zu seinen Ehren an.
Etliche Barden sprangen auf die Bühne, versuchten sich gegen-
seitig darin zu übertrumpfen, wer sich tiefer vor dem Regenten
verneigen konnte und stimmten dann allesamt weitere Loblieder
und Verse an.
Der Prinz war beliebt. Sogar sehr. Das Volk liebte ihn. Trotz
vergangener Tiefschläge und entstandener Probleme, wie dem
Marktplatz Dilemma. Ein stolzes Lächeln zierte das noch junge
Gesicht des Prinzen, auf dem sich dennoch bereits einige
Sorgenfalten abzeichneten. Er sah kurz zu der Tribüne herüber
und nickte den Gardisten zu, wobei sein Blick auch den von
Benedict und seiner Familie streifte. Er lächelte sie an und nickte.
Ein wissender Blick heftete sich auf Benedict und Viviane merkte,
wie rot sie wurde. Eine solche Ehre, von einem Prinzen in aller
Öffentlichkeit angelächelt zu werden, war wirklich etwas
Besonderes. Ihr war nicht bewusst, wieso der Prinz ihren Mann
so genau taktierte.

Plötzliche Stille lenkte ihre Aufmerksamkeit auf die Bühne.
Männer huschten hin und her, zündeten die Fackeln am Bühnenrand an, manche von ihnen tanzten über die Bühne um dem
ganzen einen besonderen Anreiz zu geben.

Links von der Bühne war eine zweite kleinere aufgebaut, auf der nun ein kleines Orchester geduldig Platz nahm. Fast eine Stunde lang unterhielten Artisten und Gaukler das Volk und als sie schließlich unter Jubel und Applaus von der Bühne tänzelten, trat aus der Dunkelheit ein großer und gut genährter Mann. Er trug ein breites Gewand und darüber einen ausfallend langen ledernen Gehrock. Er räusperte sich kurz und hob dann seine kräftige Stimme an, sprach feierlich zu den Zuschauern und vor allem zum Prinzen.

Der Vilandri begann mit einer hochtrabenden und gut einstudierten Begrüßung an den Prinzen, sowie schließlich das Volk und genoss es gut platzierte Pointen zu setzen, die vielerlei Gelächter unter dem niederen Volk auslösten, auch wenn sie diese vermutlich größtenteils nicht wirklich verstanden.

„Euer Majestät, hohe Bürger und einfaches Volk! Meine sehr verehrten Zuschauer! Mit Stolz darf ich Ihnen heute Abend meine einzigartige, fulminante und herausragende Gruppe ‚Fliegenden Salamander‘ in ihrem neuesten Stück vorstellen!"

Er machte eine kurze Pause und plusterte sich noch mehr auf, damit seine voluminöse Stimme noch mehr über den Platz hallen konnte. In farbigen Worten umriss er das Märchen aus dem ihr Stück seinen Ursprung hatte: „Heute erleben Sie das einzigartige märchenhafte Schauspiel um das ‚Kristallmädchen‘! Es handelt von einer jungen Prinzessin, die verzaubert und in einen Eissee eingeschlossen wird. Aber sehen Sie selbst!" Eine ausschweifende Geste begleitete seine hochtrabenden Worte. „Bestaunen Sie Magie, die sie nirgendwo sonst auf Aeldion finden werden!" Eine spannungsgeladene Pause folgte.
„Sehen, spüren und staunen Sie!"

Die Fackeln auf der Bühne flackerten jäh auf und erloschen mit einem Mal, als hätte jemand schnell den Docht abgedeckt. Marek rutschte unruhig auf seinem Platz hin und her. Wie von Geisterhand flammten die Fackeln wieder auf und alle Darsteller standen auf der Bühne. Ein Raunen ging durch die Menge und das Publikum applaudierte lauthals.

„In alter Tradition", erhob Xander Xelophylisios die Stimme über den Applaus, „stellen wir zuerst die Darsteller vor!"

Der Direktor der ‚Fliegenden Salamander' breitete die Arme aus und die Reihe der Darsteller verbeugte sich. Gelächter über die hochtrabenden Worte des Direktors zu jedem Mitglied ging unter tosendem Jubel unter. Ein Schönling namens Marcus war als verheißungsvoller Schauspieler angepriesen worden und Marek rümpfte dabei die Nase.

„Der Typ sieht total gewöhnlich aus. Warum machen die so einen Aufriss um ihn?", meinte er und bemerkte, wie etliche Frauen im Publikum bei seinem Anblick schmachteten und sogar Blumen in Richtung Bühne warfen. Da hob Xelophylisios den Zeigefinger und auf magische Weise verstummte die Menge überraschend schnell.

„Früher fürchteten wir sie, doch heute ist einer unter uns, den wir nur für seinen gesunden Appetit fürchten müssen!"

Ein Knall und greller Lichtblitz ließ die Zuschauer zusammenzucken. Im nächsten Moment hallte hier und dort ein erstickter Schrei durch die Menge, auch die Brüder hielten die Luft an. Auf der Bühne stand ein ausgewachsener Troll, bei weitem nicht so groß, wie die Kreatur, die Mareks Familie im Nebelgebirge angegriffen hatte, aber exakt diese Szene hatte er nun wieder vor Augen.

„Ein Troll?", entfuhr es Viviane überrascht und sie spürte die merkliche Anspannung ihres Mannes. Im Kampf gegen Trolle hatte er damals die Kontrolle verloren, was zum Tod seines Bruders David geführt hatte. Sie drückte seine Hand, doch Benedict blinzelte und lächelte: „Es ist alles gut, Liebling." Viviane sah aber in den Augen ihres Mannes, dass es nicht gut war.

„Krass!", platzte es aus Marek heraus, der nichts von der dunklen Vergangenheit seines Vaters wusste.

„Stell dir mal vor", posaunte er zu Adan, „so ein Troll packt dich und wirft dich umher."

„Oder beißt dir mit einem Haps den vorlauten Kopf ab", beendete Honatius mit schroffem Unterton Mareks unbedachte Begeisterung. „Das ist wirklich interessant. Ich habe noch nie von einem Troll in einer Schauspielertruppe gehört", meinte

Honatius, sah zu Ben herüber und hoffte, dass das Gespräch damit beendet war.

„Toll ein Troll", murmelte Marek und schwieg dann, wissend, dass er scheinbar wieder mal etwas blödes gesagt oder getan hatte.

„Und nun … unser Neuzugang, zu dem ich später noch einmal kommen werde. Eins ist gewiss, verehrtes Publikum, ihren Tanz werden Sie nie wieder vergessen!" Der Direktor machte eine weit ausholende Geste. „Sie ist genauso jung wie sie schüchtern ist, drum erbitte ich einen tosenden Applaus für unser neues Wunderkind, die zauberhafte Mira!"
Gelächter ging durch die Menge bei den hochtrabenden Worten des Sprechers. Marek und Adan beugten sich weit in ihren Sitzen vor als sie nach dem scheinbaren Wunderkind suchten, doch unter all den Anwesenden war ihnen niemand direkt aufgefallen. Und tatsächlich zwängte sich plötzlich ein junges Mädchen nach vorne und trat zaghaft vor das Publikum. Sie wirkte nicht viel älter als die Brüder, die nun, da sie das Mädchen gesehen hatten, nicht mehr den Blick von ihr abwenden konnten.

Das fremde Mädchen hatte langes, dickes, wallend rotes Haar und sehr blasse Haut, die unter dem roten Schopf fast schon kränklich wirkte. Sommersprossen sprenkelten ihre breiten Wangenknochen und betonten ihre strahlenden smaragdgrünen Augen, die wie einsame Inseln auf der blassen Haut hervorstachen.

Das Mädchen war sehr dünn, was man an ihrem schmalen Gesicht erkennen konnte. Scheinbar hatte man ihr mit Absicht ein ausladendes Kleid gegeben, damit dies nicht allzusehr auffiel. Sie machte einen ungelenken Knicks vor dem Prinzen, der amüsiert und geschmeichelt nickte.

Marek und Adan wussten es nicht, aber sie waren sich beide einig. Dieses Mädchen war nicht wunderschön, aber auf eine unbestimmte Art seltsam anziehend. Obwohl sie nicht von überragender Schönheit war, ging von ihr etwas geheimnisvolles und anziehendes aus, das die Jungs neugierig machte. Marek lächelte, denn eine wohlige ihm bisher unbekannte Wärme durchfuhr seinen Magen. Diese schulterlangen, roten

Haare fand er einfach hinreißend. Sie erinnerten ihn irgendwie an wallendes Feuer. Das Mädchen selbst wirkte dagegen sehr schüchtern, so wie sie nun hervortrat und unwohl den Applaus entgegennahm. Irgendetwas an ihr, das ihm auf Anhieb zusagte, als wäre er mit ihr verbunden und als zöge ihn etwas zu ihr.

Adan grinste ihn plötzlich an: „Und über mich sollst du noch einmal lästern." Marek warf ihm einen zornigen Blick zu und tat dann so, als wäre nichts geschehen.
„Ich habe nach Jaleel gesucht", log er und sah sich hastig auf den Tribünen um. Adan deutete auf die gegenüberliegende Tribüne. „Seine Familie sitzt dort hinten, bei den reichen Kaufmännern." Er deutete auf eine Reihe bedeutend aussehender Leute in noblen Gewändern auf der anderen Tribüne. Eine kleine dunkle Gestalt wank ihnen zu. Sie lächelten und wanken zurück. Sein Blick war eindeutig. Die Gesten noch mehr. Typisch Jaleel. Adan schmunzelte, irgendwie fühlte auch er sich zu dem Mädchen hingezogen. Sie war so ganz anders als alle anderen, die er bisher gesehen hatte. Jetzt hatte er auch den Ausdruck, der ihm gefehlt hatte, sie hatte etwas magisches an sich.

Marek rutschte unruhig auf seinem Platz hin und her, konnte es kaum erwarten, dass das Stück losging. Und dann gingen alle Schauspieler von der Bühne und der Direktor sprach ein paar letzte Worte.

„Nun, Euer Majestät, verehrtes Publikum, bitte ich Sie um Ruhe. Das Stück beginnt in wenigen Minuten. Viel Vergnügen und gute Unterhaltung!"

- 3 -

Aus dem anstimmenden Orchester erhob sich nach kurzer Zeit eine lieblich klingende Flöte und spielte eine Sonate, in die nach und nach die anderen Instrumente einstimmten und dabei eine melodische, fast schon melanchonische Stimmung erzeugten. Kleine Gestalten huschten über die Bühne und löschten rasch alle Fackeln und Lampen. Mit einem verhaltenen Akkord endete die Sonate schließlich. Ein überraschend lauter Paukenschlag leitete in die energische Overtüre ein, die nun vom Klang einer fremdartigen Trompete geleitet wurde und in einem wundervollen harmonischen Ende unterging, dem eine vollendete Stille folgte.

Inmitten der Bühne glühte im Rhythmus eines gedämpften Trommelschlags ein einziges Licht auf und pulsierte mit jedem Schlag schwach und wirkte dadurch wie ein Glühwürmchen in der Nacht. Als das Zwielicht an Kraft gewann, fand die Audienz sich in einem Wald wieder. Ein zufriedenes und erstauntes Raunen ging durch die Menge. Man hatte in der Dunkelheit Bäume und Steine auf der Bühne verteilt. Natürlich waren sie nur flache Holzgestelle, doch von vorne sah es tatsächlich wie ein Wald aus. Die Illusion war perfekt.

Honatius nickte anerkennend und fragte sich, welchen talentierten Zauberer die Theatergruppe für sich gewinnen konnte. Magie war nichts alltägliches mehr geworden, seitdem die natürlichen Ressourcen zu verebben begannen. Den wenigen, die noch Fähigkeiten und Kräfte besaßen, sann es meist nach einem ruhigen Leben, oder einer Aufnahme in einer der letzten Akademien. Die Magicros Akademie zum Beispiel war inzwischen der verblassende Schatten einer einstigen Hochmacht. Einzig in Trodox gab es noch einige Zauberer, die unter der Obhut des Hohen Rates in Rhey'Na'Ghovana ausgebildet wurden und meist dort lebten. Doch es war unbestreitbar. Die Magie starb und schwand von Aeldion.

Das Licht flackerte schwach zwischen den Bäumen hindurch. Honatius lächelte. *Sehr stark kann der Zauberer nicht sein. Wo er wohl stecken mag?*

Die Trommel verstummte.

Das Licht blieb in der Mitte der Bühne und schwebte dort für einen Moment, bis eine fremdartige Flöte mit wunderbarem Klang, eine sanfte harmonisch wechselnde Tonfolge begann, die so melodisch klang und direkt unter die Haut ging. Eine zweite und dritte stimmte mit ein und sie spielten eine wunderschöne Melodie.

Honatius seufzte genüsslich. Viel zu selten wurde seinen Ohren solch eine Wonne gegönnt. Die Lichtkugel tänzelte nun auf einer Stelle. Als plötzlich aus dem Dunkel eine Gestalt auftauchte, setzte sich Honatius überrascht auf. Die Gestalt im Schatten hob ihre Arme und streckte sie in den Lichtkegel und tat so, als umspiele sie die flammende Kugel.

Der Zauberer muss irgendwo am Bühnenrand stehen, sonst könnte er das nicht so gut kontrollieren, dachte Honatius und sah der kleinen Gestalt mit zu, wie sie mit der schwebenden Feuerkugel spielte. Als der Lichtkegel sich nun um ihre Hände wand und wie ein Spielball zwischen ihnen hin und her tänzelte, biss sich Honatius sanft auf die Unterlippe.
Kann es sein?
Der Glutball tänzelte zu der Musik nun vor der Gestalt im Halbdunkel hin und her. Da nun trat sie ins Licht und man erkannte die andere Frau der Salamander, eine gerstenschlanke grazile Frau namens Ravenna, die gelernt hatte mit ihrer Stimme große Plätze zu füllen.

„So schön ist dieser Wald zu Nacht! Kleines Licht, böser Irrwicht, was hast du nur mit mir getan? Ich folgte dir tief in die Finsternis der Wälder, verzaubert von deiner Schönheit."

Sie trat von der schwebenden Lichtkugel weg und hob theatralisch den Arm vors Gesicht. „Nun bin ich verloren und verirrt. Ach wenn ich doch nur den Weg zurück wüsste, zurück zum Schloss meines Vaters." Das Licht umtänzelte sie, doch sie wies es ab. Wirklich erstaunlich, dachte Honatius. Der Zauberer muss gut aufpassen, sie nicht zu verletzen. Sie lief in vielen Wegen über die Bühne und wurde immer panischer, bis sie sich schließlich zu Boden warf. Etwas raschelte in einem der Büsche. Honatius konnte sich ein Grinsen nicht verkneifen, als er Marek unruhig auf seinem Platz hin und her rutschten sah. Der Junge starrte gebannt auf das Theaterstück mit seinen wundervollen Illusionen.

Donnerwetter, ich ziehe meinen Hut vor dem Zauberer! Er hat Talent, wo immer er stecken mag. Dann kam Honatius ein anderer Gedanke. *Ob der Hohe Rat von diesem Magier und dessen Kraft weiß?*
„Gibt es Hoffnung in dieser Düsternis? So kommt hervor

ihr Wölfe und zerfleischt mich, noch ehe ich dem Wahnsinn anheim falle!" Einzig die Trommel schlug in gleichmäßigen Abständen und sorgte so für eine bedrohliche Stimmung. Die Prinzessin starrte zu dem Gebüsch herüber, aus dem plötzlich kleine Figuren hervor tänzelten, die zweifelsohne Wesen aus längst vergessener Zeit darstellen sollten. Die als Feen und Kobolde verkleideten Tänzer, sprangen in akrobatischen Linien über die Bühne und kreisten schließlich die Prinzessin ein. Heitere Musik erklang und sie begannen zu singen, während sie der Prinzessin aufhalfen und sie zuerst umtänzelten und dann in ihren Tanz mit aufnahmen.

„Wir sind die guten Feen des Waldes, junges Ding! Schau uns an, wir rauben jeden Sinn! Folge dem Flusslauf und finde deinen Weg Heim, wir werden dich schützen, kleines Kindelein!" Die Bäume schoben sich zur Seite und ein auf Leinwand gemalter Fluss kam in Sicht. „Nun laufe, laufe geschwind, mit sich tragen, soll dich der Wind!"

In einem akrobatischen Tanz voller Schönheit verschwanden sie wieder und ließen die Prinzessin allein. Das Mädchen sah sich hastig um und verschwand dann von der Bühne. Von der anderen Bühnenseite traten fünf Männer, in hell glänzenden Rüstungen ein und sprachen laut mit einander.

„Habt Ihr sie irgendwo gesehen, Späher?"

„Nein, oh mein König. Eure Tochter ist nirgends zu sehen."

Der Mann wandte sich nun dem Publikum zu und sah auf in den Himmel: „Oh meine Tochter, wo bist du nur? Suche dich stundenlang im schönen Walde, komm doch zurück zu mir, meine Miralde!" Er sprach von Liebe, Macht und Zweifeln, der Flucht der Tochter und seiner ewigen Liebe zu ihr.

Adan musste lächeln, als er die Parallelen zu Shiva bemerkte, die ebenfalls vor ihren Eltern, den Herrschern des Königshauses, geflüchtet war. *Shiva.* Wie es ihr wohl ging und was sie so in den letzten Jahren erlebt hatte? Er würde sie so gerne wieder sehen.

Der Monolog endete mit dem Auftritt eines alten Mannes mit grauem Haar und langem Holzstab. „Alter Mann, sagt Eurem König, habt Ihr ein junges Mädchen mit langem, goldenem

Haar gesehen? Ihr Name ist Miralde und sie ist meine Tochter."
Der Mann blickte zum König hin und sprach: „So Leid es
mir auch tut, Euer Majestät. Gesehen habe ich sie nicht, doch
glaubten meine alten Ohren ihren Gesang gehört zu haben. Ihre
Stimme war klar und wunderschön." Und da hallte eine zarte
und klare Stimme im Fernen und sang leise ihr trauriges Lied.
Sofort erkannte der König den Klang und wusste, es war seine
Tochter. Alle rannten sie nach links über die große Bühne
hinweg und nur noch der alte Mann stand da.

Er sah ins Publikum und begann diabolisch zu lachen. In dem
Moment, da er seine Kapuze vom Kopf zog, begann eine ernste
und energische Musik. Er sprach in zorniger Stimme und mit
einem kräftigen Tenor von Hass, Verrat und Rache. Während
das Publikum ihm ehrfürchtig Buh-Rufe entgegenwarf, lachte
er erneut diabolisch auf.
„Nun König, werdet Ihr es bereuen, mich, Euren Berater und
Magier, verbannt zu haben. Eure Tochter werdet Ihr nie wieder
erblicken, und in einer kalten Schlinge werdet Ihr ersticken!
Geworden zu Kristall, wird sie bleiben, für immer und jede
Nacht!" Sein hämisches Lachen schien einen Nebel heraufzu-
beschwören, der ihn wie eine Säule einrahmte und verdeckte.
Erstauntes Raunen ging durch die Menge und auch Honatius
riss seine Augen weit auf.

Nicht schlecht. Das ist wahrlich die hohe Kunst der Magie. Das ist also
unser geheimnisvoller Magier.

Aus dem Nebel heraus trat ein Mann, mit schwarzem Mantel
und einem goldenen Stab. Das Publikum war begeistert von
diesem Zauber und jubelte. Plötzlich brach aus dem Nebel eine
gewaltige Gestalt heraus, schwarz und hässlich wie die Nacht.
Der Troll! Schrecken und vereinzelte Schreie gingen durch die
Masse, die nicht mit so einem imposanten Erscheinen gerechnet
hatte. Und das, obwohl man ihnen den Troll in weiser
Voraussicht schon zu Beginn vorgestellt hatte. Honatius fand es
wirklich lustig, wie man das Volk mit einem einfachen Theaterstück be- und entgeistern konnte.
Aber Tatsache war, dass man nicht häufig von Trollen hörte oder

sie sah und das schon gar nicht von welchen in einem Theaterstück. Die Trolle waren große Kreaturen der Unterwelt, die größtenteils noch vor dem Versiegen der Magie wieder in ihre dunklen Reiche verschwunden waren. Oftmals war dies falsch verstanden worden und ihnen wurde eine natürliche Bosheit auferlegt. Honatius musste an den Daemon zurückdenken, ebenfalls ein Geschöpf der Dunkelheit, das der Mensch nicht verstanden und dämonisiert hatte.

Viele Trolle lebten unterirdisch und in Höhlen. Jene, die die Gesellschaft der Menschen bevorzugten, galten als die besten und teuersten Leibwächter, hatten jedoch einen verdorbenen Ruf aufgrund ihrer ungestümen und meist brachialen Art. Ein altes Sprichwort besagte: „Wenn du eine große Höhle findest und dich fragst, warum niemand in ihrer Nähe wohnt, haust dort ein Troll."

Die Menschen achteten und fürchteten die Trolle nicht nur wegen ihrer enormen Größe und Stärke, sondern auch wegen ihrer rauen und langlebigen Natur. Man wusste, dass die Trolle oftmals nicht viel von Menschen hielten, zumindest nicht, seitdem die Menschen sie als böse dumme Geschöpfe erachtet hatten. In der Vergangenheit war ihnen, ähnlich den Daemon viel Unrecht und von den Menschen geschaffenes Leid widerfahren. Da war es heutzutage nicht verwunderlich, wenn die Trolle nicht viel von der Gegenwart eines Menschen hielten. Oder umgekehrt. Es sei denn, die Bezahlung stimmte. Anders als es der Volksmund jedoch erzählte, waren sie weder dumm, noch primitiv oder brutal. Sie lebten auch nicht unter Brücken und lauerten ahnungslosen Reisenden auf, um sie mit Steinen zu zermalmen. Und schon gar nicht versteinerten sie im Sonnenlicht, wie es der Volksmund von manchen ihrer Art immer noch behauptete.
Trolle lebten meist in kleinen Stämmen oder Familien und abgeschottet von den Menschen. Die Tatsache, dass sie selbst die großen und gefährlichen Bären jagten, hatte dazu geführt, dass sie als monströse Kolosse beschimpft wurden. Doch all dieser Argwohn hatte auch einen tief verankerten Hintergrund, denn die Trolle waren in der Ältesten Zeit arge Feinde der Menschen

gewesen. In der heutigen Zeit hörte man nicht mehr viel von den Trollen. Manch einer behauptete, sie seien unter die Erde gegangen und blieben nun für immer dort, andere waren der Überzeugung, dass es keine Trolle mehr gab. Wahrscheinlich lag ein bisschen Wahrheit in beiden Thesen. Honatius lächelte als er die Furcht des Volkes sah.

Das könnte noch interessant werden.

In der Tat fand das Publikum sich schnell im Bann des beliebten Märchens wieder. Sprechende Märchengestalten und Feenwesen, Trolle, eine zu Kristall verzauberte Prinzessin, ein böser Zauberer, die besten Zutaten eines Märchens – ‚Das Kristallmädchen' war sehr beliebt. Die Menschen fieberten mit, jubelten und riefen Ausrufe der Verachtung gegenüber dem bösen Zauberer und seinem Troll aus – bei letzterem jedoch weniger und leiser, aus Furcht vor seiner Rache.

Die Menge raunte erschrocken auf, als der Troll schließlich den König und seine Männer erschlug, baten um Gnade, als die Prinzessin zu Kristall gefror und jubelten bei dem unverhofften Auftreten des Prinzen, der sie rettete.

Adan und Marek waren fasziniert von dem, was sie sahen und mussten sich gleich einige Fragen vom Leibe schreien. Honatius musste sie erst zum Schweigen bringen, bevor er all ihre Fragen beantworten konnte.

„Können Trolle sprechen?"

Honatius zwinkerte ihm zu: „Jedes Lebewesen kann sprechen. Das kann ich nur bestätigen. Man muss nur lernen, zu verstehen, was es sagt."

Marek wurde bewusst, wie dämlich seine Frage war, er wusste eigentlich genau, was Honatius als Trodainer konnte. Seine Gedanken kreisten aber noch immer überwältigt von dem Theaterstück.

„Sie haben einen Zauberer, der das alles vollbringt, nicht wahr?", fragte Adan und sah zur Bühne herüber. Honatius runzelte die Stirn. „Zweifelsohne ist es sogar ein äußerst talentierter

Zauberer." Marek grinste Adan an. „Und wer ist es?" Honatius sah mit leerem Blick zur Bühne und dachte an das bisher Gesehene. Zweifel regten sich in ihm, ob der Magier der böse Zauberer aus dem Stück war, oder ob er irgendwo am Bühnenrand oder dahinter stand und die Zauber koordinierte. „Es muss der böse Hofmagier sein."

Doch Honatius wurde das Gefühl nicht los, dass er auf dem Holzweg mit dieser Vermutung war. Ihm fiel ebenfalls die bisherige Abwesenheit dieses hoch angepriesenen neuen Mädchens auf. Doch das kann nicht sein. *Wenn das stimmen würde, wäre sie sehr begabt. Ich bezweifle, dass sie in ihrem Alter das alles von selbst bewerkstelligen kann.*

Der Prinz hatte inzwischen die Prinzessin mit seinem Kuss befreit und den Troll erschlagen. Bei seinem Tod zerrte er theatralisch rote Schleifen aus seiner Weste. Die Menge tobte beim Anblick des falschen Blutes und jubelte, als der Troll theatralisch langsam zu Boden stürzte, in einer Lache aus seidenem Blut liegend. Manche im Publikum lachten so laut und herzhaft, dass sie keuchten und husteten. Der böse Zauberer, plötzlich aus einer Rauchwolke erschienen, stellte sich dem tapferen Helden in den Weg. Er breitete die Arme aus und dunkler Rauch umgarn ihn. Die Menge schrie entsetzt auf, als sich aus dem Zauberer eine schattenhafte Drachenfigur aus dunklem Schlot und Rauch formte.

Der Prinz, eitel und furchtlos wie es Prinzen in Märchen nun einmal waren, zog sein Schwert und bezwang schließlich auch diese letzte Gefahr. Der Drache aus Rauch verpuffte nach dem für ein Theater spektakulären Duell und der böse Zauberer fiel auf die Knie.
„Wie konntet Ihr mich in meiner magischen Gestalt bezwingen?!"
„Nun, dieses Schwert ist heilig! Es ist das heilige Schwert des Lichtes! Legenden ranken sich danach, viele suchten nach ihm. Keiner fand es oder kehrte von seiner Suche zurück. Niemand außer mir!"
Die Menschen jubelten und tosten. Marek sah seinen Bruder und dann seine Eltern an.

„Die Götter sind mir erschienen und gaben mir dies Schwert um alles Unheil der Welt zu tilgen. Und nun verschwindet und kehrt nie wieder hierher zurück!" Tosender Applaus brandete auf den Prinzen ein, während dem bösen Zauberer üble Buhrufe entgegen geschleudert wurden. Der Held hielt nun das Schwert in die Luft, sodass jeder es sehen konnte. Zum Schluss küssten Prinz und Prinzessin sich. Irgendwie war Marek froh, dass sie nur so taten. Dann war das Stück vorbei.

**

Applaus brandete wie ein Sturzregen auf dem Marktplatz herab. Die Akteure betraten nach und nach die Bühne und verbeugten sich alle zusammen. Direktor Xander betrat die Bühne mit dem breitesten Lächeln, das er am heutigen Abend aufsetzen konnte. Dann sprach er etliche dankende Worte und verbeugte sich mit seinen Schauspielern und dem Orchester. Das Publikum tobte und viele riefen euphorisch nach einer Zugabe. Doch da hob der Direktor vielversprechend seinen Zylinder und bat um Ruhe: „Ich bin kein Mann der vielen Worte und ich versprach dem Prinzen ein einzigartiges Schauspiel. Gefiel Euch dieses Stück?" Totenstille herrschte und alle Blicke richteten sich auf den Statthalter von Xatiox, der die Hände gekreuzt vor der Brust hielt und lächelte. Er schien den Moment der Beachtung zu genießen und vielmehr die Spannung, dem Theater seinen Respekt zu zollen, oder es zu verdammen. Er breitete schließlich die Hände auseinander, lächelte und applaudierte. Der Direktor grinste über beide Ohren für dieses Lob, streckte einen Arm zur Seite und rief: „Nun, dann werdet Ihr Euch nun überhaupt nicht mehr halten können. Denn was nun folgt, ist das versprochene einzigartige Schauspiel", er lachte hämisch und verschwand mit allen anderen von der Bühne.

Marek sah verwirrt zu seinen Eltern. „Was hat er denn jetzt damit gemeint?" Adan stupste ihn in die Seite. „Sieh!"

Schwere Trommeln ließen die Menschen auf den Tribünen verstummen. Auf der Bühne herrschte wieder Dunkelheit. Dann, jäh und unerwartet, glühte im Rhythmus eines einzelnen gedämpften Trommelschlags ein einziges Licht auf und pulsierte mit jedem Schlag schwach, wirkte wie ein verlorenes Glühwürmchen in der Nacht. Das Zwielicht gewann an Kraft, pulsierte schneller und heller und plötzlich stoben Flammen von den Fackeln auf und auf der Bühne kniete das rothaarige Mädchen, umgeben von einem Heer aus Kerzen, die auf der ganzen Bühne verteilt standen.

Es war barfuß, am ganzen Körper dunkel bemalt und ihr Gesicht sah aus, wie ein Totenschädel. Sie trug eng anliegende Kleidung aus Leder, ohne Ärmel sowie Bandagen um die nackten Beine und Füße. Ihr Haar war zurück geflochten und endete in einem langen Zopf. Sie hob den Kopf und ihre smaragdgrünen Augen starrten aus der aufgemalten Fratze hervor, wie zwei kleine Leuchtfeuer in der Nacht. Ihre Hand schnellte hervor und dabei explodierte die Fackel vor ihr in einer Kaskade aus Licht und Flammen. Die Menschen erschraken und schreckten zurück. Die Lichter auf der Bühne waren alle mit einem Schlag entfacht. Dann begann das Mädchen einen eindringlichen akrobatischen Tanz. Ihr Körper bewegte sich schnell, grazil und mit einer ungeahnten Eleganz. Leichtfüßig umtänzelte sie die Kerzen, verrenkte sich dabei und bot einen befremdlichen eleganten Tanz.

Honatius sah gebannt mit an, was diese Wunderwirkerin vor den Augen der Menschen vollbrachte. Dieses kleine unscheinbare Mädchen, war tatsächlich Magierin! Honatius wurde ein wenig mulmig. Irgendetwas bereitete ihm Kopfzerbrechen, doch im Moment konnte er nicht ganz zuordnen, was dies war. War es ihr Alter? Sie war viel zu jung, um so gut mit Magie umgehen zu können.

Das war erst der Beginn des einzigartigen Tanzes, den der Direktor versprochen hatte. Sie spielte mit dem Feuer, als sei es ihr Partner. In komplizierten, fließenden Bewegungen tanzte sie leichtfüßig zur Musik über die Bühne. Funken stoben mit ihren Schritten auf. Die Trommeln wurden energischer und plötzlich glühte eine Flamme am Arm des Mädchens.

Zuerst hatte Honatius erschrocken geglaubt, dass sie bei einem Sprung zu nahe an eine der lodernden Kerzen gekommen war, doch dann realisierte er, dass die Flammen dort eben noch nicht gewesen waren. Das Feuer schlängelte sich entlang ihres Armes, wuchs zu einer brennenden Schlange und wirbelte dann empor, explodierte in Myriaden von Farben und einer Kaskade aus gleißenden Licht. Das Mädchen vollführte einen einzigartigen zauberhaften Tanz mit dem Feuer.

Was Honatius sah, gefiel ihm ganz und gar nicht. Dieses Mädchen war keine gewöhnliche Magierin. Gewöhnliche Magier konnten die Elemente dank ihren Kräften beeinflussen und verändern. Das Mädchen dagegen konnte Dinge manipulieren, kontrollieren und erschaffen. Diese Gabe war nur einer bestimmten Gattung von Magiern möglich. Sie konnte den Leuten sogar Illusionen vorgaukeln, wie den Drachen aus Rauch. Er sah, dass sie sich angestrengt konzentrierte und Schweiß über ihre Stirn lief. Ihr akrobatischer Tanz mit dem Feuer war einzigartig. Das Mädchen war etwas Besonderes: sie war eine Schwarzmagierin!

Honatius gefiel diese Erkenntnis ganz und gar nicht. Der Hohe Rat hatte einst alles daran gesetzt, die schändlichen Abkömmlinge der abtrünnigen Schwarzmagier zu finden und zu vernichten. Noch immer hatte man Angst vor Nekromanten und Hexenmeistern, die dieser Zunft einst entsprangen. Vielleicht wusste sie ja gar nichts von ihrem Los. Sie war zu jung dafür. Vielleicht war sie als Magierin aufgezogen worden, ohne dass jemand davon Kenntnis hatte, was sie wirklich war. Vielleicht würde es nötig sein, jemanden auf sie anzusetzen. Er würde sie genau im Auge behalten.

Der Tanz endete abrupt und mit einem lauten Knall. Das Mädchen kniete wieder in ihrer Anfangsposition, alle Kerzen waren erloschen und auch die Fackeln loderten plötzlich kurz auf und erloschen genauso überraschend und schnell wieder. Dann war es dunkel und das Mädchen verschwunden.

Tosender Applaus brandete in das Halbdunkel, die Menschen schrien begeistert und jubelten. Direktor Xander Xelophylisios stolzierte mit geschwollener Brust auf die Bühne, badete in dem Applaus und verneigte sich tief vor dem Prinzen. Dieser lächelte breit, doch irgendetwas an seiner Mimik sagte Benedict, dass gerade etwas in dem Prinzen vor sich ging.

Er dachte unweigerlich an seine Forderung ihm gegenüber, den Auserwählten als Helden zu präsentieren. Ein mulmiges Gefühl machte sich breit, als er den Blick des Prinzen sah, der unbeirrt das Mädchen anstierte, das nun zurück auf die Bühne kam und sich verneigte. Sie war schweißnass, schien erschöpft und sich kaum noch auf den Beinen halten zu können.

Benedict fürchtete um ihr Wohl, dass der Prinz in ihr etwas sah, das er in Benedict verloren hatte. Vielleicht hatte er ja jetzt das Wunder gefunden, das er gesucht hatte, um sich für sein Volk unsterblich zu machen. Benedict applaudierte weiter und sein Blick schweifte vom Prinzen herüber zu dem fremden Mädchen namens Mira. Da bemerkte er, dass auch Honatius tief in Gedanken versunken schien, der nicht einmal applaudierte.

Die Vorführung war beendet. Die Bühne wurde abgeräumt und man veranstaltete ein großes Fest auf dem Platz. Die Schauspieler blieben am Markt und stießen einige Male auf ihren Erfolg an und schlossen sich dann den Festlichkeiten zu Ehren des Prinzen an, die die ganze Nacht anhalten sollten.

- 4 -

Durch Zufall lief Familie Tok einigen der Schauspieler entgegen und wurde prompt von den geselligen Leuten aufgehalten.

„Sagen Sie, wie hat das Stück gefallen?", fragte ein drahtiger Orani, dessen Schuppen so bunt bemalt waren, wie das Gefieder eines Papageis. Auch sein restliches Gebahren entsprach einem exotischen Singvogel. Viviane und die Kinder waren sich einig.

„Es war großartig, vor allem diese ganzen Zaubertricks, die ihr drauf habt!", sagte Marek euphorisch. Da wurde die Stimmung unter den Schauspielern etwas ruhiger und sie sahen sich gegenseitig mit verlegenen Blicken an. „Nun ja, viele Besucher schreckt es auch ab, was sie sehen."

„Ist dieses Mädchen schon lang bei euch?", fragte Honatius. Da trat die wuchtige Gestalt des Direktors zwischen der Gruppe hervor, der das Gespräch mit angehört hatte und musterte

Honatius missmutig.

„Wer will das wissen?"

„Nun, es hat mich nur interessiert. Mein Name ist Honatius Silberwiesel, meines Zeichens Trodainer und Mitglied des Bundes von Rhey'Na'Ghovana."

Der Direktor runzelte die schuppige Stirn und schien in Honatius Blick etwas lesen zu wollen, das er nicht fand. Bei der Erwähnung des Magierzirkels schien er aber alles andere als erfreut. Dann streckte er ihm die Hand entgegen: „Xander Xelophylisios, meines Zeichens Direktor dieses bunten Chaotenhaufens und geistiger Vater der Fliegenden Salamander. Sehr erfreut. Ein Mitglied der Magiergilde? Als Trodainer?"

Honatius entgegnete seinem Blick mit einem herausfordernden Ausdruck.

„Noch nie davon gehört? Immerhin habt ihr einen Magier in eurer Gruppe, er gehört doch sicherlich ebenfalls der Gilde an, vermute ich?"

Xander lächelte verkrampft und verschlagen, bestätigte damit Honatius Verdacht, dass der Magier vielleicht gar nicht gemeldet und in der Gilde gelistet war, wie es insbesondere auf Trodox bei den Vilandri Gesetz war.

„Natürlich", empörte sich der Direktor. Sein Lächeln war mit seiner guten Laune erloschen.

„Ihr entschuldigt mich bitte, ich bin ein vielbeschäftigter Mann."

„Natürlich", erwiderte Honatius mit einem deutlichen Unterton, der niemandem zu entgehen schien. Doch der Direktor musterte sein Gegenüber und fummelte mit seinen Fingern an seinem Gehstock herum und machte dabei keine Anstalten, sich zu entfernen. In seinem Kopf schienen sich etliche Zahnräder zu drehen, sehr zum Vergnügen von Honatius, der scheinbar direkt den Nagel auf den Kopf getroffen hatte. Der Hauch von Schadenfreude machte sich im Trodainer breit, die aber einer ehrlichen Sorge für das Mädchen wich. Wenn es weder bei der Gilde gemeldet oder gelistet war, was verbarg der windige Direktor der Schauspieltruppe noch alles?

„Nun, um auf Eure Frage zurückzukommen. Mira ist zwar erst zwölf, aber eine ausgesprochen talentierte Magierin. Wir nahmen sie in Trodox auf. Sie ist eine Waise und meinem guten Herz verdankt sie ein gesundes und schönes Leben unter unserer Obhut."

„Sie war eine Waise? Hat sie ihre Fähigkeiten also erst bei euch entwickelt und gelernt? Ein wahres Naturtalent."

„Ja, das ist sie. Aber, ich fürchte die hat sie schon lange vor unserer gemeinsamen Zeit entdeckt. Mir fiel aber sofort auf, dass sie etwas besonderes ist. Und damit meine ich nicht, ihre magische Begabung. Seht, ich liebe sie wie mein eigen Fleisch und Blut und kümmere mich um sie, als wäre sie meine eigene Tochter. Ihr mangelt es an nichts."

„Ein Mädchen mit ihren Fähigkeiten würde sicherlich eine gute Ausbildung in einer Akademie erhalten. Wenn ihre Gabe sie nicht eigentlich sogar dazu verpflichtet. Habt Ihr jemals in Erwägung gezogen, den Zirkel …" Xander senkte die Schultern und sah Honatius ehrlich entrüstet an, als wolle er ihm einen Arm abnehmen und fortgeben. „Wir sind ihre Familie! Mira hat endlich ein Zuhause und ist glücklich. Ihr könnt Euch nicht vorstellen, was das arme Ding alles durchgemacht hat. Ihr dies wieder wegzunehmen wäre herzlos."

Honatius sah ihn mitfühlend an: „Wisst ihr etwas von ihren Eltern?" Xander kratzte sich an seiner dicken Nase. „Ihr habt mich glaube ich falsch verstanden. Ich habe sie vor Jahren in einem Waisenhaus entdeckt und aufgenommen. Sie war dort, seit sie ein kleines hilfloses Mädchen war. Niemand weiß etwas über ihre Vergangenheit. Sie am allerwenigsten."

Honatius nickte und ließ sich die Worte noch einmal durch den Kopf gehen. „Dann kann sie sich wirklich glücklich schätzen." Xander klopfte ihm auf die Schulter und wandte sich zum Gehen um. „In der Tat, das können wir alle. Ihr verzeiht uns?", er drehte sich um und wollte weiterlaufen, doch Honatius hielt ihn zurück.

„Ihr wisst, dass das Mädchen keine gewöhnliche Magierin ist?" Xander hielt kurz inne und sah dann über seine Schulter zurück. „Gewiss doch. Mira ist etwas besonderes." Mit diesen Worten ließ er die Familie Tok alleine auf der Straße stehen. Auf

Honatius Gesicht legte sich ein dunkler Schatten, wie so oft, wenn er über etwas sehr ernstes nachdachte. Marek und Adan hatten das Gespräch nur halb mitbekommen, da Jaleel und seine Eltern zu ihnen gestoßen waren.

Viviane unterhielt sich mit seinen Eltern, während Jaleel und die Jungs immer noch begeistert von dem Stück erzählten und sich gegenseitig ihre Lieblingsstelle vorführten. Hin und wieder drang die tiefe und bassige Stimme von Balthazar Rook über ihren Geräuschpegel.

Er hatte sich sehr gut mit ihren Eltern angefreundet und auch Cacilia, die so schrecklich gebrechlich neben ihrem wuchtigen Mann wirkte, traf sich regelmäßig mit Viviane um zu Plaudern, oder an den Waschfluss zu gehen. Dort war der Sammelpunkt für sämtlichen Klatsch und Tratsch der Stadt. Nicht selten aus dem Grund, dass dort höher stehende Damen selbst ihre Wäsche wuschen, statt ihre Bediensteten zu schicken. Meist schaute dort auch Alissia vorbei, die sich ebenfalls blendend mit Cacilia verstand. Wie Viviane, kam auch Jaleels Mutter nicht aus wohlhabenden Verhältnissen und mochte dies scheinbar immer noch nicht.

Durch die Reederei und sehr erfolgreiches Management, hatte Balthazar seiner Familie zu viel Wohlstand verholfen, was er aber gemäß der Tradition seines Volkes nicht in Arroganz und Aristokratie auslebte, sondern weiterhin gern ein beschauliches Leben führte.

Für manche seiner Geschäftspartner zu bodenständig, doch achteten sie natürlich die Kultur und Sitte der Pan-Thar. Ohnehin war es ungewöhnlich in Xatiox einen so wohlhabenden Tiermenschen anzutreffen, der sich seinen Reichtum aus dem Nichts erarbeitet hatte.

„Ebenso wie seinen Bauch", scherzte seine Frau immer wieder gern in seinem Beisein. Rook nahm es mit Humor und pflegte die Redewendung ‚Was bringen mir volle Taschen, wenn mein Bauch leer ist?' Wobei er sich weder um das eine, noch um das andere Sorgen machen musste.

„Balthazar will es nicht zugeben, aber auch er hatte sich ernsthaft vor dem Drachen erschreckt", kicherte Cacilia und blickte augenzwinkernd zu ihrem Mann herüber, der widerum bei der Schmach durch die Ehrlichkeit seiner Gattin knurrte und Benedict mit verrollten Augen ansah. „Denjenigen möchte ich sehen, der keine Angst vor Drachen hat." Da wandte sich Adan zufrieden an den bulligen Pan-Thar. „Ich habe keine Angst vor Drachen!"

Alle lachten.

„Wie denn auch? Es gibt ja auch keine Drachen mehr", kicherte Marck und schubste Adan leicht, der ihn zornig ansah. Balthazar tätschelte Adan liebevoll und drückte den Bengel an sich, den er so sehr lieb gewonnen hatte, wie einen eigenen Sohn.

Adan kam es aber eher vor, als wolle er ihn zerquetschen. Der Pan-Thar hatte scheinbar ein wenig Feingefühl eingebüßt, als er immer kräftiger geworden war.

Oder er hat einfach eine impulsive Art.

„Lass dir von deinem Bruder nichts einreden! Mein Großvater hat immer gesagt; Wenn wir fest an etwas glauben, wird es eines Tages wahr werden." Benedict seufzte. „Vielleicht wird man irgendwann wirklich wieder Drachen in den Lüften von Aeldion sehen?"

Ein kurzer Moment der Stille trat ein. Scheinbar war das Thema Drache, trotz der vielen Jahre seit ihrer Ausrottung, noch immer ein wunder Punkt in den Herzen der Menschen. „Ja und wenn es wieder Drachen gibt, wollen sie dich lieber essen, anstatt sich von dir betatschen zu lassen", spaßte Marek. „Stell dir vor, der gefürchtete Donnerschwinge", ein Graudrache aus einer Legende über den Verrat eines Prinzen an seinem Vater, „landet vor dir und das erste und letzte was du siehst, sind seine gewaltigen Zahnreihen! Roar!" Marek verschränkte seine Arme zu einem großen Maul und schnappte damit nach Adan, der lachend auswich, doch Jaleel verpasste ihm einen Tritt.

„Hör endlich mal auf, ja?"

Benedict verkniff sich ein Grinsen. Jaleel hätte das nie und nimmer getan, wenn seine Eltern nicht anwesend gewesen wären. Marek sprang zu Jaleel und ungeachtet der Menschen um sie herum, begannen die Jungs zu raufen. Adan ging dazwischen und wenige Augenblicke später rangelten die drei Freunde, zur Belustigung der Erwachsenen.

Viviane berührte Cacilia leicht an der Schulter. „Dass Männer immer so nachtragend sein müssen." Da wuchtete sich Balthazar zu ihr herum. „Jetzt hört der Spaß aber auf! Wenn hier jemand nachtragend ist, dann sind das Frauen!" Er sah seine Gattin vielsagend an und grinste breit und frech. „Bevorzugt Pan-Thar Frauen."

Cacilia lachte und gab ihm einen liebevollen Kuss auf die breite Schnauze. Ihre langen schwarzen Schwänze wedelten bei ihrer Liebkosung erregt hin und her. „Aber sie haben auch ihre Vorzüge."

- 5 -

Am nächsten Morgen waren Marek und Adan erneut sehr früh auf den Beinen. Sie hatten noch am Abend erfahren, dass das Luftschiff noch einige Zeit im Hafen am Trockendock ankern würde. Sie taten alles um ihre Eltern zu beknien, früh aus dem Haus gehen zu dürfen. Irgendwann klopfte es an der Haustür und Jaleel stand dort grinsend und bereit, mit ihnen aufzubrechen. Doch Viviane erwartete von ihren Söhnen, dass sie zuerst noch ihre andere Arbeit erledigten. Jaleel half ihnen also kurzerhand in seiner unendlichen Güte, was er den lieben langen Tag über immer wieder zu betonen wusste. Schließlich waren sie auf dem Weg zum Hafen.

„Habt ihr das gestern eigentlich mitbekommen? Honatius hat irgendwie gemeint, dass dieses rothaarige Mädchen etwas besonderes wäre", sagte Marek während sie sich durch das rege Kommen und Gehen auf der großen Straße drängten.

„Dass Mädchen für euch immer gleich was besonderes sind!" Jaleel wirkte genervt und erinnerte sich nur zu gut an das freche Gör von Prinzessin, dass ihn Flohknäuel genannt hatte. Oder war es Fellknäuel? Seinen Freunden verriet er aber trotzdem nicht, dass er den Kamm, den sie ihm geschenkt hatte, noch immer bei sich trug. Das Versprechen, ihn Shiva bei ihrem nächsten Treffen zurückzugeben, hatte er gewiss nicht vergessen.

Heute war der erste Tag der freien Woche und dennoch hielten sich überraschend wenige an ihre Pause. Rufus würde wohl sagen, dass diese drei Tage nicht nur schädlich, sondern gar tödlich für seinen Handel wären, kicherte Adan in sich hinein.

„Sie hat magische Kräfte", bestätige Jaleel und folgte einem Karren, der sich durch eine schmale Gasse aus Menschen schob. „Aber er sagte was davon, dass sie keine Magierin sei." Jaleel sprang aus der Menge in eine Seitenstraße, die fast leer war.

„Geht das überhaupt? Du hast ihn bestimmt falsch verstanden." Sie liefen weiter in Richtung Hafen und rätselten noch eine ganze Weile über das fremde Mädchen.

Als die drei schließlich am Hafen ankamen und schon von weitem das Luftschiff sahen, blieben sie gebannt stehen. Jaleels Augen funkelten, wie so oft, wenn er etwas verbotenes vor hatte. Sein Grinsen war breit, seine Augen groß und alles deutete darauf hin, dass heute wieder einer dieser Tage sein würde, an denen die Jungs etwas Dummes anstellten.

„Es wird Zeit, das Schiff ein wenig zu inspizieren."

„Vater hat gesagt, er will nicht schon wieder in Hohenwacht ein Essen damit verbringen, andere uns zuliebe anschwindeln zu müssen", bemerkte Adan und presste seine Lippen aufeinander. Jaleel rümpfte seine lange Schnauze. „Also haben sie es doch rausgekriegt?"

Adan sah ihn verdutzt an und fragte sich nicht zum ersten Mal, ob sein Freund manchmal wirklich so naiv war. „Natürlich! Denkst du, die raffen sowas nicht? Junge, du warst doch dabei, oder hast du einen Zwilling, von dem wir nix wissen?"

Für einen Moment herrschte peinliche Stille. Jaleel setzte zu einer patzigen Antwort an, hielt es aber offensichtlich für besser, dann doch lieber zu schweigen. Er hatte versucht, nicht zu sehr an diesen unfreiwilligen Aufenthalt zu denken, denn dann kam ihm direkt wieder das unfreundliche Gesicht des Shivianers Demian vor Augen, den er wirklich von ganzem Herzen verabscheute, auch wenn er ihn eigentlich kaum kannte. Der Leibwächter der Prinzessin hatte ihnen gedroht und Jaleel hatte sich geschworen, dieses Gesicht niemals zu vergessen, aus Angst, dass der gedemütigte Leibwächter sich eines Tages wirklich für seine damalige Schmach an ihnen rächen wollte.

Marek sah sich um: „Wollen wir jetzt hier stehen bleiben und das Schiff weiterhin angaffen, oder was?" Er schien in der gleichen

Stimmung wie sein Freund zu sein. Einzig Adan zögerte im Moment und sah die Straße zurück, aus der sie gekommen waren. Ihr Freund knackste mit seinen Fingern und verzog das Gesicht zu einem hinterhältigen Grinsen.

„Ich weiß ja nicht, was ihr heute noch vorhabt. Aber ich werde mich jetzt auf das Schiff schleichen und mich mal ein wenig umsehen."

Marek grinste, Adan verrollte die Augen.

„Diesmal haben wir niemanden, der für uns ein gutes Wort einlegen wird", gab er zu bedenken, doch Jaleel war bereits losgelaufen.

„Keine Sorge, uns werden die schon nicht erwischen. Wir haben doch inzwischen Erfahrung!" Da sprang er herum und machte seltsame Bewegungen, tat geheimnisvoll und verbarg sich in einem Schatten. „Wir werden wie Geister sein, Schatten. Hier und doch nicht da."

„Das hat bisher ja auch immer wunderbar funktioniert."

„Eben!", erwiderte Jaleel stolz. Adan lachte und ging davon aus, dass sein Freund das auch als Witz gemeint hatte. Natürlich interessierte ihn das Luftschiff auch brennend, aber er hatte Angst vor den Konsequenzen, wenn sie erwischt würden. Er folgte den beiden kopfschüttelnd.

***

Als sie am Pier des Luftschiffes ankamen stellten sie sich völlig unauffällig neben eine Reihe gut vertäuter Kisten, die scheinbar alle auf Deck mussten. Wenn Leute vorbei kamen, stellten die drei sich an die Kante und taten so, als beobachteten sie das Wasser, das sich an den hölzernen Pfosten unter ihnen brach. Adan begutachtete fasziniert die etlichen Taue, die das Schiff hielten, das sich entgegen seiner Erwartungen nicht im Wasser sondern knapp darüber befand. Die gewaltigen Ballons schienen das Schiff zu halten und obwohl er geglaubt hatte, dass die enormen Rotorblätter und Propeller auch im Wasser funktionierten, schwebte das gesamte Schiff gut eins, zwei Meter über den sanften Wellen. Sein Blick wanderte hinauf zu den gewaltigen eiförmigen Ballons, die auf wundersame Weise dieses große Schiff in der Luft hielten.

„Ich glaube nicht, dass dieses Schiff mit Magie betrieben wird",
flüsterte er ehrfürchtig und Jaleel stimmte ihm zu. „Kaum ein
Luftschiff, das heutzutage noch fliegt, wird von Magie angetrieben." Er war sich ziemlich sicher, nach allem was die Erwachsenen
sich erzählten und er so hörte, dass es generell kaum noch
intakte Luftschiffe gab.

„Honatius selbst sagt es immer wieder. Die Magie verschwindet.
Wenn ich mir diese Propeller und das alles so ansehe", sagte er
und deutete auf die besagten Wundermaschinen des fliegenden
hölzernen Monstrums, „würde ich eher sagen, dass da wirkliche
Genies am Werk waren. Ingenieure und Meister ihres Werkes."
„Und das für das Luftschiff von Schauspielern?", erwiderte Adan
und konnte sich wirklich nicht vorstellen, dass dieser bunte
Haufen über die Mittel dafür verfügte, trotz allen Prunks und
der tollen Show.

„Vielleicht sind sie ja Spione, Geheimagenten oder in Wirklichkeit eine Heldentruppe auf Abenteuermission. Vielleicht wollen
sie ja die Prinzessin entführen und in das benachbarte Königreich bringen?"

Adan sah ihn verwirrt an und verzog das Gesicht zu einer
Grimasse. „Manchmal frage ich mich wirklich, wovon du nachts
träumst, bei dem, was da so aus deinem Mund kommt und sich
in deinem Spatzenhirn ansammelt."

„Katzenhirn", korrigierte er Adan altklug und deutete grinsend
auf sich. „Pan-Thar!", posaunte er so, als wäre das eine einleuch-
tende Erklärung für das, was er so am Tag von sich gab. Dabei
grinste er erneut so breit, dass seine spitzen Zähne hervorlugten.

„Das Aussehen einer wilden Kreatur, die Aufmerksamkeit
eines Eichhörnchens und das Feingefühl eines Trolls", witzelte
Adan jetzt und stupste Marek an, von dem er schon längst einen
Kommentar erwartet hatte. Doch sein Bruder war überraschend
schweigsam geworden.

„Ist was?", fragte er ihn und Marek löste seinen Blick endlich
vom Luftschiff. „Was ist", sagte er in ungewöhnlich ernstem
Tonfall, „wenn ich ein Luftschiff antreiben könnte?"

Jaleel lachte herzhaft auf. „Willst du etwa pusten?" Sein Freund erwartete, dass auch Adan lachte, doch der Verstand den Gedangen-
gang seines Bruders und schwieg, sich nicht ganz sicher, was

er darauf erwidern sollte. „Solange du kein Magier bist oder einfach mal zaubern kannst, solltest du lieber lernen, wie diese Ingenieure das Luftschiff zum Fliegen bringen", witzelte Jaleel weiter und deutete auf die Landungsbrücke.

„Ich will da immer noch rein, das wisst ihr?" Anstatt auf eine Reaktion zu warten, lief Jaleel weiter und suchte nach einer weiteren Möglichkeit, an Bord zu gehen.

Adan sah Marek mit vielsagendem Blick mahnend an. Sie kannten Jaleel jetzt über zwei Jahre und hatten ihm verschwiegen, dass Marek im Besitz von Eldin war, dem heiligen Schwert des Feuers. Dieses eine Versprechen, das sie ihren Eltern geschworen hatten, hielten sie wirklich ein, so gut es eben ging. Marek schien sich aber sicher zu sein, dass es bei Jaleel in Sicherheit wäre. Adan ging es aber vielmehr darum, ihren Freund nicht unnötig in Bedrängnis zu bringen. Jeder Mitwisser war potenziell in Gefahr, konnte sogar gleichermaßen eine Gefahr werden. Adan hatte aber dennoch das ungute Gefühl, dass Marek ihrem Freund gegenüber vielleicht doch schon mal etwas rausgerutscht war. Manchmal konnte auch er nicht so ganz in den Kopf seines kleinen Bruders schauen, obwohl das meistens ziemlich gut klappte. Sie waren eben Brüder und sich sehr verbunden.

Sobald sich ihnen die passende Gelegenheit bot, gingen die drei Jungs näher in Richtung des einzigen Zugangs, den sie hier erkannten. Schließlich hatten sie es bis zur Landungsbrücke geschafft und schlawinerten nun nahe der einzigen Möglichkeit herum, auf das Schiff zu gelangen.

Was sie nicht wussten war, dass sie einen geheimen Beobachter hatten, der sie in ihrem Unterfangen von Anfang an amüsiert beobachtet hatte, weil sie sich wirklich recht plump anstellten. Schließlich hatten die drei es geschafft, einen für sich geeigneten Moment abzupassen und mischten sich unauffällig – zumindest in ihren Augen – und dreist unter die an Bord gehenden Arbeiter. Sie liefen so lässig, als gehörten sie dazu und huschten dann zum erstbesten Versteck, das sie in der Kürze erspähen konnten. Sie erspähten einige von Stoff verdeckte Kisten und erachteten sie als ideales Versteck. Stumm kommunizierten sie und ehe es jemand bemerkte, waren sie schnell in ihrem Unterschlupf verschwunden. Sie zwängten sich in eine Nische zwischen den Kisten und rückten immer weiter in ihr provisorisches Versteck hinein.

„Und was machen wir jetzt?", fragte Marek im Flüsterton und schob Jaleels Ellenbogen aus seinem Gesicht.

„Keine Ahnung. Ich hätte nicht gedacht, dass wir überhaupt so weit kommen", meinte der vorlaute Pan-Thar und sah im Halbdunkel zu den Brüdern, die fast aufeinander saßen. „Toll", kommentierte Adan die Situation einsilbig und schwieg. Es war das Schweigen desjenigen, der mit zusammengepressten Lippen realisierte, dass das Vorhaben ein wenig ziel- und vielleicht sogar sinnlos gewesen war.

„Ach, sei mal nicht so. Du wolltest doch auch hierher", murrte Jaleel, dem Adans Gesichtsausdruck natürlich nicht entgangen war. Der Pan-Thar versuchte, durch die Kisten etwas zu erkennen und murmelte:„Mich würde eher dieses komische Mädchen interessieren und ob sie wirklich so gut zaubern kann." Als ein dunkler Schatten an der Öffnung zu ihrem Versteck vorbeilief, hielt Jaleel Marek seine Pranke auf den Mund und alle hielten den Atem an.

„Ich frage mich, wie lange ihr die Luft anhalten könnt?"

Die Jungs erschraken und zuckten zusammen. Das Baldachin über ihnen wurde weggerissen und sie blinzelten ins Gegenlicht.

„Also wenn ihr Diebe seid, sollte ich wohl besser jetzt jemanden holen, der euch auf freundliche und bestimmte Weise über Bord schmeißen wird", erklärte das Mädchen mit dem roten Haar trocken in einem beiläufigem und abwertendem Tonfall. Dabei streifte sie sich eine dicke Locke aus dem blassen Gesicht. Sie presste ihre schmalen Lippen aufeinander und sah die Jungs eindringlich mit ihren smaragdgrünen Augen an.

„Ich muss euch enttäuschen. Das *komische Mädchen* hat *euch* gefunden – und das ganz ohne zu zaubern", ein eisiger Vorwurf preschte aus ihrer Stimme hervor und bohrte sich, wie ein kalter Dolch, tief in Jaleels Brust. Die Aufmerksamkeit des Mädchens wurde auf etwas gerichtet, das die überraschten Jungs nicht sehen, aber definitiv hören konnten.

„Ah da kommt Naduh. Ich glaube seine sanften aber leicht patschigen Trollhände könnten mein Problem mit Ratten an Bord beseitigen. Ich glaube, er wirft ganz gut. Vielleicht sage ich ihm, dass er diesmal nicht in Richtung der Propeller werfen soll."

Obwohl keinerlei Humor in ihrer Stimme schwang, schien sie überaus amüsiert von den panischen Blicken der drei Eindringlinge, die vor ihr zwischen den Kisten kauerten und sie jetzt mit großen Augen anstierten.

„Naduh, hey Naduh! Komm doch bitte gerade mal und hilf mir", sie wank jemandem zu, den die Jungs nicht sehen konnten. Das drohende Grollen der schweren Schritte kündigte aber definitiv den Koloss an, dessen Schatten sich nun über die Kisten schob. Die Jungs erblassten bei seinem Anblick.

„HELFEN?"

Der Troll lugte auf die drei herab und schob seinen gewaltigen Körper auf sie zu. Mira lächelte schief und heftete ihren Blick auf die hilflosen Jungs. „Naduh?"

Mit seinen verhältnismäßig kleinen Augen musterte der Troll die Kinder. Er lehnte sich nach vorne, stützte sich dabei mit einer radgroßen Hande auf der Kiste vor sich ab, die knirschend unter seinem Gewicht nachgab.

Der Troll musterte die Kinder mit seinen verhältnismäßig kleinen Augen und stützte sich mit einer Hand auf der Kiste vor ihm ab, die knirschend seinem Gewicht nachgab.

„UNGEBETENE GÄSTE?", dröhnte seine tiefe, grollende Stimme, die ihnen im Bauch vibrierte. Er beugte sich noch weiter zu den immer ängstlicheren Burschen herunter und fuhr sich mit seiner rauen Zunge über die breiten Lippen. „ODER *DIEBE*?"

Mira verschränkte die Arme vor der Brust und ein bösartiges Lächeln huschte über ihr Gesicht. Sie zuckte mit den Schultern: „Ich habe nichts bemerkt, aber du kannst sie ja mal durchschütteln und schauen, ob sie uns was geklaut haben."

„*Nein*", sagte Marek kleinlaut mit der Stimme einer ängstichen

Maus, die zu viele Geräusche machte und erwischt wurde.

„Vielleicht auch einfach nur neugierige Bengel, ohne Anstand und Manieren", mutmaßte das rothaarige Mädchen und zog gleichgültig den Mundwinkel zur Seite. „Wenn sie keine Diebe sind, wollten sie vielleicht nur starren."

„STARREN?"

Der wuchtige Körper dröhnte bei seiner Bewegung. Der Troll sah zuerst das Mädchen an, dann musterte er mit zusammengekniffenen Augen die drei Burschen unter sich.

„STARREN?", wiederholte er und in seinem Blick lag etwas, das Groll sein mochte. Der Troll sah Mira fragend an.

„SOLL ICH ÜBER BORD WERFEN?"

Marek zuckte ängstlich zusammen, als die gewaltige Hand sich von der Kiste löste und zum Kinn des Trolls wanderte, bevor er mit ihr in einer ausladenden und weiten Bewegung darstellte, wie die Kinder wohl fliegen würden, wenn er sie mit Schwung beherzt warf. Adan graute vor dem Gedanken von einem Troll durch die Luft geschleudert zu werden. Es dauerte einen Moment bis er realisierte, dass Jaleel in seinem Nacken leise wimmerte. Das fremde Mädchen namens Mira kicherte boshaft bei Naduhs bildlicher Darstellung eines menschlichen Geschosses.

„Lass mal gut sein, Naduh", in ihrer Stimme lag eine gewisse Kühle, die man schwer als etwas anderes als Gleichgültigkeit erkennen konnte. Der Troll zuckte mit den breiten Schultern und grunzte erheitert. Endlich fand Adan in seinem trockenen Mund genug Spucke und Stimme, um etwas zu sagen. „Es tut uns leid, dass wir uns hier auf euer Schiff geschlichen haben. Wir waren neugierig", fügte er hastig hinzu und hoffte, dass diese Entschuldigung ausreichen würde.

Mira warf Naduh einen vielsagenden Blick zu, als wolle sie Adans Worte entkräften. Als sie merkte, dass der ältere Junge vor ihr im Angesicht des kolossalen Trolls leicht zitterte und offensichtlich nicht nur seine Worte, sondern womöglich auch gleich seine Würde verlieren könnte, erlöste sie ihn von seinem Leid. Sie kicherte frech und schien schon eine ganze Weile ihr Lachen unterdrückt zu haben. Der Troll stimmte mit einem tiefen Lachen mit ein, das eher danach klang, als würde irgendetwas fleischiges in einer Mühle zermalmt. „Ist schon gut."

Noch immer wurden die Jungs von dem Troll überschattet. Sie musterten das Mädchen und ihren Aufpasser argwöhnisch und der Pan-Thar rümpfte schließlich seine lange Schnauze.
„Ihr seid uns nicht böse?" Das rothaarige Mädchen schüttelte den Kopf: „Ich fürchte nicht."
Die Jungs warfen sich fragende Blicke zu. Mira zwinkerte sie frech an. „Ihr habt nur die Besuchszeiten verpasst."

**

Die Blicke der Brüder durchbohrten ihren Freund mit Dolchen des Vorwurfs. Das Theaterschiff war für jedermann zugänglich gemacht worden. Vereinzelte Führungen, natürlich zu einer kleinen Entlohnung von wenigen Münzen, wurden zu mehreren Stunden am Tag angeboten. Vielleicht erklärte das auch die Menschenmenge, dachte sich Adan und schüttelte immer noch den Kopf. Er schaute dem kolossalen Körper des Trolls hinterher, der sich schließlich verabschiedet und die vier ruhigen Gewissens allein gelassen hatte. Natürlich erst, nachdem Mira ihm versicherte, dass sein starker Arm nicht benötigt wurde. Der Troll war überaus freundlich und nett. Es erstaunte die Jungs, dass er sogar einen Sinn für Humor hatte, zwar einen sehr eigenwilligen, wie man an der Sache mit dem Kinderweitwurf sehen konnte, aber einen sehr ausgeprägten.

Betretenes Schweigen folgte. Das blasse Mädchen musterte die Jungs mit wachsamen Blick in ihren klugen Augen. Sie wirkte tatsächlich ein wenig kränklich. Dagegen sprach ihr temperamentvolles Auftreten, das aber immer wieder ein wenig Unsicherheit durchschimmern ließ. Das Mädchen umgab eine geheimnisvolle Aura, die keiner der Jungs bisher verstehen konnte. Miras Blick heftete sich auf Adan und sie schwieg eine Weile. Sie schien abzuwägen, ob sie den dreien Vertrauen schenken konnte, oder nicht.
„Nein. Ihr seid anders", entschied sie schließlich, ohne, dass

sie bisher viele Worte gewechselt hatten. Adan sah sie fragend an. „Ihr seht auch in keiner Weise wie Diebe aus. Eher wie verschrobene Kinder der Mittelschicht, wenn nicht sogar aus der Oberschicht", schloss sie ihren Gedankengang und ließ die verdutzten Jungs vor dieser Feststellung stehen. Marek fühlte sich aus irgendeinem Grund angegriffen, versuchte sich zu rechtfertigen, deutete auf sich und die anderen beiden.„Hey, wir sind genauso gut wie jeder andere auch."

Adan sah von seinem Bruder zu Jaleel und in beider Blicke zeigte sich Unverständnis. Das Mädchen presste die Lippen aufeinander und musterte Marek eindringlich. Ein gefährliches Funkeln lag in ihren Augen.
„Du hast mich glaube ich nicht richtig verstanden."

Marek wollte zu einer Antwort ansetzen. Aber noch bevor sein Bruder womöglich für nur noch mehr Durcheinander sorgen konnte, antwortete Adan an seiner statt. Er begann zu durch-schauen, dass das Mädchen sie prüfte und auf härter machte, als sie vermutlich war.
„Du bist eine gute Beobachterin, Mira."
Sie deutete auf seine Weste: „Es liegt an der Kleidung. Außer-dem seid ihr gepflegter, als andere Kinder. Und scheinbar auch netter." Bei ihrem letzten Satz flackerte etwas in ihren Augen, das Adan an seine eigene verbitterte Traurigkeit erinnerte, die er seit seiner wohltuenden Freundschaft zu Jaleel in einer Truhe tief in seiner Brust versteckt hielt.

„Wir sind die nettesten Burschen, die du in ganz Xatiox finden wirst!", behauptete Jaleel grinsend in seiner unnachahmlichen Art. Mira schien nicht sehr beeindruckt, blickte ihn stumm an, um sich dann humorlos an Adan und Marek zu wenden: „Ihr seid also gekommen um wie die anderen zu gaffen?"

Miras Vorwurf schnitt wie ein frisch geschliffenes Messer durch die dünne Schicht von Sicherheit der Brüder und klang nicht mal im Ansatz nach einer Frage.
„Das ist zugegeben ein bisschen hart formuliert", antwortete Marek beleidigt und gleichermaßen ertappt. Eine geringschätzige

Geste vollführend kehrte sie ihnen den Rücken zu. „Aber es trifft die Sache ganz gut", beendete sie das Gespräch mit einer unangefochtenen Haltung, der nichts entgegenzusetzen war.

„Wie heißt ihr? Meinen Namen scheint ihr ja bereits zu kennen. Hat euch denn keiner in eurer pikfeinen Schule Manieren beigebracht?"

„Mehr, als mir lieb sind", antwortete Jaleel und dachte an seine strenge Erziehung, die er gekonnt zu ignorieren vermochte. Da sein Vater von ihm verlangte, dass er eines Tages seine Geschäfte übernahm, erwartete er auch, dass sein einziger Sohn sich dementsprechend wohlsituiert verhalten sowie artikulieren konnte. Selbst dann, wenn er ihn trotz allem auf die Akademie schickte.

Mira machte den Eindruck, dass sie die Namen der Jungs wirklich interessierten, auch wenn sie einen gelangweilten Tanz auf der Stelle begann und sich um die eigene Achse drehte, so als langweilte sie sich zu Tode. Sie wirbelte einmal im Kreis, als würde sie damit einen Argwohn der ihr innewohnte abwerfen und ging noch einmal ihre Namen durch.

„Ich werde eure Frage beantworten, aber will eine Gegenleistung."

„Welche Frage?" Marek konnte ihr nicht ganz folgen, doch Adan überging ihn: „Also bist du eine Magierin?"

„Nein", antworete Mira schulterzuckend, „aber ich kann zaubern. Und du? Was bist du?"

Die drei Freunde sahen sich überrascht an und Adan trat einen Schritt zurück. Er reagierte auf ihre Frage mit der überraschenden Erkenntnis, dass er sich nicht gescheut hatte, sich ihr zu zeigen. Und sie schien ehrlich interessiert an seinem Geheimnis, von dem er selbst die Antwort nicht kannte. Irgendwie hatte er in ihrer Gegenwart nicht daran gedacht, seine Augen zu verbergen. Mira schien völlig unbeirrt. Adan fühlte sich irgendwie von ihr angezogen, aber nicht auf die Art, wie es bei Shiva gewesen war. Es war eine Vertrautheit, die er sich nicht erklären konnte.

„Was soll denn die Frage jetzt?", blökte Jaleel. Mira warf ihm einen todbringenden Blick zu. „Ihr seht mich auf der Bühne zaubern und fragt dämlich ob ich zaubern kann? Die Antwort war offensichtlich." Sie bedeutete Jaleel, seinen besten Freund anzuschauen. „Ich sehe einen blinden Jungen und frage mich, warum er sehen kann. Das ist *nicht* offensichtlich!"

Adan zuckte eingeschüchtert mit seinen Schultern und musste sich eingestehen, dass er auf diese Frage wohl nie eine richtige Antwort geben können würde. Mira war kleiner und vermutlich jünger als er, aber sie wirkte viel reifer, auf eine beunruhigende, unheimliche Art.
„Ich bin wohl einfach so und nur die Götter wissen wieso."
Ein Schimmer flackerte in ihren Augen auf und Mira biss sich auf die Unterlippe: „Die Götter haben uns verlassen, das weiß jedes Kind."

Marek sah sie überrascht an, denn er wusste es eindeutig besser: „Sag das nicht zu laut."
„Sonst was? Ich glaube erst an einen Gott, wenn ich einen sehe."

Adan und Marek warfen sich einen vielsagenden Blick zu. Das kesse Mädchen bemerkte das natürlich sofort und verschränkte die Arme genervt vor der Brust.
„Wenn ihr mir jetzt so kommt, könnt ihr gleich verschwinden!"
Sie funkelte die Menschen zornig an und Jaleel versuchte die Situation zu entschärfen.
„Jedem das seine", Mira seufzte.
„Entschuldigt. Aber ich habe nicht sehr viel übrig für Götter oder die leeren Floskeln der Priester, die von einer heilen Welt unter dem Schutz höherer Mächte reden. Außerdem kann ich zaubern. Ich bin die höchste Macht", sie zwinkerte, doch die drei Freunde konnten nicht abschätzen, ob sie spaßte, oder ihre Worte wirklich so meinte. Vor allem weil sie dies ohne große Emotionen mitteilte.
Mira war ein sehr undurchsichtiger und schwer einzuschätzender Mensch. Sie war völlig anders als andere Kinder ihres Alters. Doch wenn Marek so darüber nachdachte, waren sie das auch.
„Nun gut, du bist nicht blind. Ein Mensch mit weißen Augen", nahm Mira den Faden neu auf.

144

„Findest du das nicht unnormal?", forderte Jaleel sie heraus und ging damit auf einen sehr schmalen Grat, wie er selbst merkte.

„Wieso denn?", hakte das Mädchen nach. Ihr Blick blieb nach wie vor herausfordernd. Jaleel deutete kaum merklich auf Adans Augen, doch Mira zuckte nur mit den Schultern.

„Was soll schon sein? Er hat gesagt, dass es nunmal so ist. Sie sind weiß. Dann akzeptiere ich das", dann funkelte sie ihn herausfordernd an: „Hast du vielleicht ein Problem damit und traust dich nur nicht, es deinem Freund zu sagen, Jaleel?"

Der Pan-Thar schluckte und hob die Stimme zu einer stotternden Antwort: „Ich? Wieso sollte ich? Er ist mein bester Freund!"

„Siehst du, es macht keinen Unterschied, welche Augenfarbe man hat", sie lief einige Schritte, „oder welche Hautfarbe man besitzt."

Plötzlich wuchs in Adan ein enormes Gefühl an Respekt zu Mira, die für ihr Alter schon sehr reif zu sein schien.

„Um ehrlich zu sein", Mira sah Adan unverhohlen an, „ich finde sie schön." Sie lächelte. Marek und Jaleel entgleiste das Gesicht. *Erneut*! Sie dachten für einen Moment an Prinzessin Shiva, die Adan damals geküsst hatte.

„Es ist, als würden sie etwas verborgenes behüten. Wie ein Geheimnis, das niemand kennt und sieht, obwohl es einem direkt vor der Nase liegt. *Das* gefällt mir."

Marek überspielte seine Eifersucht und pfiff Luft zwischen seinen Lippen hervor. „Du ziehst die Mädchen an, großer Bruder!" Jaleel klopfte ihm aufmunternd auf die Schulter und meinte mit sarkastischem Unterton: „Da kommen wir nicht gegen an."

Adan war sich nicht sicher, ob sie scherzten, oder eine gewisse Eifersucht in ihren Worten mitschwang. Doch ihnen verging ihr Hohn, als Mira sich unversehens zu Adan umdrehte und ihm einen Kuss auf den Mund gab. Sie lächelte ihn geheimnisvoll an und flüsterte ihm zu:

„Ich kann es spüren."

„Was?"

„Du bist kein gewöhnlicher Mensch. Irgendetwas haftet an

dir. Etwas das magischen Ursprungs ist. Wie bei mir. So etwas spüre ich." Adan war perplex. Der Kuss kam so überraschend, wie ihre Einschätzung. Er wurde sichtlich nervös, seine Haut glühte, wurde rot. Ihm gefiel die beunruhigende Wendung ihres Gespräches nicht und vor allem dessen Inhalt. Noch mehr die Tatsache, dass dieses Mädchen nicht einfach nur von irgendetwas sprach, sondern offensichtlich genau wusste, was sie tat.

Marek und Jaleel erkannten seine Überraschung und Verwirrung aber als eindeutige Verlegenheit und lachten. Obwohl es nicht gerade nach einem heiteren Lachen bei Marek klang, der sich scheinbar kurz Hoffnung bei Mira gemacht hatte, die sie mit dem Kuss so augenblicklich zerschmettert hatte, so wie Jaleel vor kurzem die filigrane Vase seiner Großmutter.

„Nein. Ihr seid ganz bestimmt anders", entschied Mira.

Nun heftete sich ihr unbeirrter Blick auf Marek und auch ihn musterte sie eine unheimlich lange Zeit. Er stockte augenblicklich und erkannte, dass sich das alles irgendwie in eine verquere Richtung entwickelte, die voll und ganz von Mira bestimmt wurde.

„Du verbirgst etwas – vor allen. Selbst vor deinen engsten Freunden." Es war gruselig, das Mädchen schien in ihre Köpfe hineinschauen zu können.

„Und du", ihr musternder Blick fiel auf Jaleel und sie rümpfte die Nase.

„Was?", fauchte Jaleel, dessen komisches Gefühl bei dem Mädchen sich nur verstärkte.

„Du solltest dringend etwas gegen diese verfilzten Haare machen."

„Hey, das ist Tradition bei meinem Volk!"

Die Brüder sahen sich verwirrt an und noch ehe sie etwas sagen konnten, hob Mira gebietend ihren Zeigefinger. „Trotzdem mag ich euch." Plötzlich lächelte sie.

Ihr berechnender und gefährlicher Blick wich einem weichen Lächeln, das sie auf einmal wunderschön machte.

„Ihr habt Glück."

Sie drehte sich um und lief so plötzlich los, als erwarte sie, dass die Jungs ihr auf dem Fuße folgten. „Die anderen habe ich in eitrige Kröten verwandelt."

Die drei hielten abrupt inne. Mira drehte sich im Laufen um

und lachte dreckig. „Kommt endlich. Ihr wolltet doch etwas vom Schiff sehen." Ihr Blick heftete sich auf Adan: „Komm."

***

Mira stellte ihnen die anderen Mitglieder der Theatergruppe vor, wobei ihre Gegenüber zwar immer höflich und nett, aber gleichermaßen distanziert schienen, gar vorsichtig. Es kam Adan fast so vor, als fürchteten sie sich vor etwas. Doch nicht etwa vor dem zierlichen Mädchen? Noch immer perplex über diesen unerwarteten Kuss, wurde er das Gefühl nicht los, dass das Mädchen sehr einsam war. Und das obwohl sie in einer bunt zusammengewürfelten Gruppe der Schauspieler, Tänzer und Artisten lebte.

Mira schien den Direktor gezielt zu umgehen, fragte immer wieder, wenn sie einer Gruppe begegneten, wo er sich gerade aufhielt und ging dann mit den Jungs in die entgegengesetzte Richtung. Adan überlegte, welche Gründe sie haben könnte, ihn zu meiden. Entweder wollte sie nicht, dass er sah, wie sie mit den Jungs ihre Zeit verbrachte, oder etwas anderes steckte dahinter. Er hatte schon immer das Talent gehabt zu spüren, wenn jemandem etwas auf der Seele brannte und so war es jetzt auch bei Mira. Ihr Kuss wollte ihm aber auch einfach nicht aus dem Kopf gehen. Für einen Moment fühlte er sich schuldig Shiva gegenüber, obwohl Mira ihn geküsst hatte und nicht er sie. Adan hatte nie wieder von der shivianischen Prinzessin gehört. Vermutlich hatte sie ihn und ihr Kennenlernen vollends vergessen. Er selbst dachte noch oft an Adara Shivara Aska Ildram, die Prinzessin und Thronerbin von Shiv, die sich ihm damals als Shiva vorgestellt hatte.

Mira führte die Jungs eilig, fast schon gehetzt in das verworrene Labyrinth aus Gängen und Türen unter Deck des überraschend großen Innenbereichs dieses fliegenden Monstrums eines Luftschiffes. Sie riss eine Tür auf und führte Jaleel und die Brüder in ein kleines dunkles Zimmer, das kaum genug Platz für die vier bot. Ein kleiner runder Spalt zwischen Wand und Decke bot die einzige Lichtquelle. Adan blinzelte und versuchte etwas zu erkennen.

„Wartet." Mira bewegte sich lautlos im beengten Halbdunkel. Zwei halb heruntergebrannte Kerzen flackerten auf, ohne je von einem Streichholz angezündet worden zu sein.

„Kannst du mir beibringen, wie man zaubert?", fragte Marek verblüfft, doch Mira sank schwerfällig auf eine schmale Pritsche und schüttelte den Kopf.

„Du hast ja keine Ahnung. Man kann es nicht einfach lernen. Du brauchst die Begabung dafür, Talent und jede Menge Übung."

„Und du hast das natürlich alles", kommentierte Jaleel trocken.

„Nein natürlich nicht. Ich muss mir das alles nur selbst beibringen."

Adan sah seinen Bruder und dann die im Halbdunkel sitzende Mira an. „Unser Großvater erzählte davon, dass es eine Magiergilde in Trodox gibt."

Mira seufzte leise. „Oh ja und dort werden alle Begabten mit offenen Armen aufgenommen und ausgebildet." Marek nickte bekräftigend.

„Genau."

„Das sind alles Lügen. Oder denkst du, sie hätten mich dann nicht schon längst hier raus geholt, wenn sie mich wollten?" Die Brüder wechselten fragende Blicke und Mira schien sich ihrer Worte bewusst zu werden.

„Das habe ich nicht so gemeint." Noch ehe einer der Freunde etwas erwidern konnte fuhr sie eilig fort: „Diese Magier sind arrogante Schnösel die sich in der Stadt Rhey'na'Ghovana verschanzt haben und auf ihren eigenen Untergang warten, weil die Magie stirbt oder irgend sowas."

„Das klingt ziemlich hart", erwiderte Jaleel, der sich inzwischen im spärlichen Raum umgesehen hatte. Gegenüber der Pritsche war ein kleines Regal in die Wand geschraubt, an dem ein mit einer breiten Schnur befestigter Schemel hing. Darauf standen ein abgewetzter Becher und ein einfaches Holzbrett auf dem eine angebissene Scheibe Tomatenbrot lag. In einer schmalen Nische am Zimmerende lagen ein paar übereinander geworfene Klamotten. Darüber hing eine große reflektierende Spiegelscherbe. Mira bemerkte, dass er den Raum begutachtete und nickte knapp. „Jap. Trautes Heim", ihre schnippische Art wechselte fast fließend zu einer zurückhaltenden, fast schon melancholischen Mira. „Ich bin eine der wenigen, die diesen Luxus genießen dürfen. Einzelhaft, sagt Marcus immer",sie musste schmunzeln. Scheinbar hatte sie etwas für diesen Marcus übrig, dachte Adan. Er erinnerte sich, dass er den Prinz gemimt hatte und nicht übel aussah für einen Vilandri.

„Und nicht viele haben ihren eigenen Spiegel. Die Mädchen waren richtig sauer, als ich meinen eigenen bekommen habe."

Mira verzog den Mundwinkel bei dem Gedanken und schien eine gewisse Schadenfreude zu verspüren. Sie hatte eine der wenigen Kajüten bekommen, erklärte sie weiter, der Großteil der Besatzung schlief wiederum im Gemeinschaftsraum. Vielleicht war es ein Privileg, das ihr Ziehvater ihr schenkte, doch vielleicht wollte nur niemand der Besatzung in ihrer Nähe schlafen, dachte Adan weiter, dem die Distanziertheit der anderen an Bord nicht entgangen war. Mira hielt inne und sah zur Tür. Jaleel hörte ebenfalls schwere Schritte schnell näher kommen und dann den Flur hinabschreiten. Das Mädchen seufzte und fiel unmerklich in sich zusammen.

„Ihr müsst jetzt leider gehen."

Damit verabschiedete sie die drei Jungs, verließ urplötzlich und ohne weitere Worte das Zimmer. Verdutzt sahen die Brüder einander an und folgten ihr, doch als sie in den Flur hinaustraten, war Mira verschwunden.

Etwas enttäuscht vom plötzlichen Rausschmiss schlenderten die Freunde durch ihr geliebtes Hafenviertel und wunderten sich über das seltsame rothaarige Mädchen, mit dem sie sich irgendwie angefreundet hatten. Das hatten sie doch, oder? Gewissermaßen waren die drei sich da noch nicht so ganz einig.

Mira war anders, das war sicher. Zuweilen ein wenig unheimlich, geheimnisvoll und durchaus nicht unhübsch. Sie war klug, schien ebenso nicht auf den Kopf gefallen zu sein. Genau das machte sie spannend und reizvoll.

„Meinst du, sie ist gefährlich?", Mareks Frage traf Adan wie ein harter Schlag und er sah ihn vorwurfsvoll an.

„Jetzt mach mal halblang."

Marek sah zu Jaleel, der unwillkürlich in Richtung des großen Luftschiffes schaute. „Naja, ein bisschen seltsam ist sie ja schon. Ich mag sie", fügte er nach einer kurzen Pause hinzu. Die Brüder grinsten und Jaleel schien es ehrlich zu meinen.

„Jetzt stell dir mal vor", lachte Jaleel, „Samso kommt wieder auf seine dumme Idee, sich mit uns anlegen zu wollen." Marek verstand sofort, worauf sein Freund hinauswollte und deutete lachend mit den Händen züngelndes Feuer an.

„Und Mira zaubert ihnen Feuer unterm Arsch!"

„Super", erwiderte Adan, „lassen wir uns jetzt schon von einem Mädchen beschützen, ja?" Er grinste die beiden an, die sich schließlich die Sache noch mal durch den Kopf gehen ließen.

„Du kannst nicht leugnen, dass sie was drauf hat." Adan kannte dieses Lächeln seines Bruders. Er lachte: „Wer hat jetzt wem den Kopf verdreht?"

Marek schlug nach ihm. „Du hast doch schon deine Prinzessin!" Adan reagierte nicht, als die Faust seines Bruder ihn gegen die Schulter boxte. Marek hatte eine alte Wunde aufgerissen. Das wurde ihm jetzt auch bewusst. Sie hatten nie wieder etwas von Shiva gehört. Jaleel verrollte die Augen. „Ach, die ist bestimmt inzwischen an irgendeinen Prinzen versprochen und längst auf dem Weg Königin zu werden. Jungs!" Er wank mit seinen Pranken übertrieben vor ihren Gesichtern.

„*Prin-zess-iiin!*", betonte er jede Silbe und lachte.

„Wenn einer von euch mal was mit der Prinzessin eines König-reiches hat, fresse ich meine eigenen Haare!" Die Brüder lachten, sahen einander verschwörerisch an und streckten die Hände zu einem Schwur aus. Jaleel stutzte einen Moment und ihm schien sein Lachen zu vergehen. Dann zuckte er die Schultern und schlug ein.

„Sag mal, Mira. Warum verzögert sich nochmal eure Abreise?"
„Keine Ahnung", das rothaarige Mädchen zuckte unschuldig
mit den Schultern, „angeblich haben die Mechaniker noch
länger zu tun. Scheint wohl eine größere Panne zu sein."
„*Hm*", antwortete Marek und sah sie auffordernd an, „welch
Zufall, dass ihr deswegen jetzt hier noch länger bleiben müsst."

Mira schien seinen verschwörerischen Unterton zu ignorieren.
„Ja, wirklich schade." Sie lächelte und deutete endlich auf eine
hölzerne Fischfigur zwischen all den Tieren des Händlers:
„Die da."

Der Mann seufzte erleichtert. Schon lange hatte er keinen
Kunden mehr, der sich so viel Zeit bei der Auswahl einer
simplen kleinen Holzfigur genommen hatte. Er lächelte, griff
nach dem Figürchen hob es zwischen all den anderen Tieren
empor und wollte es gerade Mira überreichen, als sie es sich
anders überlegte: „Nein. Doch kein Fisch."
Die Schultern des Händlers zuckten zurück und er kämpfte
mit seiner eingespielten Höflichkeit. Sein Schnauzbart zuckte
unmerklich. Mira schien ihn an den Rand eines Nerven-
zusammenbruchs zu führen. Wäre ihm nicht die beträchtliche
Menge an Münzen in Mareks Beutel aufgefallen, hätte er die
zwei vermutlich schon längst weggejagt.

„Nicht Fuchs, nicht Katze, nicht Hund, nicht Fisch. Wisst Ihr,
junges Fräulein, denn überhaupt wonach Ihr sucht?", fragte er,
sichtlich bemüht, nicht wütender zu klingen, als er ohnehin
schon war.
„Ich?", antwortete Mira unschuldig und sah dem Mann auffordernd ins Gesicht, „nein. Eigentlich nicht." Es schien, als
raube sie ihm bereits das vierte Lebensjahr in Folge. Marek
kicherte und drehte dem Händler den Rücken zu, damit er es
nicht bemerkte. „Du machst dir gerne Freunde, oder?" Mira
hatte inzwischen eine andere Figur ins Auge gefasst. „Der Delfin
da vorne!"
Der Händler zögerte, die Figur hervor zu holen. Sein Blick

fiel starr auf das Mädchen und er schien nun endgültig zu bezweifeln, dass sie wirklich ein zahlender Kunde sei.

„Ich habe nicht viele Freunde", antwortete sie Marek leise. „Ich möchte den Delfin sehen, bitte."

Diesem Lächeln konnte der Händler nichts ausschlagen. Noch immer trieb ihn die Gier nach jeder zu erhaltenden Münze an, von denen es bei Marek einige zu holen gab. Er seufzte und schien schon zu wissen, was kommen würde, doch dann zögerte er. „Hey, wenn du den Fisch nicht wolltest, was willst du dann von *diesem* Fisch hier? Der sieht doch fast genauso aus."

Mira hob eine Augenbraue, eine Fähigkeit, die sie meisterlich zu beherrschen schien, was Marek inzwischen bemerkt hatte. Sie sah den Händler unverhohlen an.
„Guter Mann. Das ist ein *Fisch*. Ich möchte den Delfin sehen. Ihr kennt doch sicherlich den *Unterschied* von Fisch und Delfin, einem Säugetier?"
Der Geduldsfaden des gedungenen Mannes schien an einem seidenen und sehr rissigen Faden zu hängen: „Er hat Flossen, schwimmt im Wasser und landet im Netz. Was willst du mehr?" Dabei machte er ausladende Gesten und schien sich am liebsten das zottelige Haar ausreißen zu wollen. Sein schmaler Schnauzer vibrierte über den bebenden Lippen.
„Fisch *ist* Fisch! Kannst du überhaupt zahlen?", murrte der Händler, der die Flausen nun Leid war. Er schien keine Lust mehr auf weiteres Geplänkel mit dem rothaarigen Mädchen zu haben schien. Mira versetzte ihm endlich den Todesstoß und erlöste ihn aus der fast einstündigen Pein: „Achso, nein, tut mir leid. Ich wollte auch eigentlich nur schauen."

***

Marek erinnerte sich nicht gern an seine letzte Flucht vor einem Erwachsenen in Xatiox, doch diesmal musste er dabei lachen. Das herzhafte Lachen seiner Begleiterin war ansteckend und klang dabei schon fast bösartig. Sie sah zurück auf den fluchenden Händler, der sie am liebsten mit seinen geschnitzten Figuren beworfen hätte. Diesen Stand würde Marek sich besser merken und vorerst einen großen Bogen darum machen.

„Das war lustig."

Mira blieb stehen und lächelte Marek mit einem seltsamen Ausdruck an, den er nicht ganz deuten konnte. Generell fiel es ihm noch sehr schwer, das Mädchen einzuschätzen. Sie war sehr wechsellaunig. Mal zutiefst melancholisch und verschlossen, dann gab es Momente wie diesen, in dem sie ihre harte Schale öffnete und ein wunderbares Mädchen offenbarte. Er konnte sich nicht helfen, aber richtig schlau wurde er aus Mira noch lange nicht. Und viel Zeit würde ihm vermutlich auch nicht mehr dazu bleiben. Die Reparaturen konnten ja nicht ewig dauern.

***

„Die Reparaturen dauern ewig! Das ist jetzt er elfte Tag!", fluchte Marcus, während er wie immer Mira vom Schiff begleitete. Der Direktor hatte ihnen Landgang gestattet, doch gerade Mira schien er wie ein Kronjuwel behütet sehen zu wollen. Sie komplett unter Hausarrest zu stellen, schien er aber auch für unnötig zu halten. Marcus sollte ihr nicht von der Seite weichen und tat dies natürlich auch gewissenhaft. Bis er sie wie besprochen in die fürsorglichen Hände ihrer drei Freunde übergab. Zu dritt konnten sie doch sowieso viel besser auf Mira aufpassen, lachte er.

„Wenn der alte Xander das herausfindet, lässt er mich Kielholen – aber erst, wenn wir in der Luft sind", sagte er unbekümmert. Marcus schien neben Naduh einer der wenigen ehrlichen Freunde von Mira an Bord zu sein. Er hatte nicht lange überlegt, als Mira ihm von ihren Freunden erzählte, wenngleich er sie zuerst einem ernsten Gespräch und prüfenden Blick unterzog. Nachdem er sich vergewissert hatte, dass die drei ihr nichts Übles wollten und vielmehr dass Mira nichts Böses mit ihnen anstellte, hatte er sie fortan allein gelassen. Marcus hatte sogar für Mira vor dem Direktor gebürgt und begleitete sie offiziell immer in die Stadt und zurück. Meist trafen sie sich außer Sichtweite an einem verabredeten Ort und gingen dann wieder gemeinsam an Bord. Marcus war ein ehrlicher und treuer Mann, der das rothaarige Mädchen wirklich zu mögen und beschützen schien, wie seine eigene kleine Schwester. Als Jaleel ihn mal fragte, was er eigentlich so den lieben langen Tag in der Stadt trieb, nachdem er Mira verabschiedete, antwortete er nur, dass er sein Geld in sichere Anlagen investieren würde, wie er es freundlich umschrieb. Das benötigte keiner weiterer Fragen.

***

„Sag mal Mira, wie lange lebst du eigentlich schon mit diesen Leuten?" Die vier hatten sich wirklich gut angefreundet und verbrachten so viel Zeit wie sie konnten miteinander. Die Jungs versprachen ihr, sie so oft zu besuchen und etwas zu unternehmen, wie es ihnen trotz Akademie und Aufgaben möglich war. Und das war erstaunlicherweise recht viel. Auf einmal waren Hausarbeiten schnell erledigt, Lernziele erreicht und Übungen verinnerlicht. Die Jungs gaben sich sichtlich Mühe, oft und viel Zeit mit Mira zu verbringen. Das fiel dem jungen Mädchen natürlich auf, doch sie schien es nicht als aufdringlich zu empfinden und vielmehr zu genießen.

Die Frage schien sie dennoch zu überraschen. Sie überlegte einen Moment. „Seit ich klein bin, denke ich. Wirklich erinnern kann ich mich ehrlich gesagt nicht." Sie seufzte und dachte einen Moment nach, bevor sie missmutig feststellte: „Eigentlich weiß ich gar nichts von früher. Ich habe einfach in diesem Waisenhaus gelebt und dann irgendwann war Xander da und hat mich aufgenommen. Er behauptet auch immer, ich sei so etwa zwölf. Keine Ahnung, wie alt ich wirklich bin."

„Du bist eine Waise? Was ist mit deinen Eltern? Kanntest du sie überhaupt? Du bist ja ein Ayan und kein Vilandri, oder?" Adan sah Jaleel eindringlich an, der mal wieder eindeutig zu viele und vermutlich die falschen Fragen stellte.
„Sehe ich aus wie ein Vilandri?" Jaleel sah an ihr herab und für einen Moment wirkte es, als versuche er unter ihre Kleidung zu blicken. „Ich weiß ja nicht, in wie fern sich Vilandri noch so von Menschen unterscheiden."
„Augen nach oben", warnte Mira und die Luft um sie herum knisterte bedrohlich. Jaleel zuckte zusammen und entschuldigte

sich kleinlaut. Adan verrollte die Augen, sein Freund war mal wieder einen Schritt zu weit gegangen.

„Meine Eltern?", nahm Mira den Faden wieder auf und rang mit sich als sie antwortete. „Sie sind tot."
Ihre Stimme war kalt und ausdruckslos. „Was weiß ich. Ich war ein kleines Kind."

Adan versuchte die Situation zu retten und wollte Mira trösten: „Das tut mir leid. Und du kannst dich an nichts erinnern?"
Tränen flackerten in ihren Augen auf, doch sie schüttelte den Kopf. So als wollte sie sich vielleicht auch gar nicht daran erinnern, bemerkte er.
„Ich sagte doch, ich bin als Kleinkind im Waisenhaus aufgewachsen. Xander und die anderen kümmern sich jetzt um mich." Erneut fiel Adan auf, dass sie auch nicht wirklich davon sprach, in der Theatergruppe einen Familienersatz gefunden zu haben. Heute war einer der Tage, in denen Mira offener war und mehr mit ihnen sprach. Es gab auch Tage, an denen sie sich zwar verabredet hatten, Mira sie aber kurzerhand abwies oder sich seltsam verhielt. Seltsamer als sonst. Dann war sie in sich gekehrt, sprach kaum oder ging urplötzlich ohne etwas zu sagen.

Die Jungs hatten verstanden, dass es nicht immer leicht mit einem Mädchen sein konnte, aber Mira setzte da ganz neue Maßstäbe. Adan glaubte, dass noch mehr dahinter stecken musste. Er kannte Mira zwar kaum, hatte aber dennoch das Gefühl, sie sehr gut einschätzen zu können und verstand, dass sie eingeschüchtert und ängstlich war. Er selbst war auch so gewesen. War es oft noch immer. Anstatt sich wie Mira hinter einer scheinbar humorvollen und manchmal abwegigen Art zu zeigen, blieb Adan dann mehr in sich gekehrt und schweigsam. Meistens war es noch am selben Tag, oder am Tag darauf, als wäre nie etwas gewesen.
Dann kam Mira strahlend auf die Brüder zu, oder unterhielt sich gern stundenlang mit ihnen, ließ sich die Stadt zeigen und war so neugierig und frech, wie diesen einen Vormittag beim Holzschnitzer. Trotz allem wurde Adan das Gefühl nicht los, dass dem Mädchen etwas zutiefst auf der Seele lag und sie

bedrückte. Ein Schatten, den sie niemals ganz abstreifen konnte.

„Einmal habe ich ohne es zu wissen, die Kerzen im Schrein der Priesterin entzündet." Sie lächelte: „Da war ich noch klein. Und bevor die Priesterinnen des Heims verstanden, dass ich dafür verantwortlich war, sprachen sie zuerst von einem göttlichen Zeichen Daturas – dann von einem Fluch."

Mira kicherte.

„Nachdem ich verstanden hatte, dass ich das Feuer mit meinen Gedanken beeinflussen konnte, habe ich ihnen gerne mal Streiche gespielt. Einmal", dabei legte sich ein dunkler Schleier über ihr Gesicht, „haben sie einen Kleriker bringen lassen. Da hatte ich es wohl zu weit getrieben. Die Strafen waren dementsprechend."

Mira schwieg einen Moment und dann schien sie zu realisieren, dass sie von ihrer Zeit im Waisenhaus gesprochen hatte, was sie wirklich nur selten tat. Zumal, rief sich Adan in Erinnerung, sie ja angeblich so gut wie keine Erinnerung daran hatte. Er wusste, dass sie sich selbst schützte, indem sie ihnen etwas vorlog oder einfach nicht alles erzählte und konnte verstehen, warum sie das tat. Manchmal tat sie ihm wirklich von tiefstem Herzen leid.

Mira schien es plötzlich ziemlich unangenehm, von sich zu erzählen. Adan wollte ihre Unterhaltung gerade in eine andere Richtung lenken, als Marek ihm das Wort abnahm: „Xander hat also gewusst, dass du zaubern kannst. Aber er hat dich nicht zu den Magiern geschickt, damit du ein Adept der Magiergilde wirst?" Ein bitteres Lächeln umspielte die schmalen Lippen des Mädchens und sie sagte mit bitterem Unterton: „Und damit das Geschäft seines Lebens verlieren? Nein."

„Also benutzt er dich", stellte Jaleel überrascht fest und wurde wütend.

„Nein. Ich mache es ja freiwillig."

„Weil du keine Wahl hast", erwiderte Jaleel hastig und Marek bekräftigte seine Argumentation: „Du musst ihn nicht in Schutz nehmen."

Mira sah die beiden beleidigt an und wurde lauter: „Das tue ich nicht!" Die plötzliche Spannung löste sich auch nicht, als Adan ihr beruhigend eine Hand auf den Rücken legte. „Ist schon gut. Wir haben uns nur gefragt, wie du jemanden in Schutz nehmen kannst, der dich offensichtlich ausnutzt und deine Kräfte für seinen Profit verwendet", sagte Jaleel schnippisch, der wieder einmal die Feinfühligkeit eines tollwütigen Bären bewies. Da es ihr offensichtlich Unbehagen bereitete, löste Adan seine Berührung direkt wieder.

„Sie behandeln mich gut, ich habe zu essen und Kleidung. Sogar ein eigenes Zimmer mit Spiegel. Was soll ich mir deiner Meinung nach noch wünschen?"

„Freunde? Oder eine *echte* Familie?" Jaleel sprengte wie immer mit seiner Aussage die Grenze, Mira blieb unbeirrt und starrte ihn an, ein gefährliches Funkeln in ihren Augen, das nicht einzuordnen war.

„Es tut mir Leid", schalt er sich selbst für sein vorlautes Mundwerk, das blasse Mädchen starrte ihn aber noch immer an. Sie unterdrückte offensichtlich ihre Tränen und vergrub das Gesicht schließlich in ihren Armen. Adan warf Jaleel einen vorwurfsvollen Blick zu und versuchte sie aufzumuntern, doch da richtete sie sich schon wieder auf.

„Seid *ihr* meine Freunde?"

Marek, Jaleel und Adan lächelten.

„Was denkst du denn?"

Das rothaarige Mädchen sah sie der Reihe nach an und strich sich ihre Tränen aus dem Gesicht. Unter der Traurigkeit brach etwas hervor und zeigte sich in einem zaghaften Lächeln, von dem Mira sicherlich nicht wusste, dass es Männerherzen brechen würde.

- 7 -

Viviane war anfangs mehr als überrascht, als sie plötzlich das junge Mädchen in ihrem Wohnzimmer vorfand. Sie hatte einen kurzen anfänglichen Moment der Sorge, dass ihre Söhne ein Alter erreicht hatten, in dem sie an etwas ganz bestimmtes dachten. Doch dann begriff sie, dass sie sich um Mira kümmerten und fürsorglich für sie da sein wollten. Sie hatte sich mit dem Mädchen ebenfalls unterhalten und bemerkt, dass das Kind durchaus nicht auf den Kopf gefallen war. Nach ihrer anfänglichen Skepsis musste sie nun zugeben, dass ein weiblicher Gast und Freund im Haus ihr selbst gut tat – und den Jungs ganz offensichtlich auch. Viviane dachte noch einmal über gewisse Dinge nach und beschied, dass sie Ben auftragen würde, sich ernsthaft mit seinen Söhnen zusammen zu setzen und sie über den Akt zwischen Mann und Frau gänzlich aufzuklären.

Jetzt grüßte sie Mira mit einer liebevollen Umarmung. Sie hatte das Mädchen über die kurze Zeit wirklich lieb gewonnen.
„Bleibst du noch zum Essen?"
„Sehr gerne." Viviane lächelte das hübsche Mädchen an und erkannte, dass heute wieder einer ihrer besseren Tage war. Ihr war natürlich ebenfalls nicht entgangen, dass sie sehr wechselhaft und launisch sein konnte und fragte sich, ob Mira eine weibliche Bezugsperson hatte. Vielleicht begann bei dem Mädchen die *Rote Blüte* und sie würde völlig eingeschüchtert und entsetzt nicht einmal darüber Bescheid wissen. In ihrer Rolle als fürsorglicher Mutter, missfiel es Viviane natürlich ungemein zu hören, wie Mira lebte und neben Tänzern, Gauklern und Schauspielern aufgewachsen war. Doch sie war nicht ihre Tochter. Viviane hatte schon genug Sorge um ihre eigenen zwei Söhne. Ein weiteres Kind mit dem Tok'schen Temperament würde sie wohl nicht überstehen. Benedict schien sich hingegen keinerlei Sorgen wegen des rothaarigen Mädchens zu machen.

Von allen Erwachsenen hatte er selbst am wenigsten an der plötzlichen Bekanntschaft ihrer Söhne zu dem Mädchen auszusetzen. Ihr Kennenlernen schien auf jeden Fall nicht so turbulent stattgefunden zu haben, wie das mit Shiva.

Honatius hingegen schien sehr vorsichtig und skeptisch ihr gegenüber, das hatte er bereits nach der Aufführung gezeigt. Doch den Trodainer schien vielmehr Miras Natur zu verunsichern, als ihre Person – an der es, zugegebenermaßen nicht viel auszusetzen gab. Einzig die Frage ihres Aufeinandertreffens blieb ein offenes Geheimnis. Denn obwohl Benedict die Glaubwürdigkeit von Mareks Aussage nicht hinterfragte, war ihm bewusst, dass seine Söhne Mira nicht zufällig kennen gelernt hatten, sondern dieses Zusammentreffen als Folge eines ihrer vielen Unterfangen resultierte. Benedict hatte zufrieden feststellen können, dass Prinz Dante sich nicht auf das fremde Mädchen gestürzt hatte. Aber wenn er die Worte Miras richtig verstanden hatte, war es die besondere Kunst von Xander, wichtige Personen gerne warten zu lassen, um sich seiner Autorität gewahr zu werden. Vielleicht hatte Dante aber auch gar kein Interesse an Mira. Er hatte bisher keine Gelegenheit gehabt, Alan diesbezüglich auszufragen.

Als sie nun gemeinsam am Tisch speisten, kam Mira nicht umhin von Honatius über ihre Herkunft und Ausbildung ausgefragt zu werden. Nachdem sie erkannte, dass er sie nicht aus Bosheit und Argwohn, sondern ehrlicher Sorge und Interesse befragte, verfielen sie in lange Gespräche. Sie fragte ihn gleichermaßen und fast noch mehr über sein Leben als Trodainer aus und schon bald waren die beiden in ein intensives und für die Brüder vor allem gähnend langweiliges Gespräch über Magie und Miras Fertigkeiten versunken, dem die anderen nicht immer vollends folgen konnten.

Benedict kannte seinen alten Freund zu gut und bemerkte, dass er mehr bezweckte, als ein reines informatives Gespräch zum Erfahrungsaustausch mit Mira zu führen. Honatius ließ sich sehr gekonnt nichts von seinen Zweifeln und Bedenken dem Mädchen gegenüber anmerken, die er ihm während des Theaterstücks und danach mitgeteilt hatte. Vor allem die Brüder sollten nichts davon erfahren, dass Honatius Mira beobachtete.

Ihr Abendessen und die Unterhaltungen führten bis in den fortgeschrittenen Abend. Honatius hatte Mira angeboten, sich mit ihr in die Bibliothek zurückzuziehen und ihr einige seiner alchemistischen Materialien zu zeigen und erklären. Da die Brüder sich eher resigniert zurückgehalten hatten, fragte Honatius erst gar nicht, ob sie sie begleiten wollten. Diese Zweisamkeit ermöglichte es ihm, ungestört über die ihr innewohnenden Kräfte zu sprechen.

Mira spielte an einem Flakon herum und schien immer mehr Vertrauen in den Trodainer zu gewinnen. „Die Schwierigkeit der Magie ist es nicht, Zauber zu beherrschen, sondern sich selbst zu kontrollieren. Dir ist sicherlich bewusst, dass du als unausgebildete und unerfahrene Magierin dich und dein Umfeld mit jedem Zauber in Gefahr gebracht hast?"

Sie seufzte: „Das weiß ich."

Eine beunruhigende Traurigkeit spiegelte sich in ihren plötzlich feuchten Augen wider und Honatius war so klug, sie vorerst nicht darauf anzusprechen. Er würde versuchen, ihr Vertrauen für sich zu gewinnen und so an das scheinbar unnahbare Mädchen heranzukommen. Nur wenn sie ihm vertraute und auf ihn hörte, war es Honatius möglich, das Mädchen zu unterrichten und sie vor allem vor sich selbst zu schützen. Wenn sie wirklich eine Schwarzmagierin war, wie er befürchtete, würde er sie vielleicht sogar vielmehr vor anderen schützen müssen.

Mira hatte während des langen Gesprächs mit Honatius sehr ruhig reagiert, als er ihr sachlich die Natur von Magiern erklärt hatte. Nachdem er ihr ausführlich den Unterschied zu Schwarzmagiern erklärte, war sie unruhig auf ihrem Platz hin und her gerutscht. Scheinbar bekümmerte sie die Erkenntnis, dass sie eine seltene magische Gabe und dabei auch noch großes Talent besaß.

Dennoch erkannte er einen gewissen Stolz in ihrer Stimme, als sie sich mit ihrer Besonderheit abgefunden hatte. Honatius überlegte lange, ob er sie ein wenig über ihre Vergangenheit befragen sollte. Vielleicht verschwieg sie ihm ja etwas, das wichtig war. Da war er sich, zugegeben, sogar sehr sicher. Er wollte gar nicht daran denken, was geschehen würde, wenn sich ihre Kräfte unkontrolliert entfalteten und somit nicht nur Mira, sondern alles in ihrem Umfeld in tödliche Gefahr bringen würden.

„Xander erzählte mir, dass er dich aus einem Waisenhaus geholt hat? Bist du dort aufgewachsen?" Sie sah zum Fenster und wich seinen Blicken aus. „Er scheint ja sehr gesprächig zu sein, was mich angeht", sagte sie ruhig. Honatius lächelte freundlich. Es war ein offensichtlicher Fehler gewesen, auf den Mann anzusprechen. „Ich hatte die zweifelhafte Ehre ihn kurz persönlich kennenzulernen. Am Abend eurer Aufführung. Er hat mir nur Antworten auf meine höflichen Fragen gegeben."

Mira sah ihn unverhohlen an: „Warum interessieren sich alle für mich?" Sie sprang von ihrem Stuhl auf, doch Honatius hielt sie sachte zurück.

„Ich will dir nur helfen, Mira."

Sie löste ihren Arm aus seinem Griff und funkelte ihn seltsam an. „Du bist nicht einmal ein Magier! Wie kannst du mir schon helfen?" Der Trodainer lachte leise. „Ich helfe dir bereits, indem ich mit dir rede. Dafür *muss* ich kein Magier sein."

Ihm war bewusst, dass sich keiner der Theaterleute wirklich um sie scherte oder sich so kümmerte, wie er es in ihrer gemeinsamen Zeit vor hatte. Zumindest was ihre Fähigkeiten anging. Mira brachte damit Profit und war somit von großem Wert für Xelophylisios. Dass sie noch ein Kind war, schien von keiner Bedeutung für den Geschäftsmann. Honatius Verdacht verstärkte sich, anhand dessen was er von Mira erfahren hatte, dass Xander von ihrem Talent erfahren und sie nur deshalb in seine Obhut geholt hatte. Mira beruhigte sich wieder und setzte sich diesmal jedoch auf die bequemen Kissen am Erker.

„Es geschieht nicht oft, dass sich jemand so für meine Kräfte … für *mich* interessiert, ohne Hintergedanken zu haben."
Honatius lächelte schief.
„Aber die Jungs tun das doch auch."
„Das ist ja was anderes", erwiderte Mira und lächelte kurz, wie es ein Mädchen eben tat, wenn sie von gleichaltrigen Jungen sprach.
Während sie sich weiter unterhielten, hörte Honatius immer mehr heraus, dass Mira ihre Kräfte von selbst entdeckt und zu nutzen gelernt hatte. Scheinbar loderte in ihr ein geheimer Quell von Macht, der noch lange nicht geweckt worden war, oder gar ausgeschöpft.

Ein eisiger Schauer überlief ihn, als er eine unglaubliche Kraft in ihr spürte, die den Göttern sei dank durch Unwissen und Unerfahrenheit unterdrückt wurde. Mira war dies zwar nicht bewusst, aber indirekt hatte sie selbst dafür gesorgt, ihre Kräfte zu entfachen und gleichzeitig zu blockieren. Wie sie das tat und immer neue Talente zu Tage förderte, war Honatius ein Rätsel. Er als Trodainer hatte zwar viel gelernt was Magie anging, doch einzig die Magier des Hohen Rates in Rhey'na'Ghovana würden Mira korrekt beurteilen und unterrichten können. Der Hohe

Rat hätte sicherlich großes Interesse an Mira. Honatius setzte sich neben sie, sah ebenfalls hinaus und sprach mit leiser Stimme ohne sie dabei anzusehen: „Es ist schlimm, was dir widerfahren ist."

„Ach ja?"

Sie sah ihn überrascht an und musterte ihn, als würde sie die drängende Frage quälen, ob sie zu viel von sich preisgegeben hatte, oder ob der Trodainer ihre Gedanken lesen oder erahnen konnte. „Nun ja, ich finde es alles andere als entwicklungsfördernd, wenn man aus einem Waisenhaus in ein fahrendes Theater gesteckt wird." Sie musterte ihn immer noch, als erwarte sie einen versteckten Hinweis oder eine unausgesprochene Aufforderung. „Ich lebe. Dafür bin ich schon jeden Tag dankbar."

Jetzt war es an dem Trodainer, die Stirn in besorgte und nachdenkliche Falten zu legen. „Sah es einmal anders aus?"

Mira beäugte ihn mit wachsamen Augen, so als wolle sie seinen Kopf nach etwas anderem durchstöbern. Honatius spürte ein leichtes Unbehagen, das in ihm aufstieg. „Nein."

Honatius wusste wann es besser war ein Thema zu wechseln und er versuchte den Faden erneut von vorne aufzunehmen. „Ich finde, du solltest dein Talent nicht dafür einsetzen, Xander reich zu machen." Ihr Blick richtete sich auf einen fernen Punkt am Fenster, als suche sie eine rechtfertigende Antwort. „Wir alle leben davon."

Da drehte sich Honatius zu ihr um und sah sie eindringlich an. „Wie alt warst du, als Xander dich aufgenommen hat?" Sie zögerte. „Noch jung. Ich kann mich nicht erinnern. Ich weiß es einfach nicht. Wie alt ich jetzt bin, schätzen ja auch nur alle." Honatius schüttelte resignierend den Kopf. „Zu jung, vermute ich. Du bist doch jetzt im Alter von Marek und Jaleel, oder?" Sie zuckte mit den Schultern. „Ich denke schon." Entsetzt über die plötzliche Erkenntnis überkam Honatius das Bedürfnis, sie väterlich in den Arm zu nehmen. Sie wusste weder, wer ihre Eltern waren, noch wer sie selbst war. Ein tiefgreifendes Gefühl überkam ihn und er wurde sich der Tragödie bewusst, die sich ihm als Miras Vergangenheit offenbarte.

Das Mädchen schwang sich auf die Beine und hielt Honatius den Flakon entgegen, mit dem sie die ganze Zeit zwischen ihren Fingern gespielt hatte.

„Was ist das eigentlich?"

Honatius lächelte geheimnisvoll.

„Da du mir deine Geheimnisse anvertraust, denke ich ist es nur gerecht, wenn du auch Antworten auf deine Fragen erhältst." Mira rümpfte die Nase und hatte einen sehr eindringlichen Blick. „Ja, das wäre nur gerecht."

Ein plötzliches Lächeln zuckte über ihre feinen Lippen. Kurze Zeit später versanken die beiden in ein angeregtes Gespräch.

Honatius spürte, dass seine Rolle als Mentor von Adan und Marek zwar noch nicht beendet war, er seinen Fokus jedoch auf dieses bemerkenswerte Mädchen legen sollte. Benedict und Alan Diran hatten sich ohnehin der Ausbildung der Kinder angenommen, um ihre Zukunft zu sichern. Honatius wurde das Gefühl nicht los, dass er die Pflicht hatte, sich Mira anzunehmen. Trotz seiner eigentlichen Verpflichtung Marek gegenüber. Erst später wurde ihm die Vergänglichkeit der Zeit bewusst, als Mira zurück zu ihren Theaterleuten ging und den wohl früher oder später eintreffenden Abschied einleitete. Immerhin wartete die Truppe nur auf die verzögerte Abreise. Schon bald würden sie weiterziehen und nichts außer einem faden Nachgeschmack und einer Erinnerung an die rothaarige Schwarzmagierin zurücklassen. Ermattet und müde ging er zu Bett und fragte sich noch während er einschlief, wie lange er wohl noch die Rolle des Mentoren übernehmen konnte, bevor auch seine unaufhaltsam näherrückende Zeit des Abschieds gekommen war.

Entscheidungen

Wer rennt, erreicht schnell sein Ziel,
doch sieht der Langsame mehr von dem, was ihn umgibt.

Unbarmherzig peitschte der nasskalte Wind über das Deck und fegte mit gnadenloser urtümlicher Kraft über das geölte Holz, das ihm knirschend und knarrend zu harren versuchte. Die Schreie und Rufe der Besatzung gingen in dem brachialen Getose des Unwetters unter, in dem sie gefangen waren.

Für den über Bord gegangenen, unachtsamen Narren war jede Hilfe zu spät gekommen. Unerfahren hatte er sich nicht rechtzeitig in Sicherheit gebracht und seinen Körper an einer Reling oder etwas festem vertäut. Bei der ersten heftigen Bewegung und der starken Windböe hatte es ihn regelrecht von den Füßen gerissen. Sein Körper war knirschend gegen die Reling gepoltert, hatte sich überschlagen und dann war der bereits Tote in einem fast lautlosen Schauspiel in die Tiefe gestürzt.

Der Priester lachte darüber. Er erkannte seinen Tod als ein Opfer an Gott. Arkasha stand auf der Empore und trotzte dem Unwetter, zwei festgeknotete Taue um seine Arme und die Hüfte geschnürt, unter der Robe verborgen, sodass seine Anhänger sahen, wie er der Naturgewalt durch seine Macht und den Segen Gottes widerstand. Der Regen klatschte ihm in sein tätowiertes Gesicht und rann ihm über den glattrasierten Schädel. Tropfen flossen ihm in den augerissenen Mund und die Nasenlöcher und dennoch schrie er und intonierte Gebete an seinen Meister, der die Flotte vor dem Sturm bewahren sollte. So kurz vor ihrem Ziel durften sie nicht versagen. Dazu hatten er und der Auserwählte zu viel riskiert und in den letzten Jahren aufs Spiel gesetzt. Doch nun würden sich endlich ihre Mühen bezahlt machen. Sie konnten ihrem Opfer einen Sinn geben und schon bald würden auch die letzten Zweifler ihren Fehler anerkennen und dem Weg des Auserwählten folgen.

Über seinen Roben baumelte der violett glühende Kristall,

den er mit seinem Leben hütete. Arkasha spürte die Macht des Steins seinen Körper durchströmen, fühlte die Magie, die ihn umgab, ihn in sich aufnahm. Oder war es umgekehrt?

***

Arkasha war wie so oft mit gemischten Gefühlen aufgewacht. Die Abstinenz Gottes hatte ihn zweifeln lassen. Selbst nach den Geschehnissen im Tempel. Nach all dieser Zeit seines Glaubens war er schwach geworden. Er hatte vor, sich dafür selbst zu geißeln, wie bereits so oft zuvor. Doch an diesem einen Morgen hatte er eine seltsame Vorahnung, gar ein Verlangen und den Drang verspürt, in den Tempel zurückzukehren. Das Gefühl leitete ihn, drängte ihn, trieb ihn an.

Im schwarzen Heiligtum war es dunkel wie immer, das einzige Licht fiel durch das weit geöffnete Portal, reflektierte sich aber jetzt auf dem schwach schimmernden Gegenstand auf dem Sarkophag. Arkasha hielt inne, starrte auf das violette Ding, das dort lag und eilte über den Steg, ohne den Blick von dem kantigen Objekt abzuwenden, das er noch nie zuvor gesehen hatte.

Er trat näher, sah zum Schädel des Drachen hinauf, so als erwarte er, die erklärende Stimme seines Gottes zu hören, und sah dann auf einen dunkelvioletten Kristall herab, der einfach auf dem Altar lag und ihn erwartete. Arkasha streckte seine zitternde Hand danach aus, fuhr dann aber erschrocken zurück. Etwas bewegte sich im Dunkel hinter dem Altar. Sein Blick fiel auf die reglose, nackte Abbildung der Frau in Schwarz, deren marmorner Körper im fahlen Licht schwach glänzte. Kleidung raschelte, dann erkannte er die Umrisse von zwei Gestalten, die nun aus dem Halbdunkel auf ihn zu traten. Instinktiv kanalisierte er seine Magie zu einem Angriff, doch noch bevor er irgendetwas tun konnte, spürte er die ihn durchfließende Macht schlicht und einfach versiegen.

So als hätte sie nie existiert.

Er starrte auf die näher tretenden Gestalten. Zwei Ebenbilder eines grässlich zugerichteten Geschöpfes lächelten ihn an, beide je auf einem anderen Auge blind. Ihre Worte kamen rasch und waren verwirrend, doch schnell ergab alles einen Sinn für den Priester. Sie waren Boten, geschickt, um dem Avatar ihres Gottes ihre Dienste zu erweisen. Der Kristall auf dem Altar, war ein Geschenk. Das Geschenk an den Gläubigen.

***

Als sich die Gewitterwolken spalteten und einen grellen unangenehmen Lichtstrahl freigaben, fühlte sich Arkasha bestätigt. Der verhängnisvolle Morgen im Tempel hatte alles verändert. Nun war er wahrlich gesegnet und ihrem heiligen Feldzug stand nichts mehr im Wege.

Fast nichts, korrigierte er sich. Er hatte aufmerksam den Worten und Erklärungen der Boten gelauscht und hatte die Bedeutung ihres Erscheinens, ebenso wie die Macht des Kristalls verstanden. Bereits ein kleiner Splitter, den er nun immer bei sich trug, umgab ihn mit einer unbändigen Macht, die nur er kontrollieren konnte. Denn dies war die Gabe, die ihm von den Boten gemacht wurde.

Der dunkle Kristall selbst war eine weitaus größere Gabe, die nun in der Hand des Königs lag. Arkasha wusste nun, gestärkt von dem Erhören seiner Gebete und dem Erscheinen der Boten, dass er wirklich zu dem bestimmt war, was ihm Gott vor so langer Zeit beschied. Und dass die Zeit gekommen war, ihren heiligen Feldzug zu beginnen. Er würde an der Seite des Auserwählten sein Volk in eine Freiheit und eine Zukunft führen, die es ohne sie nicht hätte. Dessen war er sich ebenso sicher, wie der Gewissheit, dass er dazu erkoren war, das sehende Kind mit den weißen Augen zu finden. Und es zu töten.

- 1 -

Marek trat gegen den Schild von Adan, der sich gerade aufrichten wollte und nun überrascht und unvorbereitet rücklings in den Sand fiel. Sie hatten einen anstrengenden Trainingskampf abgehalten, unter dem kritischen Blick der anderen Novizen, die anerkennend den guten Manövern der Brüder zusahen.

Ihre neue Freundin durfte den Übungen beiwohnen, sofern sie sich unaufmerksam und still verhielt. Die auf ihr ruhenden missbilligenden Blicke sagten, was niemand der Schüler laut auszusprechen wagte. Mira gehörte nicht in die Akademie, sondern zu den Zofen und Weberinnen. Und nicht einmal wirklich dort hin. Alan Diran hatte schließlich in einem Anfall von Gutmütigkeit zugestimmt. Zumal Gregory nicht zugegen war, der solche unkonventionellen Methoden und Änderungen in der strengen Ordnung der Akademie vollends missbilligte und sicherlich Diran trotz dessen höheren Rangs angeblafft hätte, wie er es mit fast jedem tat, der ihm missfiel.

Nun saß Mira hier und beobachtete ihre neuen Freunde, wie sie sich gegenseitig auf unehrenhafte Weise beschimpften und in den Dreck warfen. Jaleel kam ihre absonderliche Art heute aber besonders verschroben vor und so hatte er sie in seiner schroffen Art frei heraus gefragt, was los sei. Mira hatte sich schwer mit der Antwort getan und ihnen schließlich gesagt, dass die Salamander bald aufbrechen würden. Scheinbar war man im Maschinenraum langsam dahinter gekommen, dass sie ihre Finger im Spiel hatte und die Rückreise verzögert hatte. Natürlich hatte sie kein Sterbenswort darüber verloren, dass sie überhaupt etwas mit den seltsamen neuerlichen Pannen zu tun hatte, aber die Brüder waren nicht auf den Kopf gefallen und hatten ihre Freundin schnell durchschaut. Ihre Stimmung war demnach im weiteren Verlauf des Vormittags eher gedrückt. Die Duelle der heranwachsenden Halbstarken wurden vehementer, fast so als ließen sie ihren Groll aneinander aus. Mira belustigte es auf eine seltsame Art, dass die drei ihre Nähe schätzten, wenngleich sie sich doch kaum kannten. Es ist besser, wenn sie mich nicht näher kennen, bekräftigte sie sich selbst und ihr schlechtes Gefühl, doch irgendwie fühlte sich das falsch an.

Jaleel musterte Mira. Es schien ihr alles andere als leicht zu fallen, hier zu sein. Wenn einer der Jungs unter Schmerzen aufschrie, lachte sie hämisch und mit einer kindlichen Schadenfreude. Aber im Endeffekt saß sie nur hier, um nicht in der Nähe von Xander zu sein. Ihr Platz war bei der Theatergruppe und die Freundschaft zu den drei Jungs nur eine vorübergehende Freude.

Zuerst glaubte Jaleel, sie hätte einfach wieder einen dieser schlechten Tage, doch als sie dann erklärt hatte, warum sie wirklich so schlecht drauf war, kippte das natürlich ungemein die Stimmung unter den Freunden. Tatsächlich hatte er es ihr förmlich entlocken müssen. Jetzt ärgerte er sich über sich selbst, sie so bedrängt zu haben, bis es aus ihr herausgeplatzt war. Jaleel sah zu Mira herüber, wie sie da saß, lustlos den Jungs zusah und mit einem Fuß im Sand scharrte. Vielleicht wollte sie ihnen ja gar nichts sagen. Jaleel konnte es ihr nicht übel nehmen. Er hätte sogar vermutet, dass sie ohne etwas zu sagen verschwunden wäre. Noch war sie eine Fremde für ihn. Oder besser gesagt, jemand, den er im Auge behalten wollte. Ihm behagte nicht, was sie womöglich noch alles vor ihnen verbarg. Doch vielleicht, so gestand er sich ein, hätte er selbst so reagiert um den Schmerz zu lindern, den ein solcher Abschied verursachte.

Schlimmer noch als die Abreise von Shiva damals, war die Gewissheit, Mira niemals wiederzusehen. Die Jungs hatten sich mit Mira angefreundet, auch wenn das teilweise sehr umständlich und kompliziert gewesen war. Das Mädchen hatte nach wie vor eine unnachgiebige und fast schon beklemmend unheimliche Seite, die hin und wieder in düsteren Stimmungsschwankungen hervorkam. Mira war jedoch nicht mehr so zurückhaltend und in sich gekehrt, sie hatte angefangen Vertrauen in die Brüder und ihren Freund zu fassen und hin und wieder ihren liebenswürdigen Charakter unter der dicken Schale der in sich gekehrten Einsamkeit zum Vorschein gebracht und bewiesen, dass sie ein Mensch und vor allem ein Mädchen war, das die Probleme ihres Alters teilte.

Hin und wieder war sie mit Honatius verschwunden und die Brüder wurmte es noch immer, dass sie nicht genau wussten, wie der Unterricht des Trodainers aussah, den er Mira unterzog. Das weckte natürlich die Neugier und den Argwohn der Freunde, wenngleich Mira immer wieder beteuerte, dass sie lediglich über ihre magischen Kräfte sprachen. Dennoch wurde Adan das Gefühl nicht los, dass Mira etwas vor ihnen verbarg. Seine Vermutungen wurden immer wieder davon bestätigt, wie sich Honatius und Mira gemeinsam in Gegenwart der anderen verhielten. Dann wurde das Mädchen immer besonnen und ruhig, so als konzentriere sie sich angestrengt auf etwas. Honatius schien sie immer im Auge zu behalten. Aber wieso nahm er sie so unter die Fittiche, wenn sie eh bald wieder fort sein würde?

***

Adan runzelte die Stirn und sah am Abendbrottisch zwischen Mira und seinem „Großvater" unauffällig hin und her. Xander hatte irgendwann eingewilligt, dass Mira außerhalb des Schiffes speisen durfte, sofern sie mindestens einmal am Tag zu ihm kam. Dabei glaubte er noch immer, dass Marcus nicht von der Seite des Mädchens wich. Mira nannte diese Treffen mit eiserner Bitterkeit *Inspektion* und nahm achselzuckend hin, dass Xander sie nur ungern aus den Augen ließ, dankbar, dass er es überhaupt zuließ. Zumal sie scheinbar nicht das Schiff sabotieren konnte, wenn sie weg war. Sie war nach wie vor die wichtigste und gewinnbringendste Person in seinem Ensemble. Vermutlich ließ er sie sogar ständig beschatten. Adan begutachtete seinen Mentor und Großvater.
Vielleicht weiß er ja etwas, das wir nicht wissen.

Honatius bemerkte die aufmerksamen Blicke des Jungen und erwiderte sie mit einem Lächeln. Irgendwie hatte Adan das Gefühl, dass etwas nicht stimmte. Eine kleine Ungereimtheit, die ihm einfach nicht in den Sinn kommen wollte. Adan nahm sich noch ein wenig von dem Schinken und knabberte genüsslich an der köstlich gewürzten angebratenen Kruste. Dabei fiel sein Blick auf den Kamin in dem das Feuer züngelte.

„Feuer ist eins der Elemente und die kann ein Magier kontrollieren und manipulieren", ging ihm durch den Kopf. *Ein Magier, so wie es Mira ist*, erneut heftete sich Adans Blick auf den Trodainer, der ihm wie ein Großvater war. *Das war es!*

Soeben hatte Adan sich selbst die Antwort auf seine Fragen gegeben. Sie lag seit jeher wie ein offenes Buch vor seiner Nase. Honatius war ein Trodainer und nach allem, was er wusste, waren sie nicht wie ein Magier bemächtigt, Kräfte der Elemente zu beeinflussen. Aber wieso konnte Honatius Mira dann unterrichten oder ihr helfen? War Honatius vielleicht gar kein wirklicher Trodainer, sondern ein Magier? Einer von dem alten Geschlecht? Immerhin gehörte er irgendeiner Gilde an, wenn er ihn richtig verstanden hatte. Während des ganzen Abends gingen Adan diese und weitere Fragen durch den Kopf und er konnte sich nur schwer auf das konzentrieren, was sein Bruder und Jaleel mit ihm besprachen. Zumal er dringend mit ihnen außer Hörweite über seine Erkenntnis reden *musste*.

- 2 -

Honatius war mit Benedict ins Zimmer gekommen und während dieser seine Söhne nach ihrem heutigen Unterricht befragte und sicherstellen wollte, dass sie ihr Training nicht vernachlässigt hatten, bat Honatius Mira vielleicht ein letztes Mal in sein Arbeitszimmer, das zu ihrem Lehrzimmer geworden war. Sie exerzierten erneut die Übungen, die er ihr als Hausaufgabe mitgegeben hatte. Ohne Schwierigkeiten bewies sie, dass sie schon jetzt eine meisterliche Magierin war.

Eine Schwarzmagierin, berichtigte Honatius sich.

Während Mira zwischen ihren Fingern ein feines Netz aus schwach leuchtenden Fäden webte, begutachtete der alte Trodainer das Mädchen und realisierte ihre Unkonzentriertheit. Mira spann zwei Fäden über Kreuz. Als sie einander berührten, flackerten sie und verschwanden in einem leisen Zischen.

„Warum so unkonzentriert?"

„Ich bin heute nicht bei der Sache", entschuldigte sie sich knapp ohne ihre Antwort zu vertiefen. Honatius lächelte dennoch wissend und setzte sich nun zu ihr hin. „Ich bin froh, dass du nach wie vor ehrlich zu mir bist."

Sie verzog das Gesicht zu einer leidenden Grimasse: „Es fällt mir trotz allem schwer, zu entscheiden."

Honatius zog eine Falte in seiner Tunika glatt und räusperte sich. Er hatte die letzten Tage versucht aus ihr herauszuhören, was ihr Herz wirklich bewegte und war dabei auf eine schreckliche Wahrheit gestoßen, die Mira noch niemandem zuvor erzählt hatte. Sie hatte geweint und ihm gestanden, dass sie sich sehr wohl an ihre Kindheit erinnern konnte, diese Gedanken jedoch so gut es eben ging zu vergessen versuchte. Denn ihr war Schreckliches widerfahren.

Gleichermaßen erschrocken, wie ängstlich hatte er ihre Geschichte aufgenommen und zu verarbeiten versucht. Das Mädchen hatte schlimme Dinge durchgemacht, die einem Kind niemals hätten widerfahren durften. Umso mehr sorgte er sich um Mira, entwickelte ähnliche Vatergefühle, wie zu den Brüdern. Doch zu ihr verband ihn die Magie und das Geheimnis, das sie für einander wahrten. Das Mädchen hatte ihn unverblümt damit konfrontiert und als sie das erste Mal allein in seiner Bibliothek waren, warf sie dem gutmütigen Trodainer vor, dass mehr in ihm steckte, als er den anderen offenbarte. Diese Fähigkeit, die Magie in anderen Wesen und Dingen zu erkennen, überraschte und verunsicherte ihn zuerst. Doch er vertraute Mira, ebenso wie sie ihm vertraute. Also hatten sie das stille Abkommen getroffen, für den anderen zu schweigen und sich geschworen, erst zum richtigen Zeitpunkt den anderen ihr Geheimnis anzuvertrauen.

***

„Deine Entscheidung musst du ganz alleine fällen." Mira blinzelte sich ihre feuchten Augen trocken. Einem tiefen Seufzer folgend ließ sie ihre Schultern herabhängen.

„Sie sind wütend, dass ich aufbreche."

Honatius rümpfte die Nase bei ihrem Wortlaut: „Nein, die drei sind nicht wütend. Das siehst du falsch. Sie sind enttäuscht und traurig. Aber daran trägst du keine Schuld. Ihr seid Freunde geworden und glaube mir, Abschiede können sehr schmerzen."

„Es ist schwer Abschied von Dingen zu nehmen, die man lieb gewonnen hat. Das kannte ich einfach nicht."

Honatius lächelte Mira liebevoll an. Sie kämpfte erneut mit ihren Tränen. Ein dunkler Schatten hatte sich über das Gesicht des Mädchens gelegt. „Ich will nicht fort, doch bleiben kann ich auch nicht."

„Niemand kann für dich entscheiden, außer du selbst. So ist das nun einmal."

„Jemanden auf seine Möglichkeiten hinzuweisen ist einfach. Damit tust du mir nur noch mehr weh, alter Kauz."

Honatius lächelte zufrieden, denn nur sehr selten war Mira so sehr aus sich herausgegangen und hatte ihn geneckt. Er spürte ihre innere Unruhe und versuchte, sie mit einem Gedankengang aufzumuntern, der ihm schon seit längerem durch den Kopf schwirrte: „Vielleicht gibt es ja eine Möglichkeit, dass du nicht mit den Salamandern fortziehen musst?"

„Wollt ihr mich kaufen, wie ein Sklavenmädchen in Shadia? Noch besser, Xander könnte bei einem ‚Unfall' ums Leben kommen, dann gäbe es niemanden der für mich bürgt."

Eiskalte Berechnung blitzte in ihren Augen auf und für einen Moment erschrak Honatius, denn er wusste nicht, ob Mira in der Lage zu so etwas sein konnte. Sie war mächtig genug, ihre Magie als Waffe einzusetzen und nicht nur zur Schau auf der Bühne. „Es gibt aber wirklich eine Möglichkeit, wie wir dich von Xander entbinden können."

Das Mädchen horchte hellhörig auf und hörte sich geduldig die Erklärung von Honatius an, bevor sie endgültig einen Entschluss fasste.

- 3 -

Wütend über die eigenmächtige Entscheidung des Trodainers und noch immer wenig überzeugt von seiner Erklärung, hatte Benedict seinen alten Mentor gebeten, mit ihm ein wenig spazieren zu gehen. Die Kinder sollten ihren Streit nicht mit anhören.

„Wie kannst du nur so vermessen sein und dem Mädchen diese Dinge einreden! Was dir vorschwebt ist unmöglich und unverantwortlich! Und glaub nicht, dass du mich da so einfach mit reinziehen und meine Position missbrauchen kannst!"

Sein langjähriger Freund blieb stur und gab nicht nach: „Es ist das einzig Richtige, was wir tun können. Das weißt du."

„Und wie stellst du dir das vor? Es ist alles andere als einfach und vor allem fehlen offensichtlich die Unterlagen, die man normalerweise benötigt."

„Papperlapapp. Ich bin mir ziemlich sicher, dass ein Vertrag und die Urkunden existieren. Xelophylisios versteckt sie nur sicherlich sehr gut und noch sicherer ist, dass er Mira noch nie von ihren Rechten erzählt hat, oder sie geschweige denn von diesen Unterlagen weiß. Ben, sie ist ein kleines Mädchen, das seit zig Jahren so lebt. Sie kennt es kaum anders. Sie kann es nicht besser wissen!"

Benedict verfiel in eisernes Schweigen und grübelte angestrengt. Egal, wie er es drehte und wendete, die Idee seines Freundes war zwar nobel, aber nicht klug. Doch dann überschlugen sich seine Gefühle und er dachte an das Mädchen, das auf einmal aufgetaucht war und irgendwie trotz ihrer verschrobenen Art die Herzen der Familie gewonnen hatte. Ihm selbst gefiel es auch überhaupt nicht zu hören, dass Mira vielmehr wie eine Attraktion behandelt wurde und das goldbringende Zierpüppchen des Direktors war. Sie war aber keine Sklavin, wie es Honatius darstellte. Sie hatte einen freien Willen, durfte selbst wählen und handeln. Auch unter Einschränkungen war ihr nie vergönnt, was einem Sklaven verwehrt blieb.

Erst als sie die Stadtmauern hinter sich gelassen hatten, räusperte sich Benedict.
„Du hast sehr viel Zeit mit dem Mädchen verbracht."
„Das war das einzig Richtige. Sie hat jemanden gebraucht. Eine Vaterfigur und keinen Theaterdirektor! Sie hat sich mir anvertraut und glaub mir, dieses Mädchen hat eine richtige Familie verdient. Willst du ihr eine glückliche Zukunft verwehren?"

„Nein natürlich nicht. Ich habe sie mindestens ebenso lieb gewonnen, wie die Jungs. Aber wer bin ich, dass ich jetzt über das Leben eines Fremden entscheiden soll?"
Honatius sah ihn vielsagend an und Benedict realisierte, was er soeben gesagt hatte. Seine Miene wurde nur noch finsterer.
„Was verheimlichst du mir, alter Mann?"
Der Trodainer sah wissend auf die Felder vor ihnen.
„Wieso denkst du, dass ich dir etwas verheimliche? Mira ist eine Schwarzmagierin. Sie ist unglaublich talentiert und geschickt.

173

Und das in ihrem Alter. Mira könnte sogar eine sehr mächtige Schwarzmagierin werden. Außerdem", da legte sich ein verheißungsvoller Schatten auf sein Gesicht, „habe ich eine Ahnung, vielmehr ein Gefühl, das mir sagt, dass die Kinder sich nicht grundlos mit ihr angefreundet haben."

Benedict seufzte ermattet und blieb jetzt stehen, sah dabei seinen Freund eindringlich an, die Erkenntnis kam jäh, aber nicht überraschend: „Du glaubst, sie könnte eine der Auserwählten sein, nach denen Marek suchen soll? Du bist doch irre. Ich bin dieses Gerede über Schicksal und Bestimmungen langsam leid und ich habe den Moment befürchtet, wenn du erneut davon anfangen würdest. Ich habe aber nicht erwartet, dass es um ein fremdes Mädchen geht. Um dieses Mädchen."

Ihre Unterhaltung wurde von fahrenden Händlern unterbrochen, die sie höflich grüßten.

„Ich habe nach wie vor Angst vor dem, was kommen kann. Und kommen *wird*", nahm Benedict den Faden schließlich wieder auf. „Wir befinden uns in einem gefährlichen Stillstand."
„Du tust bereits dein Bestes, indem du deine Söhne zu Diran schickst und dort ausbildest. So schwer es dir auch fällt, deine Aufgabe ist vermutlich beendet. Du bist *nicht* der Auserwählte. Sei ihr Vater."
„Ich hätte es sein sollen. *Müssen*! Jeden Tag wache ich auf, in dem Wissen, dass meine Söhne in Lebensgefahr schweben. Mein Herz ist zerrissen, alter Freund. Und ich gebe mir die Schuld an allem. Jeden Morgen erwarte ich schreckliche Nachrichten. Es gibt nur selten Nächte, in denen ich nicht aufwache und nach ihnen sehe. Sie sind doch noch Kinder, Honatius! Wieso überhaupt hat dieser verdammte Gott mir meine Söhne genommen?"

Benedict war innerlich zerrissen. Seine Söhne ließen sich oftmals nichts von deren Sorgen anmerken, diese Eigenschaft hatten sie von ihrem Vater. Doch auch sie fürchteten jeden Tag aufs Neue, denn die vergangenen Geschehnisse konnten sie nicht einfach vergessen. Die Worte Daturas hallten nach wie vor in ihren Köpfen. Und dennoch waren sie noch Kinder, denen ein Schicksal auferlegt worden war, das sie nicht wollten. Eldin lag gut versteckt in einer Truhe in Mareks Zimmer und er hatte es schon lange nicht mehr angerührt.

„Verstehst du, ich tue alles um meine Söhne zu beschützen."
„Das tue ich doch ebenso, alter Freund. Aber vor ihrem Schicksal wirst du sie nicht bewahren können. Früher oder später, so hat es Datura gesagt, wird der Tag kommen, an dem Marek sein Schicksal anerkennen und die anderen Schwertträger finden *muss*. Daran führt kein Weg vorbei! Wir können ja nicht einmal sagen, *wann* diese dunkle Zeit anbrechen wird, ob in einem Jahr, einem Monat oder gar schon heute!"

Doch. Benedict wusste es. *Asyna warnte mich*.
Ein eisiger Stich durchfuhr seine Brust. Er hoffte, Honatius hatte nichts bemerkt. „Das alles kommt mir wieder so unwirklich vor, so wie ein längst vergessener Traum. Ich wünschte ich wäre niemals in den Besitz des Schwertes gekommen! Ich spucke auf die Götter!"
Das plötzliche Kichern eines Fremden riss beide aus ihrer Unterhaltung. Sie hatten nicht bemerkt, dass am Wegesrand ein kleiner Mann saß, der scheinbar Benedicts letzte Worte aufge-schnappt und für lustig empfunden hatte. Er kicherte auf eine unangenehme Art, die sein ohnehin nicht sehr liebenswürdiges Erscheinungsbild nur noch mehr trübte.

Der Fremde hievte sich von seinem improvisierten Sitz auf einem umgestürzten Baumstumpf und watschelte scheinbar unbeholfen auf sie zu. Wie ein Kind, das soeben Laufen gelernt hatte und seine ersten Erkundungen ohne die beschützende Hand seiner Mutter machte.
Oder wie eine fette, sterbende Ente.

Er war klein und kräftig, rundlich wie eine fette Kröte, die man in eine schäbige Männerkleidung gesteckt hatte. An seinen wulstigen Füßen schlabberte eine ausgefranste Sandale mit jedem Schritt über den Boden. Der gnomartige Mann hatte eine Fratze, die selbst eine Mutter nur mit viel Augenzudrücken lieben konnte und war schrecklich entstellt. Dem armen Kerl fehlte das linke Auge und an seiner statt kläffte über der Gesichtshälfte eine grässliche Narbe. Zwei geschundene und äußerst ungesund wirkende Hautlappen bedeckten das noch andeutungsweise erkennbare Loch der Augenhöhle. Es sah auf den zweiten Blick so aus, als wäre er in das Maul eines gefräßigen Bären gesprungen. Immer noch kichernd blickte er die beiden durch sein gesundes Auge unter einer dicken verworrenen Augenbraue hervor an und musterte sie. Die breiten Lippen zu einem hässlichen Grinsen verzogen, was ihn entfernt wie eine eitrige Kröte aussehen ließ. Eine äußerst hässliche Kröte.

Genau genommen ist es eine Beleidigung den Kröten gegenüber. Armer Irrer, dachte Honatius im ersten Moment und glaubte, einen Leprakranken vor sich zu sehen. Selbst in den Slums von Xatiox wollte niemand die Aussätzigen haben, die sich meist außerhalb der Stadt aufhielten und dort eine Zeltstadt errichtet hatten. Abfällig hörte man die Leute davon als ‚Dorf der Verdammten' sprechen. Sie kamen manchmal in Gruppen um zu Betteln und wurden nicht selten aus der Stadt gejagt. Sie, wie andere unliebsame Gestalten, zu prügeln, traute sich die Stadtwache nicht, denn zu groß war die Gefahr, dass die unheilbare Krankheit auf andere überging. Doch an seinem Bein klingelte kein kleines Glöckchen, das Erkennungszeichen eines Aussätzigen, das ihm zu tragenauferlegt wurde.

„Guten Tag, die *Herren*", seine tiefe Baritonstimme krächzte und klang seltsam heiser, während er das ‚*R*' rollte, so als hätte er einen Schlag gegen den Kehlkopf überstanden.
Die Stimme, dachte Benedict, *klang fast verstimmt*. Wie eine alte Laute, deren Holz sich verformt hatte, nun bei jedem Ton schepperte und einfach falsch klang.
Wenn er sprach schnaufte er, als könne er nur schwer gleichzeitig Atmen und Sprechen. Honatius sah zu Benedict und grüßte dann zögerlich aber höflich: „Ethion zum Gruße. Können wir Euch helfen? Ist Euch etwas geschehen, seid Ihr verletzt?"

Der Kerl in seinen braunen Hosen, die von oben bis unten voller Schlamm waren, kratzte sich über den wulstigen runden Bauch.

Er griff sich an den wild zerstausten, schwarzen Ziegenbart. Auch sein schäbiges, grünes Hemd war so dreckig, dass man nur schwer erahnen konnte, woher er gekommen war. Oder ob es wirklich grüne Farbe wenn nicht gar Schimmel oder ähnliches war. Je länger Benedict den Kerl musterte, desto mehr kam er ihm tatsächlich wie eine potthässliche Kröte in Menschengestalt vor. Der Kerl kicherte.

„Führ mich *tuhun*?", antwortete er und dehnte beim Reden scheinbar willkürlich manche Worte, so als wüsste er nicht ganz, wie er sie richtig auszusprechen hatte: „Es gäbe nichts, das *Ihr* tun könntet. Mir gefiel, wie *Ihr* auf die falschen Götter geflucht habt. Richtig so!"

Benedict nickte und versuchte gar nicht erst das Gespräch weiterzuführen, sichtlich darüber verlegen, was er unüberlegt in der Öffentlichkeit gesagt hatte: „Dann können wir ja wohl auch weitergehen. Einen schönen Tag noch", wehrte er ein weiteres Gespräch mit der grotesken Gestalt ab. Der Kerl versperrte ihm mit bestimmender Art den Weg. Er kicherte erneut und erhob dann seinen wulstigen Zeigefinger.

„Ich habe nuhr eine Frage."

Benedict sah ihn angewidert an, wechselte unsichere Blickte mit Honatius und nickte dann. Der Fremde gluckste und kicherte dabei erneut, was sein leicht verrücktes Auftreten nur noch verstärkte.

„Mein Name ist Gohn und ich habe eine Frage. *Ich* liebe es, *Fragen* zu stellen", meinte er diesmal, scheinbar mehr zu sich selbst und starrte dann Benedict direkt mit seinem gesunden Auge an. „Sie ist für Euch bestimmt! Könnt *Ihr* mir diese *nun* beantworten?"

Benedicts Finger kribbelten und er senkte unweigerlich seine Hand zu dem verborgenen Dolch, den er seit ihrer Flucht aus dem Nebelgebirge immer bei sich trug, gefasst auf alles. Ohne sich etwas anmerken zu lassen sah er sich unauffällig in der Umgebung nach möglichen Anzeichen von Räubern um.

„Und die wäre?", fragte er beiläufig.

Der Fremde tippte mit seinem fetten Zeigefinger auf seine wulstige Lippe: „Es ist eher ein Rätsel", dann kicherte er.

„*Wir* lieben *Rätsel*." Sein Zeigefinger wanderte über seinen Kopf und deutete zum Himmel. „Warum *donnert* und *poltert* es, wenn gar kein Schauer bricht?"

Gohn kicherte, biss sich freudig auf den Knöchel seines Fingers. Dabei kamen ungewöhnlich spitze, vergilbte, kleine Zähne zum Vorschein, die sich gierig in sein Fleisch bohrten, als wäre es eine frisch gepellte Wurst. Die schreckliche Gestalt blickte zwischen den beiden hin und her, wartete gespannt auf eine Antwort, ignorierte das unter den Zähnen hervortretende Blut. Unruhig trat der Verrückte von einem Fuß auf den anderen, klatschte dann wie ein aufgeregtes Kind in die Hände, tänzelte dabei von einem Bein auf das andere.

„Oh ja, *wir lieben* Rätsel."

Benedict schüttelte den Kopf. Sie waren offensichtlich nicht in eine Falle von Straßenräubern, sondern ohne Zweifel an einen Durchgeknallten geraten. Honatius räusperte sich und signalisierte seinem Freund, dennoch auf der Hut zu sein. Es konnte nie schaden, vorsichtig zu sein. Vor allem, wenn es um plötzliche Begegnungen ging.

„Das ist schön für Euch, doch wir kennen die Antwort auf dieses Rätsel nicht", beendete Honatius schroff das Gespräch. Gohn blieb abrupt stehen, riss mit überraschender Geschwindigkeit seinen wulstigen Arm empor und packte Benedicts Arm mit einem unnachgiebig festen Druck. Sein gesundes Auge musterte ihn für eine unsagbar lange Zeit und etwas funkelte auf, das Interesse hätte sein können.

„Ignoriere nicht die Zukunft, nun, da sie dich erreicht, Benedict Tok!"

Benedict riss sich hastig vom festen Griff des Verrückten los und trat einen Schritt zurück, die Hand unwillkürlich zum verborgenen Dolch geführt. „Woher kennst du meinen Namen?"

Der Fremde lächelte grimmig und antwortete geheimnisvoll: „Nein, nein! Ich bin *jener*, der die Fragen stellt." Das ungute Gefühl wurde zu einer düsteren Ahnung, die Benedict Angst machte und ihn den Dolch ziehen ließ, der sich plötzlich besonders gut in seinen Fingern anfühlte.

„Ihr kennt die Antwort nicht? Schade, schade. Aber seid gewiss, ihr werdet *nicht lange* auf die Antwort warten müssen." Gohn kicherte und trat einen Schritt zurück, völlig unbeeindruckt von Benedict.

„Was soll das alles? Wer bist du?"

Da stemmte sich der kleine Kerl mit beiden Beinen fest auf den Boden. „Wenn ihr *diese* Antwort hören wollt, *mein* Bruder Gohm beantwortet sie euch bestimmt mit Freude!"

Die dunkle Vorahnung wurde zu einer schemenhaften Bedrohung und Benedict erinnerte sich an die Albträume, die ihn plagten. Erst jetzt bemerkte er eine ungewöhnlich große Anzahl an Raben am Wegesrand, die im Feld saßen. Gohn tippte sich erneut gegen die Unterlippe.

„Ihr braucht ihn nicht einmal zu suchen. Wenn, dann findet *er* euch. *Wir* finden euch. *Immer*."

Er drehte sich schnell herum und watschelte fort. Benedict folgte ihm, jetzt wissend, dass diese Kreatur etwas mit ihm und seinen Kindern zu tun hatte. Doch da blieb Gohn stehen, drehte sich um und hüpfte auf der Stelle, ein breites, hässliches Grinsen im Gesicht.

„Ah ja! Eine frische Brise weht vom Meer herüber. Ja, ja. Die *Nacht* wird lang", er kicherte erneut. „Bald wird es *dämmern*."

Benedict war nun wildentschlossen den Kerl einzuholen und ihn, wenn es sein musste, mit Gewalt auszufragen. Er hastete auf die Kreatur zu. Gohn jedoch verzog das Gesicht zu einer humorlosen Grimasse und klatschte laut in die Hände. Aufgeschreckt stob der Krähenschwarm durcheinander und schoss in die Luft auf sie zu. Benedict und Honatius duckten sich überrascht, doch als der Schwarm in der Luft war und über ihnen kreiste, erkannten sie, dass Gohn verschwunden war.

„Das willst du auch wirklich tun?"

Ungläubig war Marek im Flur zum Unterdeck stehen geblieben und hatte sich erneut nervös nach verräterischen Anzeichen umgesehen. Miras Plan war wagemutig und riskant gewesen, doch er stand hinter ihrem Vorhaben und wollte ihr helfen.

„Komm endlich, sonst sieht euch noch jemand!"

Ihre Stimme zischte durch den Gang wie ein peitschender Windstoß. Mira bedeutete ihm, ihr in einen abzweigenden Flur zu folgen. Jaleel wartete bereits einen Gang weiter und hielt Wache.

„Ich rieche hier so viele unterschiedliche Gerüche, dass ich gar nichts genau zuordnen kann."

Das Mädchen eilte an seine Seite und seufzte enttäuscht, wirkte dabei aber eher resigniert statt wütend. „Und ich dachte, ihr könntet mir eine Hilfe sein. Wisst ihr was. Wir blasen die Sache ab."

Adan seufzte enttäuscht: „Tu das nicht." Seine neu gewonnene Freundin sah ihn mit einem seltsamen Funkeln im Blick an, den er nicht ganz zu deuten wusste. Besonders, als sich ihr Mundwinkel zu einem grimmigen Lächeln verzog und sie sich ihren Daumen auf die Brust drückte.

„Du hast mich falsch verstanden. Ich werde es alleine tun. Dann trifft euch keine Schuld, sollte ich erwischt werden." In ihrer Stimme schwang eine Sorge, die ihn überraschte. War das, was sie vorhatten vielleicht wirklich gefährlich? Er hatte bisher nicht viel über die Konsequenzen nachgedacht. Erneut musste er an eine bestimmte Situation mit einer shivianischen Kronprinzessin denken, die ihm einfach nicht aus dem Kopf gehen wollte. Aus der damaligen Misere war er mit seinen Freunden nur knapp mit einem blauen Auge davon gekommen. Seine Hand schnellte hervor, noch eher er selbst wusste, was er vorhatte. Doch da hielt er Mira bereits am Handgelenk fest, was ihr ganz offensichtlich missfiel.

Ihre Gesichtszüge wandelten sich von jäher Überraschung zu einer grimmigen Miene und sie entriss sich aus seinem Griff, als würde ihr die Berührung weh tun. Ihre Stimme zischte wütend zu ihm herüber und erneut hatte sie dieses harte, kalte Blitzen in ihren Augen. „Halte mich *nie wieder* so fest, wie eben."

Einen kurzen Moment blieben sie reglos stehen und Adan war sich nicht sicher, ob er sich entschuldigen sollte, Mira jedoch schien der Situation schnell ausweichen zu wollen.
„Geht jetzt. Wartet vor dem Schiff auf mich."
Keiner der drei Burschen rührte sich trotzig.
„Wir sind für dich da und helfen, wo wir können", meinte Adan aufrichtig und hoffte, dass sie ihm nicht böse war. Das Mädchen schnaufte. Dabei schien sie jetzt zu bereuen, die drei überhaupt mit sich genommen zu haben.
„Dann geht einfach", erwiderte sie mit kalter Stimme und mied den direkten Blickkontakt. „Damit ist mir genug geholfen."

Marek zuckte mit den Schultern. Er erkannte, wann es sich nicht zu diskutieren lohnte. „Lasst sie."
Jaleel riss seinen Arm als Warnung in die Luft und löste die Diskussion hektisch auf: „Ich rieche den Direktor! Er kommt näher!" Die Tür hinter Adan flog auf, sicherlich durch Miras Magie, und noch ehe sie reagieren konnten, schob Mira sie hinein, schloss die Tür leise hinter sich und lehnte sich mit dem Rücken dagegen. Genau rechtzeitig. Xander tauchte auf, in den Armen ein großes Bündel Schriftstücke. Sein Blick war gehetzt und er schien in Eile.
Doch als er Mira allein dort an der Tür lehnen sah, hielt er überrascht inne und musterte sie argwöhnisch: „Was hast du hier zu suchen?"
„Ich wollte zu Jenna", log Mira und hoffte, dass die Tänzerin auch wirklich unter Deck war. Sie war immer nett zu Mira und beide hatten ein fast freundschaftliches Verhältnis. Das wusste jeder und so würde es niemanden wundern, wenn sie sich ab und zu trafen. Der Direktor wölbte seine breite Augenbraue und kaute nachdenklich auf seiner Zunge herum, offensichtlich über das Gesagte grübelnd.
„Sie hat Landgang, soviel ich weiß. Was willst du von ihr?"
Mira tat enttäuscht und zuckte unschuldig mit den Schultern.
„Ach, schade. Wir hatten uns verabredet und wollten gemeinsam gehen. Dann habe ich sie wohl verpasst."

Xander lachte trocken auf: „Vielleicht wollte sie ja doch lieber allein gehen."

Marek, der mit den anderen beiden hinter der Tür im Dunkeln kauerte, war drauf und dran, die Tür aufzureißen und dem selbstgefälligen Vilandri die Meinung zu geigen. Doch sein älterer Bruder hielt ihn zurück und schüttelte den Kopf. Xander schien einen Moment nachzudenken: „Komm mit mir. Wenn du jetzt sowieso nichts besseres zu tun hast, kannst du mir auch genauso gut tragen helfen."

Noch ehe Mira protestieren konnte, übertrug der Direktor ihr seine Bürde. Tragen helfen bedeutete wohl für ihn, dass sie das komplette Bündel nahm und er darauf Acht gab, dass ihr bloß nichts herunterfiel. Mira blieb nichts anderes übrig als mitzugehen. Sie hoffte nur inständig, dass ihre drei übereifrigen Freunde keine Dummheit anstellten. Doch genau darin lag meist ihre, von Jaleel erfolgreich geleitete, Stärke.

***

„Das ist doch jetzt ein schlechter Witz, oder?", fluchte Jaleel, nachdem er stumm drei Minuten gezählt hatte. Jetzt hörte er nur noch das Knarren des altersschwachen Holzes sowie ferne Gespräche. Adan öffnete die Tür und lugte heraus.

Sie waren allein.

„Na super. Und was jetzt?", fragte Marek, der in den Gang sprang und in die Richtung blickte, in die sie gehen wollten. Adan dachte kurz nach.

„Wenn Mira bei dem Direktor ist, wird sie keine Chance haben, diese Dokumente zu finden."

Jaleel stemmte die Hände in die Hüften und grinste stolz, ganz offensichtlich einen Entschluss fassend: „Ich habe verstanden. Wir nehmen uns des Problems an. Zumal er sie dann nicht verdächtigen kann."

Marek lächelte zufrieden und stimmte ihm zu: „Immerhin war sie ja die ganze Zeit bei ihm."

Die drei brauchten nicht zu diskutieren. Sie hatten das lang genug getan, bevor sie Mira auf das Luftschiff gefolgt waren. Ihre Freundin hatte von Honatius erfahren, dass sie nicht gezwungen war, bis zu ihrer Volljährigkeit mit Erreichen des sechzehnten Lebensjahres bei Xander zu bleiben und dem Theater verpflichtet zu sein. Was im Übrigen schwer werden könnte, da sie selbst ja nicht wusste, wie alt genau sie war. Es musste Urkunden geben, die ihre Adoption betrafen und auch sie selbst. Xander hatte ihr nie etwas davon erzählt. Aus dem einfachen und offensichtlichen Grund, dass er sie wie sein Eigentum behandeln wollte, bis sie keinen Gewinn mehr einbringen würde. Das grenzte zwar nach ihrem Verständnis an Sklaverei, war durch diese Urkunden jedoch legitim. Xander hatte Mira adoptiert. Er zwang sie niemals zu etwas, das sie nicht aus freien Stücken tat. Trotzdem war dem Mädchen jetzt eins endgültig klar geworden: Er hatte sie jahrelang schamlos ausgenutzt.

Mira hatte zwei Überlegungen. Entweder stahl sie die Urkunden und überreichte sie Honatius, sodass er sie adoptieren konnte, wenn das überhaupt so einfach ging. So ganz verstanden hatte sie nicht, was ihr der alte Trodainer erzählt hatte. Ihr kam aber der viel bessere Gedanke, jedes Zeugnis ihrer Existenz zu verbrennen. Dann, so glaubte sie, würde sie frei sein, tun und lassen zu können, was sie wollte.

Ihr Schluchzen noch in den Ohren, folgte Adan seinem Freund, der sich langsam durch den Korridor schlich.

„Das ist so eine ganz bestimmte Note, die in der Luft liegt."

„Du meinst Xander benutzt Parfum?"

„Nein, eher die andere Sorte von Geruch meine ich", gab Jaleel kleinlaut zu und blieb stehen. Die Brüder starrten verdutzt auf die opulente Tür vor ihnen.

„Na gut, wenn wir das gewusst hätten, hätten wir gar nicht so schleichen brauchen."

Die massive Tür vor ihnen bestand aus einem meisterlich geschnitzten Motiv, das verschiedene Szenen darstellte. Der hervorstehende Oberkörper eines Salamanders bildete den Türknauf, das Schlüsselloch darunter war in das Abbild einer Schatztruhe eingearbeitet, auf die sich die Echse abstützte.

„Bescheiden ist der gute Mann ja nicht gerade."

Die Freunde rissen sich von den Kunstwerken los und Jaleel drückte den Türgriff herunter. Es klackte, die unverschlossene Tür schwang zur Überraschung der Freunde auf. Sie war ebenso schwer, wie sie aussah und dennoch waren die Scharniere so ordentlich gepflegt, dass sie sanft und fast geräuschlos auf und hinter ihnen wieder zu schwang. Überrascht von der plötzlichen Helligkeit, blinzelten die Freunde und sahen sich dann im großen und geräumigen Zimmer um. Es war voll von befremdlichen Gegenständen, bunten Tüchern und Vorhängen, die von der Decke hingen. Nicht nur hohe Fenster, sondern auch bunt leuchtende Kristalle erhellten das Zimmer, das von Dekadenz und Schnickschnack fast erdrückt wurde. Verspielte, fremdartige Marionetten in unterschiedlichsten Formen hingen an einer Ecke von der Decke herab. In einem Glas auf einem Regal tummelte sich irgendetwas kleines, lebendiges, das entfernt an Kaulquappen erinnerte, wie sie Marek und Adan in Talon hin und wieder aus dem Bach gefischt hatten.

„Seid ihr euch sicher, dass wir im Zimmer des Direktors sind und nicht in einer *Hexenküche*?", fragte Jaleel entgeistert, fast schon überwältigt von der Fremdartigkeit dieses illüstren Zimmers. Marek trat zügig an eine Kommode heran und riss die oberste Schublade auf.

„Mir egal, Hauptsache wir finden die Urkunden."

Er wühlte sich durch einen Stapel Unterlagen, die mit einer groben, hastigen Hand geschrieben worden waren und öffnete danach die nächste Schublade.

Adan fluchte leise: „Du darfst keine Unordnung anrichten, sonst merkt er doch was!"

Sein Bruder verdrehte genervt die Augen und überspielte die Tatsache, dass er darüber nicht nachgedacht hatte. „Schau dich um! Als ob er Wert auf Ordnung legen würde!"

Dabei stieß er an einen Haufen gestapelter Bücher. Der Turm begann gefährlich zu wanken, Jaleel sprang herbei und hielt ihn, noch bevor er umfiel. Dabei erhaschte er einen Blick auf eine kleine Truhe, die sich gut verborgen im Halbdunkel dahinter befand. Im Normalfall hätte niemand bemerkt, dass zwischen der Kommode, dem Schrank und den dazwischen gestapelten Büchern noch etwas stand. Marek erspähte, was Jaleel entdeckt hatte und lächelte selbstgefällig, als wäre diese Entdeckung einzig ihm zu verdanken.

„Na wer sagt es denn?"

„Sei bloß still", meinte Adan mit vorwurfsvoller Stimme, kam heran, zerlegte den Bücherturm sorgfältig und penibel in drei kleine Stapel, wobei er akribisch genau auf die Reihenfolge achtete, um später alles wieder an seinen ursprünglichen Platz zu befördern. Jaleel war an die, einen Spalt breit geöffnete Tür gegangen und hielt Wache. Er würde eine nahende Gefahr schon frühzeitig wittern oder hören können, um sie rechtzeitig zu warnen.

Aufgeregt ließ sich Adan nun auf die Knie sinken und rutschte zwischen Kommode und Schrank. Die Truhe war nicht abgeschlossen. Vermutlich fühlte sich Xelophylisios sicher genug, um weder Zimmer noch Truhe abschließen zu müssen. Als Adan die Truhe öffnete, glitzerten ihm Taler und Geldstücke entgegen, die das Herz jedes Diebes höher schlagen ließen. Doch in ihm stieg nur Enttäuschung auf. Er klappte den Deckel wieder herunter und musterte Marek, dessen Augen gierig funkelten.

„Denk gar nicht erst daran, kleiner Bruder." Marek zuckte unschuldig mit den Schultern. „Was denn?"

Adan richtete sich auf, mühselig darauf bedacht, nichts unnötig zu bewegen, was ihr Eindringen verraten könnte. Doch da schoss Marek an ihm vorbei und fuhr mit der Hand in die Truhe. Adan keuchte erschrocken auf, sein Bruder überraschte ihn mit einem Umschlag, den er unter dem Gold hervor zog.

„Ist es das, was ich denke?", fragte Marek selbstgefällig und lächelte zufrieden mit seiner eigenen Weitsicht. Er klappte den zusammengefalteten Umschlag auseinander und zog mehrere Schriftstücke aus dem Ledereinband.

„Wie bist du darauf gekommen?", fragte ihn Adan und das Lächeln seines jüngeren Bruders wurde triumphierend breiter.

„Er hat seinen ganzen Reichtum und wertvollsten Besitz in dieser Truhe, richtig?"

Adan schmunzelte und erkannte die Raffinesse, mit der Marek ihn überraschte. „Richtig." Er nahm ihm die Schriftstücke aus der Hand und entfaltete sie. „Goldrichtig."

Adan begutachtete die Schrift von Trodox und war sich sicher. Er hielt die Urkunde von Mira in zweifacher Ausführung in seinen Händen. Jaleel sprang herum: „Gut gemacht. Jetzt sollten wir uns beeilen und schleunigst hier abhauen!"

***

Es war nicht verkehrt gewesen, sich den Weg zu merken und dennoch war sich Jaleel unschlüssig, ob er die Brüder richtig führte. Als sie aber schließlich das Oberdeck erreichten, atmeten sie erleichtert auf. Sie suchten auf ihrem Weg zum Landungssteg nach Mira, doch von ihr fehlte jede Spur. Marek sog scharf die Luft ein, als er realisierte, dass der Troll Naduh zielstrebig auf sie zusteuerte. Sein Kiefer mahlte hörbar, so als würde er über irgendetwas nachdenken. Dann versperrte er ihnen den Weg.

„NA, DU?", grollte seine gutturale Stimme und ließ die Jungs vorsichtig werden. Seine große Hand öffnete sich und die Geste war eindeutig.

„HERGEBEN. JETZT."

Adan verstand sofort. Der Direktor musste dahinter gekommen sein und sie suchen, also hatte er den Troll als Wache am Ausgang positioniert.

„Wie können wir dir helfen?", fragte Marek höflich und grüßte den Troll.

„IHR GEBT MIR, WAS IHR DEM CHEF GESTOHLEN HABT." Die Brüder sahen einander an und beide wussten, an eine Flucht war nicht mehr zu denken. Doch für ihren unerschrockenen Freund Jaleel schien diese Option nach wie vor nicht allzu abwegig zu sein. Adan bemerkte, wie er seine Muskeln anspannte, bereit zum Sprint oder Sprung. Er machte eine unmerkliche Geste und Jaleel gab seiner Bitte nach.

„Gebt schon her, ihr dreckigen kleinen Diebe!", rief eine zornige Stimme hinter ihnen und mehrere Theaterleute traten auf sie zu.

„So ein Mist", fluchte Marek, sichtlich enttäuscht vom Misserfolg ihrer Mission. Der junge Mann namens Marcus trat aus der Menge hervor, lief zielstrebig auf die Jungs zu und streckte dabei herausfordernd seine Hand aus: „Los, erspart euch weiteren Ärger und gebt mir einfach die Unterlagen."

Von der anderen Seite der Menge erschallte ein polterndes

Brüllen: „Wo sind sie?!"

Xander stampfte durch die Menge, Mira mit eisernem Griff im Schlepptau und baute sich vor Marcus auf, der ihm die Urkunden aushändigte. Mira hatte feuchte, gerötete Augen und war kreidebleich. Ihre Wangen dagegen waren knallrot.

„Du kleines Miststück hast deine diebischen Freunde für dich benutzt. Hast du sie verhext?"

Mira versuchte sich ohne Erfolg los zu reißen.

„Nein!", ihre Stimme überschlug sich, während der Direktor sie noch fester am Arm packte.

„Wie kannst du es wagen, dich gegen mich zu stellen? Mich, der dich aufgenommen und aufgezogen hat, wie sein eigen Fleisch und Blut?"

Marek prustete entrüstet auf: „Dass ich nicht lache!"

Xander fuhr herum, beinahe wäre ihm seine Hand ausgerutscht. Er war gefährlich nahe an Marek herangeschossen, den Arm bereits zur Brust gezogen, um eine ordentliche Schelle zu verteilen. Er konnte sich gerade noch beherrschen, die Schaulustigen um sie herum genau im Blick. Da erschallte das Läuten von Glocken in der Stadt. Es war ein eindringliches Geräusch, das dadurch verstärkt wurde, dass in anderen Teilen der Stadt ebenfalls die Glocken der Türme unheilvoll zu schlagen begannen und sich zu einem unheimlichen, gleichmäßigen Läuten hingaben.

„Was soll das?", fragte der Direktor überrascht in die Runde ebenfalls verwirrter Gesichter und einzig Jaleel schien die Bedeutung dieses Läutens zu kennen. Der Pan-Thar starrte seine Freunde entsetzt an und wurde kreidebleich: „Die Stadt wird angegriffen!"

- 5 -

„*Asyna!*"

Honatius sah Benedict überrascht an.

„Was hast du da gesagt?"

Benedict hastete förmlich in Richtung Stadt, die unterdrückte Angst, der er sich nicht zu stellen gewagt hatte, trieb ihn unnachgiebig an. Noch bevor sie das plötzliche Verschwinden der Kreatur namens Gohn überwunden hatten, war Benedict das Ausmaß seiner Ignoranz bewusst geworden. Er hatte alles daran gesetzt, dass seine Söhne vor ihrem Schicksal gefeit waren und dennoch war es nun so plötzlich und überraschend auf sie eingebrochen, wie ein jäher Regenguss. Benedict hatte aber vor allem nicht erwartet, dass es einen Boten geben würde. Für ihn hatte die unbekannte Gefahr nun einen Teil ihres Gesichts offenbart und das machte ihm nur noch mehr Angst.

Das nächste Mal wenn er Gohn sah, würde er nicht zögern und ihm den Dolch in das gesunde Auge rammen. Niemals hätte er seine Albträume vernachlässigen dürfen. Was hatte er sich dabei nur gedacht. Nun rächte sich die Zeit durch die vor ihm liegende unbekannte Bedrohung, die ihn eingeholt hatte, wie einst seine Vergangenheit. Honatius packte ihn am Ärmel. Überrascht von der Kraft, mit der er ihn zurückhielt, blieb Benedict stehen. Die beiden starrten sich einen unendlichen Moment lang an. Im Blick des alten Mannes lag etwas unwirsches, doch Ben wurde jäh eine Sache bewusst.

„Du hast sie *auch* in deinen Träumen gesehen", warf Benedict seinem Freund mit harter Stimme vor, „und nichts gesagt." Der Blick seines Freundes blieb nicht starr sondern überrascht, wie Benedict für eine Millisekunde gehofft hatte. Honatius traf der Vorwurf wie ein Schlag ins Gesicht. Er fühlte sich nicht nur überrumpelt, sondern missverstanden.
„Von wem sprichst du?"
Benedict fuhr ihn an und realisierte erst jetzt, dass er noch immer den Dolch in seiner Hand hielt, fest umklammert sodass das Weiß seiner Knochen unter der Haut hervortrat. Über das Meer fegte ein kalter Windschauer und brachte schwachen Nieselregen, der sich auf den Feldern und der Stadt niederließ. Benedict war apathisch. Seine Angst vor dem Kommenden zerfraß den sonst so starken Mann. Tränen der Scham und Verzweiflung drängten sich an die Oberfläche.

„Ich hatte die Vision einer Frau namens Asyna. Sie sagte, sie sei die Wächterin und dass ich als Vater des Auserwählten eine Verantwortung habe."
„Wann war das?", fragte Honatius beunruhigt, aber mit ruhiger

Stimme, wie er es oft in hektischen Momenten vermochte. „Kurz vor dem Geburtstag des Prinzen."

Eine tiefe Sorgenfalte bildete sich auf Honatius Stirn, dem diese Information gar nicht gefiel.

„Sie sagte noch etwas", gab er jetzt zu.

„Was?", drängte Honatius besorgt.

„In meinem Traum sah ich Adan. Sie sagte, ich solle lernen loszulassen." Benedicts Augen wurden gläsern und feucht, er konnte seine Angst nur schwer unterdrücken. „Honatius. Ich war dumm, dass ich nicht mit dir darüber gesprochen habe."

„Ja warst du. Aber was hätte das geändert?" Honatius fuhr sich mit der Hand durchs Gesicht und atmete schwer aus. Er schien diese neuen Informationen zu verdauen und zu verarbeiten.

„Datura sagte, wir sollen nach der Wächterin suchen. Das haben wir nicht wirklich getan. Wie es scheint, hat sie dafür uns gefunden." Tiefe Sorgenfalten bedeckten das alte Gesicht des Trodainers, der sich seinerseits Vorwürfe machte.

„Meine Mutter pflegte immer zu sagen, dass in Legenden meist mehr Wahrheit steckte, als man glauben mag. Wenn sie doch nur wüsste, wie Recht sie doch behalten sollte."

Dabei klang Honatius Tonfall wehleidig und beinahe schon zynisch. Ein jäher Gedanke durchfuhr Benedict. *Warum donnert und poltert es, wenn kein Schauer bricht*? Das unverkennbare Geräusch einer Schlacht.

Benedict erschauderte als ihm klar wurde, dass alles real war. So real wie der Wind, der ihm nun entgegen blies und dem Sturm vorherging, der sich prophetisch in der Ferne über dem Meer aufbäumte. Der Horizont verdunkelte sich allmählich und er konnte bereits das Grollen eines drohenden Sturmes vernehmen, der sich den ganzen Vormittag über dem Horizont zusammengebraut hatte. Es hatte so viele Anzeichen und Hinweise gegeben, dass es zu offensichtlich gewesen war; der drohende Krieg im Osten, die Überfälle in Trodox – dies alles waren Vorboten für den Schatten gewesen, der sich nun heimlich, ohne entdeckt zu werden bis hierher geschlichen hatte und schon bald seine gierigen Klauen nach ihnen ausstrecken würde.

„Wenn das alles stimmt, schweben wir in großer Gefahr", erklärte Benedict mit trockenem Mund und sein alter Freund lächelte grimmig.

„Der Sturm ist aufgezogen, ohne dass wir es bemerkten. Wir waren wachsam und dennoch blind. Nein. Ich habe nur die Zeichen nicht verstanden. Und nicht gehandelt, wie es von mir verlangt wurde", berichtigte sich Honatius und wich einer Gruppe Handwerker aus, die sich aus der Stadt drängten, während die beiden der Straße in die Stadt hinein folgten.

Benedict hatte nicht vergessen, was der Gott der Flammen ihnen erklärt hatte. Seine Hände zitterten. Er spürte das Narbengewebe unter den Handschuhen, die er immer in der Öffentlichkeit trug, um seine Verletzungen zu verbergen. Seine Gedanken kreisten um die Worte der Wächterin und er flüsterte mehr zu sich selbst: „Also ist die Zeit des Loslassens nun gekommen."

Diese Kreatur Gohn riss ein Loch neuer Fragen auf. Wer war er und warum war er ihnen erschienen?

„Wenn wir Recht behalten", meinte Honatius gehetzt und versuchte Schritt mit seinem Freund zu halten, „und dieses aufkommende Unwetter mehr ist als nur das, müssen wir sofort die Menschen in der Stadt alarmieren!"

Benedict schien ihm nicht zuzuhören. Er starrte apathisch die Straße hinab, die sie entlang eilten und rempelte Leute an, die sich lauthals mit wüsten Beschimpfungen aufregten und ihn dann wieder vergaßen, wie man es eben in der Stadt so tat.

Er war ein Narr gewesen. Er hätte seine Gefühle nicht unterdrücken dürfen. Er hätte sofort alle warnen müssen. Doch wer hätte ihm schon geglaubt? Nach allem, was zwischen ihm und dem Prinzen vorgefallen war, hätte dieser eine solche Warnung vermutlich als vermessen abgewiesen. Benedict hätte es versuchen *müssen*! Er hatte die Zeichen ignoriert und nun würde der Wolf über die Schafe herfallen, ohne dass auch nur eine geringe Chance auf Hoffnung bestand. Jetzt war es zu spät.

„Junge!", brüllte ihn eine Stimme an und er hielt überrascht inne, um festzustellen, dass es Honatius war, der sich ihm in den Weg gestellt hatte. „Reiß dich verdammt nochmal zusammen, Ben! Jetzt panisch zu werden, bringt überhaupt nichts. Verdammt, du solltest es doch besser wissen!"

Etwas in ihm schlug gegen seine Brust wie ein Hammer und er realisierte, dass es sein bebendes Herz war. Dann nahm er langsam wieder seine Umgebung wahr, seine Gedanken wurden klarer. Sein Freund hatte Recht.

„Was sollen wir tun?", fragte Ben und wirkte fast schon hilflos. Sein Mentor hatte bereits eine Idee und ohne dass er es gemerkt hatte, war Honatius mit ihm zu einem Wachhaus geeilt. Der Trodainer bewies erneut, dass er oftmals mehr mitdachte, als man ihm zutrauen wollte. Sie hatten das erstbeste Wachhaus erreicht. Dummerweise war momentan keiner der höheren Offiziere im Quartier und die stationierten Wachen konnten herzlich wenig mit der übertrieben klingenden Botschaft zweier wildfremder über einen möglichen Angriff auf die Stadt anfangen. Sie erachteten das Gerede der beiden als Kauderwelsch und drohten, sie einzusperren. Benedict sprach vehement auf seinen Status als Adjutant von Alan Diran an, doch erst bei der Erwähnung von Partan Tribolis wurden sie nervös. Ein gewöhnlicher Bürger konnte niemals so viele hochrangige Namen kennen.

„Wir werden eine Botschaft schicken", bot einer der Wachhabenden entgegenkommend an.

„Dazu ist keine Zeit, schlagt sofort Alarm!"

So kamen sie nicht weiter, das wusste Benedict. Irgendwie mussten sie die Stadt in Alarmbereitschaft versetzen. Und selbst dann wäre es ein Ding des Unmöglichen, die Stadt ausreichend für einen Kampf zu rüsten, oder gar zu evakuieren. Es war zu spät.

***

„Uns entrinnt die Zeit!", fluchte Honatius, während sie durch die Straßen eilten. Sie hatten das Wachhaus eilig verlassen und waren sich sicher, dass die Wachmänner ihrer Aufforderung nicht nachkamen sondern sich direkt wieder ihrem Kartenspiel widmeten. „Deine Familie sollte das notwendigste einpacken!"

Honatius glaubte erst gar nicht, dass es zu einer Evakuierung kommen würde. Es war ein Ding der Unmöglichkeit, die Stadt zu evakuieren oder effektiv genug auf einen noch heute eintretenden Angriff vorzubereiten. Sie war einfach viel zu groß. Wenn es heute Nacht zu einem Blutbad kam, wäre es allein seine Schuld und Benedict würde die Verantwortung für jeden toten Bürger der Stadt tragen.

Als Benedict um die nächste Straßenbiegung verschwunden war, seufzte Honatius. Seine Vorahnung hatte sich nun doch tatsächlich bestätigt. Der Trodainer sah sich in der Straße um und schniefte erschöpft. Sein Blick wanderte durch die Straße mit ihren belebten Wohnungen und den über das Pflaster schlendernden Menschen, die keine Ahnung hatten, was ihnen drohte. Er lupfte einen Stein vom Boden auf und drehte ihn in der Hand. Honatius musterte den Turm vor sich und drehte sich dann zu dem Geschäft hinter sich um. Ohne zu zögern holte er weit aus und warf den Stein durch die Vitrine, die berstend in tausend Stücke zersplitterte. Sofort lärmte ein Hund und Licht flackerte über dem Geschäft im Wohnhaus auf. Er bückte sich und warf weitere Steine gegen die Läden des Wachturms und das nächste Wohnhaus, das er erreichen konnte.

Wütendes Gebrüll ertönte, immer mehr schaulustige Menschen wurden auf den Lärm aufmerksam und kamen neugierig auf die Straße. Doch jene, auf die es Honatius abgesehen hatte, ließen sich natürlich Zeit. Er tat so als gehöre er zu den Schaulustigen und schlich dann unauffällig in eine dunkle Ecke unter dem Turm. Als endlich die Tür aufflog und drei gerüstete Wachen heraus stolzierten, schlüpfte er hinter ihnen hinein und eilte die Treppen hinauf. Fluchend und keuchend erreichte er schließlich die leere oberste Etage und lächelte das schwere Tau an, das einsam in der Mitte von des Raumes herabbaumelte und in einem Loch in der Decke verschwand. Ohne lang zu zögern hängte er sich mit seinem Gewicht an das Tau und zog so kräftig er konnte daran. Ein ohrenbetäubendes Läuten folgte. Die Warnglocken schlugen schallend gegeneinander und verbreiteten das unheilvolle Signal. Wie erwartet setzte er damit einen Mechanismus in Gang, der durch die ganze Stadt gehen würde. Läutete eine Glocke, läuteten sie alle. Die Warnung wurde durch die gesamte Stadt getragen. Bald schon läuteten alle Türme der Stadt.

***

Viviane war außer sich vor Sorge, denn ihre Söhne waren immer noch nicht zurückgekehrt. Ihr Mann nahm sie ein weiteres Mal in den Arm und küsste sie innig, dann eilte er zu dem einzigen Ort, an dem ihre Kinder sein konnten. Seine Frau hingegen packte das Nötigste und machte sich für die Flucht bereit. Als sie jedoch Mareks Zimmer erreichte, wurde ihr unwohl zumute. Sie konnte Eldin nicht anfassen, doch zurück lassen ging auch nicht. Nachdem sie es in seinem Versteck gefunden hatte, streckte sie dennoch ihre Hand nach dem Heft aus. Die bedrohliche Wärme ließ sie jedoch zurückschrecken. So oder so, sie mussten zurück zum Haus und ihre Sachen holen. Also blieb ihr nichts anderes übrig, als sich feste Schuhe anzuziehen, ihren Rock gegen eine Hose zu tauschen, einen Mantel überzuwerfen und zu ihren Freunden zu eilen.

- 6 -

Gehetzt und außer Atem erreichte Benedict das Luftschiff der Theatergruppe, das sich sanft über den Wellen des Hafenbeckens wog, während das dunkle aufgewühlte Wasser gegen die Außenwand schwappte. Er bemerkte hektische Bewegungen und hörte einen lauten Aufschrei voller Zorn und Wut. Benedict atmete kurz durch und hastete dann die steile Landungsbrücke hinauf. Als sich das Läuten der Türme zu einem gleichmäßigen Klang verbreitete, hielt er kurz inne und sah zufrieden zur Stadt. Honatius hatte es geschafft. In der Stadt waren etliche Glockentürme verteilt, in denen meist zutiefst gelangweilte Wachen stationiert waren. Ihre Aufgabe bestand darin, auf ein Signal hin Alarm zu schlagen.

***

„Was soll das?"
„Die Stadt wird angegriffen!"

Das war Jaleels unverwechselbare Stimme! Benedict hastete die letzten Meter hinauf und fand sich in einer wütenden Menge wieder. Seine Söhne und ihr Freund in deren Mittelpunkt.

„Vater!", Marek eilte auf ihn zu und seufzte erleichtert.

„Was geschieht hier?", fragte Benedict, den Blick auf den vor Wut kochenden Direktor gerichtet.

„Das Gleiche kann ich Euch fragen!"

Benedict sah verwundert auf seine Söhne, die ihn mit einem eindringlichen Blick anstarrten, Adan zuckte unmerklich mit der Schulter und deutete auf Mira.

Das bedrohliche Lärmen der Glocken wiederholte sich unentwegt und erinnerte ihn an die drohende Gefahr. Sein Blick wanderte von Xander auf das blasse rothaarige Mädchen, das dieser fest in seinem eisernen Griff hielt und ihm wurde mulmig. Benedict sah, wie brutal Xander mit Mira umging und eine Wut, geschürt durch seinen Zorn auf sich selbst, überkam ihn, von der er noch später behauptete, sie sei der Ursprung seines Handelns – nur um sich vor seinen Kindern nicht eingestehen zu müssen, dass er ihre und Honatius Meinung teilte. Mira gehörte in eine richtige Familie, nicht in die Hände dieses gierigen und selbstsüchtigen Mannes.

„Warum schlagen die Glocken Alarm?", fragte Adan und Angst schwang in seiner Stimme. „Es ist so weit", flüsterte Marek mit trockenem Mund und sein Blick heftete sich starr auf seinen Vater. Ihr Vater sah sie vielsagend an und bedeutete ihnen, zurückzubleiben. „Das erkläre ich euch später."

Benedict trat auf Xander zu, der triumphierend die Urkunden in seinen Händen hielt, die Marcus den Jungs wieder abgenommen hatte. Die schaulustigen Theaterleute standen immer noch um die Freunde, nicht wissend ob sie in Panik geraten und etwas unternehmen sollten.

„Mir scheint es hier nicht mehr sicher genug zu sein", brüllte Xander und befahl seinen Leuten, alles für einen frühzeitigen Aufbruch vorzubereiten. „Wir verschwinden von hier!"

Doch noch ehe er Mira mit sich zerren konnte, hielt ihn Benedict zurück. „Wartet!"

Benedict hatte bemerkt, dass Xander nicht wegen der Glocken, sondern wegen ihm unruhig wurde. In der Stadt wurde es allmählich lauter, Unruhe und fernes Stimmengewirr vermischte sich mit Rufen und anderem Lärm. Xander räusperte sich und realisierte, dass er Mira noch immer im eisernen Griff hielt, dabei ihren Arm abdrückte.

„Verabschiede dich von deinen diebischen *Freunden*." Das letzte Wort spuckte er angewidert aus. In seinen Augen konnte Benedict Furcht erkennen. Doch es war eine egoistische Sorge um sich selbst, nicht um das Mädchen oder sonst jemanden. Der Direktor schien sich selbst am meisten zu bedeuten. Vielleicht hätte Xander Benedict sogar angeboten, ihn auf dem Luftschiff mitzunehmen, wäre er ein guter Mensch gewesen. Doch Xander war ein selbstsüchtiger und egoistischer Mann. Das erkannte er nun. Und oft waren es eben solche Individuen, die eine Krise überstanden, wie ein immer wiederkehrendes Unkraut.

Benedict verkniff sich jeglichen Kommentar und sah die Kinder an. Mira hatte Tränen in den Augen und blickte zwischen den Jungs hin und her. Benedict nahm Adan sanft bei der Hand.

„Wir haben keine Zeit mehr. Bitte kommt jetzt."

Adan löste sich von seinem Vater und sah ihn entsetzt an: „Können wir nichts tun?"

Benedict sah seinen Sohn entschlossen an und meinte bestimmt: „Wir schon mal gar nicht."

Sein Blick fiel dabei vielsagend auf Marek. Der sah ihn grimmig an, weil sein Vater genau zu wissen schien, was durch seinen Kopf ging und dies prompt bestätigte: „Und auch *du* nicht."

Mira sah verwirrt zwischen den Jungs und ihrem Vater hin und her. Sie wusste nichts von Eldin und der Macht, die Marek hütete. Auch wenn sie nach wie vor spürte, dass ihm etwas magisches anhaftete. Benedict hatte es den Brüdern streng untersagt, noch jemandem davon zu erzählen. So schwer es ihnen auch gefallen war, hatten sie sich an diesen Befehl gehalten. *Nachdem* sie Jaleel eingeweiht hatten.

„Wir müssen zu eurer Mutter. Sie wartet."

Marek starrte seinen Vater entsetzt an. „Was ist mit den anderen, Jaleel und Mira?"

Benedict sah die beiden eindringlich an.

„Jaleel komm!"

Mira schluckte, als ihr die Worte des Mannes klar wurden. Benedict kniete sich vor sie und nahm sie bei der Hand: „Es tut mir aufrichtig leid, Mira. Aber dein Platz ist an der Seite von Xander. Er wartet bereits auf dich."

Mira schluchzte und versuchte die Tränen zu unterdrücken. „Ich will nicht zurück."

Benedict schüttelte den Kopf: „Es liegt nicht in meiner Macht, das zu entscheiden."

Sie riss sich von Xander los, sprang ihm um den Hals und drückte sich an ihn. „Ich will bei euch bleiben!"

Benedict strich ihr sanft durch die Haare und versuchte sie zu beruhigen. Adan und Marek sahen ihn eindringlich an. Doch ihr Vater seufzte schweren Herzens: „Ich will dich nicht zurückweisen, das weißt du. Aber ich kann nichts tun."

Mira schluchzte und schniefte die Worte voller Verzweiflung hervor: „Ich fühle mich bei euch wohl und zuhause. Nicht bei ihm."

Marek konnte seine Gefühle nicht länger unterdrücken und wurde lauter, als er wollte: „Vater! Können wir nichts für sie tun?" Benedict löste sich sanft von Mira und musterte sie.

„Ich habe es dir bereits gesagt, *wir* nicht."

„Genug jetzt!", dröhnte die Stimme des Direktors, der darin geübt war, lauter als alle anderen zu sprechen und einen Raum damit zu dominieren: „Verschwindet vom Deck meines Schiffes. Ihr seid hier nicht willkommen. Und dieses Gespräch führt zu nichts. Mira gehört nicht nur zu mir, sie gehört mir!"

Xander riss das Mädchen zu sich, doch sie wand sich aus seinem Griff und eilte zu den Jungs und ihrem Vater, der sich schützend vor ihnen aufrichtete.

„Sie gehört mir! Hört ihr?", brüllte der Direktor und deutete zu seiner Truppe, die stumm, mit missfallenden Blicken der Diskussion beiwohnte.

„Ich habe Mira aufgenommen und war ihr ein Vater!"

Benedict sah zu Mira, die den Tränen nahe war. Noch immer untermalte diese Diskussion das warnende Läuten der Glocken der Stadt mit einer unangenehm rhythmischen Dringlichkeit. „Mir sind andere Geschichten zu Ohren gekommen."

Da funkelte Xander das Mädchen zornig an. Sie trat einen Schritt zurück, klammerte sich an Benedict fest und sagte mit zittriger Stimme: „Ich will nicht mehr dein Profit sein. Du hast mich jahrelang nur ausgenutzt. Alles war geheuchelt! Du bist kein Vater für mich. Warst du nie!"

Xander hob seinen Gehstock drohend empor und deutete damit auf Mira. „Du wirst gefälligst zu mir kommen, oder es setzt was!"

Das war genug. Benedict löste Mira von sich und trat bedrohlich auf Xander zu, der den Gehstock nun achtsam wie eine Waffe hielt.

„Ich glaube, Ihr verpasst Euer Schiff, Xander."

Der kräftige Mann funkelte ihn bedrohlich an und sein Griff wurde so fest, dass das Weiß seiner Haut unter den Schuppen hervorstach.

„*Wagt* es …" Er hieb wütend mit seinem Gehstock nach Benedict. Ohne mit der Wimper zu zucken drehte er den Oberkörper seitlich, schnellte mit dem Arm hervor, packte den Stock und nutzte den Schwung des Direktors, um ihn mit seiner eigenen Kraft und einer Ruckbewegung zu entwaffnen. Xander wirbelte herum und hieb mit einer fleischigen Faust nach Benedict, der erneut einen Schritt zur Seite machte und als Warnung mit dem Gehstock auf das Handgelenk des Angreifers schlug.

Die Spitze des Stocks klebte jetzt unter der schwabbeligen Kehle des zornigen Direktors, doch Benedict sprach mit ruhiger Stimme: „Ihr habt Mira gehört. Sie *möchte* nicht länger bei Euch bleiben."

Xander lachte kühl auf. Seine Worte waren bittersüß: „Sie *gehört* mir! Was sie möchte ist egal. Ich habe die Vormundschaft." Er drohte Benedict mit dem Finger und schnickte den Gehstock vor seinem Gesicht zur Seite. „Ihr könnt gar nichts dagegen unternehmen. Und auch nicht eure diebischen kleinen Mistratten von Söhnen."

Benedict lächelte berechnend: „Was verlangt Ihr für sie?"

Jaleel und die Brüder erschraken bei diesen Worten, doch der Direktor lachte abrupt auf und ein gieriges Funkeln lag in seinen Augen, mit dem Benedict gerechnet hatte. „Das ist wohl ein schlechter Witz! Sie ist keine Sklavin! Außerdem ist kein Geld der Welt ihr Talent wert."

Benedict sah zu Mira herüber und seine Worte schnitten mit jeder Silbe durch die Luft als er sagte: „Aber so behandelt Ihr sie."

Marek sah Mira fragend an: „Was ist mit der Urkunde?"

Xander grunzte zornig: „Dreiste Diebe! Jetzt gebt ihr es auch noch offen zu! Wie könnt ihr es wagen, vor mir von eurer Missetat zu reden?"

Er fuchtelte triumphierend mit der Urkunde in seiner Hand, die Marcus den Jungs abgenommen hatte.

„Hier habe ich alles was ich brauche, um Mira ein Leben lang an mich zu binden! Sie ist noch weit davon entfernt, volljährig zu sein." Zufrieden mit sich selbst lachte Xander auf, doch als Mira unter ihr Gewand griff und etwas herauszog, das sie Benedict in die Hand drückte, verstummte er.

Er riss das Pergament in seiner Hand auf und starrte auf ein leeres Blatt. Sein Blick wanderte zu Marcus, der unschuldig mit der Schulter zuckte und gerissen lächelte. Xander erstarrte, ballte seine Hände zu Fäusten und richtete sich an Mira: „Du verräterische kleine Göre! Ich werde dir …"

Benedict unterbrach ihn mit einer raschen Handbewegung und hielt ihm erneut die Spitze des Gehstocks unter das Kinn: „Nichts da!"

Er trat einen Schritt zurück, entfaltete das Schreiben und las schnell über die fremdartige Schrift von Trodox. Natürlich konnte er nicht alles lesen, er hatte nie Trodan gelernt, aber das wusste Xander ja nicht. Die Vilandri hatten eine verspielte Schreibweise und benutzten bei manchen Buchstaben andere Zeichen, aber das, was er wusste, genügte, um das wichtigste aus dem Schreiben zu entnehmen.

„Ihr sprecht nicht gerade von Mira, als sei sie ein menschliches Wesen oder euer Mündel. Von väterlicher Liebe und Geborgenheit ganz zu schweigen."

Xander brüllte ihn wütend an: „Ihr könnt mir gar nichts vorschreiben!"

Benedict blieb unbeirrt.

„Dies ist die Adoptions-Urkunde von Mira. In meiner Kraft und meinem Amt als Adjutant des Tempel-Großmeisters von Xatiox obliegt mir die Aufgabe und der Schutz eines jeden Bürgers dieser Stadt, jedes Mitbürgers und Menschen dieser Nation. Dieser Schutz gilt auch für und gegen eigene Landmänner und Frauen, die sich der Gesetzwidrigkeiten strafbar gemacht haben, insbesondere aber dem Schutz von Kind und Zukunft."

Mit jedem Wort, das Benedict sprach wurde er größer und größer. Jetzt begriff Adan, warum Alan Diran ihn zurück in Xatiox und bei der Garde wissen wollte. Sein Vater strahlte eine unglaubliche Autorität aus, die selbst dem imposanten Xander Ehrfurcht lehrte. Er sah gebannt mit an, wie Benedict mit jedem amtlich klingenden Satz wuchs, der ihm zusätzliche Autorität verschafften.

„Das ist alles schön und gut", begann Xander, „aber Mira wurde von mir in Trodox adoptiert. Ich habe damals eine enorme Summe bezahlt, um sie mit mir nehmen zu können. Mira *gehört* mir!"

Benedict lächelte ihn unverhohlen an. „Das klingt doch sehr nach einem Kauf, wie man einen Sklaven erwerben würde für mich." Er schwieg kurz, um seinen Worten mehr Schwere zu verleihen.

„Ihr habt den Vertrag der Adoptions-Urkunde gebrochen, indem ihr das Mädchen wissentlich und unter falschem Vorwand Eurer Profitgier und einer daraus resultierenden Form der Ausbeutung ausgesetzt habt, die in allen alliierten Ländern strafbar ist. Ihr habt das Kind für euch arbeiten lassen. Anstatt sie als Euer Kind zu behandeln, war sie nichts weiter als ein ausgenutztes Kind, das für euch um Eurer Profitgier wegen gearbeitet hat. Lasst sie jetzt gehen und es wird keine Folgen mit sich ziehen. Seht es so, inzwischen habt ihr sicherlich mehr Geld eingenommen, als sie euch *gekostet* hat."

Xander blieb seine Antwort im Halse stecken. Er stutzte und wusste für einen Moment nicht, was er sagen sollte.

„Schwachsinn!", der bullige Vilandri zögerte, trat dann einen

Schritt auf ihn zu.

Mira schrie wütend auf und die Luft um sie herum begann zu knistern: „Genug!"

Im gleichen Moment zuckte Benedict zurück. Das Dokument in seiner Hand fing Feuer und flatterte zu Boden, während es sich in schwarzen Fetzen auflöste. Alle starrten entsetzt auf das Geschehen. Keiner reagierte so schnell, wie Xander, der voller Hass aufschrie und auf sie zustürmte.

„Ich bringe Euch um!", Xander löste einen verborgenen Dolch aus dem Griffende seines Gehstocks und die Kinder schraken zurück. Es war Naduh, der sich in das Geschehen einmischte. Sein Arm knallte auf Xander herab und presste ihn zu Boden.

„NICHT WEHTUN KLEINER MIRA!"

Eine dicke Ader pulsierte am zornesroten Hals des Direktors, obwohl er unter dem Druck der Trollhand gerade noch genug Luft zu bekommen schien. Xander spuckte vor Benedict zu Boden und stierte Mira voller Hass an, wand sich unter der gewaltigen Pranke des Trolls, quäkte, stöhnte und versuchte mühsam um sich zu schlagen.

„Das ist der Dank für all die Jahre, die ich dir geschenkt habe?", schrie er und wurde rot wie eine reife Tomate. „So dankst du es mir, dass ich dich genährt und gepflegt habe? Du kleines *Miststück* wärst verreckt, wenn ich mich nicht um dich gekümmert hätte, wie ein Vater!"

Miras Trauer war schlagartig verschwunden. Sie trat vor Xander, beugte sich herab um ihm ins Gesicht zu sehen. Mit wachsendem Selbstbewusstsein sah sie dankend zu Naduh und den Umstehenden.

„Jeder hätte mich so behandeln können, wie du es hast, Xander. Doch kein Vater." Der wuchtige Mann keuchte schwer.

„Eines Tages …"

Naduh erlöste den Direktor, aus Angst, ihn zu zerquetschen. Als dieser sich aufrappelte, torkelte er umher und stierte die Versammlung um ihn herum hasserfüllt an. Niemand kam ihm zu Hilfe. Sie alle schienen Angst vor ihr zu haben, aber keiner, egal ob Mensch, Vilandri, Gnom oder Troll war so unmenschlich wie der Direktor sich nun zeigte.

„Was macht ihr alle hier!? Verschwindet!"

Er entriss Benedict seinen Stock und fuchtelte damit in der Luft herum. Voller Zorn packte er die Enden mit beiden Händen und brach ihn entzwei. Noch immer dröhnten die Glocken und zeugten von der Dringlichkeit, in der sich letzthin alle befanden. Xander blickte ein letztes Mal auf Mira und ihre neuen Beschützer. Ein kaltherziges Lächeln entstand auf seinen Lippen.

„Viel Glück in deiner neuen Familie. Pass gut auf dich auf, du kleine Hexe." Dann machte er eine fast schon entschuldigende Geste und ließ die Menschen einfach stehen.

***

Mit einem Kloß im Hals und Tränen in den Augen sah Mira schuldbewusst zu Marcus herüber, der sich vorsichtig außer Reichweite von Xander aufhielt und ihr nun entgegenlief.

„Mach dir um mich keine Sorgen. Ich werde schon mit ihm fertig." Er sah über seine Schulter, als wolle er sich vergewissern, dass Xander außer Hörweite war: „Ich habe sowieso das Gefühl, dass es das heute war mit der hochgerühmten Schauspieltruppe der Salamander."

„Marcus...", sie schluchzte und er stupste sie neckend an.

„Vielleicht setze ich mich auch eines Tages ab."

„Warum nicht heute? Komm mit mir."

Er drückte Mira mit einem wehmütigen Seufzen fest an sich und fuhr ihr liebevoll durchs lockige Haar. Sie schluchzte, doch weniger aus Wehmut, sondern vielmehr aus Freude. Marcus kannte sie gut genug, um das zu bemerken.

„Ich habe doch gesagt, dass jeder von uns eines Tages Mal großes Glück haben wird. Dein Tag ist jetzt gekommen."

„Sag doch so etwas nicht", seufzte sie und wischte sich ihre Tränen von der Wange. Der gewaltige Troll war ebenfalls näher herangekommen und kniete sich nun, eine Hand fürsorglich nach ihr ausgestreckt.

„DU BIST MUTIG. NADUH IST GROSS UND STARK. ABER DU INNEN GROSS UND STARK. GROSSES HERZ

IN KLEINEM MÄDCHEN."

Mit der überraschenden Vorsicht eines Trolls, drückte er Mira an sich und ein gutturales Grummeln folgte, das Marek als Schluchzen definierte.

„Ich werde euch vermissen", gab sie nun zu und Trauer schwang in ihrer Stimme. Marcus lächelte zufrieden.

„Wir dich auch. Aber du gehörst nicht hierher."

Er umarmte sie erneut und gab ihr einen Kuss auf die Stirn. Miras Körper bebte. Er zog sie erneut fest an sich, den Blick diesmal auf Benedict gerichtet: „Schwört mir, dass Ihr Euch um sie kümmern werdet, als wäre sie Euer eigen Fleisch und Blut."

Benedict lächelte zufrieden und geheimnisvoll. „Das werde ich. Und genau genommen gehört sie jetzt zu unserer Familie."

Er deutete auf die Überreste der Urkunde. Mira weinte und zeigte offen auf eine herzerweichende Art ihre Gefühle, als sie Benedict fest umarmte und ihr Gesicht schluchzend in seine Brust drückte. Marcus und Naduh gingen ohne ein weiteres Wort. Der Abschied schien ihnen genauso schwer zu fallen, wie dem Mädchen mit dem roten Haar. Zumal immer noch die bedrohlichen Glocken im Hintergrund läuteten und die Stadt immer mehr in Aufruhr geriet.

Benedict streichelte liebevoll über den Kopf seines Schützlings und versuchte sie zu beruhigen. So hart Benedict zu seinen Feinden war, so sanft war er zu seiner Familie.

„Du hast das Richtige getan", sagte er und Mira schluchzte.

„Ist es immer richtig, auf sein Herz zu hören?"

Benedict lächelte sanft. „Im Idealfall ja."

Mira löste sich ein wenig von ihm.

„Was wird jetzt aus mir werden?"

Benedict sah das Mädchen entschlossen und liebevoll an und ein Glanz lag in seinen Augen, der von der Herzlichkeit seiner folgenden Worte zeugte: „Du bist jetzt Teil unserer Familie. Herzlich willkommen."

Wem die Nacht droht

Dort wo Licht scheint,
nistet die Dunkelheit.

Das unheilvolle Läuten der Glocken hing wie ein gleichmäßiges Hintergrundrauschen in der Unruhe, die mit den aufgebrachten Menschenmassen durch die Stadt fegte. Ein eisiger Hauch der Vorahnung. Überall hasteten die Menschen unruhig und unkoordiniert umher. Man wusste, was das Läuten bedeutete, doch scheinbar nicht immer, wie man sich in dieser Situation zu verhalten hatte. Die Stadtwache war überfragt. Es gab keine Order und niemand wusste, wer den Alarm ausgelöst hatte oder warum. Doch das Protokoll sah vor, Schutzmaßnahmen einzuleiten. Die Gardisten hatten alle Hände voll zu tun, um die Situation nicht eskalieren zu lassen. Erste Plünderungen und Auseinadersetzungen waren bereits in dem Durcheinander gemeldet worden. Berittene Soldaten sorgten dafür, dass Nachrichten schnell von einem Ort zum anderen kamen, oder versuchten so den Überblick zu behalten, bis eine Direktive eintraf. Man hatte schon mehrfach Pläne für eine Belagerung der Stadt ausgearbeitet und den Bewohnern mitgeteilt, sodass theoretisch jeder wusste, wie er sich zu verhalten hatte. Doch jetzt schien das nur wenige zu kümmern. Hier und da brach in der Panik eine Keilerei aus, die durch beherztes Eingreifen der Wachen schnell und mit eiserner Faust beendet wurde.

- 1 -

Viviane stand im Türrahmen und sah mit an, wie ein berittener Soldat beinahe ein Kind nieder ritt, das ihm in der letzten Sekunde aus dem Weg sprang. Sie wartete ungeduldig auf die versprochene Kutsche von Balthazar und Cacilia Rook und noch viel mehr auf ihre Familie. Irgendetwas sagte ihr, dass ihre Albträume nun eine Bedeutung fanden.

Die Sonne verschwand bedrohlich schnell hinter den vom Meer heraufziehenden Gewitterwolken, die der eisige Wind ins Landesinnere trieb. Von den anderen war noch immer keine Spur zu sehen. Viviane wagte es jetzt aber auch nicht, das Haus zu verlassen. Sie hatte mit Honatius vereinbart, hier auf die anderen zu warten. Zu groß war die Unruhe in den Straßen. Die Menschenmasse auf der Straße sprang panisch zur Seite, als ein Wagen heran gerast kam und vor Viviane stehen blieb. Honatius beruhigte die Pferde und sprang herab.

„Ist bei dir alles in Ordnung?", fragte er und eilte ohne sie anzusehen ins Haus. Sie folgte ihm und half beim Beladen des Wagens.

„Jaleels Eltern kommen auch mit einer Kutsche oder einem Wagen hierher." Honatius hievte mit überraschender Leichtigkeit eine Truhe auf den Wagen. „Das ist sehr gut. Wir werden eine unruhige Nacht vor uns haben."

Viviane sah die Straße in beide Richtungen hinab. „Wo sind die anderen?" Honatius griff sie an der Hand und führte sie zum vorderen Teil des Wagens. „Sie müssen jeden Moment hier sein. Die Stadt wird evakuiert." Er hielt kurz inne und sah sie dann mit einem freudigen Lächeln an: „Übrigens bist du heute denke ich erneut Mutter geworden." Viviane starrte ihn verwirrt an: „*Bitte*!?"

Anstatt auf seine vage Aussage einzugehen, eilte der Trodainer erneut ins Haus, um kurz darauf mit einem schweren Sack wieder heraus zu stolpern. Ein jäher Geistesblitz ließ ihn innehalten. Viviane folgte ihm beunruhigt: „Du sprichst nur in Rätseln!"

Ein wenig schneller als zuvor, machte er sich an die nächsten Sachen, die aufgeladen werden mussten. „Wir müssen zusehen, dass wir euch und die Kinder in Sicherheit bringen und die Garde vor folgenschweren Angriffen warnen, noch bevor es zu spät ist."

„Es ist bereits zu spät!", fluchte Benedict, der sich mit den Kindern aus der Menge schälte und seine Frau innig umarmte und küsste. Als Viviane das rothaarige Mädchen unter den Jungs erkannte, dämmerte ihr endlich, was Honatius gemeint hatte. Sie seufzte erleichtert und nahm Mira in den Arm.

Das Mädchen kämpfte erneut mit ihren Tränen und wisperte

ein leises „Danke" in ihr Ohr. Ein Schauer überkam Viviane und sie drückte das Mädchen nur noch fester an sich.

„Und du bist dir da ganz sicher?", hörte sie ihren Mann sagen, der sich hastig mit Honatius austauschte. „Sie werden vom Meer aus angreifen."
Ein Reiter preschte die Straße hinab und blieb vor ihnen stehen. „Tok?" Die leichte Rüstung über der blauen Uniform und das silberne Kürass wiesen ihn als Gardist aus.
„Der bin ich", antwortete Benedict und trat vor den Reiter.
„Großmeister Diran lässt Euch suchen. Ihr sollt unverzüglich zu ihm kommen. Das überraschende Läuten der Glocken wurde nicht geordert, irgendetwas scheint nicht zu stimmen."

Benedict wank ab und erklärte sich schnell: „Doch, doch! Wir haben das Signal zu verantworten! Es bleibt keine Zeit für Erklärungen! Beeilt Euch! Reitet zurück und berichtet, dass Xatiox schon bald angegriffen wird – und das ist keine Übung! Die Garde und Stadtwache sollen die Schutzmaßnahmen nicht behindern, sondern schnellstmöglich vorantreiben! Nun beeilt euch!"
Erneut zeigte sich die Autorität von Benedict, als der Bote ohne Widerwort sein Pferd vor dem Adjutanten des Großmeisters wendete und den Hügel wieder hinauf preschte.

***

„Ich bin soweit!", rief Marek und stolperte in aller Eile aus dem Haus. Er hatte sich den selbstentworfenen Schwertgürtel umgeschnallt, an dem nun das Heft von Eldin wippte. Mira sah ihn verwirrt an. „Ich erklär es dir gleich."
Dann saßen sie auch schon alle auf dem Wagen und bahnten sich mehr schlecht als recht ihren Weg durch die Menschenmasse. Honatius riss schnell die Zügel hoch. Die Hauptstraße war voll mit Menschen, die sich dicht an dicht drängten und zu den Toren eilten. Wachen standen an den Straßenseiten und Kreuzungen und bewachten den Auszug. Eine davon drehte sich nun zu dem Wagen um und bedeutete ihnen wütend, einen anderen Weg zu nehmen.

Auf halber Strecke stießen sie fast mit einem zweiten Wagen zusammen, dessen Fahrer sich wütend und lautstark über den fast Unfall echauffierte, bis er seinen Sohn unter den Menschen erkannte.

„Bei den Göttern, wir dürfen keine Zeit verlieren meine Freunde! Folgt uns", brüllte Balthazar Rook und warf seine Pranke in die Luft.

„Aber wohin?", fragte Viviane über den Lärm hinweg und Balthazar nickte grimmig in Richtung Hochburg. Der Pan-Thar war von seinem Schemel aufgestanden und rief über die Köpfe der Umhereilenden hinweg.

„Wir fahren zu meiner Reederei. Ich habe dort an der Werft noch immer eines meiner schnellsten Schiffe vor Anker liegen." Balthazar setzte sich wieder hin, dabei sank der Wagen knarrend einige Zentimeter nach unten.

„Das wäre Wahnsinn", erwiderte Benedict schroff, „vermutlich kommt der Feind über das Meer!"

Doch Honatius kam ein Gedanke: „Nein, es ist perfekt. Niemand würde uns hinter den feindlichen Linien suchen."

Mira sah Benedict verwirrt an: „Euch suchen?" Während der holprigen Fahrt vertraute Marek ihr schließlich sein Geheimnis an. Dabei versuchte er so gut es ging alle wichtigen Ereignisse zusammenzufassen. Mira schien das Gehörte noch zu verdauen. Die Brüder sahen ihr an, dass es ihr sichtlich schwer fiel, zum ersten Mal mit der Legende der Göttlichen Schwerter konfrontiert zu werden. Und ganz offensichtlich schien sie in Marek alles andere zu sehen, als einen edlen und heiligen Auserwählten. Er war immerhin Marek!

***

Honatius übernahm die Zügel und folgte dem Pan-Thar. Er deutete auf eine große Truhe zwischen den Kindern. „Ich glaube, das könntest du gebrauchen."

Benedict sah auf die schwere Truhe, einen grimmigen Gesichtsausdruck auf den Lippen, als er das Symbol darauf erkannte.

„Habe ich nicht verboten, dass jemand in die Waffenkammer gehen soll?"

Honatius schmunzelte und verzog eine unschuldige Miene. „Ich dachte, das gilt nur für die Kinder."

„Und speziell für dich!"

„Ernsthaft?", brüllte ihn Viviane erbost an. „Das ist jetzt deine Sorge?" Benedict kletterte in den hinteren Teil des Wagens und wank Adan und Marek zu sich. „Ihr könnt mir helfen."

Die anderen sahen neugierig mit an, wie Benedict sich während der holprigen Fahrt hinkniete und den Deckel der Truhe aufwarf. Zögerlich streifte er schweren Stoff zur Seite und entblöste die blank polierte Rüstung, die jener ähnelte, welche er zum Theaterstück getragen hatte. Ein seltsames Glänzen trat in seine Augen. Zuletzt hatte er diese Rüstung vor vielen Jahren getragen und dabei den Tod seines Bruders mit ansehen müssen. Benedict streichelte ehrfürchtig und nervös über die Brustplatte. Seine Söhne standen mit großen Augen neben ihm und blickten gebannt auf die Rüstung.

Sie hatten diese Rüstung zuletzt in Talon gesehen, obwohl ihr Vater sie fast immer weggesperrt hatte. Erneut wurde Adan bewusst, dass er einige Geheimnisse vor ihnen gehabt hatte.

Benedict griff an eine Lasche an der Oberseite der Truhe und hob einen dicken Gambeson heraus. Dieses gesteppte und ausgefüllte, schwere Gewand diente zum Schutz vor Quetschungen sowie Hautabschürfungen und wurde immer unter der Rüstung getragen. Dann nahm er den Torso des Kürass aus der Truhe und legte ihn vor sich. In der Kiste befanden sich noch das Rückenteil, wunderschöne halbrunde Schulterplatten, Arm- und Beinschienen sowie passende Arm- und Beinpolster aus dem gleichen Stoff wie das Gambeson.

Benedict lächelte seine Söhne an und erklärte ihnen, dass sie ihm nun die Rückenplatte anlegen und an dem Torso festschnallen sollten. Es war bei der ruckeligen Fahrt nicht gerade einfach für die drei, aber nachdem sie alles fest miteinander verzurrt hatten, legten sie ihm nach seinen genauen Anweisungen die Schulterplatten an. Schließlich folgten die Arm- und Beinschienen. Die Söhne beobachteten ehrfürchtig, wie aus ihrem Vater ein stolzer Krieger wurde. Jäh holte sie die eisige Furcht vor dem vor ihnen liegendem Unabwendbaren ein. Fortan würde sich alles verändern. Die unbekannte Zukunft hatte sie schlagartig eingeholt. Marek spürte einen eisigen Schauer. Er hatte plötzlich mehr Angst, als in jenem Moment, da er damals dem Daemon gegenüber gestanden hatte.

„Das muss doch schwer sein!", meinte Jaleel und schüttelte rechthaberisch den Kopf. „Wir Pan-Thar würden uns niemals in solche unkomfortablen Rüstungen zwängen. Uns ist unsere Beweglichkeit viel zu lieb, als sie für zusätzlichen Schutz zu opfern. Lederrüstungen sind uns da lieber."
Benedict lachte verbittert über das vorlaute Mundwerk des lieb gewonnenen Pan-Thar: „Da spricht der Meister."

Er vergewisserte sich noch einmal, dass alles richtig saß und festgezurrt war und nickte dann zufrieden. Schließlich legte er sich den breiten Schwertgürtel um und schob das zuvor in öligem Leinentuch gewickelte Breitschwert in die Scheide.

Viviane hatte ihn dabei kein einziges Mal angesehen. Sie hielt nicht viel davon, dass er sich diese Rüstung anzog. Es hieß nichts anderes, als dass er einen Entschluss gefasst hatte – seine Familie um jeden Preis zu verteidigen, sich vielleicht sogar den Soldaten, gar den Gardisten anzuschließen. Wie sie ihn kannte, ließ er sich bestimmt trotz aller Vernunft von Alan dazu überreden. Benedict setzte sich neben sie und küsste ihr auf die Wange, als spürte er, was durch ihren Kopf ging.
„Es ist zu unser aller Schutz."
Viviane schwieg.

***

Das am Pier ankernde Schiff war schmal gebaut und besaß zwei große Segel, die begierig in der aufkommenden Brise flatterten. An jedem Tag erfüllte es Balthazar mit Stolz, Besitzer eines der schnellsten Schiffe dieser Küste zu sein. Doch heute hatte er keine Zeit für Eitelkeit und die Schönheit des nautischen Meisterwerks, das für viel Geld von meisterlicher oranischer Hand gefertigt worden war.

Während sie an Bord der Brigg eilten und den nervösen See-
männern beim Verladen halfen, erklärte Balthazar, dass das
Schiff eigentlich wichtige Fracht nach Ayan bringen sollte. Als
Zweimaster mit einem zusätzlichen Segel am Großmast, war
eine Brigg ideal für den Transport großer Warenmengen. Diese
Güter wurden nun gelöscht, um Platz für ihr Hab und Gut zu
schaffen. Es wäre genug Platz vorhanden, doch ihnen würde
Auftrieb fehlen, um schnell von der Küste fortzukommen.
Benedict sah zu den Befestigungen und bemerkte einige der
Kriegsschiffe, die soeben durch die Seestraße fuhren und sich
wahrscheinlich vor der Küste positionierten. Balthazar bemerkte
seinen Blick.

„Sie erwarten wohl ebenfalls den Angriff von Osten."
Grimmig und kaum zufrieden antwortete Benedict, dass Prinz
Dante wohl doch nicht komplett seine und Alans Worte ignoriert
hatte und sich insgeheim für einen möglichen Angriff der Stadt
gewappnet hatte.

Balthazar trat zu seinem Sohn und wies ihn an, noch einmal
zur Reederei zu eilen, da sich dort noch immer die letzten Seemänner und vor allem der Kapitän aufhalten sollten. Zumindest
war dies ihre äußerst gut bezahlte Anweisung gewesen. Benedict
gefiel zwar ganz und gar nicht, dass der Pan-Thar seinen Sohn
in einer gefährlichen Stunde losgeschickt hatte, doch auch er
musste einsehen, dass Jaleel der schnellste und einzige von ihnen
war, der diese Aufgabe zügig erledigen konnte. Es dauerte
tatsächlich nicht einmal zehn Minuten, bis der Junge mit einer
Hand voll Männern zurückgeeilt kam.

Alles andere außer Zuversicht und Enthusiasmus stand ihnen
ins Gesicht geschrieben. Heute schienen sie sich wohl zu Lande
sicherer zu fühlen. Doch selbst ein gestandener Seemann stach
nur ungern in See, wenn er wusste, dass ihm ein möglicher Tod
vorauseilte.

Balthazar überschaute die Mannschaft und lachte bitter auf.
„Feiges Pack. Nicht einmal die Hälfte der Besatzung hat sich hierher
getraut." Er grummelte etwas von Treue und Auspeitschen. Dann

bemerkte er den Kapitän nüchtern und dienstbereit vor sich
salutieren.

„Befehlt den sofortigen Aufbruch."

Der loyale Orani machte sich sogleich daran, die Besatzung mit
ernst gemeinten Drohungen anzuspornen.

„So muss das sein", grunzte Jaleels Vater zufrieden und kümmerte
sich wieder um seine Freunde. Dann sahen sie mit an, wie die
Landungsbrücke eingeholt wurde und die Taue von den Pollern
am Kai gelöst wurden. Der Kapitän brüllte wütend etwas quer
über Deck und deutete auf die Segel. Der Wind hatte nachgelassen
und leicht gedreht – keine guten Voraussetzungen.

Mit wenigen Worten waren die großen Ruder zu Wasser
gelassen. Marek beobachtete die Matrosen. Äußerst begeistert
darüber sahen sie nicht gerade aus. Doch es half alles nichts. Mit
gleichmäßigen Schlägen entfernten sie sich langsam vom Pier
und hielten auf den Kanal zu.

***

Inzwischen hatte die untergehende Sonne ihr sattes goldrotes
Licht zwischen den immer dichter werdenden Wolkenbergen
über das Meer gestreift und versank zu einem Drittel hinter
den Hügeln im Westen. Benedict trat zu Honatius ans Bug, den
Blick auf die Seestraße gerichtet. Der Trodainer setzte sich an
die Reling.

„Glaubst du wirklich, dass deine Rüstung genug Schutz
für uns alle bietet? An Bord eines Schiffs hätte ich in dieser
Aufmachung eher Angst."

Benedict seufzte über den zynischen Unterton seines alten
Freundes: „Die Kinder fühlen sich sicherer und das ist der
Sinn."

Honatius griff an seine Schulter und sah ihn eindringlich an.
„Begib dich nicht in unnötige Gefahr, hörst du?" Ein dunkler
Schatten legte sich auf Benedicts Gesicht. „Ich werde tun, was
getan werden muss."

Sein alter Freund blickte ihn starr an: „Ich weiß."

Honatius Blick fiel zum Himmel. Er schloss die Augen. Hörbar saugte er die Luft zwischen seine zusammengepressten Lippen und erzeugte damit einen hochfrequenten Pfiff. Mit der Zunge schnalzend, unterbrach er den Luftsog. Dann wiederholte er diese Laute mehrfach. Das Kreischen einer Möwe antwortete. Der Vogel segelte in kleiner werdenden Kreisen vom Himmel herab und setzte sich furchtlos vor ihm auf die Reling.

Benedict sah ihn bewundernd an und beobachtete die Möwe, während sie sich wieder in die Höhe erhob und Richtung Meer flog.

„Mit einem Späher werden wir vielleicht nicht gänzlich in kaltes Wasser springen müssen", erklärte Honatius und seufzte dann. Benedict brauchte ihn nicht zu fragen, was soeben geschehen war. Honatius war Trodainer und als solcher besaß er die heute seltene Gabe mit den Tieren sprechen zu können. Und dennoch hatte er bisher noch nie erlebt, dass Honatius, vor allem vor jemandem, mit einem Tier kommuniziert hatte.

Benedict sah zum rotgold schimmernden Sonnenuntergang, der ihm ein befremdliches Gefühl von Ruhe vor dem Sturm schenkte.

„Noch nie hatte ich so viel Angst vor einer Nacht wie heute." Honatius blickte auf den kantigen Amethysten in seinem Stab, den er auf seinem Schoß hin und her rollte. *„Wem die Nacht droht, wird das erste Licht des Morgens größte Hoffnung sein."*

Er sah auf die näherkommenden Befestigungen der Seestraße. „Die Vergangenheit birgt oft mehr Rätsel, als die neblige Zukunft."

Hohe Wellen schlugen gegen das Schiff und brachten es leicht zum Wanken. Benedict hob eine Augenbraue.

„Sind wir jetzt schon soweit, dass wir poetisch werden?"

Honatius seufzte schwermütig. „Du hattest also Visionen in denen dir diese Asyna erschienen ist?"

„Und ich habe es dir nicht gesagt, ja." Benedict erzählte ihm noch einmal von den Visionen die er gehabt hatte, von der Lichtgestalt und dem, was sie ihm offenbart hatte.

„Es ist vollkommen in Ordnung, Angst zu haben, Ben", beteuerte der Trodainer und lächelte aufmunternd.

„Die Angst um seine Liebsten ist das, was uns antreibt, selbst wenn wir keine Hoffnung mehr haben."

In diesem Moment des Durcheinanders fanden die beiden Freunde einen unnatürlichen Augenblick der Ruhe. Beide lächelten zaghaft und Benedict schlug dem Trodainer freundschaftlich auf die Schulter.

„Ich will, dass du mit meinen Söhnen all dein Wissen teilst. Sie sollen klüger sein als ich."

„Was ist das für ein Gerede? Du tust gerade so, als wäre das unsere letzte gemeinsame Nacht." Honatius schien überrascht und musterte seinen Freund, suchte nach Antworten und fand einen undurchsichtigen Blick, den er nicht ganz zuzuordnen wusste. „*Wenn*, dann ist es zuerst Zeit für diesen alten Tunichtgut hier. Aber lass uns nicht über solche düstere Gedanken reden, Ben."

„Du bist klüger und weißt weitaus mehr als ich. Und sollte mir etwas zustoßen ..."

Benedict sprach nicht weiter, doch Honatius schnalzte mit der Zunge: „Du Narr glaubst doch wohl nicht, dass ein alter Kauz, wie ich es bin, dich überleben wird?"

Benedicts Blick war in die Ferne gerichtet, als er antwortete. „Wir können nie wissen, was die Zukunft bringt", dann sah er Honatius an. „Vor allem nicht, wenn wir unsere eigene Vergangenheit kennen."

Viviane schluchzte. Sie kannte das tiefe Band der Freundschaft zwischen ihrem Mann und Honatius und dennoch brach ihr Herz bei diesen Worten. Sie war unbemerkt zu ihnen gekommen und schlang nun energisch ihre Arme um Benedict, der sie fest an sich drückte und Honatius eindringlich über ihren Schopf hinweg ansah. Der Trodainer nickte. Er wusste, dass Benedict sein Leben für seine Söhne und Viviane geben würde und erneut lief ihm ein eiskalter Schauer den Rücken hinab, bei dem Gedanken, was die folgenden Stunden ihnen bringen würden.

2

Die Kinder saßen unter Deck in einem Kreis und sahen einander im flackernden Lampenlicht an. Weder der Pan-Thar noch Mira wirkten verängstigt oder eingeschüchtert, sie zeigten vielmehr Respekt und Ehrfurcht. Jaleel hatten sie zwar schon vor längerem eingeweiht, das Schwert gesehen hatte er aber nur einmal. Jetzt hielt Marek Eldin vor sich und beendete seine bisherige Erzählung Mira gegenüber.

Mira hatte geschwiegen, als er ihr von Datura erzählte. Sie hatte keinen Glauben an die Götter und ihr fiel es nach wie vor schwer, zu akzeptieren, dass ihren Freunden ein Gott erschienen war und sie von ihm eines der Heiligen Schwerter und eine Mission erhalten hatten.

„Völlig egal, ob ich euren Glauben teile oder nicht. Ich werde euch bei der Suche nach diesen Auserwählten unterstützen."
Überrascht sahen die Brüder sich an.
„Wer könnte euch denn nicht besser unterstützen, als eine Schwarzmagierin, wie ich." Sie lächelte grimmig und herausfordernd. Marek sah von seinem Bruder zu ihr und gab kleinlaut die ehrlichen Tatsachen wieder: „Wir sind nicht auf der Suche nach den Auserwählten. Um ehrlich zu sein, habe ich bisher versucht mein Schicksal zu verdrängen und der Zukunft aus dem Weg zu gehen."
Das Mädchen sah ihn entsetzt an und schien nicht glauben zu wollen, was er ihr da offenbarte. „Du hast eine solche Verantwortung den Lebenden gegenüber und drückst dich einfach davor? Du sagst mir, du sollst die Welt retten und tust nichts?" Mira rief die Worte fast aus.
„Ich habe das nie gewollt!", verteidigte sich Marek. Das rothaarige Mädchen schnaufte entrüstet. „Ich habe auch einige Dinge nicht gewollt. Aber ich habe gelernt, halbwegs damit umzugehen. Wenn du das nicht auch kannst, bist du verloren, dann sind wir alle verloren."

Sie hörten aufgebrachte Rufe von oben. Mit einem Mal neigte sich das Schiff, bäumte sich zur Seite auf und brachte sie aus dem

Gleichgewicht. Mareks Magen überschlug sich ebenfalls von dem ungewohnten Gefühl, auf unsicherem Boden zu stehen. Dann war auch schon wieder alles vorbei, das Schiff wankte unruhig hin und her.

„Das ist noch wenig für ein Schiff", erklärte Jaleel, der schon öfter auf einem Boot oder Schiff bei unruhigem Seegang zu Wasser gewesen. Die Ruderer rissen sich zusammen und setzten alles daran, die Seestraße zu passieren, die nur noch wenige Meter entfernt war. Die großen Wehrburgen zu beiden Seiten ragten bereits drohend über ihnen und warfen dunkle Schatten ins Hafenbecken.

***

Dante Vandamiak Bondarric, Prinz und Truchsess von Xatiox, stand auf seinem Balkon und überblickte die Stadt. Er war sich im Klaren, dass man es niemals schaffen würde, die Stadt entsprechend zu verteidigen. Zumal niemand wusste, was sie eigentlich zu erwarten hatten. Seine Gedanken kreisten um den jungen Vater, der ihn lange und mehrfach gewarnt hatte. Der vermeintliche Auserwählte.

Es klopfte an der Tür und Vincent Belaskar, einer der drei Adjutanten des Prinzen trat ein: „Die Stadt wird gemäß des Protokolls evakuiert, mein Herr. Wann gedenkt Ihr die Stadt zu verlassen? Ihr solltet –" Dante hob zwei Finger gebietend in die Luft. „Solltet was? Meinen Sitz verlassen und fliehen? Fliehen und mit ansehen wie das zerstört wird, was mein Volk Jahrhunderte lang errichtet hat? Nein, ich werde bleiben und meine Stadt verteidigen! Ich renne nicht vor einem unsichtbaren Feind weg. Ich werde bis zum letzten Bluttropfen kämpfen, koste es, was es wolle. Sollen sie nur kommen, wer immer uns auch entgegentritt. Orani, Ragnar oder Trojoxant, unser Volk hat bisher jeder Gefahr getrotzt. Wurden die Männer entsendet, den Auserwählten zu mir zu bringen?"

Er war nach wie vor der Überzeugung, dass Benedict Tok ihn nur belogen hatte, um sich vor seiner Verantwortung zu drücken. Doch dieses Versteckspiel war nun endgültig vorüber. Der Mann stand in einer großen Schuld. Nun war es an der Zeit, seiner Pflicht seinem Land gegenüber nachzukommen.

Der Prinz blickte der Sonne nach, die langsam im Westen am Horizont versank, während ihre letzten Strahlen die Dächer der wunderschönen Stadt streiften, so als wollten sie ihre Geliebte das letzte Mal berühren, bevor sie vielleicht nie mehr zurückkehrten. Und da plötzlich sah er sie …

***

Benedict starrte auf die Seestraße und die gewaltigen Wehrburgen, die das Hafenbecken vom Meer schützten. Das Schiff hatte die Bucht fast verlassen, als ein jäher Donnerschlag Benedict aus seinen Gedanken riss. Grelles Licht blitzte auf, doch statt einem Regenschauer peitschte ein ohrenbetäubender Knall mit einer dröhnenden Druckwelle über die Wasseroberfläche. Benedicts Magen verkrampfte sich, er zuckte erschrocken zusammen. Im gleichen Moment wurde das Schiff unter einer gewaltigen Staubwolke erfasst, Steine jeglicher Größe flogen Geschossen gleich durch die Luft, schlugen im Wasser oder auf Deck auf und rieselten auf die Menschen herab, die sich nicht in Deckung bringen konnten. Eine Woge erfasste das Schiff, das sich knarrend aufbäumte.

Benedict verlor das Gleichgewicht und wurde zurückgeschleudert. Nichts als ein heiseres Keuchen entwich seiner zusammengezogenen Kehle. Noch immer regneten kleine Steinchen herab. Nach einem erneuten Knall sah Benedict Felsbrocken durch die Luft schießen und in gewaltigen Wasserfontänen auf der Meeresoberfläche aufschlagen. Da nun setzte sich der bereits begonnene Regen durch und durchbrach in einem erbitterten Guss die Staubwolke, in die das Schiff gefahren war. Als sich der Schleier lichtete, schrak Benedict zurück. Von der nördlichen Wehrburg war nichts außer einem rauchenden Trümmerhaufen geblieben. Es grenzte an ein Wunder, dass die herabstürzenden Mauerteile das Schiff nicht getroffen hatten.

Marek und Jaleel keuchten entsetzt. Ein jähes Durcheinander von Gliedmaßen und Körperteilen sowie erstickte Schreie später, schmerzte ihnen jeder Knochen. Es war so plötzlich geschehen, dass sie sich nicht einmal irgendwo festhalten konnten. Die Laterne an der Decke war herabgestürzt und zerbrochen, ihr lichtspendender Inhalt auf dem Parkett verschüttet. Stöhnend lösten sie sich aus dem Wirrwarr von Gelenken und versuchten sich im Dunkeln vorzutasten.

„Was ist geschehen?", keuchte Marek.

„Keine Ahnung!"

Jaleels Augen waren in der Dunkelheit stärker als die eines Menschen, er führte Marek zur Tür. Sie war fest in ihre Angeln geflogen und als er jetzt daran rüttelte geschah nichts: „Wie es aussieht, sitzen wir hier drin fest."

Plötzlich tat es einen Schlag und das Holz zerbarst, flog ihnen um die Ohren, während ihnen eisiges Wasser aus einem klaffenden Riss in der Wand entgegen schwappte. Mattes Licht fiel durch ein Schädelgroßes Loch in der Flanke des Schiffes.

Die Kinder schrien panisch den hinein schwappenden Wassermassen entgegen, klammerten sich aneinander und hämmerten auf die blockierte Tür ein.

„Hilfe, wir ertrinken!"

Eisiges Nass flutete immer schneller in die Kajüte. Marek griff ohne zu überlegen nach Eldin und zurrte es aus seiner Halterung. Erst jetzt hörten sie zwischen den einbrechenden Wassermassen und dem Dröhnen des wankenden Schiffs Jaleels Eltern, die von der anderen Seite gegen die Tür hämmerten.

„Weg von der Tür!" Marek entflammte Eldin. Sein Freund stolperte geschockt einen Schritt zurück und wurde von dem einbrechenden Wasser erfasst. Adan packte ihn, zog ihn zu sich heran. „Egal was du vor hast, beeil dich!"

Ihr Schiff geriet ins Wanken, der hintere Teil der Kabine war bereits überflutet.

„Alle von der Tür weg!" Marek rammte Eldin in die Angel. Es dauerte nur ein paar Sekunden dann schmolz das Eisen der Scharniere und die Tür fiel aus ihren Angeln. Erneut wankte das Schiff hin und her. Dabei brach noch mehr Wasser durch das Leck hinein. Die Wassermassen schossen in einer Fontäne durch das Loch, Marek und Jaleel wurden von dem kalten Wasser erwischt, doch plötzlich schnappte der kräftige Balthazar nach den beiden, bevor sie mitgerissen wurden und zog sie zu sich, gegen das ansteigende Wasser ankämpfend.

„Das Schiff sinkt! Kommt schnell!"

Balthazar schrak zurück, da von Eldin eine solch enorme Hitze ausging, dass dagegen spritzendes Wasser direkt verdampfte. Sie flohen vor den anpreschenden Wassermassen, die nun immer schneller in den Korpus des Schiffes eindrangen.

Benedict erreichte Viviane und Honatius im gleichen Moment, als sich plötzlich drei Luftschiffe bedrohlich aus der Wolkendecke schoben. Glühende Geschosse fielen vom Himmel und schlugen wie ein obskurer Hagelschauer in der Stadt ein. Häuser und Schiffe gingen in Flammen auf.

„Bei den Göttern!", Vivianes Schrei ging in einem weiteren Donnern unter, dennoch folgte Benedict ihrem Blick und erkannte vor den Wehrmauern gewaltige Rauchsäulen in den Himmel aufsteigen. Die Flotte musste wie ein Leuchtfeuer brennen. Da stob ein großes Geschoss vom Himmel und zerfetzte die Bordseite ihres Schiffes. Benedict keuchte entsetzt auf, der Aufprall brachte das Schiff so sehr ins Wanken, dass er sein Gleichgewicht vollends verlor und über das Deck schlitterte. Das ganze Schiff begann, sich gefährlich nach Backbord zu neigen und die entsetzten Schreie ließen keinen Zweifel, sie sanken.

Balthazar tauchte aus dem Nichts auf, packte den Menschen mit einem kräftigen Ruck an der Schulter, zerrte ihn vom Abgrund fort und half ihm auf die Beine.

„Mein Volk würde niemals schwere Rüstung tragen", brummte der Pan-Thar. Dankbar blieb Benedict als Antwort nur ein kurzes Nicken. Jetzt fragte er sich, ob die Rüstung wirklich eine gute Entscheidung war.

Zusammen eilten sie zur Steuerbordseite in die Rettungsboote. Eine Mischung aus Respekt und Argwohn machte sich in ihm breit, als Balthazar an die Riemen der Rüstung griff und sie etwas lockerte. Es war gefährlich, wenn eine Rüstung zu fest saß und den Besitzer in seiner Bewegung beeinträchtigte. Dankbar nahm er die Hilfe des starken Pan-Thar an, als er in das Beiboot stieg und dann mit ansah, wie die Seemänner die Trosse schnappten und das Boot herabließen, während das Schiff immer mehr Seitenlage bekam. Viviane riss Benedict an sich, küsste ihn inbrünstig und erleichtert. Die Familien und Besatzung hatten es vom Schiff geschafft. Den sturen Kapitän hatten sie noch im letzten Moment retten können. Nun ruderten sie in mehreren Booten zurück zum Ufer, das ebenso wenig einladend wirkte, wie die weitere Flucht zur See.

Balthazar blickte derweil seinem sinkenden Schiff hinterher und hob drohend seine Faust in die Luft. „Ich verfluche euch ihr elenden Bastarde!"
Benedict seufzte erneut. Mit Erleichterung sah er mit an, wie die beiden Boote nun auf einer Höhe waren und sich zügig dem nächsten Kai näherten.

Weiter im Stadtinneren loderten erneute Brände auf.
„Wie konnte das nur geschehen?", wisperte Viviane und presste sich an ihren Mann, der mit eisernem Blick auf die über der Stadt schwebenden Luftschiffe sah. Einige von den Landungs-schiffen waren herabgestiegen und nur vereinzelt konnte man erahnen, wo die Luftschiffe sich in den Wolken befanden. Der immer schwerer fallende Regen hielt sich beständig und trübte das schreckliche Bild noch mehr.

„Warum tut denn niemand etwas?", schluchzte Cacilia und sah entsetzt mit an, wie weitere Häuser in Flammen aufgingen, denen der Regen nichts ausmachen konnte. Unter die entfernten Schreie mischte sich der Lärm des Kampfes und das kalte Geräusch von Klingenwaffen, die aufeinander schlugen. Die Boote erreichten einen geeigneten Anleger.
Als alle auf dem hölzernen Kai standen, zögerten sie nicht und eilten durch die Straßen. Es dauerte nicht lange, bis sie das Geräusch von schnell marschierenden Truppen vernahmen und sich in einer Seitengasse verstecken konnten. Die vier Kinder zeigten ihre Angst kaum und blieben tapfer still, wenngleich Marek Eldin fest umklammert hielt und bereit war, das Leben seiner Familie und Freunde zu beschützen. Marek versuchte sich selbst einzureden, dass er keine Angst hatte, doch ihm zit-terten die Hände. Allein der Gedanke, wirklich einen Menschen zu töten, der das Leben seiner Freunde bedrohte, jagte ihm

einen kalten Schauer über den Rücken. Er spürte die Hand seiner Mutter, die seinen Arm berührte und atmete langsam ein, die Muskeln voller Anspannung. Balthazar lugte um die Ecke und wurde jäh von Benedict zurückgezogen.

„Das ist eine Invasion!", zischte der Pan-Thar wütend und zog aus einem Versteck seines Gewands einen schweren Dolch. Cacilia sah ihn überrascht an und er machte eine entschuldigende Geste. Benedict traute dem kräftigen Pan-Thar aber auch ohne weiteres zu, sich auch ohne Waffe gegen einen Angreifer wehren zu können. Er bedeutete den anderen, hinter ihm zu bleiben, zog sein Schwert und wagte sich nun langsam in die Gasse vor sich. Unweit entfernt ertönten entsetzte Schreie unter dem Gedröhne von berstendem Holz. Raue Stimmen bellten in einer fremden Sprache durcheinander. Erneut hörten sie das Stampfen von Soldaten, diesmal aus der anderen Richtung.

Wo sind nur die Stadtwachen? Benedict drückte sich mit wachsender Furcht gegen eine Hauswand. „Wartet hier", flüsterte er und schlich langsam an der Wand entlang.
Er wusste noch in etwa, dass die Straße vor ihm in eine Kreuzung mündete. Dort schien etwas vorzugehen. Einem neuerlichen Schrei folgte ein dumpfer Aufschlag. Er ahnte schlimmes. Als er schließlich die Hausecke erreichte, wartete er auf weitere Geräusche und lugte dann um die Ecke.

Es war, als holten ihn die Bilder und Erinnerungen der Vergangen-heit ein. Ein eisiger Stich durchfuhr ihn, als er sich nach Talon zurück versetzt fühlte.
Ragnar.
Eine ganze Kompanie von ihnen hatte die Straße eingenommen und sich im Halbkreis formiert, Wagen umgeschmissen und zu Barrikaden aufgetürmt. Sie standen mit dem Rücken zu Benedict und nur deshalb wagte er es, noch ein Stück weiter aus seiner dunklen Ecke hervorzukommen. Jetzt erstarrte er. In ihrer Mitte stand ein ängstlicher Haufen Menschen, die wie Tiere zusammengetrieben worden waren. Auf der Straße lagen etliche Erschlagene, die sich vermutlich gewehrt hatten. Ihr Blut vermischte sich mit dem Dreck des Bodens. Der Regen

schwemmte alles in einem feinen Rinnsal in die Kanäle.

Die Sprache der Ragnar war rau, hatte etwas kehliges und umso seltsamer klang es, als einige von ihnen in der Allgemeinsprache auf ihre Gefangenen einredeten. Einer unter ihnen, ein breitschultriger Krieger, hielt eine lange Peitsche in der Hand, die er durch die Luft zischen ließ. Mit einer herrischen Bewegung sorgte er für Ruhe. Dann ging er auf einen Menschen zu und schlug ihm mit dem stumpfen Ende in den Magen.

„Eure Kinder! Wo sind sie!?“, stieß er die Frage wie einen Fluch aus, scheinbar nicht zum ersten Mal. Die Frauen unter den Gefangenen wimmerten und heulten, während die Männer versuchten, so selbstbewusst wie möglich zu wirken. Jetzt erkannte Benedict, dass zwischen den Menschen und Ragnar einige Männer auf dem Boden knieten, das Gesicht in den Schlamm gepresst, im Nacken grobe Schwerter von Ragnar, die mit einem Fuß auf ihrem Rücken standen, sie zu Boden drückten. Eine Hinrichtung.

„Wo versteckt ihr eure Kinder? Wir suchen ein Menschenkind mit weißen Augen“, brüllte der Ragnar erneut, schlang einem Mann seine Peitsche um den Hals und riss ihn nach oben auf die Beine. Ein anderer mutiger Narr trat hervor: „Lasst die Frauen und Kinder in Ruhe, ihr elenden Schänder!“

Der Ragnar trat zu dem vorlauten Mann und ging so nah auf ihn zu, dass der Orani für Benedicts Blicke hinter dem wuchtigen Rücken der Kreatur verschwand. Einem dumpfen Aufschlag folgte der Schrei einer Frau. Blut spritzte in die Menge. Benedict kniff die Augen zusammen und krallte seine Hände in den Griff seines Schwerts.

Das hätte ich verhindern können. Seine Narben schmerzten.

„Schänder nennt er uns! Wir bieten euch Leben und die Freiheit an und ihr beschimpft uns? Wer von uns ist hier das Tier?“ Der Anführer wandte sich von der Menge ab und trat in das Gewirr von Rüstungen. Mit einer verächtlichen Handbewegung gab er ihr Todesurteil frei. Benedict huschte zurück in die Gasse und versuchte die Schreie der Sterbenden zu überhören. Sein Blut raste. Sein Herz pochte so heftig, dass er jeden Schlag gegen seine Brust spürte.

Sie suchen nach Adan.

Als ihm plötzlich die Tragweite des Ganzen bewusst wurde, hastete er zu den anderen zurück. Die Vergangenheit hatte ihn mit eisiger Brutalität eingeholt. Diesmal würde es kein Entkommen und auch keine Nju geben, die ihm halfen. Doch es gab Alan, die Garde, die Stadtwache. Und Marek.

Verzweifelt und mit vor Angst zugeschnürter Kehle, erreichte er die Straße, in der seine Familie wartete.

„Was hast du gesehen?", fragte Honatius. Doch als er das bleiche Gesicht seines Freundes erkannte, war eine Antwort unnötig.

„Ragnar. Eine ganze Armee."

Die Brüder sahen einander vielsagend an. Marek trat entschlossen zu seinem Vater, obwohl er wusste, dass er noch nicht so weit war. Er versuchte, es sich nicht anmerken zu lassen: „Ich bin bereit zu kämpfen!"

„Das bist du nicht!", erwiderte Benedict entschlossen.

„Ich bin der Auserwählte, Vater." Marek schien so erwachsen geworden zu sein und dennoch war er immer noch Benedicts ungestümer Sohn, den er mit seinem Leben beschützen würde. Nicht umgekehrt.

„Solange ich nichts anderes sage, wirst du nicht kämpfen! Hast du mich verstanden?!", herrschte Benedict seinen Sohn an.

„Ich kann helfen!", beteuerte Marek trotzig. Er mochte es gar nicht, dass er eine solche Macht hatte, sie aber nicht einsetzen durfte. Benedict kniete vor Marek, streichelte ihm durchs Gesicht, stolz, einen so mutigen Sohn zu haben.

„Das weiß ich."

Mira räusperte sich, den Blick auf Honatius geheftet: „Wenn ihr mich lasst, kann ich auch helfen." Der Trodainer umklammerte seinen Stab und sog scharf die Luft ein. Er wusste, was Mira verlangte, noch besser als sie selbst. Dennoch erkannte er, dass sie nur mit den Fähigkeiten der beiden Kinder eine realistische Chance hatten, diese Nacht zu überstehen. Benedict verstand, dass sein alter Freund recht hatte und dennoch widerstrebte es ihm von tiefstem Herzen. Balthazar knurrte grimmig.

„Wenn dein Sohn der Auserwählte aus der Legende ist, dann wirst du ihn nicht von seinem Schicksal abhalten können. Lass ihn."

Jaleel sprach das nächste Problem an: „Wo sollen wir bloß hin?"
Geistesabwesend starrte Benedict auf das Hafenbecken und
dann in Richtung Schloss. „Wir müssen uns quer durch die
Stadt schlagen. Die Kathedrale hat hohe Mauern und ist groß
genug, um allen Schutz zu bieten. Dort sind wir in Sicherheit
und werden sich unsere Truppen versammeln."

„Von der Kathedrale aus können wir dann weiter zur nördlichen
Bucht", stimmte Balthazar zu. „Wenn wir Glück haben, liegen
dort noch Schiffe vor Anker."

Einer der Arbeiter deutete nach Süden: „Die Tore sind nicht
sehr weit von hier entfernt! Wenn wir uns vorsichtig durch-
schlagen, können wir in die Wälder, wir müssen landeinwärts
fliehen!" Andere stimmten ihm zu.

„Das ist bei weitem nicht so gefährlich, wie ein Marsch quer
durch die Stadt!"

Benedict schüttelte entschlossen den Kopf, dabei mahlte sein
Kiefer: „Wir müssen das Risiko auf uns nehmen."

Die Männer wurden unruhig: „Das ist doch Wahnsinn! Wir
werden alle sterben, wenn wir das tun! Und wenn dort keine
Schiffe mehr ankern, sitzen wir in der Falle."

Benedict blieb dabei. Er schien der selbsternannte Anführer der
Gruppe zu sein, doch bei dieser Diskussion blieben die Arbeiter
und Seeleute hartnäckig. Balthazar brüstete sich schließlich zu
seiner vollen Größe auf. „Das Schiff ist unsere einzige Rettung.
Wenn die Ragnar südlicher gelandet und durch die Wohnviertel
einmarschiert sind, rennen wir ihnen direkt in die Arme."

Einer der Arbeiter, der sich seine blutende Stirn hielt, keuchte
entsetzt auf: „Wir alle haben gesehen, wie die Luftschiffe hier
eingefallen sind, wie ein Schwarm wild gewordener Hornissen.
Ich sage, wir gehen nach Süden!"

Viviane berührte ihren Mann vorsichtig am Arm und sprach mit
ihrer ruhigen Stimme: „Es klingt vernünftiger."

Benedict sah in die verschiedenen Richtungen. Rauch und das
unheilvolle Licht von Feuer in der Stadt verkündeten, dass es
nirgends mehr sicher war. Von überall drang der Lärm von
Kämpfen. Ein jähes Knarren und ein gewaltiger Schatten ließen
sie alle zusammenzucken. Ein großes Luftschiff flog von dem

südlichen Stadtteil nach Norden und überquerte ihre jetzige Position. Es schien stark beschädigt und verlor drastisch an Höhe. Das dunkle Holz schabte über die Hausdächer vor ihnen und ließ etliche Ziegelsteine herabregnen, denen sie gerade noch auswichen. Flammen züngelten von dem sinkenden Schiff in alle Richtungen. Plötzlich durchschlug eine heftige Explosion eine Bordseite des Schiffes und es stürzte auf den Kai, an dem etliche Boote lagen. Mit einem donnernden Schlag zerbarst der Kai unter dem schweren Schiff, das sich zur Seite neigte und von den Ostwinden wieder in Richtung Kaimauern getrieben wurde.

Sie konnten sehen, wie etliche dunkle Schemen von Bord stürzten. Manche von ihnen schlugen im Wasser auf, andere wurden von dem knarrenden Schiff zermalmt. Dessen Ballon fing nun ebenfalls Feuer und zerstob in einer gellenden Explosion in tausende Funken, während das Schiff sich mit seiner ganzen Wucht in eine Hausreihe direkt am Hafenbecken bohrte und dann endlich zum Stillstand kam. Das alles keine dreihundert Meter von der Gruppe entfernt.

Die Kinder starrten entsetzt auf einige Gestalten, die sich schwermütig aufrappelten, oder von dem Wrack weg krochen. Jähe Panik durchzuckte die Gruppe, als sie sich den Ragnar gegenübersahen. Scheinbar noch benebelt von dem Absturz, torkelten die wenigen Überlebenden aufeinander zu und verständigten sich zornig untereinander. Noch hatten sie die Gruppe nicht bemerkt, da sie zu sehr mit sich selbst beschäftigt waren. Doch das würde sich schnell ändern. Ohne lange zu zögern griff jeder, der keine Waffe bei sich trug, nach etwas Brauchbarem in seiner Nähe. Balthazar zückte einen zweiten reich verzierten Dolch, den er unter seinem Wams verborgen hatte.

Cacilia starrte ihn entsetzt an: „Du wirst Vaters Dolch doch wohl nicht etwa mit Blut besudeln wollen? Das ist ein kostbares Erbstück!"

Der Pan-Thar lachte trocken auf: „Musst du ausgerechnet jetzt sentimental werden? Ich habe ihn jahrelang nur als Brieföffner benutzt!"

Sie starrte ihn mit noch größeren Augen an: „Du hast *was*?!"

3

Jegliche Hoffnung darauf, unentdeckt zu bleiben, schwand. Benedict sah zähneknirschend mit an, wie sich die Ragnar neu formierten und in ihre Richtung stürmten. Jeder hatte eine provisorische Waffe in dem Geröll gefunden, ob es nun lose Steine oder Bretter waren. Hauptsache sie hatten irgendetwas, um sich ihrer Haut zu erwehren. Viviane packte Cacilia am Arm und riss sie um die nächstbeste Ecke. Ihr war klar, dass die Ragnar ihnen körperlich überlegen waren. Auch wenn ihre Freundin sich vermutlich aufgrund ihrer Kultur besser als sie selbst wehren konnte, hatte sie sich instinktiv in sichere Deckung gebracht. Die Kinder und Frauen sahen sich besorgt an.

„Alles wird gut", betonte Marek ruhig und griff nach Eldin, doch seine Mutter packte ihn am Handgelenk, schüttelte den Kopf und ihre Stimme war besonnen und ruhig, ruhiger als sie selbst erwartet hätte. „Das wirst du nicht tun."
Vielleicht war es ein seltener Moment von Gehorsam, vielleicht auch die tiefsitzende ehrliche Angst vor den Ragnar, aber Marek zögerte nicht lange und seine Hand löste sich vom Schwertgriff. Er nickte knapp und presste die Lippen fest aufeinander. Wenn er ehrlich zu sich selbst war, war es ihm nur recht, dass seine Mutter ihn zurück hielt. Adan nickte ihm anerkennend zu, als wolle er sagen: „Das war die richtige Entscheidung."

Es war einer der seltenen Momente, in denen sich die Brüder ohne etwas zu sagen verstanden. Mira schluckte unsicher einen schweren Kloß in ihrem Hals hinunter und klammerte sich an Viviane, die ihr beruhigend durch die Haare strich.
„Euch wird nichts geschehen."
Da bemerkte sie, dass Viviane ebenfalls ein schmales Messer in ihren zitternden Händen hielt.

Die kriegerischen Ragnar hatten sie erreicht und zögerten nicht lange, direkt anzugreifen. Ihnen schien es egal zu sein, dass sie selbst verwundet waren. Ihre Angriffe waren hart, präzise und unbarmherzig. Im Idealfall hatten sie die Frauen und Kinder noch nicht gesehen.

Benedict hatte nur ein Ziel. Den Kampf so schnell wie möglich zu beenden, um nicht noch mehr auf seine Gruppe aufmerksam zu machen. Er löste sich aus seinen Gedanken und konzentrierte sich auf die langsam näher kommenden Ragnar. Seine Hände verkrampften sich um den Schwertgriff. Dabei knirschte er mit den Zähnen, vielmehr wütend auf sich selbst, statt die Schmerzen. Er hatte viel geübt und versucht, mit den vernarbten Händen genauso zu kämpfen, wie früher. Doch ihm fehlte immer wieder die nötige Kraft. Die Schmerzen wurden unerträglich, wenn sein Schwert auf einen Widerstand prallte und der Druck bis in seine Arme vibrierte. Er atmete langsam tief ein und aus. Sein Fokus löste sich vom Schmerz und wanderte herüber zu den Angreifern. Egal, wie sehr seine Hände schmerzten und die Narben spannten, gab er sich dem Schmerz hin, waren er und alle anderen zum Tode verurteilt. Alles hing von ihm ab.

Nichts war gefährlicher als ein unachtsamer Moment in einem Zweikampf. Die Ragnar musterten die Menschen und den kräftigen Pan-Thar und wechselten schnell wenige Worte miteinander. Dann kamen die ersten herangestürmt, ein tödliches Funkeln in ihren gelben oder blassen Augen. Benedict riet zur Vorsicht, trat mutig vor und geriet als erster in ein Duell. Seine größte Sorge galt seinen Mitstreitern, die keine richtige Waffe gefunden hatten. Er musste schnell handeln.

Sein Gegner trug eine ausgediente leichte Lederrüstung sowie Bandagen um den rechten Arm, zeigte jedoch keinerlei Schwäche durch die vorherige Verletzung. Sein Gesicht glich einer Totenmaske, die ihn mit grimmigen, kalten Augen anstarrte. Doch Benedict hielt sich nicht weiter mit Details auf. Er hatte die Schwachstelle seines Gegners sofort erkannt und ging zu einem schnellen Gegenangriff über. Er schnitt ihm die Kniekehle auf und noch während der Ragnar zu Boden sank, rammte er ihm das Schwert in den Rücken. Die Schmerzen schossen durch seine Arme, doch Benedict riss das Schwert zurück und half einem nebenstehenden Mann, der mit einem Stein nach seinem Angreifer warf. Der Ragnar reagierte zu spät und kassierte den Stein mitten ins Gesicht. Den Stich von Benedict sah er nicht einmal kommen.

Benedict sah sich schnell um und erkannte, dass nicht jeder so viel Glück gegen die Ragnar hatte. Er trieb sich zur Eile und sein Schwert in den Rücken eines anderen Ragnar. Etwas schwang in sein Blickfeld, er tauchte instinktiv unter dem Schlag hinweg, machte einen Ausfallschritt und trieb dem Angreifer Schulter und Schwert in die Seite. Da tauchte ein dritter Gegner auf und stach zu. Benedict parierte den Hieb gerade so mit einer Riposte und wich dann einen Schritt zurück. Ein anderer Angreifer kam näher, aber auch Balthazar – der mit einem großen Pflasterstein in der Hand und einem einzigen, kräftigen Schlag das Gesicht des Ragnar zu einer dunklen, matschigen Masse verarbeitete. Der andere Ragnar wich überrascht zurück. Genau dieser Augenblick verschaffte Benedict genug Zeit, in einer fließenden, schnellen Bewegung den Hals des verudutzten Ragnar aufzuschneiden.

Bei den Göttern, lass die Kinder das nicht mit ansehen!

Ein weiterer Angreifer war zu schnell. Sein schartiges Breitschwert sauste heran und Benedict blieb nichts anderes übrig, als schützend seinen Arm hochzureißen. Doch noch in der Bewegung wurde der Ragnar vom Boden gerissen und gegen einen weiteren geschleudert, während sich eine Flammenwalze aus dem Nichts aufbäumte und sie unter sich begrub. Eine weitere Flamme züngelte auf, setzte den nebenstehenden Ragnar in Brand, der schreiend ins Wasser sprang und nicht wieder auftauchte. Die nächsten magischen Flammen zischten über die Straße und rissen die verbliebenen zwei Ragnar zu Boden, noch ehe sie reagieren konnten.

Wie alle anderen, erstarrte Benedict und sah seinen alten Freund Honatius mit großen Augen an, dessen Amethyst auf seinem Stab hell pulsierte und flackerte. Noch ehe sich die Ragnar am Boden wieder aufrichten konnten, rammte Benedict sein Schwert in einem letzten Kraftakt in den Rücken des oberen. Der Ragnar darunter war unversehrt geblieben und riss schützend seine groben Hände vor das vernarbte Gesicht schrie und zur Überraschung der Anwesenden: „Verschont mich, Hexenmeister!"

4

Die dunklen Wolken waren Omen genug gewesen, doch inzwischen hatten sich etliche der feindlichen Luftschiffe aus ihrer unheimlichen Deckung hervorgewagt und waren wie gierige Insekten über die Stadt hergefallen. Der bloße Anblick ließ jeden Beobachter erzittern, waren Luftschiffe aufgrund der Ressourcenknappheit doch eine seltene und nicht mehr häufig genutzte Transportmöglichkeit gewesen. Und jetzt tauchten sie scheinbar aus dem Nichts auf und waren unheilvolle Verkünder von herabregnendem Feuer und Tod.

Beim Lärmen der Glocken dachte er zuerst an eine Übung. Zwischen zwei Zinnen lehnend, war sein Blick über die Hausdächer geschweift. Erst als die Geschosse aus der Wolkendecke brachen und die Stadt trafen, wurde er vollends aus seinen verträumten Gedanken gerissen. Auf den Hügeln vor den Südtoren waren gleich drei Schiffe gelandet, die zu groß für eine direkte Landung in der Stadt waren und ihre tödliche Besatzung schwärmte nun über die Felder. Wie Ameisen, die aus ihrem Bau eilten, waren die dunklen Punkte aus den Schiffen geströmt und nach erschreckend kurzer Zeit an den Toren angekommen.

Der Sturm ließ nicht nach. Am Himmel schwebten weitere bedrohliche Luftschiffe aus den Regenwolken herab und landeten in der Stadt, wenn sie nicht gerade ein weiteres donnerndes Bombardement auf die Gebäude niederregnen ließen. Eins der Schiffe sank wenige Straßen von ihm entfernt über die Hausdächer, verlor an Höhe und schob sich langsam durch die Ziegelreihen der Häuser unter sich. Schwere Taue fielen über die Reling, dunkle Gestalten seilten sich an ihnen herab, kletterten über die Dächer und sprangen auf die Straßen. Sie eilten auf die Tore unter ihm zu. Vermutlich als Vorhut, um den Truppen vor den Mauern die Tore zu öffnen.

Ganaleth fluchte. Sie waren eingekesselt. Was nützte es noch, die Mauern und Tore zu verteidigen, wenn der Feind ohnehin in der Stadt war?
Alles!

Sollten sie sich ruhig in den verwinkelten Straßen der Stadt verteilen. So konnte man ihnen auflauern und sie langsam aber sicher in kleinen Gruppen vernichten. Niemand kannte die Stadt besser als die Stadtwache. Und dann gab es noch die Garde. Sie würde die Angreifer nieder schmettern. Doch wenn das Tor fiel, würden die Feinde einmarschieren und sie überrennen.

Ganaleth sah nervös zu seinen Mitstreitern auf der Mauer, manche Veteranen, andere Kadetten, doch alle hatten einen verbissenen Blick im Gesicht. Vermutlich hatten nur die wenigsten wirkliche Kampferfahrung. Er selbst war jetzt nicht unbedingt oft in ein echtes Gefecht verwickelt worden, war aber geschult genug, um in einem fairen Schwertkampf gute Chancen zu haben. Bisher machte der überraschende Angriff aber nicht den Eindruck auf ihn, dass irgendetwas hier fair werden würde.

Erneut bellte sein Leutnant den Befehl und Ganaleth spannte den Bogen. Ein genaues Ziel hatte er nicht. Das brauchte er auch nicht zu haben. Sein Nebenmann, ein großartiger Schütze namens Jorek, spannte indes seinen Bogen und nickte ihm zu. Bei Schießübungen konnte ihm niemand etwas vormachen. Ganaleth selbst hatte schon vor Jahren die schmerzliche Erfahrung gemacht und wusste es besser. Er behielt dieses Wissen bei jeder Wette von Neulingen gegen Jorek allerdings für sich und sah amüsiert mit an, wie der Schütze so manche Träume und Geldbeutel platzen ließ.

Jetzt nahm Jorek den Pfeil mit der großen runden Spitze und zielte in die Menge unter sich. „Denkt dran, Spannung im Arm, locker am Finger!", riet der Schütze seinen Kameraden lautstark und selbst der Leutnant wiederholte diesen Rat.
Egal wo der Pfeil auftraf, der Beutel an der Spitze war so präpariert, dass er platzen würde und die schwarze Flüssigkeit darin verteilt wurde. Ganaleth spannte nun auch seinen Bogen und entzündete seinen Pfeil. Sie standen in Paaren abwechselnd auf der Wehrmauer. Einer mit einem Brandpfeil, der andere mit einem Beutel „süßer Überraschung".
Jorek zielte auf die Stelle, an der soeben einige Ragnar mit einer großen improvisierten Rammbock liefen. Als er sein gewähltes

Ziel unter ihren Füßen traf und die zähflüssige Masse sich in großen Lachen verteilte, kniff Ganaleth ein Auge zu, zielte und schoss, in der Hoffnung, ebenso exakt, wie sein Partner zu sein. Der Pfeil surrte auf sein Ziel zu. Lichterlohe Flammen fauchten empor, übermannten die Ragnar und Ramme. Ganaleth konnte sich ein zufriedenes Lächeln nicht verkneifen. Jorek jubelte und nickte ihm zufrieden zu. Doch ohne sich lange auf diesem kleinen Sieg auszuruhen, spannten die beiden eingespielten Kameraden erneut Pfeile und wiederholten die Prozedur.

**

Sie hatten das Überraschungsmoment auf ihrer Seite und dennoch waren die Tore nicht so einfach zu nehmen, wie man ihnen versichert hatte. Der Feind hatte zu heimtückischen Mitteln gegriffen und sie nun mit züngelndem Feuer heimgesucht. Doch das würde sie nicht aufhalten. Feuer hatte sein Volk noch nie aufgehalten. Feuer schürte sie, wie die Hitze der Schmiede das Eisen. In der Düsternis seiner Heimat, in einem Leben in der Einöde und Trockenheit, waren plötzliche Brände etwas völlig normales und dennoch existenzvernichtendes gewesen. Sie hatten sich damit arrangiert. Selbst, wenn einer der feuerspeienden Felsklüfte oder Vulkane eruptionsartig seine Innereien hervorspieh, hatten sie kaum noch Furcht vor dem drohenden Unheil.

Bevor er eingezogen wurde, hatte er in einer der Kolonien am Fuße der Berge Urgrosh gelebt und mit regelmäßigen Buschbränden leben müssen. Brathak war gezeichnet mit Brandnarben, die seinen halben Körper bedeckten. In jüngeren Jahren hatte er ein Feuer gelöscht und dabei schwerste Wunden erlitten. Der Heiler hatte ihm keine lange Lebensdauer zugesprochen, doch Brathak hatte allen das Gegenteil bewiesen. Im Zorn über die Worte des Heilers, hatte er diesen nach seiner Heilung gelyncht und jeden Moment seiner damaligen Schmerzen in genugtuender Qual an dem Quacksalber genossen. Er hatte allen bewiesen, dass selbst das Feuer einen Ragnar nur noch härter machte. Doch das lag schon in weiter Ferne zurück. Brathak war einer der mutigen Freiwilligen, die sich damals auf die gefährliche Mission begeben hatten, ihren Felsen zu verlassen, nicht so wie seine Vorfahren, denen diese Flucht nie gelungen war. Der König der Trojoxanten hatte Recht behalten. Die Macht der falschen Götter schwand und damit ihre Einkerkerung auf dem Felsen, wie sein Volk den Kontinent nannte, der sich einer Felsplatte gleich aus dem Meer erhob. Brathak war noch immer stolz darauf, einer der Ersten nach dem Dunklen Zeitalter zu sein, der einen fremden Kontinent betreten hatte. Er war Teil der Gruppe von Spionen gewesen, die sich nach Trodox aufgemacht und die fremdartigen Luftschiffe gestohlen hatte. Die Verräter der Orani hatten ihnen genau erklärt, wie ein solches Gefährt zu bedienen und steuern war und hatten ihren Zweck sinnig erfüllt. Da die Ragnar ihnen nicht vertrauten, hatten sie die beteiligten Orani auf ihrer Rückreise einen nach dem anderen von Bord geworfen, um auch wirklich jedes Geheimnis aus ihnen heraus zu quetschen. Die letzten hatten sie am Leben gelassen, als Zeichen der Güte und ihres Bündnisses. Brathak bekam daraufhin eine Audienz beim König, der ihn für das Manöver gelobt und befördert hatte. Nun war er Anführer eines eigenen vierhundert Kopf starken Battaillons.

Seine stolz geschwollene Brust sank selbst dann nicht, wenn neben ihm Mitstreiter mit Pfeilen gespickt zu Boden gingen. Er wurde von seinem Knappen geschützt, der den mannshohen Schild vor ihm hertrug. Entgegen der arrogantesten Puristen war er der Auffassung, dass es keine Schande war, sich hinter einem Schild zu verstecken. Einer seiner Widersacher hatte angemerkt, dass er der Art der Trojoxanten nacheifere und ihr Schoßhund geworden war, sich überhaupt mit einem Schild zu befassen. Brathak war vielleicht kein großer Krieger oder stärker als alle anderen. Aber er war stolz und manchmal sogar arrogant genug, um sich von solchen Aussagen reizen zu lassen. Er hatte sich kurzerhand den Schild genommen, seinem Gegenüber demonstriert, was er von dessen Anmerkung hielt und erst aufgehört mit der Kante des Schilds auf dessen Torso einzuhämmern, bis er ihn vom Rest des Körpers abgetrennt hatte. Daraufhin hörte er keine abfällige Bemerkung mehr über seine Taktik, einen Schildknappen vor sich zu wissen. Voller Stolz lief er unentwegt weiter erhobenen Hauptes auf das Tor zu. Er wusste genau, dass andere Truppen von innen kommen und das Tor öffnen würden. Dann würde Brathak den Südteil der Stadt einnehmen, unabhängig vom eigentlichen Ziel, ein einzelnes menschliches Kind zu finden. Er hatte immer noch nicht verstanden, warum der König so versessen auf ein Menschenkind war. Wäre er nicht so machtvoll und stark, hätte ihn bestimmt schon längst jemand vom Thron gestoßen. Doch in den letzten Jahren hatte niemand ihm seine unangefochtene Herrschaft streitig machen können. Mit eiserner Hand ging das Regime des Königs und Priesters gegen sich auflehnende Sprecher vor, ganze Gruppen oder Parteien wurden ausgelöscht. Niemand wagte mehr, seine Herrschaft anzuzweifeln. Unterstützt wurden sie von den Gläubigen, die zunehmend in die Überzahl gerieten, angeführt von einem einst unscheinbaren Priester namens Arkasha, der jedoch von Gott gesegnet wurde und das Mal der Geister trug. Der König hörte auf ihn. Die Trojoxanten hörten auf sie beide. Und die Ragnar beugten sich. Das war ihre Bestimmung seit der Hexenmeister und Nekromant Kuja ihr Volk unterworfen hatte.

Zusammen mit dem Priester Arkasha war Sathus zu einem Heiligen geworden, der ihrem Volk neue Hoffnung gegeben hatten. Ohne die beiden Revolutionäre würden sich ihre Völker immer noch zerstreiten und gegenseitig bekämpfen. Im gemeinsamen Glauben und geführt durch ihren König, waren ihre kriegerischen Völker wieder geeint worden. Nun aber war die Zeit der Auferstehung gekommen, so sagten es die Ragnar untereinander. Ihre Nationen würden sich erheben und das zurück holen, was ihnen zustand. Die Zeit der Rache war gekommen und sie würde lange andauern, grausam sein und die verderbten Völker unterwerfen. Die Ragnar würden ihnen folgen, so wie sie es immer getan hatten. Und es für immer tun mussten. Das war ihre Bestimmung. So und nicht anders kannten sie es seit Kujas Herrschaft.

***

Es war eine teure und aufwändige Produktion, die viel Zeit in Anspruch nahm. Doch nun, da das siedende Pech in seinen Kübeln brodelte und freudig auf seine Verwendung lechzte, war der beißende Geruch fast schon ein Genuss. Ganaleth war kurzerhand von Jorek weggeholt worden und sah sich einer unerwarteten und für ihn neuen Situation gegenüber. Als er den Hauptmann mit einem Pfeil im Hals tot im Dreck liegend sah, traf ihn die bittere Erkenntnis seiner Beförderung.

Noch am Mittag hatte er mit dem nun Verstorbenen darüber gesprochen, dass ihm diese Ehre in Kürze bevorstünde. So, dachte Ganaleth verbittert, habe ich mir das aber nicht vorgestellt. Diese Welt war grausam geworden. Sich darüber den Kopf zu zerbrechen, brachte jetzt nichts.

Er war ein geschulter Soldat und ließ sich nicht lange von seinen Gefühlen beirren, sondern versuchte seine Gedanken auf das Wesentliche zu konzentrieren. Die Leben seiner Kameraden und der Stadtbewohner standen auf dem Spiel.

Ganaleth sah zwischen den Zinnen hinab und bedeutete mit erhobener Hand zu warten. Die beiden Soldaten am Bottich umklammerten den eisernen Kübel mit ihren dicken schützenden Handschuhen und neigten ihn bereits ein wenig, wohl darauf bedacht, dass noch nichts überschwappte. Ganaleth wartete auf einen Moment, den er selbst nicht genau benennen konnte.

Plötzlich rief ihm jemand zu, dass Reiter bereitstanden. Kavallerie war immer gut. Die Pferde waren explizit darauf trainiert worden, so grausam es auch sein mochte, ohne wenn und aber alles nieder zu reiten, was sich ihnen in den Weg stellte. Sie hatten speziell dafür ein besonderes Geschirr angeschnallt bekommen, das sie schützen und den Opfern ein schnelles und möglichst schmerzhaftes Ende bereiten sollte. Ganaleth lief zur Innenseite der Mauer und blickte hinab auf die wartenden Reiter. Ihr Anführer nickte ihm zu und schnallte seinen Helm fest. Er erwiderte den Gruß, dann trat er an die Zinne und gab das Zeichen. Das siedende Pech ergoss sich über den Wehrerker und wenige Augenblicke später öffneten sie das Tor. Noch im gleichen Atemzug hagelte ein erneuter Pfeilsturm auf den

Gegner herab, nur um den Reitern einen Weg zu ebnen. Ganaleth fand keinen Gefallen am Befehlen. In jeder seiner Handlung lagen Menschenleben. Auch wenn es wüst unten zuging, säße er am liebsten selbst im Sattel und auf einem Pferd. Sein Vater war Stallmeister gewesen und so war schon früh die Liebe für Pferde auf ihn übergesprungen. Er hatte das Reiten in sehr jungen Jahren gelernt. Während andere in seinem Alter zur Akademie gingen, ritt er stundenlang aus. Doch eben diese Leichtsinnigkeit in der Erziehung seines Vaters hatte ihm den Platz unter der Garde verwehrt, von der bekannt war, dass sie ebenso mutig, wie diszipliniert und gelehrt war. Ganaleth hatte dennoch nicht aufgegeben und war voller Fleiß zum Militär gegangen. Für die einfache Stadtwache war er über-qualifiziert, also hatte ihn das Privileg der Offiziersschule erwartet. Was ihm niemand gesagt hatte – Offiziere von nicht adliger Herkunft schoben ebenso Wachdienste, wie ihre Unter-gebenen.

Bei dem Gedanken an seinen Vater musste er schmunzeln. Im nächsten Moment schalt er sich selbst für den Moment der Unachtsamkeit. Er durfte jetzt keine Fehler machen! Ganaleth sah den Reitern nach, die sich tobend durch die stürzenden Ragnar wälzten, als würden ihre Pferde durch ein Moor waten.

***

Von einem Moment zu dem anderen hatte sich alles geändert. Anders als ein Buschbrand, den man mit ein wenig Geschick löschen konnte, gab es den anstürmenden Reitern nichts entgegenzusetzen. Brathak war ihnen zwar mit knapper Not entkommen, doch zu dem Preis, dass sein Knappe mit gespaltenem Gesicht voran in seinem eigenen dunklen Blut lag. Den Schild hatte der Vollidiot nicht halten können, zu schnell und heftig war der Angriff des Reiters auf seinem Kriegspferd. Diese Reittiere der Menschen waren bei weitem nicht so robust, wie die Korask-Eber, schienen aber keine Furcht zu kennen. So wie sie durch die Truppen brachen und einfach alle Fußsoldaten niedermähten waren sie mit ihren Reitern eine doppelte Gefahr, die ihn überraschte. Ragnar waren keine Reiter, sondern

Marschvolk. Der Ragnar hatte sein schartiges Schwert gezogen und es mit einigen wenigen geschafft, sich von dem Gemetzel abzusetzen. So mutig seine Absichten der Eroberung gewesen waren, so tapfer sein Ehrgeiz, so klug war er auch einzusehen, wann ein Kampf verloren war. Er war einer der vielen königstreuen und dennoch würde er sich nicht sinnlos für ihn opfern. Noch war er nicht bereit für das große Opfer. Außerdem hatte er bereits einen neuen Plan geschöpft.

Brathak versammelte so wenig Krieger wie möglich um sich. Je größer ihre Zahl, desto eher fielen sie dem Feind auf. Während er den Hügel zurück zum Luftschiff hinaufstieg, schwor er sich, für jeden, den er hier zurückließ, vor dem Großen Gott zu beten.

Einige verwunderte Blicke seiner Soldaten hinderten ihn nicht daran, seinen Weg fortzusetzen. Als er Brathak nahen sah, eilte sein Korporal vom Luftschiff herunter, ihm entgegen und fragte gehetzt: „Wieso ziehen wir uns zurück?"

Brathak stampfte zielstrebig an ihm vorbei: „Wer redet hier von Rückzug? Wir bemannen das Schiff und überqueren so die Mauern. Das hätten wir gleich tun sollen."

„Aber die Befehle. Das Schiff ist zu gro-"

„*Ich* gebe die Befehle."

Der Korporal wusste, wann er die Klappe zu halten hatte, nickte und folgte ihm dann auf das Schiff. Es dauerte nicht lange, da hob es langsam ab und steuerte direkt auf die Mauern zu.

„Geht höher!", rief Brathak, knurrte und reinigte sein Schwert vom roten Blut, das daran klebte.

Da hörte er das Gespräch zweier Soldaten: „Wir ziehen uns doch nicht etwa zurück? Es wäre ein ehrenhafter Tod geworden, wenn wir für den König vor diesen Mauern gefallen wären."

Brathak war es Leid. Das Gros seines Volkes hatte sie zu solchem Denken verdammt. Er wusste genau, welches Schicksal ihn und seine Kameraden erwartete. Die Gewissheit dessen war grausamer als der Tod selbst, das wusste jeder Ragnar. Und dennoch gab es etliche, die sich mit Freuden opferten, für einen Mann, der nicht einmal ihrer Rasse angehörte. *Was nützt es, früh zu sterben*?

Brathak lenkte seine Gedanken schnell in andere Bahnen. Er

trat zornig zu den beiden Soldaten, die sich schnell stramm vor ihm aufbauten: „Du willst unbedingt auf dem Feld vor den Mauern sterben?"

Der Ragnar blickte verwirrt zwischen seinem Kumpan und Brathak hin und her. Da schnellte dessen Hand vor und packte ihn am Hals. Mit einem seltsam befreienden Gefühl warf Brathak ihn in einem kräftigen Ruck über die Reling.

„Willst du ebenfalls vor den Mauern sterben?", brüllte er den anderen an, der den Kopf schüttelte. „Der Tod ist *nicht* unsere Erlösung!" Außer sich vor Zorn, schlug er den Soldaten. Erst jetzt realisierte er, dass sie inzwischen gefährlich nahe an den Mauern angekommen waren.

***

Ganaleth starrte auf das näher kommende Luftschiff. Er durfte nicht zulassen, dass sich weitere Feinde in der Stadt ausbreiten konnten. In dem Versuch seine Panik zu unterdrücken, klang seine Stimme plötzlich schwach und heiser. Er schluckte und rief den Männern erneut einen Befehl zu: „Das Luftschiff – zielt auf den Ballon!"

Ohne zu zögern griff auch er nach einem Pfeil und schloss sich den Schützen an, die verzweifelt auf das Schiff schossen, das nun über ihnen hinwegsetzte und ungehindert zur Stadtmitte zuflog. Etliche Funken stoben und Jorek jubelte erheitert auf. Sein Sprengpfeil hatte das Heck des Schiffes getroffen. Die Freude über diesen Treffer verebbte jedoch sofort, als große Trümmer auf die Häuser herab hagelten und in einem tosenden Krachen etliche Gebäude beschädigten.

Weitere Sprengpfeile trafen das Schiff, das nun gefährlich schnell an Höhe verlor. Erneut hielt Ganaleth den Atem an, als das Schiff über einige Dächer hinweg schrammte. Eine große Wasserfontäne und eine Wolke schwarzen Rauchs später, wusste Ganaleth, dass sie das Schiff vom Himmel geholt hatten. Hoffentlich hat niemand überlebt, dachte er grimmig und setzte sich mit seinen Kameraden in Bewegung, um versprengte einzelne Angreifer entlang der Mauer niederzustrecken.

5

Brathak stierte den alten Mann an, der die anderen mit hinterlistiger Hexerei getötet hatte. Die Menschen hatten ihn zu seiner Überraschung verschont, doch nun lief er gefesselt vor ihnen her. Wahrscheinlich erhofften sie sich von ihm Sicherheit oder vielmehr Informationen. Der Ragnar verkniff sich ein Grinsen und schabte weiter mit seinen spitzen Fingernägeln an seinen Fesseln.

***

Benedict fand es nach wie vor nicht klug, einen Ragnar als Geisel mit sich zu nehmen. Honatius hatte zwar behauptet zu glauben, dass das bemalte Leder der Schulterplatten des Ragnar einen höheren Rang widerspiegelte, aber das machte die Situation vielleicht nur noch gefährlicher. Die Seeleute und Arbeiter hatten sich inzwischen mit den Waffen der Ragnar gerüstet und erneut abgestimmt. Diesmal hatte die Gruppe Benedict überstimmt. Sie wollten nun doch zu den Toren im Süden. Einfach weil sie viel näher lagen und der Weg quer durch die Stadt nun noch gefährlicher schien. Dort, so gab auch Benedict zu, gab es immerhin eine Kaserne nahe des Südtores, in der eine Kompanie Reiter und Soldaten stationiert waren. Diese Aussicht gab zumindest Hoffnung, die in Anbetracht der aktuellen Lage dringend nötig schien. Um nicht noch mehr aufzufallen, teilte sich die Gruppe auf. Die Familien blieben zusammen und die Männer des Schiffs gingen eine andere Straße, nachdem sie erneut sehr deutlich gemacht hatten, nicht unbedingt auf Benedict hören zu müssen.

Benedict lief hinter dem Ragnar und presste ihm die Spitze seines Schwertes in den Rücken: „Eine falsche Bewegung und ich ramme dir das Schwert in deine krumme Wirbelsäule."
Der Tonfall in Benedicts Stimme ließ dem Ragnar keine Zweifel an seinen Absichten. Der Gefangene hatte ihn verstanden und genickt. Sie waren schon eine ganze Weile unterwegs und kamen nur äußerst langsam voran. An jeder Biegung und überall dort, wo sich Feinde verstecken konnten, hielten sie an,

inspizierten vorsichtig die Umgebung und schlichen dann weiter voran. Benedict bezweifelte, dass der Ragnar sich selbst opfern würde, um ihre Position preis zu geben, doch zuzutrauen war seinem Gefangenen vermutlich alles. Er hatte keine Ahnung, wie sich ein Ragnar in Kriegssituationen oder in Gefangenschaft verhielt.

Seine Augenbrauen wurden zu einer schmalen Linie, während er den Ragnar musterte. Er hatte eine ungesunde fleckige, fast schon schwarze vernarbte Haut. Diese Art von Narben kannte er nur zu gut. Am Hinterkopf hatte der Ragnar sein verfilztes schwarzgraues Haar zu einem kriegerischen Zopf gebunden, der von einem Lederband gehalten wurde, in dem kantige Runen eingeritzt waren.

Für einen kurzen Moment fragte sich Benedict, was wohl ihre Bedeutung war und wie die Kultur der Ragnar wirklich war. Alles, was er jemals gelesen, von ihnen gehört oder erlebt hatte, gab wenig Schlüsse über ihre wahre Natur. Kein Volk konnte sich nur von Hass, Kampf und Zorn ernähren. Sie mussten doch auch eine Kultur haben, offensichtlich eine eigene Schrift und Sprache.

Wer waren die Ragnar wirklich? Was verbarg sich hinter dem geheimnisvollen Volk, das man aus sämtlichen Geschichten nur als räuberisches Kriegervolk betitelte, dem der Tod das Allerheiligste zu sein schien.

Der Gefangene grunzte und stolperte. Benedict schubste ihn dennoch und erwartete einen Fluchtversuch. Der Ragnar jedoch sah über seine Schulter zu ihm und funkelte ihn kurz an, so als überlegte er, trotz verbundener Hände, anzugreifen. Das Gesicht des Ragnar war gezeichnet von Brandnarben, kantig und hager, so als hätte er nur wenig Fleisch unter seiner Haut. Breite Wangenknochen ließen seine gelblichen Augen klein und blind wirken. Seine Nasenlöcher waren breit und hoch, sie wirkten beinahe wie die einer Fledermaus, oder gar wie die eines Totenschädels.

„Warum tut ihr das?", um zu verdeutlichen, dass er mit seiner Geisel sprach, drückte er kurz seine Klinge in deren Rücken.

Ein wütendes Schnauben war die Antwort: „*Worag.*"

„Eine Beleidigung, wie ich vermute?", mutmaßte Benedict bei dem Wortklang und der Ragnar grunzte zur Antwort: „Ich muss dir gar nichts erklären." Benedict deutete auf Honatius: „Dann erklär das dem Hexenmeister."

Sein Gefangener zuckte unmerklich zusammen und stieß dann einen tiefen Atemzug aus, wobei die Luft durch seine Kehle zu rasseln schien.

„Dieser Feldzug wird unser Volk befreien." Er schob trotzig das Kinn vor, als Zeichen, dass diese Antwort schon das höchste Maß der Gefühle war.

Da Benedict mit dem Ragnar vor der Gruppe lief und dieser somit nicht sehen konnte, wer alles hinter ihm her marschierte, übergab er einem der Arbeiter sein Schwert und ließ sich zurückfallen. Der Ragnar hatte nicht gesehen, dass die Gruppe Kinder bei sich hatte. Vielleicht hätte er dann anders reagiert. Vielleicht wäre er dann aber auch schon längst tot.

Benedict lief neben Marek her. „Ich hab dir doch verboten, dich einzumischen."

Marek starrte ihn verwirrt an. „Was meinst du denn jetzt damit?" Sein Vater deutete auf den Ragnar vor ihnen. „Wie hast du es geschafft, dass der magische Amethyst von Honatius diesen Feuerzauber wirken konnte?"

Marek riss die Augen weit auf und deutete auf das Schwert, das an seinem Gürtel baumelte. „Ich hab doch gar nichts getan!"

Honatius mischte sich schnell ein und zog seinen Freund zu sich. „Ben."

Mit einem tadelnden Blick wandte dieser sich von seinem Sohn ab und lief mit erwartungsvollem Blick neben Honatius, der ihm eine Erklärung schuldig war. „Du hast dem Jungen nichts zuzuschreiben. Ich habe die letzten Ragnar getötet."

Benedict starrte ihn verblüfft an: „Aber wie kannst du …"

Ein jäher Schrei riss sie aus dem Gespräch. Der Ragnar hatte sich irgendwie befreit und seine Wache überlistet. Er kam jedoch nicht sehr weit. Mira hatte irgendetwas getan, das den Ragnar von den Beinen riss. Er schlug hart und bäuchlings auf.

Sie eilten auf den Entflohenen zu und Balthazar stemmte einen Fuß mit seinem ganzen Gewicht auf dessen Rücken, als würde er über ein erlegtes Wild triumphieren. Der Ragnar stöhnte auf und keuchte schwer unter der auf ihm liegenden Last.

Seine Finger krallten sich in den Boden, wobei mehrere Nägel abbrachen. Der Pan-Thar drückte sich mit seinem ganzen Gewicht in seinen Rücken, bis es knackte. Benedict kniete sich vor ihn und streckte ihm sein Schwert entgegen. „Ich habe dich gewarnt."

Mit schmerzverzerrtem Gesicht stierte der Ragnar ihm in die Augen. In seinem Blick lag nichts anderes als Mordlust, angefacht von einer unnatürlichen Wut. Benedict bedachte ihn mit einem langen eindringlichen Blick, nickte und stand wieder auf. „Er stellt ein zu großes Risiko dar", entschied er mit kalter Stimme, als er wieder bei Honatius war. Honatius musterte seinen alten Freund und wusste, was das zu bedeuten hatte.

„Kinder, seht weg", befahl er eisig.

Da plötzlich wurde der Ragnar ruhig und versuchte von seiner Position aus etwas hinter sich zu erkennen. Balthazar verlagerte sein Gewicht auf das Bein, drückte ihn wieder zu Boden und brach ihm vermutlich endgültig den Brustkorb.

„Wir wollen doch nicht zu neugierig sein?", brummte er grimmig und der Ragnar stöhnte. „Wartet!", seine Stimme überschlug sich und Benedict wurde mulmig, während er realisierte, dass sie ihren Gefangenen folterten.

„Ihr … habt Kinder bei euch?"

Da verlagerte Balthazar sein ganzes Gewicht und drehte seinen Fuß auf der Wirbelsäule seines Gefangenen, der unter Qualen aufschrie. Adan starrte hinter Viviane hervor und erkannte, was ihre Väter da taten. Er schluckte schwer und widersetzte sich nicht, als seine Mutter ihn zur Seite schob.

„Sieh und hör da nicht hin." Sie schob ihn zu den gleichaltrigen und hoffte, dass es schnell vorbei sein würde, egal was ihr Mann und der Pan-Thar soeben taten.

„Ich schwöre dir, ich breche dir das Rückgrat wenn du noch ein Wort sagst!", dröhnte Balthazars tiefe Bassstimme und der Pan-Thar schien gewillt, mit einem Ruck das Leben seines

Gefangenen zu beenden. Jetzt kam auch Honatius näher und Benedict zögerte immer mehr. Vielleicht war dies endlich der Moment, um Antworten zu erhalten. Er kniete sich erneut vor den Ragnar und blickte ihm entschlossen entgegen. Seinem Freund gab er Zeichen, den Druck zu verringern.

Der Tiermensch weigerte sich, dem Feind auch noch einen Gefallen zu tun. Balthazar knurrte, peitschte mit seinem Schwanz und trat von dem Ragnar herunter. „Ihr jagt gern Kinder, richtig? Warum?"
Der Ragnar spuckte dunklen Speichel und Blut vor sich. Er schien schwere innere Verletzungen zu erleiden, doch genau genommen war diese Tatsache Benedict egal. Honatius war inzwischen ebenfalls vor den Verletzten getreten. Als der Ragnar den alten Mann sah, wurde er ruhiger, doch sein Atem blieb rasselnd und schwer.
Schließlich gab der Ragnar nach und sprach davon, dass sein Volk von ihren mächtigen Helden, den Auserwählten, angeführt in eine Schlacht zur Rückeroberung der Kontinente zog. Bei der Erwähnung von Auserwählten wechselten Honatius und Benedict argwöhnische Blicke, die dem Ragnar nicht entgingen.

„Und was hat das mit Kindern zu tun?", fragte Balthazar unwirsch. Der Ragnar zögerte und versuchte, sich zu drehen, um besser atmen zu können. „Es ist die große Prophezeiung. Das Leben eines einzelnen Kindes im Tausch für ein ganzes Volk." Honatius sah zwischen den Männern hin und her.
„Welche Prophezeiung?"
„Die des Priesters. Ihm erschien der große Gott und er gab ihm die Prophezeiung und den Auserwählten, unseren König."

Benedict starrte Honatius an. Ihm gefiel überhaupt nicht, was der Ragnar da erzählte. Es klang aufrichtig und nicht danach, als würde er sich eine beliebige Lüge ausdenken, um seine Haut zu retten.
„Was besagt diese Prophezeiung?", fragte Honatius hastig, doch der Ragnar spuckte erneut Blut und zuckte mit den Schultern, bereute diese Bewegung unter schmerzen sofort wieder.
„Ich kenne den genauen Wortlaut nicht."

„Ist dein König ebenfalls hier?", wollte Benedict jetzt wissen und der Ragnar rührte sich für einen Moment nicht, doch dann nickte er schließlich. *„Noch* nicht."

***

Adan hatte die Worte der Erwachsenen gehört, obwohl er es vermeiden wollte. Jetzt dachte er an die Worte seiner Vision. An jene Worte der Prophezeiung, die sich ihm eingebrannt hatten:

Die Zeit wird kommen, da der Krieg der Götter vorbei sein und dennoch kein Ende finden wird, wenn die Mächtigen sich ihre Nachfolger erwählen und Auserwählte kommen, jene Artefakte zu führen, die den Krieg entfacht haben und beenden werden. Nur der Anfang kann das Ende sein.

Der Aufstrebende, derjenige, der sich als einziger unter vielen erhebt, wird der erste Auserwählte sein und sie alle anführen bis zum Ende. Vier Auserwählte in ewigem Bunde werden sich vereinen und gemeinsam die Macht entfachen, welche die Welt wandelt und neu erschaffen kann. Doch ihnen wird sich eine gleiche Zahl mächtiger Gegner entgegenstellen, jene, die verderbt und fehlgeleitet sind. Und sie werden kämpfen bis an der Welten Ende. Den Kampf, den andere nicht zu vollenden vermochten. Das Gleichgewicht liegt in der Waagschale, bis eine der beiden Mächte obsiegt.
Der Auserwählten werden es vier sein, die sich finden und dennoch suchen werden:

Der Aufstrebende, dessen Zukunft in seinem eigenen Ermessen liegen wird. Der Verräter, dessen Verrat nicht an den Eigenen sein wird. Der Sünder, dessen Vergangenheit ihn einholen und verändern wird. Der Eitle, der zuletzt andere über sich selbst stellen wird.

Ein Stich fuhr Adan durch die Brust, denn er hatte die Worte der Frau nicht vergessen, die ihm im Traum erschienen war und von der Prophezeiung erzählt hatte. Angst durchfuhr ihn wie ein kalter Schwall, der aus einem Bergquell brach. Angst vor dem, was sie ihm sagte und der Wahrheit, die darin verborgen lag: *Du musst mich finden und ich werde dir zeigen, was sich in deiner*

Natur verbirgt. Wer du bist. Was dich in Verbindung zu alldem setzt. Wieso du gejagt wirst und nicht sterben darfst. Die Prophezeiung erfüllt sich, Adan. Die Auserwählten werden kämpfen und am Ende gibt es kein Entkommen vor der Dunkelheit. Am Tag der Dunklen Sonne wird diese Welt untergehen.

Adan hatte sich bisher nicht getraut, etwas zu sagen und in der Gegenwart des Ragnar würde er das auch nicht wagen. Doch die Worte hallten durch seinen Kopf, wie das ferne Echo der Stimme, die sie ihm beigebracht hatte.

***

„Der König hat befohlen nach dem Kind zu suchen. Dem Menschenkind mit weißen Augen."

Balthazar starrte zu den Kindern herüber und musterte Adan überrascht. Benedict und Honatius sahen einander an und dann beugte sich Benedict noch näher an den Ragnar heran. „Warum?"

Jetzt fiel Benedict plötzlich auf, woran ihn das Gesicht des Ragnar erinnerte. An das eines Totenschädels. Er zuckte ein Stück zurück, als der Ragnar plötzlich in seiner Sprache etwas unverständliches zischte. *„Gva'arak gro'll, worag!* Mein Name ist Brathak von Urgrosh und ich bin wie jeder meines Volkes bereit, vor den wahren Einen Gott zu treten und mein Schicksal zu akzeptieren. Für die Freiheit!"

Die Kreatur schnellte plötzlich hervor und warf sich gegen Ben, der rücklings hinfiel und sich jetzt unter dem Ragnar befand, der mit seinen scharfen Zähnen nach ihm schnappte. Er starrte Benedict unverhohlen ins Gesicht und als sich ihre Blicke trafen war es, als überkam Benedict ein eiskalter Schauer. Etwas lag in den Augen des Ragnar, das ihm eine Angst einjagte, die Menschen auch verspürten, wenn sie sich allein an einem dunklen Ort befanden – mit dem Gefühl, allein gelassen, aber nicht allein zu sein.

Balthazar eilte heran und noch ehe der Ragnar die Kehle seines Freundes zerfleischen konnte, riss er ihn von Ben herunter und hämmerte mit seinem Fuß wie mit einem Hammer in dessen Brustkorb. Brathak keuchte und spuckte eine kleine fontäne dicken Blutes: „Tut, was nötig ist. Doch wenn ihr mich tötet, wird das nichts ändern. Ich bin nicht wichtig und nach mir werden noch viele kommen. Und glaubt mir, sie werden kommen. Und keiner von meinem Volk wird den Tod fürchten."

Benedict stöhnte und wischte sich das Blut aus dem Gesicht und vom Harnisch. Ein eisiger Schauer lief ihm über den Rücken. „Wir fürchten nicht, was uns gehört."
Das beklemmende Gefühl ließ nicht nach und schnürte Benedict die Kehle zu. Er wandte sich schnell von Brathak ab und trat zu Honatius. Balthazar gestikulierte wild mit den Pranken. „Hörst du nicht? Er macht seine letzten Gebete. Gib ihm den Gnadenstoß!"

Benedict jedoch steckte sein Schwert weg und schüttelte den Kopf. „Ich bin kein Henker."
Mit einer Mischung aus Verachtung und Mitleid sah er auf den Ragnar herab: „Er wird hier zurückbleiben. Irgendjemand wird ihn finden und das tun, was ich nicht kann. Vielleicht stirbt er auch an inneren Blutungen." Mit einem schrecklich dicken Kloß im Hals wank Benedict die Gruppe hinter sich her und lief los. Sie hatten noch einen weiten Weg vor sich.

***

Brathak krallte sich in den Boden und starrte mit verschwommenem Blick der Gruppe hinterher, die nun langsam an ihm vorbeilief. Die betäubenden Schmerzen hatten ihn übermannt, benebelten nun immer mehr seine Sinne. Er war bereit zu entschwinden. Die Menschen liefen mit verächtlichen Blicken an ihm vorbei. Diese Demütigung würde ihm den Ruhm verwehren, vor den Einen Gott zu treten. Die Dunkelheit und das Warten darin lauerten, das spürte er jetzt mehr denn je. Er warf ein verzweifeltes und stummes Stoßgebet gen dunklen Himmel. Sein schwach pulsierendes Herz setzte einen Schlag aus, als er die Kinder sah, die den Erwachsenen hastig folgten. Eines davon drehte sich im Gehen zu ihm um und blickte ihn mit klaren, weißen Augen an, in denen sich ein sanfter Glanz der Flammen ringsum spiegelte. Brathak lächelte, als ihm die Ironie des Ganzen bewusst wurde.

6

Die Reiter um ihn warteten geduldig. Mit einem erleichterten Seufzen hievte er sich auf sein Pferd und nahm dankend die Zügel entgegen. Dann nickte er den anderen Reitern zu und sie galoppierten von der Mauer fort. Einer der erfahrenen Hauptmänner war an den Toren geblieben, zu denen er nun ein letztes Mal zurückblickte. Ganaleth wusste, dass dieser kleine Sieg noch nicht das Ende war, doch sie hatten den Angriff an der Mauer und dem Tor erfolgreich abgewehrt. Jetzt galt es, den Rest der Stadt vor den mörderischen Kreaturen zu säubern und zu den anderen Garnisonen und Truppen der Stadt zu stoßen. Vereint würden sie die Angreifer zurückschlagen, deren Vorteil durch den Überraschungsangriff längst vorüber war.

Trotz ihrer Bemühungen im südlichen Teil der Stadt, hatten sie etliche Schiffe landen und sich wieder in die Lüfte erheben gesehen. Diese Maschinerie war erschreckend anzusehen und entzog sich jeglicher Logik. Fliegende Schiffe hatte man zuletzt zur Hochzeit der Magie erlebt, also etliche Generationen vor den Männern, die jetzt um das Überleben ihres Nachwuchses kämpften.

Ganaleth ritt zum Truppenführer und versuchte, ihm auf gleicher Höhe zu folgen. „Wie gehen wir vor?"

Der altgediente Offizier saß gerade und aufrecht im Sattel und blickte ihm entschlossen entgegen. „Wir schlagen uns in die Stadt vor und vernichten jedes feindliche Aufkommen, das sich uns in den Weg stellt. Für die schmalen Straßen werden die Fußtruppen nach uns kommen."

Ganaleth nickte und hörte sich aufmerksam die nachfolgenden Weisungen an. Ihr Befehl lautete, die nähere Umgebung zu sichern, doch nun sollte er sich bis zur Stadtmitte vorschlagen. Er verkniff sich Widerworte und konzentrierte sich auf den unruhigen Ritt. Als sie an einer breiten Straße vorbeikamen entdeckte er etwas auf dem Boden und zügelte seine Stute. Mit Einwilligung des Offiziers setzte er sich von seiner Divison ab, folgte der Straße mit seinen Nebenmännern Oswin und Janos Aldholz, einem mürrischen Freischärler, der sich ihnen bei seiner Flucht vor den Angreifern kurzerhand angeschlossen hatte.

Aldholz gehörte wohl zu den Männern, die sich nur ungern ihre Furcht anmerken ließen. Als er von den Reitern bemerkt wurde, hatte er alles daran gesetzt, nicht wie ein Flüchtling zu wirken und seine kahle schweißnasse Stirn mit einem Tuch abgewischt. Sein Harnisch war verbeult und schien schon weitaus bessere Tage gesehen zu haben. Sein Langschwert war voller Kerben und bewies, dass Ganaleth einen Krieger vor sich hatte und keinen Feigling.

Sie entdeckten einen schwer verwundeten Ragnar, der sich am Boden zusammengekauert hatte, aber noch lebte. Er schien allein und verlassen, so als hätte man ihn zum Sterben hier zurück gelassen. Ganaleth stieg vom Pferd und beugte sich unachtsam weit zu der Kreatur herunter, wie sein Mitstreiter mürrisch bemerkte. Der Ragnar atmete flach.

Ganaleth hob den Kopf und sah sich um. Es dauerte einen Moment, bis er sich zurecht fand und feststellte, dass das abgeschossene Luftschiff nur wenige Straßen entfernt im Hafenbecken brannte. Selbst mit aller Anstrengung und Kraft konnte der Ragnar sich nicht bis hierher geschleppt haben. Nicht mit diesen Verletzungen. Ganaleth begutachtete mit Schrecken seinen Feind aus nächster Nähe. Noch nie hatte er so eine Kreatur gesehen.

„Wie es aussieht, wurde unser Freund wohl erst hier verletzt", Aldholz lockerte das Langschwert und schwang sich jetzt ebenfalls vom Pferd.

„Sauber. Fragt man sich nur", brummte er und schniefte mit seiner krummen Nase, „wieso ihm keiner direkt den Garaus gemacht hat?"

Ganaleth sah zum imposanten Langschwert, legte die glatte Stirn in Sorgenfalten und lockerte seinen Helm. „Wollen wir es doch einmal herausfinden. Jede Information ist mir Recht."

Der Freischärler zuckte und hievte das Schwert mit der flachen Seite auf seine Schulter. „Lasst es mich einfach tun."

„Wartet", der frisch gebackene Offizier befahl, dass die anderen nach möglichen Gefahren Ausschau halten sollten. Aldholz zischte zwischen zusammengepressten Zähnen eine Warnung und sah sich achtsam um. Ganaleth stupste dem Ragnar vorsichtig in die sich flach hebende Flanke.

„Ich weiß, dass du noch lebst."

Da hustete der Ragnar und verzerrte sein entstelltes Gesicht zu einer wütenden Grimasse: „Das sollte ich aber nicht mehr", zwischen seinen Zähnen sickerte dunkles Blut hervor, als er sprach. Ganaleth sah sich um und suchte nach etwas, das ihm Aufschluss gegeben hätte: „Was ist geschehen? Sag es mir und ich erlöse dich vielleicht von deinem Leid."

Der Ragnar spuckte wieder dunkles Blut und grunzte, was vielleicht ein Lachen sein sollte: „Einfältiges Menschenpack. Warum werde ich ständig mit dummen Fragen gelöchert? Und wieso denkt ihr Menschen nur, dass der Tod eine Erlösung ist?"

Der deutlich ältere Soldat namens Oswin sah Ganaleth fragend an, der sein Schwert zog und es vor den Ragnar hielt.

„Wir sollten weiter", empfahl der Soldat und richtete sich auf dem Pferd auf, den Blick die Straße hinab gerichtet.

„Sir?"

„Weißt du", sagte Ganaleth zu dem Ragnar, „eigentlich müsste ich dich einfach töten. Ihr Monstren taucht hier aus heiterem Himmel auf und fallt über uns her."

Da versuchte der Ragnar sich aufzurichten. „Ohne Grund? Dein Volk ist wirklich so arrogant wie es uns gesagt wurde."

Ganaleth schüttelte den Kopf und stand wieder auf. „Das hat alles keinen Zweck." Plötzlich schnellte die Hand des Ragnar hervor und umklammerte sein Bein. „Der Tod erwartet mich nicht. Nur die Dunkelheit! Tu es, töte mich endlich!"

Ganaleth löste sich von dem Ragnar mit einem kräftigen Ruck und ging zurück zu seinem Pferd.

„Dann soll sie noch warten."

Er stemmte einen Fuß in den Steigbügel und schwang sich so gut er konnte in den Sattel. Gerüstet war es eine ganz andere Erfahrung und vor allem Herausforderung, sich auf ein Pferd zu setzen.

Der Freischärler sah ihm hinterher und wirbelte den Zwei-händer herum: „Lasst es mich tun!" Doch Ganaleth schüttelte den Kopf und befahl auch ihm, wieder aufzusitzen. Auch, wenn Aldholz seinem Befehl nicht Folge leisten musste, tat der Freischärler wie ihm gesagt wurde und ließ den Ragnar im Dreck liegen. Aldholz schien nicht sehr zufrieden mit Ganaleths Entscheidung.

„Ihr hättet ihn töten sollen. Ein Feind weniger."

„Einem Totgeweihten den Todesstoß geben? Das wäre in der Tat gnädig. Aber ich bin kein Diener von Mutter Nachtschwinge", erklärte Ganaleth ruhig und dachte an einen Todespriester, den er einmal gesehen hatte. Die vermummten geheimnisvollen Kleriker dienten Mutter Nachtschwinge, die den Seelen der Sterbenden half, zu den Göttern zu gelangen. Sie kamen zu Sterbenden, lauschten deren letzten Worten, spendeten Trost, Hoffnung, Segen, boten Absolution im Namen von Mutter Nachtschwinge und setzten den erlösenden Gnadenstoß.

Ganaleth befestigte seinen Helm an dem dafür vorgesehenen Riemen des Sattels und gab seiner Stute die Sporen. Er fand es deutlich angenehmer, ohne Helm zu reiten, da dessen Nasenschutz ihm im Trab immer wieder schmerzhaft gegen den Nasenrücken schlug. Hätte ein Helm nicht eine gegensätzliche Wirkung haben müssen?

„Die Genugtuung eines schnellen Todes werde ich ihm bestimmt nicht gewähren."

Als die Menschen fortritten lachte Brathak verbittert und spuckte dabei dunkles zähes Blut. Er schloss die Augen und spürte, wie sein Herz immer langsamer schlug. Er genoss diesen Moment mit einer seltsamen Zufriedenheit in dem Wissen, schon bald vor seinen Gott treten zu müssen und schlief schließlich ein. Er war froh, dass es vorbei bei war. Obwohl er wusste, dass dies nicht sein Ende war. Er versank in einen dunklen Schlaf und war bereit für das Warten darin, das ihm bevorstand.

- 7 -

Die Kampfgeräusche tobten durch die regennassen Straßen und wurden von einer kalten Brise über die verregneten Dächer getragen, hinter denen bedrohliche Rauchsäulen über flackerndem, rotem Leuchten aufstiegen. Im Matsch lagen Leichen von glücklosen Bewohnern, die keinerlei Chance gegen die Angreifer gehabt hatten. Manche von ihnen waren schrecklich entstellt oder sogar zerstückelt.

Cacilia würgte und versteckte ihren Blick hinter ihrem Mann, als sie mehrere Leichen übereinander liegen sah, bei denen sie eindeutig zu erkennen glaubte, dass sich Eltern schützend über ihre Kinder gebeugt hatten. Ein Speer ragte aus dem Rücken des Vaters, der über den Leichen seiner Familie kniete.

„Es war ein Fehler hierlang zu gehen", ihre Stimme zitterte, doch Balthazar knurrte bei dem grausamen Anblick und schob seine Frau weiter. „Ich fürchte heute Nacht wird es überall so aussehen."

Sie hatten eine Kreuzung erreicht und hielten sich dicht an den Hauswänden, um nicht direkt entdeckt zu werden.

„Was", murmelte der Pan-Thar, „wenn das Südtor gefallen ist?"

„Dann laufen wir direkt in die Arme der Feinde", erwiderte Honatius grimmig, der seinem Freund noch immer eine Antwort schuldig war. Ein Trodainer hatte die Gabe, mit den Geschöpfen von Faora und Farenna zu kommunizieren, aber nicht, Magie zu wirken, wie ein Zauberer. Er spürte den Blick von Benedict im Nacken und hielt es für besser, sich jetzt nicht mit Erklärungen und langen Reden aufzuhalten.

Benedict dachte angespannt nach. Es waren zu viele Dinge geschehen, die ihm Kopfzerbrechen bereiteten und er konnte sich nicht entscheiden, welcher Anlass zu größerer Sorge war. Honatius hatte ihm offenbart, dass er magische Fähigkeiten besaß und dies all die Jahre gut vor ihm zu verstecken gewusst. Was hatte sein alter Freund noch alles vor ihm verborgen und verheimlicht?

Er musterte den Trodainer. Wenn er überhaupt ein Trodainer war. Er vertraute Honatius zwar immer noch und würde sein Leben für ihn geben, doch etwas hatte sich verändert, von dem er noch nicht sagen konnte, was es war und welche Auswirkungen es haben würde. Wenn dies alles vorbei war, würde Honatius ihm Rede und Antwort stehen müssen. Die andere, nicht minder undurchschaubare Frage war die über das Wissen des Ragnar. Hatte er ihn belogen? Was, wenn nicht? Die Ragnar wurden von einem Mann angeführt, der explizit nach einem Menschenkind mit weißen Augen fahndete und dies mit aller Gewalt. War dieser König wirklich bereit und fähig, einen Krieg zu beginnen, nur um ein Kind zu suchen? Der Ragnar hatte von Rache gesprochen. Aber wofür?

Sie trachteten vielleicht nach Rache für die Geschehnisse des Dunklen Krieges. Niemand wusste genau, was sie dazu getrieben hatte, doch bereits die ersten Begegnungen mit diesen beiden kriegerischen Völkern verliefen alles andere als friedfertig. Es gab niemals Verhandlungen.

Deswegen verbündeten sich die großen Völker zur Allianz und gemeinsam zerschlugen sie die Aggressoren, trieben sie zurück in das Dunkel, aus dem sie gekommen waren. Der blutige Krieg war beendet, die Allianz geboren und die Trojoxanten und Ragnar verschwunden, zurückgedrängt und verbannt auf ihrem Kontinent. Und schließlich auch vergessen.

„Aber was hat das alles mit Adan zu tun?"

„Vielleicht sehen wir die Antwort nicht, weil wir zu sehr nach der Frage suchen."

Benedict stutzte. Diesen Satz hörte er nicht zum ersten Mal. Im gleichen Moment war ihm eine kaum merkliche Bewegung Vivianes aufgefallen, die das Gespräch mit angehört hatte. Benedict hielt inne und sah zu seinen Söhnen herüber. Plötzlich kam ihm der schreckliche Gedanke, dass er erneut einen Fehler begannen hatte. Datura hatte Marek gesagt, er solle nach der Wächterin suchen. Diese war ihm im Traum erschienen. Und was hatte er getan? Versucht nicht daran zu glauben, dass sie ihm erschienen war.

Er durfte sich nicht länger die Schuld geben, sondern musste dafür sorgen, dass etwas geschah. Er musste Marek helfen, diese Wächterin namens Asyna zu finden. Sie würde ihnen die Antworten geben und vielleicht noch mehr. Sie stand in Verbindung mit all den Ereignissen. Ein kalter Schauer lief ihm den Rücken hinab, als er darüber nachdachte. Warum hatte diese Wächterin ihm befohlen auf Adan zu achten und nicht auf Marek?

Der Ragnar hatte ihm eine Antwort gegeben. Es gab eine

Prophezeiung der Trojoxanten, die von einem Menschenkind mit weißen Augen sprach. Aber warum war es ihre Aufgabe, es zu töten? Die Wächterin schien das vermeiden zu wollen. Eine plötzliche Berührung riss Benedict aus den Gedanken.

„Ist alles in Ordnung?"Viviane musterte ihn besorgt. Er nickte und rieb sich das Gesicht. „Wir sollten uns beeilen."

***

Das näherkommende schnelle Trampeln von Hufen auf dem Pflaster, riss ihre Aufmerksamkeit auf die Straße vor sich. Zwei Reiter preschten aus der Gasse, rissen überrascht ihre Pferde zurück und sahen sich einer bunt zusammengewürfelten Gruppe entgegen. Der vordere Reiter hielt inne und musterte die Gruppe um Benedict.

Er hatte langes rostbraunes Haar, das er sich über der Schulter zu einem Zopf zusammengebunden hatte. Seine kastanienbraunen Augen stachen von dem schmalen aber kantigen und hellen Gesicht hervor, wie zwei dunkle Seen. Er musterte die Gefährten und sah mit großem Erstaunen auf Benedict in seiner Rüstung, der nun vortrat.

„Ihr gehört der Garde an?", sagte der Reiter und es war eher eine Feststellung denn Frage. „Seid ihr von den Truppen getrennt worden?"

Benedict deutete auf seine Gefährten. „Ich gehöre nicht der Garde an. Ich bin Adjutant von Tempelmeister Alan Diran." Die Reiter funkelten ihn für einen Augenblick an, dachten vermutlich, er sei desertiert, worauf im Königreich die Todesstrafe stand. „Wir sind auf der Flucht in die Arme der Ragnar gelaufen. Eigentlich hatten wir das Gegenteil erhofft."

„Ganaleth Arwell", stellte der Soldat sich dem diensthöheren Benedict vor und deutete auf die Richtung, in die sie hatten gehen wollen.

„Die Stadttore sind gesichert, aber diese Monster sind überall. Ihr solltet schnell einen Unterschlupf suchen. Geht zur Kaserne, dort seid ihr sicher."

Benedict schüttelte zur Antwort den Kopf. Da fluchte der andere Soldat, der Wache gehalten hatte und deutete eine andere Straße hinab.

„Verflucht!", brüllte Oswin, während Aldholz angaloppiert kam, Ragnar im Schlepptau.

„Dieser Idiot führt sie direkt zu uns!", rief Ganaleth und erkannte erst jetzt, dass dem Freischärler ein dunkler Pfeil aus der herabhängenden Schulter ragte.

„Fort! Fort", brüllte der Verwundete, „die kommen hierher!"

Oswin hob seinen Bogen und schoss so schnell und gezielt er konnte an Aldholz vorbei und traf zweimal. Dennoch hielt seine Gegenwehr die heranstürmenden Ragnar nicht davon ab, näher zu kommen. Gebrüll von der anderen Straßenseite ließ die Gruppe herumfahren und weitere Ragnar erspähen.

„Die haben uns eingekesselt", fluchte Ganaleth und sah die Straße zurück, aus der er gekommen war. Sie hatten wohl Pech, denn wirklich kontrolliert und gezielt schienen die Ragnar nicht unbedingt durch die Straßen zu marodieren. Er sah zu Benedict und der Gruppe hinter ihm. „Lauft! Lauft so schnell ihr könnt und bringt die Kinder in Sicherheit!"

Benedict sah zu Honatius, der erschöpft aussah und nicht so wirkte, als könne er die Hatz noch ewig durchstehen. Auch die Kinder würden eine Hetzjagd nicht lange überstehen. Er sah sich schnell in der Straße um, doch es war Jaleel, der einfach eine Haustür aufriss und sie zu sich wank.

„Schnell jetzt!"

Die Kinder eilten zu ihm und auch die anderen folgten.

„Wenn wir nicht durch die Straßen laufen können", rief Jaleel, „dann durch die Hinterhöfe!" Und hoffte, dass diese Gebäude soetwas auch besaßen.

Ganaleth trieb sein Pferd an und fing Aldholz ab. „Flieht. Wir halten den Posten!" Benedict hielt kurz inne und fand den Mut des Soldaten bemerkenswert. Dann eilte er ebenfalls ins Haus und riss die Tür hinter sich zu. Balthazar hievte bereits einen Schrank herüber und versperrte so die Tür. Vor dem Fenster sahen sie drei vorbei galoppierende Pferde. Erleichterung durchfuhr Benedict. Statt sich sinnlos zu opfern, hatte der junge Soldat mit seinen Männern die Flucht ergriffen. Er hoffte nur, dass sie die Nacht überstanden. Und, dass die Ragnar nicht gesehen hatten, wie er mit den anderen ins Haus geflüchtet war.

***

„Scheiße, Scheiße. Scheiße!"

Jaleel kam aus dem Hinterhof zurück. „Sackgasse", erklärte er
knapp und sie starrten nervös zur verbarrikadierten Tür. „Da
ist ‚ne Mauer, aber nicht jeder von uns wird drüber klettern
können", fügte er hinzu und sah dabei auf seine Mutter. Von
draußen drangen die Rufe der Ragnar, die vorbei eilten und
langsamer wurden. Schweren Schritte hämmerten über den
klatschnassen Pflasterstein. Sie riefen sich Befehle hin und her
und marschierten weiter.

„Hast du gesehen, in welche Richtung die gehen?", fragte
Viviane ihren Mann. Marek warf schnell seine Vermutung in
den Raum: „Die laufen Richtung Südtor, fürchte ich."

Als Viviane sah, dass er direkt am Fensterrahmen stand, pfiff sie
ihn wütend zu sich zurück. Er schlich durch das Zimmer zu
seinen Eltern und schien auf einen genialen Einfall zu warten.
Auch die anderen sahen erwartungsvoll zu Benedict, der sich
mit der vernarbten Hand durchs Gesicht fuhr.

„Die sind echt überall", fluchte Mira leise und Adan schien sie
beruhigen zu wollen.

„Xatiox ist eine große Stadt. Die können nicht überall sein."

„Aber", erwiderte Jaleel, „mit ihren Luftschiffen können sie
überall auftauchen." Er sah hoffnungsvoll zu seinem Vater.

„Hat die Stadt nicht Schutzmaßnahmen gegen einen Luft-
angriff, Vati?" Der Pan-Thar brummte und verschränkte die
Arme vor der bebenden Brust. „Doch. Aber wer weiß, ob die
Türme rechtzeitig bemannt wurden."

„Der Angriff ist viel zu koordiniert", begann Viviane ihre Über-
legung, „ist euch das mal aufgefallen? Die scheinen zwar wahl-
los in der Stadt zu landen, aber sie greifen gezielt strategische
Punkte an."

„Deine Frau hat Recht!", befürwortete Cacilia die Worte ihrer
Freundin.

„Was bringt es uns jetzt, sich darüber Gedanken zu machen?",
erwiderte deren Mann schroff und knurrte zornig, doch es war
Benedict, der den Knackpunkt erkannte: „Wenn sie sich hier

auskennen und gezielt nach Kindern suchen, wissen sie vielleicht sogar noch mehr, als wir gerade erahnen können."

„Sowas geht nur durch Verrat und Spione", antwortete Balthazar und knurrte nun noch mehr. „So viele Tote und wofür?"

„Wegen mir."

Alle Blicken fielen auf Adan, der jetzt schluchzte und sich schuldig fühlte. „Das alles passiert wegen mir!"

Er kauerte am Boden und schluchzte. „Ich bin an allem Schuld!"

Viviane eilte zu ihm und nahm ihn in die Arme: „Sag doch sowas nicht!" Doch ihr Sohn wehrte sich, schob sie von sich weg und stand auf. „Die suchen nur nach mir und dafür sterben so viele Menschen!"

Honatius drückte seine Schulter. „Du bist an nichts schuld."

„Das fühlt sich aber nicht so an!", brüllte Adan jetzt, mehr wütend auf sich selbst, als auf alles andere.

„Sei leise!", zischte Jaleel und auch seine Eltern zuckten zusammen, als sie draußen etwas hörten. Adan fluchte und löste sich von den Erwachsenen. „Es reicht endgültig. Ich will nicht länger, dass Leute wegen mir sterben! Ich weiß nicht mal, wieso!"

„Adan, bitte." Viviane versuchte ihn zu beruhigen, doch Adan trat noch einen Schritt von ihr weg.

„Alles wird gut, glaub mir", sie nahm ihren Sohn und drückte ihn fest an sich. Benedict kniete sich nun ebenfalls neben ihn und drückte ihn. „Ich werde das alles geradebiegen, versprochen."

Adan zwang sich zu einem Lächeln und nickte stumm. Benedict sah seine Familie und die anderen an. „Wir werden hier eine Weile verschnaufen und dann sehen, dass wir uns zur Kathedrale schleichen. Über die Seitenstraßen und möglichst unauffällig."

Niemand widersprach. Das lag vielleicht an der Erschöpfung aller, oder aber an seinem bestimmten Tonfall und der Tatsache, dass es keinen besseren Plan gab.

***

Das Haus schien in aller Eile verlassen worden zu sein. Auf dem Tisch standen noch Teller mit angebrochenem Essen. Marek beäugte ein durchwühltes Regal und fragte sich, wer hier wohl wohnte. Ihn wurmte es, dass er diesen Menschen nicht helfen konnte. Und das, obwohl er der Schwertträger war. Gerade er musste doch etwas tun können!

Er schnaufte und sah zu Mira, die neben Adan saß, der noch immer zusammengekauert in einer Ecke in Selbstmitleid verging. Er wusste genau, was in seinem Bruder vor sich ging.

Das Problem war, dass er ein Tok war und wie sein Vater und Marek selbst, waren die Männer der Familie durch und durch stur, wenn sie sich etwas in den Kopf gesetzt hatten. Marek wusste aber auch, dass sein großer Bruder nur noch mehr dicht machen würde, wenn er jetzt auch noch zu ihm gehen und auf ihn einreden würde. Manchmal wusste Marek auch nicht so recht, ob das, was er sagen wollte, nicht doch nur eine hohle Phrase sein würde.

„Alles wird gut. Es ist nicht deine Schuld."

War es das?

„Wieso", grummelte er, „jagen die Ragnar nicht mich? Ich könnte mich wenigstens wehren."

„Könntest du. Würdest du aber auch?" Er sah überrascht zu Jaleel, der auf leisen Sohlen herangetreten war: „Du hast zwar dieses magische Schwert, aber sein wir mal ehrlich. Würdest du damit einfach so jemanden töten? Das ist was ganz anderes als unsere Übungskämpfe."

Marek schwieg einen langen Moment, dachte an das Erlebte und Gesehene und nickte dann entschlossen, obwohl sein Blick von Sorge geprägt war.

„Um meine Familie und Freunde zu schützen, ja."

Jaleel verzog nachdenklich eine Grimasse, weil er irgendwie seinem besten Freund nicht glauben konnte. „Auch wenn ich von Natur aus ein kämpferischer Typ bin", gestand er ein, „bin ich mir nicht sicher, ob ich das so einfach könnte. Ich denke, es gehört einiges dazu. Das ist etwas, das man nicht ungeschehen machen kann."

Viviane und Cacilia hatten ihr Gespräch ebenfalls gehört und schienen beeindruckt von Jaleels Worten.

„Sohnemann, du machst mich sehr stolz", seine Mutter küsste ihn beeindruckt auf die Stirn. „Ihr seid zu jung, um euch über soetwas Gedanken machen zu müssen."

Viviane unterdrückte ein ehrliches Schluchzen und sah ihre Freundin grimmig an, die gar nicht wusste, was sie und ihre Familie durchgemacht hatten.

„Wir sind zu früh und zu oft dieser Thematik ausgesetzt worden." Cacilia umarmte nun auch die Menschenfrau, deren Gedanken so oft fürsorglich um ihre Mitmenschen kreiste. Honatius lugte derweil aus dem Fenster und spürte, dass ein gewisses Gespräch nun unausweichlich war. Noch bevor sein Freund etwas sagte, spürte er, dass er neben ihm auftauchte.

„Ben."

„Ich weiß nicht, was ich davon halten soll", gab sein Freund zu und schien sich gar nicht lange mit einem Geplänkel aufhalten zu wollen. Er schnaufte und überlegte, wo und wie er anfangen sollte. „Mir ist bewusst, dass es Dinge gibt, die du mir nicht sagen wolltest oder willst", begann Benedict nun das Gespräch und lenkte die Aufmerksamkeit aller auf die beiden. „Was sollte das vorhin?"

„Ich habe euch beschützt."

„Das hast du. Nicht zum ersten Mal", erwiderte Ben und erinnerte seinen Mentor an ihre Reise damals nach Xatiox, den Pass im Nebelgebirge und den Angriff der Nju. Auch dort hatte der Amethyst von Honatius einen Carapax mit Magie zurückgeworfen. Sie hatten immer wieder darüber gesprochen, doch der Trodainer hatte nie zugegeben, dass er Magie wirken konnte.

„Der Amethyst beherbergt eine alte Magie", erklärte Honatius und deutete auf den violetten Kristall an der Spitze seines Stabes. Sein Freund schien sich aber mit dieser Antwort nicht zufrieden zu geben: „Lüg mich nicht an."

Es schien, als bröckle sein Glauben an ihre Freundschaft. Honatius seufzte. „Das habe ich nie, mein Freund."

„Du bist kein einfacher Trodainer, stimmt's?"

Sein Freund schwieg einen Moment zu lange, doch es war Mira, die sich jetzt einmischte: „Honatius ist kein Magier, so wie ich es bin."

Balthazar und Cacilia sahen das rothaarige Mädchen verwirrt an und schienen sie erst jetzt richtig wahrzunehmen.

„Du bist doch das Mädchen vom Theater?"

„Mein Name ist Mira", antwortete sie und sah zu Benedict, „Mira Tok und ich bin eine Schwarzmagierin." Als würde das alles erklären, trat sie zwischen Benedict und Honatius, um den Streit zu schlichten.

„Honatius versteht sich auf die Magie –"

„Kind, ich spreche für mich selbst", fuhr ihr der Trodainer hart ins Wort und rümpfte seine knollige Nase. „Du hast Recht, Ben. Ich bin kein einfacher Trodainer. Ich bin ein alter Narr, der viele Dinge weiß, aber nicht wagt, alles zu erzählen. Und weißt du wieso? Weil es Menschen gibt, die mir etwas bedeuten und die mir wichtig sind. Und wenn ich euch alles erzählt hätte, hätte sich alles für uns geändert. Ihr seid meine Familie und ich habe geschworen, euch zu beschützen. Ich habe dir versprochen, immer ein Freund und Mentor zu sein. Für dich und deine Söhne. Ein Vater für Viviane. Für dich."

„Und jetzt kommt es mir plötzlich so vor, als wäre alles nur eine große Lüge gewesen", erwiderte Benedict und spürte einen kalten schmerzenden Stich in seiner Brust.

„Ben", Honatius brachte nicht mehr als diese eine Silbe hervor. Tränen stiegen ihm in die Augen und er begann zu weinen, da ihre Familie aufgrund seiner Heimlichtuerei zu zerbrechen begann. „Ich liebe euch. Ihr seid meine Familie."

Die Lippen seines Gegenübers zitterten und bebten, aus Angst vor der Antwort auf die folgende Frage:

„Wer oder was bist du?"

Der alte Mann, Mentor und langjährige Freund von Benedict und Viviane, liebevoll von den Brüdern „Großvater" genannt, straffte seine Schultern und schnaufte schwermütig.

Denn er entschied sich in diesem Moment einen Eid zu brechen, den er vor vielen Jahrzehnten geschworen hatte. Honatius antwortete ehrlich und mit zitternder Stimme: „Ich bin, wer ich schon immer war. Honatius Silberwiesel, meineszeichens Trodainer und … Wächter über den Feuerschrein."

Eine ewige Wacht

Ein Leben erlischt.
Eine Flamme glüht auf.

Der Sperling hüpfte aufgeregt von einem Zweig zum nächsten. Die Euphorie des Vogels über den Anblick seiner spielenden Artgenossen war so groß, dass sein Herz ebenso freudig schneller Schlug. Dieses Gefühl der Freude zu spüren, war wie immer ein herrliches Erlebnis. Vor allem jetzt, da Honatius sah, wie der von ihm gesund gepflegte Vogel wieder fröhlich auf seinem Zweig tänzelte.

Die aufmerksamen Augen des Spatzes verfolgten hastig das Geschehen vor sich und beinahe instinktiv huschte er durch das volle Blätterdach, das ihm Schutz vor der sommerlichen Hitze geboten hatte. Er blinzelte mehrfach, breitete dann seine rotbraunen Flügel aus und flatterte herab, nur um sich dem Schwarm der anderen Sperlinge anzuschließen, die soeben an ihm vorbei flatterten. In einer eleganten und gleichbleibenden Formation stießen sie durchs Dach des Waldes empor, über die sich sanft im Wind wiegenden Linden, Eiben, Erlen und Fichten.

An der Stieleiche in seinem Rücken lehnend, schmunzelte der junge Trodainer namens Honatius Silberwiesel dem singenden Spatzen hinterher, in dessen Gedankenwelt er sich die letzten Minuten aufgehalten hatte. Seine Hand ruhte auf dem pelzigen Nacken seines verschmust frechen Gefährten, der sich vor geraumer Zeit schnatternd in seinem Schoß eingerollt hatte. Er schnaufte genügsam vor sich hin, träumte wohl von der Jagd nach den Glühwürmchen, deren Population Honatius die halbe Nacht beobachtet und studiert hatte.

Haru war genauso starrköpfig und keck wie sein Freund der Trodainer und vielleicht war genau das der Grund, warum Meister Omrin Banthu damals seinem Schützling die Aufgabe erteilt hatte, Freundschaft untereinander zu schließen.

Trodainer hatten die besondere Gabe, die Sprache von Tier und

Pflanzen zu verstehen und im Einklang mit der Natur um sie herum zu leben, dennoch war dies keine vollends angeborene Fähigkeit. Es brauchte viel Willenskraft, Verstand und Geduld, all die Sprachen und Gefühle zu erkennen, deuten und lernen. Wer meinte, Aeldions Völker waren vielzählig, der hatte gar keine Ahnung, wie es um Fauna und Flora stand. Sie beherrschten zwar nicht die Welt, aber machten den Großteil allen Lebens darin aus Ob zu Wasser, auf dem Lande und erst recht in den Lüften.

Es gab, so viel wusste der junge Trodainer, nur wenige intelligente und ‚große' Völker, wie die Fionis der Titu'Ian, die den Himmel als ihren Lebensraum ansahen – und selbst diese wenigen konnten sich nicht ewig in der Freiheit der Lüfte aufhalten. Von den Vogelvölkern war ihm jedoch wenig bekannt, sie hielten sich bedeckt und lebten unter sich, mieden die großen Städte und schienen in ihren eigenen verschworenen Gemeinden fernab anderer Zivilisation in den Bergen zu hausen. Angeblich sollte es vereinzelte Wolkenstädte geben, die hoch über den Berggipfeln versteckt über den Wolken thronten. Gesehen, hatte sie aber bisher noch niemand, ebenso wenig wie niemand leibhaftig darüber zu berichten wusste. Wie so oft blieb das, was man nie erblickte, ein Teil der Legenden und Mythen von Aeldion.

Eine Eichel fiel herab und purzelte Haru auf den Rücken. Aufgeschreckt und aus seinem Traum gerissen, sprang der Hermelin aus dem Schoß seines nicht ganz so guten Beschützers, schüttelte seinen schlanken Körper und reckte den langgestreckten Hals Honatius entgegen, ihn mit seinem Blick durchbohrend. Der Trodainer schmunzelte und zuckte unschuldig mit den Schultern. „Was denn?", kicherte er und hob die Eichel auf.

„Na komm schon", dabei schnickte er sie nach dem frechen Wiesel, das ihm jetzt unterstellte absichtlich geweckt worden zu sein. „Warum sollte ich dich aus deinem ach so kostbaren Schlaf reißen?"

Haru schnatterte und putzte sich hastig die spitze Schnauze. „Wenn du schläfst bist du wenigstens mal ruhig und so …", er suchte nach einem möglichst freundlichen wort, „… friedlich."

Das Wiesel vor ihm blickte ihn einen Moment zu lange an und unwillkürlich schob Honatius eine Hand beschützend zwischen seine Beine. Es wäre nicht das erste Mal, dass Haru sich auf äußerst unkameradliche Art für einen Scherz oder Streich des Trodainers rächen wollte. Die beiden kannten sich bereits seit drei Jahren und waren seit dem Großteil dieser Zeit nicht mehr auseinander zu denken. Banthu Omrin hatte Honatius den jungen Hermelin überreicht und ihm aufgetragen, sich nicht nur um ihn zu kümmern. Sondern ihn als das anzusehen, was er für den Trodainer werden sollte. Ein Bruder, ein Teil von ihm.

Der Trodainer Älteste hatte ihm wenig dazu erzählt und ihn ganz sich selbst überlassen, aber Honatius war ein guter Lehrling. Es mangelte ihm nicht an Verständnis für die Schöpfungen von Faora. Farennas Kinder waren da deutlich schwerer zu deuten. Die Göttin der Pflanzen hatte ihnen eine gänzlich andere Sprache angeeignet, die den meisten Menschen bis heute ein Rätsel blieb und bleiben sollte. Manche der großen Trodainer jedoch waren so verbunden mit Farennas Welt, dass sie einem Baum sagen konnten, wohin er seinen Ast bewegen sollte. Manche begannen sogar, so langsam zu leben, wie die vermeintlich stummen Giganten der Wälder.

Honatius war noch jung, verstand aber bereits etliche Sprachen und Gedanken der Lebewesen um sich herum. Es war wie eine geistige Verbindung, unsichtbare dünne Fäden, die jedes Lebewesen, ob Pflanze, Tier oder Humanoid, miteinander im Geiste verknüpften. Man musste nur lernen, die einzelnen Sprachen zu abstrahieren und übersetzen. Und genau das taten die Trodainer. Die alten und weisen unter ihnen sprachen davon, dass einzig zu diesem Zweck ihre Zunft von den Göttern gesegnet worden war, um den Einklang auf Aeldion zu gewähren. Die Trodainer teilten nach ihrem Verständnis Aeldion in die ätherischen Ebenen der Magie, den Äther, und die esoterische Ebene der allgegenwärtigen Sprache auf.

Diejenigen, die sich die ‚Großen Völker' nannten, hatten weder dieses Verständnis, noch die Begabung, sich außerhalb der verbalen und gelegentlich nonverbalen Sprache miteinander zu verständnigen. Ihr Geist war bei weitem nicht so offen, wie der von Trodainern, deren Segen es war, die Gedanken und Emotionen der Pflanzen- und Tierwelt zu erspüren, transkribieren und verstehen.

„Das finde ich nicht immer gut", meinte Honatius zu sich selbst und rümpfte seine – für seinen Geschmack – etwas zu knollige Nase. Eirien hatte ihn mehrfach darauf angesprochen, dass sie in seinem ansonsten recht ahnsehnlichen Gesicht deutlich dominierte. Noch immer war er sich nicht sicher, ob sie ihn damit beleidigen wollte, oder es ein plumper Versuch der Annäherung gewesen war. Seine Mitschülerin war, wie er sich selbst immer wieder zu sagen pflegte, auch nicht unbedingt die schönste Blume auf der Wiese, aber da war etwas zwischen ihnen beiden, das sie nicht als Anziehung leugnen konnten.
Das Mädel hatte immer zerzaustes Haar, das wie ein wild gerupftes Vogelnest wirkte. Insbesondere, da ihre hellen und dunkelbraunen Haarsträhnen abzustehen schienen, wie die Federn eines Fasans. Ihr Begleiter war ein Silberfasan, den sie aber vor einem halben Jahr an einen tollwütigen Rotfuchs verloren hatte.

Wenn ein Tier von der Wutkrankheit befallen war, blieb selbst einem Trodainer nicht mehr viel übrig, um zu dessen Geist durchzudringen. Eine rasende Wut verschleierte die Gedanken des Tieres, ließ nichts hindurch. Die dunkle Saat keimte und löste jegliche Güte in einer Finsternis des Zorns und unkontrolliertem Wahn, gegen den es kein Heilmittel zu geben schien.

Eirien hatte unter schrecklichen Qualen und Unterstützung durch Omrin Banthu den Rotfuchs von seinem Leiden letzthin erlöst. Zwei Tage war sie nicht aus ihrer Hütte gekommen, noch hatte sie gesprochen oder gegessen. Honatius hatte sie regelmäßig besucht, wollte Trost spenden und ihre Gedankenwelt wieder aufhellen. Doch sie hatte sich vorerst ihm gegenüber verschlossen. Später erklärte sie ihm, dass sie in dem Geist des Fuchses gewesen war. Die ihn von innen zerfressende Schwärze der Dunklen Saat war wie ein Geschwür und hatte auch nach ihr gegriffen. Sie hatte nichts außer Leid, Qual und Trauer verspürt. Das arme Tier war selbst nur Opfer von etwas unheimlichem geworden, das sie nicht erklären konnte. Auf Rückfrage bei ihrem Meister, hatte auch Omrin keine Worte für das finden

können, das, wie er glaubte, in jedem Lebewesen schlummerte:
Die dunkle Saat.

Haru blieb unruhig und huschte von der Stieleiche, an der
Honatius saß, durch das sich im Wind wiegende hohe Gras und
flitzte vorbei an einer Familie von Wildpilzen, moosbedeckten
Steinen und verschwand in dem nahen hohlen Baumstamm.
Der Trodainer hievte sich kichernd aus seinem bequemen
Schneidersitz empor, streckte die müden Arme in die Luft und
gähnte lautstark. Er verstand, was Haru von ihm wollte. Der
Spieltrieb seines Freundes steckte auch ihn an.

Honatius zuppelte sich seine Weste zurecht und richtete den
Kragen seines offenstehenden Hemdes. Auch wenn Eirien
zuerst gelacht hatte, schien sie es zu mögen, seinen haarigen
und leicht speckigen Brustansatz unter der Tunika zu sehen.
Die meisten Frauen sahen den gestählten Kriegern und Handwerkern hinterher, doch nicht Eirien. Sie war gänzlich anders
und das machte sie zu einem so besonderen Menschen für ihn.

Erst gestern noch hatte sie ihm nach ihrem Liebesspiel verboten,
sein Hemd zuzuknöpfen, ihn zurück in das warme Moos gezogen
und sich erneut an seinen zärtlichen Liebkosungen erfreut. Sie
waren gemeinsam ins Mittelland gezogen und hatten dort im
Zinnenwald ihr Zuhause errichtet. Natürlich erst, nachdem
sie etliche Jahre mit einer fahrenden Expedition gereist und
die Wunder Aeldions studiert hatten. Beide kannten die Redewendung, dass man nie auslernte und immer etwas Neues
in dieser Welt zu entdecken hatte. Dennoch gefiel ihnen die
Provinz und das Nebelgebirge hatte sich als überaus spannende
Ecke herausgestellt, die sie mehrfach besucht hatten, bis sie sich
schließlich entschieden hatten, nördlich dieses unscheinbaren
Dorfes namens Talon, ihre eigene kleine Heimat aufzubauen.

***

Lachend sprang Honatius an den im hohen Gras ruhenden,
hohlen Baumstamm, brüllte wie ein wütender Bär hinein und
blickte überrascht in eine leere Röhre. Von Haru fehlte jede

Spur. Noch im Aufrichten hörte er es unweit von sich rascheln, doch das Wiesel war flink und schnell verschwunden. Auch spüren konnte er ihn nicht.

„Was hat der Kleine denn jetzt ausgefressen?"

Honatius sah sich verwirrt um und kratzte sich unwillkürlich an der Brust. „Haru?", seine Stimme flog über die kleine Lichtung, auf der er mit Haru seine Rast gehalten hatte und verhallte schwach im Dickicht des Waldes. Unruhe machte sich in ihm breit, die Sorgen in seiner Brust wuchsen und er konzentrierte sich umso mehr auf seinen tierischen Begleiter. Dann spürte er etwas unbehagliches, etwas, das ihm wie ein kalter Stich in die Brust traf. Magie.

„Honatius!", Eirien stampfte durch das hohe Gras und erhellte mit ihrer positiven Aura und strahlendem Lächeln die Lichtung. Sie war früh am Morgen aufgebrochen und wollte das Verhalten eines kleinen ansässigen Wolfsrudels beobachten und herausfinden, ob sie von den hiesigen Kreaturen im Nebel aus ihrem Revier vertrieben, oder beeinflusst wurden.

„Spürst du das auch?", fragte Honatius und sah sich nervös um, nicht nur, um Haru zu erspähen. Eirien hüpfte durchs Gras, drückte ihm freudig einen Kuss auf die Lippen und bemerkte zuerst gar nicht sein Unbehagen.

„Was denn, dass deine Begrüßung schon herzlicher war?", stichelte sie, wurde aber prompt ernst. Sie kannte ihn zu gut, um nicht zu realisieren, dass etwas nicht in Ordnung war.

„Was ist los?"

„Das frage ich mich auch gerade", antwortete er und rief erneut nach Haru. „Etwas stimmt nicht."

„Das merke ich auch", sie nahm ihn bei der Hand, rief ebenfalls nach Haru und konzentrierte ihre Gedanken auf das flinke Raubtier.

„Ich spüre ihn. Er ist nervös. Da lang!" Sie zog Honatius hinter sich her und wunderte sich, dass er seinen Freund nicht wahrnahm, er aber beteuerte, dass etwas ganz anderes seine Wahrnehmung trübte.

„Beschreib mir das Gefühl", sie eilten in die Richtung, in der Eirien Haru spürte. Dabei ließ sie sich von Honatius seine Gefühle beschreiben. Eirien hielt dann abrupt inne. „Magie", sie sah ihn verwirrt an, „habe ich noch nie so gespürt, wie du es gerade beschreibst."

„Hast du es überhaupt schon Mal?", erwiderte Honatius, der immer nervöser wurde und seinen Schritt beschleunigte.

Die beiden erreichten eine Stelle mitten im Wald, durch die ein schmaler Pfad direkt nach Talon führte. Haru kam ihnen entgegen gerannt, wandt sich hastig an Honatius Bein empor und krallte sich an dessen Brust fest.

Angst.

„Ruhig, ruhig mein Kleiner. Wieso bist du überhaupt hier?" Der Hermelin schien aufgewühlt, seine Gedanken durcheinander und geplagt von Verwirrtheit. Etwas hatte ihn scheinbar hierher gerufen. Honatius ertastete seinen Geist und vernahm, dass Haru von fremdartigen Gerüchen hergelockt wurde, die er nicht zu erkennen vermochte.

Eirien und Honatius sahen sich um und entdeckten mehrere Fußspuren in der Erde, die nicht von Tieren stammten.

„Was ist hier los?", stellte Honatius die Frage in die Leere. Warum spürte er Magie, Eirien aber nicht?

„Haru geht es zumindest gut", beteuerte seine Gefährtin und streichelte dem Wiesel über den Kopf und seinen langen Hals. Das Raubtier schmiegte sich nervös an sie und schnatterte fleißig. Sie drang in seinen Geist vor und beruhigte ihn, sah dabei zu Honatius, der die Spuren nervös begutachtete.

„Das sind nicht ausschließlich menschliche Spuren. Siehst du die hier zum Beispiel? Das sind Hufabdrücke."

„Das ist aber kein Pferdehuf gewesen, sondern etwas, das deutlich schwerer ist, wenn ich die Erde so ansehe."

„Nein", Honatius Miene verfinsterte sich und er seine konnte immer größer werdende Sorge nicht mehr unterdrücken, „was macht ein Tha'ur hier mitten im Nirgendwo?"

Eirien blickte in Richtung Talon und ihr Gefährte verstand, richtete sich zähneknirschend auf und lief los. „Was hast du vor?", hastig eilte Eirien an seine Seite und hielt ihn am Arm.

„Ich will wissen, was hier los ist. Irgendetwas stimmt hier ganz und gar nicht. Spürst du das denn nicht?"

„Doch, aber ich weiß nicht, was das zu bedeuten hat."

„Dann", sagte Honatius und sah sie entschlossen an, „lass es uns herausfinden."

- 1 -

Talon war ein Ort wie jeder andere hier im Mittelland. Die Bewohner waren einfach, die Palisadenwälle aus Holz. Man ging seinem täglichen Leben nach, bestellte die Felder im Norden und ging in den Steinbruch im Westen. Ein seltener Luxus, der das Zentrum des Ortes mit prächtigen, liebevoll erbauten Fachwerkhäusern schmückte. Ein unauffälliges Rathaus mit einem Brunnen vor seinen Pforten war von drei langgezogenen Straßen umgeben, die das Zentrum des Dorfs ausmachten. Es gab keine nennenswerten Besonderheiten, außer einem kleinen Schrein von Datura, zu dem gelegentlich Pilger reisten, um dem Schmied der Feuer zu huldigen, eine Spende oder Gabe zu hinterlassen und den Segen des Gottes zu erhalten.

Eirien und Honatius eilten durch die Straßen auf den Schrein zu und bemerkten aufmerksame Bewohner, die ihnen äußerst nervös hinterher blickten.
„Trodainer", rief eine Frau, deren Namen Honatius nicht einfallen wollte, „da sind komische Gestalten zum Schrein gegangen."
„Geht's nicht etwas genauer, Ella?", zischte Eirien, deren Temperament gerne einmal etwas über die Strenge schlug.

„Sahen aus wie Söldner. Da war ein sprechender Stier dabei, der aufrecht ging!" Die Trodainer wussten genau, wenn es hier Ärger gab, konnten sie nicht viel tun, um diesen zu schlichten. Besonders dann, wenn es sich tatsächlich um bewaffnete Söldner handelte. Sie eilten die Straße herab, hörten aufgebrachte Stimmen, Rufe und spürten bereits eine unnatürliche Spannung in der Luft, die eindeutig das kribbelnde Gefühl von Gefahr verursachte. Aufgebrachtes Rufen drang vom Schrein her. Vor dem Heiligtum tummelten sich etliche Gestalten, die Szenerie wurde aber von einem Monstrum von Kreatur übertroffen, die noch gefährlicher war, als sie aussah. Der Tha'ur war eine zweibeinige Walze, dessen Hufe allein einen Menschen umbringen konnten, wenn er mit aller Kraft zutrat. Allein die wuchtige Gestalt und

Ausmaße dieses Tiermenschen waren erschreckend, denn ein Tha'ur konnte locker zweieinhalb Meter groß werden. Viele von ihnen hatten dann auch noch nicht ungefährliche Hörner, wie ein Bulle und ihre breiten Stiernacken ließen sie noch größer erscheinen.

„Ach du …", Eirien verschluckte den Rest des Satzes bei dem Anblick des Tha'ur, der einen schweren Streitkolben neben sich in den Boden rammte und mit ausgestrecktem Finger zu dem Wächter des Heiligtums deutete.

„…dachte *jeder* darf den Schrein betreten?", brüllte er den Nju an, der in waldfarbenen Roben gekleidet vor dem Eingang des Schreins stand und den Weg blockierte.
„Verzeiht", schien dieser sich nicht zum ersten Mal zu entschuldigen, „aber Ihr werdet Euch doch eingestehen, dass dies nicht möglich ist."

Der Tha'ur schien sich nicht beirren zu lassen und verlangte Eintritt, auch wenn er ganz klar sehen musste, dass er gut fünfzig Zentimeter zu groß für die Pforte war.
„Es is', weil ich nicht von hier komme?", brüllte er jetzt und stampfte wütend mit einem Huf. Der Krieg der Rassen war noch nicht all zu lange vorbei. Regelmäßig kamen immer wieder Gefühle auf, die deutlich machten, dass auch das Ende eines Krieges nichts an gewissen Dingen ändern konnte.

„Bitte versteht doch", beharrte der Wächter sichtlich nervös und deutete auf die Gruppe von Söldnern, die den Tha'ur begleitete. „Eure Freunde können gerne eintreten."
„Es is'", wiederholte der Tha'ur jetzt noch wütender und energischer, „weil ich nicht von hier komme."
Es war definitiv keine Frage und der Koloss schien definitiv nicht in der Gemütslage, sich von seiner Einstellung abbringen zu lassen. Er wuchtete den Streitkolben hoch, stampfte bedrohlich näher und deutete auf die Pforte.
„Wenn Datura uns alle liebt", knurrte er, „dann lässt er auch jeden in sein Heiligtum." Honatius und Eirien waren näher gekommen und hatten sich durch die neugierige Menge gedrängt.

„Da hat er nicht Unrecht", murmelte Honatius und spürte, dass die Situation nicht nur zu eskalieren drohte, sondern, dass es bereits zu spät war. Der Tha'ur schob den Wächter zur Seite und blieb dann zornig vor dem Eingang stehen.

„Ihr seht", beteuerte der Priester, „ihr könnt das Heiligtum nicht betreten."

Der Tha'ur stierte den Nju einen langen Moment an, kniete sich dann vor die Pforte und spähte hinein. Das Gesicht des Bullen verzog sich zu einer Grimasse und er schnaufte. Jetzt sprach er deutlich ruhiger und leiser: „Ein so schöner Anblick", richtete sich dabei auf, „und er bleibt mir verwehrt. Datura verspottet mich."

„Datura verspottet niemanden", mahnte der Wächter, dessen Nervosität ihm deutlich anzusehen war. Allein die Hand des Tha'ur war so groß wie der Schädel des ihm gegenüber stehenden Echsenmenschen und hätte diesen ohne Probleme zerquetschen können.

„Ihr solltet dafür sorgen, dass *jeder* Besucher zu den Göttern beten kann", sagte der Riese jetzt so laut, dass es alle Schaulustigen verstehen konnten, die sich um das vermeintlich zu eskalieren drohende Spektakel versammelt hatten.

„Und *ihr*", brüllte der Tha'ur jetzt, drehte sich dabei zu eben diesem Pöbel um, „solltet eure Nasen nicht in fremder Leute Angelegenheiten stecken!"

Der Streitkolben schabte über den Boden, landete dann auf der Schulter des Tha'ur, der seinen Begleitern zunickte und sie verließen verdrossenen Blickes den Schrein. Als sie an Eirien und Honatius vorbei stolzierten, konnten die beiden einen genaueren Blick auf die Gruppe erhaschen. Der Tha'ur war ganz offensichtlich ihr Anführer. Zwei Luthan, die zweifellos schon einige Kämpfe hinter sich hatten, wirkten von allen anderen am bedrohlichsten. Ihre katzenhaften Augen funkelten die umstehenden Menschen permanent und gereizt an. Einem von ihnen fehlte das halbe Ohr, der andere hatte mehrere Narben im Gesicht, die aussahen, als hätte ihm ein Bär das Boxen beigebracht. Der Mensch unter ihnen hatte eine schlecht rasierte Glatze und trug eine dünne Lederrüstung, sowie einen Bogen über der Schulter. Neben ihm stolperte ein Gnom her, dem man so fies das auch klingen mochte, ansah, dass er vermutlich genauso flinke, wie kleine Hände hatte. Er besaß graue aufmerksame Augen, die hinter einer langen, spitzen Nase unter einer etwas zu buschigen Stirn hervorlugten und schien sich ständig aufmerksam umzusehen.

Eirien neigte dazu, andere vorschnell zu verurteilen, aber Honatius kam nicht umhin, diesen Haufen als wegelagernde Räuber zu sehen, die sie vermutlich auch waren. Warum sie aber jetzt hier in Talon so einen Aufstand machten und unbedingt den Schrein zu betreten versuchten, blieb ihm ein Rätsel. Dann jedoch kreuzte sich erneut sein Blick mit dem des Gnoms und eine seltsame Unruhe machte sich in ihm breit. Ein ungutes Gefühl, das er für den Rest des Tages nicht abzustreifen vermochte.

Dem Nju schien sämtliche Last von den Schultern zu fallen, nachdem die Gruppe sich entfernt hatte. Er bemerkte Honatius und seine Gefährtin und trat eiligen Schrittes auf sie zu. Seine feinen Lippen bebten und zuckten in einem nervösen Lächeln: „Datura zum Gruße, Trodainer."
„Ich muss nicht fragen, was hier vorgefallen ist", mahnte Eirien und sah der Gruppe hinterher. „Was war das für ein Pack?"

„Diesen Schrein zu besuchen, steht jedem offen", beteuerte Eru, ein Priester von Datura und fuhr sich mit einer flachen Hand über den schuppigen Schädel.
„Was hätte ich denn tun sollen?", fragte er jetzt, als hätte jemand seine Handlung angekreidet. Honatius deutete auf den Schrein. „Seid froh, dass ihr die jetzt los seid."
Seine Gefährtin sah noch immer in die Richtung der Gruppe: „Ich bin mir nicht sicher, ob das so stimmt. Ihr solltet Euch Gedanken um eine Bewachung machen."
„Aber das haben wir doch", beteuerte der Wächter und deutete auf den Eingang des Schreins. „Datura behütet uns. Er hätte nicht zugelassen, dass dieser Rüpel etwas anstellt."
Eirien sah den Nju mit einem Blick an, der verriet, was sie wirklich dachte. „Natürlich."
Ein weiterer deutlich älterer Nju trat nun aus der Menge. Er hatte sich die ganze Zeit bedeckt gehalten und beobachtet, wie

der Tha'ur reagieren würde. Ein vom Alter ausgedünnter ledriger Kamm zog sich von seiner Stirn über den Hinterkopf. Auf der Stirn selbst ruhte eine feine Tiara mit einem kleinen eingefassten Rubin, dem Edelstein Daturas. Das kantige Gesicht des Nju war geprägt von ergrauten Schuppen und alten, blassen Augen, die den Trodainer vor sich einen Moment zu lange musterten.

„Ovorin", Eru eilte zu dem alten Wächter und reichte ihm eine Hand zur Stützte, „du warst Datura sei Dank gerade nicht hier."

„Ist er fort?"

„Ja."

„Er hatte kein gutes Herz", stellte der alte Nju fest.

„Nein, das hatte er nicht", antwortete Eirien und grüßte den alten Nju. Honatius rümpfte seine knollige Nase. Erneut war es dieses seltsame Gefühl von allgegenwärtiger Magie, das er um sich herum verspürte. Es wurmte ihn, dass Eirien das nicht auch so wahrnahm. Ihm kam es jetzt seltsamerweise so vor, als würde diese Aura von dem alten Nju namens Orovin ausgehen, der nun schwermütig erklärte:„Reisende kommen hierher, um Datura zu huldigen. Aber auch um den Schrein zu sehen. Die Legenden locken sie an, ebenso Abenteuerer und jene, wie diese. Sie sind entweder hinter dem Gold her", sprach er weiter, „oder aber hinter dem, was diesen Schrein zu dem macht, was er ist." Während Ovorin sprach ging er in den Schrein. Sie folgten ihm unaufgefordert und ohne zu wissen wieso.

Ihre Schritte führten sie durch einen hell erleuchteten kurzen Korridor, dessen Wände in prächtigen und warmen Goldtönen schimmerten. Sie waren geprägt von wunderschön verspielten, teils ineinander verschlungenen Ornamente und Intarsien, die prächtige und wertvolle Wandzeichnungen mit fremdartigen Geschöpfen rahmten. Die Wesen längst vergessener Tage fanden sich an den ausgeschmückten Gemälden an den Wänden und ebenso an der Decke des Raums wieder. Dort über dem Altar blickte das größte der Wesen direkt auf den Altar, seine gewaltigen Klauen in die Oberfläche des goldschimmernden Rings krallend, der es einrahmte.

Ein längliches, fratzenhaftes Gesicht mit der Schnauze eines Wolfshundes, offenbarte dolchartige Zähne, die es mit seiner großen Zunge bleckte. Zwei golden strahlende Augen bohrten sich durch den Betrachter und in dessen tiefstes Inneres. Lange, gekrümmte Hörner an der Stirn, die ihm bis zur breiten Schulter reichten, verschwanden im hinteren Teil des Gemäldes hinter dem muskulösen Körper der humanoiden Kreatur, die man als Ashur kannte, obgleich man seit Jahrhunderten keine Berichte ihrer Existenz vorfand. Die Ashur waren längst verschwunden. In Legenden sprach man von ihrem Wesenszug, als würde sich die innere Glut der Welt in ihrem Herzen wieder finden. Sie waren das Wappentier des Feuerorden von Datura und galten als seine ersten Geschöpfe.

Im Zentrum des Raums, den sie nun betraten, stand ein Blockaltar, der von vier freistehenden Stützen getragen wurde, die aus Darstellungen miteinander kämpfender Tiere bestanden. Den Sockel bildeten je zwei Ashur, die die gesamte Last des Schreins auf ihren Schultern trugen. Den Altarrücken zierte ein in feinsten Intarsien und Lettern verfasster Vers:

Was versiegelt und ewig dem Schutze,
wurde entzweit in dunklem Nutze.
So wartet jener Funken, den ich schuf,
Auf den wahren, der da hört den Ruf.
Und jener der den Funken spürt,
Folge dem Pfad, der zu mir führt.

So finde deine wahre Natur,
Suche mich, den ersten Ashur.

Der Nju namens Ovorin deutete auf die leuchtenden Worte in dem Stein. „Die Suche nach dem Heiligtum Daturas führt viele hierher. Nicht zwingend der Wunsch nach dem Segen des Feuerschmieds."

Eru seufzte, den Blick nicht vom Eingang des Schreins lösend: „Mir gefällt nicht, dass wir jedem Dahergelaufenen Zugang gewähren."

„Wo bleibt denn deine Nächstenliebe?", stichelte Eirien jetzt und sah sich im Schrein um, als suche sie nach etwas besonderem. Ihr Blick blieb beim Altar hängen.

„Diese Worte da", fragte sie Ovorin, „wer hat sie verfasst?"

„Sie sind alt, meine Liebe", antwortete der Nju geheimnisvoll, „so alt wie die Götter und Magie selbst."

„Und was bedeuten sie?", fragte jetzt Honatius und las den letzten Satz erneut.

„Du kannst doch lesen, Trodainer", schmunzelte der alte Nju und deutete auf die Schrift. „Was dort geschrieben steht, hat Datura selbst in den Stein gemeißelt. Dieser Schrein ist sein Heiligtum. Spürst du denn nicht die altehrwürdige Magie, die dieser Ort beherbergt?"

„Ich bin Trodainer", log Honatius als Erklärung und erntete einen fragenden Blick von Eirien, „wir sind nicht in den Künsten der Magie bewandert."

Ovorin lächelte, zumindest wirkte seine hochgezogene Lippe danach: „Ist das so. Aber was, wenn ich dir sage, dass die Magie alles und jeden umgibt, uns alle miteinander verbindet und ein Band zwischen allen Lebewesen Aeldions knüpft? Sie ist allgegenwärtig und ein jeder vermag es, sie zu verspüren. Sei es nun ein kurzer Schauer auf der Haut, was die Menschen so gern Gänsehaut nennen. Oder aber dieses Gefühl von Beobachtung, der Schauer, wenn man alleine in der Dunkelheit steht. Das alles ist Magie."

„Aber die Magie schwindet vielerorts", erklärte Eru düster und mit traurigem Blick, „wie erklärst du das?"

„Die Magie", räusperte Ovorin sich jetzt, scheinbar erbost über die Worte seines Begleiters, „kann nie gänzlich von Aeldion verschwinden. Sie ist ein existenzieller Teil des Planeten. Ohne sie stirbt alles. Versiegt die Magie endgültig, ist Aeldion dem Untergang geweiht." Der Nju sah nun Honatius eindringlich an, der nicht wusste, wie er in diese Debatte geraten war.

„Lasst zu, dass ihr an das glaubt, was ihr nicht seht", Ovorin legte seine Schuppigen Hände auf den Altar, schloss die Augen und seufzte. „Dieser Schrein ist ein Schutzort. Er behütet die uralte Magie von Datura ebenso, wie er sie erhält."

„Eigentlich", unterbrach Eirien jetzt vorlaut den Nju, „wollte ich ja nur wissen, ob ihr wisst, wer diese Worte verfasst hat und wieso?"

Ovorin nahm sich einen Moment der Ruhe, atmete langsam

und schien über irgendetwas zutiefst betrübt. Dann blickte er auf die Schrift.

„Es heißt, dass ein Krieger von Fern kommen wird. *Akanju*. Ein Mann mit gebrochenem aber reinem Herzen und er wird das Heiligtum an sich nehmen können, das hier versiegelt wurde."

Überrascht von diesen Worten wollte Honatius etwas sagen, doch der alte Nju fuhr unerwartet schnell zu ihm herum, sah ihm tief in die Augen und meinte mit ruhiger Stimme: „Ich habe euch dies anvertraut, weil ich spüre, dass ihr die Richtigen dafür seid."

„Wofür?", hakte Eirien vorsichtig nach. Sie hatte in der Tonalität des Nju gemerkt, dass sich etwas drastisch geändert hatte.

„Für das Geheimnis dieses Schreins. Als Hüter."

Eru fuhr erschrocken herum, doch Ovorin hob seine zittrige Hand empor.

„Wir können nicht ewig hier Wacht halten, Eru."

Der jüngere Nju schwieg und sah seinen Mentor lange an, bevor er verständnisvoll den Kopf schüttelte. „Wir Nju sind die auserkorenen Wächter des Heiligtums von Datura."

„Ich möchte eigentlich auch etwas dazu sagen", antwortete Eirien, die nicht verstand, was der Nju von ihr verlangte. „Wir sind Trodainer und haben unser Leben den Geschöpfen von Faora und Farenna verschrieben. Wir sind Vermittler, Heiler und Botschafter. Keine Wächter für den Schrein eines Gottes. Komm Honatius", raunte sie und nahm ihren Gefährten am Arm, „ich finde das alles hier ein wenig seltsam."

Doch Honatius sah zum Altar herüber.

„Ihr seid keine gewöhnlichen Nju", mutmaßte er und sah Ovorin lange an, der seinen Blickkontakt zu früh abbrach. Doch Eru lachte trocken und deutete auf den alten Nju: „Bei meinem Meister bin ich mir da nicht mehr sicher, er scheint langsam nicht mehr ganz klar im Kopf zu sein. Bitte, verzeiht sein Gerede. Ich denke, ich bringe ihn jetzt zu Bett. Heute ist nicht das erste Mal, dass er mit verwirrtem Geiste spricht."

Haru über den Rücken streichelnd, bestätigte Eirien die Worte Erus: „Er hat Recht. Wir sollten uns auf den Heimweg machen, immerhin ist es schon spät und ich hatte heute noch ganz andere Pläne."

***

Honatius gingen die Worte des Nju nicht mehr aus dem Kopf. Geistesabwesend saß er am Abendtisch und hörte Eirien gar nicht zu, die die ganze Zeit vor sich hin plapperte. Sie tippte mit ihrer Gabel auf den Rand seines Tellers.

„Freundchen", mahnte sie ihn und riss ihn endlich aus seinen Gedanken, „wenn du nicht isst, was ich dir da heute gezaubert habe, bekommst du auch definitv keinen Nachtisch", wobei sie auf sich zeigte. Honatius nickte abwesend. Ihr Grinsen verwandelte sich in eine besorgte Miene.

„Was ist los?"

„Ich denke nach", erklärte Honatius knapp.

„Das hatten wir doch schon. Du sollst nicht so viel denken."

„Nein", antwortete Honatius und beobachtete Haru, der die Schüssel mit seinem Fleisch gierig verschlang, „es ist nur …" Honatius suchte nach den Worten und sein Blick wanderte dabei über das Gesicht seiner Gefährtin. „Hattest du jemals das Gefühl, dass du mit der Nase auf etwas gestoßen wirst, es aber einfach nicht siehst?"

„Nein", antwortete sie knapp. Eirien hatte nicht immer Lust auf tiefgründige Gespräche am Abendtisch, vor allem nicht dann, wenn ihr Gemahl nichts von ihrem fürsorglich zubereiteten Essen zu sich nehmen wollte.

„Mir geht nicht aus dem Kopf, was Ovorin zu uns sagte", erklärte Honatius und hoffte, dass sie etwas einsichtiger wurde.

„Ich weiß doch, Liebster", erwiderte Eirien und ihre Hand streichelte seine Wange und den Ansatz des Bartes, den er versuchs- weise wachsen ließ.

„Ovorin hat dir mit dieser Magiegeschichte jetzt etwas in den Kopf gesetzt, nicht wahr?"

„Es ist nur", beteuerte Honatius, „heute habe ich die Magie gespürt, wie noch nie zuvor. Und wir sind am Ende in Talon am Schrein gelandet. So, als hätte er mich zu sich gerufen."

„Der Schrein? Oder meinst du Ovorin?", fragte Eirien, doch ihre Stimme klang zynischer, als sie es vermutlich zeigen wollte.

„Beides", zischte Honatius als Antwort und stand auf. „Ich habe keinen Hunger, verzeih mir. Ich muss nochmal nach Talon."

Haru flitzte über den Boden ihrer Hütte, über Honatius Bein auf seine Schulter. Wohin er ging, folgte ihm auch sein Hermelin. Eirien, temperamentvoll wie sie war, stand ebenfalls auf und warf ihm seine Schüssel gegen die Brust.

„Honatius Silberwiesel", fluchte sie, „wehe du gehst jetzt durch diese Tür."

„Was dann?", fragte Honatius und ahnte nicht, dass er diese Frage sein Leben lang bereuen würde.

„Fein", zischte Eirien und warf ihm noch ihre eigene Schüssel hinterher. Da sie im Gegensatz zur ersten aber leer war, blieb der erwartete Effekt wohl aus. Eirien zischte und fluchte, hastete um den Tisch und boxte Honatius so fest in den Arm, dass Haru schnatternd herunterpolterte und wild durch den Raum flitzte.

„Ich komme mit", ihre Lippen bebten, „nur um zu verhindern, dass du dir von dem alten Nju irgendwas aufschwatzen lässt."

In dem Moment als sie ihr Haus verließen spürten beide denselben Stich und die gleiche Furcht. Der Wald war aufgebracht, in Sorge und die Abendluft stank nach verbranntem Holz. Über den Bäumen stiegen dunkle Rauchwolken in die aufkommende Abenddämmerung. Ein rotes Glühen drang über die Spitzen der Baumwipfel. In Talon brannte es.

- 2 -

Nicht in Talon brannte es. Talon brannte.

Die Trodainer erreichten einen verheerten Ort voller panischer Menschen. Manche versuchten, mit Eimern voll Sand und Wasser die Feuer der Häuser zu löschen, doch die Flammen sprangen zu schnell von einem Gebäude aufs nächste über.

Das Gefühl von Magie war stärker denn je, doch jetzt war es Sorge, die Honatius antrieb und zielstrebig zum Schrein führte. Dort angekommen fand er ein verheerendes Bild der Zerstörung und den Ursprung der Feuer. Das Dach des Schreins bestand aus gewaltigen Flammen und einer Rauchwolke, die sich bedrohlich auftürmte und ihre schwarzen Schwingen weiter über der Stadt ausbreitete.

Honatius war jetzt froh, dass er Haru im Haus eingesperrt hatte. Er schluckte und hielt Eirien zurück, die zu spät bemerkte, wer da am Schrein brandschatzte.

„War ja klar", zischte sie wütend und starrte auf die Luthan und den Menschen, der einen Wagen mit abgeschlagenen Goldstücken aus dem Schrein belud.

„Diese diebischen Mistmaden", fluchte sie und zückte zu Honatius Überraschung einen schmalen Dolch.

„Was hast du vor?" fragte er entsetzt und zog sie zur Seite.

„Wonach sieht das aus? Wir müssen was tun!"

„Mit diesem Messer?", er sah sich hastig um.

„Wo steckt die Stadtwache?"

„Da", antwortete Eirien und deutete auf eine Leiche vor dem Schrein.

„Wo ist der Rest?" Honatius Frage ging in einem Japsen unter, Eirien lief los, sah über ihre Schulter zurück zu ihm und meinte: „Solange du dich das fragst, unternehme ich etwas. Hey!"

Die Luthan sahen sie näher kommen und lächelten verschlagen. Sie schienen in aller Ruhe den Schrein auszuräumen, während das vermutlich von ihnen gelegte Feuer den Ort auf Trab hielt.

„Sieh mal einer an –", ein Ächzen beendete den Satz und der Luthan mit dem halben Ohr fiel rücklings mit einem Dolch im Auge zu Boden. Sein Kollege schien erst im zweiten Moment zu verstehen, was da geschehen war, brüllte und rutschte auf die Knie, um seinen bereits toten Freund zu helfen. Jetzt erst erkannte Honatius die familiäre Ähnlichkeit der beiden als solche an. Aber vielmehr ging ihm in diesem Moment durch den Kopf, dass seine Gefährtin soeben mit einem gezielten Wurf dem Fionis ihren Dolch direkt ins Gesicht geschleudert hatte.

„Eirien!", sein Ruf ging in dem Brüllen des wutentbrannten Luthan unter, der jetzt zwei Dolche zückte und auf die Frau zustürmte. „Miststück!"

Sie hatte offensichtlich nicht weiter über die nächsten Schritte nachgedacht. Etwas, das Honatius leider nur zu gut von ihr kannte, und zuckte erschrocken zurück. Mörderischer Hass blitzte in den Augen des Schurken auf, der jetzt nach ihr schlug und sie beim ersten Schlag knapp verfehlte. Eirien war instinktiv noch einen Schritt zurück gewichen und hatte dann ihren Körper rechtzeitig zur Seite gedreht. Ihr blieb nichts anderes übrig, als den Fionis zu schubsen. Doch der blieb unbeeindruckt stehen, stemmte ein Bein in den Boden und kickte die Frau vor sich in den Dreck.

„Ich werde dich langsam aufschlitzen für das, was du getan hast." In seinem Rausch und dem allgegenwärtigen Chaos um sie, hatte er nicht bemerkt, dass der andere junge Trodainer herangeeilt war und jetzt einen Stock wie eine Waffe schwang. Der Luthan fluchte und sackte auf ein Knie, als Honatius ihm damit mit voller Wucht in den Rücken schmetterte. Eirien kickte nach seiner Hand, traf den Ellenbogen und der entstandene Schwung reichte aus, dass der Angreifer sich seinen Dolch selbst in die Schulter rammte. Er schrie zornig auf, Honatius ließ ihm aber keine Ruhe. Der Kerl wirkte nicht so, als könne man noch mit ihm reden oder verhandeln. Immerhin hatte Eirien seinen Bruder vor seinen Augen getötet – wer wäre da schon in versöhnlicher Stimmung?

Honatius riss den Stock empor, hob ihn über und vor den Kopf des luchsartigen Tiermenschen und zog ihn dann mit aller Kraft zu sich heran, um ihm die Luft abzuschneiden. Er würde alles tun, um seine Eirien zu beschützen.

Der Luthan würgte und schlug wild um sich, traf dabei Eirien, die keuchend zur Seite fiel und sich eine Hand an den Brustkorb presste. Blut quoll unter dem Stoff und ihren Fingern hervor. Honatius, der sich mit aller Kraft gegen den größeren Gegner zur Wehr setzte und nach hinten stemmte, fluchte bei Eiriens Anblick wütend und versuchte, sich weiter durchzusetzen. Doch der Luthan riss sich endlich los, fiel nach Luft ringend vornüber auf alle Viere und keuchte erschöpft. Statt auf Abstand zu gehen, holte Eirien jetzt aber Schwung und trat ihm mit voller Wucht ins Gesicht. Es knirschte.

Der Luthan blieb liegen.

Honatius eilte zu Eirien und presste sie fest an sich.

„Was in Daturas Namen passiert hier?" Seine Frage blieb unbeantwortet, doch Eirien schluchzte und küsste ihn innig. Ihre Lippen bebten und ihr Körper zitterte. Der Schnitt in ihrer Brust war nicht tief, blutete aber stark. Honatius riss sich ein Stück Ärmel ab und presste es auf die Wunde.

„War ja klar, dass du da jetzt hinfasst", witzelte Eirien und Honatius wusste plötzlich, dass alles gut werden würde. Er küsste sie innig und sie pressten ihre Körper fest aneinander.

„Schnell", sagte sie jetzt und löste sich von ihm. Honatius nahm sie bei der Hand und wollte von hier fort, doch Eirien zerrte ihn in die andere Richtung.

„Der Schrein, Hon", sie starrte zu dem geplünderten Heiligtum und war sichtlich überrascht, dass er lieber fort wollte, statt dorthin zu gehen, weswegen er gekommen war. Sie spürte erneut, wieso sie diesen Mann liebte, packte ihn erneut und küsste ihn innig. Honatius hatte sich bei all seinem Pflichtbewusstsein für sie und nicht für den Schrein entschieden. Jetzt aber sah sie es nur noch mehr in ihrer Pflicht, dass sie die Plünderer aufhielten.

„Es geht schon", erklärte sie und drückte sich den Stoff auf die Wunde, beugte sich herab und klaute dem Luthan die Dolche, die er nicht mehr brauchen würde. Honatius nahm ihr einen ab, schluckte schwer und wog in der anderen Hand den Ast ab. Schlagen und stechen. Sie eilten zum Schrein.

***

An der Pforte saß Eru mit weit aufgerissenen Augen und zwei Pfeilen in der Brust. Honatius schluchzte und schloss ihm vorsichtig die Augen. Dann hörte er Stimmen von drinnen.

„…gleich zurück. Bor wird hier alles kurz und klein hauen", quakte die Stimme des Gnoms nervös über die Rückkehr ihres Anführers, wie Honatius vermutete.

„Scheiße, alte Echse. Jetzt mach endlich auf!"

Das musste der kahlköpfige Mensch sein. Eirien und Honatius schlichen in den Durchgang und erspähten die zwei Angreifer und den alten Nju, der am Altar lehnte. Auch ihn hatten sie schwer verletzt. Doch irgendetwas war anders. Er wirkte nicht so gebrechlich wie am Vormittag.

Da war es wieder.

Honatius stöhnte unter den Gefühlen, die ihn überkamen und sein ganzer Körper kribbelte von der Magie, die den Schrein erfüllte. Und jetzt sah er die Aura dessen förmlich, was Orovin ihm erklärt hatte. Der Nju schien vor Magie von innen heraus zu strahlen. Honatius stutze, denn auch der Altar glühte förmlich, so als läge dort etwas unglaublich mächtiges verborgen. Ein magisches Artefakt.

Bei den Göttern!

Jetzt fiel es dem Trodainer wie Schuppen von den Augen und er verstand endgültig, was Ovorin gemeint hatte und wie wichtig dieser Ort hier wirklich war. Was dieser Ort war. Es war nicht irgendein Schrein Daturas, es war der Schrein des Feuerschmieds

„Eirien, geh und hol Hilfe", flüsterte Honatius jetzt beherrscht, doch seine Gefährtin sah ihn verständnislos an. „Bist du verrückt? Du kannst doch nichts gegen die da ausrichten."

In dem Moment stöhnte der Nju und wurde von dem Menschen hart angegangen. „Öffne das Scheißteil jetzt!"

„Ja", brüllte der Gnom, „ich weiß, dass das geht. Ich hab die Mechanik schonmal gesehen. Ist wie ein Schublade! Mach schon. Wo ist der Schalter?"

Eirien und Honatius sahen einander an und schlichen dann näher heran. Etwas schweres stampfte von hinten schnell heran und ehe sie sich umdrehen konnten, knallte der Streitkolben des Tha'ur zwischen ihnen krachend in den Durchgang.

„Ihr!", brüllte der Koloss, den oberen Rahmen der Pforte zerschmetternd. Trümmer flogen in alle Richtungen und schossen gegen die Trodainer, die erschrocken hinfielen. Ein Steinbrocken knallte auf Honatius Fuß und zerschmetterte ihn. Der Trodainer schrie gequält auf und Tränen schossen ihm in die Augen. Eirien kroch zu ihm und schob mit aller Kraft den Stein von seinem Gelenk, das schmerzend nachgab.

„Seid ihr verblödeten Vollidioten eigentlich blind und taub?", fluchte der Tha'ur, bückte sich und schob seinen wuchtigen Körper durch den Korridor, wobei sein haariger Nacken gegen die Decke schabte. Mit der Linken packte er den Streitkolben, mit der rechten Hand schob er Eirien grob zur Seite, um ganz in den Raum hinein zu kriechen. Dann richtete er sich zu seiner vollen Größe auf und deutete auf die Trodainer.

„Draußen liegen Fynn und Jarell!"

Der Gnom sah verwirrt von dem Tha'ur zu den Trodainern und dann zu dem Nju, der stolz schnaufte und seine Brust hob.

„Ich hoffe sie haben bekommen, was sie für den Mord an Eru verdienen."

„He", knurrte der offenkundig begriffsstutzige Mensch und hob unnötigerweise seinen Bogen, „das war ich."

Ovorin sah zu den Trodainern und nickte Honatius zu, der nicht ganz verstand, was er ihm damit sagen wollte. Außerdem war er zu sehr mit den Schmerzen seines Fußes beschäftigt und der Angst, dass diese Mörder auch dem Priester und Eirien etwas antaten. Der Tha'ur ignorierte die beiden am Boden Liegenden aber und stampfte an den Altar heran.

„Grazz sagte, man kann den Altar öffnen", er stierte den Nju erwartungsvoll an, als ob dieser direkt tun würde, was er verlangte. Da hämmerte der Koloss seinen Streitkolben erneut in den Boden.

„Ich hab dich gewarnt, alte Kröte. Das ganze Gold hier ist es doch nicht wert, sein Leben dafür zu opfern."

„Das nicht", erwiderte Ovorin und sein Blick ruhte erneut auf Honatius, der die Magie spürte, die den Raum immer mehr tränkte. „Doch es gibt wertvollere Schätze als Gold."

„Klar", grunzte Grazz und betatschte den Altar, suchte nach jeder Nische und Spalte oder einem Schalter.

„Was soll das?" Eirien schob Honatius zur Seite. Es war ganz gut, dass die drei Räuber sie nicht beachteten. Sie fragte sich ohnehin, wo die Stadtwache blieb, hatte aber in Anbetracht des blutigen Streitkolbens das Gefühl, dass der Tha'ur sich bereits um das Problem gekümmert hatte, bevor er hierher gekommen war. Ovorin trat jetzt einen Schritt vom Altar zurück und hob seine knochigen Finger. Die Magie knisterte im Raum und der Altar ruckelte kurz.

„Kackdreck!", jaulte der Gnom erschrocken und sprang zurück, „Magie?"

Ovorin lächelte grimmig und nickte. „Hinter allem steckt mehr, als das Auge sieht. Man sollte immer zweimal hinsehen." Damit trat er einen Schritt zurück und der Tha'ur lächelte zufrieden: „Geht doch."

Er stierte zufrieden auf den Altar, dessen Oberfläche jetzt eine Nische preisgegeben hatte, ein längliches Becken in dem ein glanzvolles Schwert ruhte.

Honatius spürte mit einem Mal die immense Magie, die den Raum flutete und von dem Altar ausging. „Hilf mir bitte auf", bat er Eirien und sie schob ihn mit dem Rücken entlang der Wand nach oben und stützte ihn.

„Was passiert hier?", fragte sie ihn und wirkte zum ersten Mal alles andere als taff und selbstbewusst. Sie starrte fast schon angsterfüllt zu den Räubern und dem Priester, der sie beruhigend anlächelte. Von Ruhe konnte hier ihrer Meinung nach aber keine Rede sein. Außerhalb des Schreins brannte die Stadt und hier gab es sicher gleich Mord und Totschlag.

„Hast du jemals von der Legende der Schwerter gehört?", fragte Honatius. Eirien sah ihn an, als ob er sie fragte, welche Farbe die Sonne hätte. Dann starrte sie mit weit aufgerissenen Augen auf den Altar und Honatius spürte, dass sie zitterte. Sie beobachteten den Tha'ur, der gierig näher getreten war und das im Schrein ruhende Schwert angaffte. In der Klinge waren feine Runen und Intarsien eingeschmiedet, die leicht zu glühen schienen. Das Heft des Schwertes war aus einem dunklen Material, das rötlich schimmerte und lud ihn ein, nach der magischen Waffe zu greifen.

Die große Pranke des Tha'ur senkte sich herab und für einen Moment schien er zu zögern.

„Ich weiß, was das ist", erklärte er mit glänzendem Blick. „Die Götter haben uns ihr Vermächtnis hinterlassen und nur jene, die stark genug sind, können eine solche Klinge führen."

Er lehnte den Streitkolben an den Schrein und sah seine zwei Kumpane an. Grazz hielt sich auf sicherem Abstand zu dem magischen Schwert, er schien eine besondere Furcht vor dem Artefakt zu hegen. Die Hand des Tha'ur zuckte, doch dann starrte er den Nju zornig an.

„Wo ist der Haken?"

„Es gibt keinen. Nur ein Gesetz", versicherte Ovorin und deutete auf das Schwert, „jene, die von Datura erwählt wurden, dürfen sein Vermächtnis nehmen."

„Ich habe immer zu Datura gebetet, war ehrfürchtig und ihm

ergeben, war immer gläubig", erklärte der Koloss mit vor Stolz anschwellender Brust. „Bisher habe ich jeden Kampf gewonnen. Mich hat mein Weg hierher geführt. An diesen Ort. Zu diesem Zeitpunkt. Ja. Datura hat *mich* erwählt. Ich bin es", er senkte die große Hand, griff nach dem Schwert und hob es triumphierend empor.

Honatius hielt für einen Moment den Atem an. Siegessicher umklammerte die Hand des Tha'ur das für seine Hand viel zu kleine Schwert und er lachte zufrieden. Seine zwei Kumpane blieben zuerst zögerlich und starrten ihn an, schienen nicht ganz zu begreifen, was soeben geschah und lachten dann langsam mit ihm. Der Tha'ur schien sich jetzt an die zwei Trodainer zu erinnern, die mit ihnen im Schrein waren, starrte sie an und grinste böse.

„Ihr habt meine Freunde getötet."

Die Klinge glühte bedrohlich auf. Eirien schrie auf und schob sich vor den verletzten Honatius, doch der Tha'ur kam nicht dazu irgendetwas zu tun. Er schrie urplötzlich auf und stürzte mit schmerzverzerrtem Gesicht auf die Knie, dass der Boden rumpelte. Seine Hand verkrampfte sich um den Schwertgriff. Einem lauten Zischen folgte der beißende Geruch von verbranntem Fleisch und Gewebe. Das Schwert glühte noch immer und immer mehr, entflammte urplötzlich und als wäre er in Öl getränkt, schoss eine flammende Zunge über den Schwertarm seinen Körper hinauf.

„Was hast du getan?" Der Tha'ur brüllte Ovorin an, der vorsichtig zurück wich und mit ansah, wie der Koloss von seiner eigenen Arroganz zerfressen wurde.

„Leg die Klinge sofort zurück, Narr!"

Das Schwert fraß sich durch seinen Körper. Der Glatzkopf riss ein Messer empor und rammte es dem Nju fluchend in die Brust. „Hör auf ihn zu verhexen!"

„Nein!", brüllten Eirien und Honatius fast gleichzeitig. Grazz der Gnom rannte heulend zum Ausgang, doch der Tha'ur packte ihn hilfesuchend und riss ihn zu Boden. Der bestialische Gestank von brennendem Fell und Fleisch erfüllte den Raum. Bor gurgelte, spuckte Blut und röchelte gequält. Seine Augen waren weit aufgerissen und blutunterlaufen. Die Flammen griffen direkt auf den kleinen Körper des Gnoms über. Grazz drehte sich schreiend auf dem Boden, brüllte wie am Spieß und starrte in die von innen glühende Fratze des Tha'ur, der mit aufgerissenem Maul etwas zu sagen versuchte. Dunkler Qualm stieg aus seinen großen Nüstern und dem Rachen. Grazz stocherte panisch mit seinem Dolch in die Pranke seines Gefährten, glühendes Blut spritzte empor und je energischer er zustieß, desto schlimmer wurde es. Die Hand war halb zerfetzt, doch der Koloss packte den Kopf des Gnoms und zerquetschte ihn mit aller Kraft, dass er platzte wie eine reife Traube.

Eirien schrie entsetzt, riss ihre Hände vors Gesicht und zerrte an Honatius, damit sie den Schrein schnell verlassen konnten. Doch ihr Gefährte humpelte nach vorne und wollte Ovorin zu Hilfe eilen. Der Kahlkopf schien das grausame Schauspiel nicht zu ertragen, rastete vollends aus, brüllte und mit einem wahnsinnigen Blick stach er erneut zu und traf Honatius in der Brust.

Der Tha'ur fuhr herum. Dabei platzte ihm ein Augapfel und fast blind wirbelte er mit dem Feuerschwert herum, das sich fest in seine Pranke gefressen hatte. Aus seinem Rachen drang nicht mehr als ein widerwärtig gutturales Röcheln. Er riss das Feuerschwert unkontrolliert herum und trieb es dem Glatzkopf so tief in den Rücken, dass es wieder aus der Brust heraustrat. Jetzt riss er die Klinge zur Seite und zerteilte den Menschen, der mit einem erstickten Laut zu Boden schlug.
„Leg es zurück!", wiederholte Ovorin sein Rufen und sackte zu Boden. Der Tha'ur torkelte, stieß blind gegen den Altar und fuchtelte ein letztes Mal mit dem Schwert. Jetzt schien der Nju etwas zu erkennen, stöhnte entsetzt und hob beide Handflächen empor.
„Schnell zu mir", rief er und ohne zu wissen, was sie tat, kniete sich Eirien zu Honatius und dem Priester. Die Luft vor ihnen schimmerte und flackerte auf. Genau in dem Moment, als der Tha'ur in Flammen aufging. Das Schwert glühte nun heller als zuvor, wurde zu einer gleißenden Sonne und ein Licht explodierte in der Hand des Kolosses, der ihn in Tausend Fetzen riss. Eine Flammenwand riss durch den Altarraum und in einer Feuerwalze explodierte alles um die drei, die in einer magischen

Kuppel geschützt waren. Gleißendes Licht blendete die Trodainer, deren laute Schreie in der Wucht der Druckwelle untergingen.

- 3 -

Honatius blinzelte das grelle Licht hinfort und es kostete ihn viel Kraft und Zeit, außer Umrissen wieder etwas zu erkennen. Eirien beugte über ihm und redete auf ihn ein, doch er hörte noch immer nur ein hochfrequentes Fiepen auf beiden Ohren. Ihre Stimme war gedämpft und klang fern, wurde aber langsam immer klarer, bis er sie verstand. Und bis die Schmerzen zurückkehrten.

Er stöhnte und sah auf seine blutüberströmte Brust herab. Kraftlos sank sein Kopf wieder hinab und als er ihn zur Seite neigte, sah er den sterbenden Orovin neben sich liegen. Der Nju streckte ihm seine Finger entgegen und nahm seine Hand. Ein sanftes Lächeln umspielte den lippenlosen Mund des Nju.

„Du spürst es, nicht wahr, Honatius? Die Magie."

Ovorin sah ihm tief in die Augen und Honatius erwiderte den Blick, spürte dabei, wie Eirien verzweifelt versuchte, seine Blutung zu stoppen und weinte.

„Du bist kein gewöhnlicher Nju, richtig?", fragte Honatius und der Nju nickte zufrieden. „Mein Name ist Ovorin und ich bin der Wächter des Feuerschreins, ein Diener Daturas."

„Ein Wächter?"

„Eru war ein gewöhnlicher Nju und Priester. Ich bin von Datura seinerzeit erwählt worden, diesen Schrein zu behüten, bis sein Vermächtnis an den rechtmäßigen Träger übergehen wird. Doch jetzt sterbe ich."

Honatius hörte Eiriens bibbernde Stimme: „Bitte, bleib bei mir", sie schluchzte und drückte weiter fest auf seine Brust. Honatius hingegen hatte das Gefühl, dass dies nicht wirklich stattfand. Oder war es das Gespräch mit Ovorin?

„Es bleibt nicht mehr viel Zeit", verkündete der Wächter und als Honatius den Blick von seiner Gefährtin wieder zu Ovorin wandte, sah er keinen Nju, sondern etwas anderes vor sich. Ein Geschöpf, das zu einem Nju werden würde. Ein Wesen, das er niemals erklären könnte, wenn er danach gefragt wurde. Der Wächter sah ihn aus sterbenden Augen an. „Du kannst und wirst weiterleben, Honatius Silberwiesel von Aul."

Ein stechender Schmerz bei der Erwähnung seiner Heimat durchfuhr ihn. „Nimm meinen Posten als Wächter des Feuerschreins ein, behüte und bewahre ihn, bis der Auserwählte erscheint. Als Wächter obliegt dir die Aufgabe", erklärte Ovorin nun, „auf den Auserwählten zu warten und ihn zu führen."
„Wie", wollte Honatius jetzt wissen, „kann ich wissen, wer der Auserwählte ist und woran erkenne ich ihn?"
„Es heißt, dass ein Krieger von Fern kommen wird, ein Mann mit gebrochenem, aber reinem Herzen und er wird das heilige Artefakt an sich nehmen können."
Der sterbende Trodainer dachte über diese Worte nach.
„Wann wird er kommen? Ich bin nicht unsterblich."
Ovorin lächelte schwach und mit einer wehmütigen Stimme erwiderte er: „Die Magie des Wächters ist mit der Macht Daturas verbunden. Du wirst also endlos leben, Honatius. Die Götter werden ewig existieren, also auch ihre Wächter."
„Ewig?"
„Meine Wunden sind zu groß, ich sterbe. Du musst dich beeilen."
Die Ironie dieser Worte durchfuhr Honatius mit einem bitteren Beigeschmack. Ovorin schien dies zu verstehen.
„Wir Wächter sind nicht unsterblich, Wunden fügen uns Schmerzen zu. Meine sind zu groß um zu verheilen. Ich liege im Sterben."
„Also sollte ich bei meiner Wacht nicht getötet werden", ihm war nicht nach Scherzen zumute, dennoch kamen ihm diese Worte über die Lippen und Ovorin prustete amüsiert.
„Du wirst ein guter Wächter werden, Honatius."

Ewiges Leben.
Honatius dachte an die Verantwortung und Wichtigkeit dieser Aufgabe. Sein getrübter Blick wanderte zu Eirien, die er von tiefstem Herzen liebte. Mit ihr wollte er bis an ihr gemeinsames Lebensende zusammen sein. Mit ihr und Haru.
Honatius entschied sich trotz oder gerade wegen seiner Liebe zu Eirien dazu, der Wächter zu werden. Er würde ihr ein liebender

Gefährte bis zuletzt sein und sie über ihren Tod immer bei sich tragen.

„Was muss ich tun?", fragte er Ovorin und dieser lächelte ein letztes Mal, bevor er sich in einem Atemzug auflöste und verschwand. „Du hast es bereits getan."

- 4 -

Eirien schluchzte.

Sie presste auf die Wunde und führte eine gleichmäßige Massage des Brustkorbs ihres Gefährten durch, doch Honatius rührte sich nicht mehr. Ihr Blick war getrübt von ihren Tränen und sie weinte. Der Schrein war zerstört. Sie wollte nicht wissen, was die Flammen Talon angetan hatten. Es war sehr ruhig draußen. Doch überall roch es nach Qualm, Feuer und Schwefel. Das magische Schwert war verschwunden, der Altar wieder so versiegelt, wie bei ihrem Betreten des Schreins. Sie kniete neben ihrem Gefährten, der sich nicht mehr rührte, schluchzte und weinte.

„Alles wird gut."

Eirien fuhr erschrocken herum, Honatius hielt ihre Hand und sah sie mit müden Augen an. Sie fiel auf ihn und er prustete vor Schmerzen.

„Du lebst! Götter, du lebst!"

Sie küsste ihn innig und besah sich seine Stichwunde. Die Blutung hatte aufgehört und dort, wo der Dolch zugestochen hatte, war eine dunkle Blutkruste zu sehen.

„Ja … Götter", murmelte Honatius und spürte, dass sich etwas in ihm verändert hatte. Er spürte die Magie, die er am Morgen vor seinem Tod gespürt hatte, nun in sich. Spürte die Macht des Wächters und hatte eine Bestimmung erhalten.

Honatius Silberwiesel von Aul, Trodainer und Gefährte von Eirien Silberfasan war fortan der Wächter des Feuerschreins.

Dämmerung

Fliehe nicht durch den dunklen Korridor,
sondern achte auf die Türen an dessen Seite.

Benedict atmete langsam und starrte in die Leere vor sich. Sein Körper fühlte sich schwer und kraftlos an. Er saß auf dem Stuhl, in den er während der Erzählung seines Freundes ermattet gesunken war. Die Tränen in seinem Gesicht fühlten sich schneidend an, als gönnten sie seiner Haut nicht ihre reinigende Wirkung. Sein Blick wanderte über das grobe Narbengewebe auf seinen Handflächen. Nein, du bist es nicht.

„Ich wusste nicht ... Eirien", er war sich nicht sicher, ob er seinen Freund wirklich fragen sollte, „ist sie ...?"
„Tot?", antwortete Honatius bekümmert. „Schon sehr, sehr lange. Haru hat uns noch zwei Jahre begleitet. Eirien, sie ..." Jetzt schluchzte Honatius und schwieg, wusch sich Tränen aus dem Gesicht und sah zu Boden.

Viviane atmete schwer. Ihre ganze Welt hatte sich gedreht und erneut auf den Kopf gestellt. Plötzlich ergab so vieles mehr Sinn. Und die größte Ironie war, dass Fragen und Antworten all die Jahre direkt vor ihrer Nase lagen und sie nie selbst darauf gekommen war. Das Schicksal, so war ihr nun wirklich bewusst, hatte all dies vorherbestimmt. Ihre Söhne hatten eine Bedeutung in all dem. Marek war als Sohn von Benedict der wahre Auserwählte. Aber noch immer blieb das ungelöste und offene Rätsel um ihren ältesten Sohn, der – „Wo ist Adan?"

Die Gruppe schrak auf und sie starrten einander in der jähen Erkenntnis an, dass Adan fehlte. Jaleel sprang zur Tür in den Hinterhof und fluchte: „Dieser sture Vollidiot!"
Viviane stürmte in den Hof und sah sich um. Adan war an einem Verschlag über die Mauer geklettert und hatte sich in der Seitengasse abgesetzt. Sie starrte Jaleel an, der ebenso perplex und durcheinander zu sein schien. Sie hätte nie damit gerechnet, dass Adan einfach davon laufen würde.

„Ich suche ihn!", beeilte sich Jaleel und sprang bereits auf die Mauer, als ihn seine Mutter anbrüllte. „Du nicht auch noch! Bleib bei uns!"

Jaleel wankte, rutschte auf dem nassen Sims aus, glitt von der Mauer und eilte zu seinen Eltern zurück.

„Was jetzt?"

Balthazar stemmte bereits die Barrikade von der Tür fort und Benedict hastete auf die Straße und sah sich um. Noch immer hing der Rauch über den Straßen und beständiger Regen prasselte auf sie herab. Kampfgeräusche drangen vereinzelt aus unterschiedlichen Richtungen, klangen hier und da ab oder verstummten. Dafür donnerte es gelegentlich, die Luftschiffe schienen aber das Bombardement beendet zu haben. Vermutlich, weil sie etliche Truppen in den Straßen hatten.

Als die anderen folgten, rief Benedict wüste Beschimpfungen in die Nachtluft. Sein Blick fiel auf Honatius, doch entgegen seiner ersten Impulse, konnte er ihm keinerlei Vorwürfe machen. Wofür auch? Viviane nahm seine Hand und erst jetzt spürte er, wie sehr sie zitterte. Marek und Mira sahen entschlossen die Straße hinab, die Schwarzmagierin hatte offenbar ein Gefühl der Vorahnung.

„Wenn ich er wäre, ich hätte mich in Richtung Stadtmitte aufgemacht."

„Wieso macht er das?", fluchte sein kleiner Bruder und Miras Blick war Antwort genug. Sie sah an Marek herab zu dem Griff des heiligen Schwertes. „Um jemanden wie dich zu beschützen, obwohl du den Schutz nicht nötig hättest."

Jaleel seufzte.

„Das hat er schon immer so gemacht. Er ist immerhin ein großer Bruder." Die drei Freunde sahen einander besorgt an und zum ersten Mal hatte Marek ehrliche und tiefsitzende Furcht davor, seinen Bruder zu verlieren.

- 1 -

Adan hasste sich selbst gerade mehr als alles andere. Er schluchzte und vergoss erneut keine einzige Träne beim Weinen. Nicht einmal eine einzige Träne war ihm vergönnt. Wohin ihn seine

Füße trugen, war ihm egal. Hauptsache fort von den anderen. Ihnen durfte nichts geschehen.

Alles meine Schuld.

Immer wieder flogen diese drei Worte durch seinen Kopf. Er verurteilte sich selbst. Eine lang unterdrückte Wut kochte in ihm hoch. Wut auf die Ragnar. Auf die Trojoxanten. Auf alle. Und vor allem auf sich selbst. Wieso auch hatte er diese verfluchten weißen Augen? Was machte ihn zu diesem besonderen Jungen, den alle jagten und töten wollten.

Seine Stiefel stampften durch die Pfützen und er nahm nicht einmal wahr, dass es nicht nur Wasser, sondern auch Blut war, das durch die Straßen floss. Der Regen prasselte unablässig auf die Stadt herab. Während ihm seine klatschnassen, schwarzen Haare ins Gesicht hingen, stellte er sich für einen Moment vor, dass die feuchten Tropfen das Zeichen seiner Trauer waren, das er einfach nicht vergießen konnte. Keine einzige Träne. In seinem ganzen Leben hatte er schon so oft geweint, doch nie auch nur eine einzige Träne vergossen. Was war nur nicht richtig mit ihm? Adan wollte endlich Antworten! Und vielmehr noch wollte er seine Familie und Freunde beschützen.

Du musst mich finden und ich werde dir zeigen, was sich in deiner Natur verbirgt. Wer du bist. Was dich in Verbindung zu alldem setzt. Wieso du gejagt wirst und nicht sterben darfst. Die Prophezeiung erfüllt sich, Adan. Die Auserwählten werden kämpfen und am Ende gibt es kein Entkommen vor der Dunkelheit. Am Tag der Dunklen Sonne wird diese Welt untergehen.

Er musste sie finden. Die Frau aus seinem Traum, aus der Vision. Aber wie?

Ihm war jetzt klar geworden, dass er das nicht konnte, wenn er noch länger unschuldig zur Schule und Akademie ging, so tat, als wäre nie etwas geschehen und sich selbst ein normales Leben vorgaukelte. Was auch immer das Schicksal oder die Götter mit ihm vorhatten, er war sich sicher, nur mit der Hilfe der fremden Frau würde er endlich Antworten erhalten. Er musste loslassen und seine Familie hinter sich lassen.

Adan rutschte auf etwas glitschigem aus, stolperte und fiel

bäuchlings auf die Straße. Er drehte sich um und erkannte, dass er über eine Blutlache gerannt war. Seine Brust zog sich zusammen, als er den Ursprung der Blutspur direkt vor einer Haustür erkannte. Eine ältere Frau saß dort auf dem Hosenboden, die Augen weit aufgerissen mit leerem Blick. Beide Hände waren blutgetränkt, über dem Bauch zusammengefaltet und hielten ihre hervorquellenden Eingeweide. Die Ragnar hatten sie scheinbar dort zum Sterben zurückgelassen. Diese abartigen, grausamen Kreaturen waren das reine Böse.

Adans Schockstarre löste sich in einem lauten verkrampften Schrei. Er brüllte allen Zorn und Schmerz in den Himmel. Dann hörte er die donnernden Hufe von Pferden näher kommen. Schniefend richtete er sich auf, nahm allen Mut zusammen, hechtete zu der Leiche und kauerte sich neben sie ins Halbdunkel, um möglichst unentdeckt zu bleiben.

Die Reiter kamen näher, wurden langsamer, suchten nach dem Ursprung des Schreis, der eindeutig von einem Kind gekommen war.

„Da vorne", hörte er eine Stimme sagen. Ein Reiter trieb sein Pferd voran und kam langsam näher.

„Diese Bastarde werden bluten."

Adan erkannte die Stimme eines Menschen und lugte hervor. Der Reiter entdeckte ihn. „Heh!"

Der Bursche kroch aus der Deckung hervor und erschrak ebenso, wie der Mann auf dem Pferd.

„Dich kenne ich doch", Ganaleth sah sich verdutzt um. „Wo ist der Rest deiner Familie?"

„Was tut Ihr hier?", fragte Adan und starrte den Soldaten an, der sie vor kurzem noch begleitet hatte.

„Euch suchen. Wir haben die Ragnar abgehängt und uns direkt auf die Suche nach euch begeben. Wo ist deine Familie?", fragte er erneut und sah sich nervös um, schien jederzeit mit einem weiteren Angriff zu rechnen.

„Wir wurden getrennt."

„Meine Güte", pfiff Oswin, dem Regentropfen in schneller Folge vom Helm trieften. „Diese Monster suchen nach Kindern und hier rennt eins ganz allein umher. Bist du blind, Junge?"

„Nein", antwortete Adan barsch auf die überflüssige Frage zu seinen weißen Augen, die nahelegten, dass er eben das war, was man in ihm sah: einen blinden Jungen.

„Komm. Wie war dein Name? Ich bin Ganaleth und das ist mein Freund Oswin", stellte sich Ganaleth erneut vor. Und sein Nebenmann ergänzte unnötigerweise: „Tüncher."
Der Offizier sah zu ihm herüber und der Soldat zuckte verständnislos mit den Schultern. Der ältere Mann war ein solider Reiter und Bogenschütze und nur widerwillig in seiner jetzigen Position. Als die Alarmglocken geschlagen hatten, wurde er kurzerhand in ein Bataillon gesteckt. Für die Verteidigung der Stadt musste jeder etwas tun, hatte der Hauptmann gerufen. Nun fand sich Oswin auf einem Pferd inmitten eines Kriegsgebiets wieder und wünschte sich nichts sehnlicher, als wieder seinen Farbeimer und Pinsel zu schwingen, anstatt Schwert und Bogen. Er hatte die Grundausbildung wie fast jeder Mann in der Stadt, dennoch legte er es nicht unbedingt auf einen direkten Kampf an.
Ein seltsames Geräusch lenkte seine Aufmerksamkeit hinter sich. Oswin drehte sich im Sattel um und spürte ein jähes und kaltes Stechen in der Brust. Er rutschte vom Sattel, realisierte den Schmerz gleichzeitig mit dem Gefühl des Sturzes und vernahm den fern klingenden Ruf von Ganaleth. Die Welt stand auf dem Kopf. Da hörte er einen fernen Flügelschlag und das Krächzen eines Raben …

„Runter!"
Adan warf sich erschrocken auf den Boden und starrte herüber zu Oswin mit dem Bolzen in der Brust, dessen linker Fuß noch im Steigbügel hing, als weitere Bolzen dessen Pferd durchsiebten und es krachend auf dem bereits toten Soldaten landete.

Ganaleth riss die Zügel herum und preschte schützend vor Adan, der die Schützen an der Häuserecke lauern sah. Er verschränkte die Arme über dem Kopf und machte sich so flach er konnte, auch wenn ihm dabei das Regenwasser ins Gesicht lief. Jetzt stürzte auch Ganaleth vor ihm vom Pferd.
Er dankte allen Göttern und sich selbst, dass er seinen Helm

vorhin abgenommen hatte. Der unvermeidliche Genickbruch blieb aus. Schon oft hatte er von Stürzen gehört bei denen nicht der Sturz selbst, sondern das Gewicht der Rüstung und die Kanten des Helms zum Tode geführt hatten. Trotz seiner Rüstung schaffte er es, sich abzurollen und der Wucht des Aufpralls seines Pferdes auszuweichen. Sein Körper war ein einziger Schwall aus Schmerz. Er kauerte noch immer am Boden, als erneut Pfeile durch die Luft zischten und sich mit einem fleischigen Geräusch in die Flanke seiner Stute bohrten. Das schmerzverzerrte Kreischen des armen Tieres hallte noch lange in seinen Ohren nach, selbst als es sich kurz darauf nicht mehr rührte. Ganaleth duckte sich, so schrecklich ihm der Gedanke auch war, hinter seinem sterbenden Schutzwall, bis er die Lage überblicken konnte. Er sah zu dem Jungen herüber, der hinter ihm im Dreck kauerte und bedeutete ihm, liegen zu bleiben. Der Junge nickte knapp.

Ganaleth sah sich hektisch um und suchte nach einer Fluchtmöglichkeit, fand sich aber in einer ausweglosen Situation wieder. Jetzt hatten sie ihn. Hektisch löste er sein Schwert aus der Scheide und entschied, so viele von ihnen mitzunehmen wie es ging, bevor sie den Jungen entdecken oder erreichen konnten. Vielleicht würde sein Opfer ihm ja sogar zur Flucht verhelfen. Das Ende des Pfeilhagels verkündete den Ansturm der Ragnar. Ganaleth zischte möglichst leise zu dem Jungen herüber: „Wenn ich es sage, rennst du los!"

„Wohin?" Eine berechtigte Frage, doch Ganaleth deutete hastig die Straße hinab.

„Weg!"

Die Schritte kamen schnell näher, böse Zungen in fremder Sprache riefen etwas. So, wie Ganaleth die Situation einschätze, teilten sie sich auf und würden gleich von beiden Seiten um das Pferd herum gelaufen kommen. Er kniete sich hin und atmete tief ein. Seine schwitzige Hand umklammerte mit aller Kraft das Heft seines Schwertes. Als die erste Gestalt in seinem Blickfeld auftauchte, stürmte Ganaleth hervor und rammte dem Ragnar das Schwert tief in die Brust. Scheinbar hatten sie wirklich nicht mit Gegenwehr gerechnet, oder ihn einfach nicht von dieser Seite erwartet. Der nächstbeste Gegner war aber zu nah und hieb mit voller Wucht auf seinen Kürass. Ganaleths Lungen kollabierten fast bei dem heftigen Schlag. Seine Knie gaben nach, er stürzte auf alle Viere, nur um noch in der Bewegung einen schweren Tritt in die Seite zu kassieren und zu Boden zu gehen.

Die Ragnar ignorierten den schwachen Menschen und stampften zielstrebig an ihm vorbei. Der Junge war zu langsam gewesen. Ganaleth sah ihn noch rennen und bemerkte, wie ein Ragnar seine Armbrust spannte. Sein Nebenmann hielt ihn von dem tödlichen Schuss ab und brüllte etwas. Dann rannten sie dem Jungen hinterher, wie gierige Bluthunde einem Hasen.

***

Adans Lunge brannte.

Er hatte keine Chance, die Ragnar abzuschütteln. Sie waren trotz ihrer Rüstungen schnell näher gekommen und hatten ihn eingeholt. Adan blieb wie angewurzelt stehen, als er vor sich in der Straße weitere Gestalten näher kommen sah, die sich ebenso schnell näherten. Auch in ihren Blicken funkelte Kampfeslust. Es waren Soldaten der Stadt, die mit blutverschmierten Rüstungen und Waffen diese Straße zu halten gedachten. Zwei von ihnen hatten gespannte Bogen und Adan starrte in entschlossene Gesichter, als Pfeile durch die Luft links und rechts von ihm pfiffen.

Da realisierte er, dass die Ragnar nah an ihm dran waren. Einen riss der Pfeil zu Boden, die zwei anderen stürmten jetzt an ihm vorbei, stießen ihn um und stürzten sich blutdürstig in das Scharmützel mit den Soldaten, die scheinbar nicht mit einer so harten Attacke gerechnet hatten. Einer der Männer schrie entsetzt auf, bevor ihm ein Ragnar mit einem einzigen Schlag den Arm abtrennte und er sterbend zu Boden gerissen wurde.

Adan zitterte am ganzen Körper, doch er schnellte herum, rannte zurück und fand Ganaleth noch immer am Boden kauernd. Der Soldat bemerkte ihn und schien sich ein Lächeln abringen zu können.

„Du bist scheinbar ein Glückspilz."

„Adan", beantwortete er endlich Ganaleths vorangegangene

Frage und stützte den verwundeten Soldaten, half ihm auf die Beine und bezweifelte, dass ihm dieser Titel zustand. Erneut fühlte sich Adan schuldig für die Qualen dieses Mannes und schwor sich, dass er zwar vielleicht nicht all das Leid beenden konnte, aber alles dafür tun würde, um diese Welt ein Stück besser zu machen.

„Wo lang?", fragte Adan und hoffte tatsächlich auf eine zufriedenstellende Antwort, doch der Soldat schien noch nicht sonderlich fit auf den Beinen.

„Hast du einen Dolch oder ein Kurzschwert?", stellte er ungeduldig die nächste Frage und Ganaleth sah ihn verdutzt aber dann anerkennend an.

„Ich kann kämpfen", betonte Adan energisch. Ganaleth nickte, überreichte ihm sein Schwert und hob die klobige Klinge des Ragnar neben seinem Pferd auf. Adan schwang das Schwert gezielt vor sich her. Es war deutlich schwerer als seine bisherigen Übungsschwerter, aber er würde es führen können.

Ganaleth lächelte grimmig und beobachtete die Haltung des Jungen. „Akademie, was?", stellte er fest und wurde nicht enttäuscht.

„Die Ausbildung und das Training sind hart. Mein Vater ist der Adjutant des Tempelgroßmeisters." Als würde diese Erklärung bedeuten, dass auch sein Sohn ein guter Schwertkämpfer war, ließ Ganaleth den Jungen im Glauben, dass er es mit einem starken Ragnar aufnehmen konnte.

„Wart Ihr auch dort?"

Ganaleth lachte jetzt kurz auf: „Nein, Junge. Ich bin weder adlig, noch hatte meine Familie das Geld für eine solch ehrenvolle Ausbildung."

„Aber Ihr seid doch ein Offizier?"

„Der mehr Glück als Verstand hatte."

Adan lächelte ihn an. „Ein Offizier hat mehr Verstand als Glück. Man muss schon was im Kopf haben, um Offizier zu werden."

Ganaleth lächelte. Sie schienen einander zu verstehen. Dieser kurze fast schon friedliche Moment wurde jäh unterbrochen, als er Ragnar die Straße hinaufmarschieren sah. „Götter, können die einen nicht einmal in Ruhe lassen?"

Adan und Ganaleth standen nun Seite an Seite mit erhobenen

Schwertern, wobei der Soldat ganz nebensächlich vor Adan trat. „Junge, egal, was gleich passiert. Auch wenn du der Meinung bist, dass du das hier kannst. Lass das Schwert fallen und renn weg. Die sind zu stark für dich."

„Du meinst für uns", entschied Adan, der genau wusste, dass Ganaleth verwundet war und vermutlich nicht die Kraft hatte, einem längeren Schlagabtausch standzuhalten. Er war nicht dumm und hatte den kurzen Moment ihrer Unterhaltung geschätzt, war für einen Augenblick auf andere Gedanken gekommen. Doch der Regen hielt noch immer an, ebenso wie diese Schlacht und die Nacht war noch lange nicht vollends angebrochen. Die echte Dunkelheit erwartete sie erst noch.

„Adan. Such deine Familie. Flieht so weit ihr könnt. Du solltest nicht hier allein sein."

„Hast du Angst?", Adan realisierte, wie dämlich diese Frage war. Ganaleth war ehrlich und wusste, dass er mit einem klugen und erwachsenen Jungen sprach. „Natürlich. Wer ohne Angst lebt, ist ein Idiot. Und herzlos. Los jetzt, geh!"

Adan starrte ihn an, denn er verstand, dass er Ganaleth zum Sterben zurücklassen sollte und er weigerte sich, wütend darüber, dass ein Erwachsener wieder über sein Handeln und Schicksal entscheiden sollte: „Nein."

„Verdammt. Jetzt!", er schubste den Jungen und packte ihn am Arm. „Du hast gesehen, was sie mit einem wie mir machen. Geh jetzt. Geh!"

Adan fluchte und wehrte sich nicht, als ihm Ganaleth das Schwert wieder aus der Hand nahm.

„Geh!", brüllte der Soldat.

Erneut schluchzte der Junge, doch die Ragnar waren gefährlich nahe. Adan starrte zu ihnen herüber und hielt in der Bewegung inne. Sie hatten mehrere Bogenschützen, die bereits ihre Pfeile anlegten und zielten. Ganaleth hatte das bereits kommen gesehen und stellte sich jetzt erneut schützend vor den Jungen. Adan schrie vor Zorn über diese unnötige Aufopferung für ihn. Doch da zischten bereits die Pfeile der Ragnar durch den Regen. Plötzlich flimmerte die Luft vor ihnen wie an einem heißen Sommertag. Die heransausenden Schäfte zischten noch in der Luft und verglühten.

***

„Adan!"

Sein Name klang wie ein Vorwurf. Der junge mit den weißen Augen zuckte zusammen und fuhr herum. Am liebsten hätte er jetzt jede Träne vergossen, die er nicht hatte. Noch nie in seinem Leben war er so glücklich gewesen, seine Familie zu sehen. Doch es war Mira, die auf der Straße direkt vor ihm stand. Die Arme weit ausgebreitet summte und intonierte sie irgendetwas.

Honatius stand neben Mira und legte ihr eine Hand auf die Schulter, mit der anderen seinen Stab fest umklammernd. Das Mädchen öffnete bei seiner Berührung die Augen und zuckte die Schulter zur Seite, sah ihn mit einem berechnenden Blick an und schüttelte den Kopf. Honatius erkannte; Egal was sie vor hatte, er würde sie nicht davon abhalten können. Mira kreiste ihre Arme und zeichnete Linien durch die Luft.

Adan bemerkte, dass es kühler wurde. Etwas geschah. Die Luft begann zu knistern. Zuerst sah es aus, als bildeten sich Tautropfen in der Luft, dann wirkten sie wie gefrorene Wasserpartikel und plötzlich entstand zwischen den Ragnar und der Gruppe eine dichte Nebelwand.

Balthazar stieß einen leisen Pfiff zwischen seinen spitzen Zähnen aus und starrte das Mädchen an. Ihre Feinde waren scheinbar ebenso überrascht, wie sie. Keiner wagte es, durch die plötzliche Nebelwand zu laufen.

„Ich würde gerne mehr tun, als ihnen nur Angst einzujagen", fluchte Mira zufrieden. Adan und Ganaleth eilten zu den anderen.

„Das wird uns einen Moment Zeit verschaffen! Los jetzt!"

Adan verlangsamte seinen Schritt und sah sich einer Mischung aus Sorge und Zorn entgegen, als ihm seine Eltern und Marek gegenübertraten.

„Mach das nie wieder", zischte Viviane und presste ihn fest an sich.

„Los jetzt", befahl Benedict und strafte seinen Sohn damit, ihm nicht direkt in die Augen zu sehen. Adan wusste genau, dass sie sich alle unglaubliche Sorgen machten, doch jetzt war er wieder in der gleichen Position wie zuvor. Dabei wollte er sie doch beschützen, statt umgekehrt. Er half seinem neu gewonnen Freund Ganaleth, den aber bereits der kräftige Balthazar stützte.

Da pfiffen Pfeile aus dem Nebel.
„Scheißdreck!", fluchte Jaleel und stieß seine Mutter zur Seite. Die Ragnar schienen einfach wild in den Nebel zu schießen. Als der Hagel endete, stürmten auch schon die ersten von ihnen durch die Nebelwand auf die Gruppe zu. Mareks Herz raste und hämmerte gegen seine Brust, als er ohne nachzudenken in vollem Tempo auf ihre Häscher losrannte. Er schrie seine Angst heraus, riss Eldin empor und noch in der Bewegung flammte das Schwert heller auf als je zuvor. Er starrte auf die glühende Klinge in seiner Hand und rannte weiter. Die Ragnar hielten erneut inne, hatten Adan und Mira aber erreicht.

„Nein!" Marek biss die Zähne aufeinander und machte einen Satz nach vorne. Obwohl er geglaubt hatte, noch mehrere Meter entfernt zu sein, landete er direkt vor den Ragnar, die überhaupt nicht realisierten, was soeben geschah. Marek nutzte diesen kurzen Moment aus, wischte mit der Klinge in einem horizontalen Hieb durch die Luft und trieb sie zurück.
„Haut ab!"
Die Ragnar wichen Schritt für Schritt zurück.

„Kommt uns nicht zu nahe!", schrie er sie an und wunderte sich im selben Moment über die Kraft in seiner Stimme. Plötzlich trat sein Vater neben Marek, nahm Adan bei der Hand, den Blick ebenfalls auf die Feinde gerichtet und mit ruhiger Stimme sprach er zu den Kindern: „Wir gehen jetzt erst langsam rückwärts und wenn ich es sage, rennen wir los."
Marek suchte, ohne seinen Blick von den Ragnar abzuwenden, nach der Hand seines Vaters. Als er sie ergriffen hatte, spürte er ihren feuchten Druck. Hatte sein Vater Angst?
Wer hat das im Moment nicht.

Marek wurde zum ersten Mal in seinem Leben wirklich bewusst, dass sein Vater nicht so stark und unbesiegbar war, wie er es in seinem naiven Denken immer vor Augen gehabt hatte. Sie waren Menschen, sterblich und verletzbar.

Die Ragnar wechselten ständig Worte in ihrer Sprache. Vermutlich erkannten sie die Absichten der Menschen und würden sich ihnen in den Nacken hängen. Mareks Herz raste. Er wollte sich nicht vorstellen, was geschah, wenn die Ragnar sie in die Finger bekamen. Adan.

Mit jedem Schritt wuchs seine Angst. Hinter ihnen erschallte wütendes Gebrüll und ein wildes Stampfen folgte.

„Sieh nicht zurück!", befahl sein Vater und legte noch einmal an Tempo zu. Adan war beruhigt als er sah, dass Balthazar Ganaleth half. Irgendwie mochte er den jungen Soldaten. Das kurze Kennenlernen hatte ihm gefallen und gezeigt, dass nicht alles in der Welt nur schlecht war. Er spürte, wie sein Vater ihn antrieb und hastete an die Hand seiner Mutter. Er würde sie beschützen. Auch Mira war nun bei ihm und obwohl ihr Blick ihm ziemlich vorwurfsvoll vorkam, schien sie mehr als froh zu sein, dass sie wieder zusammen waren.

Benedict und Marek waren die letzten und den Ragnar am nächsten, die scheinbar ihre Pfeile verschossen hatten und ihnen weiter hinterher hetzten. Die Krieger holten schnell auf. Marek biss die Zähne aufeinander und rannte um sein Leben. Doch plötzlich spürte er, wie seine Finger vom festen Griff seines Vaters abrutschten und im selben Moment stolperte er über eine Unebenheit. Er stürzte, überschlug sich und schrie voller Angst auf. Ohne zu wissen was er tat, riss er Eldin empor. Ein gewaltiges Gefühl übermannte ihn und im nächsten Moment war alles um ihn herum in ein sattes Rot gehüllt. Marek stieß ein leises Keuchen aus und erschrak. Er und sein Vater lagen in einer Kuppel aus Flammen. Die Hauswand zu seiner linken war nicht mehr vorhanden. Stattdessen ragte die flammende Kuppel einen Teil in das Haus hinein. Es war, als wäre er in eine Blase eingeschlossen, die alles um ihn herum mit unglaublicher Hitze verbrannt. Sein Vater starrte ihn entsetzt an, doch erst beim zweiten Blick erkannte Marek, dass Benedict nicht ihn, sondern das vor ihm anstarrte. Die Ragnar waren einfach verschwunden.

**

Einige Meter entfernt standen noch ein paar wenige, die mit panischen Blicken etwas schrien und dann fortrannten. Benedict richtete sich langsam auf und begutachtete die flammende Kuppel über ihnen.

„Das hast *du* getan?“, die Kraft in seiner Stimme versagte vor Erstaunen und Entsetzen über das Geschehene. Marek sah Eldin mit großen Augen an: „Ich dachte ich kann nur Dinge wirken, die direkt mit dem Schwert in Verbindung stehen.“

Da ertönte Honatius Stimme hinter ihnen: „Das tut diese Kuppel doch auch. Immerhin ist sie aus Feuer.“

Die beiden sahen zu ihm und bemerkten, dass die gesamte Gruppe gebannt in sicherem Abstand vor ihnen stand und die Kuppel musterte.

„Kannst du das kontrollieren?“, fragte Honatius und trat einen Schritt auf die Kuppel zu.

„Ich hab gar nichts gemacht! Nicht einmal an so was gedacht!“ Sein Vater starrte auf die verkohlten Überreste dessen, was einmal Ragnar gewesen waren.

„Scheinbar hast du instinktiv reagiert.“

Marek starrte Eldin an, das sanft in seiner Hand vibrierte.

„Ich hoffe nur, dass ich nicht in den falschen Situationen instinktiv reagiere.“ Sein Blick traf den seines Vaters. Wäre die Kuppel ein Stück kleiner gewesen, hätte er ihn damit umgebracht. Ihm wurde bei dem Gedanken schlecht.

„Wir sollten jetzt verschwinden“, riet Ganaleth, dem Magie schon immer unheimlich war. Nicht, dass er in seinem Leben bisher oft damit in Berührung gekommen wäre. Umso schockierender war die Erkenntnis, dass da ein kleiner Junge mit einem magischen Schwert hantierte. Ganaleth hatte heute gesehen, wie zwei Kinder Wunder vollbrachten. Er hatte Miras Macht erlebt und gesehen, was Marek mit Eldin tun konnte. Das genügte ihm vorerst. Natürlich würde er jede weitere Rettung durch solch magische Momente befürworten, aber was genau da vor sich ging, wollte er nicht wissen. Und das könnte er auch gar nicht verstehen. Er war ein einfacher Mann aus normalen Verhältnissen, der ohnehin geglaubt hatte, dass Magie kaum noch existierte. Dies traf ja auch leider größtenteils zu. Doch diese Menschen bewiesen ihm spektakulär das Gegenteil.

Marek und Benedict standen immer noch in der Feuerkuppel und der Junge schüttelte den Kopf: „Kann mir jetzt mal jemand erklären, wie wir hier rauskommen?"

„Müsstest nicht gerade du das wissen?", rief Jaleel von der anderen Seite der flammenden Wand. Marek schnaufte und konzentrierte sich auf die Kuppel.

Nichts geschah.

„Verschwinde endlich!", brüllte er und fuchtelte mit Eldin. Inzwischen brannte das Haus, in dem ein Teil der Kuppel steckte, schon lichterloh. Das nächste sich ausbreitende Feuer war entfacht. Ganaleth sah sich ungeduldig um: „Sie werden bestimmt zurückkommen."

„Ich bezweifle es stark", antwortete Benedict und sah sich das Ausmaß der Zerstörung an. Als er die fragenden Blicke der anderen sah, deutete er auf die verkohlten Reste. Von den Ragnar war einfach nichts mehr übrig. Sie waren verbrannt. Nicht einmal Asche von den ersten Ragnar war geblieben, die von der Kuppel erfasst worden waren. Diejenigen, die nicht direkt von der Kuppel pulverisiert worden waren, lagen nun als schwarz verkohlter, dampfender Leichnam auf der Straße. Die anderen wichen langsam und respektvoll von der Kuppel zurück.

Marek versuchte inzwischen verbissen, das flammende Relikt zum Erlöschen zu bringen. Eldin jetzt sei endlich so nett und hol uns hier raus! Als hätte das Schwert ihn gehört, verschwand die gewölbte Kuppel aus Flammen um ihn und seinen Vater und löste sich in dunklem Rauch auf. Alle starrten den Jungen überrascht an, der ihre Blicke verlegen erwiderte: „Manchmal hilft freundliches Fragen."

- 2 -

Die Kathedrale thronte erhaben über den Dächern der Stadt. Doch jetzt wirkte sie inmitten der Brände wie ein bedrohliches Bollwerk, das grimmig auf die Zerstörung in Xatiox hinabblickte. Sie war das ehrfürchtige Zeugnis der Macht jener, die sie einst vor Jahrhunderten erbauen ließen, um den großen Fünf Göttern des Lichts zu huldigen. Große gut gepflegte Gartenanlagen prägten den vorderen Bereich vor dem Gebäude. Grüne Korridore aus meterhohen Hecken führten den Besucher abseits der Hauptwege durch verstrickte Labyrinthe, in deren Kern fünf gewaltige und verspielte Brunnen thronten. Das Marmor hierfür war aus dem Süden über den Seeweg angeliefert worden und damals ein Friedensangebot des südlichen Königreichs von Aleynor.

Die Lichter der Flammen tanzten in unwirklichen Schemen und Schatten über die hohe Fassade der Kathedrale. Sie hatten ihr Ziel fast erreicht. Nur noch wenige Straßen standen zwischen ihnen und dem vermeintlichen Schutz des gewaltigen Gotteshauses. Gerade in dem Moment, da sie eine Straße überqueren wollten, marschierte dort eine Gruppe Ragnar entlang, wimmernde und verängstigte Kinder vor sich her treibend. An manchen Kleidern und Gesichtern der Kinder klebte Blut. Doch offensichtlich nicht ihr eigenes. Benedicts Hass auf die Angreifer wuchs ins Unermessliche. Er löste sich von Viviane und trat in den dunklen Schatten zwischen den Häusern der Gasse.

Nachdem er sich einen Überblick verschafft hatte, kam er zurück, Zorn funkelte in seinen Augen. Aber Viviane erkannte darin auch einen Entschluss, der ihr nicht gefiel. Als Benedict zielstrebig auf Marek zulief und sich dann vor ihn kniete, bestätigte sich ihr Verdacht. Benedicts Stimme war hart und ließ keinen Zweifel offen, dass ihm ganz und gar nicht gefiel, was er nun sagte: „Was ich dich jetzt bitte, ist eine einmalige Sache, verstanden?"
Marek starrte seinen Vater überrascht an und nickte.
„Du musst den Kindern helfen." Sein Sohn sah zu Viviane und dem geschwächten Honatius. Mira nickte ihm zu und auch Adan schien entschlossen. „Nur du bist in der Lage, diese Kinder zu befreien. Traust du dir das zu?"
Ein eisiger Stich durchfuhr Marek und eine nie da gewesene Furcht überkam ihn. Wenn er einen Fehler machte, konnten sehr viele Unschuldige dabei sterben. Adan und seine Mutter standen nun bei ihm, doch es war Mira die ihn ermunterte: „Ich könnte es auch tun, doch du hast Eldin und kannst das schnell beenden. Zeig, warum du der Auserwählte bist."

Mareks Stimme war ein Wispern dessen, was er kannte: „Ich

werde es tun", hörte er sich sagen, obwohl er sich in diesem Moment selbst nicht ganz glaubte. Benedict schlich mit ihm zur Hausecke, von der sie sich einen Überblick verschafften.

Marek schluckte den schweren Kloß herunter und spürte einen unnachgiebigen Druck auf seiner Brust, die sich innerlich zusammenkrampfte. Er hatte sich all die Jahre beweisen wollen und immer wieder davon gesprochen, dass er mit Eldin mutig und stark war. Während seiner Ausbildung in der Akademie war ihm immer wieder durch den Kopf gegangen, dass von ihm etwas besonderes erwartet wurde, dass er nicht einfach ein Junge war. Er war Marek Tok, Bewahrer des Feuerschwertes Eldin und ein Auserwählter von Datura, dem Vater der Schmiede und Gott des Feuers. Aber warum fühlte er sich jetzt in diesem Moment, wo es wirklich auf ihn ankam nur wie der verängstigte, unkluge Marek Tok aus Talon?

„Was ist, wenn es schiefgeht?", flüsterte er und spürte einen festen Druck auf seiner Schulter. Sein Vater sah ihn zuversichtlich und aufmunternd entgegen. Allein sein Blick gab Marek Mut. Benedict strahlte trotz aller Umstände eine seltsame Ruhe aus. Marek wäre sicherlich vor Panik weggerannt, wenn er gewusst hätte, dass sein Vater ebenso nervös und unsicher war, wie er selbst. „Es wird nichts schiefgehen", versichte Benedict ihm und küsste ihn stolz auf die Stirn. „Glaub an dich. Ich tue es." Eine Geste, die ihm seltsamerweise mehr Kraft gab, als das Schwert in seiner Hand, das nun langsam zu glühen begann. „Ich tue es."
Marek schluckte den schweren Kloß herunter, der ihm die Kehle zuschnürte und sah zu seinem Vater herüber. Benedict hatte seinen Plan mehrfach mit ihm durchgesprochen. Die knappen Anweisungen waren eindeutig und klar. Wenn Mareks Beine jetzt nicht unter ihm vor lauter Angst und Nervosität zusammenbrachen, würde alles klappen. Hoffte er.

Marek fühlte sich vorbereitet und trotzdem keuchte er überrascht auf, als sein Vater das Zeichen gab und mit gezogenem Schwert aus der Deckung trat. Natürlich hatte er damit sofort die Aufmerksamkeit der Ragnar auf sich gelenkt. Mareks Blick fiel zurück auf seine Familie und Freunde.

Sein Gesicht wurde in das rote Glühen Eldins getaucht, dann sprang er aus der Deckung und starrte in die überraschten Fratzen der mörderischen Kreaturen, die sich eben daran gemacht hatten, auf seinen Vater loszugehen. Marek dachte an den Daemon, der ihn und Adan damals entführt hatte, schrie mit diesem Gedanken wütend auf und riss Eldin mit beiden Händen vor sich.

„Hey!"

Einige Ragnar drehten sich überrascht zu ihm um, doch in dem Moment seines Aufschreis knisterte etwas unter ihren Rüstungen, sie brüllten mit schmerzverzerrten Kehlen und verbrannten von innen heraus in einem stummen Aufschrei. Ihre schwarzen Lederrüstungen und Haare fingen Feuer und brannten. Die meisten waren tot, bevor ihre schweren Körper auf dem Boden aufschlugen. Die Fackel in der Hand eines Ragnars explodierte regelrecht und riss ihm das Fleisch vom Gesicht, bevor das Feuer sich gierig um seinen Körper ausbreitete und ihn verschlang. Dann war alles vorbei.

Die Kinder hatten panisch aufgeschrien, sich in den Dreck geworfen, weinten oder kauerten hintereinander. Benedict löste sich aus seiner Schockstarre, hastete zu ihnen und versuchte sie zu beruhigen. Sein Sohn selbst schluchzte, als er sah, was er bewirkt hatte und spürte plötzlich ein heftiges Krampfen. Als die anderen zu ihnen kamen, fanden sie ihn am Boden kauernd vor seinem eigenen Erbrochenen. Viviane hetzte zu ihm und half ihm auf.

„Es ist alles gut", behauptete Marek und wischte sich eilig mit dem Ärmel den Mund ab. Der Blick der anderen blieb auf den Ragnar haften, oder besser gesagt auf dem, was von den Kreaturen übrig geblieben war. Jaleel, der sonst immer einen Spruch auf den Lippen hatte, bekam nicht einmal die Zähne auseinander. Sein starrer Blick haftete auf seinem besten Freund.

„Ist auch sicher alles in Ordnung bei dir?", fragte Adan, der die Abscheu seines Bruders spürte und bekam als Antwort einen vielsagenden Blick aus rot unterlaufenen Augen.

Cacilia und ihr Mann eilten zu den verängstigten Kindern und versuchten sie mit ihrer umsichtigen Art zu beruhigen. Einer der älteren Jungen, dessen Gesicht über und über mit Blutspritzern besudelt war, starrte Cacilia mit vor Entsetzen weit aufgerissenen Augen an. Er hatte mehrere Platzwunden im Gesicht und ein blau geschlagenes, blutendes Auge. Vermutlich war er einer der wenigen gewesen, die sich zu wehren versucht hatten. „Sie haben alle getötet."

Als die Kinder realisierten, dass die Ragnar besiegt waren, brachen sie in Tränen aus und schrien nach ihren Eltern.

„Wir wurden behandelt wie Tiere", wimmerte ein geschundenes Mädchen mit tiefen Kratzspuren im Gesicht und am Hals, dessen ehemals sandfarbenes Kleid verschmutzt und zerrissen war. Der Luthan neben ihr hatte ein geschwollenes Gesicht und zwei blaue Augen, Blut tropfte ihm aus dem Mund unter gequollenen Lippen und gebrochenen Zähnen. Ein kräftiger Bursche, von mindestens sechzehn Jahren war besonders übel zugerichtet. Über seinen stark ausgeprägten Muskeln trug er eine blutverschmierte lederne Schmiedeschürze. Eine tiefe Schnittwunde an seiner Stirn und ein abgeschnittenes Ohr zeugten davon, dass er sich besonders zur Wehr gesetzt und die anderen verteidigt hatte. Seine Finger standen in unnatürliche Richtungen und waren allesamt gebrochen worden. Der mutige Schmiedegeselle hatte sich offensichtlich am heftigsten widersetzt und dafür teuer bezahlen müssen.

Ein weiteres Mädchen fiel Viviane in die Arme, wimmerte und zitterte am ganzen Leib. Viviane wollte sich gar nicht erst vorstellen, was mit den Kindern geschehen wäre, wenn die Ragnar sie mit sich genommen hätten. Oder was sie Adan antaten, wenn sie ihn schnappten.

Ganaleth riet zu Eile. Nun war ihre Gruppe sehr groß geworden und es würde sehr schwer werden, sich weiterhin zu verstecken. Obwohl sie die Erschöpften und Kinder bis zuletzt verausgabten, erreichten sie schließlich erleichtert ohne eine weitere Konfrontation das Gelände der Kathedrale.

Dort erwarteten sie überraschenderweise Gardisten und Soldaten, die sich hinter den Mauern verschanzt hatten. Als sie die Flüchtlinge sahen, machten sie sofort die behelfsmäßige Barrikade frei und halfen den Kindern hinter die sicheren Mauern. Noch bevor sie alle hinter den schützenden Wänden in Sicherheit gehen konnten, zischten Pfeile durch die Luft. Benedict wich den Soldaten aus, die mit großen Schilden den näher kommenden Ragnar in einer geschlossenen Phalanx entgegenliefen und den Flüchtlingen Schutz boten.

„Schnell! Durch die Gärten in die Kathedrale. Bleibt auf dem Hauptweg!" Diesen Befehl ließen sie sich nicht zweimal sagen und rannten von den Kampfgeräuschen fort. Sie erreichten die großen, geöffneten Portale und fanden sich endlich an einem Zufluchtsort wieder, der gut verteidigt wurde. Schwer gerüstete Wachen standen am Eingang der Kathedrale mit großen Schilden und Speeren und sorgten dafür, dass die Flüchtlinge geordnet ein und ausgingen.

Der Gruppe kam eine fast gleich große Ansammlung von Priestern und Heilern entgegen, die jeden nach Wunden begutachteten. Ein Unteroffizier erkannte Benedicts Rüstung und bat um Anweisungen, doch der enttäuschte den Soldaten und eilte harsch an ihm vorbei, sich jetzt nur auf seine Familie konzentrierend. Für Benedict war jetzt nichts wichtiger als seine Frau und die Kinder. Er würde ihnen nicht mehr von der Seite weichen. Vor allem nicht Adan.

***

In der Kathedrale brannten die abertausenden von Kerzen, die von den Messdienern immer wieder neu aufgestellt wurden, und strahlten ein verstörendes Bild von Wärme, Zuversicht und Zuflucht aus. Während außerhalb der schützenden Mauern die gleiche Wärme von den Bränden in der Stadt zeugte. Wenn man wusste, dass außerhalb dieser gesegneten Wände viele Teile der Stadt brannten, bewirkten die Kerzen das genaue Gegenteil und erinnerten nur noch mehr an die Schrecken jener Nacht, anstatt sie zu tilgen.

Ein leises Raunen hing in der Luft. Gedämpfte Stimmen sprachen miteinander, obwohl Stöhnen, Keuchen und gelegentliche Schreie gegen die hohen reich verzierten Decken hallten. Das

Götterhaus war zu einem notdürftigen Lazarett umfunktioniert worden. *Wenigstens das schien funktioniert zu haben*, ging Benedict grimmig durch den Kopf.

Erst als ihm jemand einen Krug mit Wasser anbot, merkte er die Erschöpfung in den Knochen und sank auf eine der langen Bänke. Honatius und Jaleel kamen mit einigen Rationen zurück, die in einem Seitenschiff verteilt wurden. Die Heiler und Priester liefen helfend, flüsternd und Gebete an die Fünf sendend, durch die Reihen der Verwundeten und taten alles, was in ihrer Macht stand.

Viviane und Cacilia schoben die Kinder vor sich her und liefen weiter durch das große Mittelschiff. Einige der Kinder, die scheinbar noch nie in der Kathedrale gewesen waren, starrten gebannt und verängstigt an die Decke in scheinbar unerreichbarer Höhe, oder an die großen Fensterbilder, durch die ein verstörendes flackerndes rotes Licht von den Feuern draußen einfiel.

Den jungen Offizier namens Ganaleth hatte er aus den Augen verloren, aber Adan drängte seinen Vater, ihn in dem Durcheinander wieder zu finden.

„Er hat dir das Leben gerettet?"

„Ja. Ohne ihn hätten die Ragnar mich gefangen", antwortete Adan und hoffte, dass der Umstand dieses Zusammentreffens jetzt nicht Thema wurde.

„Es war dumm und verantwortungslos von dir, weg zu laufen." Und da war es auch schon, aber anders als erwartet hatte sein Vater einen ruhigen Tonfall.

„Nein."

Seine einsilbige Antwort veranlasste Benedict, sich gänzlich zu ihm umzudrehen. Er musterte Adan einen Augenblick zu lange. „Du bist genauso stur wie deine Mutter."

Adan war sich nicht sicher, ob die Feststellung im Guten oder Schlechten gemeint war. Doch etwas im Blick seines Vaters sagte ihm, dass dieser einfach froh war, sie nun alle hier zusammen in vermeintlicher Sicherheit zu wissen. Benedict hatte bemerkt, dass Adan etwas an Ganaleth lag, also nahm er einen letzten Bissen und stand stöhnend auf. Die schützende Rüstung in Ehren – für eine solche Hatz hasste er jedes Stück Eisen an seinem Körper.

Mira war neben Adan getreten und sah ihn ausdruckslos an. Dann schnellte ihre Faust vor und grub sich schmerzhaft in seine Schulter.

„*Au!*"

„Tat's weh?", zischte sie und schlug ihn erneut diesmal noch fester. „Weißt du wie sehr es weh getan hätte, wenn *die* dich erwischt hätten?"

Adan verstand, dass sie sauer war, aber jetzt wurde auch er wütend. Er hatte nur versucht, seine Familie und Freunde zu beschützen.

„Du bist ein ausgewachsener Vollidiot", brüllte sie ihn auf seine Aussage hin an und stampfte dann an ihm vorbei. Scheinbar ziellos, wie er schnell feststellte, aber Hauptsache, schnell weg von ihm. Ihre feuchten Augen waren ihm nicht entgangen.

Adan sah herüber zu Jaleels Familie, die sich zurückgezogen hatte und scheinbar einen Moment für sich brauchte. Er hatte bemerkt, dass Balthazar eine Weile verschwunden war und dann gesehen, dass einige seiner Seemänner, von denen sie sich getrennt hatten, ebenfalls hierher gefunden hatten. Viviane fing ihren Mann ab, als er gerade irgendwohin gehen wollte: „Was hast du vor?"

„Ich suche diesen Soldaten, der unserem Sohn das Leben gerettet hat. Und ja, ich habe schon mit Adan gesprochen."

Sie betrachtete das Wappen auf seiner Brust einen Moment zu lange.

„All die Jahre und wir haben nichts aus unseren Fehlern gelernt." Sie drückte ihre Stirn gegen seine Brust und schmiegte sich an ihn.

„Alles wird gut", versicherte er ihr, schob ihr Kinn mit Daumen und Zeigefinger zu sich und küsste sie zärtlich.

***

Barsche Rufe hallten über die Köpfe der Versammelten und etwas regte sich an der Hauptpforte. Viviane schrak herum und sah entsetzt, dass man die hohen Türen hektisch zu schließen begann. Jetzt hörte sie auch, was schon viele andere um sie herum mitbekommen hatten, Kampfgeräusche vor der Kathedrale. Die Menschen drängelten panisch, sprangen auf und hetzten aneinander vorbei, wie aufgeschreckte Hühner. Irgendjemand brüllte mit sich überschlagender Stimme: „Sie kommen! *Sie kommen*!", und von hier auf jetzt brach heillose Panik aus.

Benedict starrte Soldaten an, die sich, obwohl sie teilweise verwundet waren, aufrichteten und schnell pflichtbewusst zu den Türen schoben. Sie verteilten untereinander Waffen. Er hielt einen Mann zurück, als er an seinem Gürtel noch einen zusätzlichen Dolch hängen sah.
„Soldat, gib mir deinen Dolch", befahl er und der Mann zögerte nicht, löste die Waffe aus seinem Gurt und überreichte sie dem offensichtlich ranghöheren Krieger. Viviane verstand erst nicht, was ihr Mann da tat, doch da drehte er sich zu ihr um und legte ihr den Knauf in die Hand. Sein Blick genügte als Erklärung. Sie zog sich erneut an ihn heran und küsste ihn inbrünstig.

Die Soldaten schoben sich an den Zivilisten vorbei. Gleichzeitig sorgte man dafür, dass alle in den hinteren Teil der Kathedrale gebracht wurden. Auf den Emporen versammelten sich Schützen, ebenso wie Priester, die ihre Schützlinge nun segneten. Doch Benedict bemerkte noch etwas ganz anderes, das vor sich ging. Mehrere Männer hasteten durch die Menge, riefen den Leuten etwas zu, die sich hektisch ihre Habe krallten und ihnen nun langsam folgten. Einer der Geistlichen erreichte nun auch sie. „Es gibt Tunnel", erklärte er knapp mit ruhiger aber lauter Stimme, „und wir bringen jetzt Stück für Stück die Verwundeten, Kinder, und Frauen in Sicherheit."

„Sie sind in den Gärten!", brüllte jemand von erhöhter Position, der mit seinen Kameraden Scheiben der Kathedrale eingeschlug und als Schießscharte verwendete. Ein Torflügel wurde leicht geöffnet, Soldaten stürmten aus dem Gebäude, um den Platz und die Menschen zu verteidigen. Die erste Barriakade war offensichtlich überrannt worden. Scheinbar hatten die Ragnar verstanden, dass sich eine große Menschenmasse in der Kathedrale verschanzt hatte.
„Wo sind die Kinder?", rief Viviane und sah sich panisch um.
„Hier!", antwortete Adan, der mit seinem Bruder und den Rooks unweit von ihr stand. Marek deutete auf die Pforten.

„Lasst mich helfen! Ich kann das alles beenden!"

Sein Vater schüttelte entschieden den Kopf: „Das war eine einmalige Sache, um diese Kinder zu retten. Die Soldaten kämpfen tapfer und werden die Kathedrale halten."

„Sie werden alle sterben!", brüllte Marek. Er wusste einfach, dass er diesen Angriff beenden könnte. Er hatte Angst vor dem, was er dafür tun musste, aber er war jetzt bereit dafür.

„Ich kann –"

Das Portal bebte und donnerte. Schreie von draußen drangen durch die Fenster und die Geräuschkulisse war die eines erbitterten Kampfes.

„Vater. Ich bin der Auserwählte."

Nein, du bist es nicht. Benedict biss wütend die Zähne aufeinander und fuhr seinen Sohn an.

„Du wirst gefälligst hören, wenn ich dir etwas befehle. Los, schnapp dir die anderen und folge den Priestern zu diesen Tunneln. Wir fliehen."

Marek wich erschrocken von seinem Vater zurück. Ein weiteres Donnern an einer der Haupttüren verkündete Schlimmes.

„Wir müssen los!"

Etwas knallte mit enormer Wucht gegen die hohen Türen. Den zurückgebliebenen Soldaten in der Kathedrale blieb nichts anderes übrig, als jetzt endgültig den schweren Riegel vor die Tür zu klemmen. Das bedeutete einerseits keine Hoffnung für die Menschen in der Kathedrale, wenn sie es nicht rechtzeitig durch die Tunnel schafften, andererseits war es ihr letzter Schutz.

Seine Familie, Honatius und die Rooks folgten dem Pulk, der sich durch das große Schiff schob. Sie befolgten die Anweisungen der Priester, die alle Anwesenden in Gruppen aufteilten. Glücklicherweise schien es mehr als einen Tunnel zu geben, was die Flucht für so viele Menschen deutlich entlastete.

Sie eilten Treppen in die Gewölbe hinab, nahmen dort einen breiten Korridor und gelangten durch mehrere langgezogene Gänge in einen großen Raum mit einer Wendeltreppe, die wiederum nach oben führte. An einem Gobelin daneben machte sich gerade ein Priester zu schaffen und legte eine verborgene Nische frei. Ein tiefes Grollen später, glitt eine verborgene Tür auf der rückwärtigen Seite der Treppe langsam auf und offenbarte weitere

Stufen, die nach unten führten. Männer verteilten Fackeln und ließen die Anwesenden in Gruppen in den Geheimgang hinabsteigen.

„Moment!", zischte Adan geschockt, „Wo ist Mira?"

„Hier du Trottel", antwortete sie schnippig, fast schon zu ruhig und lugte hinter einer anderen Gruppe hervor. Ihr eisiger Blick durchbohrte Adan, ganz nach dem Motto, wieso ihm erst jetzt aufgefallen war, dass sie nicht bei ihnen war.

„Ich bin bei deinem neuen Freund."

Adan konnte nicht umhin, sich ein Lächeln zu verkneifen. Er hatte den Soldaten aus den Augen verloren und freute sich nun umso mehr, dass er sich mit Mira aus ihrer Gruppe löste und sich ihnen wieder anschloss.

„Die Nächsten!", pfiff ein Priester, dem scheinbar gar nicht gefiel, dass die Gruppe ihre Personenzahl wechselte, als wäre dies ein Ausflug. Die Priesterin neben ihm überreichte Viviane eine Fackel und sprach zuversichtliche Worte. Etwas, was sie bei jedem tat, wie Viviane auffiel.

„Sendet ein Stoßgebet an Nairu, auf dass sie uns in ihrem Reich aufnimmt."

Es war nicht die Angst vor der Enge, sondern davor, dass es zu viele Flüchtende auf einmal wurden, die sich durch die schmalen Gänge tasteten. Selbst wenn jeder hinter dem anderen herlaufen musste, wären noch längst nicht alle in den Tunneln entschwunden, wenn die Ragnar die unteren Gemäuer erreichten.

Fernes Geklirre von Schwertern und Schreie drangen durch das Gemäuer. Mit diesen Geräuschen im Nacken, stieg die Gruppe die schmalen Treppen hinab in eine unbekannte Finsternis und Adan hoffte, dass dieser Albtraum bald ein Ende nahm.

Der Tunnel war schrecklich schmal und wurde nur an den Stellen breiter, da der Weg sich gabelte. Die schlauen Erbauer hatten über den Durchgängen Zeichen hinterlassen, sodass man wusste, wohin welcher Weg führte. Sofern man in die Bedeutung der Symbole eingeweiht war. Man hatte etliche Abzweigungen und Nebengänge gegraben, die mit keinem oder einem irreführenden Symbol gekennzeichnet waren. Honatius war der letzte ihrer Gruppe. Hinter sich hörte er gedämpfte Laute und ahnte bereits

Schlimmes. Er sah gerade Jaleels Vater um die Ecke vor sich biegen, als er an einem weiteren der vielen Tunnel vorbeieilte. Eine gerade Strecke gab es nicht. Teilweise ging es sogar tiefer in die Erde hinein, die Tunnel kreuzten sich mit der Kanalisation. Manchmal gingen Treppen hinauf in kleine Räume, ohne Fenster oder weitere Türen. Er hoffte inständig, dass genug Flüchtlinge einen Weg in die Freiheit finden würden, bevor es zu spät war.

- 3 -

Der unverkennbare süßliche Geruch von Furcht lag in der Luft. Er nahm ihn genüsslich auf, wie manch andere den exquisiten Duft eines delikaten Parfums, dessen Duftnoten er in ihre nackten Einzelteile zerlegte bis ihm nichts anderes blieb, als der animalische, scharfe Geschmack des blanken Entsetzens. Sein Volk besaß diese Gabe, es roch und schmeckte die Furcht. Es war ein Geschmack, den er genoss, denn es gab nichts, das sie mehr mit sich verbanden, als den Tod.

Logor erhob sich und ließ das leblose Stück Fleisch fallen, das er dem Mann in der weißen Robe von der Schulter gehackt hatte. Scheinbar hatte der Wicht geglaubt, ihm durch reine Berührung Schaden zuzufügen. Sollte er es ruhig noch einmal mit seinem verbliebenen Arm versuchen. Der Mensch wimmerte noch immer und kauerte nun vor ihm am Boden, presste seine freie Hand auf den Stummel, aus dem sein Lebenssaft heraussuppte. Zwei jüngere versuchten ihm zu helfen, doch der Ragnar stieß sie weg.

„Menschen können sich nicht in Luft auflösen. Wo sind alle hin?", wollte er wissen, doch die Menschenfrau vor ihm sah ihn stolz an. „Wenn es Anagalis wünscht, werden wir eins mit seinem Element."
Logor hob sein breites Zackenschwert, von dem das Blut herabtropfte. „Es gibt nur *einen* Gott! Und der hört Menschen nicht zu", sein Handrücken fegte über ihr Gesicht, sie japste und schlug hart auf dem Boden auf.
Der Geruch ließ Logor keine Ruhe. Er konnte den Ursprung an der Wendeltreppe ausmachen, doch da war überhaupt nichts.

Die Loyalen stellten sich plötzlich stramm, sehr zu Logors Unmut, weil er wusste, was das bedeutete. Ihr Befehlshaber, ein widerlicher und durchtriebener Trojoxant namens Grem – wer hieß denn schon so – marschierte arrogant an den Leichen der zuvor erschlagenen Menschen vorbei. Natürlich begleiteten ihn die elendigen Wachhunde von Loyalisten. Der Trojoxant sah sich um und blickte zur Wendeltreppe, so als wäre von ihnen noch keiner auf die Idee gekommen, den Stufen nach oben zu folgen. Der breiten aber spitzen Nase des Trojoxanten folgten dunkle Augen durch den Raum und ohne ihn eines Blickes zu würdigen sagte er: „Logor. Wo sind sie?"

Der Ragnar neigte den Kopf leicht als Zeichen der Loyalität zu dem Trojoxanten, den sie Grem den Schlächter nannten. Der Graue hatte keine Skrupel gezeigt und war mit seiner Legion mit äußerster Brutalität vorgegangen, um den Befehlen des Königs Folge zu leisten. Das hatte er bereits in ihrem Land bewiesen, als er Aufstände zurückgeschlagen und etliche Köpfe als Mahnmal aufgespießt hatte. Grem gehörte der Krieger-Kaste an und seine breiten Schultern strotzten von Muskeln. Er war sogar so stolz, dass, obwohl er im Duell zwei Finger verloren hatte, er diese immer bei sich trug. Ebenso wie die Schädelplatte seines damaligen Gegners, die er sich stolz in die Schulterplatte mit einarbeiten hatte lassen. Knochen splitterten schnell, aber er schien diese Trophäe dennoch zu mögen und gerne präsentieren zu wollen. Man konnte an den Knochen immer noch die feinen Kratzspuren erkennen, die er ihm zugefügt hatte, bevor er ihm den Schädel gespaltet hatte. Logor war Augenzeuge gewesen und wusste, dass der Trojoxant beim Duell gemogelt hatte. Auch wenn sie stolz waren, konnten die Trojoxanten hinterhältig und gleichermaßen verschlagen und falsch sein.

Logor hatte die zweifelhafte Ehre, nun unter dem Kommando eben dieses Trojoxanten zu stehen, der ihn nun herablassend anblickte und auf eine Antwort wartete, die er ihm offenkundig nicht geben konnte. Was widerum eine Schmach für den Ragnar war, der zähneknirschend auf die Gefangenen hinwies. Logor entging nicht der begierige Blick des Trojoxanten, der die Menschenfrau anstierte und spürte dessen Erregung, die nichts mit seinem Blutdurst im Kampfe zu tun hatte. Er wusste um die Perversion der anderen Völker, sich auch mit anderen Rassen zu paaren, wie nur wenige niedere Geschöpfe es taten. Noch ein Grund, warum er die Trojoxanten und insbesondere diesen einen hier verabscheute.

Grems Blick wich nicht von den Gefangenen: „Sucht sofort die Räume hier ab. Es müssen hunderte Menschen gewesen sein, die hier Zuflucht gesucht haben."

Logor bemerkte, dass der Priester vor ihm zu wimmern aufgehört hatte. Seine Helfer hatten die Wunde verbunden und drückten nach wie vor unnachgiebig auf den Stummel am Arm, um die Blutung irgendwie zu stillen.

Der Trojoxant sah erneut mit einem lüsternen Funkeln in den Augen zu der Menschenfrau in ihren weißen Roben. Logor konnte nicht verstehen, dass ein Trojoxant wie Grem überhaupt Gefallen an einer Frau des feindlichen Geschlechts finden konnte. Vermutlich ging es aber eher um den Akt an sich. Dieses Verlangen verspürte ein Ragnar nicht. Einzig der Tod war es, der ihnen eine urtümliche Genugtuung versprach. Der Tod war nichts, vor dem sie sich fürchteten. Sie verehrten, erbitteten und verlangten nach ihm. Nach nichts anderem.

Logor riss die Männer vor sich zur Seite, packte den schwer atmenden Priester am Hals und zog ihn hoch: „Wenn du nicht auch noch den Rest deines Körpers verlieren willst, sagst du uns jetzt, wo die Flüchtlinge hin sind. Wo sind die Kinder?!"

Während er ihn anbrüllte und glaubte, alles richtig in der Sprache des Menschen gesagt zu haben, flog Speichel zornig aus seinem Mund. Der Mensch zitterte. Er verlor immer mehr Blut und würde nicht mehr lange durchhalten. Blut war auch etwas vergängliches.

Der Mensch hob die verbliebene zittrige Hand, griff sich an ein großes Amulett, das um seinen Hals hing und schien zu beten. Logor schlug ihm die Hand weg und entriss ihm das Amulett. Darauf waren fünf ineinander verschlungene Linien geformt. Er warf es zu Boden.

„Fünf Götter. Und sie tun gar nichts, um dir zu helfen."

314

Da schnaufte Grem der Schlächter, schob seinen vom Kampf gestählten Körper auf die Menschenfrau zu und packte sie. „Vielleicht ist sie ja gesprächiger."

Der Priester zuckte zurück, riss seine Augen vor Entsetzen weit auf, als er dies sah und schüttelte energisch den Kopf, so gut es ihm im Würgegriff von Logor möglich war. Die wimmernden Schwächlinge neben ihm taten nichts, um der Frau zu Hilfe zu eilen.

Schwanzlose Feiglinge. Furcht.

Logor hätte in dieser Situation längst mit Waffen- und reinem Körpereinsatz alles getan, um den Trojoxanten vor seiner kommenden Handlung abzuhalten. Doch die schwächlichen Menschen starrten nur und fürchteten um ihr eigenes klägliches Leben. Grem widerte ihn an.

Die Priesterin kämpfte stolz mit den Tränen. Noch verbarg sie ihre vermeintlich weibliche Schwäche hinter einer trotzigen und selbstbewussten Miene als sie sprach: „Wir sind Diener der Götter und werden unser Wohl nicht über das vieler stellen. Demütig nehmen wir unser Schicksal an, sei es noch so grausam." Grem zuckte mit den Achseln: „Wie du meinst", der haltlose Krieger packte und riss sie herum, zerfledderte ihre Roben und lockerte seinen Hosenbund.

„Bei den Göttern, dies hier ist heiliger Boden!", wimmerte einer der feigen Messdiener und nach einem festen Tritt eines nebenstehenden Soldaten sackte er mit blutig geschlagenem Gesicht und gebrochener Nase zusammen.

„Nichts ist heilig, das den verdorbenen Göttern geweiht ist", brummte Grem.

Logor beobachtete den amputierten Priester, der starren Entsetzens auf das Grauen vor sich blickte. Noch immer rührte die Priesterin sich nicht, doch in ihrem Gesicht erkannte er, dass sie langsam brach. Sie begann zu wimmern und versuchte, sich zu wehren. Doch der Trojoxant erstickte jede Gegenwehr mit seinem wuchtigen Körper. Sie schrie verzweifelt um Hilfe und versuchte alles, doch Grem hatte den Kampf längst gewonnen.

Logor wurde es zu viel und er befal den Gaffern gefälligst nach einem Geheimgang zu suchen. Dann sah er auf den Priester vor sich herab, der den scheußlichen Akt mit großen Augen anstarrte und feige schwieg. Die Menschen waren ein grausames, feiges und selbstsüchtiges Volk. Selbst jetzt, da er ihr Leiden hätte ersparen können, tat der Mann nichts um ihr zu helfen. Stattdessen starrte er entsetzt auf das schreckliche Bild, das sich ihm bot. Und schwieg einfach.

Logor spürte, wie der Zorn seinen Körper durchfuhr. Doch dieser galt weniger den feigen Menschen, sondern vielmehr dem widerwärtigen und feigen Trojoxanten, dessen Rücken er nun anstierte und fixierte.

„Wo sind deine Götter jetzt? Bist du endlich ruhig!", fauchte Grem. Logor klammerte beim Anblick dieses Scheusals seine große Hand fest um den Griff seines Bastardschwerts. Ihm war inzwischen egal, dass die Loyalisten vielleicht in der Überzahl waren. Das alles endete. Jetzt.

Erst jetzt bemerkte Logor, wie der Priester vor ihm in sich zusammengesackt war. Er hatte zu viel Blut verloren, war in Scham und Schande um seiner Feigheit willen sang- und klanglos gestorben. Und das scheinbar schon vor einiger Zeit. Sein Blick fiel auf die wimmernden Messdiener, die sich vor Furcht selbst einschissen. „Schluss."

Logor dachte an den Anführer, der oben in dem großen Gebäude noch immer wütete, zornig darüber, dass sich zu viele durch vermeintliche Geheimgänge retten konnten. Wie würde er wohl reagieren, wenn er erfuhr, dass sein erster Offizier die Fährte verloren hatte?

Der Ragnar war den Trojoxanten loyal und viel mehr dem König verfallen, als andere seiner Zunft. Die Ragnar, ohnehin ein Volk der Widersprüche, waren mehr gespalten denn je und dennoch im Bunde mit ihren Peinigern, den Grauhäuten. Sie waren an die Trojoxanten gebunden, dieses Band bestand aber weder aus Verbundenheit noch freiem Willen. Sie sahen sich selbst als das, was sie waren. Kein anderer konnte ihre wahre Natur erkennen. Oder verstehen. Auch nicht die Grauhäute. Geschweige denn den Fluch, der sie auf ewig als das brandmarkte was sie nun waren.

Plötzlich wimmerte die Frau etwas. Grem stieg triumphierend von ihr herab. Mit dem Fuß stieß er sie verächtlich zur Seite. „Elendes Miststück. Diese dreckige Hure wird uns nichts verraten."

Logor warf Grem einen hasserfüllten Blick zu. Seine Brust verkrampfte sich vor Zorn. Er hasste die Trojoxanten und damit war er nicht alleine. Dennoch waren sie keine Zahl im Verhältnis zu den Loyalen. Aber in der Kathedrale waren tatsächlich nur wenige Loyale. Einzig die starken Leibwächter mussten schnell überwunden werden.

Er trat einen Schritt auf Grem zu, der auf die nackte, geschändete Frau spuckte. Sie kauerte am Boden vor Ekel und Scham, die zitternden Hände schützend vor ihren entblößten Körper. Logor bemerkte, dass sie am ganzen Leib zitterte.
„Menschenweib. Sag mir, was ich wissen will."
Die Frau strich sich mit einer zitternden Hand über das zerkratzte, blutige Gesicht und deutete dann auf den Trojoxanten, der im falschen Moment nur mit sich selbst beschäftigt war. Logor lächelte und ein diabolischer Gedanke nahm Form an: „Du sagst es nur, wenn ich ihn töte?"

Grem hatte seine Worte gerade vernommen und sich umgedreht, als Logor hervorschnellte, ihm das Schwert in den Unterleib rammte und es mit einem kräftigen Ruck in einem gewaltigen Kraftakt nach oben zog. Dafür hatten die Klingen schließlich die schrecklichen Zacken an der Spitze. Die Blutfontäne füllte den Raum und sprenkelte auf die Anwesenden, Boden und Wände.
Die Frau schrie entsetzt, einer der Messdiener kotzte sich selbst voll, der andere war bereits ohnmächtig. Die Loyalen hielten zu Logors Überraschung inne und taten nichts als Grem wie ein zerschnittenes Laib Brot auseinander brach und sich dabei seine Gedärme platschend auf dem Boden verteilten. Logor starrte die Loyalen an. Vermutlich gehörten sie der Sorte an, die ihre Treue dem Stärksten schworen. Er sah höchst zufrieden, von dem was von Grem übrig war, zur geschändeten Priesterin. Sie deutete erneut auf die Stelle, an der dieser gestanden hatte. Ein schwerer Wandteppich hing dort. Logor konnte sich ein Lachen nicht ver-

kneifen, als er ihn herunter riss und dahinter den Schalter in einer Nische entdeckte.

„Seht her, sie hat gar nicht den Schlächter gemeint", die anderen Ragnar grunzten, was allenfalls einem Lachen entsprach. Ein nahestehender Soldat deutete mit seinem Beil auf die drei Überlebenden. „Was sollen wir mit denen machen? Und ihr?"

Logor sah in die kalten Augen der Priesterin, deren Blick nichts als Verachtung für ihre Rettung übrig hatte.

„Wir lassen sie in Ruhe. Sie hat uns gesagt, was wir wissen wollten", er trat an ihr vorbei, als sein Nebenmann ihn ermahnte: „Sie ist befleckt."

Logor hielt inne. Sie würde tatsächlich das Kind eines Trojoxanten in sich tragen. „Du hast Recht."

Er sah dem bemitleidenswerten Geschöpf in die Augen, die ihn jetzt wie ein scheues Reh anstarrten. „So etwas *schreckliches* dürfen wir nicht zulassen."

- 4 -

Benedict stolperte in eine große Halle, deren Decke ungefähr vier Meter maß und von schweren staubbedeckten Holzbalken gestützt wurde. Das Licht der Fackeln entblößte eine große Anhäufung von Fässern, Truhen und Kisten, akkurat gestapelt und fachmännisch verschnürt. Die anderen sahen sich verwundert um. Die Gruppe befand sich in einem unter- irdischen Lager, das wahrscheinlich der Stadt gehörte. Die Gegenstände waren wahrscheinlich vorsorglich hier gebunkert worden, für den nun eingetretenen Fall, dass die Stadt belagert wurde oder sich Truppen unbemerkt von einem Ort zum anderen bewegen mussten. Vielleicht war dies aber auch brisante Schmuggelware, die findige Diebe hier angehäuft und verborgen hatten. Der angesetzte Staub sowie zerschlissene Säcke, an denen jetzt schnell weghuschende Ratten und Mäuse nagten, deuteten zumindest darauf hin, dass schon lange niemand mehr nach diesen Gütern hier unten gesehen hatte.

„Glaubst du das gehört einer Diebesgilde oder so?", hörte er Marek Adan fragen, doch der machte deutlich, dass sie sich

318

momentan wirklich über andere Dinge den Kopf zerbrechen sollten.

„Schaut mal!" Jaleel riss eine dünne hölzerne Wandverkleidung herunter und legte einen verborgenen Tunnel frei. Er zögerte kurz, weil etliche im Dunkeln lebenden Insekten erschrocken davon huschten. Seine Haut kribbelte bei ihrem Anblick, warum auch immer, hatte er schon immer Ekel vor den mehrbeinigen Insekten verspürt. „Ich denke, das ist der Ausgang."

Die Erwachsenen eilten zu ihm und musterten den freigelegten Weg. Balthazar schob sich an Ganaleth vorbei und duckte sich in die Dunkelheit.

„Wir sollten den Tunneln einfach weiter folgen. Wer weiß, wo wir hier raus kommen. Gefühlt sind wir gerade irgendwo zwischen Kathedrale und Hafenbecken. Ich habe keine Lust, eine Tür zu öffnen und zu ertrinken."

„In Anbetracht der schwindenden Zeit", meinte Jaleel bissig, „und der uns im Nacken sitzenden Ragnar, bin ich gewillt, es herauszufinden", ohne ein weiteres Mal auf die anderen zu blicken verschwand der Pan-Thar in der Dunkelheit und lief voraus. Balthazar fluchte über seinen hitzköpfigen Sohn. Das Glück ist mit den Dummen, machte er sich selbst Hoffnung. Er wurde jäh eines besseren belehrt, als schwere Schritte immer schneller durch den dunklen Tunnel immer näher kamen.

„Das klingt nicht nach Flüchtlingen", betonte Viviane und sah in den dunklen Gang, aus dem sie gekommen waren. Ganaleth trat vor sie, ging einige Schritte in den Korridor und eilte dann zurück. „Definitiv. Schnell, wir müssen hier weg! Hier zu kämpfen könnte böse für uns ausgehen." Sein Blick fiel auf Marek und Benedict, der energisch den Kopf schüttelte. „Schnell. Durch den Tunnel." Die Frauen eilten voraus, Adan im Schutz zwischen sich.

„Könnt ihr den Eingang versiegeln?", fragte Ben Mira und Honatius. Das Mädchen lächelte grimmig und nickte. „Wir könnten dabei den gesamten Tunnel zum Einsturz bringen."

Die Ragnar kamen hörbar näher.

„Was ist mit den anderen Flüchtlingen. Wir könnten sie einsperren, wenn sie unserem Tunnel folgen", mahnte Ganaleth jetzt und Honatius war sich in einem Punkt sicher.

„Wenn das da im Tunnel Ragnar sind, können wir anderen sowieso nicht mehr helfen. Es sei denn", sein Blick fiel auf Mira und den Tunneleingang, „wir zerstören diesen Tunnel."

„Gut", entschied Benedict, dem seine Familie im Moment wichtiger war, als alles andere. „Tut es."

***

Logor roch die Furcht mehr denn je. Er sprintete mit den anderen durch die Tunnel, diese verwirrenden Abzweigungen ließen ihnen keine andere Wahl, als sich aufzuteilen. Vier Männer vor ihm eilten durch einen Korridor auf einen schwach erleuchteten Raum zu. Die Stimmen verrieten die Flüchtlinge. Die Krieger vor ihm gerieten ins Stocken, starrten auf etwas und er hörte ein überraschtes Rufen eines Mädchens. Dann bebte die Decke, Steine bröckelten herab, Risse zogen sich wie gierige Schlangen durch das Gestein um ihn. Logor hielt inne, stolperte und sah mit an, wie der Tunnel vor ihm einstürzte und seine Kameraden zerschmetterte. Das Beben und die Staubwolke rissen ihn in einer unbekannten Finsternis zu Boden. Alles dröhnte, er hörte das Donnern des Gesteins um sich herum, spürte seine Knochen brechen, vernahm für einen kurzen Moment einen heftigen schmerzhaften Druck im Gesicht. Dann war es vorbei.

***

Benedict sah gebannt mit an, wie der Tunneleingang schließlich zusammenstürzte und schwere Brocken die Ragnar zermalmten. Mira hatte bei ihrem Anblick erschrocken aufgeschrien und direkt etwas ausgelöst, das er nur als Naturgewalt bezeichnen konnte. Die Ragnar hatten kaum Zeit, zu schreien oder reagieren. Jetzt versperrten die Trümmer des eingestürzten Durchgangs den Weg zurück. Die drei verbliebenen Menschen hofften, dass der Einsturz genügte, sie alle zu töten. Die drei liefen jetzt ohne weiteres Zögern durch den aufgewirbelten Staub und folgten den anderen durch den Tunnel in die erhoffte Freiheit.

***

Fahles silbriges Mondlicht fiel durch die Baumwipfel über ihnen. Sie hatten den Tunnel verlassen und sich überrascht an einem bewaldeten Hang wiedergefunden. Der Zugang lag verborgen hinter einem dichten Behang aus verworrenem Geäst, durch das sie sich ihren Weg in die Freiheit schneiden mussten. Müde und gequält von der Flucht fielen die Kinder zu Boden, keuchten nach Luft und atmeten schwer.

„Soso, zwischen Kathedrale und Stadt?", murmelte Benedict und Balthazar knurrte: „Hab du mal Orientierung unter der Erde."

Viviane konnte nicht an Ruhe denken. Sie erblickte zwischen den Baumreihen vor ihnen ein großflächiges Glühen und als sie mit Cacilia durch das Unterholz lief, erkannte sie dessen Ursprung. Der Wald lichtete sich an einem freien Abhang, unter dem sich weitere Bäume und eine Straße erstreckten. Sie befanden sich am Hang von Hohenwacht, den Blick auf die Hafenstadt, die von den gierigen Flammen zerfressen wurde.

Wie gierige, wilde Bestien erhoben sich die Feuer über die Hausdächer und machten die Nacht zum Tag.

Das Ferne Lärmen von Kämpfen hallte mit Schreien aus der in Chaos gefallenen Stadt zu ihnen. Vereinzelte Luftschiffe schwebten nach wie vor bedrohlich am Himmel und ließen flammende Geschosse auf die Stadt herabregnen. Doch Xatiox wehrte sich hartnäckig. Die Katapulte der Verteidiger waren zwar dafür gedacht, Feinde von See und vom Landesinneren schon von weitem zu vernichten. Ihre Geschosse trafen jetzt die fliegenden Angreifer, wie aus dem Wasser springende Karpfen, und holten hier und dort ein Schiff vom Himmel.

„Wie groß", fluchte Balthazar, „ist denn diese verdammte Flotte? Und wie können die überhaupt alle fliegen?!"

Der zermürbende Anblick entriss ihnen die Hoffnung, dass diese Nacht bald endete. Als Benedict dem Lauf der Straße unter ihnen folgte, erkannte er einen fernen dunklen Strich über den Baumreihen am Waldrand, der eindeutig einer der Wachtürme sein musste.

„Die Nordbucht ist nicht mehr fern."

Das Lärmen in der Stadt verebbte in einer unheimlichen Stille, so als wäre die Zeit stehen geblieben. Das Bombardement der Luftschiffe endete in dem unheilvollen Schweigen der Geschosse.

***

Es wurde immer düsterer, obgleich das Feuer in der Stadt alles bis zum Horizont in einem hellen Rot erleuchtete. Große Rauchschwaden zogen herauf und vermischten sich mit den schwarzen Wolken am Himmel. Zumindest der Regen hatte für den Moment aufgehört. Die Invasion hatte sich zu einer erbitterten Straßenschlacht entwickelt.

Von hier oben konnten sie erahnen, dass sich die Feinde um die eingenommene Kathedrale versammelten und dort scheinbar einen Posten errichteten. Sie eroberten nun langsam die unvorbereitete Stadt.

Die Kinder schienen verstört, dennoch gefasst. Sie starrten auf die brennende Stadt und wussten, dass heute Nacht viele Menschen gestorben waren und sterben würden. Adan spürte eine zermürbende Last auf seinen Schultern. Er dachte an die Kinder, die Marek gerettet hatte und hoffte, dass auch ihnen die Flucht gelungen war. All dieses Leiden – an allem war nur er schuld. Die Ragnar und Trojoxanten suchten immerhin nur nach ihm. Nach dem Kind mit den weißen Augen.

Jaleel seufzte bei dem erschütternden Anblick der Stadt: „Das ist mein Zuhause." Die Erkenntnis, dass eine einzige Nacht binnen weniger Augenblicke ganze Leben verändern konnte, traf sie mit der vollen Wucht einer brandenden Welle. Seine Mutter schloss ihn in die Arme. Die Brüder suchten ebenfalls Schutz in Benedicts und Vivianes Armen. Sie waren froh, bisher unbeschadet aus der Stadt entkommen zu sein.

Ganaleth stand etwas abseits, voller Sorge um seine Frau und bemerkte Mira, die mit verschränkten Armen und dem Gesicht zwischen den Knien im Laub kauerte.

„Bist du verletzt?", fragte er und kniete sich neben sie, bereute bei dem Schmerz in seiner Brust diese Bewegung aber sofort wieder. Mira schaute mit tränenden Augen auf, als wurde sie sich erst jetzt bewusst, nicht allein zu sein.

„Es geht schon", ihr Blick wanderte über seine Schulter auf Honatius, der sich schwerfällig auf seinen Stab stützte, sich Staub und Dreck aus dem Gesicht strich.

„Ich kann nicht glauben, was hier geschieht", murmelte Ganaleth und legte ihr eine Hand auf den Rücken. Diese unerwartete Berührung ließ Mira zurückschrecken. Ganaleth wurde bewusst, dass diese tröstende Geste unangebracht war, da sie einander nicht kannten. Für einen Moment hatte er väterliche Gefühle und dachte eine tröstende Geste würde dem Kind gut tun. Er wollte dem Mädchen einfach Trost spenden, den es offensichtlich nötig hatte.

Viviane hatte ihr Gespräch bemerkt und setzte sich jetzt neben Mira, schloss sie in die Arme und drückte sie fest an sich. Die Umarmung einer Frau war für ein Mädchen in so einer Situation wohl angebrachter. Mira schien überwältigt von der fürsorglichen Geste und der Liebe dieser Frau und erwiderte die Umarmung. Zuerst zaghaft und dann fest. Da wusste sie, dass sie heute eine Familie gewonnen hatte.

- 5 -

Als Adan das Chaos in der Stadt überblickte, verkrampfte sich unweigerlich sein Magen. All das geschah nur wegen ihm. All die Menschen die starben und sich opferten um ihre Stadt zu verteidigen. Niemand hätte leiden müssen, wenn es ihn nicht geben würde. Was war es, das eine Armee veranlasste, eine Hetzjagd auf ein einzelnes Kind zu veranstalten? Warum war es nicht Marek mit Eldin, den sie jagten, sondern Adan, die Missgeburt mit den weißen Augen?

Wollen sie meine Gabe für ihre Zwecke benutzen? Woher sollten sie wissen, dass ich unsichtbare Dinge sehen kann?
Ein Gedanke durchzuckte ihn wie ein eiskalter Blitz. Er stolperte in seiner Eile über seine eigenen Füße, hastete zu seinem Vater und stellte ihn zur Rede: „Dass die Ragnar auf der Jagd nach mir sind, ist inzwischen klar. Aber woher wissen sie, dass ich hier in Xatiox bin?"

Die Erwachsenen starrten sich ungläubig an, scheinbar hatte sich noch niemand anderes über diesen Punkt Gedanken gemacht.

„Der Junge hat nicht Unrecht", beteuerte Honatius und ein dunkler Schatten zeichnete sich auf seinem Gesicht ab.

„Darüber machen wir uns später Gedanken", entschied Benedict, mit einem düsteren Gesichtsausdruck. Er deutete auf den Weg unterhalb des Hügels.

„Wir haben uns genug ausgeruht! Lasst uns weitergehen."

„Es ist doch zwecklos", brummte Balthazar, die Arme übereinander vor der Brust gekreuzt. Er sah auf die Brände und erkannte etliche Schiffe, die man gezielt versenkt hatte.

„Nein, wir dürfen jetzt nicht aufgeben", erwiderte Benedict, überrascht über den mutlosen Pan-Thar. Doch dieser deutete mit dem breiten Kinn auf die Stadt: „Nein, ich meinte das; Wenn unsere Soldaten sich nicht formieren, wird dieser Kampf nicht gut ausgehen."

Adan atmete schwer und ihm entfleuchte ein Seufzer. „Diese Trojoxanten sind schrecklich!", erneut fiel ihm etwas auf, über das er erst einmal selbst stutzte: „Moment, wieso Trojoxanten?"

Marek starrte ihn mit der gleichen Erkenntnis an, die nun auch alle anderen durchzuckte. „Bisher haben Ragnar angegriffen!"

Ganaleth dachte an seine bisherigen Kämpfe und Begegnungen. „Ich kann mich nicht erinnern, einen Krieger der Grauen gesehen zu haben."

„Du hast eine scharfsinnige Auffassungsgabe", lobte Balthazar Adan und kam zu einem ernüchternden Gedanken. „Das hier könnte erst die erste Angriffswelle sein."

Ganaleth starrte entmutigt zu den Luftschiffen.

„Also doch eine Invasion. Der erste Schlag gegen die Stadt kam plötzlich und hart. Jetzt sind wir vorbereitet", brummte Balthazar.

„Wir schon mal gar nicht. Und ich bezweifle, dass die Armee sich in diesem Chaos so schnell und gut ordnen kann", tadelte Cacilia ihren Mann und folgte Benedict als erste.

Der Mensch hatte nichts dazu gesagt. Scheinbar behielt er seine Gedanken diesmal für sich.

Die nördliche Bucht war ein Außenposten und Ankerhafen für militärische Schiffe oder Barken, die wichtige Transporte durchführen und den Verkehr auf der Rhaine umgehen mussten. Die Straße zur Bucht führte am Hügel entlang und verschwand dann in einem Engpass, ein Stück abseits des Waldes, der mit einem befestigten Tor geschützt wurde. Dieser Pfad diente auch als schnelle Botenroute von Hohenwacht zur Bucht. Die Gruppe erreichte schließlich den Durchgang des gemauerten Tunneleingangs und eilte diesen entlang. Ein schweres Gatter war hochgezogen worden und drohte ihnen nur noch mit den Spitzen der Gabeln, die aus ihrer Nische herausragten. Auf der anderen Seite fanden sie sich oberhalb der Bucht auf der breiten Straße wieder, die sich in Serpentinen den Hang hinabschlängelte. „Warum", fragte Ganaleth mit Blick in Richtung der einladend wirkenden hohen Wehrmauern von Burg Hohenwacht, „gehen wir nicht in die Burg und verschanzen uns dort?"

„Weil wir", betonte Benedict sein Vorhaben energisch, „uns nicht einsperren wollen, sondern fliehen. Aber euch hält niemand zurück, einen anderen Weg zu nehmen." Der Soldat schwieg und sah dem Vater argwöhnisch hinterher: „Es macht keinen Sinn. In der Burg sind wir sicher."

Benedict hielt abrupt an und deutete zur Stadt. „Die Burg kann gehalten, aber eingenommen werden. Ich bin mir sicher, dass die Armee diesen Angriff abwehren und aufhalten kann. Aber mir ist es lieber das aus sicherer Entfernung mit meiner Familie zu beurteilen."

Ganaleth sah zu Adan: „Warum jagt man Euren Sohn?"

Benedict schüttelte den Kopf: „Dafür ist jetzt keine Zeit. Kommt entweder mit, oder geht zur Burg."

Jetzt war das Gespräch endgültig für ihn beendet und er vermied es absofort, noch einmal mit Ganaleth über seine Entscheidungen diskutieren zu müssen. Im Moment ging es ihm so sehr um seine eigene Familie, dass er gar nicht darüber nachgedacht hatte, ob Ganaleth vielleicht auch eine Frau und Kinder in der Stadt hatte. Er sah den Soldaten an, wagte aber in Anbetracht ihrer Lage nicht, ihm jetzt erst diese Frage zu stellen.

Die Gruppe erreichte den Grund des Tals und hatte bereits etliche Männer an den Stegen herumeilen gesehen, denen die Neuankömmlinge auch nicht entgangen waren. Ein schlanker Mann, dessen Rüstung leicht im silbrigen Mondlicht schimmerte, kam ihnen entgegen gelaufen.

„Bei den Fünf Göttern! Was im Namen von Ethion macht ihr hier?" Alan Diran umarmte Benedict überrascht aber herzlich. „Es grenzt an ein Wunder, dass ihr unbeschadet durch die Stadt gekommen seid." Diran sah besorgt zu den anderen.

„Deine Frau und Kinder sind wohlauf? Gut."

„Das gleiche kann ich dich fragen. Wieso bist du nicht auf Hohenwacht?"

„Und dem Feind die Stadt überlassen? Der Prinz wurde in Sicherheit gebracht, die Generäle haben sich überschlagen und ich wurde hierher beordert. Hohenwacht liegt nunmal um die Ecke", er führte sie die Bucht hinab über den Pier.

„Wir haben fahrende Boten die Rhaine hinaufgeschickt, um die Fürstentümer zu warnen. Wenn dies der Beginn einer Invasion ist, muss Ayan gewarnt werden. Vor einer halben Stunde berichtete der Laufbursche noch, dass unsere Armee sich langsam von Norden durch die Stadt vorarbeitet. Wir erobern uns Meter um Meter unserer Stadt zurück. Eigentlich müsstet ihr durch unsere Linien gebrochen sein."

„Wir sind durch die Tunnel der Kathedrale hierher gekommen."

„So?", Diran wirkte sichtlich überrascht, „Mir ist neu, dass die Tunnel direkt bis zu dieser Bucht führen. Sie führen eigentlich in versteckte Posten westlich und nördlich der Stadt."

„Es war ein versperrter Tunnel", mischte sich Jaleel vorlaut ein, „der jetzt wieder versperrt ist", ergänzte er nun kleinlaut und schwieg direkt wieder. Alans Blick bohrte sich mit einer klaren Forderung in Benedicts Herz.

„Bleib und kämpfe mit mir!"

„Ich kann nicht. Ich habe Frau und Kinder."

Alan nickte abwesend und sah sich die abgehetzte Gruppe an. Er wank einen Soldaten zu sich. „Bringt etwas zu Trinken und einen Happen, die Armen sind völlig ausgelaugt", dann richtete er sich wieder an Benedict: „Habt ihr es nicht auf einem anderen Weg aus der Stadt geschafft?"

„Die Kämpfe in den Straßen haben uns hierhergeführt. Wir hatten gar keine andere Wahl. Und flussaufwärts hätten wir es auch niemals auf eine Barkasse geschafft. Alan, die Kathedrale ist überrannt worden. Die Ragnar sind uns in die Tunnel gefolgt."

Sein Freund nickte und rief einen Soldaten zu sich heran,

erteilte ihm den Befehl sich mehrere Männer zu nehmen und die Ausgänge zu sichern. Der zum Offizier ernannte Ganaleth salutierte und trat hervor: „Ich kenne Euer Gesicht. Ihr seid von der Süddivision der Wache, nicht?"

Ganaleth nannte seinen Namen, Posten und jetzt neuen Rang. Diran lächelte, denn er erinnerte sich wirklich an ihn: „Ah, der Sohn des Stallmeisters. Ich habe von Euch gehört."

Ganaleth wusste, dass man ihn früher abwertend Stallburschen genannt hatte, da er sich so gut mit den Pferden auskannte. Er lächelte grimmig, doch Alan überraschte ihn: „Ich hörte nur Gutes über Euch von Eurem Vorgesetzten Hauptmann Pevell."

„Danke mein Herr. Ihr ehrt mich. Aber der Hauptmann starb bei der Verteidigung des Südtores."

„Bedauerlich", erwiderte Alan ehrlich betrübt, „er war ein äußerst fähiger Mann."

„Das war er. Mit Verlaub, ich möchte mich den Männern anschließen und die Ragnar zurückschlagen."

„Das soll kein Ausfall werden", erklärte Alan Diran, der den Soldaten falsch verstand, „sondern eine Absicherung."

„Erlaubt mir, mich ihnen anzuschließen."

„Meinetwegen. Je mehr fähige Männer die Stadt verteidigen", er zögerte kurz und korrigierte seine Wortwahl, *„zurückerobern*, desto besser."

Ganaleth nickte zufrieden und bemerkte den Blick von Benedict. „Ihr habt Adan das Leben gerettet, dafür danke ich Euch. Er ist ein dankbarer Junge. Es wäre schön, wenn wir uns nach dieser Nacht wiedersehen und ich Euch auf ein Bier einladen darf."

Geschmeichelt und geehrt von diesen Worten, rang sich der junge Mann ein Lächeln ab. Adan hatte ihr Gespräch mitangehört und trat auf den Soldaten zu, als er seine Habe überprüfte und sich zu der aufbrechenden Nachhut gesellte.

„Ganaleth!"

Der Soldat drehte sich überrascht um und grüßte Adan: „Da ist ja mein Freund!" Adan lächelte ihn dankbar an und deutete auf seine Brust. „Lass dich nicht umbringen."

Sein Gegenüber lachte und wiederholte diesen Wunsch auch für Adan: „Pass gut auf dich auf", dann trottete er den Pier entlang zurück die Straße den Hang hinauf, von dem sie gekommen waren. Für Adan fühlte sich das trotz seiner Zuversicht wie ein bittersüßer Abschied an.

***

„Wir sind uns beide dessen bewusst, dass dein Sohn etwas bei sich führt, das auch unsere Verbündeten gerne in ihren Händen sähen. Wie auch immer die Trojoxanten erfahren haben, dass Marek ein Heiliger Auserwählter ist, spielt keine Rolle. Dass die Stadt seinetwegen brennt, kann ich ihm nicht zum Vorwurf machen."

Benedict hielt inne und starrte Alan an. „Ich frage dich nur einmal und erwarte eine ehrliche Antwort, als Freund. Erwartest du, dass ich den Trojoxanten meinen Sohn ausliefere, oder dem Prinzen, damit er ihn als Waffe einsetzen kann, um die Stadt zu retten?" Alan sah überrascht zu den anderen.

„Ich bin nicht der Prinz, Ben. Nein, ich will, dass ihr flieht. Das Schicksal hat noch etwas mit deinen Söhnen vor und Marek ist der Auserwählte. Er darf den Ragnar ebenso wenig in die Hände fallen. Das Problem ist, selbst wenn ihr aus der Stadt fort seid, werden sie weiterhin plündern und nach euch suchen. Wir müssen ihnen also ein Zeichen geben, dass die Stadt es nicht wert ist, geplündert und auf den Kopf gestellt zu werden. Sollten wir mit unseren Vermutungen Recht behalten, können wir weiteres Brandschatzen in der Stadt verhindern. Dazu müssten sie nur erfahren, dass ihr nicht mehr in der Stadt seid."

„Sie suchen aber nach Adan. Von Marek weiß niemand. Wieso sollen sie auf einmal auch nach ihm suchen, wenn sie doch gar nichts von seiner Existenz wissen?"

„Sie wussten ja auch niemals etwas über Adan", erwiderte Alan und traf den wunden Punkt: „Ich fürchte, der Feind hat genauso Nachforschungen angestellt, wie wir es all die Jahre taten."

„Was schlägst du vor?"

Alan hatte ein grimmiges Funkeln in den Augen: „Ihr macht auf euch *aufmerksam*. Mit einem Schiff als Köder. Nur die nötige Besatzung. Du und dein Sohn. Ich werde mit einem Schiff dichtauf folgen und euch rechtzeitig einsammeln."

„Und dann? Sitzen wir auf dem Präsentierteller. Dein Plan ist nicht ausgereift", Benedict war sich dessen bewusst, dass er mehr wusste, als Alan. Er erzählte von ihrem Zusammenstoß mit den Ragnar und dass diese mehr als überrascht von Mareks Angriff waren. Sie wussten noch nichts von einem Feuerschwert. Dennoch war es vielleicht ein kluger Zug.

Der dennoch von unseren Spekulationen lebt.

„Was erwartest du, sollen wir dann tun?", ein bedrohliches Funkeln blitzte in Alans Augen auf: „Nicht wir. Dein Sohn."

Benedict verstand. Er wollte, dass Marek zuerst als Köder so viele Feinde wie möglich auf sich aufmerksam machte und zu sich lockte, um sie dann dank Eldin in einem flammenden Inferno untergehen zu lassen. „Das mache ich nicht mit, Alan. Du riskierst viel zu viel. Und das auf Kosten meines Sohnes! Bist du wahnsinnig?"

„Ich bin Soldat und kämpfe für mein Land! Das hast du auch einmal getan, bevor du dich von allem abgesagt hast. Wo liegt jetzt deine Loyalität?"

„Du bist ein Heuchler, wenn du das Wohl der Krone meiner Familie vorziehst."

„Du stellst dich und deine Kinder also über die Krone, Benedict?"

„Deswegen bin ich fort von hier und der Stadt, alter Freund."

Die Luft um sie herum knisterte in der aufbauschenden Spannung. „Auch wenn alles glänzt und strahlt, schon immer nagten Korruption und Verfall an diesem Königreich."

Alan packte Benedicts Arm. „Ich habe dich immer unterstützt und verteidigt, habe dir vieles ermöglicht und war dir immer Freund. Doch das grenzt langsam an Hochverrat, alter Freund. Vielleicht hast du dich von der Garde abgewandt und deine Ehre in einer Truhe mitsamt deiner Rüstung abgelegt, deinem Land kannst du nicht den Rücken kehren. Nicht so!"

Er sah an ihm herab und musterte Benedicts Rüstung. „Zumal ich nicht glaube, dass du diese Rüstung leichthin abgelegt hast."

„Dein Plan ist verrückt!"

„Es ist die einzige Möglichkeit, Xatiox zu retten und weitere Unschuldige vor dem Tod zu bewahren. Oder wir schicken deinen Sohn wieder mitten in die Stadt, lassen ihn mit dem heiligen

Schwert dort dasselbe tun und riskieren etliche unschuldige Leben."

„Na dann ist es ja gut, dass wir nur das von Marek und mir riskieren."

„Benedict, mein Freund. Ich würde dich niemals zu so etwas zwingen, wenn wir eine andere Möglichkeit hätten. Es ist kein Zufall, dass wir uns in dieser Stunde hier treffen. Niemand kann diesen plötzlichen Angriff so einfach abwehren, wie dein Sohn. Er trägt die Verantwortung für alles, was hier geschieht!"

Benedicts Faust zischte durch die Luft und grub sich in Dirans Gesicht. Alan taumelte einen Schritt zurück.

Die anderen starrten überrascht zu ihnen herüber. Einige Soldaten eilten näher, doch Alan wank ab: „Nicht!", er rieb sich das Kinn und spürte den kupfernen Geschmack frischen Blutes in seinem Mund.

„Du hast immer noch einen guten Schlag."

„Du willst nicht, dass ich richtig zuschlage."

Alan spuckte Blut und betastete seinen Kiefer.

„Du bist zu weit gegangen, Alan", Benedict durchbohrte ihn mit zornigem Blick. In seinem Kopf flogen Gedanken wild durcheinander. Was blieb ihnen anderes übrig? Niemals würde er seinen Sohn in Gefahr bringen, doch Alan hatte nicht Unrecht. Marek könnte diesen Angriff fast im Alleingang beenden.

Diese Invasion war kein Zufall. Die Ragnar waren auf der Jagd nach Adan gefährlich weit gegangen. Sie hatten Luftschiffe gestohlen, besaßen vermutlich mehrere unbekannte Verbündete und griffen nun mit einer vernichtenden Kraft die Hafenstadt an, viele Tausend Kilometer von ihrem Kontinent entfernt. Wenngleich Benedict nicht wusste, ob die Trojoxanten von Marek Kenntnis hatten, wusste er, dass sie auf der Jagd nach Adan waren und nach all den unruhigen Jahren ohne ein Zeichen, tauchten sie nun urplötzlich wieder auf und griffen mit ihren dunklen Fingern nach seinem Sohn. Er liebte seine Söhne über alles und würde niemals einen von beiden unnötiger Gefahr aussetzen. Und dennoch beschlich ihn das Gefühl, dass Alans Plan funktionieren könnte. Aber wollte er wirklich dieses Risiko eingehen und Marek diese Bürde auferlegen?

Benedict allein konnte diese Entscheidung nicht fällen. Er entschuldigte sich bei Alan und ging zu den anderen zurück, sondierte die Erwachsenen von den Kindern und erklärte ihnen, was Diran vorgeschlagen hatte. Viviane war entsetzt, dass er überhaupt erst darüber nachdachte, doch auch Balthazar und Honatius erkannten die Chance, die ihnen durch Marek geboten wurde.

„Wie könnt ihr nur tatsächlich darüber diskutieren?", schimpfte Viviane und es war Honatius, der sie zu besänftigen versuchte. „Aus dir spricht die Sorge und Liebe einer Mutter. Wenn du der Stimme der Vernunft zuhörst, wirst du erkennen, dass dieser Plan uns alle retten kann."

„Ich gebe dir gleich die Stimme der Vernunft", zischte Viviane. Cacilia war ganz auf ihrer Seite: „Obwohl wir unsäglich größerer Gefahr ausgesetzt werden?", warf sie brüsk ein.

„Der Knirps hat einiges auf dem Kasten, mein Schatz", brummte Balthazar und schien ihre Möglichkeiten abzuwägen. „Ich wäre nicht verwundert, wenn er eines Tages als Heerführer des Königs ganze Armeen anführt, obwohl er mit dem heiligen Schwert ganz allein Kriege gewinnen könnte."

„Niemand wird hier irgendwelche Schlachten schlagen!", fluchte Viviane wütend und hätte am liebsten alle Kerle vor sich ins Wasser geworfen.

„Unterschätze nicht die Macht des Schwertes", erhob jetzt auch Honatius die Stimme.

„Wie soll euer Plan denn bitteschön funktionieren?", ermattete sich Viviane schließlich und ergab sich der Mehrheit. Benedict rief Alan und sie besprachen den selbstmörderischen Plan noch einmal gemeinsam und in Ruhe.

***

Während die Erwachsenen sich konspirativ von den Kindern entfernt hatten und in eine hitzige Diskussion geraten waren, hatten die Jungs sich mit Mira zusammengetan und versuchten, das erlebte zu verarbeiten. Die vielen Toten und die schiere Gewalt, mit der sie heute konfrontiert wurden, setzten ihnen arg zu. Doch von allen schien Mira noch am meisten gefasst zu sein.

„Was bereden die bloß?", fragte sie unruhig und es war Jaleel der die Frage mit einem mulmigen Gefühl beantwortete.

„Sie besprechen irgendeinen Plan. Ich kann kaum etwas verstehen."

Außer sich vor Wut sprang Marek auf und wischte sich den feuchten Hosenboden ab: „Was gibt es da zu besprechen? Wir gehen auf eins der Schiffe und fliehen."

Adan seufzte: „Und wohin? Die Ragnar kommen doch aus der Richtung. Da können wir auch einfach warten, bis sie uns finden, anstatt ihnen direkt in die Arme zu laufen."

Miras Blick fiel aufs Wasser und sie schnaufte schwer, rieb sich mit dem Handrücken schnell Tränen weg. Adan spürte, dass sie etwas bedrückte und er kam ihr näher.

„Was ist? Bist du verletzt?"

„Nein", gab sie schnell zurück, „aber ich habe Angst um Marcus und die anderen. Der arme Naduh kann doch keiner Fliege was zu Leide tun!"

Adan umarmte sie schnell und mit Druck, denn er wusste, ansonsten hätte sie sich gewehrt. Er drückte sie an sich, sein Blick zeugte von Reife, innerer Gelassenheit und einer Zuversicht, die er schon mehrfach an den Tag gelegt hatte. Es war für sie seltsam, aber seine Gegenwart strahlte eine beruhigend wohlige Wärme aus und schenkte ihr etwas Seltenes, das sie nur als Geborgenheit bezeichnen konnte. Mira erwiderte zögerlich die Umarmung. Sie spürte eine wohltuende Wärme, die sie durchflutete und nicht nur ihre Wangen von innen heraus zum Glühen brachte.

Die zornige Stimme von Verzweiflung und Hass sowie das eisige Gefühl der Einsamkeit und Verlorenheit in ihrer Brust waren für diesen Moment der Nähe verschwunden. Da blickte sie in seine kristallweißen Augen und fragte sich, wie jemand mit so einem großen Herz, solch eisige Augen besitzen konnte.

„Es ist soweit, Kinder."

Miras wohlige Blase der Zweisamkeit zerplatzte, als die Erwachsenen mit schweren Gesichtern auf sie zu kamen und ihnen von dem waghalsigen Plan erzählten.

Alan deutete auf die letzte Barkasse am Pier. „Ihr werdet mit der Selphie fahren. Sie ist das schnellste Schiff in Reichweite. Sie ankert seit wenigen Stunden hier. Ihr Kapitän schwört auf ihre unübertroffene Schnelligkeit."

Benedict sah in Richtung der in Flammen aufgehenden Stadt: „Mir brennt's in der Brust, wenn ich sehe, dass wir die Stadt verlassen und nicht mehr tun können."

„Und mir zerreißt es die Därme", erwiderte plötzlich eine sehr vertraute Stimme, „dich in dieser elenden Rüstung zu sehen." Die Freunde fuhren herum und starrten Reno verwirrt an. Der wirkte müde und älter, hatte tiefe Augenringe und eingefallene Wangen, aber paffte wie immer an seiner Pfeife und grinste düster.

„Na was dachtest du denn wohl, wem die schnellste Barke hier gehört?", summte der stolze Kapitän namens Reno Anderlast und schlug ihm eine Hand auf die Schulter.

„Der langsamste Kapitän steuert das schnellste Schiff?", erwiderte Viviane zynisch und Benedicts Vetter entfuhr ein herzhaftes, bellendes Lachen:

„Ich freue mich auch, dich wieder zu sehen, Viviane. In diesem Licht kommt deine Schönheit gar nicht so sehr zur Geltung, wie vor einem schönen Kaminfeuer. Nur hätten die Umstände angenehmer sein können."

Sie umarmten sich, auch wenn Viviane den anzüglichen Humor Renos direkt ausblendete. Der Vetter ihres Mannes war ein unverbesserlicher Haudegen. Wäre Reno kein so ausgezeichneter Seefahrer und Kapitän, würde er sicherlich in irgendeiner heruntergekommenen Spelunke oder Kaschemme versauern und sein Erbe in den Bordellen verpulvern.

„Onkel!", Marek begrüßte Reno zaghaft, der sie überrascht begutachtete und interessiert beäugte.

„Sieh an, wie groß ihr geworden seid!"

Offensichtliche Überraschung machte sich breit, als sie ihm Mira als neues Familienmitglied vorstellten, doch dann setzte Reno erneut sein unvergleichliches Lächeln auf und stellte sich als ihr neuer Onkel vor. Viviane trat zu Benedict und musterte Reno verwirrt: „Was machst du hier? Und vor allem jetzt?"

Sein Lächeln verschwand abrupt.

„Ich war zur Abwechslung Mal zur falschen Zeit am falschen Ort. Wir sind vor vier Stunden hier eingelaufen. Nein sag nichts, ich hätte euch ja liebend gern besucht, hatte aber sehr viel dringlichere Dinge zu erledigen. Die Stadt zu warnen, zum Beispiel. Auf dem Weg hierher wäre ich fast in die Flotte der Trojoxanten gefahren. Hab zuerst gedacht, dass das irgendwelche Piraten der Orani sind, die sich unglaublich nah an die Küste wagen, aber dann traf es mich wie ein Schlag."

„Du konntest ihnen ohne Weiteres entkommen, Onkel?", hakte Marek überrascht nach.

„Knirps, ich sagte, ich habe das schnellste Schiff von allen hier. Natürlich hab ich sie abgehängt. Und was hat es mir gebracht? Wir mussten die gesamte Fracht ins Meer werfen, um an Fahrt aufnehmen zu können! Danke, ihr Mistkerle. Ich hätte alles daran gesetzt, euch zu finden und mit meinem Schiff in Sicherheit zu bringen! Nach mir die Flut, wie es so schön heißt. Und als ich hier ankam war kaum noch Zeit, um Alarm zu schlagen. Ich ließ meinen schnellsten Burschen nach Hohenwacht flitzen und tja, irgendwann gingen dann auch die Glocken in der Stadt los. " Er ballte die Hand so fest zu einer Faust, dass die weißen Knöchel hervortraten: „Wie ich diese Trojoxanten verabscheue!"

Bei diesen Worten wurde Adan abermals aufmerksam: „Du sagtest eben gerade Trojoxanten?"

„Ja das habe ich."

„Hast du sie gesehen?", hakte der Junge mit den weißen Augen nach. Reno schien nicht ganz zu verstehen, warum der Knirps ihn so ausquetschte, weshalb er gereizt anwortete: „Näher, als mir lieb war. Eine ganze Armada steuerte aufs Festland zu!"

„Keine Ragnar. Richtige, echte Trojoxanten mit Haut, so grau wie Asche?", hakte Adan eindringlich nach und sein Onkel starrte ihn entrüstet an.

„Willst du mich verschaukeln, Kleiner? Die Trojoxanten waren so nah, dass sie mir fast Mannschaft und Schiff genommen hätten! Diese grauhäutigen Missgeburten!"

Viviane legte Adan eine Hand auf die Schulter und funkelte Reno an. „Adan hat bemerkt, dass die Stadt von Ragnar angegriffen wurde und nur wenige Trojoxanten gesichtet wurden.

Wenn du jetzt von Trojoxanten sprichst, bestätigt das nur unsere Befürchtungen."

„Oh", Reno hob eine Augenbraue und wusste plötzlich mit seinem vorlauten Mundwerk nicht mehr weiter. Seine klugen braunen Augen musterten Adan.

„Der Kleine hier hat mehr Verstand als manch Erwachsener!", erkannte er schließlich. Adan wurde das Gefühl nicht los, dass Renos Blick diesen Satz fortführte; *und mehr Verstand als ihm gut tut.*

„Da könnte er nicht Unrecht haben", grunzte Balthazar trocken, dem gar nicht auffiel, dass er diese Phrase recht häufig gebrauchte. Benedict sah von seinem Sohn zu Reno und Alan: „Die Ragnar sind nur die Vorhut. Die Trojoxanten lassen sie die Arbeit für sich erledigen, aber warum?", während Benedict sprach, keimte ein seltsames Gefühl und ein schlimmer Verdacht auf. Er blickte auf Marek und Adan.

Woher kennen die Trojoxanten unseren Aufenthaltsort?

***

Alan kehrte zu ihnen zurück, missmutige Männer in schweren Mänteln im Schlepptau, die er als die verbliebenen Kapitäne der anderen Schiffe vorstellte. Er bat Benedict und die anderen, ihn zu begleiten und die Kapitäne in ihren Plan einzuweihen.

„Das ist Wahnsinn! Da kann ich mich direkt hier in einen Sarg legen, ihn zunageln und ins Meer werfen lassen!", fluchte Kapitän Armand Flutschild.

„Wie sollen wir es schaffen, die Aufmerksamkeit der gesamten Flotte auf uns zu richten und sie so von der Stadt weg locken?" Alan seufzte und sah Benedict unzufrieden an, der verstand, dass sie nun in Mareks Geheimnis eingeweiht werden mussten.

„Nein, zu dem eigentlichen Punkt komme ich jetzt. Wir werden die feindlichen Schiffe auf uns aufmerksam machen, anlocken und versenken."

Flutschild lachte griesgrämig und machte auf dem Absatz kehrt: „Euch hat ein Kobold den Verstand geraubt!"

„Dieser Junge ist im Besitz einer magischen Waffe, mit der

wir das Blatt wenden können! Marek ist im Besitz des heiligen Schwerts Eldin!"

„Bei Avaelins Harfe!", platzte Flutschild vor Überraschung heraus. Die Männer starrten ungläubig und überrascht von Diran zu den Kindern herüber, doch es war Reno, der kreidebleich wurde. Benedict erkannte den Unglauben im Blick seines Vetters. Doch noch etwas anderes lag dahinter.

Natürlich, erst ist es die „Missgeburt' Adan, wie er immer zynisch sagte und nun entpuppt sich auch mein zweiter Sohn als eine Absonderlichkeit. Ich kann es ihm nicht einmal verübeln.

„Das heilige Feuerschwert Eldin wird die Schiffe in schwimmende Fackeln verwandeln, doch dazu müssen wir sie so weit wie möglich von der Stadt weg locken und auf unsere Fährte schicken. Es wird eine gefährliche Aufgabe und nur so erfahrene Männer, wie Ihr seid, in der Lage für dieses Manöver."

Benedict entging nicht, wie geschickt Alan den Seefahrern schmeichelte, doch allen war die Gefährlichkeit dieses Plans bewusst. Alan erläuterte den Plan erneut, doch Reno unter-brach ihn: „Es wäre zu gefährlich, wenn Marek mit den anderen auf einem Schiff bliebe. Wir fahren direkt zwischen die feind-lichen Fronten, aber wenn die Schiffe erst einmal versenkt sind, grenzt Wagemut an Wahnsinn, wenn wir mit der Selphie durch die Wracks manövrieren müssen. Ich habe zwar das schnellste Schiff, doch wenn der Feind erst einmal eingeholt ist, macht es mehr Sinn – und da spreche ich vielmehr über die Sicherheit der Familien als über den Erfolg der Mission – dass Viviane und die Kinder mit auf der Selphie sind. Armand, Ihr solltet diese Mission führen. Ihr kennt die Gewässer vor der Bucht besser als jeder andere hier und seid der erfahrenste Seemann von uns allen."

„Zumal auch der älteste", pflichtete Loues Porter bei, der vernarbte Kapitän der Alana, ein Veteran aus dem Fürstentum Loreon. Alan schien einverstanden zu sein.

„Gut. Benedict, du und Marek ihr werdet mit mir auf die Noomi gehen unter dem Kommando von Armand Flutschild. An Bord befinden sich erfahrene Seemänner und Soldaten der Marine, sollte es zum Entermanöver und Kampf kommen."

Benedict gefiel ihr Plan immer weniger. Was, wenn sie nun auch noch zu einem Gefecht Mann gegen Mann gezwungen wurden? Marek war noch so jung!

„Die Zivilisten gehen auf die Selphie. Reno, Ihr werdet versuchen die Rhaine hinaufzufahren. Es macht wenig Sinn ebenfalls in Richtung der Feinde zu fliehen."

„Es sei denn wir werden entdeckt. Sie werden uns ebenfalls verfolgen und dann sind wir ihnen schutzlos ausgeliefert. Die Rhaine ist zwar breit aber nicht breit genug womit ein schnelles Wendemanöver und eine Flucht gegen die Strömung unmöglich sind. Um die Stadt zu verteidigen müssen wir alle nach Osten segeln, direkt dem Feind entgegen."

Die Männer kehrten zu der wartenden Gruppe zurück. Um die Familie eilten bereits unruhige Soldaten und Matrosen hin und her und befolgten die neu erteilten Befehle.

„Wir müssen aufbrechen. Wenn wir noch länger warten, riskieren wir, dass die Flotte zu nah an die Küste kommt", dabei sah Alan Marek eindringlich an, so als erwarte er eine Antwort von ihm.

Plötzlich knallte es am Himmel und mit einem lauten Donnern brach ein schwarzes brennendes Schiff aus den Wolken herab. Das Schiff schien sich aus der Stadt zurückgezogen zu haben, es verlor stetig an Höhe und zerfiel noch in der Luft in viele Teile, die wie gefährliche Geschosse herabstürzten zwischen der Stadt und Hohenwacht niederprasselten, wie ein Feuerregen.

„Es ist an der Zeit", betonte Diran erneut und keiner sprach mehr Widerworte.

Nacht

Fürchte nicht die Dunkelheit,
sondern das, was in ihr verborgen liegt.

Im Schutze der Nacht wippten die Schiffe langsam an dem bedrohlichen Riff mit seinen wunderschönen aber scharfkantigen Korallen vorbei. Schlepper zogen die schweren Schiffe aus der Bucht, geschützt durch die natürliche Steilmauer der Klippen im Süden, die die Nordbucht gegen die starken Meeresstürme abschirmte.

Langsam kamen sie aus dem Schutz zwischen den Felswänden hervor, wie vorsichtige Korallenfische, die sich behutsam und ängstlich vor Raubfischen aus ihrer Behausung hervorwagten. Noch während sie endlich Fahrt aufnahmen, setzten sie unverzüglich Kurs nach Osten. Die aufgewühlte See machte ihr Vorhaben nicht gerade einfacher. Meterhohe Wellen schlugen gegen die Schiffe. Die größere Entfernung zum Festland ließ diese Brecher zu bedrohlichen Mauern aus Wasser heranwachsen, die sich teils meterhoch aufbäumten und gegen das starke Holz der Selphie schlugen. Einige waren so gewaltig, dass sie erbarmungslos über das Deck fegten.

Das Schiff nahm Kurs auf das Auge des Sturms. Eine gewaltige Welle fegte über die Reling und sie mussten mit ansehen, wie eines der Begleitschiffe, die kleine Schaluppe, die sie aus der Bucht befördert hatte, mit der Brandung zurückgetrieb und an den Felsen zerschellte. Die Kinder sahen mit erstarrtem Blick auf kleine Gestalten in der Ferne, die von Bord sprangen und versuchten, sich an den rutschigen Steinen der Klippen und Felsen festzuhalten. Sie verschwanden unter meterhohen Wellen. Den verzweifelten Männern bei ihrem nutzlosen Überlebenskampf zuzusehen, war zu viel für die Kinder. Viviane und Cacilia schoben sie eilig unter Deck. Erneut wurde ihnen die Grausamkeit dieser Nacht mit schrecklichen Bildern vor Augen geführt, die bleibende Erinnerungen hinterlassen würden. Adan sah auf die Noomi, auf die Benedict und Marek mit Alan Diran gegangen waren.

Die Kinder waren schockiert von dem Plan der Erwachsenen und Marek hatte eine kreidebleiche Farbe angenommen. Er wusste nicht, wie er mit dieser Verantwortung und Aufgabe umgehen sollte. Diese ganze Flucht war zu einer Feuertaufe für ihn geworden, nicht nur als dem Auserwählten. Nun stellte sich ihm die letzte, alles entscheidende Aufgabe, bei der es nur den Sieg oder den Tod gab. Auf seinen jungen Schultern lag eine gewaltige Last. Doch sein Vater blieb bei ihm, stand ihm zur Seite. Marek fühlte, dass sie das Richtige taten, auch wenn er es zurzeit nicht sah. Sein Vater war lange Zeit der Träger von Eldin gewesen und hatte ebenfalls schwere Bürden tragen müssen.

Nein, korrigierte sich Marek. Das Schwert im Besitz seines Vaters war nicht wirklich Eldin, sondern nur ein schwaches Abbild des heiligen Schwertes gewesen, das Datura einst aus dem Artefakt schuf, um sich und seine Macht vor der Dunkelheit zu schützen, die ihn gefangen hielt. Als Honatius damals in seinen jungen Jahren die Bürde des Wächters Ovorin auf sich nahm, hätte er da nicht auch so etwas erfahren müssen? Er war der Wächter des Artefakts, verdammt nochmal!

Honatius war im Glauben gewesen war, dass Benedict der Auserwählte sein musste. Ihm hätte auffallen müssen, dass etwas nicht stimmte. Wieso hatte er nicht gewusst, dass Datura die unbändige Macht Eldins seinerzeit gespalten und einen Teil davon versteckt hatte. Den Teil, den er zu beschützen geschworen hatte. Spätestens nachdem Mareks Onkel, den er nie hatte kennenlernen können, durch eben dieses magische und gefährliche Schwert umgekommen war.

Sein Vater hatte den Verlust seines Bruders bis heute nicht überwunden. Marek dachte unwillkürlich an Adan und fragte sich, was er wohl tun würde, wenn ihm etwas zustieß. Er schwor sich, bei all dem Trubel, den es um Adan gab, dass er ihn immer beschützen würde. Marek hatte dank Eldin die Chance dazu. Jetzt galt es also, sich als der Auserwählte zu beweisen, der in der Lage war, die zu beschützen, die er liebte. Benedict nahm seinen Sohn bei der Hand und küsste ihn auf die Stirn.

„Wir werden das alles überstehen und dann werden wir gemeinsam nach einer Lösung suchen, dich von der Aufgabe, die dir Datura stellte, zu entbinden."

Marek zuckte zusammen und fürchtete für einen Moment, dass sein Vater seine Gedanken gelesen hatte. „Gemeinsam werden wir das alles überstehen."

Der Kuss seines Vaters ließ ihn frösteln.

„Aber was ist, wenn es keine Lösung gibt? Ich denke, dass ich keine andere Wahl habe. Ich muss die anderen Auserwählten finden."

Benedict strich seinem Sohn durch die Haare und bedeutete Marek, ihm zu folgen. Die beiden gingen unter Deck, um sich vor dem erneuten Regenguss zu schützen. Kapitän Armand Flutschild würde die beiden bald aufsuchen, damit Marek das Signal setzen konnte.

***

Reno war alles andere als angetan. *Zu viele Landratten.*

Obwohl er im Herzen ein Seemann war, hatte ihm der damit einhergehende Aberglaube noch nie wirklich berührt. Manch einer behauptete, Frauen auf dem Schiff zu haben, brachte großes Unglück. Was würden die abergläubigen Narren wohl sagen, wenn sie jetzt die bunte Truppe auf seiner Selphie sehen würden? Er war froh, dass er so akribisch und höchstselbst jeden einzelnen Mann seiner Crew angeheuert hatte und sie alle gut kannte. Keiner von seinen treuen Männern war dem üblichen Aberglauben eines Seemanns verfallen. Und wenn doch, hielt er es ziemlich gut aus, das zu verbergen. Auf seinem eigenen Schiff entging einem Kapitän nichts. Vor allem nicht einem so akribischen Mann wie Reno Anderlast, der sich mehrfach die Woche jedes Barthaar auf die exakt gleiche Länge trimmte. Dazu hatte er sich einen blank polierten Spiegel und für teuer Geld die beste Ausrüstung eines renommierten Barbiers aus Arglesh geben lassen. Arglesh, die Hauptstadt von Liszth, dem Teil von Shadia, auf dem Sklaverei noch etwas allzu übliches und alltägliches war, nannte man umgangssprachlich auch einfach „Arglist" und so wie die Stadt, waren ihre Bürger. Dort lebte selbst das Gesindel in Abscheu vor dem Gesindel. Dabei waren Beutel- und Halsabschneider noch das kleinste Übel. Korruption in den Ämtern und Behörden, Wachen und Soldaten, die eher als halbloyale Söldner bezeichnet werden konnten und eine wirre Architektur mitsamt Straßenführung, die selbst einheimische in den Wahnsinn treiben konnte.

Reno hatte sich dort sehr wohl gefühlt. Er würde, wenn das alles vorbei und er endlich frei von seiner Schuld war, alles mit sich nehmen und dorthin zurückkehren, um sich ein neues Rasurset zu holen. Vielleicht würde er dann auch einfach dort bleiben. Möglichst weit weg von all dem hier – Krieg, Tod und der Familie von Benedict.

Im Moment war er sich nicht einmal sicher, ob er überhaupt noch einmal von der Selphie herunterkommen würde. Er klopfte dreimal auf das Holz der Reling vor sich und sah zur Familie seines Vetters herunter. Ein eisiger Stich bohrte sich in seine Brust bei dem Gedanken. *Seine Familie …*

Reno bemerkte Vivianes beunruhigte Blicke. Die Verbundenheit zur Frau seines Vetters ließ es nicht zu, dass sie mit ansehen musste, wie Menschen starben. Frauen hatten hier nichts zu suchen. Nicht auf einem Schiff und schon gar nicht in so einer grässlichen, todversprechenden Situation.

„Ihr Landratten solltet euch alle in Sicherheit bringen!", er rief den bulligen Pan-Thar zu sich und wies ihn an, alle aufs Unterdeck zu bringen. Ihm war es lieber, sie nicht zu sehen. Es reichte schon, dass neben seiner Mannschaft auch noch eine Delegation von Dirans Soldaten auf der Selphie herumstand. Manche von diesen Pfeifen kotzten munter vor sich hin. Leben in einer Stadt am Meer und halten nicht mal so milden Seegang aus.

„Verschwindet unter Deck, wenn euch das schon umhaut. Da hinten kommen weitaus größere Wellen", brüllte er mit seiner geübt lauten Tenorstimme über das Deck.

Balthazar stampfte als letzter klatschnass unter Deck und knurrte grimmig. Ein animalisches Geräusch, das jedem in einer dunklen Gasse in panische Angst versetzt hätte, der den großherzigen und sanftmütigen Pan-Thar nicht kannte.

„Ich will nicht wissen, wie lange es dauert, bis auch wir unser

Schiff verlieren! Bei aller Ehre, ich möchte die Familie deines Gatten nicht zwingend beleidigen, aber dieser Reno scheint nicht sehr fähig." Der Pan-Thar schien nicht der einzige zu sein, der diese Meinung teilte, doch war dies scheinbar eher ein persönliches Problem, die Kompetenz des Kapitäns anzuzweifeln.

„Benedict vertraut ihm. Er ist seit seiner Jugend zur See gefahren und kennt das Eismeer vermutlich besser als jeder andere. Vertrau ihm, er ist ein exzellenter Seefahrer. Er ist nur einfach sehr speziell", verteidigte Viviane den Vetter ihres Mannes, dem sie alle ihr Leben anvertraut hatten. Im gleichen Moment hoffte sie, dass sie diese Entscheidung nicht bereuen würde und schluckte den schweren Kloß herunter, der ihr die Kehle zuschnürte.

- 1 -

Es dauerte nicht lange, bis Reno unter Deck kam, seine Miene noch grimmiger als zuvor. Sein Mantel war klatschnass, das Wasser triefte und tröpfelte ihm in Rinnsalen von Leder und Bart. Der missmutige Mensch sah die Gruppe mit einem Blick an, als wären sie vollends an ihrer derzeitigen Situation schuld.
„Wir bekommen ernst zu nehmende Probleme!"
Balthazar grunzte: „Was er nicht sagt."
„Ein Schiff steuert auf uns zu."
Die Erwachsenen sahen einander an. „Hat Marek das Signal etwa schon gesetzt?", fragte Viviane, doch Honatius schüttelte den Kopf: „Vermutlich haben sie gesehen, dass unsere Schiffe fliehen."
„Was sollen wir jetzt tun?", rief Cacilia und ihre Stimme überschlug sich fast vor Sorge, die sie verständlicherweise nicht verbergen konnte.
„Sie werden versuchen, dieses Schiff zu übernehmen."
„Ihr", antwortete Reno in seinem geübt rauen Befehlston, „werdet schonmal gar nichts tun."
„Entern", korrigierte Jaleel vorlaut seine Mutter. Bei ihrem Blickkontakt wiederholte er sich unnötigerweise, nur deutlich leiser als zuvor: „Man nennt das Manöver Entern", ernüchtert ließ er seine Schultern herabsacken.
Ihnen allen war nicht wohl bei dem Gedanken, auf See in einen

Kampf mit den Ragnar verwickelt zu werden. Jaleel bezweifelte, dass selbst sein so standhafter Vater auf einem Schiff gut kämpfen konnte. Oder ob er überhaupt kämpfen konnte. Er hatte ihn nie mit einem Schwert in der Hand gesehen. Wieso überhaupt kämpfen, bin ich denn verrückt? Er sah zu Mira herüber, sprach aber nicht aus, was er dachte.

Balthazar und die anderen Männer folgten Reno eilig an Deck. Honatius, der weitaus unsicherer bei dem Seegang auf seinen alten Beinen war, folgte dicht hinter ihnen. Sie sahen sich um und versuchten, sich zu orientieren, erkannten die Küste im Rücken und das Schiff, das auf sie zusteuerte und dabei immer näher kam.

„Gebt volles Segel! Wir müssen kreuzen!", brüllte Reno seinen Steuermann an, einen muskulösen Orani den alle nur Heck nannten. Die Männer an Deck taten alles und dennoch konnten sie nicht mehr Fahrt aufnehmen.

„Verdammt! Seht nur, sie haben die Noomi bereits eingeholt!" Sie mussten den Wind kreuzen und verloren damit Zeit, während der Feind mit dem Wind in den Segeln bedrohlich nah heran kam. Reno fluchte lautstark und nahm Wörter in den Mund, die ihm ein Dämon beigebracht haben musste.

***

Benedict und Marek stolperten auf das glitschige Deck der Noomi. Alan stand erwartungsvoll an der Reling zwischen mehreren Reihen Bogenschützen, die eifrig ihre Pfeile in Öl tränkten. Sein Blick war so düster, wie ihre bisherigen Aussichten auf einen Erfolg.

„Schick deinen Sohn wieder unter Deck! Unser Plan hat sich geringfügig verändert. Man hat uns bereits entdeckt!" Er deutete auf das näher kommende Schiff der Feinde, das zügig an Fahrt aufnahm und schon bald in Reichweite sein würde.

Benedict versuchte, sich zu orientieren und erspähte die Selphie backbord, also zu ihrer Rechten, mit einem geringfügigen Vorsprung. Ihr Schiff, die Noomi, schob sich mehr oder weniger in ihr Kielwasser und zwängte sich somit zwischen den Feind und jene, die sie zu schützen erhofften. Ein kleiner Funke Hoffnung keimte in ihm auf, dass seiner Frau und den anderen nichts geschehen würde.

***

Das feindliche Schiff steuerte immer noch auf sie zu. Reno hörte nicht mehr auf zu fluchen. Dadurch, dass die Selphie den Wind kreuzte, verringerte sich die Entfernung zum feindlichen Schiff immer mehr, das zielstrebig auf sie zusteuerte. Das dritte ihrer Schiffe, die Alana, war weit Richtung Küste abgekommen. Die Noomi schien bessere Fahrt aufnehmen zu können, drohte aber, sich durch das Fahrwasser zwischen sie und den Feind zu drängen. Reno sah dies als Vorteil.
„Wenn wir Glück haben, nehmen sie Kurs auf das andere Schiff!"
„Wie aufopferungsvoll", brummte Balthazar und starrte Reno an, der hektisch hin und her lief und weitere Befehle erteilte: „Löscht verdammt noch mal die Laternen! Das könnte uns retten!"

***

Armand Flutschild fluchte lautstark, wie es scheinbar üblich bei den Seefahrern schien: „Irgendetwas geht drüben bei der Selphie vor!"
Marek, der nicht wirklich auf die Worte seines Vaters gehört hatte, sprang an die Reling und starrte in die Dunkelheit: „Sie ist verschwunden!"
Sein Vater legte ihm beruhigend eine Hand auf die Schulter. „Sie haben die Fackeln gelöscht." Marek ließ sich die Strategie erklären, sich bei Nacht fast unsichtbar zu machen.
„Aber dann werden die Ragnar tatsächlich nur uns angreifen!"
„Und genau das haben wir bezwecken wollen. Unser Plan geht auf."
Marek wurde mulmig zumute. Jetzt, wo sie auf offener See waren ohne festen Boden unter den Füßen, fühlte er sich noch unsicherer als zuvor. Hier draußen gab es keine natürliche Wärmequelle und kein Feuer, das er mit seinem Schwert beeinflussen konnte. Nur die Laternen und Fackeln auf Deck. Er spürte die Kälte in seinem Körper, obwohl ihm immer heißer wurde, fühlte ein Kribbeln in den Gliedern und glaubte, dass seine Knie wei-

cher als Butter wurden. Sein Vater bemerkte seine Unsicherheit und sein blasses Gesicht und drückte ihn fest an sich. „Ich werde dich beschützen. Wenn du mich beschützt." Er zwinkerte und Marek bemerkte erst zu spät den Humor in seiner Stimme.

„Zu den Waffen!" Der Befehl hallte über Deck wie ein Kanonenschlag. Das feindliche Schiff war nah genug herangekommen und plötzlich tänzelten unzählige Lichter über das Deck, sprangen hin und her und flogen dann in einem hohen Bogen, gegen den Wind ankämpfend, in ihre Richtung. Marek erschrak und erkannte zu spät, um was es sich bei den fliegenden Feuern handelte.

***

Mit der Dunkelheit kam eine unheilvolle Stille auf Deck. Niemand wagte es, etwas zu sprechen. Honatius starrte aufgebracht auf die Noomi, die sich zwischen sie und das feindliche Schiff geschoben hatte. Dann glühten plötzlich etliche Lichter im Halbdunkel der angebrochenen Nacht auf. Honatius und die anderen sahen mit an, wie Feuerpfeile durch die Luft - tanzenden Glühwürmchen gleich - zwischen den feindlichen Schiffen hin und her schossen und den Winden zu trotzen versuchten. Die Besatzungen gerieten in Gefechte und die Noomi wurde geentert. Sie hörten die Schreie der Kämpfenden und sahen mit an, wie eines der großen Segel in Flammen aufging.

„Verdammt, wir müssen ihnen helfen!", zischte der Trodainer hervor, der bei Reno stand. Dieser räusperte sich aber nur und schüttelte den Kopf im Halbdunkel.
„Wir können rein gar nichts machen", er packte Honatius an der Schulter und drückte ihn von sich weg. „Außerdem heißt der Auftrag, euch in Sicherheit zu bringen, Großväterchen Silberwiesel. Und das mache ich."
„Das ist das Schiff deines Vetters! Benedict und Marek sind auf dem Schiff!", brüllte Honatius und deutete hinüber. „Still jetzt! Wenn es sein Schicksal wäre, auf See zu kämpfen und zu sterben, wäre er nicht auf ein anderes Schiff gegangen, sondern auf meines", fluchte der Kapitän.

„Ich glaube du meinst es anders herum", bemerkte Honatius und Reno nickte geistesabwesend.

„Ja, ja genau."

***

Benedict riss Marek hinter sich in Deckung, als die ersten Pfeile auf das Schiff niedergingen und dicht über ihren Köpfen hinweg durch die Luft zischten. Männer starben noch ehe sie zu Boden gingen. Eines der Segel fing Feuer, das sich tapfer dem starken Regen widersetzte und sich immer weiter ausbreitete. Sie versteckten sich im Eingang zum Unterdeck. Schreie wurden laut. Aufgebrachte Rufe verirrten sich in dem Tosen des Windes. Ein heftiger Ruck durchfuhr das Schiff und im nächsten Moment stürmten Soldaten und bewaffnete Männer über die Reling, schrien, schlugen mit Waffen aufeinander ein, starben.

Benedict erkannte das Grauen und riss Marek erneut instinktiv hinter sich in Deckung. Sein Junge stolperte und stürzte zu Boden. Keine Sekunde später hackte sich ein gekrümmtes Schwert in das Holz an der Stelle, wo sie zuvor gestanden hatten. Benedict rief ihm etwas zu und drängte den Angreifer zurück, doch seine Worte gingen im Klirren der Klingen unter. Marek rutschte auf dem Hosenboden zurück, starrte ungläubig auf die Silhouetten im tanzenden Licht der aufkeimenden Flammen und biss die Zähne aufeinander, als sein Vater knapp einem Hieb entkam und sein Gegenüber mit einem kräftigem Schwertstoß in die Wand nagelte. Benedict riss seinen Sohn auf die Beine und streichelte ihm durchs Gesicht.

„Bist du verletzt?"

„Vater!"

Benedict warf sich mit Marek zur Seite, entkam dem Hieb und noch in der Bewegung schlitzte er dem Gegner den Rücken auf. Mit einem erstickten Keuchen polterte der Angreifer zu Boden. Seinen Sohn an der Hand, stürmte Benedict aus dem engen Verschlag und in Richtung Achterdeck.

Erst jetzt starrten sie auf die triumphierende Flammensäule, die entlang des Hauptmastes das Segel in einen wild zuckenden

Feuergeist verwandelt hatte. Da bemerkten sie Alan Diran unweit von sich, der fluchend seine Männer versammelte, um die Angreifer zurückzuschlagen.

„So habe ich mir das Signal allerdings nicht vorgestellt! Schnell, hinter die Soldaten."

Sie verloren ihr Schiff zweifelsohne an den anstürmenden Feind, der sich allein durch seine Masse auszeichnete. Es dauerte nicht lange, da sprang das Feuer auch auf das zweite Segel über und alle Hoffnung schien verloren. Benedict schloss seinen Sohn tröstend und hoffnungsvoll in die Arme, doch seine Augen straften ihn Lügen. Da glomm ein weiteres Licht dicht vor seinem Gesicht auf, warf dabei zuckende Schatten. Benedict wich erschrocken zurück. Sein Sohn sah ihm entschlossen entgegen.

„Wenn ich es schaffe Feuer zu bändigen, kann ich es auch löschen."

Marek schloss die Augen und konzentrierte sich. Auf den Augenblick. Auf die Menschen, die im Kampf mit Flammen und Tod um ihr nacktes Überleben rangen. Auf das flammende Inferno, das immer mehr Besitz von dem Schiff ergriff. Er spürte die drückende Luft in seinen Lungen, den Druck der Flammen und die Hitze.

Du kannst alles tun.
Marek spürte die Wärme, die ihn durchströmte.
Ich bin der Gebieter der Flammen.
Dann riss er die Augen auf.

Benedict starrte auf die lodernden Flammen, die von hier auf jetzt in einem verstummenden Zischen verschwanden. Im gleichen Moment flammte Eldin heller auf als je zuvor und Marek stolperte überrascht einige Schritte zurück, den Schwertarm in die Luft gerissen. Eine gewaltige Stichflamme erhob sich aus der Schwertspitze in den Himmel und alle schraken zurück. Eine enorme Hitzewelle stürmte Benedict entgegen, der schützend den Arm vors Gesicht riss. Alan war unweit der beiden und starrte vor Entsetzen auf die Flammensäule, die bis in die Wolken reichte: „Mach das Ding aus!"

Marek keuchte, mit beiden Händen das Schwert fest umklammernd: „Es geht nicht!", er fühlte sich erneut unsicher, wie unter der flammenden Kuppel in der Stadt und hatte nicht gerade das

Gefühl von Kontrolle. Seine Arme zitterten unter der Vibration des Schwertes, das plötzlich schwerer zu werden schien. Jetzt spürte auch er die enorme Hitze, die er ansonsten nur als warmes Kribbeln aufnahm und fiel rücklings zu Boden, das Schwert immer noch in den Himmel gerichtet.

„Marek!"

Der Ruf seines Vaters vermischte sich mit einer Stimme, die er schon einmal gehört hatte, einer Stimme, die nicht von außen kam, sondern in seinem Kopf festsaß.

Marek, konzentriere dich weiter.
Du machst das gut.

Er starrte das Schwert in seinen Händen an, sah seine Knochen unter der Haut durchscheinen und kämpfte mit dem Drang, seine verkrampften Finger zu lösen und das Schwert einfach fallen zu lassen.

Ich bin der Gebieter der Flammen.

Nach einem scheinbar unendlichen Moment war die Flamme erloschen, dennoch flimmerte die Luft um ihn herum. Marek keuchte, richtete sich dann auf. Sein Vater stand in respektvollem Abstand.

„Alles in Ordnung?"

Marek dachte kurz darüber nach und nickte dann. Die Feinde waren im Kampf erstarrt, doch jetzt flohen sie überstürzt zurück auf ihr Schiff. Triumphierend blickte Diran zu Marek: „Jetzt, Junge!" Marek wusste, was sein Ausbilder von ihm wollte, doch etwas ließ ihn zögern. „Schnell, wir haben nur diese eine Möglichkeit!", brüllte Alan und stampfte an Benedict vorbei auf dessen Sohn zu.

„Tu es! Zerstöre ihr Schiff!"

Marek blickte von ihm zu seinem Vater, dann auf das feindliche Schiff, schwang Eldin herum und entfesselte die gebündelte Macht des magischen Schwertes.

***

Von Bord der Selphie aus hatten sie beobachtet, was auf den anderen Schiffen vorgefallen war und starrten nun auf das brennende Schiff, das von den unbarmherzigen Wassermassen verschlugen wurde. Sie erkannten, dass die Noomi segellos war und hilflos auf dem ungestümen Meer trieb.

Reno fluchte erneut in solcher Wort- und Artenvielfalt, dass er gut und gerne als Teilnehmern bei den Narrenfestspielen in Sturmhain unter die Bestplatzierten gelangt wäre. Er sprang zwischen seinen Männern umher, erteilte Befehle und veranlasste, dass sie wendeten. „Nehmt halbes Segel, das macht uns zwar langsamer, aber manövrierfähiger!"

Die Noomi saß auf dem Präsentierteller. Viviane wollte sich nicht ausmalen, was geschehen würde, wenn ihr Sohn in die Fänge der Feinde geriet. Sie dachte an Adan und plötzlich war ihr klar, dass sie töten würde, um ihre Kinder zu schützen. Sie machten Kehrt und setzten Kurs auf die Noomi um die Überlebenden an Bord zu holen, bevor der Feind sie erreichen konnte. Denn nun stand es außer Frage, dass sie gesehen worden waren. Ihr Plan war aufgegangen, nur leider nicht so, wie sie es besprochen hatten.

***

Kapitän Armand brüllte hastige Befehle über Deck und hinkte zu Benedict und seinem Sohn. Seine Besatzung war gerettet worden, doch nun war ihm klar, dass sie Unheil an Bord hatten, in Form des kleinen Jungen mit seinem magischen Feuerschwert.

„Magisches Feuer auf meinem Schiff, seid ihr denn von allen guten Geistern verlassen? Dieser Wahnsinnige hat uns direkt auf den Präsentierteller gesetzt!"

Marek starrte schuldbewusst auf das verdammte Schiff, das seine Besatzung mit sich in die Tiefe riss. Erst jetzt bemerkte er die plötzliche Schwäche, die seinen Körper befiel.

„Genau das war unser Plan, Kapitän", verteidigte Alan den Sohn seines Freundes, doch der verwundete Kapitän deutete auf die traurigen Überreste ihrer eigenen Segel. „War es auch Teil des Plans, uns fast zu versenken?"

„Alles was nötig ist, um diesen Krieg zu gewinnen, Admiral", betonte Diran und funkelte den Veteran an.

„Das ist nicht die Schuld des Jungen!", warf Benedict wütend ein. Sie sahen zu Marek, der schweißgebadet vor ihnen stand, den Blick stumm auf seinen Vater gerichtet, als wolle er etwas sagen.

Während Alan mit dem Kapitän stritt und diskutierte, was nun geschehen sollte, nahm Benedict seinen Sohn in den Arm: „Du hast das Richtige getan und viele Leben gerettet."

Er sah an seinem Sohn herab auf das Schwert: „Ich wäre dir dennoch verbunden, wenn du solche Experimente vorerst untersagst. Oder mich wenigstens vorwarnst."

Mit dem unvergleichlichen schelmischen Lächeln, das nur sein Vater besaß, half Benedict ihm auf die Beine und Marek nickte stumm. Nur Benedict schaffte es einen Tadel in Lob zu wandeln. Doch da sackte Marek schweißgebadet zusammen und stürzte in eine plötzliche Ohnmacht.

- 2 -

Die Lichter der Selphie flackerten wieder auf und kamen näher. Das Schiff kreuzte den Wind und bald waren beide Schiffe auf gleicher Höhe. Die Soldaten setzten über und bald darauf blieb die Noomi unbemannt zurück und ihrem eigenen ungewissen Schicksal überlassen. Erneut begann für die Besatzung der Selphie die Flucht.

Viviane eilte auf die an Bord kommenden Männer zu und blieb starr vor Angst stehen. Benedict trug ihren bewusstlosen Sohn in seinen Armen, grimmig und besorgt und eilte an ihr vorbei. Er rief nach Honatius, der augenblicklich nach Marek sah.

„Das ist ein Schwächeanfall", er sah Benedict eindringlich an.

„Die ganzen Strapazen – dein Sohn ist all dem noch nicht gewachsen. Er fiebert." Benedict brachte Marek unter Deck, die anderen folgten ihm besorgt. „Nein, das war Eldin. Das Schwert hat ihn ausgelaugt."

„Geh zu Alan, ich kümmere mich um ihn", beruhigte Honatius seinen Freund. Viviane schloss ihren Mann fest in die Arme und sie küssten sich glücklich, wieder zusammen zu sein. Die anderen Kinder standen besorgt hinter Honatius und sahen mit an, wie er Marek versorgte, dessen Hand sich am magischen Schwertgriff festkrampfte. Wenigstens war die flammende Klinge wieder verschwunden.

Benedict eilte bestürzt zurück aufs Oberdeck und wurde von einem resignierten Reno empfangen. „Warum werde ich das Gefühl nicht los, dass keiner in deiner Familie normal ist, sondern irgendwelche Geheimnisse hortet?"

Benedict musterte seinen Vetter: „Vielleicht bist du ja dann doch der Normalste von uns allen, Reno."

Der grimmige Mann lächelte emotionslos: „Geht es Marek gut?" Benedict nickte und lenkte das Gespräch auf das bevorstehende Unheil: „Was können wir tun?"

Reno prustete: „Alles Unnötige von Bord schmeißen. Fangen wir mit deinem Balg an!", er machte kehrt und eilte zur Reling.

Kapitän Armand Flutschild kam ihm mit Alan Diran entgegen und gemeinsam diskutierten sie, was nun geschehen sollte. Reno schien unkonzentriert, sein Blick heftete sich auf seinen Vetter.

„Es wird schwer, jetzt unseren Plan umzusetzen. Ohne uns alle zu gefährden", sagte Alan.

„Wir können unmöglich jetzt noch daran denken!", entgegnete Reno.

„Wir werden alle draufgehen. Bei aller Liebe, Vetter, ich lege mein Leben nicht in die Hand deines Sohnes. Wenn wir in die feindliche Flotte segeln und uns dann umringt von Flammen sehen, wird auch meine Selphie untergehen."

„Marek wird die Feuer löschen, bevor sie uns erreichen!", beschwichtigte Alan, doch Benedict schüttelte mutlos den Kopf. „Ihr mutet ihm zu viel zu!"

„Wofür sonst all das Training? Marek ist ein halber Mann. Du hast deine Kinder lange genug behütet! "

„Aus gutem Grund! Außerdem ist er ziemlich geschwächt."

Zorn keimte in Benedict über seinen alten Freund, den er nicht mehr wieder zu erkennen glaubte: „Dass wir uns heute Nacht getroffen haben, geschah nicht grundlos. Das Schicksal wollte, dass ihr es zur Bucht schafft und mit uns segelt. Jetzt bring zu Ende, was du begonnen hast!"

Alan packte Benedict unwirsch an der Schulter, doch der schlug ihn von sich. Honatius trat sich räuspernd hinzu.

„Er ist aufgewacht. Kein Grund zur übermäßigen Sorge. Marek geht es gut." Ein schwerer Brocken fiel von Benedicts Schultern und er widerstand dem Drang, direkt zu seinem Sohn zu eilen, um nach ihm zu schauen.

„Wir müssen es tun. Dein Sohn kann die Zerstörung der Stadt aufhalten. Marek kann sogar diesen Krieg aufhalten. Das weißt du", betonte Alan, der tief beeindruckt von der Macht des Auserwählten war. Benedict schien lange nachzudenken, seine Gedanken kreisten. Und schließlich fasste er einen Entschluss: „Es wird Zeit, uns aus diesem Schlamassel herauszuholen."

***

Reno wies seine Männer an, sich auf ein Gefecht einzustellen, gab sich seinem Stolz dennoch hin, nicht eingeholt zu werden und trieb die Männer zum Äußersten an. Unterdessen eilte der erste Maat zur Waffenkammer, löste die Schlösser und verteilte mit eingewiesenen Unteroffizieren die Waffen für das drohende Gefecht. Viviane trat ebenfalls heran und nahm sich einen dünnen Dolch, den sie wortlos unter ihrem Kleid versteckte.

Der Wind änderte unmerklich die Richtung und verschaffte der Selphie einen kleinen Schub. Sie erkannten schließlich die Flotte des Feindes, die nunmehr in Sichtweite der Küste angelangt war und hielten strikt darauf zu. Alles oder nichts.

Sie mussten nur noch warten, bis genug Schiffe in Reichweite waren, dann würde Marek noch einmal die Macht seines Schwertes entfesseln und die feindliche Flotte mit einem Schlag versenken. Ihr Plan war kühn und selbstmörderisch und es grenzte an Ironie, ihre Leben in die Hand eines Kindes zu legen.

***

Reno verfluchte sich und sein Schicksal.

Erneut hing sein Leben von jemandem ab, dem er nicht

vertraute. Er war ein Gefangener seines Schicksals und einer unbestimmten Zukunft, die er sich nur schwerlich selbst schmiedete. Die Tatsache, dass Marek ein Auserwählter war, änderte alles auf drastische Art und Weise.

All seine Gedanken kreisten um den jüngeren Sohn seines Vetters. Doch irgendwo war es Ironie, die ihn in diese verkehrte Situation gebracht hatte. Grimmig dachte er an seinen Plan und fragte sich, wie es nun weitergehen sollte, nun, da Benedict wieder in seiner Nähe war und mit ihm ein Kind, das mit einem Schlag ganze Schiffe versenken konnte. Er musste sich schnell etwas überlegen, jetzt, da er umringt war von Kindern, Verrückten und Schlächtern. Dennoch fürchtete er nur *einen* Schlächter und dies nun mehr denn je. Fortan durften ihm keine Fehler mehr unterlaufen.

- 3 -

„Ich kann das schaffen!", Marek saß auf der Pritsche, umgeben von seiner Familie und Freunden, die alle nach ihm sahen.

„Du hast dich übernommen", erklärte der Trodainer schroff.

„Euer Plan war wahnwitzig", schimpfte jetzt wiederum Viviane und umarmte ihren Sohn. Die anderen sahen sich schuldbewusst an, doch keiner sagte etwas dazu. Viviane sah zu Honatius herüber: „Sie sind doch nach wie vor Kinder."

„Mutter, ich wollte es doch", Marek schluckte, „und ich werde es wieder tun. Außerdem bin ich schon zwölf Jahre alt!"

„Du wirst gar nichts mehr tun, hörst du?"

Es war Adan, der das Wort ergriff: „Er wird es aber tun müssen." Er verzog das Gesicht und hetzte aus der dunklen Kammer, in der sie alle standen. Mira und Jaleel folgten ihm und fanden ihn, wie er sich hinter mehreren aufgewickelten Rollen von Tauen und Säcken versteckte und das Gesicht zwischen den Knien verbarg und schluchzte.

„Ist alles in Ordnung?", fragte Mira mit matter Stimme, obwohl sie die Antwort schon kannte. All dies geschah nur wegen Adan. Natürlich machte er sich Vorwürfe, für alles verantwortlich zu sein. Mira ging neben ihm in die Hocke und legte einen Arm tröstend um ihn, hörte ihn schluchzen und streichelte seinen Rücken und Nacken.

„Alles wird gut."

Da blickte Adan auf, hatte keine einzige Träne vergossen, aber in seinem Blick lag tiefste Trauer und Verzweiflung: „Glaubst du das wirklich? Wir sind hier auf einem schwimmenden Gefängnis und wissen nicht wohin, können nicht fliehen und ihr werdet alle sterben, weil ich weiße Augen habe und die Trojoxanten mich deshalb töten wollen."

„Du darfst dir nicht die Schuld an allem geben, Adan."

Die drei erschraken und starrten auf Reno, der unbemerkt näher gekommen war und sie musterte. „Auch wenn wir den Grund nicht kennen, dich trifft keine Schuld. Du hast nichts getan, was das alles veranlasst hat. Du bist du, denk immer daran. Jeder hat sein eigenes Schicksal in der Hand. Glaub mir, ich habe schon oft in ausweglosen Situationen gesteckt. Und doch bin ich hier. Es hat nur alles seinen Preis, und wenn unser Leben und unsere Freiheit bedeutet, dass sich dein Bruder opfert, ist das nun Mal so."

„Marek darf nicht sterben!"

„Bei den Göttern! Ein Opfer bedeutet nicht, dass jemand sterben muss, Kind!", entgegnete Reno und deutete hinter sich ins Nirgendwo.

„Die Stadt brennt, Menschen sind gestorben! Jetzt liegt mein kleiner Bruder nebenan und stirbt vielleicht."

„Sterben? Dein Bruder ist ein verdammter Schwertträger! Ich glaube nicht, dass er so einfach stirbt. Unsere Familie ist zäh und widerspenstig. Er wird sicherlich noch Großes vollbringen."

Zum ersten Mal hatte Adan das Gefühl, dass Reno wirklich von ihrer Familie sprach, statt von sich und den Toks. Dennoch spendeten diese Worte ihm nicht wirklich Trost.

„Aber zu welchem Preis?"

„Das ist, was ich mit Opfer meinte, Adan. Frieden, Freiheit, das Leben selbst – alles hat seinen Preis. Alles. Und *jeder*."

***

Benedict eilte über das Deck und suchte nach Alan, den er auf erhöhter Position erspäht. Er erteilte gerade Anweisungen und Befehle an seine Soldaten. Die dunklen Schiffe waren inzwischen zu nahe gekommen. Die Soldaten schienen bereit, in einem letzten Kampf alles zu geben, um die Menschen unter Deck und ihre eigenen Leben zu verteidigen, sollte Marek nicht früh genug wieder auf den Beinen sein. Der Zusammenbruch des Jungen hatte ihren ganzen Plan zunichte gemacht. Jetzt blieb ihnen nur die Hoffnung, dass er auch wirklich stark genug war, die gesamte Flotte zu vernichten.

Eines der Schiffe befand sich bereits auf gleicher Höhe zu ihnen, sodass sie bereits die feindlichen Truppen an Bord sehen konnten. Den Verteidigern lief ein kalter Schauer über den Rücken. Es waren keine Ragnar sondern Trojoxanten. Die Vergessenen, das Verbannte Volk. Ihre aschgraue Haut schimmerte unheimlich im silbernen Mondlicht, das gelegentlich die Wolkendecke durchbrach. Im Mondschein funkelten ihre Augen ebenso wie ihre Schwerter gierig nach Blut.

Also hatte Adan Recht, dachte Benedict und stieß ein entsetztes Keuchen aus. Sämtliche Befürchtungen wurden übertroffen, als sich die beiden Schiffe dicht genug auf gleicher Höhe nebeneinander befanden, um den nächsten Schritt einzuleiten. Ihnen blieb keine Alternative. Sie mussten sich wappnen, gekapert zu werden. Benedict entdeckte Alan bei den Soldaten und hörte seine Ansprache mit, die er mit inbrünstiger und lauter Stimme über Deck brüllte: „Verliert nicht euren Mut. Erst wenn die Hoffnung verloren ist, sind auch wir es!"

Die Soldaten riefen einen Schlachtruf und hoben ihre Schwerter über ihre Köpfe. Alan war ein guter Redner. Benedict dachte über seine ermutigenden Worte nach, während er bereits schon wieder auf dem Weg zu seiner Familie war und fragte sich, ob Alan seinen eigenen Worten überhaupt glauben konnte.

Ihre Lage schien ausweglos.

Sie befanden sich auf dem Meer, umgeben von nichts anderem als eisigem Wasser, die mordenden Trojoxanten saßen ihnen im Nacken, an der Küste brannte die Stadt noch immer unter der Belagerung und das Unwetter zog sich immer mehr zusammen und drohte, sich zu einem tosenden Sturm zu entwickeln. Eine plötzliche Müdigkeit überkam und zermürbte ihn. Benedict blieb stehen, stützte sich mit einer Hand an der Reling ab und kämpfte mit einer aufkommenden Übelkeit. Wie war es nur so weit gekommen? Wie hatte er es nur so weit kommen lassen?

***

Die Trojoxanten warfen Enterhaken über die Reling und zogen das Schiff unaufhaltsam näher an sich.

„Schneidet die Seile durch!", bellte Alan und hackte auf das erstbeste Tau ein, das er erreichte. Etwas zischte dicht an seinem Ohr vorbei. Er riss seine Hand hoch und spürte warmes Blut. Ein weiterer Pfeilhagel ging auf ihr Schiff herab, wie ein prasselnder Hagelschauer. Doch sie hatten sich vorbereitet und alles aus dem Verladedeck geholt, das als Schutz dienen konnte. Im gleichen Zug hatten die Feinde erneut Enterhaken herübergeworfen und die Schiffe näher aneinander gebracht. Nun war ein Kampf unausweichlich.

Es war nur eine Frage der Zeit, bis die anderen Schiffe ebenfalls zu nah an sie heran kamen. Ihre Feinde sprangen über die Reling und gingen auf jeden los, der ihnen am Nächsten stand. Offensichtlich hatten sie aber eine schwächere Gegenwehr erwartet, denn es gelang den Soldaten, die Angreifer erfolgreich zurückzudrängen.

Viele der Matrosen machten keinen Hehl aus ihrer Furcht den unbekannten Feinden gegenüber. Manche hatten noch nicht einmal von den Trojoxanten gehört und sahen sich nun völlig verängstigt einem fremden Feind gegenüber. Die ersten Grauen, überrascht von der Gegenwehr fielen. Doch das Glück der Menschen hielt der zweiten Angriffswelle nicht stand.

Ein Pfeilhagel schoss ihnen entgegen, der sie schwer traf. Dirans Soldaten erwiderten den Angriff so gut es ging und schossen nun ebenfalls auf das gegenüberliegende Deck. Auf beiden Seiten fielen Männer und starben in ihrem eigenen und dem Blut anderer. Geschützt von Holzschilden mit Lederverkleidung, stürmte eine weitere Welle der Angreifer auf das Deck, ihr Ziel waren eindeutig die Bogenschützen, die sich auf erhöhter Positionen befanden. Die Krieger mit Schilden verteidigten die Schützen, die hinter ihnen wiederholt ihre tödlichen Pfeile verschossen. Obwohl es immer hieß, dass ein Trojoxant in seiner reinen Physis dem Menschen weit überlegen war, zeugte ihr bisheriger Widerstand davon, dass sie ihnen standhalten konnten. In den Erzählungen hieß es immer, sie seien unaufhaltsame Muskelberge, doch jetzt zeigte sich, dass das kriegerische Volk nicht unüberwindbar blieb. Dennoch verloren Dirans Soldaten Schritt um Schritt Raum. Manche von ihnen kämpften mit einem leichten Florett oder Degen. Mit diesen leichten Fechtwaffen war es fast unmöglich den Schlag eines Schwertes zu parieren. Eine so dünne Klinge, die für Stiche statt Hiebe konzipiert war, brach schneller als ein Breitschwert, dessen Wucht allein eher Knochen brach, als Fleisch zu zerschneiden. Die Trojoxanten trugen Streitkolben, Schwerter, Speere oder Äxte, mit denen sie nun immer zielstrebiger ihre Angriffe ausführten.

Dirans Schützen hatten sich inzwischen so auf Achtern verschanzt, dass sie den Trojoxanten in die Flanke fallen konnten. Pfeile durchbohrten Leder und Schildträger. Schützen fielen, dennoch verloren die Menschen immer mehr Spiel. Eine weitere Gruppe Trojoxanten quälte sich über die Reling, doch als genug Gegner gefallen waren, stürmten Alans Männer nach vorne, schnappten sich ihrerseits Schilde und Schwerter der Gegner und versuchten erneut, sie zurück zu drängen.

Benedict stürmte auf einen Krieger zu, der zur Flanke ausweichen wollte, rammte ihm die Schulter in die Seite und warf ihn über die Reling. Der nächste Feind war bereits an ihm dran und schlug mit einem Streitkolben nach ihm, der krachend in der Reling stecken blieb. Benedict war ausgewichen, aber unfreiwillig auf dem glitschigen, von Wasser und Blut verschmierten, Boden ausgerutscht. Er riss gerade noch sein Schwert hoch, um den Hieb seines Gegners zu parieren, obwohl er wusste, dass der Streitkolben ihm Klinge und Arm brechen würde. Da fegte aus dem Nichts eine sengende Hitze über das Deck. Die Luft zischte und Regen verpuffte in feinem Dampf.
Ein Schleier legte sich um den Krieger vor ihm. Er torkelte schreiend an die Reling und stürzte über Bord. Benedict sah mit an, wie die entstellten Gestalten vor ihm wie Wachsfiguren auf grausame Weise verbrannten.

Die Menschen standen erstarrt, mit vor Entsetzen geweiteten Augen inmitten von zuckenden und schreienden Sterbenden. Benedict starrte an ihnen vorbei auf seinen Sohn Marek. Sein Körper zitterte, sein jugendliches Gesicht, eine Grimasse aus Schmerz und Wut, schweißüberströmt. Eldin vibrierte in seinen Händen. Alle starrten auf das Kind mit dem magischen Schwert, das gerade dutzende Leben mit einem einzigen Schlag ausgelöscht hatte.

Jenen armen Kreaturen, die noch zuckten oder einen Funken Leben aufwiesen, gewährten die Soldaten geistesgegenwärtig den Gnadenstoß. Vielleicht konnten sie das Pfeifen des verbrannten Fleischs, der geplatzten Kehlköpfe und Wimmern der Opfer des Feuers auch einfach nicht länger ertragen. Die Menschen erwiesen ihren Feinden die Gnade eines schnellen Todes. Alle starrten auf Marek, der weinte als er sah, was Eldin erneut angerichtet hatte. Die Klinge verschwand wie von Zauberhand. Benedict stieß sich vom Boden, rutschte zu Marek und riss ihn in seine Arme.

„Alles gut", tröstete er ihn, doch seine Stimme zitterte ebenso, wie Mareks ganzer Körper.

„Ich habe sie …", Benedict ließ Marek nicht aussprechen, er wollte nicht, dass sein Sohn noch mehr darüber nachdachte, was soeben geschehen war. Da bemerkte er eine Veränderung bei Marek, der ihn jäh entschlossen ansah. „Ich habe es unter Kontrolle", sagte er mit plötzlich fester Stimme.

„Ja, das hast du mir bewiesen. Ich vertraue dir."

„Nein, Papa. Ich meine…es klingt seltsam, aber ich verstehe Eldin immer mehr. Ich verstehe, was *es* will."

Benedict sah ihn überrascht an: „Was es *will*?"

„Eldin *spricht* zu mir."

Beunruhigt über diese Worte bemerkte Benedict nicht einmal, wie sich ihre Feinde auf ihrem Schiff vollends zurückzogen.

Jubel bereitete sich auf Deck aus. Dennoch lag eine bedrohliche Gefahr in der Luft, die noch lange nicht an einen Sieg denken ließ. Angelockt von den freudigen Ausrufen kamen Honatius und Viviane überrascht mit den anderen auf das Oberdeck.

„Ist es vorbei?", Hoffnung schwang in Vivianes Stimme und Benedict schloss sie ebenfalls in seinen Arm: „Geht wieder unter Deck. Noch ist es nicht überstanden."

„Seht!", rief Alan und deutete auf das feindliche Schiff. Die Trojoxanten eilten hin und her, dann erkannten sie, dass Bogenschützen erneut Position einnahmen.

„Feuerpfeile!", brüllte Alan, der ihr Schiff ebenso brennen sah, wie die Noomi zuvor. Doch die Trojoxanten schossen einen hohen Bogen über die Selphie hinweg und für einen Moment erhellte sich der Himmel in dem feurigen Hagel aus brennenden Pfeilen. Die Flammen waren nicht rot, sondern grün und explodierten in einer Kaskade aus smaragdfarbenem Licht im Himmel.

„Was soll denn das jetzt?", brummte Balthazar der der Flugbahn der Pfeile mit seinem Blick folgte. Doch Honatius hatte es sehr wohl verstanden: „Das war ein Signal!"

- 4 -

„Das ist alles andere als gut", flüsterte Alan und sah herausfordernd zu Marek, der seinen Blick spürte. Er krallte sich an Eldin und blickte seinen Vater entschlossen an: „Ich muss es tun."

Honatius schien unentschlossen: „Was hat dieses Signal zu bedeuten?"

„Es erübrigt vielleicht unser Signal", erwiderte Alan und starrte zu dem Lichtspiel am Himmel.

„Wir müssen noch näher an die Flotte heran", Benedict kniete sich vor seinen Sohn und hielt seine Handgelenke fest. „Du bist vielleicht der Auserwählte, aber du bist noch immer mein Kind! Ich will dich nicht zum Mörder machen. Wir finden eine Möglichkeit das alles zu beenden. Ohne dich, ohne Eldin."

Marek trat selbstbewusst einen Schritt näher und sah ihre Zeit ablaufen, währenddessen sich irgendetwas auf dem anderen Schiff tat: „Ich bin der Auserwählte! Ich werde tun, was nötig ist." Benedict lächelte stolz: „Dann hör auf mich und lass uns ab jetzt übernehmen."

Marek zögerte und die Gedanken in seinem Kopf rasten, dann nickte er unsicher. Er sah zum leuchtenden Himmel und wollte gerade etwas sagen, als ein Schrei ihm das Wort abschnitt: „Gefechtsbereit!"

Alan verschanzte sich mit den anderen Männern hinter den provisorischen Barrikaden vor den Bogenschützen, die nun ihre Pfeile auf ihre Gegenüber gerichtet hatten.

Ein Ruf hallte über das Deck: „Nicht kämpfen!", die Stimme entstammte einer rauen Kehle der Grauen und seine klaren Worte überraschten die Besatzung der Selphic.

„Wir wollen verhandeln!"

Benedict sah zu Alan herüber und ließ dann seinen Sohn wortlos stehen. Sein Blick suchte Reno, der sich wieder irgendwo achtern bei dem Ruder versteckt hielt. Alan Diran trat zwischen seinen aufgereihten Soldaten hervor und suchte nach dem Redner.

„Wir verhandeln nicht mit Invasoren!"

„Dann verhandelt mit einem Unterhändler", eine Gestalt in einem dunklen Kapuzenumhang trat aus den Reihen hervor und hob eine tätowierte Hand mit der Handfläche nach außen zum Gruß. Seine Soldaten eilten an die Reling und stemmten eine breite Planke über das Wasser unter ihnen. Benedict sah zu Alan herüber, der den Kopf schüttelte, doch er schien interessiert. Er wies seine Soldaten an, nicht zu reagieren, aber kampfbereit zu bleiben.

„Nur der Unterhändler! Unbewaffnet!", befahl er argwöhnisch und sah zu dem Trojoxanten herüber. Die schlanke Gestalt in der Kapuze streckte beide Arme von sich, um zu zeigen, dass er unbewaffnet war. Dann trat er auf die Brücke zwischen den Schiffen. Auf beiden Decks standen bewaffnete Soldaten, angriffsbereit, die Pfeile auf den Sehnen gespannt, um bei der geringsten falschen Bewegung ein weiteres Blutbad anzurichten. Der Trojoxant in der dunklen Robe rief selbstbewusst und stolz während er mit tödlicher Gelassenheit über die Planke lief, dass er mit dem Anführer sprechen wollte.

„Will er echt mit ihnen reden?", flüsterte Jaleel zu Mira, die stumm auf ihren Adoptivvater blickte. Benedict stand mit Balthazar zwischen Alan und den anderen Soldaten in einer bedrohlichen Reihe. Der Kapitän des Schiffes stand auf dem Achterdeck und verschanzte sich nach wie vor hinter dem großen Ruder. Reno sah sich überrascht die plötzliche Wendung des Kampfes aus seinem Versteck heraus an. Mira bemerkte blankes Entsetzen in seinem Gesicht. Vermutlich dachte er das gleiche, wie fast jeder an Bord.

Eine jähe Verhandlung während der Schlacht auf See schien so abstrus und unwirklich. Dennoch kam der Graue näher. Alan Diran trat schließlich als ihr Anführer hervor und dem Unterhändler entgegen. Da spürte Mira eine seltsame Aura vom Trojoxanten ausgehen und starrte ihn entsetzt an.

„Der da braucht keine Waffen, er ist ein Magier!", rief sie, doch scheinbar hatte es keiner der Erwachsenen gehört. Jetzt schnell zu Benedict zu rennen könnte zu Verwirrung und einem jähen Kampf führen. Sie biss sich auf die Unterlippen und versuchte unauffällig näher zu kommen. Um Diran zu warnen war es natürlich schon zu spät. Egal was jetzt noch passierte, konnte sie nicht mehr beeinflussen, außer mit ihrer Magie einzugreifen.

***

Der Fremde hob beide Hände an den Saum der Kapuze und warf sie in den Nacken. Bei seinem Anblick lief Benedict ein eisiger Schauer über den Rücken. Obwohl er eine schmächtige Statur besaß, jagten der glattrasierte Schädel und die über und über mit schwarzen Tätowierungen bedeckte graue Haut den Kindern Angst ein. Und nicht nur den Kindern. Seine gelblichen Augen stachen wie Sterne zwischen der aschgrauen Haut hervor und funkelten intelligent die Menschen vor ihm an. Alan musterte sein Gegenüber. Dieser fuhr mit seinen schrecklichen befremdlichen Augen durch die Reihen der Menschen und begutachtete die verbrannten Leichname seines Volkes an Deck.

„Ich beherrsche eure Sprache nicht sehr gut. Dennoch hoffe ich, dass ihr versteht, was ich nun sage."

Flutschild musterte den Fremden argwöhnisch und lehnte sich zu seinem Nebenmann: „Woher kennt er die allgemeine Zunge überhaupt?"

„Magie ist ein kostbares und seltenes Gut in dieser von Verfall geprägten, sterbenden Welt, die wir uns zu teilen versuchen", der Trojoxant hatte untertrieben. Honatius entging nicht, wie lückenlos und sauber er die Allgemeinsprache beherrschte.

„Es war eine besondere Magie und kein gewöhnliches Feuer, das jene hier tötete. Ich will den sehen, der das getan hat."

Alan schüttelte langsam den Kopf und hielt den Blickkontakt zu dem gruseligen Trojoxanten: „Ihr habt kein Recht, Forderungen zu stellen, Trojoxant. Zieht eure Truppen aus unserer Stadt zurück und mein Volk wird Euer Blutvergießen nicht mit einem direkten Gegenschlag vergelten."

„*Vergeltung*. Was wisst Ihr schon von Vergeltung?", eisige Verachtung schwang in der melodischen und reinen Stimme des Trojoxanten, der bei näherer Betrachtung noch gar nicht so alt zu sein schien.

Diran blieb standhaft und stolz: „Ihr seid Unterhändler, aber für wen sprecht Ihr? Wir haben die Sitte, uns einander vorzustellen. Selbst als Feinde."

Der Trojoxant mit dem tätowierten Gesicht streckte die Arme aus und machte eine weit ausholende Geste. Sein Kopf wirkte durch die Tätowierungen wie ein makabrer Totenschädel: „Ich bin das Sprachrohr und die Stimme des einzig wahren Gottes. Ich bin die Stimme meines Volkes, denn es ist das wahre Kind der Schöpfung. Und geboren sind wir, um *Ihm* zu dienen."

„Ihr wollt verhandeln, also verhandelt", erwiderte Diran harsch und ignorierte die religiöse Ansprache des Trojoxanten.

„Was bedeutet das Leben eines einzelnen, wenn sein Opfer ein ganzes Volk retten kann? Was bedeutet *euch* der Wert eines einzigen Lebens im Vergleich zu eurem Volk?"

Adan hörte die Worte des seltsamen Fremden und wurde hellhörig. Er trat unmerklich einen Schritt neben seinen Bruder, doch diese Bewegung genügte bereits, um den Trojoxanten auf ihn aufmerksam zu machen. Der Fremde schien geschärfte Sinne zu besitzen. Ihre Blicke trafen sich in einem unendlich langsam scheinenden Moment. Sein Mundwinkel zuckte leicht vor Erregung. Erkenntnis und Überraschung huschten für den Bruchteil eines Augenblicks über die arroganten und gebieterischen Züge des Unterhändlers. Er lächelte in einer seltsam freudigen Erwartung. Der Trojoxant streckte seinen Arm aus und deutete mit einem ebenfalls fein tätowierten Zeigefinger auf Adan. Dann rief er etwas in seiner fremden Sprache und funkelte den Jungen an.

Der seltsame Kerl lächelte und trug einen seltsamen Glanz in den unheimlichen Augen. Jetzt veränderte sich seine Intonation und seine Stimme wurde streng und laut: „Ich bin Arkasha, Diener des Einen, des wahren Gottes. Der Pfad den ich wandelte war verschlungen und schien kein Ende zu nehmen. Nun jedoch scheint es, dass mein Ziel zu mir kam, statt ich zu ihm."

Seine kalten Augen glänzten unscheinbar im fahlen Licht. „All diese langen, langen Jahre habe ich auf diesen Moment gewartet." Die Blicke von Adan und Arkasha trafen sich, doch es war Adan, der ihn hasserfüllt anstarrte. Jähe Erkenntnis durchfuhr den Jungen. „Er ist derjenige, der mich jagen lässt!", presste er hervor.

Marek stellte sich wie die anderen schützend vor seinen Bruder, der sich aber wieder vor ihn schob und jetzt den Priester voller Wut anschrie: „Warum!? Was willst du von mir?!"

Ein boshaftes berechnendes Lächeln umspielte Arkashas Mundwinkel: „Deinen Tod."

***

Marek konnte sich nicht länger zurückhalten und entflammte Eldin: „Verschwindet und kommt nie wieder zurück oder ich töte euch, wie die anderen hier!"

Die Trojoxanten wichen zurück. Arkasha riss die Augen weit auf und starrte entsetzt auf den Jungen mit dem Feuerschwert.

„Das ist unmöglich!", entwich ihm eine heisere Stimme. Sein Blick huschte umher. Benedict konnte sich täuschen, doch er glaubte Verwirrung und Angst darin zu sehen. Doch in der Stimme schwang noch viel mehr mit. Abscheu, Hass und Verachtung.

„Das Dunkle Schwert", er starrte Marek an.

„Ich glaubte an Magie, die dies hier bewirkte", er deutete auf die verkohlten Leichname der Opfer des Feuerschwerts. „Du bist ein Auserwählter der *verderbten* Götter. Das Schicksal führt uns also alle zusammen."

Die Prophezeiung …

Er war am Ziel angekommen und hatte nach all den Jahren endlich das Kind mit den weißen Augen gefunden. Nur noch ein Wimpernschlag trennte ihn von der Vollendung seiner heiligen Mission. Doch nun hatte sich alles verändert. Völlig unerwartet sah er sich einem der prophezeiten Feinde des Aufstrebenden gegenüber. Ihr Spion, das Wiesel, hatte nie etwas dergleichen berichtet, dass sich ein Auserwählter bei dem Kind mit den weißen Augen aufhielt. Das machte die Sache nur komplizierter.

Zwar war es Sathus Bestimmung, seine Feinde zu vernichten, Arkasha hatte nun aber selbst die einmalige Gelegenheit dazu. Und er würde sie wahrnehmen.
Kinder, nichts weiter als Kinder.

Es war mehr als nur Schicksal, dass ihm nun nicht nur das weißäugige Kind dargeboten wurde, sondern auch einer der Prophezeiten. Doch wieso war es ein einfältiges Menschenkind und kein erwachsener Krieger? Wenn er sie beide vernichten konnte, das prophezeite Kind und den verderbten Auserwählten, würde dem Triumph des Königs und ihrer Welterneuerung nichts mehr im Wege stehen. Der Schwertträger war noch ein Kind. Und der Hals eines Kindes brach schneller als der eines Mannes.

Arkasha wägte seine Möglichkeiten ab und überlegte, wie er vorgehen sollte. Doch er rechnete nicht mit der Souveränität und dem Selbstbewusstsein des Jungen, der sich nun in den Vordergrund rückte. Marek lächelte grimmig, denn er sah ihren Vorteil: „Ich bin Marek Tok, auserwählter Schwertträger von Eldin, dem Schwert der Flammen Daturas. Und Du bist schuld an allem Leid, das mein Bruder und ich durchmachen mussten!"

Arkasha spuckte, als er ihn, geleitet von seinen aufbrausenden Gefühlen, anschrie: „Du bist ein Kind des Schicksals! Du bist verdammt von den falschen Göttern!"
„Das wollen wir erst noch sehen", Marek hob Eldin und wollte angreifen, als ihn plötzlich Honatius zurückhielt, seinen Arm mit einem festen Griff umklammerte. So fest, dass es ziemlich schmerzte.

Marek sah überrascht zu seinem Großvater, dessen Griff nicht schwächer wurde, sondern eindringlicher: „Was soll das?"

Der Trodainer sah zu Arkasha herüber: „Woher weißt du so vieles von den Auserwählten und Adan?"
Der Priester starrte den Trodainer einen scheinbar endlosen Moment an. Ihre Blicke trafen sich und es war, als würde der Priester etwas erkennen. Arkasha lachte triumphierend auf: „Adan also? *Und als er den Namen seines Gegenübers vernahm sprach er: ‚So unkenne ich auch dich, meinen Feind'.* Ich habe die Stimme Gottes vernommen, respektloser Narr! Die Prophezeiung sprach von den Auserwählten eurer falschen Götter, der Verderbten."

Sein Blick richtete sich wieder auf Adan: „Und von dem weiß-äugigen Kind, das um jeden Preis getötet werden *muss*. Ich bin die Stimme und Hand Gottes und habe nun die heilige Aufgabe und Bürde, dieses Opfer zu bringen!"

Benedict starrte den Trojoxanten hasserfüllt an. Ein Knoten in seiner Brust platzte und endlich hatte er ein Gesicht vor Augen für all das, was seiner Familie und ihm widerfahren war. Dieser Wahnsinnige steckte hinter all dem Schrecken, den er und seine Familie hatte erleiden müssen. Doch ihm wurde klar, dass nicht er etwas gegen den Trojoxanten unternehmen konnte, sondern sein Sohn mit Eldin.
„Honatius, lass Marek los. Er soll es jetzt und hier zu Ende bringen!", die anderen sahen entsetzt zu Benedict, der wollte, dass sein Sohn den Mann vor den Augen aller tötete. Mira hatte Benedict erreicht, doch die sich überschlagenden Ereignisse ließen ihr keine Chance ihn zu warnen. Ihr blieb keine andere Wahl …

Ungläubigkeit machte sich in Viviane breit: „Wie kannst du das nur von ihm verlangen?"
Doch Benedict gebot ihr zu Schweigen: „Damit ist es zu Ende."

Der Priester lachte düster auf, seine Ohren und sein Verständnis für ihre Sprache waren wohl schärfer als Benedict gedacht hatte: „Hier endet rein gar nichts! Heute Nacht beginnt, was von niemandem aufgehalten werden kann! Ein neues Zeitalter …"

Ein jäher Funkenschlag ging direkt vor den Füßen des Priesters
nieder und er zuckte überrascht zusammen, trat einige Schritte
zurück. Augenblicklich lösten sich Pfeile und auf beiden Seiten
stürmten Soldaten aufeinander zu. Todesmutig sprangen
Trojoxanten über den schmalen Spalt zwischen den zwei Schiffen,
vier schwerbewaffnete Krieger mit gezackten Zweihändern eilten
über die Reling und versammelten sich um Arkasha. Zwei seiner
Leibwächter jaulten auf und fielen leblos zu Boden. Dort wo sie
eben noch gestanden hatten, verdampfte der Regen. Überrascht
sprangen die Trojoxanten herum, doch ihr Feind stand bereits
vor ihnen. Mira griff ohne lange zu zögern ein weiteres Mal an
und zielte diesmal genauer.

Hektisches Durcheinander war ausgebrochen. Benedict stürmte auf
den Priester zu, der in dem Wirrwarr zwischen seinen Kriegern
verschwand, wie ein feiger Hase, der sich zurück in seinen Bau
verkroch. Auch Reno war erneut in dem Tumult verschwunden.
Marek ging mutig mit Eldin auf die Trojoxanten los, die ihm
vorsichtig auswichen. Doch dann plötzlich beendete ein
entsetzlicher Schrei den Kampf.

***

Arkasha stand triumphierend hinter den feindlichen Linien im
Regen, der von seinen Roben abperlte und sich mit frischem
Blut vermischte, das über die Planken floss. Seine Hand
verkrampfte sich um den Kragen von Adan, den er wehrlos
zappelnd in einem tödlichen Griff hielt. Drei seiner Leibwächter
bauten sich schützend vor ihm auf, schwangen ihre brachialen
Klingen und hielten jeden auf Distanz. Unerklärlicherweise
hatten sie es hinter die Reihen ihrer Feinde geschafft und standen
nun unterhalb der Brücke, auf der Reno waffenlos und feige
hinter der Reling kauerte. Adan versuchte, sich mit aller Kraft
zu wehren, doch der Trojoxant packte ihn direkt am Hals und
schnürte seinen Griff fester. Er hob den Jungen mit überraschender Kraft hoch und stierte ihn mit gierigen Augen an.
„Die Prophezeiung sprach von dir", seine Stimme war ruhig

und das Gegenteil zu seiner urtümlichen Brutalität, mit der er den Jungen gefangen hielt.

Er schien kurz zu überlegen: „Adan. Willst du wissen, was Gott mir über dich sagte, du verabscheuungswürdige Kreatur des Bösen?"

Adan verzog das Gesicht zu einer Grimasse des Schmerzes. Seine Knie waren aufgeschürft und warmes Blut rann durch den Stoff seiner Hose. Der Trojoxant war aus dem Nichts aufgetaucht, hatte ihn aus dem Schutz seiner Freunde gerissen und erbarmungslos über den Boden geschleift, ehe er auch nur verstanden hatte, was geschehen war. Arkasha zog den Jungen noch näher an sich, sodass ihre Gesichter sich fast berührten und flüsterte ihm ins Ohr, so nah, dass er seinen heißen Atem spürte.

Einzig ein Kind Ethions, geboren mit weißen Augen, die sehen, ist der wahre Schlüssel. Er ist der Schlüssel zum Erfolg, wird das Gleichgewicht in der Waagschale stören und den Aufstrebenden zuletzt niederstrecken.

„Das kann ich nicht zulassen, Adan Tok aus Talon."

Adan rang nach Luft, verrollte die Augen und der Trojoxant schien gnädig, er ließ ihn los. Adan klatschte auf den nassen Boden und keuchte nach Luft. Da kniete sich Arkasha vor ihn und deutete mit einer beifälligen Geste auf die anderen, die es nicht wagten, etwas zu unternehmen, aus Angst, er würde ihn sofort töten.

„Fürchtest du dich?", Adan erschauderte.

Der Priester war nur wenige Zentimeter von ihm entfernt und präsentierte ihm scharfkantige Zähne: „Ich werde nicht zulassen, dass du unser Aufstreben verhindern wirst. Sei es nun oder in naher Zukunft."

Arkashas Hand schnellte hervor, packte Adan am Schopf und riss ihn zurück. Als der Priester aufstand, hob er den schreienden Jungen daran hoch, während alle entsetzt zu ihm herüberblickten.

„Und Er sprach: *,Sehet die Furcht eures Gegners vor der drohenden Dunkelheit und erblicket meine Macht, die darin erwachen wird'.*"

Arkasha zückte einen langen Dolch und führte das kalte Eisen an Adans Hals. Der Junge keuchte schwer und versuchte sich zu wehren, doch es war zwecklos. Sein Griff war eine eisige Klaue, die sich immer enger um das weiche Fleisch seines Opfers schlang.

„Lass ihn los!", brüllte Benedict, eine Hand auf Mareks Brust, der Eldin fest umklammert hielt, dazu bereit, alles für seinen Bruder zu tun. Viviane und die anderen starrten entsetzt von dem Priester zu den Trojoxanten, die um sie herum einen Keil bildeten und sie einkreisten. Der Regen peitschte ihnen entgegen, wie ein höhnischer Schlächter.

Adan wimmerte und klammerte sich an den Arm des Priesters, versuchte ihn zu kratzen, oder sonst irgendwie zu verletzen, doch sein Peiniger verstärkte nur erneut seinen Griff und zeigte eine eiserne Kraft, die man ihm nicht ansah. Adan schluchzte, bekam keine Worte heraus und während der Priester sprach, glaubte er zu fühlen, wie sich die Luft um ihn herum kräuselte, so seltsam es auch klingen mochte.

Arkasha führte die Klinge an seinen Hals und zog das kalte Metall langsam von einer Seite zur anderen.

„Und Er sprach; *Möge das Blut der Ungläubigen zu euren Füßen fließen und die Erde tränken, auf dass ihr im Blute derer watet, die sich euch in den Weg stellten'.*

Seht, wie das Blut des weißäugigen Kindes die Prophezeiung erfüllen wird. Seht, wie die Hand eines ergebenen Dieners die Furcht aller tilgen kann! Seht, wie das unheilvolle Kind stirbt! Endlich, nach all den Jahren der rastlosen Jagd!"

Alles schmerzte.

Adan kniff die Augen zusammen, nahm den Schnitt wahr, das Metall des Dolches, das sich in seine Haut bohrte. Spürte wie das Gewebe des Fleischs zerschnitten wurde, als der Dolch langsam darüber fuhr. Spürte das Blut, das seinem Körper entwich. Hörte eine Stimme, die etwas rief.

Es war Mira.

„Tut mir Leid", trotz ihrer Worte klang ihre Stimme nach einem Gefühl, das er gänzlich verloren hatte. Hoffnung.

***

Sengende Hitze explodierte in einem ohrenbetäubendem Knall gegen seine linke Gesichtshälfte. Schleuderte ihn herum. Ein heiser Schrei. Er schlug auf dem nassen Boden auf. Sein Kopf donnerte auf das glitschige Holz. Alles verschwamm.

Jähe Rufe.

Jemand packte ihn am Arm, riss ihn herum und zerrte ihn hinter sich her. Adan sah nichts außer einem verschwommenen Wirrwarr aus Füßen und wildem Durcheinander. Dann wurde es wieder dunkel. Nicht, weil ihm wieder die Sinne schwanden, sondern weil er ins Innere des Schiffes gezogen wurde. Er sah Balthazar und Reno, die die Tür zum Unterdeck zuschlugen und verbarrikadierten. Da kehrten seine Gefühle und Schmerzen zurück.

Ein Donnern in seinem Kopf.

Seine Knie schmerzten.

Sein Hals fühlte sich taub an.

Adans Herz raste.

Schlug ihm gegen die Brust.

Das war Zeichen genug, dass er noch lebte.

- 5 -

„…mit den anderen Soldaten?", die aufgebrachten Stimmen redeten wild durcheinander und dennoch hörte er ganz deutlich etwas anderes. Ein leises Wimmern. Es war Mira.

„Verbarrikadiert die Tür und den Gang!", rief Balthazar gegen die aufgebrachte Stimme Alans. Etliche Rufe gingen wild durcheinander, Stimmen vermischten sich zu einer hektischen Kakophonie voller erdrückender Furcht und nagender Verwirrung.

„Was ist mit den anderen?", hörte er wieder die vertraute Stimme von Alan. „Entweder sie sind mit uns in der Kuppel, oder tot!" Adan verstand nichts, doch da war auch schon sein Vater bei ihm. Benedict umarmte seinen Sohn und sah ihm geschockt in die Augen. Adan spürte einen Druck auf seinem Hals. Sein Vater hatte sich ein Stück Stoff vom Wappenrock gerissen und drückte damit auf die Schnittverletzung. Adan tastete danach und als er den Finger hob sah er Blut an den Fingerkuppen. Er spürte, dass seine Haut verletzt war, hatte ein raues Gefühl im Kehlkopf und merkte, dass das Schlucken schmerzte. Der Priester war nicht wirklich dazu gekommen, ihm die Kehle durch zu schneiden.

„Geht es dir gut?", Adan nickte nur, außerstande etwas zu sagen. Er sah das hektische Treiben um sich und verstand noch immer nicht, was passiert war. Er fragte mit schwacher Stimme und es war Marek, der in seinem Sichtfeld auftauchte und ihm antwortete: „Ich weiß nicht wie, aber sie hat uns allen das Leben gerettet."

Ein gedämpfter Schlag drang aus dem Gang in den Raum. Alan eilte aus dem Flur: „Sie sind nicht in der Kuppel! Wir hatten Glück!"

Das Holz um sie herum knarrte bedrohlich. Reno folgte ihm und schlug zornig gegen den Türrahmen: „Glück? Diese *Hexe* bringt uns um! Die Kuppel wird kleiner!"

In dem Halbdunkel hatte Adan jeglichen Überblick verloren und hörte viele Stimmen wild durcheinander brüllen. Er konnte nur Bruchstücke der Worte aus den hastigen Gesprächen aufnehmen. Er kauerte am Boden und sah zu Mira herüber, die unter Tränen etwas in Vivianes Brust stammelte. Im Schein von Eldin sah er in einer anderen Ecke Jaleel mit seinen Eltern, die sich verzweifelt und glücklich über ihre scheinbare Flucht umarmten. Da strich Marek ihm beruhigend über die Schulter und ging ebenfalls auf Mira zu und setzte sich neben sie. Einzig sein Vater nahm ihn in den Arm und flüsterte ihm drei hoffnungsbringende Worte ins Ohr. „Wir schaffen das."

***

Wieder donnerte es über ihnen. Alan eilte in den Raum, dicht gefolgt von Honatius und einigen anderen Männern, unter ihnen auch Armand Flutschild. „Das Schiff knarrt, als würde es jeden Moment zerbrechen!"

Benedict gab seinem Sohn einen Kuss auf die Stirn. „Kann ich dich einen Augenblick alleine lassen?", noch im Reden stand er auf und ging zu Alan.

Adan seufzte und griff sich an die schmerzende Stelle an der Kehle. Ein stechender Schmerz durchzuckte ihn. Jetzt da alles nicht mehr ganz so unruhig und durcheinander war, konnte er auch hören, was Viviane zu Mira sagte. Doch seine Beine schienen gegen seinen Willen anzukämpfen. Er schaffte es nicht, aufzustehen, um zu ihnen herüber zu gehen. Viviane streichelte Mira durch die Haare, wippte sanft hin und her. Mira schluchzte. Ihre Hände zitterten, noch immer stammelte sie wirres Zeug. Die Decke über ihnen knarrte unheilvoll. Dann folgte ein heftiger dumpfer Schlag.

Honatius hastete durch die Menge, sah sich um und heftete energische Blicke auf Mira. Er lief zielstrebig auf sie zu, entriss sie grob Vivianes Armen und zog sie auf die Beine: „Du musst es aufhalten!"

Mira schluchzte: „Ich kann nicht."

Als Honatius das Mädchen schüttelte, sprang Viviane auf und entriss sie seinem Griff. „Bist du verrückt geworden!?"

„Wir werden alle sterben, wenn sie es nicht sofort stoppt!"

Von oben drang ein jähes Knirschen und das Geräusch von berstendem Holz hinab. Honatius deutete in Richtung Gang. „Hörst du das? Du musst es stoppen! Sofort!"

Mira zitterte am ganzen Körper und heulte: „Ich weiß doch nicht wie!"

Von dem Schiff ging ein drohendes Gähnen aus, Holz knarrte und zog sich zusammen, an manchen Stellen splitterte es.

„Uns bleibt nicht viel Zeit." Honatius Miene wurde besänftigend. „Kannst du dich an meine Lektion erinnern?", fragte er Mira mit der Stimme eines besorgten Großvaters, der sein Enkelkind vor einer Dummheit bewahrte.

Mira nickte zögerlich.

„Dann versuche dich zu konzentrieren. Was du geschaffen hast, kannst du auch wieder verschwinden lassen."

Adan schrak plötzlich zurück, als die Wand an der er lehnte nachgiebig wurde und sich verbog. Das Schiff brach auseinander! Benedict zog ihn von der Wand weg, aus der plötzlich ein blauer Schimmer drang, gefolgt von einer wabernden durchschimmernden Oberfläche, die auf den ersten Blick wie sich wellendes Wasser wirkte.

Marek fühlte sich erneut in die flammende Kuppel versetzt, die ihm das Leben gerettet und alles andere vernichtet hatte. Doch diesmal konnte er nicht Eldin befehlen, die Kuppel verschwinden zu lassen. Jetzt war es die Magie von Mira, der sie alle ausgeliefert waren.

Es war unglaublich. Mira hatte aus dem Nichts in einer überraschend mächtigen, magischen Explosion diese gewaltige Energiekuppel geschaffen und sie alle dadurch gerettet. Wie sie das angestellt hatte, war ein Wunder ihrer unerforschten, verborgenen Kräfte. Dass sie zu so etwas überhaupt in der Lage war, machte Marek mehr Angst, als ihm zunächst bewusst war. Aus dem Nichts etwas zu erschaffen, war laut Honatius nur den Schwarzmagiern vorbehalten und dies war der endgültige Beweis. Mira war eine Schwarzmagierin. Mit einer enormen und beängstigenden Macht.

**

Das rothaarige Mädchen atmete tief durch.

„Ja, gut so", ermutigte Honatius sie. Die immer näher kommende Wand aus gleißendem, blauem Licht wurde langsamer. „Denk daran. Du kontrollierst die Magie, nicht umgekehrt."

Mira kniff die Augen noch fester zusammen. Unter ihren zuckenden Lidern rasten ihre Pupillen unablässig hin und her. Ihr Atem jedoch wurde gleichmäßiger und ihre Muskeln entspannten sich.

„Jetzt kehre es um. Lass die Barriere verschwinden."

Die blaue Kuppel zog sich nicht länger zusammen, sondern dehnte sich wieder aus. Dann hielt sie abrupt in der Bewegung inne. Mira riss die Augen weit auf: „Aber dann werden sie uns kriegen!"

Honatius schüttelte den Kopf: „Ich bezweifle, dass noch jemand von ihnen übrig geblieben ist", er atmete erleichtert aus. Mira hatte ihre Magie wieder unter Kontrolle.

Da trat Alan näher: „Vielleicht ist es doch klug, wenn sie diese magische Barriere noch einen Moment aufrecht erhält. So können wir uns einen Plan überlegen."

Honatius sah zu Benedict herüber, der kurz darüber nachdachte und dann nickte. Mira kniff die Augen fest zusammen und ließ sich dann auf den Boden sinken. Nach einem Moment öffnete sie die Augen wieder und sah Honatius selbstbewusst an: „Ich denke, ich habe es jetzt unter Kontrolle."

Er nickte und setzte sich vor sie.

Adan saß vor Mira im Schneidersitz und lächelte sie an, schenkte ihr beruhigende Worte, ungeachtet dessen, dass seine Knie aufgeschürft und blutig waren, ihm Arkasha fast einen Kehlschnitt verpasst hatte und er selbst Ruhe brauchte. Viviane versorgte ihren Sohn und bandagierte seine geschundenen Knie, so gut es im Moment ging. Zum Glück war der wahnsinnige Priester nicht dazu gekommen, seine Schandtat zu vollenden. Er war der erste gewesen, den Miras Zauber getroffen hatte. In ihrem Zorn hatte sie die Kontrolle verloren und ihr Angriff gegen Arkasha entlud sich zu einer Explosion reiner Magie. Daraufhin war die Kuppel erschienen und hatte sie in sich eingesperrt.

Besorgt gab Viviane Adan einen Kuss auf die Stirn, stand dann auf und schloss sich der Diskussion der anderen Erwachsenen an. Adan räusperte sich und merkte eine unwillkürliche Nervosität in sich aufsteigen.

„Kannst du reden?", fragte er seine Freundin zaghaft, aus Angst, sie aus ihrer Meditation zu schrecken. Mira nickte und versuchte zu lächeln: „Sofern du mich nicht auf andere Gedanken bringst, denke ich schon." Doch erneut wirkte sie wie das kränkliche, blasse, dürre Mädchen, das er kennengelernt hatte.

„Was ist geschehen?"

Ihre Augen funkelten und Adan bereute seine Frage sofort. Sie kämpfte mit den Tränen. Viviane kam zurück, rückte näher und nahm sie erneut in den Arm. Doch anders als zuvor, sah Mira zu Adan herüber, mit Entsetzen in ihrem Blick.

„Ich habe jemanden getötet."

Diesen Blick voller Angst, Verzweiflung und Panik, würde Adan wohl niemals vergessen. Da seufzte Benedict und sah Mira eindringlich an: „Hör mir jetzt gut zu. Was ich dir jetzt sage ist wichtig. Wenn es um dein Leben, oder das deiner Freunde geht, musst du auf dein Herz hören. Und wenn du nicht aus Hass und Wut tötest, wird man dir verzeihen können. Du musst vor allem lernen, dir selbst zu verzeihen."

Er schien offensichtlich nach tröstlichen Worten für das Mädchen zu suchen. „Zu Töten ist das äußerste, zu dem ein Mensch fähig ist. Doch du hast nicht aus Bosheit gehandelt, sondern um das Leben der anderen zu retten. Es erfordert großen Mut. Nicht jeder ist dazu fähig, selbst in so schlimmen Situationen. Niemand ist stark, wenn er jemanden aus Eigennutz tötet. Man ist dann stark, wenn man nicht tötet."

Er schwieg einen Moment und dachte über seine eigenen Worte nach. Darüber, ob er selbst glaubte, was er den Kindern soeben erzählte, die inzwischen alle dicht beisammen saßen, um sich gegenseitig Trost zu spenden.

„Um die zu schützen, die man liebt, ist großer Mut von Nöten. Das Leben ist ein Geschenk. Niemand sollte achtlos mit seinem oder dem Leben anderer umgehen. Was du getan hast, zeigt großen Mut, denn du hast Adan gerettet. Nein", korrigierte er sich und sah sie mit entschlossenem Blick an, „du hast uns alle gerettet."

Adan saß ein schwerer Kloß im Hals fest, die Worte seines Vaters waren so eindringlich, dass ihm ein kalter Schauer über den Rücken lief. Wie zur Bestätigung war es nun Honatius, der ebenfalls in beruhigendem Tonfall sprach: „Manches Herz ist schwarz und mit Hass befleckt; durch Verrat, Hunger oder Leid. Wenn dieser Mensch dann eine Gewalttat vollbringt, ist er dann ein schlechter Mensch?

Es kommt immer auf die Sichtweise an. Denkst du, dass du Adan durch einen Mord gerettet hast? Nein. Das war kein Mord, sondern Notwehr. Nur derjenige, der einen schwächeren und wehrlosen Menschen tötet, begeht Mord. Von den Trojoxanten geht eine enorme Gefahr aus. Du hast instinktiv gehandelt und den gerettet, der hilflos war. Und damit hast du mehr Mut bewiesen, als jeder gerüstete Krieger, der auf einem Schlachtfeld seinem Gegner Auge in Auge gegenübersteht."

Mira nickte und wischte sich mit dem Ärmel über das von ihren Tränen feuchte Gesicht. Honatius hatte erneut seine Größe und Weisheit bewiesen, für die sie ihn so sehr bewunderte. Doch nicht nur Mira.

Eine neue Frucht keimte in der Brust von Marek; Hoffnung. Er packte Eldin und stand entschlossen auf. „Wir müssen etwas gegen die Trojoxanten tun."

Benedict war näher getreten und musterte seinen Sohn mit argwöhnischen Blicken, der ihm entschlossen standhielt. Er kniete sich vor ihn und sah Marek stolz an: „Du wirst immer in meiner Nähe bleiben und tun, was ich sage. Du bist nach wie vor ein Kind. Mein Sohn. Und obwohl es mir nicht gefällt, brauchen wir wirklich die Hilfe von Eldin."

Als sich Marek die Worte seines Vaters noch einmal durch den Kopf gehen ließ, nickte er schließlich und biss sich auf die Unterlippe. Sein Vater verlangte erneut von ihm, an seiner Seite zu kämpfen und zu töten. War er wirklich bereit für so etwas?

Wann, schoss es ihm durch den Kopf, hatte sich sein Vater zum ersten Mal mit dem Kampf auf Leben und Tod auseinander setzen müssen? Marek wurde jäh aus seinen Gedanken gerissen, als sein Vater aufstand und den Raum verließ. Erst jetzt realisierte Marek, dass auch die anderen alle aufgestanden und Benedict gefolgt waren. Viviane ging zu ihm und drückte ihn an sich.

„Die Götter werden uns beschützen", Marek nickte. Aber jetzt sah sie ihn eindringlich an und sprach so, dass es niemand wagen würde, Widerworte zu geben: „Wehe, du hörst nicht auf deinen Vater!"

Dann verließen sie den Raum, bereit, an Deck zu stürmen. Honatius schubste Marek ermutigend an sich vorbei, die Treppe hinauf zu Benedict und Alan, die dort bereits warteten. Die anderen folgten ihnen. Viviane und Adan gingen als die Letzten. Mira trat hinter ihn, atmete schwer aus und das kaum hörbare wummernde Geräusch der Barriere hinter der Tür verschwand. Benedict öffnete sie ganz vorsichtig und lugte Stück für Stück hervor, um auch ja sicher zu gehen, nicht in eine Falle zu laufen. Auf dem Boden lagen etliche reglose Körper, doch von potentiellen Angreifern war keine Spur. Er trat unruhig auf das Deck, dicht gefolgt von Alan, seinen Soldaten und Marek. Jemand prustete selbstgefällig hinter ihnen und als sie sich umdrehten, stand Balthazar ehrfürchtig im Türrahmen. „Das Mädchen hat uns alle gerettet."

Nach und nach strömten die Freunde an Deck und sahen sich um. „Gerettet ist der falsche Ausdruck", fluchte Reno, „das Schiff wird dem Seegang in seinem jetzigen Zustand nicht mehr lange standhalten." Mürrisch hielt er in seiner Bewegung inne, als er die reglosen verkohlten Körper erkannte. Leichen lagen verstreut auf dem ganzen Deck, Menschen als auch Trojoxanten. Manche Körper waren verbrannt, andere zerteilt, dort wo die Barriere entstanden war. Das Schiff schwankte in den hohen Wellen und donnerte gegen das ihrer Angreifer. Auch dort herrschte Reglosigkeit. Die Stille war trügerisch.

Mira suchte unter den Leichen nach dem unverkennbaren Arkasha, fand ihn aber nicht. Vorhin war alles so schnell gegangen. Sie konnte nicht abschätzen, wie mächtig ihr Angriff gewesen war, doch sie hatte ihn mit voller Wucht getroffen. Das wusste sie. All jene, die direkten Kontakt mit der magischen Barriere hatten, waren bis auf das Unkenntlichste verbrannt. Doch der Wahnsinnige war von der Sphäre direkt ins Gesicht getroffen worden, die sie ihm entgegen geschleudert hatte.

Irgendetwas stimmte nicht.

Mira war die Erste, die ihren Blick nach oben richtete und das große Luftschiff erkannte, das nun stumm über ihnen schwebte. „Seht!", das gewaltige Luftschiff hing reglos in der Luft und zeugte in keinerlei Weise von irgendwelchen Lebenszeichen. Adan trat neben Mira und starrte ebenfalls hinauf zum Luftschiff. Ein leises, gleichmäßiges Rumoren ging von ihm aus und hing in der Luft, wie das Summen der Bienenstöcke der Imker an den südlichen Hügeln.

„Hexe!"

Diese Stimme! Adan fuhr herum und sah sich einer großen schwarzen Wand gegenüber. Arkasha hatte im Dunkeln gelauert wie ein Schatten. Etwas blitzte auf, zuckte durch die Luft. Mira schrie gellend und fiel zu Boden. Blut spritze Adan entgegen und noch ehe er verstand, dass es das Blut von Mira war, stand Arkasha vor ihm. Sein Arm schnellte hervor. Adan erkannte noch den Dolch in seiner Hand, bevor er die Kälte des Stahls spürte. Instinktiv riss er die Arme zum Schutz hoch, spürte, wie die Klinge sein Fleisch entlang der Elle aufschlitzte. Er fiel rücklings zu Boden und schrie hilflos.

Adan hörte die Rufe der anderen und starrte in das entstellte Gesicht des Trojoxanten. Starrte direkt in die wahnsinnigen Augen des Mannes, der ihn nun töten würde. Der Priester riss die Augen weit auf. Sein Blick war von Wahnsinn getrieben.
Das Gesicht des Mannes war eine groteske Maske aus verbrannter Haut, Sehnen und dem Knochen, der darunter zum Vorschein kam. Der Gestank von verkohltem Fleisch, Haut und Stoff biss ihn, trieb ihm Tränen in die Augen. Arkasha hob den Dolch, sah zufrieden auf den langen Schnitt an Adans Arm und lachte gellend auf.

„Rotes Blut! Du bist nur ein kleiner Bengel mit weißen Augen! Ich bin von Gott gesegnet! Er gab mir die Kraft meine Mission zu vollenden! Und er sprach; *,Sehet und höret meine Stimme, spürt meine Hand und erkennt meine Unendlichkeit!'* Also stirb!"

Der Dolch sauste herab.

- 6 -

Viviane schrie voller Entsetzen.
Benedict und die anderen starrten auf den entstellten Trojoxanten. Sie wagten es nicht einzugreifen. Selbst Marek, Eldin fest in seiner Hand, zögerte, fürchtete zu sehr, beim Angriff Adan zu verletzen. Doch der Anblick von Arkasha schnürte ihm die Kehle zu. Er war drauf und dran, alles zu versuchen, doch da bemerkte er, dass Mira sich mit zitternden Knien wieder aufrichtete, eine Hand auf die gefährliche Schnittwunde gepresst, die quer über ihr Schlüsselbein zur Brust hin ging. Arkasha bemerkte es nicht. Er hieb nach Adan, der zu Boden fiel und schrie.
Mira durchfuhr ein höllischer Schmerz. Sie musste an die Menschen denken, die bereits getötet wurden und jene, die noch in dieser Nacht sterben würden. Allen voran dieser Trojoxant.

Zorn funkelte in ihren Augen. Man hatte sie gejagt und zu töten versucht. Arkasha wollte Adan und Marek töten. Ohne lang zu zögern würde er sie alle umbringen. Mira webte ein feines Netz aus Magie um sich herum. Zorn und Hass wallten in ihr auf, Verachtung für diesen wahnsinnigen Psychopathen.

Er hatte sie als Hexe beschimpft, sie verletzt und achtlos liegen gelassen. In Mira schossen Erinnerungen und Gedanken, die sie längst vergessen glaubte. Sie musste an Xander und ihr Leben am Theater denken. Nein, ihre Erinnerungen brachten sie noch weiter zurück …

***

… Zurück an einen dunklen Ort aus ihrer Kindheit, den sie schnellstmöglich zu vergessen versucht hatte. Es war ein schäbiges Haus in einem kleinen Dorf. Einem Dorf, das nicht mehr existierte.
Bilder schossen ihr durch den Kopf. Von einem Mann und seiner Frau, von denen wenigstens sie Mira liebte. Sie hatten ihr Halt gegeben und selbst nach der *schrecklichen Entdeckung*, wie es ihr Vater genannt hatte, waren sie für Mira da gewesen, fiel es auch noch so schwer. Sie erinnerte sich an einen dunklen Abend und fahles Licht. An die Frau, die über ihr beugte, sie vor ihrem eigenen Vater beschützte. Er schlug sie, wie er es schon oft getan hatte. Sie hatte es nicht ertragen können. Immer wieder hatte ihre Mutter geweint.

„Mira!", eine alte krächzende Stimme drang an ihr Unterbewusstsein. Sie kam ihr seltsam vertraut vor.

„Mira!", spie die kalte Stimme des zornigen Mannes ihren Namen wie einen Fluch aus. Eine dunkle Hand streckte sich nach ihr aus. Ihr Vater hatte sie grob gepackt und an den Haaren quer durch den Raum geschleift. Ihre Mutter schluchzte und weinte, flehte jämmerlich. Das hatte ihn noch nie abgehalten. Auch nicht, als er Mira hinter sich her gezerrt hatte. Alter und unheilbarer Schmerz kehrte zurück. Unsägliche Qualen. Scham. Und Wut. In dem Moment, als er erfuhr, dass sie eine *Hexe* war, starb sie als Tochter für ihn. So jedenfalls hatte er es ihr gesagt. Immer und immer wieder. So hatte er seine schändlichen Taten gerechtfertigt. Und mit dem peitschenden Gürtel.

Scham. Wut und unsäglicher Hass.
„Mira!"

Verletzung. Innere Zerrissenheit. Mira hörte neben der Stimme eines alten Mannes, der ständig nach ihr rief, die verzweifelten Rufe ihrer Mutter. Das grausige Bild kehrte zurück. Sie sah ihren Vater, wie er erneut mit dem Gürtel oder der Faust auf sie einschlug. Sie strafte. Für das, was sie offenbar war. Eine Missgeburt, Laune der Natur und etwas, das nicht existieren sollte. Nicht leben sollte. Durfte.
Schmerz. Scham. Wie er ihr Kleid zerriss, ihre Haut blau und blutig schlug und peitschte. Qualvolle Schmerzen. Nein, es war nicht nur körperliche Verletzung, sondern Pein. Ihre Seele war geschunden. Die einst reine Seele eines Kindes in tiefste Dunkelheit gerissen. Jeder einzelne Schmerz aus dieser grausamen Zeit, die sie ihre Kindheit nennen musste, kehrte Schlag um Schlag zurück. Der Gestank seines mit billigem Fusel vermischten Schweißes, wenn er sich bei ihrer Bestrafung besonders anstrengte. Die schreckliche Erinnerung an den warmen Atem dieses grässlichen Mannes. Mit ihm die Verletzlichkeit und Verzweiflung eines verängstigten, kleinen Mädchens, das nicht verstanden hatte, was mit ihm geschah. Was der eigene Vater dem Kind antat. Es sich selbst die Schuld an allem gab.

„Hör auf!", die greisenhafte Stimme rief die selben Worte, wie ihre Mutter einst. Doch ihr Vater hatte nicht aufgehört. Warum also sie?
Pein. Scham. Allen voran Furcht und Verletzung. Und Zorn. Dieses unerträgliche Gefühl nach Vergeltung. In Mira brodelte etwas. Hass, getrieben von dem ihr zugefügten Schmerz. Dieses Gefühl hatte sie bereits damals verspürt und jetzt war es wieder da. Ein letztes Bild flackerte vor ihrem inneren Auge: Ein Brunnen, schwarzes Wasser, so glatt wie eine Spiegeloberfläche. Ihr Gesicht, blutig geschlagen, schmerzverzerrt und tränenüberströmt. Ein stummer ungehörter Hilferuf.
Einsamkeit. Leere. Dunkelheit. Darin lag ein einst winziges Samenkorn, dessen Frucht hervorbrach und sich ausweitete,

wuchs und zu wuchern begann …

Die Wärme, die sie umgeben hatte, das Gefühl, dass sich die gesamte Welt in ihr einfand, als würde sie die Energie von Erde und Wind in sich aufnehmen, die Kraft der Tiere und Pflanzen, von Menschen. Und dann war es geschehen. Sie hatte die Kontrolle verloren.
„Mira!", die alte Stimme schrie entsetzt auf und verstummte augenblicklich. Mira riss die Augen auf und das Gesicht ihres Vaters verschwand in den nebulösen Erinnerungen. An seiner statt, trat die entstellte Fratze des Trojoxanten. Sie erkannte das Entsetzen im grauenvoll entstellten Gesicht des Trojoxanten.

Am Ende bleibt nichts als der Tod.

***

Mira sah, wie Arkasha über Adan beugte und gerade auf ihn einredete. Dann riss er den Arm empor. Sein Dolch sauste herab.

Sie schrie mit schmerzverzerrter Stimme etwas unverständliches und streckte ihre freie Hand nach Eldin aus. Marek spürte, wie sein Schwert aufflammte, ohne dass er etwas dazu beitrug. Flammen stoben in die Luft und auf Mira zu.
Alles um sie herum zerbarst.
Arkasha wurde von der Explosion der Flammen von Adan weg geschleudert. Sein Körper ging in Flammen auf, er schleuderte über die Reling und verschwand mit einem verstummenden Aufschrei im Dunkel der Nacht in den Wassermassen.

Trümmer flogen meterhoch in den Himmel und alle Richtungen, wurden zu gefährlichen Geschossen. Benedict stürmte zu Adan, riss ihn vom Boden und hievte ihn sich kurzerhand über die Schulter. Er hechtete zur Seite, als die Planken berstend in einer Explosion wie Schrapnelle empor schossen. Die Gruppe duckte sich schnell und entkam knapp dem herunterstürzenden Mast, der mit enormer Wucht über das Deck fegte und dann ins Meer schlug.
Miras Hass hatte das unbändige Feuer ihrer Magie geschürt. Die

Luft knisterte und in einem lauten Knall verband sich die Magie zu einer unaufhaltsamen Energiewelle.

„Verdammt Mira! Hör auf!", Honatius Rufe gingen in einem ohrenbetäubenden Knall unter. Die Druckwelle riss alle zu Boden. Die Reste dessen, was einmal ein funktionstüchtiges Schiff war, drohten in tausend Splitter zu zerschellen. Eine magische Explosion jagte die nächste, während Viviane schrie: „Schnell runter vom Schiff!"
Das Vorderteil des Schiffes, auf dem sie sich befanden, neigte sich gefährlich zur Seite. Der zweite Mast stürzte um und mit ihm peitschten etliche Seile und Taue wild umher. Cacilia stieß einen erstickten Laut aus, als eines der Seile sie heftig im Rücken traf. Sie stürzte zu Boden und rührte sich nicht mehr. Balthazar rief nach ihr, packte ihren reglosen Körper und beide stürzten gegen die sich aufbäumenden Planken.

Mira stand inmitten einer hell leuchtenden Sphäre aus reiner Energie, die sie jetzt umschloss. Noch nie hatten sie etwas derartiges gesehen. Es war der grausame Beweis, dass die Magie doch noch existierte. Benedict hielt Honatius am Arm und auch Marek war bei ihnen. Die Härchen auf ihren Armen hatten sich aufgerichtet und selbst jene, die sie noch nie gespürt hatten, nahmen jetzt die allgegenwärtige Magie Aeldions wahr, die sich in der knisternden Luft bündelte und für alle sichtbar in der Sphäre um Mira materialisierte.

„Was können wir tun?", fragte Adan angsterfüllt Honatius, der ratlos schien. Dann sah er nur eine einzige Möglichkeit.
„Greif sie an", befahl er Marek.
„Was?!"
„Bevor sie uns alle tötet, musst du sie aufhalten!"
Marek starrte von den Erwachsenen zu Mira und versuchte dann auf sie zu zugehen: „Mira hörst du mich? Bitte hör auf!" Doch das Mädchen reagierte nicht. Stattdessen zerbrach das Schiff immer weiter. Sein Blick deutete auf das Luftschiff über ihnen. Erst jetzt erkannten sie, dass man von oben große Beiboote herabsenkte um sie aufzunehmen. Jeder, der konnte hielt sich irgendwo fest und versuchte, sich in Sicherheit zu

bringen. Marek fasste einen Entschluss, richtete Eldin auf das Mädchen in der magischen Sphäre und hoffte, dass Honatius Plan nicht nach hinten losgehen würde. Doch noch ehe er angreifen konnte, verblasste die Sphäre und Mira fiel ohnmächtig auf die Knie. Ohne zu zögern rannte er zu ihr und merkte, dass auch sein Vater mit ihm gekommen war. Benedict hob Mira hoch und noch bevor ihr Schiff sank, retteten sie sich in eines der großen Beiboote.

Die Selphie, Renos ganzer Stolz, sank. Vielmehr wurden die wenigen Überreste der Barkasse von den Wassermassen verschlungen. Mira lag bewusstlos in Benedicts Armen. Sie atmete flach und ungleichmäßig. Der Schnitt quer über ihre Brust zeugte von der Kraft, die Arkasha in den Hieb gelegt hatte. Er zerriss seinen Waffenrock jetzt ganz und presste dem Mädchen den Stoff auf die lange Schnittwunde. Ihr Oberteil war blutdurchtränkt und nass vom Regen.

Ben wusste, sie hatten diese Nacht noch lange nicht überstanden. Sein Blick wanderte vom sinkenden Wrack unter ihnen herüber in die anderen Beiboote. Das Luftschiff hatte bereits wieder an Höhe gewonnen. Viviane, Honatius und die Rooks wanken ihnen herüber. Einige der Soldaten starrten in ihrem Boot nach oben, harrend und erwartungsvoll, was sie erwartete. Reno hatte sich Adan geschnappt und ihn zu Alan in die vermeintliche Sicherheit gebracht. Er wickelte seinem Schützling seinen Schal um den aufgeschlitzten Arm und zurrte ihn fest zusammen.

„Aua", murrte Adan. Reno sah grimmig in dessen weiße Augen: „Du hattest verdammt viel Glück, Bursche."

Weniger Glück hatte Jaleel, der gerade ängstlich an einem Tau hing, das gefährlich im Regen hin und her schwankte. Sie schafften es einfach nicht, ihn zu sich hoch zu ziehen. Von den Soldaten waren ebenfalls einige entkommen, doch für viele war alles zu schnell gegangen und jede Hoffnung zu spät gewesen. Benedict starrte zu Alan, dessen Blick nach oben gerichtet war.

Eins war klar: Dieses Luftschiff gehörte nicht zu Xatiox und dennoch – oder gerade deswegen – hatte man sie gerettet. Selbst wenn sie die Seile kappten und hofften, nicht beim Aufprall zu zerschellen, würden sie nicht wieder ans Festland zurückkommen können. Zumal die Meisten in ihren Rüstungen, Benedict inbegriffen, einfach wie ein Stein in die Tiefe gezogen würden. Von oben drangen bereits aufgebrachte Rufe zu ihnen herab. Dann durchfuhr ein kräftiger Ruck die Beiboote. Für einen Moment dachte Benedict, sie würden einfach in die Tiefe und ihren grausamen Tod stürzen. Doch stattdessen begannen die Taue sich erneut zu spannen. Die Boote wurden weiter nach oben gezogen. Jetzt waren sie wirklich ihren Feinden schutzlos ausgeliefert.

- 7 -

Der Sturmregen hatte auf tröstliche Art nachgelassen und dennoch fühlte sich Benedict kraftlos und schwach. Er hatte alles riskiert und drohte nun alles zu verlieren. Gefesselt saß er auf den Knien und starrte zu den anderen. Man hatte sie voneinander getrennt. Honatius war mit Alan, Flutschild und den meisten Soldaten irgendwo anders hingebracht worden, doch scheinbar immer noch auf Deck. Er hörte Stimmen und dumpfe Geräusche, die zweifelsohne von behandschuhten Schlägen auf nackter Haut stammten. Noch ehe Marek mit Eldin eingreifen konnte, hatte Benedict ihm verboten, auch nur daran zu denken und das Schwert schnell zu verstecken.

Sie befanden sich etliche hundert Fuß über dem Meer. Wenn er einen der Ballons entflammte, die das Schiff in den Wolken hielten, würden sie einen grausamen Tod sterben. Außerdem war es an der Zeit, mehr in Erfahrung zu bringen und ihre Gefangennahme war vielleicht die einzige Möglichkeit dazu. Und ihre einzige Chance zu überleben. Zumindest versuchte Ben so, sich selbst etwas Mut zu machen.

Marek hatte Eldin versteckt, noch bevor sie von kräftigen dunklen Händen an Bord gehievt worden waren und einer Schar Ragnar gegenüberstanden, die sie kurzerhand niederschlugen und einen nach dem anderen gefangen nahmen. Benedict war aus dem Boot gezerrt worden, die bewusstlose Mira immer noch fest in seinen Armen haltend. Benedicts Zorn auf sich selbst wuchs ins Grenzenlose. Viviane hatte ihren Dolch dem

Ersten in den Hals getrieben, der sie anpacken wollte. Dafür kassierte sie von seinem Nebenmann eine so harte Ohrfeige, dass sie torkelnd zurückgewichen war. Der zweite Schlag schien präventiv und bescherte ihr ein blaues Auge. Noch schienen die Gefangenen lebend mehr wert zu sein. Cacilia schrie zuerst fürchterlich, als man sie anpackte und zu Boden warf, verstummte aber schnell, um ihren Feinden nicht auch noch diese Genugtuung zu geben. Gerade, als man sie fesseln wollte, war ihr Mann hasserfüllt aus dem Griff seiner Wache entkommen und brach dessen Genick mit einem Zornesschrei zwischen seinen gewaltigen Pranken. Balthazar stürmte ohne zu zögern auf die Männer bei Cacilia und es benötigte drei Trojoxanten, um den stämmigen und äußerst wütenden Pan-Thar in Schach zu halten. Sie hatten offenkundig nicht damit gerechnet, dass er trotz seiner Fülle nicht nur schnell, sondern auch geschickt im Nahkampf war. Mehrere Knochenbrüche, einen Tod und vier weitere Wachen später, hatten sie Balthazar schließlich überwältigt, mit schweren Seilen gefesselt und halb totgeprügelt am Boden liegen lassen.

Benedict sah schuldig zu seiner gschundenen Frau herüber, doch es war Liebe in Vivianes Blick und nicht Zorn, als auch sie erkannte, dass sie keine andere Möglichkeit mehr hatten, als sich den Ragnar und Trojoxanten zu ergeben. Letztere musterten schließlich jeden einzelnen ihrer Gefangenen ganz genau. Dann geschah, wovor Benedict sich mehr denn je gefürchtet hatte. Die Trojoxanten blieben vor Adan stehen, dem Alan noch schnell im Beiboot geistesgegenwärtig einen behelfsmäßigen Verband um die Augen gewickelt hatte. Da der Stoff blutig war, sah es so aus, als hätte der Junge eine schwere Kopfverletzung erlitten. Benedict hoffte inständig, dass diese List funktionierte und sie nicht merkten, dass er das Kind war, nach dem sie so erbittert suchten.

Ein recht junger Trojoxant mit lockigem schwarzen Haar und einer leicht gekrümmten Hakennase sah zu den anderen Kindern herüber und trat mit der Stiefelspitze gegen den Jungen mit dem Verband. Als dieser sich nicht rührte oder Anstalten machte, den Kopf zu heben, beugte er sich herab, packte ihn an den Haaren und zerrte ihn auf die Knie. Jetzt war es Reno, der sich schützend aufzurichten versuchte, doch sofort wieder zu Boden gestoßen wurde: „Lasst den Jungen in Frieden! Er verblutet."

Einer der Soldaten packte Reno und donnerte ihm seine Faust in den Magen. Der robuste Seefahrer keuchte, biss die Zähne aufeinander, stemmte sich hoch und rammte seine Schulter in die Hüfte des Soldaten. Der fluchte und hieb ihm mit der Faust in den Nacken. Reno stürzte und kassierte weitere harte Tritte ins Gesicht, die ihm seine jetzige Position nur zu deutlich machten. Der junge Trojoxant hob Adan ungeachtet der Ereignisse auf die Beine.

„Was ist mit dem hier passiert?", fragte er mit gebrochenem Akzent. Ben fiel auf, dass er die anderen beobachtete und dann für einen langen Moment auf Alan blickte. Der Trojoxant musterte seine zerrissene, blutige Tunika, zögerte einen Augenblick und lächelte. Dann griff er an die Bandagen und riss sie Adan vom Gesicht. Er starrte in die bleichen Augen des Kindes, fuhr zuerst erschrocken zurück und grinste dann zufrieden.

„Das ist der Junge", erklärte eine Stimme und ein weiterer Trojoxant erschien. Der jüngere nickte, packte Adan bei den Schultern und zerrte ihn mit sich. Adan starrte zuerst den Fremden, dann seine schreiende Mutter an. Der junge Trojoxant stockte und blickte zwischen den beiden hin und her. Auch die anderen Gefangenen wurden unruhig und versuchten sich zu wehren. Er beäugte Adan und starrte in dessen milchig weiße Augen, die ihn vorwurfsvoll und verachtend durchbohrten. Dann führte er ihn von den anderen fort.

Der neu angekommene Trojoxant musterte Reno, der sich fluchend und mit auf den Rücken gebundenen Händen aufzurichten versuchte und lächelte schadenfroh. Reno fluchte lauthals und drohte ihnen, sie auch gefesselt umzubringen.

„Diesen nehmt ihr auch mit. Den foltern wir zuerst", die verbliebenen zwei Soldaten packten Reno, schlugen ihn brutal zu Boden und schleiften ihn ebenfalls fort. Er sah über seine Schulter zu Benedict und rief etwas, das er nicht mehr verstehen konnte. Dann plötzlich waren die Trojoxanten mit Adan und Reno verschwunden.

**

Benedict war schlecht. Die Hilflosigkeit, der er ausgeliefert war, schmerzte nicht so sehr, wie seine Schuld, sie alle in diese Situation gebracht zu haben. Er, der seine Kinder mehr liebte als alles andere, hatte sein Versprechen nicht halten können und musste nun ansehen, wie sie Adan wegbrachten. Nach all den Strapazen und ihren Opfern, die sie aufbringen mussten, hatte er kläglich versagt. Als Vater und als Beschützer. Das labile Kartenhaus war in sich zusammengefallen. Alles war verloren. Es war nur noch eine Frage der Zeit, bis sie herausfanden, wer Marek war. Auch er würde vor den Augen seines Vaters weggezerrt werden und dann würde man sie alle töten. Benedict erlag einer kräftezehrenden Ohnmacht und Tränen der Scham und Verzweiflung überkamen ihn. Doch da hörte er Cacilia ganz leise zu ihrem Mann flüstern, wo Jaleel sei und schlagartig kehrte ein winziger Hoffnungsschimmer zurück.

***

Wie eine hartnäckige Spinne krallte sich der Pan-Thar an die feuchten Wände der Schiffswand, das nasse und schwere Tau um seine Hüfte gebunden. Jaleel hatte geistesgegenwärtig gehandelt, als er sah, was mit den anderen über ihm geschehen war und statt am Seil hinauf zu klettern, hatte er sich todesmutig zum Schiff geschwungen. Er wagte es nicht, sich auszumalen, was dort oben vor sich ging und zermarterte sich den Kopf, was er nur tun konnte. Dann hatte er die Schreie seiner Mutter gehört und sich nur noch fester in die Rillen zwischen den Planken gekrallt. Seine Gelenke schmerzten und spannten, doch er wagte es nicht, loszulassen und dann vielleicht zu sehr hin und her zu baumeln. Jetzt wusste er, wie sich jemand fühlen musste, der Kiel geholt wurde. Diese Strafe auf See war grausam und läuternd. Jaleel musste etwas tun.

Er trieb sich zum Äußersten, überprüfte die Schlaufe um seine Hüfte und kletterte langsam an der Bordwand entlang. Er war sich bewusst, dass es ein langer Fall und kurzer Schmerz werden würde, wenn er abstürzte. Das Seil gab ihm eine zweite Chance, solange niemand auf die Idee kam, es zu kappen oder daran zu zerren. Doch scheinbar hatte niemand danach geschaut oder sich mehr als nötig mit den Rettungsbooten befasst.

Glück im Unglück.

Nun lag es an ihm. Die Schreie der Frauen an Deck trieben ihn nur noch mehr an. Er war ihre letzte Hoffnung. Diese jähe Erkenntnis ließ ihn stocken. Was, wenn er versagte. Dann waren sie alle verloren. Als würde die Last der Verantwortung ihn nach unten ziehen, rutschte er ab, verlor den Halt und pendelte in der Luft. Den ersten Schock des freien Falls verdauend, versuchte er, genug Schwung aufzunehmen und sich irgendwie wieder an die Außenwand zu klammern. Er schlug mehrere Male hart mit dem Körper gegen das Schiff, bis er endlich neuen Halt fand. Dann begann erneut der schwerste Aufstieg, den er je absolvieren würde.

- 8 -

Er konnte die Blicke des Kindes und seiner Mutter nicht vergessen. Zu sehr fühlte er sich an seine eigene Mutter erinnert. An ihre letzte Verabschiedung und die Furcht, nie wieder zurückzukehren. Den Menschenjungen vor sich her treibend, dachte Takem an seine Heimat und seinen jüngeren Bruder, die er für diese Invasion zurückgelassen hatte. Er musterte den Burschen vor sich. Er schien ungefähr in Torgrens Alter zu sein.

Auch ihre Mutter hatte den gleichen verletzlichen, furchtsamen und wissenden Blick in ihren Augen gehabt, wissend, dass sie ihren Sohn nie wieder sehen würde. So wie jetzt diese Menschenfrau. Obwohl er niemals damit gerechnet hätte, fühlte er sich seltsam und schuldig. Wie einer der Soldatenjäger, die neue Rekruten von ihrem Zuhause holten und sie ihren Müttern entrissen. Doch sie waren im Krieg mit den Menschen und er in einem fremden und gefährlichen Land. Takem fragte sich, ob sein jüngerer Bruder Torgren es schaffte, allein den Acker zu bestellen. Er hatte noch so dünne Arme, als er ihn das letzte Mal sah und dennoch hatte er ihren Vater angefleht, ebenfalls mit in den Krieg zu ziehen.

Ihr Vater Dorgan war ein treuer Gefolgsmann und Freund des Königs und stand bereits in dessen Dienst, als er noch als

Usurpator galt und um den Thron gekämpft hatte. Ein Band der Freundschaft lag zwischen seinem Vater und dem König und dies machte Takem ebenso stolz, wie seine Anwesenheit bei dem ersten Feldzug in dem aufkommenden Krieg gegen die Allianz der verderbten Völker. Diesem Umstand hatte er es auch verdankt, dass er an Bord des Schiffes seines Königs diente. Sein jüngerer Bruder Torgren würde sicherlich auch eines Tages in der Armee dem König dienen. Vielleicht hatten sie die Ehre unter der Aufsicht ihres Vaters Dorgan in der Garde des Königs aufgenommen zu werden, wenn dieser von seiner geheimen Mission zurückkehrte. Nur die treuesten Gefolgsmänner waren so nah an dem Auserwählten und dem Heiligen. Sie schworen einen Eid, ihre Leben und alles zu geben, um die heilige Mission des Königs zu erfüllen.

Takem fuhr sich mit einem nervösen Gefühl die Hand durchs Gesicht. Er war zwar stolz in diesem ersten Feldzug zu dienen, verstand aber nicht, warum man die Invasion der Stadt nur angeordnet hatte, um den Jungen zu finden, der jetzt wenige Schritte vor ihm her stolperte und schniefte. Der Hohepriester hatte während ihrer Reise immer wieder von der Prophezeiung gepredigt. Sie würde sich mit dem Marsch ihres Königs erfüllen und einzig das Kind mit weißen Augen musste geopfert werden. Also, warum tötete man das Menschenkind nicht einfach?
Er war nicht so vermessen auch nur daran zu denken, diese Tat zu vollbringen. Es war die Pflicht und Aufgabe der Auserwählten dieszu tun. Und dennoch war es für Takem zweifelhaft, wieso ihre großen Helden ein Kind opfern mussten. Prophezeiung hin oder her.

Der Knirps stolperte und blieb unbeholfen stehen. Er schien das Unabwendbare herauszögern zu wollen. Als er auch noch zu winseln anfing, spürte Takem ein seltsames Gefühl und Verlangen, den verängstigten Jungen zu trösten, weil er ihn irgendwie an Torgren erinnerte. Takems Pflichtbewusstsein holte ihn wieder ein und er ärgerte sich über sich selbst. Er war derjenige, der dem König das weißäugige Menschenkind brachte. Diese Ehre war größer, als jeder Sieg auf dem Schlachtfeld. Ohne weiteres Mitleid stieß er ihm erneut in den Rücken und fauchte einen Befehl, den der Mensch verstehen musste. Er hatte ihm den verwundeten Arm sogar verbunden. Warum wimmerte das Kind also trotzdem?

Takem war eine große Ehre zuteil, nun vor den König zu treten und den Gefangenen zu präsentieren. Vielleicht würde sich ihm die Gelegenheit bieten, dass der König ihn erhörte, denn Takem wollte wissen, wohin sein Vater verschwunden war. Dorgan war vom König auf eine geheime Mission geschickt worden, aber bis heute hatte Takem nichts mehr von seinem Vater gehört. Wieso hatte der König seinem Leibwächter befohlen, ihn zu verlassen? Takem wagte es nicht, die Handlungen des Königs in Frage zu stellen. Aber die seines Vaters. Er hatte sich sehr umständlich ausgedrückt und eigentlich nichts verraten. Dorgan hatte ihm aufgetragen, in seiner Abwesenheit natürlich weiterhin dem König Folge zu leisten und alles zu tun, was ihr Herrscher ihm auferlegte. Takem fragte sich nun einmal mehr, warum sein Vater ihn mit in den Krieg, aber nicht mit auf diese geheimnisvolle Mission genommen hatte. Immerhin hatte er sich als würdig erwiesen an der ersten Invasion teilzunehmen. Takem dachte an das Verhältnis seines Vaters zum König und dessen Hohepriester. Arkasha würde die feierliche Opferung durchführen wollen.

Es stellte sich nur die Frage, wo sie auf ihn treffen würden. Vermutlich war er noch auf seinem Schiff.

„Lass uns gehen."

Takem verstand erst als der Junge sich wiederholte, um was er bat. Er schüttelte den Kopf, ignorierend, dass der Bursche vor ihm das gar nicht sehen konnte.

„Nein", und ging nicht weiter auf das Flehen des Menschen ein. Sie hatten die Kabine des Königs erreicht, eine massive Tür, vor der zwei Wachen standen.

***

Adan sah über seine Schulter zurück und starrte den jungen Trojoxanten an. Er fragte sich, was in dessen Kopf vorging. Sein Arm schmerzte, doch der Fremde hatte ihm die Wunde vorsichtig gesäubert und verbunden, als läge ihm etwas an seinem Wohl. Auch die Schnittwunde am Hals hatte der Trojoxant gereinigt und ihm einen frischen Verband angelegt. Der Grauhäutige wechselte ein paar Worte mit den Wachen vor ihnen und dann wurde ihnen die Tür geöffnet. Adan brauchte keinen weiteren unsanften Stoß um zu wissen, dass er hineingehen sollte. Ein eigentümlicher Geruch nach Kräutern und Rauch lag in dem überraschend großen Zimmer, das von einem massiven Tisch dominiert wurde, dessen Beine sorgfältige Verzierungen aufwiesen. Etliche Dokumente und Kerzenstummel erdrückten die Tischplatte. In einer Ecke stand eine einfache Bettstatt. Ihr gegenüber hing ein kupfernes Gestell von der Decke, das ein flaches Becken hielt, in dem kleine Steinchen und getrocknete Blätter in öligem Wasser lagen. Ein sanfter Rauch stieg davon auf, dessen überraschend wohltuender Geruch sich im Raum verbreitet hatte. Darüber hing ein Ornament von der Decke herab, das die Form eines Stierkopfes hatte. Es pendelte leicht hin und her.

Doch nichts davon bemerkte Adan, als er den Raum betrat. Sein Blick ruhte starr und unentwegt auf dem Mann, der auf der anderen Seite des Tisches saß, das Gesicht schwer auf eine Hand gestützt, als wäre er beim Lesen über dem Tisch ruhig eingedöst. Vor ihm stand eine kleine geöffnete, schwarze Schatulle. Seine langen, schwarzen Haare hingen offen auf breite, muskulöse Schultern herab. Dichte Strähnen lagen über der Stirn. Doch als er aufblickte, strich er sie sich zurück und klappte die Schatulle vor sich langsam und behutsam zu, so als fürchte er, der Inhalt könne beschädigt werden. Sie schwiegen. Sahen einander nur an.

Adan zuckte erschrocken bei dem Geräusch hinter sich. Der Trojoxant hinter ihm schloss die Tür und verneigte sich dann tief vor dessen Anführer. Der Soldat trat einen Schritt zurück blieb und schweigend am anderen Ende des Raumes stehen. Ein eisiger Schwall aus erregter Furcht zog sich wie ein Rinnsal über Adans Rücken und er wusste, dass er dem Mann gegenüberstand, der seinen Tod wollte. Seine Finger fühlten sich eisig und taub an, genauso wie seine Füße und gleichzeitig spürte er eine Hitze in sich wallen. Seine Brust krampfte. Er fühlte sich in den Schrein von Datura zurück versetzt.

Nur stand er jetzt einer anderen Bestie gegenüber.

Adan bemerkte, wie der Fremde ihn mit seinem Blick genau studierte. Die dunkelbraunen Augen schienen durch sein Fleisch tief in seine Brust zu stechen und sein immer schneller schlagendes Herz zu blicken. Der Trojoxant jagte ihm mehr Grauen ein, als sämtliche schlimmen Erinnerungen an die Nacht und Geschehnisse mit dem Daemon – oder Arkasha.

Das war also der Mann, der ihn hatte jagen lassen. Wegen diesem Fremden war seine Familie aus Talon geflohen, hatte sich immer wieder größten Gefahren aussetzen müssen und schließlich in Xatiox ein neues Zuhause gefunden. Dieser Mann war zusammen mit dem verrückten Priester verantwortlich dafür, dass die Hafenstadt jetzt brannte und unzählige Unschuldige den Tod gefunden hatten. Er war das wahre Monster.

Sein unergründlicher Hass gegen Adan, den er bis zu diesem Moment nicht einmal kannte, trieb seine Suche mehrere Jahre an, nur um jetzt eine Stadt scheinbar grundlos niederzubrennen. Alles, um Adan in die Finger zu bekommen. Und wofür? Weil irgendwer irgendwann einmal Worte in den Mund nahm und dabei ein Kind mit weißen Augen erwähnt hatte?

Seine Gefühle überschlugen sich und brachen in Adan zusammen, wie ein Wasserfall, der sich in ein neues Tal hinab durch den Fels grub. Was, wenn der Trojoxant mehr über ihn wusste, als alle anderen? Schlimmer als all die Gedanken, die durch seinen Kopf gingen, war die vermeintliche Stille, die im Raum herrschte. Der grauhäutige König sagte nichts, sah mit seinen dunklen Augen auf die kleine verängstigte Gestalt am anderen Ende des Zimmers und musterte Adan von Kopf bis Fuß.

„Ich habe dich und diesen Moment gleichermaßen ersehnt und gefürchtet, weißt du das?" Der Trojoxant sprach ruhig, den wachsamen Blick nicht von dem Jungen abwendend. Seine Stimme war kraftvoll, endgültig und entsprach seinem Äußeren – in ihr lag etwas grobes, das schlummerte und darauf lauerte, zu erwachen. Dennoch schwang ein Tenor darin, den er von seinem Vater kannte. Es war etwas väterliches. Und genau das lehrte ihn Fürchten. Es war die Stimme eines Mannes, der keine Widerworte duldete und es gewohnt war, Befehle zu erteilen.

Seine Worte machten Adan Angst. Noch schrecklicher war der Blick des Fremden, der ihn zu durchbohren schien. Es dauerte einen Augenblick, bis Adan verstand, wieso ihm das alles wirklich so viel Angst machte und ihn so versunsicherte. Es war die Tatsache, dass der Trojoxant ohne groben Akzent mit klaren und verständlichen Worten in der Allgemeinsprache zu ihm gesprochen hatte. Adan schluckte den schweren Kloß herunter, der ihm im ersten Moment auf der Zunge lag und jegliches Wort verbot. Als er seine Stimme endlich wiederfand hoffte er, dass sie entschlossener klang als er sie selbst hörte: „Ich weiß nicht einmal, wer du bist. Ich weiß nur, dass du mich hast jagen lassen." Er versuchte seine zitternden Knie zu unterdrücken und all sein Hass auf den Fremden überkam ihn, gab ihm Kraft: „Und dass du meinen Tod willst."

Der Trojoxant strich sich durch seinen akkurat kurz geschnittenen Vollbart, unter dem die graue Haut noch stärker zur Geltung kam. Es schien, als dachte er über all dies nach, eine Trauer und Müdigkeit in seinen Augen, die Adan nicht erwartet hätte. Als er sich zurücklehnte, zeichnete sich sein kräftiger, breiter Nacken unter dem dunklen Hemd ab, das er trug. Doch nichts wirkte stärker als seine entsetzlich dunklen Augen, die in dem Gesicht saßen, wie zwei schimmernde Seen ohne Grund. Der Mann strahlte eine gewisse Aura aus, die ihm unter anderen Umständen vielleicht sogar Ehrfurcht, wenn nicht gar Sympathie entgegengebracht hätte: „Ich bedauere zutiefst, dir zustimmen zu müssen."

Da platzte es aus Adan heraus, noch ehe der König weitersprechen konnte: „Warum?!"
Er hörte, wie Takem hinter ihm sein Schwert in der Scheide lockerte, doch das war ihm egal. Der König jedoch bedeutete dem jungen Soldaten hinter Adan mit einer fast schon achtlosen und ruhigen Geste, zurückzutreten.

„Warum diese Hetzjagd? All die Jahre, die ich in Angst leben musste!" Adans Gegenüber sah ihn eindringlich an.

„Wir alle leben in Angst, Kind. Auch ich. Wer keine Furcht verspürt, ist ein willenloser Narr", er schwieg einen Moment und als er weiter sprach, schwang Bedauern in seinen Worten, was Adan in Anbetracht ihrer Bedeutung nicht glauben konnte: „Das Schicksal hat uns diesen Weg vorherbestimmt. Mein bisheriges Leben hat mich genau zu diesem Punkt geführt, ebenso wie das deine dich hierher geführt hat."

„Nicht freiwillig. Nichts von allem der letzten Jahre ist freiwillig passiert!", platzte es aus Adan heraus, der am liebsten geflohen wäre, aber noch vielmehr den Drang verspürte, diesen Mann vor sich umzubringen, wie auch immer.

„Unserem Schicksal ist das egal. Es ist etwas unausweichliches. Uns ist es vorherbestimmt. All das. Vielleicht nicht die genauen Umstände, das glaube ich nicht, nein. Aber die Tatsache, dass wir einander trafen, auch wenn es so viele Jahre gedauert hat. Unsere Wege sind uns unbekannt, aber sie sind vorherbestimmt und wir können ihnen folgen, oder aber Abzweigungen gehen. Ich bevorzuge den direkten Weg." Seine Finger strichen über den Tisch vor sich und er schien über das Gesagte nachzudenken, so als suche er die Worte, um jemandem etwas zu erklären. Dann trafen sich erneut ihre Blicke.

„Es ist meine Bestimmung, derjenige zu sein, der dich tötet. Unser aller Bestimmung schlummert in uns. Es ist das Schicksal, das uns verbindet, Weißauge. Die Prophezeiung. Sie hat mir einen Weg gezeigt, den ich nun beschreite. Er liegt mir klar vor Augen und dennoch fürchte ich mich davor, Weißauge."

Adans Zorn brach nicht ab. Jedes Wort seines Gegenübers machte ihn nur noch wütender und am liebsten wäre er ihm schreiend an die Gurgel gesprungen.

„Mein Name ist Adan Tok!"

Der König lächelte über die Tapferkeit des Jungen vor ihm: „Du hast Mut, Adan. Dieser Mut macht dich zu einem großen Mann und wenn das Schicksal es gewollt hätte, wären wir uns auf eine andere Art begegnet."

Der König ruhig stand auf und lief um den Tisch herum, dabei zeichnete sich sein angsteinflößend muskulöser Körper unter der dunklen Kleidung ab, die er trug. Von der Statur her erinnerte er Adan an einen Ringkämpfer, den er einmal in der Stadt gesehen hatte. Er war ein Bär von einem Mann, muskulös und stark, dennoch athletisch, schnell und tödlich.

„Ich bin König Sathus von Troje und ich herrsche über die vier Steppen Arkans als König des Hohen Bergfrieds. *Ich bin das Licht, das mein Volk aus der Dunkelheit führt und die Hand, die das Schwert der Gerechtigkeit schwingt. Ich bin die Klinge und der Amboss und mein Schicksal ist es, die Welt zu erneuern.*"

„Lass uns gehen", bat der Junge eindringlich und der König schlug plötzlich mit der flachen Hand auf den Tisch. Adan zuckte beim überraschend lauten Knall zusammen. Sathus zögerte und schien sich über diesen Ausfall zu ärgern. Er neigte den Kopf und sein nachdenklicher Blick fiel auf Takem: „Ich wurde bereits unterrichtet, dass mit dir noch mehr Menschen gefangen genommen wurden. Deine Familie ist unter ihnen, nehme ich an?"

Takem trat pflichtbewusst einen Schritt hervor und wagte es, für den Menschen zu antworten: „Mein Gebieter, wir haben zwei Pan-Thar, mehrere Soldaten und Menschen gefangen genommen, darunter seine ganze Familie, wie es scheint."

Der König warf ihm einen bedeutungsvollen Blick zu und schien dabei über diese Worte nachzudenken: „Mir liegt nur etwas an diesem hier. Ich will, dass der Angriff abgebrochen wird. Lass die Generäle wissen, dass wir uns zurückziehen und schick nach Arkasha."

Takem nickte und wollte gehen, als ihn der König zurückhielt: „Da ist noch etwas", der junge Soldat wartete auf weitere Instruktionen, „soweit ich das mitbekommen habe, ist unser Spion in der Stadt."

„Der, den Ihr das Wiesel nennt?"

„Mach ihn ausfindig und bring ihn zu mir. Ich werde entscheiden müssen, ob wir seine Dienste noch benötigen, oder ihn *entlohnen*." Takem nickte und verbeugte sich.

Adan verstand nicht, was sie soeben eben sprachen, doch den Namen des schrecklichen Wahnsinnigen würde er in jeder Sprache heraushören. Ihm schoss ein Gedanke durch den Kopf:

„Arkasha ist tot."

Der König hielt inne und starrte ihn an. Adan wiederholte seine
Worte jetzt lauter. Als er merkte, dass der Graue diese Information
zu verarbeiten schien, überkam ihn für einen Moment das
Gefühl des Triumphes. Sathus sah den jungen Offizier an und
griff mit einer Hand nach der Schatulle, die ihm der Hohepriester
übergeben hatte.

„Wo ist der Hohepriester?", verlangte er in ihrer Sprache zu
wissen, brüllte dabei. Takem trat unmerklich einen Schritt
zurück und antwortete zögerlich, seine Stimme war leiser als
beabsichtigt: „Nachdem er das Luftschiff verließ, um die Truppen
anzuführen, haben wir nichts mehr von ihm gehört. Er muss
sich noch auf seinem Schiff befinden, wenn er inzwischen noch
nicht hier ist."

Der König starrte auf seinen Gefangenen. Er begutachtete den
blutigen Verband um seinen Hals und erkannte eine feine, rote
Linie, die von einem Schnitt herrührte. Der Junge blickte ihn
ausdruckslos an und dennoch lag etwas in seinem Blick, das die
harte Wahrheit seiner Worte bekräftigte.

„Wie?"

Sathus erhob sich zu einem bedrohlichen, fast zwei Meter großen
Koloss. Ihm wurde unwohl bei dem Gedanken, Arkasha verloren
zu haben. Das war unmöglich. Er war ein Heiliger, zu ihm
hatte Gott gesprochen. Er hatte gesehen, wozu Arkasha fähig
war, welche Kraft er besessen hatte – die Macht Gottes, die ihn
durchströmte. Er *konnte* nicht tot sein.

Der Hohepriester hatte ihn aufgeklärt, hatte ihm die Geheimnisse offenbart, die nun nur noch er und diese abartigen
Zwillinge kannten.

„Schickt mir den Gnom!", brüllte er Takem an, der sich augenblicklich abwandte und hastig aus dem Zimmer verschwand.
Die elende Kreatur war das Letzte, was er sehen wollte, aber
jetzt musste. Er war ein Diener Arkashas gewesen und eines
Tages einfach aufgetaucht. Der Hohepriester hatte sich Sathus nie
erklärt, doch hatte er hinnehmen müssen, dass der Gnom fortan
nicht von dessen Seite wich. Eine abscheuliche Kreatur, mit der
er sich noch früh genug auseinander setzen musste. Der Gnom

hatte auch die Schatulle mitgebracht, die Arkasha wiederum Sathus gegeben hatte.

„Wie ist er gestorben?", wiederholte Sathus seine Frage jetzt genauer und mit nicht minder eindringlichem Tonfall. Nun da sie ganz alleine waren, schien es, als schrumpfe der Abstand zwischen ihnen. Als würde das Zimmer immer kleiner werden und die Wände bedrohlich näher kommen. Adan schluckte und fragte sich, ob er nun sterben musste.

„Er starb durch seine eigene Magie", erklärte er und verdrehte dabei die Wahrheit soweit, um wenigstens Mira vor dem Trojoxanten zu beschützen. Das Gesicht des Königs versank in einem unergründlichen Schatten.

„Nein. Das ist unmöglich."

Adan erkannte, dass der König die Worte sehr wohl verstand und zu realisieren schien. Sathus griff nach einem Dolch auf dem Tisch, umspielte ihn mit seinen Fingern.

„Hast du etwas mit seinem Tod zu tun, Junge?"

Adan starrte von der Hand des Königs zu dessen Gesicht und deutete auf seine Wunden: „Ich verdanke ihm das hier."

Sathus lächelte grimmig und ließ den Dolch wieder auf den Tisch sinken. „Narben sind Erinnerungen, Adan. Auch ich trage sie, körperlich und seelisch. Vertrau mir, sie werden dich bei Tag und Nacht für alle Ewigkeit erinnern, oder dich den Rest deines nur noch kurzen Daseins nicht in Ruhe lassen."

Adan trat ängstlich einen Schritt zurück, suchte aber die Konfrontation. „Warum tust du das alles?", fragte er, nicht wissend, wieso er überhaupt so viel mit dem Mann redete, der nach wie vor seinen Tod wollte. Der König griff nach der schwarzen Schatulle neben dem Dolch und sah einen Moment gedankenverloren hinein, schloss sie dann und stellte sie hinter seinem Rücken auf dem Tisch wieder ab.

„Ich bin wie du, Adan, anders als die anderen. Auserwählt. Meine Bestimmung ist es, Großes zu vollbringen. *Der Aufstrebende, derjenige, der sich …*"

„*… als einziger unter vielen erhebt, wird der erste Auserwählte sein und sie alle anführen bis zum Ende*", beendete Adan grimmig den Satz, denn auch er hatte die Worte der Prophezeiung nicht vergessen.

Deutlich überrascht von der Erwiderung des Kindes zögerte der Trojoxant und schien über ihre gemeinsame Verbindung nachzudenken.

„Ich kenne diese Prophezeiung", erklärte Adan, dem gerade bewusst wurde, dass Sathus offenbar glaubte, nur er und Arkasha würden die Worte kennen. Sathus starrte das Kind an und nun spürte er zum ersten Mal die Ehrfurcht vor dem weißäugigen Jungen, den er hatte fürchten sollen. Diese Prophezeiung wurde Arkasha von Gott gegeben, woher also kannte Adan sie? Sicherlich nicht vom Gott der Trojoxanten.

Erneut überkam Adan ein kurzes Gefühl des Triumphs, doch der Trojoxant hatte sich wieder gefangen. Sein Blick war starr auf den Jungen gerichtet. Er überspielte den Anflug von Unsicherheit: „Mein Schicksal ist es, mein Volk aus der Dunkelheit herauszuführen und ihm das zurückzugeben, das einst uns zustand."

Er blickte auf einen Rüstungsständer an der Wand und die darauf ruhende schwere, dunkle Lederrüstung. „Ich fragte ihn oft, wie kann ein Kind eine Gefahr für mich darstellen und verstand es bis heute nicht. Jetzt endlich stehen wir uns gegenüber und das Erste, was du mir sagst, ist, dass Arkasha tot ist."

Adan schluckte einen schweren Kloß herunter.

„Doch jetzt weiß ich, dass ich nur eine Möglichkeit habe, mein Ziel zu erreichen."

Es klopfte und Takem trat alleine ein, verneigte sich starr: „Euer Gnaden. Verzeiht, aber der Gnom ist verschwunden."

Sathus rammte den Dolch mit der Spitze voran in die Tischplatte. Adan erschrak, denn er hatte nicht einmal gesehen, wie der König den Dolch wieder aufgenommen hatte. Ein grässliches Funkeln lag in den Augen des Grauen, der sich langsam atmend auf die Tischplatte stützte. Adan bemerkte, dass Takem furchtsam einen Schritt zurückgetreten war.

„Mein Herr?"

Sathus richtete sich wieder auf, strich sich die schwarzen Strähnen aus dem Haar und drehte sich zu dem Offizier um: „Wo ist das

Wiesel? Ist er etwa auch verschwunden?"

„Nein, ich habe soeben erfahren – er ist hier an Bord."

„Gut. Ich will ihn unverzüglich sehen. Geh." König Sathus von Troje sah Adan lange an und umklammerte den Dolch mit festem Griff.

„Und schließ die Tür."

Adans Herz setzte für einen langen Schlag aus.

Wenn das Dunkel thront

Mut erwächst aus der
Hoffnung der Mutlosen.

Benedict wippte auf seinen Schenkeln vor und zurück, das junge und kraftlose Mädchen sorgsam in seinen Armen haltend, für deren Leben er sich verbürgt hatte. Er drückte Mira fest an sich und spürte, dass ihr Atem flach und ungleichmäßig ging. Sanft strich er feuchte Strähnen aus ihrem Haar. Sie war zittrig und sah fieberkank aus, ihre Haut war aber eiskalt bei seiner Berührung.

Viviane saß neben ihm und nahm seine Hand, drückte sie fest und unterdrückte ihr Schluchzen. Sie hatte üble blaue Flecken von den Schlägen ihrer Peiniger davongetragen. Ein feines Rinnsal Blut lief von ihrer aufgeplatzten Lippe über ihr Kinn, doch sie war stark und stolz genug, nicht einfach zusammen-zubrechen und ihren Schändern diese Genugtuung zu geben. Ihre Lippen bebten und Ben wusste, wie sehr sie zu kämpfen hatte. Seine Frau war mindestens so stark wie er, wenn nicht sogar stärker. Und dennoch sah er es ihr an, im Moment erging es ihr genauso wie ihm. Sie hatte bereits mit ansehen müssen, wie Adan weggebracht worden war, hatte gefleht und geweint. Er wusste, dass sie am Ende ihrer Kräfte war und spürte selbst, wie Wut und Verzweiflung seine letzten Kräfte raubten.

Benedict sah sich aufmerksam um und versuchte sich einen neuerlichen Überblick zu verschaffen. Seine Gedanken über-schlugen sich. Innerlich kämpften zwei Naturgewalten gegen-einander: die Verzweiflung und Kraftlosigkeit, die ihn zum Aufgeben zwingen wollten und der eiserne Wille, das alles nicht einfach zuzulassen. Er war vielleicht nicht der Auserwählte, die Brandwunden an seinen Händen waren ein deutliches Zeugnis dessen. Aber er war verdammt nochmal ein erfahrener Krieger, der sich selbst schon aus etlichen Miseren befreit hatte. Und dafür hatte es kein magisches Schwert benötigt. Ben war ein erfahrener Soldat und geschickt mit dem Schwert. Auch jetzt noch, trotz seiner Benachteiligung, hatte das unnachgiebige Training mit Alan bewiesen, dass er in einem Duell nicht chancenlos war. Ganz im Gegenteil. Er würde sich freikämpfen und vielleicht einigen von ihnen die Flucht ermöglichen können – aber wohin?

Sein Blick wanderte über das Deck, die Gefangenen und fest vertäute Kisten, hinter denen einige der Soldaten zusammengepfercht worden waren. Alan musste ebenfalls dort sein. Die Patrouille der schwer bewaffneten Ragnar machte ganz klar, dass sie dort Gegenwehr erwarteten. Immer wieder stampften weitere Soldaten an den Wachen vorbei, dieses Mal Trojoxanten. Eine Anspannung lag in der Luft, die jeder wahrnehmen konnte. Es war, als wartete man nur auf die erste falsche Bewegung, um ein Blutbad anzurichten. Vermutlich hatten die Wachen so oder so den Befehl erhalten, die Gefangenen auf ein Zeichen hin zu exekutieren.

Als spüre er seine Blicke, sah Honatius zu ihm herüber. Der Trodainer schnupfte und fuhr sich durch seine zottigen, grauen Haare. Er bedeutete ihm mit einem Nicken, dass es ihm gut ging. Ben fragte sich, wieviel dieser offenbarten Macht des Wächters noch in Honatius schlummerte. Er hätte sie aber vielleicht schon befreit, wenn er die Chance dafür gesehen hätte. Benedict musterte seinen alten Freund und Mentor und fragte sich erneut selbst, wieso er all die Jahre nie größere Zweifel an dem Trodainer gehegt und ihn noch mehr hinterfragt hatte. Immerhin kannten sie sich so viele Jahre. Er war es, der ihn immerhin erst in die Richtung geschupst hatte, mit der dieser ganze Weg begonnen hatte. Nun waren sie Kriegsgefangene. Es war nur eine Frage der Zeit, wann man den Befehl erteilte und sie alle tötete. Benedict bezweifelte, dass die Trojoxanten irgendwelche Geiseln oder Gefangene nahmen. Dazu hatten sie keinen Grund und keine ersichtliche Verwendung. Es sei denn, sie versklavten ihre besiegten Feinde. Niemand wusste, wer die Trojoxanten wirklich waren und was sie taten. Sie lagen zu lange Zeit in den Schatten der Vergessenheit begraben. Ein schwerwiegender Fehler. Wie so oft, wenn der Mensch sich seiner Lage allzu sicher war.

Adan, ich lasse mir etwas einfallen. Benedicts Herz hämmerte gegen seine Brust. Er musste endlich eine Lösung oder einen

Ausweg aus dieser Lage für sie alle finden. Ein tiefes Brummen ließ Benedict aufhorchen. Balthazar, dem sie die Handgelenke doppelt verbunden hatten, starrte Benedict eindringlich an. Er nickte unmerklich aber vielsagend mit seiner langen Schnauze in Richtung der Kinder.

Auch Marek starrte seinen Vater aufmerksam an, seine Blicke sprachen Bände. Er hatte Eldin. Er konnte sie alle befreien. Doch Benedict schüttelte unauffällig den Kopf und sah Marek dabei eindringlich an. Sie alle hatten Jaleels Abwesenheit bemerkt, aber sich auf einen jungen Heißsporn zu verlassen, war jetzt nicht unbedingt die beste Entscheidung. Andererseits traf diese Beschreibung auch auf Marek zu, und der war der Auserwählte eines Gottes und führte ein magisches Feuerschwert.

***

Marek war aber noch viel mehr, er war nämlich auch hitzköpfig, impulsiv und starrsinnig. Er verstand nicht, warum sein Vater ihm untersagte, sie jetzt mit Eldin zu retten. Es war so offensichtlich! Er konnte sie befreien und alles zum Guten wenden. Eldin war zweifellos die einzige Möglichkeit, sie hier heil raus zu bringen. Außerdem rannte ihnen die Zeit davon. Adan war schon zu lange fort. Marek, von Natur aus hibbelig, hatte den Drang, endlich etwas zu unternehmen. Im Moment war seine Unruhe sogar für ihn unerträglich. Er fuhr vorsichtig mit seinen Fingern zwischen seinen Hosenbund und tastete nach dem Heft von Eldin, das er dort vor ihrer Gefangennahme versteckt hatte. Erneut war er über die magische Fähigkeit dankbar, dass die Klinge des Schwertes nur auf seinen Willen hin erschien oder sich entflammte. Ansonsten wäre das jetzt sehr schnell äußerst schmerzhaft geworden.

Marek biss sich auf die Lippen, während er so unauffällig wie möglich, auf Knien sitzend, an sich herumfummelte. Seine Gedanken rasten um die bewusstlose und schwach wirkende Mira in den Armen seines Vaters. Den Anblick seiner geschundenen Mutter würde er nie vergessen. Und Adan? Verdammt, müsste nicht der große Bruder sich um mich kümmern? Idiot!

Marek fasste seinen Entschluss, bekam den Griff des Schwerts zu fassen und zog es umständlich hervor. Sich über die Ironie dessen bewusst, lupfte er das Heft aus seiner Hose und drehte es unauffällig in seinen Händen.

Ich weiß, du hörst mich. Jetzt wäre ein guter Zeitpunkt, zu entflammen. Marek biss sich auf die Unterlippe, ein bulliger Ragnar stampfte aufmerksam an ihm vorbei und hielt kurz innc.

Zwei Dinge hatte Marek nicht bedacht:
Feuer erzeugt Licht.
Und Wärme.
Nein, drei Dinge. Dabei war es das Wesentlichste, was er nicht bedacht hatte: Feuer brannte. Und was es verbrannte roch.

Der Ragnar schnupperte, riss die trüben Augen überrascht auf und beugte sich zu Marek. Dem blieb nichts anderes übrig, als seine soeben freigewordenen Hände nach vorne zu reißen und Eldin in die Brust des Ragnar zu rammen. Marek zog das Schwert zwischen den Rippen des Ragnar heraus und sprang auf. Die Kreatur stöhnte leise und fiel scheppernd vornüber. Der auf dem Deck einpreschende Tumult suchte seinesgleichen. Marek nutzte den Moment der Verwirrung unter den Feinden und stürzte sich mit einem todesmutigen Schrei auf den nächststehenden Ragnar. Zuerst zerfiel dessen Schwert in zwei Hälften, dann er.

Furcht treibt Menschen voran. Sie gibt ihnen unerwartete Kraft und Mut, wo vielleicht keiner ist. In dem kurzen Moment des Handelns ist dies egal. Der Mensch tut, was er vermag und stellt erst hinterher fest, dass es vielleicht gar nicht möglich gewesen war.
Marek starrte auf vier weitere am Boden liegende Gegner. Zwei waren bereits tot, der dritte hauchte soeben seinen letzten Atem aus, sein Körper schwer verbrannt.

Du bist der Gebieter der Flammen, wisperte die Stimme in ihm und die Welt hörte auf sich zu drehen. Marek stand alleine vor den Gefangenen. Die Wachen waren tot. Es war, als wäre die Zeit stehengeblieben und gleichermaßen nach vorne gesprungen. In dem einen Moment hatte er noch seine Fesseln zerschnitten und Eldin um Hilfe gebeten. Nun stand er da, hatte sich befreit und hielt das flammende Schwert in seinen Hand. Für einen Moment fühlte sich Marek, als wäre nicht er der Führer des Schwertes, sondern als hätte das Schwert ihn geführt, wie einen Partner in einem erbarmungslosen, todbringenden Tanz.

„Marek!" Die Stimme seines Vaters riss ihn in die Wirklichkeit zurück. Benedict ließ sich die Fesseln durchschneiden und umarmte seinen Sohn inbrünstig. Was sein Sohn vor ihren Augen im Bruchteil eines Augenblicks vollbracht hatte, ließ sämtliche Zweifel fahren. Marek war der Auserwählte des Feuerschwertes. Sie befreiten alle anderen von ihren Fesseln und waren dankbar, dass der Übergriff noch nicht bemerkt worden war. Benedict packte Marek an den Schultern und ging vor ihm auf die Knie. „Heute bin ich ausnahmsweise stolz, dass du nicht auf mich gehört hast." Marek sah dorthin, wohin sie Adan und Reno gebracht hatten.
„Sie haben Adan", waren seine einzigen Worte, stark und fest und dennoch voller Besorgnis und Furcht. Benedict nickte entschlossen: „Wir werden ihn retten."

Ihr Glück hielt nicht lang genug an. Ein Trojoxant hatte bemerkt, was geschehen war und laut um Unterstützung gerufen. Die Schiffsglocke läutete, Ragnar stürmten aus dem Unterdeck und dem Portal, das das zweistöckige Achterdeck des Schiffes dominierte. Doch es war Marek, der sich allen voran den Ragnar und Trojoxanten in den Weg stellte und sie kurzerhand mit wenigen Hieben von den Füßen fegte. Sie hatten sich direkt auf die Soldaten und Erwachsenen stürzen wollen, aber offensichtlich nicht damit gerechnet, dass ein Jugendlicher sich ihnen in den Weg stellte.

Honatius kniete bei Mira, eine Hand auf ihrer Stirn, die andere auf ihrem Brustkorb. Er flüsterte etwas und schüttelte den Kopf. „Sie ist noch immer bewusstlos. Ihr Zauber hat sie völlig ausgelaugt! Jemand muss sie tragen", rief er. Niemand widersprach, denn der Trodainer war weder groß noch muskulös.

Benedict sah zu Alan und den Soldaten herüber, die sich wieder bewaffneten, so gut es eben ging. „Bring sie und die anderen in Sicherheit. Es muss Rettungsschiffe geben." Alan legte seinem Freund eine Hand auf die Schulter: „Wir sind genug Männer, um uns aufzuteilen."

„Gut. Wir müssen Adan und Reno befreien. Nehmt die Frauen, Balthazar, Honatius und das Mädchen und flieht."

„Verdammt, wo ist mein Sohn?", Cacilia eilte panisch zur Reling und starrte hinab, nur um erschrocken zurück zu weichen. Sie hatte die Höhe, in der sie sich befanden, unterschätzt und japste. Ihr Mann nahm sie tröstend in den Arm und bemerkte zynisch, dass ihr Sohn zu sehr nach ihr kam, um sang- und klanglos zu verschwinden.

„Ben!", Viviane stürzte in die Arme ihres Mannes und sie küssten sich innig. Er streichelte ihr durchs Gesicht, besah sich ihr blaues Auge, die verletzte Wange und küsste sie erneut, wütend, dass es so weit gekommen war. „Wir werden hier alle runter kommen." Ihre Augen waren gläsern: „Adan."

Er küsste sie: „Ich werde ihn finden."

Benedict nahm ein Schwert von Alan entgegen, küsste Viviane ein letztes Mal und eilte zum Unterdeck. Dann hielt er inne, sah Marek an und wank ihn zu sich: „Schnell! Ich werde deine Hilfe brauchen."

- 1 -

Das Luftschiff hatte enorme Ausmaße und besaß mehrere Etagen, die tief in seine Eingeweide zu führen schienen. Es war unnatürlich, dass dieses Monstrum überhaupt fliegen konnte. Im unteren Bereich lagen ohne Zweifel die Mannschaftsräume. Eine halb geöffnete Luke zwischen zwei Etagen hatte ihm einen winzigen Schlupfwinkel geboten, um an Deck zu schlüpfen. Er war vorsichtig auf samtenen Pfoten durch die Gänge geschlichen und jeder Patrouille mit mehr Glück als Verstand ausgewichen. Doch der letzte Raum, aus dem der eigenartig wohltuende Duft drang, hatte ihn zum Stehenbleiben bewegt. Die massive und große Tür stand einen Spalt breit offen. Ein schwerer, roter Teppich lag in dem breiten Zimmer ausgebreitet und auf ihm stand ein großer und massiver Holztisch, dessen Beine sorgfältige Verzierungen aufwiesen. Er lief auf leisen Sohlen an dem kupfernen Gestell mit dem Becken vorbei, von dem die Gerüche ausgingen. Darüber hing ein Ornament in Form eines Stierkopfes an einer kleinen Kette von der Decke herab. Es pendelte bedingt durch die leichte Bewegung des Schiffes sanft hin und her.

Jaleel fuhr sich mit der langen Zunge über die schmale Lippe und trat einen Schritt näher. Mehrere Lampen an der Wand warfen seltsame Schatten in den Raum. Er lief an einem leeren Rüstungsständer vorbei. Die Schiffsglocken begannen zu läuten und in der Ferne herrschte Tumult. Doch Jaleel hatte nur noch eines im Sinn. Den Gegenstand, den er auf dem Tisch entdeckt hatte. Auf dem Tisch lagen etliche Schriftrollen und Pergamentstücke. Auf manchen waren nur ein paar seltsame Zeichen, doch auf anderen standen lange Texte, von denen er erstaunlicherweise einige zu lesen vermochte. Er stellte mit Erstaunen fest, dass sie in der Allgemeinsprache verfasst waren. Manche waren simple Berichte über Ladungsverzeichnisse oder Reiserouten. Er stutzte, als er eine lange Liste mit aufgereihten Worten fand, wie man sie in der Schule pauken ließ.
Einfache Nomen, Vokale oder Adjektive. Etwas irritiert fiel ihm bei einem der Schriftstücke etwas in einer hastigen Handschrift auf. Vielmehr der Name, der dort stand: „Adan Tok. Talon, Nebelgebirge." Und daneben Zahlenkombinationen, die er dank seines Unterrichts als Koordinaten erkannte. Viel erschreckender aber war, dass die letzten Worte durchgestrichen waren und daneben „Xatiox, Ostmark." stand. Jemand hatte diese Zeilen verfasst und dieser jemand war derjenige, der den Trojoxanten die Aufenthaltsorte von Adan und seiner Familie übermittelt hatte!

Jaleel riss das Papier hoch und steckte es sich in seine Weste. Dabei entblöste er etwas dunkles und flaches unter den Pergamenten. Er schritt eilig um den Tisch und schob den wuchtigen Stuhl zurück. Er sprang darauf und beugte sich über die Tischkante. Dann schob Jaleel die störenden Schriftstücke von dem Objekt seiner Begierde und stieß einen leisen Piff aus.
Vor ihm lag eine kleine Schatulle aus dunklem Holz. *Vater der Neugierde, was hast du denn da schon wieder gefunden?*

Seine Finger kribbelten. Er umklammerte die Schatulle mit großer Vorsicht und Argwohn und zog sie dann näher an sich heran. Sein Blick fiel kurz auf die Tür und dann wieder auf die Schatulle, die ihn magisch anzog.

Sie war von eleganter Machart.
Unheimlich.
Auf ihr thronte die detailreich gestaltete Schnitzung eines Drachen mit aufgerissenem Maul, dessen Schwingen ausgebreitet waren. In einer Klaue hielt er einen besonders stark hervorgehobenen, achteckigen Stein, auf dem winzig kleine Runen eingraviert waren.
Die Umrandung bestand aus seltsamen Zeichen, die er noch nie zuvor gesehen hatte. Der Deckel war zweigeteilt und bestand aus den Flügeln des Drachen. Er klappte vorsichtig beide Flügel auf. Ihm entwich ein weiterer erstaunter Pfiff.

Gerade als er die Schatulle gänzlich einstecken wollte, hörte er hastige Schritte von draußen. Er sprang vom Stuhl und versteckte sich unter dem Tisch, gerade in dem Moment, als die Tür ganz aufgerissen wurde und jemand hastig herein eilte. Jaleel machte sich so klein wie möglich, hörte eine nervöse Stimme in einer fremden Sprache und spürte, dass die Person nur wenige Schritte von ihm entfernt stand. Der Trojoxant seufzte erleichtert. Etwas schabte über die Holzplatte.

Dann eilte er schnell aus dem Raum und schlug die schwere Tür hinter sich zu. Das Klicken des Schlosses hallte durch den Raum wie der finale Glockenschlag zu Mitternacht. Jaleel sprang auf. Die Schatulle war fort. Und die Tür verschlossen. Er war gefangen.

- 2 -

Angespannt und vorsichtig bahnten sich Vater und Sohn ihren Weg durch die Korridore des Luftschiffes und jagtem einem unsichtbaren Feind hinterher. Einem Geist. Sie hatten keinerlei Anhaltspunkte und gerieten mehrmals an Feinde, die zuerst überrascht und überrumpelt waren, Vater und Sohn gegenüber zu stehen. Die Waffen in ihren Händen und ihre offenkundige Bereitschaft zum Kampf, ließen die Ragnar nie lang zögern. Vielmehr die Tatsache, dass der Knirps ein flammendes Schwert scheinbar aus dem Nichts auftauchen ließ und einen nach dem anderen niederstreckte.

„Wo ist mein Bruder?", schrie Marek einen Trojoxanten an, dessen Beine noch immer qualmten und nach verbanntem Fleisch stanken. Doch sein Gefangener verstand ihn nicht, winselte nicht einmal, sondern schwieg. Benedict nahm Marek und führte ihn fort. Hier konnten sie nicht fündig werden.

***

„Ich hoffe ihnen passiert nichts", Viviane beobachtete die bewusstlose Mira, die schlaff in den Armen eines Soldaten lag, der sie tapfer trug, obwohl er eine blutende Kopfverletzung hatte.

„Du vergisst, dass Marek der Auserwählte ist", versuchte Honatius sie zu beruhigen.

„Ja. Und mein Kind."

Sie folgten Alan, Armand Flutschild und den übrig gebliebenen Soldaten, die sich wagemutig ihren Weg durch das Schiff bahnten. Erneut opferten sich Männer für ihr Wohl und Leben. Viviane hielt dieses ewige Morden nicht mehr aus.

„Ist es vorbei?", fragte Mira plötzlich mit schwacher Stimme. Viviane erschrak vor Sorge und Glück, dass das Mädchen wieder zu sich kam, eilte zu ihr und küsste sie liebevoll auf die Stirn. „Bald." Mira öffnete die Augen und sah Viviane voller Zuneigung an. „Danke", ihre Hand wurde wieder schlaff.

„Da vorne ist der Aufgang zu den Rettungsbooten", Alan führte sie eine schmale Treppe hinauf. Als sie oben ankam, blieb ihr Herz stehen.

„*Mutter!*"

***

Takem umklammerte den wertvollen Schatz in seinen Händen und wusste, er würde vom König hingerichtet werden, wenn er sich nicht beeilte, egal ob er Dorgans Sohn war, oder nicht. Der Fehler des Königs, die Schatulle nicht mitgenommen zu haben, würde sich in seinem Zorn dem jungen Trojoxanten gegenüber entladen. Takem hatte nicht lange überlegt, die Schatulle aus dem Gemach des Königs zu holen und sie aufs Oberdeck zu bringen, wo dieser ihn erwartete. Takem sah die Schatulle offenkundig auf dem Tisch liegen und fragte sich kurz, wieso sein König sie nicht einfach mitgenommen hatte. Er hastete durch den Raum, schloss eilig hinter sich die Tür und drehte sich zum Gehen um, als er direkt in einen Menschen rannte, der schnell seinen Arm hoch riss. Ein beißender Schmerz brannte durch seine Brust. Mit weit aufgerissenen Augen starrte er dem ebenso überraschten Menschen entgegen, der scheinbar ebenso intuitiv gehandelt hatte und überrascht wirkte.

**

Benedict starrte in das überraschte Gesicht des Trojoxanten, der zu jung war, um in diesen Krieg verwickelt zu sein. Er hatte den Mund leicht geöffnet, seine Augen waren weit aufgerissen. Etwas polterte aus seinen Händen zu Boden. Sein glasiger Blick wanderte an der Brust hinab. Benedict hatte instinktiv und aus Reflex das Schwert nach vorne gerissen, als der Trojoxant unachtsam aus der Tür eilte. Jetzt sahen sie beide auf das Schwert, das sich in die Brust des jungen Grauhäutigen bohrte. Benedict wich einen Schritt zurück und hörte, wie Marek geschockt nach Luft schnappte. Der Bursche vor ihnen war deutlich jünger als alle anderen, was Marek noch mehr schockte. Marek spürte eine Kälte durch seinen Körper fahren, als ihm plötzlich bewusst wurde, dass er Männer getötet hatte, die trotz ihrer scheinbaren Boshaftigkeit vielleicht Familien besaßen. Er hatte Kinder zu Waisen gemacht und sein Vater jetzt – Marek realisierte, dass es kein Wort für Eltern gab, die ihr Kind verloren. Er fragte sich, wieso seine Gedanken jetzt über diese Tatsache stolperten. Vermutlich, um sich vor dem zu schützen, was er soeben mit angesehen hatte.

Die Brust des Trojoxanten färbte sich dunkelrot und Blut tropfte entlang der Schneide auf den Boden. Benedict trat einen Schritt zurück und zog das Schwert aus der Brust des Jugendlichen, der langsam mit dem Rücken an der Wand zu Boden sank. Er japste nach Luft und hielt sich mit einer blutüberströmten Hand die Wunde, wobei die andere pflichtbewusst nach der Schatulle des Königs tastete. Sein Blick verharrte auf den Menschen.

Sein Mörder schnaufte, scheinbar betrübt über seine Tat und für einen Moment glaubte Takem, so etwas wie Güte in seinem Blick zu sehen. Doch da hob der Mensch ihm seine Schwertspitze ans Kinn. Er schien Takems Gesicht wiederzuerkennen, denn seine weiche Miene wurde grimmig. Er sprach mit der harten Stimme eines Mannes, der vor nichts zurückschreckte. Takem kannte diese Stimmlage, denn sein Vater war ein ebenso angsteinflößender Mann gewesen.

„Wo hast du meinen Sohn hingebracht?"

Takem keuchte und spuckte Blut, statt auch nur ein Wort heraus zu bekommen. Marek starrte auf die Tür, aus der der Trojoxant gekommen war. Der Schlüssel steckte noch.

„Adan!", er schloss die Tür auf, stemmte sich dagegen und schrie entsetzt auf, als er von einer schwarzen, katzenhaften Gestalt mit einem Ruck zu Boden geworfen wurde.

„Marek?"

Jaleel und Marek starrten einander an.

„Wo ist Adan?", platzte es aus Marek. Jaleel erklärte in wenigen Sätzen, wie er hier gelandet war. Er starrte zu dem sterbenden Trojoxanten. Benedict drückte die Schwertspitze jetzt langsam in das Fleisch des Burschen und schrie ihn an, die Angst um Adan trieb ihn zum Äußersten.

„Wo ist mein Sohn?"

„Oben. Bei den Schiffen", Takem streckte seine Hand nach Benedicts Ärmel aus. Der fegte seine Hand mit einem Stoß zur Seite. Benedict hatte einen Angriff erwartet, doch der Trojoxant sah ihn lediglich mit glänzenden Augen an, knirschte mit den Zähnen und konnte seine Tränen nicht zurück halten. Er japste und sein Körper zitterte. Takem sah, dass der Mensch sich Sorgen um sein Kind machte. Er spürte regelrecht die Liebe und Verbindung von Vater und Sohn, die er manchmal selbst in der rauen Umgebung seiner Heimat vermisst hatte. Das letzte Gefühl, das er vernahm war Reue.

„Es tut mir leid", dann atmete Takem ein letztes Mal aus und rührte sich nicht mehr.

***

Benedict schob die Kinder auffordernd von dem toten Trojoxanten weg, doch Jaleel drängelte sich an ihm vorbei, hob die schwarze Schatulle vom Boden auf und nahm sie an sich. Noch immer läuteten die Glocken bedrohlich. Marek sah die andere Seite des Flurs hinab. „Wir müssen uns beeilen, da kommen noch mehr!"

So schnell sie konnten, rannten sie zu einer Treppe, welche die Ebenen miteinander verband und eilten die schmalen Sprossen hinauf. Immer höher. Bis sie zum ersten Oberdeck gelangten und einen Ruf hörten.

„Mutter!"

- 3 -

Drei unterschiedliche Gruppen hatten sich plötzlich auf dem Oberdeck wiedergefunden und standen sich nun gegenüber, kampfbereit und mit gezogenen Waffen. Benedict starrte hinüber zu seiner Frau und ihren Freunden bei den Soldaten Alans und dann zu den Trojoxanten und Ragnar. Und auf seinen Sohn. Adan stand hinter den Reihen der Feinde, gefesselt und bewacht von mehreren schwer gerüsteten Kriegern, die eine bedrohliche undurchdringliche Mauer darstellten, zerrte an seinen Fesseln und schrie nach seiner Mutter. Trotzdem dominierte ein einzelner Mann diese Szene; ein großer Trojoxant mit langem, schwarzen Haar in einer imposanten dunklen Lederrüstung, dessen Hand fest um den Nacken von Adan geschnürt war. „Einen Schritt näher und ich breche dem Burschen das Genick."

Benedict hielt gebietend eine Hand vor Mareks Brust, der sofort eingreifen wollte und nach Adan rief: „Nein! Lass ihn los!"

Sein Vater deutete auf die Reihen der Ragnar: „Die Schützen haben uns alle im Visier." Die anderen hatten es ebenfalls erkannt. Sie saßen in der Falle und auf dem Präsentierteller. „Eine falsche Bewegung und wir sind alle tot", flüsterte er aus einem fast geschlossenen Mund. Benedict sah die Furcht in den Augen seines gefesselten Sohnes und wusste, dass der Mann hinter ihm nicht zögern würde, seine Drohung umzusetzen. Er sah hilfesuchend zu Alan und den anderen herüber. Sie hatten scheinbar alle das gleiche Ziel: die kleinen Rettungsboote am Oberdeck, eine Etage über ihnen, am Heck des gewaltigen Luftschiffes.

„Was wollt Ihr?" Benedicts Stimme war fest und dennoch schwang Sorge in ihr, die er nicht unterdrücken konnte. Der Trojoxant packte Adan und sah Benedict eindringlich an, den er als den Anführer der Menschen auszumachen glaubte. „Ich habe bereits, wonach ich suchte", versicherte er und lächelte grimmig.

„Vater!", Adan zerrte an seinen Fesseln und bewirkte damit nur, dass der Trojoxant seinen tödlichen Griff noch enger schnürte. „So ist das also", Sathus sah triumphierend zu Benedict herüber und erhob seine Stimme: „Ihr seid der Vater. Dann ist das also sein Bruder, Marek?"
Marek sah überrascht zu Benedict, der den Blick nicht von Sathus abwendete als dieser weitersprach: „Das Kind des Schicksals. Komm, zeig mir das Schwert mit dem du Arkasha getötet hast. Zeig dich mir, der du mir als mein Feind prophezeit wurdest, Träger eines verderbten Schwertes."
Marek trat neben seinen Vater, seine Finger fest um Eldin geklammert, die Flammen noch nicht entfacht. Er gedachte, den Trojoxanten einen schönen Schrecken einzujagen, bevor er sie allesamt grillen würde. „Lass Adan gehen und ich werde gütig sein", rief er und bemühte sich, so bedrohlich wie möglich zu klingen. Soweit das ein zwölfjähriger Junge eben konnte.

Der Trojoxant lachte: „*Du* sprichst von Güte? Arrogante Menschen. Es war meine Güte, die dir jetzt gewährt, deinen Bruder *noch* lebend zu sehen! Ich wage nicht zu glauben, dass ein

vorlautes Kind wie du tatsächlich für den Tod Arkashas verantwortlich sein soll. Du sollst mein prophezeiter Feind sein? Ein
Kind kann nicht der Auserwählte sein!"

„Und doch bin ich es!", brüllte Marek zornig.

„Was wollt Ihr?", unterbrach Benedict harsch den Wortabtausch,
seinen Schwertarm herausfordernd zur Seite ausgestreckt, sich
schützend vor Marek gestellt. Ihm war bewusst, dass der Trojoxant
Dinge sagte, die er nicht wissen konnte. Die Grauhaut lächelte
kalt und berechnend: „Es ist mir nicht entgangen, dass die
Familie von Adan von sturen, aber starken Männern beherrscht
wird, Benedict Tok."

„Woher kennt Ihr meinen Namen?"

„Ich weiß sehr viel, mehr als Ihr glauben würdet. Doch lasst
mich diese Ungerechtigkeit ausgleichen. Ich bin König Sathus
von Troje, der einzig *wahre* Auserwählte."

***

Sathus kostete den Moment seines Triumphes aus. Er spürte die
wachsende Verzweiflung und Furcht in den Menschen keimen
und erkannte, dass er die Oberhand behielt, obwohl sie aus ihrer
Gefangenschaft entkommen konnten. Er hätte sie alle direkt
über Bord werfen sollen, als sie hier auftauchten. Was waren sie
schon, außer lästigen Insekten, die er auf seinem heiligen Feldzug der Freiheit zertreten würde.

Der König musterte Benedict und dabei fiel sein furchtloser
Blick auf Marek und das verderbte Schwert der Götter. Dann
beachtete er zum ersten Mal den jungen Pan-Thar an ihrer Seite.
Und das, was er in Händen hielt. Sathus erstarrte mit der jähen
Erkenntnis dessen, was er dort erblickte. Die schwarze Schatulle,
die dieser nutzlose Takem hatte besorgen sollen!

Sathus hatte sich schnell gerüstet und sie im Eifer des Aufbruchs
in seinem Gemach liegen lassen. Als das Wiesel das Zimmer
betreten und ihm die schockierende Wendung berichtet hatte,
dass auch ein Auserwählter hier war, hatte sich mit einem Schlag
alles geändert. Das Schicksal hatte sie alle zusammengeführt.
Und es war vermutlich ein Zeichen Gottes, dass Adan der Bruder

eines der Erwählten war. Zu sehr in den Gedanken um Marek versunken, hatte er die wertvolle Schatulle auf dem Tisch liegen lassen.

***

Die Luft zwischen den Gruppen knisterte vor Spannung. Noch immer läutete die Schiffsglocke Alarm und in der Ferne donnerten die Klänge der Belagerung. Sathus Magen verkrampfte sich. Die Schatulle war in Händen des Feindes, der nicht einmal ahnte, welche Macht er darin hielt. Er wurde unruhig und sah über seine Schulter zurück zu der Empore, die ihn zu den Luftschiffen brachte. Die zeremonielle Hinrichtung des Kindes war nur noch zweitrangig. Sein Geist kreiste um die Schatulle und den Kristall, der sich darin befand.

***

Benedict bemerkte, dass sich etwas unter den Feinden tat. Er flüsterte Marek zu, dass er auf alles gefasst sein sollte. Doch plötzlich geschahen mehrere Dinge gleichzeitig, die wohl niemand erwartet hatte – außer Mira. Sie stand zusammen mit Honatius hinter den Reihen Alans und intonierte einen mächtigen Zauber. Das Schiff erzitterte unter einem heftigen Wind, der über das Deck fegte und sie alle ins Wanken brachte. Dann neigte es sich gefährlich zur Seite, noch ehe jemand etwas tun konnte, kippte das Schiff bereits wieder zurück.
Chaos brach aus.
Jeder versuchte diesen Moment zu seinem Vorteil zu nutzen. Die Schützen ließen ihre Bolzen über das Deck sausen, manche schienen nicht ordentlich gezielt zu haben, dennoch trafen viele der todbringenden Geschosse ihr Ziel. Alans Soldaten stürzten, nur wenige regten sich noch. Die wenigen Glücklichen, die nicht getroffen wurden, stürmten todesmutig vor, um die Zivilisten zu verteidigen und wurden von den Klingen der Ragnar begrüßt. Die Trojoxanten hielten sich erneut im Hintergrund und luden die Armbrüste neu.
Marek schrie voller Zorn und Furcht laut auf, rannte neben seinem Vater und fegte mit Eldin zwei Ragnar von den Beinen,

um ihnen den Weg zu Adan zu ebnen. Benedict hatte nichts anderes im Sinn, als sich auf Sathus zu stürzen, der Adan hinter sich warf. Vater und Sohn stürmten auf den König zu. Jetzt herrschten überall Kämpfe.

Die zwei Leibwächter des Königs hoben große Schilde und donnerten Streitkolben gegen das gehärtete Leder, rechneten aber wohl nicht mit einer Flammenwalze aus dem Schwert des Jungen, der triumphierend an ihren zuckenden Körpern vorbei rannte.

„Marek! Beschütz die anderen!", gehorsam eilte Marek weiter, den Blick zu Adan werfend, der sich aufzurichten versuchte.

„Bleib unten!", brüllte er zu seinem älteren Bruder und hob Eldin rechtzeitig, um die zweite Welle an Geschossen aufzuhalten, die ansonsten ungehindert in seine Familie und Freunde geflogen wären.

Die Trojoxanten riefen rasch Befehle hin und her und richteten nun ihre volle Aufmerksamkeit auf den Jungen mit dem Feuerschwert, während die Ragnar die anderen Menschen in Schach hielten.

***

Benedict hatte Sathus erreicht und im ersten Moment begutachteten sie einander. Jeder hielt einen Anderthalbhänder in seiner Hand. Benedict wurde das Gefühl nicht los, dass der Trojoxant mit seiner Kraft bei einem Schlag wohl eher einem Zweihänder gleich kommen würde und wurde vorsichtig. Er zögerte noch viel mehr, als er die rabenschwarze Klinge des Schwertes in der Hand des Trojoxanten erkannte. Das war kein gewöhnliches Schwert, dachte Benedict, der noch nie ein solches Material gesehen hatte.

Sie musterten einander und beide nahmen eine Angriffshaltung ein. Der König schob sein rechtes Bein nach hinten, bot somit mit dem Oberkörper weniger Angriffsfläche und senkte seine Schwertspitze nach unten. Benedict knirschte mit den Zähnen als er sein Schwert mit beiden Händen so fest umklammerte, wie er nur konnte. Immerhin musste er seine Schmerzen vor seinem Gegner verstecken. Er schob ebenfalls sein rechtes Bein nach hinten, mit der gleichen Intension, seinen Oberkörper zu schützen, hielt die Schneide aber vertikal vor sich. Er sah den Angriff des Trojoxanten an dessen Haltung voraus und machte sich für einen entsprechenden Gegenangriff bereit. Der Trojoxant würde von schräg unten angreifen, oder wollte ihn das glauben lassen. Benedict konnte von seiner jetzigen Haltung her jeden Angriff abwehren, das wusste er. Kam ein Eberstreich, also diagonal von unten, würde er sein Schwert vor der linken Schulter schwingen und den Schwung des Angriffs ausnutzen, um ihn in einen Gegenangriff zu verwandeln. Binnen Sekunden schossen ihm mehrere Möglichkeiten durch den Kopf, gleichermaßen aber auch seinem Gegenspieler. Was sich wie Minuten anfühlte, dauerte nicht länger als einen Augenblick.

Dann plötzlich schnellte der Trojoxant in einem Ausfallschritt hervor, drehte sein Handgelenk in der Bewegung und hieb in einem horizontalen Schwertstreich nach seiner Brust. Ben klammerte sich an sein Schwert, nutzte den Schwung seines Gegners um den Angriff mit dem vertikalen Hieb zu parieren. Doch er parierte nicht den Angriff, sondern erkannte, dass der Trojoxant ihn ausgetrickst hatte. Noch in der Bewegung hatte er einen beachtlich flinken Schritt zur Seite gemacht, erneut das Handgelenk gedreht und mit der Schneide Benedicts rechte Schulter malträtiert. Er hatte Benedict mit seinem Manöver überrumpelt. Die Klinge hämmerte auf seine Schulter, die Wucht des Schlags ließ Ben in die Knie sacken. Sathus schnaufte verächtlich und selbstbewusst. Er hatte wohl nicht damit gerechnet, dass dieser Angriff für ihn so leicht vonstatten gehen würde. Da kein zweiter direkter Angriff erfolgte, mutmaßte Benedict, dass der Trojoxant ihn testete. Bisher hatte er ihm kein würdiges Duell geliefert.

Dem König schien das Chaos auf Deck egal zu sein, er genoss diesen Moment und klopfte sich gegen die Brust.

„Ich bin unbeeindruckt", entschied er kühl und deutete auf die Stelle, an der Adan lag, „dein Spross hat hoffentlich mehr Kampfgeist." Benedict hatte sich verschätzt. Der König schien nicht nur ein guter, sondern ein ausgezeichneter Kämpfer zu sein. Doch Benedict war zwar nicht der Auserwählte, aber er hatte lange genug das Feuerschwert geführt und schwierige Situationen bewältigt.

Nein, ich bin es nicht, ermahnte er sich. Die Stimme Eldins hatte ihn immer wieder gemahnt hatte, dass er nicht der heilige Auserwählte war. Der Gedanke an seine Familie spornte ihn nur noch mehr an. Er würde diesen Kampf gewinnen.

***

Sathus fragte sich, ob er sich nach diesem enttäuschenden Schlagabtausch noch länger mit dem Menschen auseinandersetzen wollte. Benedict hatte als Gegner so vielversprechend geklungen. Seine Entscheidung fiel direkt. Er würde es schnell machen. Immerhin war nicht der Vater sondern sein Sohn die Bedrohung. Seine Söhne.

Sathus hatte verstanden, dass Benedict auf Finten spekulierte und vermutlich eine defensivere Technik mit vielen Paraden plante. Aber das war das Problem seiner meisten Gegner. In einem Kampf und Duell ging es nicht um Planung, sondern Intuition. Binnen Sekunden musste das Gegenüber beobachtet, analysiert und durchschaut werden. War es kompliziert, entlockte man seinem Gegner mehrere Schlagabtausche hintereinander, um dessen Technik zu erkennen und zu durchschauen. Sathus wägte sich in Sicherheit und ging in eine defensive Haltung, sollte der Narr doch den Angriff wagen. Er hatte ihn absichtlich gereizt. Der Mensch ging natürlich darauf ein. Ihm war auch nicht entgangen, dass Benedict nervös auf das schwarze Schwert in seiner Hand geschaut hatte. Zu Recht.

Der König wich dem Hieb des Menschen aus und fegte mit seinem Schwert nach dessen Rücken. Ein nächster Treffer war gewiss. Aber Benedict überraschte ihn mit einem schnellen Haltungswechsel und gut platzierten Schlag. Die Schwerter surrten voneinander zurück, nur um dann in einer schneller werdenden Schlagabfolge erneut aufeinander zu treffen. Ihre Klingen kreuzten sich und sangen das stählerne Lied des Todes.

***

Benedict wich zurück, wartete den nächsten Schritt des Trojoxanten ab. Er war deutlich stärker als er. In seinen Schlägen lag jedoch kein Zorn, sondern pure Berechnung und eine unnachgiebige Kraft. Eine brutale Eleganz. Dieser Mann wusste sehr wohl, wie man mit einem Schwert umgehen musste und jemandem das Leben nahm. Noch hatte Benedict seinen Kampfstil nicht verinnerlicht. Nur so konnte er einen Schwachpunkt entdecken. Ihn töten und alles beenden.

Erneut wankte das Schiff, doch diesmal nicht durch die Magie von Mira und Honatius, sondern durch den Sturm, in den das Schiff langsam getrieben wurde. Sathus und Benedict schwankten und gerieten weiter auseinander.

„Warum all das? Wieso wollt Ihr den Tod von Adan?"

„Die Prophezeiung! Es geht um nichts anderes als Bestimmung, die uns verbindet! Adan ist ein Opfer, das ich bringen muss. Marek hingegen ist mein Feind, den ich töten werde. Das Schicksal hat es vorherbestimmt."

„Das ist Wahnsinn!" Benedict realisierte, dass sein Gegner fanatisch war und alles tun würde, um an seine Ziele zu gelangen.

**

Marek versuchte, zu seinem Vater zu gelangen, doch das Durcheinander der Kämpfe machte ihm klar, dass er sich um diejenigen kümmern musste, die sich nicht selbst wehren konnten, wie sein Vater. Er sah, wie er mit dem großgewachsenen Trojoxanten kämpfte und beobachtete, dass ihr Schlagabtausch unbarmherzig aber kalkuliert war. Eisige Angst schnürte ihm den Hals zu.

Du bist der Herr der Flammen, wisperte es in seinem Kopf.
Ich kann das alles beenden.

Marek eilte zu seiner Mutter, die von einem Trojoxanten zurück wich, der sich den Hals hielt und gurgelnd zu Boden stürzte. Weder Marek noch der Feind hatten gesehen, dass die scheinbar wehrlose Menschenfrau einen jetzt blutüberströmten Dolch in ihrer Hand hielt, den sie dem vermeintlich überlegenen Soldaten unter den Kiefer in dessen graues Fleisch gerammt hatte.

417

Ihr eiserner Blick kreuzte den von Marek, dem erst jetzt wieder klar wurde, dass seine Mutter es auch faustdick hinter den Ohren hatte. Das Blut des Trojoxanten hatte in ihr Gesicht gesprenkelt, was sie vollends zu ignorieren schien. Auch sie kämpfte. Für ihre Kinder, für ihr Überleben.

Mit einem wütenden Schrei machte die wohl eindrucksvollste Gestalt an Deck aufmerksam auf sich. Balthazar war dem Schlag eines Ragnar ausgewichen, hatte dessen Arm in einer für den schwerfälligen Mann unglaublich flinken Bewegung gepackt und wie ein Schilfrohr mit einem Ruck gebrochen. Jaleel hatte es immer wieder erwähnt und herumposaunt, die Mitglieder seiner Familie waren, so wie alle Pan-Thar, unglaublich talentierte und starke Nahkämpfer. Selbst, wenn sie wie Balthazar Rook den Eindruck eines trägen, dickbäuchigen und in die Jahre gekommenen Geschäftsmannes machten.

Der Pan-Thar packte sein Gegenüber am Bein, riss ihn vom Boden und hievte ihn kurzerhand in die Luft, nur um ihn mit einem beherzten Ruck über die Reling zu schleudern. Seine Frau schrie noch immer und hämmerte auf den unter ihr liegenden Trojoxanten mit ihren blutverschmierten Pranken ein. Sie zerfetzte ihm mit ihren langen Nägeln und Krallen regelrecht das Gesicht.

„Verdammt!", brüllte ihr Ehemann und deutete zu der Treppe, die hinauf zu den Rettungsbooten führte. Die Schützen luden erneut ihre gefährlichen Armbrüste, die eine brutalere Durchschlagskraft als ein Bogen besaßen. „So können wir können uns nicht zu den Rettungsbooten durchkämpfen!"

„Doch", erwiderte Honatius, schwer atmend, „das können wir." An seiner Seite stand Mira. Sie war kreidebleich, hatte tiefe dunkle Augenringe und ihre roten Haare hingen klatschnass in ihrem Gesicht. Augen und Wangen waren gerötet vor Anstrengung und sie schnaufte schwer. Ihre Hände waren verkrampft und sie schien den Schweiß und Regen auf ihrer matten Stirn gar nicht mehr zu bemerken.

Der Trodainer drückte sie beschützend an sich. „Du hast mehr getan, als du musstest. Halte dich jetzt zurück, sonst wirst du noch umkommen."

„Und was ist mit dir?", Miras fürsorglicher Blick löste ein komisches väterliches Gefühl in Honatius aus. Sie bemerkten Marek, der sie jetzt erreichte, obwohl er zuerst in Richtung seines Vaters geeilt war. Mira schluchzte und sah hinüber an die Stelle, an der sein Bruder sein musste: „Ich konnte Adan nicht retten", ihre Stimme zitterte vor dem Vorwurf an sich selbst, aber ihr Freund versteifte sich, packte Eldin fest und sah zur anderen Seite des Platzes.

„Aber ich. Ich werde uns alle retten."

„Kumpel", Marek zuckte zusammen, als Jaleel ihm seine Pranke auf die Schulter schmetterte: „Nur du kannst das. Aber ich kann mich zu Adan durchkämpfen. Du musst sie nur von mir ablenken."

Sein Freund überlegte kurz und nickte dann.

„Gemeinsam", flüsterte er und sah seine Freunde und Familie mit neu gefundenem Mut an.

„Gemeinsam!", rief er jetzt laut und sie stürmten los.

***

Benedict hatte nicht erwartet, dass sein Gegner sich in ein Gespräch verwickeln ließ. Doch jetzt erhielt er die Antworten, nach denen er jahrelang gejagt hatte, so wie Sathus nach Adan. Und alles, was der König von sich gab, klang ebenso verrückt, wie die Worte des Hohepriesters. Dennoch spürte er die bittere Wahrheit und sah erneut den fleischgewordenen Gott der Flammen Datura vor sich, der Mareks Bestimmung offenbart hatte. Er spürte seine vernarbten Hände unter den Handschuhen und umfasste den Schwertgriff nur noch energischer, angetrieben vom Zorn auf die Götter und dem Willen, seine Familie zu jedwedem Preis zu beschützen. Die intensiven Schmerzen in seinen Fingern und Händen versuchte er so gut zu ignorieren, wie es eben ging. Doch er spürte, dass sie ihn beeinträchtigten und er nicht mehr der Schwertkämpfer von einst war.

„Ich bin der Auserwählte! Ich führe mein Volk ins Licht. Die Welt wird einen erneuten Frieden durch uns erhalten. Ohne eure falschen Götter und das ewige Leid, das sie verursacht haben. Eine neue Ära wird anbrechen. Und ich bin der einzige, der das vermag!"

Benedict sah sein Gegenüber zornig an, wich einen Schritt zurück. „Und anschließend? Was macht Ihr nach Eurem Sieg? Lasst Ihr eine Armee zurück, um die Besiegten zu unterdrücken? Für immer?"

„Wir werden diese Länder neu besiedeln. Ein Neuanfang."

„Es werden folgende Generationen kommen und sie werden euch hassen und eines Tages Vergeltung üben. Für sie ist es unwichtig, was euch zu unserer Unterwerfung veranlasste. Ihr seid die Unterdrücker, nur darauf kommt es jetzt an."

„Wenn das wirklich der Fall ist, müssen wir zum Äußersten gehen. Wir werden die anderen verderbten Völker vernichten. Nichts von den Alten wird übrig bleiben. Diese Welt braucht keine alten oder neuen Götter. Nur den Einen, den wahren Gott."

„Das ist Wahnsinn. Es wird nichts anderes entfachen als ein neuer Krieg. Nicht Morgen. Nicht in einem Jahr. Aber er wird kommen. Und man wird fragen: Warum haben sie es nicht damals beendet, bevor so viele Menschen sterben mussten. Diese Chance bietet sich uns nur jetzt. Beenden wir den Krieg, bevor er richtig beginnen kann."

„Krieg. Immer war es Krieg, der mein Volk vorantrieb und zu dem machte, was es heute ist. Aber es geht mir nicht um einen Krieg. Es geht einzig um die Erneuerung und Säuberung dieser in Dunkelheit liegenden und sterbenden Welt. Diese Welt stirbt doch nur wegen eurer falschen Götter!" Benedict zögerte einen Moment bei diesen letzten Worten. Dieser Moment dauerte zu lange. Sathus hatte den Menschen absichtlich in das Gespräch verwickelt, um seine Schwächen zu erkennen.

Es war zu einfach gewesen.

Der Mann war zweifelsohne ein guter Krieger und hervorragend im Umgang mit dem Schwert, obwohl ihm ein wenig Geschick zu fehlen schien, als könne er nicht tun, was er wollte. Sathus wusste genau, was der Mensch als nächstes unternehmen würde. Er hatte ihn beobachtet und studiert, so wie sein Vater es ihn gelehrt und er es in etlichen siegreichen Kämpfen erlernt hatte. Er war ein großer Krieger unter seinem Volk, er war ihr Kriegsfürst und hatte selbst die vermeintlich stärksten Krieger erschlagen. Er wusste, wie man kämpfte. Denn für diesen Zweck war er geboren worden.

Von Kindesbeinen an hatte er Opfer bringen müssen, ein Leben dem Kampf verschworen und aus jeder Niederlage zu lernen verstanden. Die Trojoxanten machten ihre Kinder zu kalten, berechnenden Kriegern. Nur wenige fielen aus dem Raster oder waren für anderes bestimmt. Seine Mutter hatte gewusst, dass er für Höheres bestimmt war. Sie war es, die ihm ein höheres Ziel mit auf den Weg gegeben hatte, doch erst durch das lang gehütete Geheimnis seines Vaters hatte er verstanden, wieso sie ihn diesen Weg führte. So viele Dinge waren ihm sein Leben lang vorherbestimmt um ihn an diesen Moment zu bringen, zu diesem Ort, zu diesem Feind.

Benedict schlug genau so zu, wie er es erwartet hatte. Sathus reagierte blitzschnell, trat einen Schritt zur Seite und packte seinen Arm, schleuderte ihn mit seinem eigenen Schwung zur Seite. Der Mensch stürzte, drehte sich dabei um und direkt in Sathus Schwertspitze. Die Klinge schob sich in dem linken Gelenk seiner Rüstung zwischen Brust und Arm vorbei und bohrte sich tief in sein Fleisch zwischen Schlüsselbein und Rippe. Dann zog er die Klinge so schnell heraus, wie sie hervor geschossen war und ließ ihn achtlos liegen.

***

Marek stürmte vor den anderen mit hochgerissenem Schwert in Richtung der Schützen und verbliebenen Soldaten, die sich ihnen in den Weg stellten.
Für ihn geschah alles wie in Zeitlupe.
Er sah, wie Jaleel todesmutig an ihm vorbei sprintete, Angreifern flink und elegant auswich und sich auf alle Viere warf, um noch schneller zu sein. In eleganten Sprüngen schoss er an allen vorbei auf Adan zu.

Er sah, wie sein Vater gegen den Trojoxanten kämpfte.
Er sah erneut, wie die Schützen ihre Bolzen spannten, zielten und den Abzug betätigten. So würde das immer weiter gehen, bis ihm die Geschosse doch einmal durch seine Kuppel entwichen.

Ihr Fleisch wird brennen.

Du weißt, wie Fleisch brennt. Du hast das schon einmal gesehen, wisperte die Stimme des Schwertes in seinem Kopf. Noch immer rannte er vor den anderen in Zeitlupe, so als wäre der herabstürmende Regen in der Bewegung eingefroren.

Marek riss Eldin vor sich und schrie wütend. Er hatte nie die Angst vor dem Daemon vergessen, der ihn und Adan in den Schrein Daturas entführt hatte. Dort war ihm der Gott erschienen, offenbarend, dass Marek und nicht sein Vater der Auserwählte war. Dort hatte sein Vater sich die schweren Brandwunden an den Händen zugefügt, die ihm jetzt das Kämpfen erschwerten. Dort waren Adan und er fast gestorben.

Dort, im Schrein von Datura, dem Schmied der Flammen, hatte er mit ansehen müssen, wie eine fehlgeleitete Kreatur, die im Grunde nichts böses beabsichtigt hatte, wie ein Streichholz zu weniger als Asche verbrannt wurde. Von Datura. Von dem Gott, der ihm ein vorherbestimmtes Schicksal auferlegt hatte. Ein Gott, der selbst unfähig zu kämpfen war und diese Aufgabe einem Kind anvertraut hatte. Einem Kind – ihm.

Marek spürte den Zorn in sich implodieren. Wut auf sich, Zorn auf Datura und Hass auf die Ragnar und Trojoxanten.

Er sah, wie der Trojoxant sein Schwert in die Seite seines Vaters rammte und dieser zu Boden stürzte. Marek schrie aus Leibeskräften, ohne seine sich überstürzende Stimme wirklich selbst zu hören und starrte von der immer greller glühenden Schwertklinge, die sich nun in züngelnde Flammen verwandelte, zu seinen Feinden herüber. Ihre Armbrüste waren auf seine Familie und Freunde gerichtet. Sie schossen. Er schrie.

Dein Fleisch! Es brennt!

Mira hielt geschockt in der Bewegung inne, rutschte auf dem nassen Boden aus und fiel hin. Die Erwachsenen starrten entsetzt auf das abartige Spektakel vor ihnen. Die Ragnar und Trojoxanten zuckten abrupt, stöhnten und schrien aus tiefster Kehle voller Schmerzen und Qualen. Sie packten sich mit zuckenden Händen an den Hals, die Augen oder das Gesicht. Mira erbrach sich augenblicklich, zusammen mit noch anderen, die zu lange hingestarrt hatten und mit ansahen, wie die Krieger auf der anderen Seite des Schiffes starben. Ihre Haut riss auf, wie aufgedunsener Teig eines sich aufblähenden Brotes, das zu schnell schwarz wurde. Die Männer stürzten zuckend zu Boden, röchelten. Manchen platzte die Haut oder Augen. Sie verbrannten von innen heraus. Bei einigen brachen glühende Funken unter der Rüstung hervor oder der Stoff ihrer Kleidung fing Feuer. Der Regen spülte gnädigerweise alles ab.

Marek keuchte ermattet, brach weinend zusammen und sackte auf die Knie. „Was habe ich getan?"

**

Der junge Pan-Thar war direkt auf ihn zugesprintet. Nichts lief nach Plan, aber alles fügte sich zu seinen Gunsten. Sathus trat von seinem besiegten Gegner weg und riss den heranstürmenden Pan-Thar vom Boden, der perplex in seiner Bewegung gezögert hatte, als er Benedict zu Boden fallen sah.
Jaleel schlug hart auf dem Rücken auf und keuchte. Sathus zögerte nicht länger. Er musste die Schatulle schnell an sich nehmen, die dieser achtlose Idiot ihm gestohlen hatte. Sein Schwert sauste herab und stieß in die Diehle zu seinen Füßen. Jaleel hatte sich schnell zur Seite abgerollt, doch Sathus schoss herab und quetschte dem Pan-Thar das Knie auf den Kehlkopf. Seine freie Hand packte die Schatulle, die aus der Weste des Diebes fiel und krallte sich an ihr fest.

Da plötzlich hörte er das Schreien und Entsetzen seiner Männer, die unter Qualen starben und er starrte zu dem verderbten Auserwählten herüber, der mit dem Schwert des Feuers soeben etliche Leben genommen hatte. Feuer war eine gefährliche und todbringende Urgewalt. Diese Narren glaubten also immer noch, dass sie auf der richtigen Seite in diesem Krieg standen und ihr Weg der richtige war?

Er zögerte kurz. Niemals hätte Sathus erwartet, dass dieser Bursche, der noch nicht einmal ausgewachsen war, eine solche Urgewalt kontrollieren konnte. Dieses magische Schwert namens Eldin war mehr, es war das Vermächtnis eines falschen Gottes. Es war verderbt. Wie alle, die sich ihm in den Weg gestellt hatten. Sathus schnaufte und sein Kiefer mahlte vor Zorn über diese Entwicklung. Seine Wut bündelte sich von Marek auf den diebischen Pan-Thar unter sich. Ihm die Kniekehle bis zur Wirbelsäule in den Hals zu quetschen, wäre nur der Beginn seiner Genugtuung und Rache an diesen Narren.

„Ich fürchte, du –" Sathus kam nicht dazu, den Satz zu vollenden. Er kam nicht einmal dazu, zu realisieren, was geschah. Etwas riss ihn von den Beinen und zu Boden. Eine gewaltige Kreatur presste ihr gesamtes Gewicht auf seinen Unterkörper. Stöhnend entwich ihm die Luft. Eine dunkle, haarige Pranke mit scharfen Krallen packte sein Gesicht und hämmerte seine Hinterkopf heftig auf den Boden.

Balthazar schrie, riss dabei voller Zorn die Schnauze weit auf, wobei dem Trojoxanten Speichel entgegenspritzte. Sathus war blind und gefangen unter dem immensen Gewicht und der Masse des Pan-Thar. Doch nicht hilflos.

Das Schwarz um seine Augen verschwand und Sathus starrte auf den bulligen Tiermenschen über sich, der seine Pranken zu gewaltigen Fäusten formte und ihm mit dem kommenden Schlag vermutlich den Schädel zertrümmerte. Sein Gegner war in Rage und wild. Eine große Schwäche bei einem Kämpfer. Er realisierte nicht, dass Sathus seinen Schwertarm befreien konnte. Die Fäuste des Pan-Thar sausten herab. Sathus riss seine blutverschmierte Klinge hoch und trieb sie mit eiserner und gieriger Kraft in die Brust des Tiermenschen, der sich jetzt durch seinen Schwung selbst aufspießte.

***

Balthazar schrie nicht auf.

Er rutschte zur Seite und blieb reglos liegen. Regen prasselte auf seinen gewaltigen Körper. Sein Blut breitete sich in einer großen Lache unter ihm aus.

Jaleel rutschte zur Seite.

Ungläubig. Gelähmt.

Er lag nur eine Armlänge von seinem Vater entfernt. Unfähig zu schreien, oder etwas zu tun. Balthazar bewegte sich, neigte den Kopf zur Seite. Ihre Blicke trafen einander. Dann fiel der Blick seines Vaters in eine Leere hinter ihm. Sah ins Nirgendwo. Wurde trüb. Erstarb.

Jaleels Gesicht glühte, er heulte auf, schrie und sah nicht, dass der König der Trojoxanten wieder vor ihm stand, sich achtlos herabbeugte und die Schatulle neben ihm aufhob. Der junge Pan-Thar kümmerte ihn nicht. Sollte er doch im Blut seines Vaters ertrinken.

***

Sathus stolzierte mit der Schatulle weg von dem Pan-Thar, der noch immer schrie. Ihm war es egal, dass Marek seine Soldaten getötet hatte. Die Schatulle und ihr Inhalt waren noch wichtiger, als der Tod dieser fehlgeleiteten Narren.

Wortloses Entsetzen beherrschte den Moment. Binnen weniger Augenblicke waren so viele Leben einfach ausgelöscht worden. Jaleels Stimme brach ab, wurde zu einem leisen Wimmern, in dem sie verstummte. Marek starrte hasserfüllt zu Sathus, der unbeschadet und triumphierend zwischen den regungslosen Körpern von Balthazar, Benedict und Jaleel stand. Sathus bemerkte die starren, hasserfüllten Blicke von Marek, die ungläubig von Balthazar zu ihm fielen. Der Auserwählte.

Der erste Schritt ist getan. Marek, du wirst mir nie verzeihen, es aber auch nicht verstehen können. Du bist blind und hast dich dem Schwert ergeben. Aber das wird mich nicht von meinem Weg abbringen. Sathus verinnerlichte den Genuss und die Kraft, die ihm allein das Gefühl gab, die Schatulle in seiner Hand zu halten.

„SATHUS!", Marek schrie den Namen voller Hass, doch im Gesicht des Jungen zeichnete sich jähe Überraschung ab.

Sathus bemerkte eine Bewegung hinter sich. Eins musste er Benedict lassen, der Mensch hielt sich wacker, trotz seiner tiefen Verletzung. Er zollte ihm den Respekt eines Kriegers. Es verärgerte ihn, den Mann nicht genauso gezielt mit einem Stich ins Herz getötet zu haben, wie den Pan-Thar. Die Rüstung des Menschen schien ihn doch besser vom Stich geschützt zu haben, als er geglaubt hatte.

Es wäre kein ehrenhafter Kampf mehr, diesen Verwundeten niederzustrecken, der ihn hasserfüllt anstarrte. Benedict konnte sich gerade so auf den Beinen halten. Er presste mit einer Hand seinen linken Arm an den Körper und schlurfte mit zittrigen Beinen näher heran.

Siegessicher entwich Sathus ein grimmiges Lächeln. Dabei hatte er noch nicht einmal die Kräfte des magischen Schwertes in seiner Hand entfacht. Dafür hatte er keinen Grund. Seine Gegner waren bei Weitem nicht mächtig genug, um diesen Schritt zu gehen. Und Marek hatte ihm bewiesen, dass er ein unreifer Narr war, der nicht mit der Macht seines Schwertes umzugehen wusste.

Sie alle verdienten es nicht, mehr von ihrem Schicksal zu erfahren. Sathus war jetzt allein, Arkasha angeblich tot. Warum also sollte er nicht jetzt schon den Schritt wagen, den man ihm genannt hatte. Wieso nicht schon jetzt die Macht freisetzen, die in seinen Händen lag?

Er würde seine Feinde zerquetschen, wie ein lästiges Insekt. Das hatte er bereits aus purer Willenskraft geschafft, ohne auch nur einmal die ihm gegebene Macht zu benutzen. Anders als Marek, der sich vollends auf sein magisches Schwert zu verlassen schien.

Nein.

Es war an der Zeit, die wahre Macht freizusetzen, die ihm gegeben wurde. Marek brüllte erneut seinen Namen, umklammerte sein Feuerschwert und stürmte auf Sathus zu, der sein Schwert in eine Diele vor sich rammte und die Schatulle in beide Hände nahm. Ein nutzloses Unterfangen, den wahren Auserwählten bekämpfen zu wollen.

Vom Hof her drangen gedämpfte Rufe, das gleichmäßige Hämmern aus den Schmieden und das animalische, wütende Knurren der Korrys Wölfe durch das verschlossene Fenster.. Die Köter waren zähe Bestien, die zurzeit für Jagd und Krieg abgerichtet wurden. Sie jagten geschickt im Rudel und konnten mit ihren großen Kiefern voller scharfkantiger Reißzähne ohne Mühe einem erwachsenen Mann den Arm zerfleischen. Sie waren fast kahl und hatten eine ledrige Haut, doch über ihren Rücken zog sich vom behaarten Schädel ein Kamm entlang bis in die Schwanzspitze, die in einem großen Büschel endete. Die Borsten dort waren spitz und bei großer Gefahr entblößte ein Korrys dort einen Widerhaken ähnlichen Dorn, den er einem Angreifer in die Haut rammen konnte.

Die Wölfe waren schwer zu fangen und noch schwerer zu zähmen, geschweigedenn abzurichten, doch die Hundemeister hatten ihre Methoden im Laufe der Jahrzehnte immer weiter verbessert. Auch die Todesrate der Männer und Frauen war drastisch gesunken. Ein großer Fortschritt. Bald schon war die Jäger-Kaste soweit, ihre dressierten Bestien an die Krieger zu überreichen. Doch wo blieb dann ihr Vorteil. Zumal die Krieger-Kaste enorm an Macht gewonnen hatte, seitdem einer von ihnen der neue Herrscher der Trojoxanten geworden war.

***

„Ich kann meine Gefühle nicht zum Ausdruck bringen, mein König", der treue und ergebene Krieger war ein langjähriger Waffenbruder und Freund des Mannes, vor dem er nun kniete. Dennoch hatte er aufgehört, Sathus beim Namen zu nennen und ihn fortan nur noch mit seinem Titel angesprochen. Den Blick noch immer gesenkt auf dem schweren Teppich unter ihm, von dem er wusste, dass er dem König viel bedeutete, wartete er auf Anweisungen. Wozu sonst hatte Sathus ihn wohl sonst in sein Privatgemacht bestellt, statt ihn im großen Saal zu erwarten?

Dorgan sah auf das fein gewebte Muster unter sich und verstand, wieso Sathus den Teppich seiner Mutter so sehr hütete.

Es war ein kunstvolles und wunderschönes Stück mühevoller Arbeit.

„Du warst mir über die Jahre immer ein treuer und ergebener Diener, ein Freund." Sathus bat ihn, sich zu erheben: „Setz dich."

Dorgan richtete sich auf und sah zu dem freien Stuhl an der Tischseite, neben dem Sathus saß. Hier musste er keine Rüstung tragen, sondern einfache dunkle Stoffe, unter denen sich sein muskulöser und geschundener Körper abzeichnete. Manche der Narben kannte Dorgan sehr gut, denn er hatte sie ihm selbst zugefügt. Ebenso trug er etliche Narben seines Waffenbruders auf seinem Körper. Eine runde Narbe oberhalb seines Schienbeins würde ihn immer an den Speerkampf erinnern, den er schmerzhaft gegen Sathus verloren hatte.

Ein Phantomschmerz zuckte durch seine nicht vorhandenen linken Ringfinger und den kleinen daneben. Das passierte oft, wenn er sich an vergangene Niederlagen erinnerte. Jedes Mal schwor er sich, nie wieder einen Kampf zu verlieren. Manche Gegner hatten ihn unterschätzt, weil ihm zwei Finger fehlten – ebenfalls eine Erinnerung an Sathus gnadenlosen Kampfstil.

Der Wichser konnte zubeißen, wie ein Korrys, schmunzelte Dorgan und nahm Platz.

Sathus schenkte ihm einen großzügigen Schluck aus der Karaffe auf dem Tisch ein, der, wie so oft in den letzten Jahren, bedeckt war von Schriften, Zeichnungen und Notizen. Der König lernte fleißig und Dorgan war sich manchmal nicht sicher, was Sathus da eigentlich tat, wenn er stundenlang allein in seiner Kammer verbrachte. Dem König entging sein Blick auf die Unterlagen nicht und er lächelte:

„Es ist nie zu spät zu lernen."

„Warum bin ich hier?", wich Dorgan aus, da sein Freund ihn schon oft genug genötigt hatte, seinen Geist zu fordern. Er hatte widerwillig die butterweiche Sprache der Menschen und Freien Völker lernen müssen, weigerte sich aber, sie anzuwenden.

„Wenn ich der verkommenen Brut begegne, schlitze ich sie auf und zerquetsche sie einfach, dann erspare ich mir jeden Wortabtausch."

Sathus wusste von der Abneigung seines Freundes, doch ihm ging es um viel mehr. Er wusste, obwohl Dorgan trotzig wie ein Kind war, das zu wenig geschlagen worden war, würde er seine Pflicht erfüllen und tun, was man von ihm verlangte.

„Du mein Freund", erwiderte Sathus verheißungsvoll, „wirst deine Kenntnisse noch einzusetzen wissen." Dorgan versuchte im Blick seines Freundes zu erkennen, was dieser von ihm verlangte.

„Du wirst", erklärte Sathus nun, schob dabei die Karaffe zur Seite und tippte mit der Fingerspitze auf der Skizze eines sehr großen Kontinents herum, „auf das andere Schiff der Späher gehen und deine Reise antreten, sobald ihr die Berghänge überwunden habt."

Dorgan entwich ein Pfiff des Unmuts.

„Dir", sagte Sathus nun sehr eindringlich und lehnte sich dabei ein Stück nach vorne, „obliegt eine wichtige Aufgabe."

„Das Kind zu finden und töten ist nicht wichtig genug?", erwiderte der Krieger trotzig und donnerte seinen Becher auf den Tisch, wobei der Inhalt überschwappte und dabei einige Zettel bekleckerte und ruinierte.

Sathus Kiefer mahlte. Er beobachtete, wie Dorgan hastig versuchte, die Zettel mit seinem Ärmel zu trocknen und fuhr dann unbeirrt fort:„Das Kind ist meine Bestimmung. Die deine", sagte er jetzt bedeutungsschwanger und lehnte sich mit einem Glanz in seinen Augen wieder zurück, „ist eine andere. Du wirst einen Schrein der verderbten Götter aufsuchen, von dem wir zu wissen glauben, wo er liegt." Sathus reichte ihm mehrere versiegelte Unterlagen, die er schlauerweise nicht auf dem Tisch liegen hatte lassen: „Hier steht alles, was du wissen musst. Und noch mehr. Dieses Wissen wird dir helfen, wenn du Ayanox infiltrierst und dein Ziel suchst."

Bei Dorgan war der Groschen noch nicht gefallen. Er verstand nicht, was das alles zu bedeuten hatte. Sathus tippte sich selbst auf die Brust und sprach mit euphorischer Stimme: „Arkasha sah dich neben mir!"

„Der Priester? Er hat mich gesehen?"

„Dorgan, Arkasha ist sich absolut sicher. Er sah dich in einer Vision neben mir, umhüllt in einen mächtigen Schild. Du bist seit Jahren mein Leibwächter, mein Schild gegen jede Gefahr, der Auserwählte an meiner Seite. Mein treuester Freund."

Dorgan versteifte sich und drückte seinen Rücken stolz durch. Er? Der zweite Auserwählte? „Mein König, ich bin Euch treu ergeben. Als Freund, als Krieger und auch als Schild. Ich werde tun, was immer nötig ist."

„Ich weiß, Freund", Sathus hatte inzwischen aufgegeben, ihm einzubläuen, dass er ihn gefälligst wieder beim Namen ansprechen sollte. Dorgan war treu, aber auch manchmal sehr einfältig. Dies konnte aber auch gelegentlich von Vorteil sein, erinnerte er sich streng.

„Arkasha hat es gesehen. Die Vorhersehung hat uns zusammengeführt. Du hast deinen ältesten Sohn mit hierher gebracht, Dorgan?"

„Ja, mein König", antwortete er pflichtbewusst und mit stolz erhobener Brust. Sein Jüngster, Torgren, war ebenfalls scharf darauf, sich ihnen anzuschließen, aber Dorgan hatte noch zu viele Schwächen in dem Bengel gesehen. Sathus riss ihn aus seinen stolzen Gedanken über Takem, der einen guten Krieger abgab.

„Er wird dir auf deiner Mission nicht folgen können, sondern bei mir bleiben. Es ist nicht seine Bestimmung, dich zu begleiten. Ich vertraue dir. Und *nur* dir", diese Aussage traf ihn wie ein Schlag ins Gesicht und Dorgan bemerkte, dass er nicht ganz verstand, was sein König von ihm verlangte.

„Er ist loyal und ehrlich, mein König", beteuerte Dorgan und Sathus lächelte. „Eben deshalb soll er hier bei mir bleiben. Ich kann es mir nicht leisten, einen weiteren", er suchte kurz nach dem richtigen Wort, „herausragenden Krieger fortzuschicken. Er wird mich begleiten, wenn auch wir endlich übersetzen."

Sathus schenkte Dorgan nach, dessen Becherinhalt ja größtenteils auf dem Tisch klebte: „Zumal er als der Sohn eines Auserwählten eine große Bürde trägt."

„Aber Takem weiß noch gar nichts von meiner Bestimmung."

„Das wird sich ändern. Es war Arkasha, der unsere Zukunft sah. Er sah, was wir sind und was wir werden würden. Dorgan, mein

Freund", Sathus lächelte und sah auf seinen blutroten Wein hinab, „wir erfahren von unserer Bestimmung auf unergründlichen Wegen. Glaub mir, als Arkasha mir die Prophezeiung und Wahrheit vor Augen führte, was glaubst du, habe ich getan?"

„Du warst überrascht?"

„Nein. Ich begann zu *glauben*."

Der stämmige Trojoxant vor ihm schwieg einen Augenblick und nickte dann verständnisvoll: „Du bist der Held unseres Volkes und ein Auserwählter unseres Gottes noch hinzu, Sathus."

Überrascht von seiner direkten Anrede, überkam Sathus ein Lächeln. Manchmal sehnte er sich entgegen all der Bürden und Aufgaben einfach nach einem ruhigen Moment mit einem Freund. Oder einer Hure. Oder einer Geliebten. Andere hatten Konkubinen, die sich jede Nacht zu ihnen legten. Sein Herz jedoch gehörte im Moment nur dem höheren Ziel.

Da korrigierte sich Dorgan hastig und nannte ihn noch schnell verlegen bei seinem Titel. „Dorgan, du bist der erste meiner drei Mitstreiter", der Krieger verstand nicht ganz, was Sathus damit meinte, der auf die insgesamt vier Auserwählten ansprach, schwieg aber lieber, um nicht mit seinem Unwissen zu glänzen. „Hör auf, mich über dich zu stellen. Wir beide sind Auserwählte. Und Freunde –"

„Aber Ihr seid der Aufstrebende", erwiderte Arkasha stolz, der soeben eingetreten war und offensichtlich die letzten Sätze aufgeschnappt hatte, „der erste Auserwählte. Ihr werdet diesen heiligen Krieg anführen."

Der Hohepriester hielt etwas zwischen seinen Händen und bedeutete dem König, dass er mit ihm sprechen musste. Sathus stand auf und umarmte Dorgan, eine seltene Geste, die es außerhalb verschlossener Räume zwischen Trojoxanten nicht oft zu sehen gab.

„Dorgan, deine Mission ist wichtiger, als dieser Beginn unseres Feldzuges. Du weißt alles, was du wissen musst. Deine Suche wird nicht vergebens sein. Und wenn du im Besitz des Artefaktes bist, werde ich kommen und gemeinsam werden wir nach unseren Waffenbrüdern suchen. Und dann wird sich die Prophezeiung erfüllen." Der Trojoxant nickte und verabschiedete sich schließlich ein letztes Mal für eine lange Zeit von seinem König.

***

Arkasha lächelte zufrieden und stellte eine schwarze Schatulle auf den Tisch vor Sathus. „Dies ist ein Geschenk an den Auserwählten."

„Von wem?", die Frage schien Sathus im gleichen Moment überflüssig, seine Vorahnung blieb mit der Antwort des Priesters bestätigt.

„Der Gnom gab sie mir", antwortete Arkasha ruhig und mit einem ehrfürchtigen Blick auf den Drachen, der die Oberseite der Schatulle zierte.

„Diese Kreatur", entfuhr es Sathus, der dem Gnom nichts abgewinnen konnte, „hätte es mir auch selbst geben können. Ich hasse ihn." Er zögerte kurz und sah Arkasha fragend an: „Welcher von den beiden?"

„Der, der dich nicht in den Wahnsinn treibt."

„Das tun sie leider beide", erwiderte der König, dem noch immer nicht ganz klar war, wieso Arkasha so viel Wert auf die Missgeburten legte, die sich ihnen mit ihren hässlichen und grotesken Körpern aufgedrängt hatten. Arkasha aber behauptete, sie wären ein notwendiges Übel und nicht ohne Grund an seiner Seite. Der Priester hatte so einige neue Macken und Hirngespinste, die Sathus nicht ganz zusagten. Meist aber, weil sie aus einer neuen Botschaft ihres Gottes entsprangen und nur Arkasha die Stimme ihres Gottes vernommen hatte oder vernehmen konnte.

Sathus öffnete die Schatulle und erblickte einen klumpigen dunklen Kristall mit schimmernden Zacken. Unter der Oberfläche schien ein violetter Schimmer aus dem Kern des kristallinen Gesteins hervorzugehen, so als pulsiere eine Energie in ihm. Seltsamerweise fühlte es sich für einen kurzen Moment so an, als würde etwas darin leben und sich bewegen.

„Der Gnom meinte", erzählte Arkasha mit glänzenden Augen, „dass die Schatulle eine Kraft beinhaltet, noch mächtiger als die Magie selbst." Seine Freude verschwand mit einem Schlag, als der König die Schatulle wieder zuschnappen ließ und mit einem verbissenen Gesichtsausdruck von sich weg schob. „Dann ist es eine Gefahr, die ich nicht dulden kann."

Ausdruckslos stand der Priester in dem Raum und starrte auf den Auserwählten, der das Geschenk seines Gottes verschmähte. Er atmete schwer und langsam ein, versuchte die passenden Worte zu finden und achtete darauf, seinem Gegenüber die Bedeutung und Wichtigkeit dieses Artefakts zu verdeutlichen. „Ihr versteht nicht, mein König. Dieser Kristall ist älter noch als die Magie. Er *ist* Macht. Er ist ein mächtiges Artefakt: die Träne der Finsternis."

Arkasha lächelte beim Anblick von Sathus, dessen Gesichtsausdruck sich versteifte und trank einen langen Schluck, stellte den Becher behutsam auf den Tisch zurück, als fürchtete er, die Erschütterung könne dem Kristall etwas anhaben.

„Das hat dir dieser Gnom erzählt? Wo ist er?", verlangte Sathus zu wissen und zuckte unwillkürlich zusammen, als die Antwort wie aus dem Nichts kam und die groteske Kreatur aus der dunklen Ecke des Raumes hervortrat, als wäre es etwas ganz selbstverständliches.

„Hier, mein Härr", wenn die Kreatur sprach, krächzte und rasselte ihre Stimme. Ihr Atem ging schwer und schnaufend, doch war der Gnom lautlos, fast wie aus dem Nichts erschienen. Eine unheimliche Fähigkeit, die er nicht zum ersten Mal bewiesen hatte.

Der König lehnte sich zurück und begutachtete den Gnom, so ungern er die Kreatur auch anstarrte. Sathus verachtete diese krötenhafte Missgeburt, ebenso wie ihren halbblinden Zwilling, dem statt dem linken Auge eine widerwärtige Narbe geblieben war. Gohm wiederum schien das perfekte Spiegelbild von Gohn zu sein, denn ihm fehlte das rechte Auge. Wenigstens waren sie nur selten gemeinsam an einem Ort. Dann wurde es wirklich unerträglich.

„Was hat es mit dem Kristall auf sich? Wieso überbringt Ihr ihn erst jetzt?", verlangte er eine klare Antwort und wurde wieder einmal von der Kreatur enttäuscht: *„Nur, wenn die Zeit naht, ist es an der Zeit, die Zeit einzuläuten."* Der Gnom gluckste, was seine eigentümliche Art eines Lachens darstellte.

„Ich habe nicht nach Rätseln gefragt", knirschte der König mit den Zähnen. Sein Geduldsfaden war mit den Gnomen so sehr gespannt, wie ein Bogen kurz vor dem Schuss.

„Hört meine Worte", mahnte die Kreatur und hob einen wulstigen Finger, um ihren Worten Ausdruck zu verleihen.

„Der Donner hallt nach dem Blitz, ist es nicht so?", abwartend wackelte er mit dem Kopf, wobei das Fleisch an seinem Kinn hin und her schlabberte und klang, als würde jemand zwei Stück Schinken aneinander klatschen. Dann sprach er weiter: „Dies Artefakt ist der Blitz, ihm folgt der Donner. *Er* hört den Ruf des Kristalls. Denn der *Schatten* lauert in seinem Innersten. Seine Macht entfacht und gehorcht dem Auserwählten. Niemand sonst vermag, den *Schatten* zu rufen, oder ihn zu kontrollieren."

Gohm lächelte und dabei wuchs sein Mund von einem Ohr zum anderen, breit, runzlig, dreckig.

„Hör auf in Rätseln zu mir zu sprechen, du Kröte."

„Rätsel? Nein. Ich gebe die Lösungen. Mein Bruder, er ist es, der Rätsel liebt. *Wir lieben Rätsel*. So wie wir die Antworten lieben. So, wie ich die Antworten gebe."

„Mein König", begann der Hohepriester schließlich von Gohm abzulenken, „dieses Artefakt ist ein Geschenk, das wir uns zu Nutzen machen sollten."

„Wieso? Fürchtest du etwa, wir könnten das Kind mit den weißen Augen sonst nicht töten?"

„Gewiss können wir dies. Sein Tod ist unausweichlich. Doch, was ist mit dem Feldzug?" Sathus lachte trocken und trank einen weiteren Schluck des korvanischen Weins, den ihm der Schmuggler empfohlen hatte. Die Orani hatten offensichtlich ein Händchen für dieses Getränk, fast so sehr, wie für ihren Schmuggel.

„Gibt es Anlass, etwas zu fürchten, außer der Macht des Einen? Sie wissen rein gar nichts. Weder von unserer Flotte, dem beginnenden Feldzug, noch der Macht, die uns leitet."

„Ihr habt Recht, König. Und dennoch ist es weise, nicht nur auf die Worte des Spions zu vertrauen."

„Habe ich je gesagt, dass ich das tue? Ein Verräter bleibt ein Verräter. Wenn unsere Späher mit dem Kind aus diesem Nebelgebirge zurückkehren, hat das Wiesel seinen Zweck bald verspielt. Warten wir ab, ob wir richtig daran tun, ihm nicht gänzlich zu vertrauen. Dann wird es Zeit, auch diese Figur vom Spielbrett zu nehmen."

***

Sathus war jetzt bereit, die Macht des dunklen Kristalls zu entfesseln. Er wusste, wenn er ihn jetzt einsetzte, würde ein unaufhaltsames Zahnrad in Bewegung gesetzt, doch ihm war es gleich. Er war der Aufstrebende, der erste Auserwählte. Von Gott erwählt, die Artefakte seiner Macht zu finden und gemeinsam mit den anderen Auserwählten die Welt nach seinem Bild neu zu formen. Arkasha war fort, doch seine Hoffnung keimte in Dorgan weiter. *Aus dem Schatten erblüht ein Licht und dieses Licht wird eine neue und heile, friedvolle Welt sein.*

Sathus hob die Schatulle vor sich und klappte die Flügel auseinander, öffnete sie. Und sein Lächeln erstarb augenblicklich.

- 5 -

Noch nie in Jaleels Leben hatte er eine solche Kälte gespürt. Sathus hatte seinen Vater ermordet, ohne dabei auch nur mit der Wimper zu zucken. Jetzt war es an der Zeit, diesem Drecksack alles heimzuzahlen. Der schelmische junge Jaleel war mit seinem Vater gestorben. Jegliche Freude war ihm mit einem Schlag entwichen. Er hatte in die leeren, dunklen Augen seines Vaters gestarrt und seine Welt zerbrach. Schuld daran war dieser Trojoxant. Sathus hatte tief in seinem Herzen ein Feuer geschürt, das mächtiger war als jede reelle, züngelnde, noch so heiße Flamme: Rache. Sie zerfraß alles und niemand konnte sich ihr entziehen.

Er hatte vermutet, dass der seltsame schwarze Kristall wichtig war, den er in der Schatulle gefunden hatte. Deswegen hatte er ihn einfach eingesteckt, bevor er sich überhaupt noch mehr Gedanken über das seltsame Ding machen konnte. Der Anblick des verwirrten Sathus, gab ihm für einen kurzen Moment eiskalte Genugtuung. Der Mörder starrte jetzt mit leerem Blick auf die ebenso leere Schatulle in seinen Händen und sein Augenmerk wanderte langsam zu Jaleel herüber, der selbstgefällig grinste: „Suchst du das?"

Er hielt den dunklen Kristall zwischen seinen Fingern, so dass Sathus ihn sehen konnte und steckte ihn dann zurück in seine Weste, in der er ihn die ganze Zeit aufbewahrt hatte.

Der Trojoxant, sonst so tödlich ruhig und zielstrebig, brüllte und lief auf Jaleel zu. Doch der Pan-Thar rannte los, sah aus dem Augenwinkel, wie sich Benedict vor Sathus warf und ihm die Flucht ermöglichte. Er hatte nur eins im Sinn. Diesen offensichtlich wichtigen Kristall so weit wie möglich weg von Sathus zu bringen und endlich Adan zu erreichen. Marek schien das gleiche Ziel zu verfolgen, er rannte von der anderen Seite auf seinen Bruder zu.

Doch plötzlich baute sich ein Ragnar vor Jaleel auf, funkelte ihn aus gierigen Augen an. Weitere Trojoxanten erschienen auf dem Deck und kamen von dort, wo die anderen Adan glaubten. Sie stellten sich Marek entgegen und starben schnell durch die Hand des Jungen, der nur noch die Rettung seines Bruders vor Augen hatte.

Der Krieger vor Jaleel hieb mit einer gewundenen Klinge nach dem Pan-Thar. Jaleel schrie, ließ sich auf die Knie fallen und rutschte auf dem feuchten Untergrund knapp unter dem Schlag hindurch. Ehe er aufstehen konnte, packte der Ragnar ihn, grunzte und holte zum Schlag aus. Diesen Moment nutzte Jaleel, um dem Ragnar ein Messer aus dem Gürtel zu ziehen und ihm in den Hals zu bohren. Der Ragnar torkelte, fiel schließlich auf die Knie und dann nach vorne. Auf Jaleel - der aufschrie und den Kristall in seiner Westentasche bersten spürte.

Marek erreichte Adan, der ihm dringend irgendetwas sagen wollte. Doch da hörten sie Jaleels Hilfeschrei und starrten auf das plötzliche Schauspiel.

***

Sathus hielt für den Bruchteil einer Sekunde inne. Starrte entsetzt auf den am Boden liegenden Pan-Thar und den berstenden Kristall, der unter ihm in etliche Splitter zerschlug.

Der Bruchteil einer Sekunde.
Mehr hatte Benedict nicht gebraucht. Er stemmte all seine verbliebene Kraft in einen einzigen Angriff. Sein Schwerthieb traf ungehindert das Gesicht des Königs und schnitt vom Kinn bis zur Stirn. Blut spritzte ihm entgegen.
Ein kurzer Aufschrei. Der Tyrann fiel mit dem Gesicht voran zu Boden. Unter seinem Gesicht floss langsam dunkles Blut hervor und verteilte sich auf den Holzplanken. Sathus rührte sich nicht mehr.

**

Der Bruchteil einer Sekunde.
Jaleel starrte auf die Splitter des dunklen Kristalls. Und das, was unter ihm hervorquoll, wie schwarzer Rauch. Doch es hatte Masse und drückte ihn nach oben zur Seite fort. Wie eine zähe gallertatige Wasserfontäne unendlich langsam – doch dann tat es einen Schlag:
Jaleel wirbelte herum, verlor die Orientierung und schlug hart auf. Dort, wo er gelegen hatte und der Kristall zersplittert war, waberte eine dunkle Masse aus Rauch und Dunst.

Die Zeit stand noch immer still.
Adan und Marek starrten entsetzt auf das Geschehen. So, wie alle anderen auch. Für den Bruchteil einer Sekunde verharrten alle in einer stummen, reglosen Ewigkeit. Es war, als würde die Welt um sie herum ihr Licht verlieren. Eine Finsternis, tiefer als das Dunkel der Nacht, zog einen undurchdringlichen Schleier über das Deck. Jegliches Licht verblasste für diesen einen Moment.

Marek starrte von dem schwarzen Rauch zu Adan und erkannte ein seltsames Funkeln in seinen Augen, doch dann realisierte er, dass sich ein Licht in ihnen reflektierte. Plötzlich brach Adan ohne ersichtlichen Grund zusammen, verdrehte die Augen und blieb reglos liegen.

Die Luft knisterte und inmitten des Dunkels funkelte und zischte ein feines Leuchten auf, nicht größer als ein Kerzendocht. Doch es wuchs, pulsierte und bekam einen Zwilling. Im nächsten Augenblick zog sich die allumschließende Schwärze in einem einzigen Punkt zusammen, als zöge sie der Strudel der Zeit mit sich in ein entferntes schwarzes Loch jenseits aller Vorstellungskraft. Funken stoben, ohne dass es blitzte. Es grollte, ohne dass es donnerte.

Das heftige Pulsieren beider Lichtpunkte wurde langsamer, nahm einen gleichmäßigen Rhythmus und eine tiefe, violette Farbe an. Ein tiefes Donnern und Grollen, markerschütternd und tiefer als jedes Geräusch, das sie je gehört hatten, fegte über das Deck. Dann zog sich die Luft zusammen, als hielte sie nichts mehr außer ein winziger Punkt im Zentrum der Dunkelheit.

Eine Implosion folgte, deren Druckwelle sie alle von den Füßen fegte. Aus dem Dunkel und dem Rauch schob sich etwas gewaltiges empor, nahm Gestalt an und die beiden leuchtenden Punkte wurden zu glühenden Augen. Die Rauchschwaden nahmen Kontur an, wurden fest und zu schwarzen Schuppen. Zähne, so lang wie Speere, ein gewaltiges Maul, riesige Klauen, so hart wie Stahl, Schuppen, fester als ein Diamant, ein Körper, groß wie ein Haus. Etwas brach aus dem Dunkel hervor: ein Drache.

- 6 -

Stille.
Finsternis.
Kälte.
Doch diese Kälte war anders. Wie die Stille. Sie lag in ihm.

Die Kälte durchfloss seinen Körper, saß in seinen Lungen, pumpte durch seine Blutbahn. Sein Herz. Es schlug und jeder Puls war wie ein Donnern in der Stille, laut, eindringlich. In der Dunkelheit ruhte ein Licht, glomm schwach und kaum merklich in weiter Ferne. Es wuchs und pulsierte, erst schwach, dann stärker und im Einklang mit seinem Herzschlag. Ein einzelner Stern in absoluter Dunkelheit und Stille, einer unnatürlichen

Stille, die es nicht geben konnte. Und dennoch. Er wusste, was geschehen würde:

Ein Funke, gleißend hell.
Aus ihm brachen Flammen, lichterloh und groß, umrandeten alles, schmolzen die Finsternis und gebaren eine ungestüme See. Dort, wo das Licht schien, ruhte ein Fels, klein und unscheinbar. Eine Insel in einem Meer aus Nichts, bedeckt von Flammen unter einem aufziehendem Sturm. In seinem Zentrum, inmitten von Wasser, Erde, Feuer und Luft, saß erneut die Frau.

Er stand vor ihr und sah auf ihre Hände. Sie öffnete ihre geschlossene Faust, rollte zwei Murmeln über den Boden und in ihnen spiegelte sich etwas, das er nicht erkannte. Die Frau, konturlos, umrandet von Licht, hob den Kopf, sah ihn an, deutete auf die Murmeln.

Er betrachtete beide identisch wirkende Murmeln. Er zögerte. Bei seiner letzten Wahl hatte sich die Kugel in seiner Hand aufgelöst und vier weiße Figuren offenbart. Ihre Bedeutung hatte er noch immer nicht verstanden. Jetzt griff er nach der Murmel, die er das letzte Mal nicht genommen hatte. Auch sie begann zu glühen und schmolz in seiner Hand und an ihrer statt ruhten jetzt vier kleine, schwarze Figuren in seiner Handfläche. Er lächelte, denn genau das hatte er erwartet, ohne zu wissen, was das für ihn bedeutete.
Die andere Murmel leuchtete hell auf und ergoss sich in einer Kaskade bunter Farben, glühte und zerbarst. Vier helle Figuren fielen lautlos zu Boden. Seine Hand umfasste sie und hob sie auf. Die acht Figuren in seiner Hand waren schwer, drückten ihn nach unten. Schmerzten.
Sie sah ihn an und aus dem konturlosen Schein brach das Bild einer schönen, jungen Frau mit weißen Augen.
„Du kennst die Worte der Prophezeiung, Adan:

Die Zeit wird kommen, da der Krieg der Götter vorbei sein und dennoch kein Ende finden wird, wenn die Mächtigen sich ihre Nachfolger erwählen und Auserwählte kommen, jene Artefakte zu führen, die den Krieg entfacht haben und beenden werden.

Nur der Anfang kann das Ende sein.

Der Aufstrebende, derjenige, der sich als einziger unter vielen erhebt, wird der erste Auserwählte sein und sie alle anführen bis zum Ende. Vier Auserwählte in ewigem Bunde werden sich vereinen und gemeinsam die Macht entfachen, die die Welt wandelt und neu erschaffen kann. Doch ihnen wird sich eine gleiche Zahl mächtiger Krieger entgegenstellen, jene, die verderbt und fehlgeleitet sind. Und sie werden kämpfen bis an der Welten Ende. Den Kampf, den andere nicht zu vollenden vermochten.

Das Gleichgewicht liegt in der Waagschale, bis eine der beiden Mächte obsiegt. Der Auserwählten werden es vier sein, die sich finden und dennoch suchen werden:
Der Aufstrebende, dessen Zukunft in seinem eigenen Ermessen liegen wird. Der Verräter, dessen Verrat nicht an den Eigenen sein wird. Der Sünder, dessen Vergangenheit ihn einholen und verändern wird. Der Eitle, der zuletzt andere über sich selbst stellen wird.

„Du sagtest", unterbrach Adan sie harsch, „dass ich dich finden soll. Du wolltest mir zeigen, was sich in meiner Natur verbirgt, wer ich bin. Was", brüllte er sie zornig an, „sollte das alles? Wie hätte ich dich suchen und finden können, wenn ich nichts über dich weiß!"

Der Kopf seines Gegenübers neigte sich und sie antwortete mit einem einzigen Satz und einer kalten Stimme: „Wenn du es gewollt hättest."

Ein Stich fuhr durch Adans Herz und Tränen stiegen ihm in die Augen. Sein Körper zitterte und er hob die Figuren vor sich der Frau entgegen: „Ich wollte nichts von alldem! Auch Marek wollte das alles nicht!"
„Das weiß ich", ihre Antwort war ebenso zermürbend, wie die folgende Stille. Adan ballte wütend seine Hand zu einer Faust, ihm war es egal, dass seine Tränen ihm die Sicht verschleierten. Auch die stechenden Schmerzen der Figuren in seinem Fleisch ignorierte er. Es war das erste Mal in seinem Leben, dass die salzige Flüssigkeit seine Sicht benebelte. Und das in dieser Traumwelt,

so als wäre er zum ersten Mal richtig wach. Adan hatte noch nie in seinem Leben beim Weinen eine einzige Träne vergossen. Er spürte nicht mehr Kälte, sondern Wärme, die seinen ganzen Körper durchfuhr und ihm neue Kraft gab.

„Was ist da eben geschehen?", fragte er, obwohl er nicht einmal wusste, ob das Jetzt *jetzt* war und *eben* zuvor geschehen war. War es eine Vision, war er im Traum gefangen? Wo war er überhaupt?

„Das, Adan", sagte sie mit schwerer Stimme, „ist die Träne der Finsternis, Andrakon, der Abyss-Drache. Er ist erwacht und somit ist geschehen, was verhindert hätte werden können. Er wird die Welt in Dunkelheit hüllen. Am Tag der Dunklen Sonne wird diese Welt untergehen. Die Prophezeiung erfüllt sich, Adan und jetzt kann es niemand mehr aufhalten.

Es hat begonnen.

Der Schatten wurde geweckt. Er ist gekommen, um die Welt zu verschlingen. Doch er ist schwach, er giert nach dem Vermächtnis der Götter. Er giert nach dem Tag der Dunklen Sonne, da sich Licht und Schatten vereinen. Dann, wird ihn nichts mehr aufhalten können. Er leitet das Ende ein und er wird das Ende sein."

Adan starrte in die weißen Augen der Frau. Ihr Licht war verblasst, sie stand ihm gegenüber wie ein Mensch. Adan betrachtete sie und ihre weißen Augen, die den seinen glichen. Sie hatte langes dunkles Haar, das ihr über die Schultern fiel und erschreckenderweise wirkte es so, als würden sich auf ihren Wangen auch die Gravuren eines Shivianers abzeichnen. Dabei besaß sie die Erscheinung eines Menschen, ohne spitze Ohren.

„Wer bist du?"

„Ich bin jemand, der dich kennt. Und der dich liebt wie sein eigen. Ich bin Asyna. Ich sah, wie du geboren wurdest. Ich sah, wie du laufen lerntest. Ich sah, was geschehen ist. Ich sehe, was geschehen wird. Und ich gab dir die Fähigkeit, zu Sehen. Doch dafür musstest du einen hohen Preis zahlen. Nun ist es an mir, diese Schuld zu begleichen. Ich habe dir großes Unrecht getan. Lass mich meine Fehler beheben. Begleite mich und ich werde dir alles erklären."

„Warum hast du das getan? Wer *bin* ich?"

„Wir sind, was wir sind. Ein jeder hat seinen Zweck, denn das

Schicksal hat für uns alle eine Bestimmung. Niemand lebt ohne Grund. Adan, ich kenne deine Bestimmung, denn ich habe sie dir auferlegt."

Diese Worte bohrten sich schmerzhaft wie Stiche mit jeder einzelnen Silbe in sein Herz. Adans Tränen schossen seine glühenden Wangen herab und er schluchzte bei dieser Offenbarung. Er spürte eine unsägliche Schwere, die ihn hinabzog, als würde ihn ein endloser Strudel in eine dunkle Tiefe hinab ziehen. „Also ist es wahr, ich bin anders. Warum ich, warum hast du mir diese weißen Augen gemacht, für die ich gejagt werde? Ich muss es wissen!"

„Jetzt ist nicht der richtige Zeitpunkt. Ich habe dein ganzes Leben dafür gesorgt, dass du *überlebst*. Habe mich um deine Sicherheit bemüht. Vertraue mir, lass mich dich weiterhin beschützen. Die Dunkelheit streckt ihre gierigen Finger nach der Welt aus. Nach dir. Komm mit mir und ich werde dir zeigen, wieso du jetzt nicht sterben darfst. Ich zeige dir deine Bestimmung, mutiges Kind."

Die Gedanken des Jungen überschlugen sich. Er überlegte lange und mit belegter Stimme sagte er schließlich: „Was muss ich tun?"

„Du musst loslassen", sie schwieg und wartete.

„Komm mit mir."

„Wohin? Wie soll ich mit dir kommen?"

„Du wirst es sehen, wenn es soweit ist", dann zeigte sie es ihm.

Und was Adan sah, riss ihn zurück in die Realität.

- 7 -

Wind peitschte mit zorniger Kraft, zischte und schrie mit scharfen Zungen gegen die knarrenden Holzwände und die ledrige Oberfläche des Ballons, der unter der Wucht des Sturms knirschte und gnädigerweise nicht seine Spannungskraft verlor. Das Beiboot trudelte wie eine betrunkene Hummel zwischen den Windböen des Sturms hin und her, durch den sie steuerten und war der unerbittlichen Kraft dieser Naturgewalt hilflos ausgesetzt.

Marek unterdrückte mit aller Mühe die Übelkeit seines Magens, der nicht zuordnen konnte, wo denn nun der Boden war. Er verlor den Kampf schließlich, übergab sich und sah angewiedert mit an, wie seine Magenflüssigkeit in großen Sprenkeln quer durch den Innenraum schleuderte und gegen eine der Wände klatschte. Anders als sie erwartet hatten, war das fliegende Rettungsschiff alles andere als sicher und geeignet für eine rasche Flucht.

Sie hatten ihre letzten Kräfte aufgebracht und es zum Beiboot geschafft. In all dem plötzlichen Chaos, das herrschte, schien niemand mehr zu wissen, was zu tun war. Bereits der Sturz vom Luftschiff glich einem Sturzflug in den Tod. Vielleicht waren sie die ersten, die ein solches Manöver während eines tosenden Sturms durchführten. Marek klammerte sich an seinen bewusstlosen Bruder, den er mit einem losen Tau an eine Bank gegurtet hatte und war nun selbst durchaus bemüht, sich an dem Seil fest zu halten.

Reno riss fluchend das Ruder herum und schaffte es endlich, die Schaluppe in eine stabile Lage zu bringen. Benedict stöhnte und presste sich noch immer seine Hand auf die schwere Verletzung, die er vom Kampf mit Sathus davon getragen hatte. Kalte Genugtuung erfüllte ihn in dem Wissen, dass er den Trojoxanten zuletzt mit aufgeschlitztem Gesicht am Boden kauernd gesehen hatte.

Das Schiff ruckte und rumpelte, verhielt sich aber plötzlich ruhiger als vor wenigen Sekunden noch. Reno bewies auch in der Luft ein Geschick für Schiffe, so als steuere er nicht zum ersten Mal ein solches Luftschiff. Erleichtert beugte Marek sich über Adan. Seine Hand tastete über die feuchte Stirn, sie war glühend heiß.

Der markerschütternde Schrei der gewaltigen Bestie im Himmel ging durch die Luft und sie alle zuckten zusammen. „Er hat uns nicht bemerkt! Er hat uns nicht bemerkt!", Honatius Ruf glich einem ekstatischen Schrei des Glücks. Er schnaufte schwer und lehnte sich an eine Sitzbank. Sein Schädel dröhnte, denn er vernahm etliche Emotionen. Jede einzelne Aura verängstiger Lebewesen in Reichweite surrte durch sein Empfinden, getränkt von blankem, instinktivem Entsetzen, Furcht und Panik. Die Stimmen der Tiere in seinem Kopf explodierten und zerstoben in dem erdrückenden Gefühl eines einzigen Wesens, das ihm fast die Sinne raubte: Zorn.

Der Schrei des Drachen hallte in seinem Kopf noch lauter, die Gedanken der Bestie waren durchtränkt von einer Finsternis, die er noch nie zuvor bei einem Lebewesen verspürt hatte. Dieses Gefühl, diese Bosheit löste blanke Panik in ihm aus und ließ ihm förmlich das Blut in den Adern gefrieren. Honatius hatte keine Ahnung, wie ein Trodainer eine mentale Verbindung mit einem Drachen zur Hochzeit ihrer Herrschaft aufgenommen hatte, ohne, dass ihm der Schädel platzte, doch letzthin waren diese Kreaturen auch nur Tiere. Dieser schwarze Drache war etwas anderes. Etwas urtümliches, etwas altes – ein uraltes Übel, geboren aus der Finsternis, umhüllt und gestärkt von ihr. Er war die Finsternis.

Honatius starrte zu dem Abyss-Drachen, der mit seinen gewaltigen fledermausartigen Schwingen langsam auf und ab schlug und auf der Stelle schwebte, wie ein Greifvogel auf der Suche nach Beute. Der Drache stierte auf das Schiff, so als wäre dort etwas von Interesse für ihn.

Marek starrte auf Andrakon. In seiner Fantasie waren Drachen wundervolle aber gefährliche Geschöpfe. Diese Kreatur hingegen war ein lebendig gewordener Alptraum. Nicht nur der Anblick flößte ihm Angst ein. Nein, etwas anderes. Etwas viel subtileres, das er sich jetzt nicht erklären konnte.

Marek sah zu seinem Vater, der zähneknirschend da saß und sich festhielt. Er bemerkte die vom Blut dunkel gewordene Kleidung. Auch Reno war in einem furchtbarem Zustand, hatte Schnittwunden, blaue Flecken und ein geschwollenes Auge. Ein Stich zog durch Mareks Brust, als sein Vater seinen Blick erwiderte. Er sagte ihm, dass es noch nicht überstanden war.

Jemand nahm seine Hand und als er sich umdrehte, sah er Mira mit tränenverquollenen Augen. Er folgte ihrem Blick auf Jaleel, der wimmernd neben seiner Mutter saß. Cacilia schluchzte und heulte voller Schmerz und Leid. Viviane kniete neben ihr und versuchte sie zu beruhigen, doch auch sie weinte und konnte sich kaum zusammen reißen. Alan Diran hielt sich geschlagen mit einigen wenigen schwer verwundeten Männern auf der anderen Seite. Er trug etliche Schnittverletzungen, seine Nase war noch immer rot und vermutlich gebrochen. Sie schwiegen, starrten auf das entsetzliche Bild des Drachen, der wiederum nach wie vor nur das Luftschiff anstierte.

- 8 -

Sein Gesicht brannte.
Es war, als hätte jemand einen glühenden Schürhaken auf seine linke Gesichtshälfte gepresst und nicht mehr losgelassen. Seine schwieligen Finger tasteten sich über den blutverschmierten, nassen Boden und wanderten zu der Quelle seiner Schmerzen. Der Boden unter ihm wippte. Regen schlug erbarmungslos und voller Hohn auf seinen Rücken. Kraftlosigkeit drückte ihn zu Boden. Er leckte sich den metallenen Geschmack seines eigenen Blutes von der Lippe, spuckte Blut und schaffte es schließlich, sich schwerfällig aufzurichten. Als er die Blutlache sah, in der er kniete, überfiel ihn ein grausames Gefühl. Etwas stimmte nicht mit dem, was er sah. *Wie* er es sah.

Seine Hand hatte er bereits von der schmerzenden Wunde weggenommen, doch noch immer war alles dunkel. Ein schwerer Kloß saß in seinem Hals und als er würgte, spuckte er erneut Blut. Sathus sah auf seine Hände hinab und tastete dann vorsichtig über seine linke Gesichtshälfte. Ein eisiger Stich durchfuhr ihn.

Er schnaufte und stocherte mit einem Finger in der langen Schnittwunde herum, dort, wo sich sein Auge hätte befinden müssen. Der pochende Schmerz hätte jedem anderen Anlass zum Schreien gegeben, doch er lachte verbittert und richtete sich auf. Er war besiegt worden.
Sathus sah erneut auf seine Hand herab und hob sie sich vors Gesicht. Sein Geist hatte bereits realisiert, was geschehen war, doch er selbst spielte jetzt mit dieser neuen Beschaffenheit, alles um sich herum ignorierend. Sathus hob und senkte seine Hand vor dem rechten Auge und bemerkte gar nicht, dass er kicherte,

bei dem Spiel von Sehen und Nichtsehen.

Jeder, der ihm in diesem Augenblick zugesehen hätte, würde ihn für verrückt erklären. Vielleicht war er es ja auch. Aber der Umstand, wie er zu seiner Einschränkung gekommen war, amüsierte Sathus. Er kicherte über die Ironie des Schicksals. Benedict hatte ihm das Augenlicht genommen. Dafür würde er ihm alles nehmen. Ein wahnsinniges kratzendes Lachen dröhnte aus seiner trockenen Kehle. Sathus blickte sich um. Überall lagen Leichen im Regen und rutschten auf dem schwankenden Schiff hin und her.

Er hatte alles verloren: Arkasha, den Weißäugigen, seine Ehre und einen Teil seines Augenlichts. Seine blutverschmierte Hand wanderte zu dem Schwert auf dem Boden. Eines hatte er nicht verloren. Er schmunzelte und hob das Schwert mit seiner ebenholzfarbenen schwarzen Klinge. Die purpurne Kerbe schien zu glühen, sie war getränkt von seinem Blut. Er hatte seine Bestimmung nicht verloren. Er war der Auserwählte. Es würde nicht enden. Nicht jetzt. Nicht hier. Nicht so.

„Warum lacht er, frage ich?"

„Du siehst es nicht, sage ich!" Die Kreaturen standen ihm direkt gegenüber. Sie waren erneut aus dem Nichts aufgetaucht, einen feinen violetten Nebel hinter sich herziehend und starrten nun den König an, nicht die gewaltige Kreatur hinter ihnen, die sie im Moment ignorierten, als wäre es etwas ganz normales für sie, einen Drachen zu sehen. Sathus sah an ihnen vorbei und hinauf zu dem gewaltigen Geschöpf, das thronend im Himmel auf der Stelle schwebte und seine großen Nüstern aufblähte.

„Schade, schade. Jammerschade", sagte Gohm offensichtlich zutiefst bekümmert.

„Warum grollt der Berg, frage ich?", kicherte Gohn und Gohm antwortete: „Weil er nicht mehr schlafen will, sage ich!"

„Andrakon sieht wütend aus, fürchte ich?"

„Der Schatten ist immer wütend! Doch er ist wütend, weil er nicht mehr schlafen will. Und weil der Kristall *zersplittert* ist!", schrie der Gnom und spuckte dabei voller Zorn.

„Der Kristall", brüllte er weiter, „diente Euch nicht nur um Ihn

zu beschwören, nein! Damit hieltet Ihr ihn gefangen! Jetzt ist er frei!" Gohn drehte sich zu der Bestie und verneigte sich, strich sich dabei über seine Narbe: „Sollten wir besser gehen, frage ich?" „Ja, es ist Zeit zu gehen, sage ich!".
Sie waren in einem Wimpernschlag verschwunden.

Sathus wollte etwas erwidern. Doch die gierigen leuchtenden Augen des Drachen stierten den König an. Die großen Nüstern am Ende der gewaltigen Schnauze bebten mit jedem Atemstoß. Das monströse Maul öffnete sich. Glut entfachte in der Finsternis darin. Luft zischte und zog sich zusammen. Sathus stand auf, richtete sich gebieterisch dem Monstrum gegenüber, hob das schwarze Schwert namens Skaar und rief mit seiner starken, kraftvollen Stimme zur Bestie: „Gehorche mir! Ich bin dein Herr und Meister!"

Der Bruchteil einer Sekunde.
„Ich bin der Aufstrebende!"

Der Drache hielt inne.
Der Sog ließ nach.
Sathus lächelte zufrieden.
Dann kam die Flammenwand.

Die Druckwelle, mit der das Luftschiff explodierte, drang zu den Flüchtlingen vor, die auf ihrer Schaluppe hin und her geschleudert wurden. Das kleine Luftschiff kam gefährlich ins Trudeln und geriet erneut zwischen die Windböen. Hatten sie eben noch voller Schrecken auf die züngelnden Flammen gestarrt, in denen das Schiff unterging, waren sie wenige Augenblicke später von ihren Füßen gerissen worden. Sie verloren Aufwind und drohten abzustürzen. Das kleine Luftschiff, gehalten von einem schmalen aber effektiven Ballon, schleuderte hin und her und war den wirbelnden Winden hilflos ausgeliefert. Die Kinder schrien vor Angst und klammerten sich an das Erstbeste, was sie fassen konnten – was meist jemand anderes war. Und sie alle stürzten hin und her.

Dann ein heftiger Ruck. Das schreckliche Geräusch brechender Knochen. Ein Aufschrei. Das Schiff stabilisierte sich. Marek starrte voller Entsetzen auf Reno, dessen linker Arm unnatürlich zwischen den Sprossen des Ruders hing, an das er sich geklammert hatte. Er hatte sich den Arm gebrochen, sie damit aber vor dem endgültigen Sturz in ihr Verderben bewahrt.
Honatius eilte zu Reno und versuchte zu helfen: „Nicht bewegen!" Der Seefahrer brüllte vor Schmerzen auf. Marek eilte zu seinem Vater, der ebenfalls stöhnte und zur Seite sackte. Er war kreidebleich und klatschnass. Benedict versuchte, ihm etwas zu sagen, doch seine Hand glitt von Mareks Arm und er sackte zu Boden. „Wir müssen ihn aus dieser Rüstung holen."

„Du hattest zweifelhaftes Glück", beteuerte Honatius, „dein Arm ist nur ausgekugelt." Reno fluchte weiter zähneknirschend vor sich hin: „Na, wenn es weiter nichts ist!"
„Warte", der Trodainer packte Schulter und Armgelenk und ehe Marek realisierte, was geschah, schrie Reno laut auf. Worte sprudelten aus seinem Mund, die ihm besser niemand erläuterte. Reno fluchte weiter vor sich hin, löste sich aus der Hilfe von Honatius und packte wieder das Ruder mit dem gesunden Arm. „Ich kann uns noch runter bringen!", Reno lenkte sie Richtung Küste. Die Lichter der Stadt waren nicht mehr fern.

Erneut erbebte das Schiff in den Winden. Der Drache kreiste im Himmel und zerstörte jetzt zornig die letzten Luftschiffe in seiner unmittelbaren Nähe. Bald, so prophezeite Honatius, würde er Xatiox angreifen und dem Erdboden gleich machen. Benedict stöhnte unter seinen Schmerzen und Viviane wagte es nicht, ihn zu berühren.

„Es wird schon wieder", versuchte er sie zu beruhigen.

„Du starrsinniger Narr wärst fast gestorben!" Sie küsste ihn innig, wobei er schmerzverzerrt das Gesicht verzog. „Idiot!", sie küsste ihn erneut leidenschaftlich.

„Ein Idiot vielleicht, aber ein zäher Hund", erwiderte Reno und sah seinem Vetter aufrichtig entgegen. Viviane richtete sich auf, während Honatius Benedicts Wunde begutachtete: „Ich muss dich dringend versorgen. Du verlierst zu viel Blut! Eigentlich solltest du dich gar nicht bewegen."

Jetzt erst erkannte Honatius, wie schlimm die Verletzung wirklich war. Der Blick seines Schützlings bat ihn eindringlich, nichts dazu zu sagen.

„Das wird schon", beruhigte Benedict alle mit einer fast zu zittrigen Stimme. Marek entgingen nicht die vielsagenden Blicke von Honatius und Viviane untereinander, um zu verstehen, wie schlimm es wirklich war. Viviane bemerkte seinen Blick und drehte sich schnell von ihm weg, bevor er ihre Tränen sehen konnte.

„Dich haben sie auch übel zugerichtet", Reno lächelte gezwungen, dabei platzte seine blutige Lippe noch mehr auf: „Du solltest sehen, was mein Gesicht mit ihren Fäusten angerichtet hat."

Sie lächelte und tupfte ihm Blut vom Kinn. Reno sah sie, überrascht von ihrer fürsorglichen Geste, an: „Danke."

Er war den Schlägern der Trojoxanten mit knapper Not entkommen und hatte sich auf das Oberdeck retten können. Sie hatten ihn dabei gefunden, wie er gerade das Rettungsboot losmachen wollte. Ohne seine Vorarbeit wären sie alle vermutlich mitsamt dem Schiff im Feuer des Drachen untergegangen. Und dennoch hatte ihre Zeit nicht gereicht, den schweren Körper von Balthazar mitzunehmen.

„Es gibt nichts, wofür du mir danken solltest", Reno sah an ihr vorbei und auf das, was ihn beunruhigte, „noch sind wir nicht gelandet."

Er bedeutete ihr mit einem Nicken, dass sie ihn in Ruhe lassen und sich gefälligst um ihren Mann kümmern sollte. Doch Viviane hielt inne und sah zu der apathischen Cacilia und ihrem Sohn. Ein heftiger Ruck durchfuhr das Schiff und für einen Moment verloren sie den Boden unter ihren Füßen. Reno fluchte lauthals. Etwas brach in einem lauten Knall über ihnen vom Schiff ab. Marek warf sich schützend auf Adan, der immer noch bewusstlos unter ihm lag. Er hörte seinen Vater vor Schmerzen aufschreien. Benedict war zur Seite gestürzt. Reno schaffte es, das Schiff wieder auf Kurs zu bringen, doch es bestand kein Zweifel. Sie verloren rasch an Höhe.

„Mir bleibt nichts anderes übrig. Bis zur Stadt schaffen wir es niemals! Da vorne ist ein Kriegsschiff! Wenn ich es schaffe, nah genug heran zu kommen…" Reno biss sich auf die Zähne, denn er wusste, dass sie in einer ziemlich üblen Lage waren. Alan Diran stöhnte und war kreidebleich: „Das ist Wahnsinn! Die Kinder!"
„Keine Zeit. Keine Wahl!", blaffte Reno mit unerwartetem Mut und sah das aufbrausende Meer immer näher kommen. Unweit von ihnen brannten etliche Leuchtfeuer auf dem Wasser: herabgestürzte Wracks, untergehende Schiffe, verschlungen von wütenden Flammen, in den kalten Tod sinkend.

- 10 -

Prinz Dante stand auf dem Balkon seines Schlosses und starrte auf den Wahnsinn, der sich vor seiner Stadt abspielte. Er hatte es aufgegeben, sich selbst die Hoffnung auf Rettung einzureden, trank den letzten Schluck des alten, edlen Weins aus Laventh, der vor fast zwanzig Jahren gekeltert worden war und warf den Becher achtlos über die Balustrade seines Balkons. Sein Volk hatte diese Stadt und dieses Land über viele Generationen hinweg aufgebaut Nun wurde alles innerhalb einer einzigen Nacht vernichtet.

Dante schwankte leicht, den Tränen nahe und betrunken vom Wein, der ihm zu Kopf gestiegen war. Er hatte sich als Kind immer gewünscht, einen Drachen zu sehen. Seltsamerweise hatte er in seiner Fantasie bunt und freundlich gewirkt, nicht kalt, brutal und schwarz wie die Nacht, so wie die Kreatur, die ihm eine eisige Furcht durch den Körper fahren ließ. Diese Angst war anders, als jede, die er bisher in seinem Leben gespürt hatte. Der Drache hatte etwas endgültiges. Er brachte den Tod. Das Ende.

Dante sah auf seine Stadt hinab. Die Flammen ließen sie hell erstrahlen, wie er Xatiox noch nie zuvor gesehen hatte. Überall schwelten Brände, stiegen dunkle Rauchschwaden in den Himmel, waren Gebäude zerstört – durch die Belagerung oder die abgestürzten Luftschiffe. Häuser konnte man wieder aufbauen. Die Feuer in der Stadt konnten gelöscht werden. Was zerstört war, konnte neu errichtet werden. Menschen gingen. Menschen kamen. Doch er vermochte nicht sich vorzustellen, was das Drachenfeuer anrichten würde. Von der Stadt und seinen Menschen würde nichts übrig bleiben, außer grauer, kalter Asche, die von der einstigen Größe ihres Volkes nicht einmal einen Hauch erahnen ließ.

In diesem Moment wurde sich Dante Vandamiak Bondarric der Endlichkeit des Seins bewusst. Erneut erbebte die Luft unter dem mächtigen, markerschütternden Schrei der Bestie. Der Prinz sah hinauf auf das Meer und den nahenden Untergang.

Der Drache wütete und ignorierte jeglichen Beschuss, den ihm die verzweifelten Mannschaften der Schiffe entgegenbrachten. Die schwarze Bestie vernichtete alles, was sich in ihrer Nähe befand und machte keinen Unterschied zwischen Belagerern und Verteidigern. Sie *kannte* keinen Unterschied.

All jene außer dem Drachen waren niedere Kreaturen, die er bösartig zerschmetterte, wie ein achtloses Kind das mit Ameisen tat. Doch dann geschah etwas Seltsames. Andrakon flog eine tiefe Schneise über die brennenden Schiffe, als begutachte er sein Werk. Anstatt auf das Festland zuzuhalten, machte er in einem großen Bogen kehrt und spie eine Flammensäule in das Meer unter sich.

Das Wasser brodelte, kochte und dampfte. Für einen kurzen Moment sah der Prinz von seiner hohen Warte ein Leuchten im Wasser, das nicht von den Flammen darauf stammen konnte. Und darin verborgen, kaum deutlich zu erkennen, ein dunkler gewaltiger Schemen unter Wasser, größer noch als der Abyss-Drachen. Im Meer befand sich etwas großes, das sich schnell bewegte und sich mit drastischer Geschwindigkeit der Stadt näherte.

„Was im Namen der Fünf ist das?!", Dante krallte sich an der Ballustrade fest und starrte mit blankem Entsetzen auf das Spektakel vor seiner Stadt. Der schwarze Drache schien das Geschöpf unter sich bemerkt zu haben. Er kreiste mehrere Bahnen, sank langsam herab und ließ seinen Feueratem in einer gewaltigen Flammensäule ins dunkle Wasser herabfahren. Das Meer stob auf, gewaltige Dampfwolken bliesen von den Wassermassen empor und für einen kurzen Moment drang in dem Chaos aus Sturm und Drachengeschrei ein sonores Geräusch, das wie der verzerrte Gesang eines Wals klang.

Das Leuchten unter Wasser wurde zuerst schwächer, dann intensiver und mit einem Mal brach eine gigantische Kreatur aus dem Meer, größer noch als der schwarze Drachen, der im Verhältnis wie der Spatz zum Adler wirkte. Ein gewaltiges Maul schnappte nach Andrakon, verfehlte knapp und wie ein einstürzender Berg krachte das
Wesen wieder ins Meer. Die Wassermassen schossen turmhoch empor, bäumten sich zu gewaltigen Wellen auf und schoben auf die Stadtmauern zu, sprengten und brachen an dem äußeren Ring der Mauern, die um das Hafenbecken führten und ließen sie dabei aussehen, wie kleine Miniaturen. Dante sah kleine Gestalten, die zuvor auf der Mauer standen, wie Spielzeugfiguren durch die Luft schleudern oder in den Fluten verschwinden. Die Wasserwand brach im Hafenbecken und flutete die umliegenden Straßen, riss manche Gebäude mit sich und löschte gnädigerweise auch einige der Feuer. Doch als die Massen zurückgingen, blieb nicht viel mehr außer Schutt und Schlamm übrig, wo einst Straßen und Häuser standen. Die Stadt wurde von Flammen und Wasser verheert.

Eine neuerliche Flammensäule im Himmel riss den Blick des verzweifelten Prinzen wieder auf den schwarzen Drachen, der

sich in die Höhe stieß und scheinbar Schutz vor dem gewaltigen Geschöpf im Meer suchte. Wirbelnd stieg er empor, brüllte
ein letztes Mal und verschwand dann in den Wolken des noch
immer wütenden Gewitters. Ein letzter Aufschrei, verhallend,
während er sich immer weiter entfernte. Dann trügerische Stille.

Andrakon, der Schatten Aeldions, war verschwunden. Und mit
ihm die mystische Kreatur des Meeres. Was blieb, war eine von
Krieg, Flammen und Fluten verheerte Stadt und ein weinender
Prinz auf seinem Balkon, der sich nichts mehr wünschte, als
eine Macht, die dies alles hätte verhindern können.

- 11 -

Es war ein Wunder, dass sie nicht auf dem Wasser zerschellten
oder gegen das Kriegsschiff schmetterten. Eigentlich, dachte
Honatius, geschahen gerade viele Wunder. Denn sie hatten zwar
nicht wirklich mitbekommen, was sich soeben alles abgespielt
hatte – die gewaltige Wasserfront war ihnen aber definitiv nicht
entgangen. Auch nicht der
plötzliche Kampf der Giganten von Luft und Meer. Sie befürch-
teten, dass alle Schiffe von der Riesenwelle zum Landesinneren
gespült und zerschlagen wurden, doch hatten halbwegs Glück.
Das große Kriegsschiff war frontal gegen die Welle gebrochen
und dadurch knapp dem Kentern entgangen. Sie selbst waren
noch in der Luft gewesen, als die Meereskreatur angegriff.

Reno schaffte es, das Schiff in einem solchen Winkel zu wassern,
dass sie durchgeschüttelt wurden, aber wie ein flacher Stein über
die Oberfläche schlugen und dann rasch an Geschwindigkeit
verloren. Das Schiff war nichts weiter als ein schwimmender
Haufen berstenden Holzes, doch sie hatten die Flucht überlebt.

„Ich gebe meinen Mantel und eine Pulle Rum, wenn wir es jetzt
endlich überstanden haben!“, fluchte Reno und ließ endlich seine
verkrampften Finger vom Ruder los. Das Weiß seiner Knochen
war hervorgetreten und seine Fingerkuppen blutig. Er hatte sich
mit aller Kraft an das Ruder gekrallt und sein menschenmögliches
gegeben, nun war er ebenso ermattet wie sein Vetter. Hilfe nahte.

Die Besatzung des Kriegsschiffes hatte ihr halsbrecherisches Manöver gesehen und ihnen Beiboote entsendet. Die Verwundeten, Frauen und vor allem der bewusstlose Adan wurden als erste übergesetzt, dann folgten die anderen und ließen sich dankbar an Bord der ‚Schildschwester‘ führen.

Ein Bär von einem Mann in ausladender Uniform eilte auf die Flüchtlinge zu und rief etwas. Alan erkannte ihn, löste sich aus der kraftlosen und entmutigten Gruppe und humpelte ihm entgegen.

„Diran! Ihr verfluchter Hund seid vom Himmel gefallen, wie ein Stein! Die Götter haben uns verlassen! Diese Kreaturen…"

„Keine Zeit, Tribolis! Der Drache…"

„Er ist fort! Alles was nicht brennt oder sinken kann, treibt fast manövrierunfähig auf dem Wasser und alles was brennen und sinken

konnte, ist dem Drachen zum Opfer gefallen. Eins ist gewiss. Diese Schlacht ist vorbei. Und so wahr mir Avaelin helfe, dieses Wesen aus den Untiefen hat uns alle gerettet!"

Diran starrte in den Himmel. Trügerische Winde blähten die Wolken zu dunklen Konstrukten auf. Die schwarze Decke am Himmel löste sich allmählich in gnädigem Wohlwollen auf und entblößte einen sternenbedeckten Himmel sowie einen strahlend hellen Mond. Selten hatte er den silbern schimmernden Mond so sehr bewundert, wie in diesem flüchtigen Moment des Friedens. Sie hatten es tatsächlich geschafft.

„Aber wie?"

„Keinen blassen Schimmer. Die Götter des Lichts waren uns wohl für einen kurzen Moment gnädig. Egal, was Avaelin uns da entsandt hat, dieses Monstrum hat uns den Arsch gerettet", er sah in Richtung der verheerten Stadt.

„Die Götter haben uns beschützt. Glaube ich zumindest. Also entweder ist es auf unserer Seite, oder wir haben bald ein noch größeres Problem!" Der Krieger klammerte sich an den Streitkolben an seinem Gürtel.

„Ethion bewahre uns, wenn eine weitere Bestie aus der Tiefe uns heimsucht. Wir haben mehr geblutet, als ein abgestochenes Schwein", Tribolis deutete auf die Stadt und das Wasser, auf dem etliche Trümmer trieben. „Glücklicherweise hat der Drache keinen Unterschied zwischen Freund und Feind gemacht. Die Flotte der Trojoxanten ist zerstört, bis auf den letzten gottverdammten fliegenden Scheißhaufen, mit dem sie uns die Hölle heiß gemacht haben. Dieses Vieh hat alles um sich zerschmettert, wie kleine Schmeißfliegen. Ihr hattet das Glück von sieben siebenschwänzigen Füchsen."

Alan Diran hörte ihm gar nicht mehr wirklich zu. Die Worte wanderten in seinen malträtierten Schädel, marschierten einmal hindurch und landeten dann mit dem rieselnden Regen auf seinen Schultern. Er war am Ende seiner Kräfte und Partan Tribolis erkannte dies jetzt auch: „Kommt, ruht Euch aus. In der Stadt gibt es viel zu tun, aber Ihr solltet euch schonen. Geht hinauf in die Offiziers- und Kapitänskajüte, ihr müsst nicht mit den armen Schweinen unter Deck schwitzen! Eure Nase sah übrigens auch schon mal besser aus."

Diran nickte und ließ sich führen. Auch wenn Tribolis ein tödlicher, menschlicher Rammbock war, dem nachgesagt wurde, er könne den Schädel eines Mannes zwischen seinen mächtigen Händen zerquetschen, besaß er ein größeres Herz, als man ihm zutraute. Partan erkundigte sich nach den Verwundeten und sorgte dafür, dass sie allen voran versorgt wurden.

***

Viviane folgte den Soldaten, die ihren Mann und ihren noch immer bewusstlosen Sohn fortbrachten und stürzte dem Hünen dankend in die Arme.

„Ich kenne Euch", stellte dieser fest und schien peinlich berührt von ihrer Geste. Viviane war so schwach und ermattet von den Ereignissen, dass ihr alles egal war und sie einfach eine Schulter brauchte. Sie schaute sich sogleich um, verlor ihren Mann, Adan und Reno aber aus dem Blick. Sie erkannte Alan, der ihr zunickte und dann ebenfalls im Durcheinander verschwand. Tribolis tätschelte ihren Rücken und lächelte zögerlich: „Ihr seid Frau Tok, richtig?", es klang nicht wie eine Frage. Er stellte sich vor und erklärte, dass er Benedict über Alan kannte, dann bekundete er sein Mitleid.

„Ihr kommt allein zurecht?", erneut war es mehr eine Aufforderung, denn eine Frage. Viviane zog Marek und Mira zu sich und drückte sie fest an sich, küsste ihre Stirn und war dankbar, dass sie alle entkommen konnten. Dann blitzte das Bild von Balthazar vor ihrem Auge auf, ihre Gefühle übermannten sie und sie weinte bitterlich.

***

Das große Kriegsschiff schwankte kaum merklich auf den Wellen. Zwei Schlepper zogen das größte Schiff der Flotte langsam zur Bucht, vorbei an Wrackteilen, treibenden Leichen, Bruchstücken sowie Trümmerteilen. Die Menschen schwiegen größtenteils, waren müde und ermattet von der gewaltvollen, grausamen Nacht. Unter Deck war es dunkel und stickig, die Verwundeten lagen in Reihen im Unterdeck nebeneinander. Überforderte Heiler liefen ihre Reihen auf und ab, versuchten ihr Bestes zu tun, das sie hier unter den eingeschränkten Möglichkeiten tun konnten.

Es stank unerträglich nach Schweiß, Blut, Entleerung und Salz. Viviane, Marek und Mira sahen sich um und suchten nach den anderen. Es war fast ein unmögliches Unterfangen. Sie erkannten Jaleel und seine Mutter und gingen zu ihnen. Ihre Blicke waren leer und Jaleel schwieg, selbst als er Marek und Mira fest umarmte. Das Mädchen schluchzte und zog ihn fest an sich. So sehr, wie sie selbst jetzt diese Umarmung brauchte, wusste sie, dass auch er es nötig hatte. Und da schluchzte auch Jaleel und jaulte voller Trauer und Qual auf und vergrub seine Schnauze in ihrer Schulter.

***

Die Kapitänskajüte wurde von dem fahlen Mondlicht erhellt, das durch die hintere Fensterreihe in fast majestätischer Anmut schien. Alan trug Adan und führte Honatius, Benedict und Reno hinein. Er knurrte unter dem Gewicht des Jungen und legte ihn auf das Bett des Kapitäns. Der Trodainer machte sich sofort daran, Benedict endlich aus der Rüstung zu befreien. Als sie den Kürass abstreiften stöhnte Benedict auf und sackte kraftlos zusammen. Honatius packte sofort eine Kompresse auf die Wunde. Die Wunde war tief und gefährlich. Doch jetzt verstand er, dass die Blutung auch teilweise durch den Druck des Kürass zurückgehalten worden war. Sein Freund stöhnte, prustete und spuckte Blut. Die Gedanken des Trodainers kreisten. Er sah, wie Benedict immer schwächer wurde und plötzlich wusste er, dass er so schnell wie möglich Viviane finden musste. Sie sollte an Benedicts Seite sein. Den Grund konnte er sich selbst nicht eingestehen. Die Wunde war tief in Bens Fleisch gedrungen. Es hatte nicht viel gefehlt. Und dennoch.

„Ach verdammt", stöhnte Benedict grimmig, „diese Schmerzen sind mir fast egal. Kümmer dich lieber um Adan!"

Honatius schüttelte den Kopf: „Erst du. Der Junge ist noch immer bewusstlos, oder?" Reno legte Adan seine Hand auf die Stirn und nickte. Honatius sah sich um und suchte nach etwas: „Alan, bring mir so schnell wie möglich Kompressen, Verbände und such nach Viviane. Und nach einem Heiler!" Sein und Benedicts Blick kreuzten sich. Keiner sprach das Offensichtliche aus.

Honatius wurde unruhig. Er konnte die Zeit nicht abschätzen, doch es dauerte ihm entschieden zu lang. Er hatte bereits begonnen, Benedicts Wunde zu säubern und nun ging es um jede Minute.

„Verdammt", fluchte der Trodainer, Reno half ihm noch immer mit seinem gesunden Arm so gut er konnte, doch auch der Seefahrer war der Erschöpfung erlegen. Der Trodainer stand ungehalten auf.

„Gib mir zwei Minuten. Ich bin gleich wieder da. Press weiter auf die Wunde", Reno nickte und sah dem Trodainer hinterher, der schnell aus der Kajüte humpelte und hinter sich die Tür zu schlug.

Die Vettern sahen einander mit warmen Blicken an.

„Warte, ich kümmere mich darum", Reno stand auf und nahm die letzte saubere Kompresse, fuhr sich mit der gesunden Hand und einem feuchten Tuch durchs Gesicht. Er bemerkte Benedicts Erschöpfung und Mutlosigkeit. „Wir hatten verdammtes Glück, nicht?", versuchte er ihn aufzumuntern.

„Ich weiß nicht, ob wir das Glück nennen können", Benedict

dachte an den Tod von Balthazar und all der anderen Männer, Frauen und Kinder, die heute Nacht ihr Leben gelassen hatten. Sein Vetter schnaufte und wirkte, als würden ihm das Leid und der Schrecken dieser Nacht nicht so viel bedeuten, wie sein eigenes Leben.

„Mir für meinen Teil ist es egal, Hauptsache wir leben."

„Aber zu welchem Preis? Ich habe heute Freunde sterben sehen."

„Der Pan-Thar, ich weiß. Balthazar, oder nicht? Das tut mir Leid", der Eigenbrödler lächelte ihn ermutigend an: „Weißt du, ich hätte genauso gehandelt wie du. Um die zu beschützen, die wir lieben, tun wir alles, nicht wahr?"

„Du", antwortete Benedict und tatsächlich huschte ein Lächeln über sein schmerzverzerrtes Gesicht bei dem Gedanken daran, „nimmst mir das jetzt sicherlich übel, aber ich habe immer geglaubt, dass du nur dich selbst liebst."

„Ben", erwiderte Reno ernst und mit einem eindringlichen Blick, der keine Zweifel an seinen Worten offen ließ, „du glaubst natürlich wie immer, alles zu wissen", Renos Augen wurden glasig und er flüsterte fast schon die Worte in den Raum hinein.

Als sich ihre Blicke trafen trat etwas anderes, unbekanntes in seine Augen: „Du hattest so viel Glück mit deiner Familie, Ben."

„Ich dachte sie hätten dich umgebracht, als du mit Adan weggebracht wurdest", erklärte Benedict und dachte an den Moment zurück, der ihm jetzt so ewig fern vorkam. „Danke, dass du ihn verteidigt hast", Benedict wusste genau, dass es Zeiten gegeben hatte, in denen Reno abfällig von Adan gesprochen hatte, wie manche der Bewohner von Talon. Reno sah müde zu dem regungslosen Jungen und lächelte gezwungen, als würde ihm irgendetwas durch den Kopf gehen: „Der Junge kann schließlich nichts dafür."

Benedict spürte, wie sein Körper schwächer wurde und presste die Kompressen nur noch fester auf die Wunden. Er beäugte seinen Vetter, der bemerkt hatte, dass er einen lockeren Zahn hatte und diesen jetzt herauszog.

„Wie konntest du entkommen?"

Reno zögerte und schnickte den blutigen Zahn achtlos in eine Ecke, zuckte mit den Schultern und deutete auf sein verprügeltes Gesicht:„Ich hatte einfach Glück. Als das Chaos ausbrach habe ich die Chance ergriffen und bin losgerannt. Meine Wachen waren damit beschäftigt, sich um die echten Gefahren zu kümmern. Ich", er stockte kurz, „ich konnte ja nicht ahnen, dass ihr gegen die Trojoxanten kämpft und bin einfach zu den Rettungsbooten geflohen."

Benedict stöhnte auf und blickte voller Zuneigung zu seinem Sohn herüber, für den er immer wieder diese Wunden auf sich genommen hätte. Auch Reno sah zu Adan, dessen Brustkorb sich unruhig hob und senkte.

„Dein Sohn war schon immer etwas besonderes, nicht wahr?", Reno lächelte und sah Benedict mit einem seltsamen Blick an, den dieser nicht zu deuten wusste. In seiner Stimme schwang etwas mit, das er für einen Moment als Unsicherheit wahrgenommen hatte. Benedict war müde und benebelt von den Schmerzen. Er hatte sich wieder hingelegt und atmete schwer.

„Ich kann nicht verstehen, dass der König so eine Furcht vor dem Knirps hatte. Seien wir ehrlich, das mit seinen weißen Augen war schon immer unheimlich. Blinde Augen, die sehen können? Dein Sohn ist nicht normal, das musst du zugeben. Aber dass er Teil einer Prophezeiung ist und eine Gefahr darstellen soll. Ernsthaft. Die Trojoxanten sind verrückt. Ein Kind töten. Was bringt das? Lächerliches Gerede eines jetzt mausetoten Wahnsinnigen. Aber, dass Marek ein mächtiges Artefakt besitzt, das Feuerschwert. Das hätte ich niemals für möglich gehalten. Also bewahrheiten sich in gewisser Weise ja doch die Worte dieses verrückten Priesters. Pah, Prophezeiungen."

Benedict atmete schwer und hoffte, dass Honatius endlich wieder zurück kommen würde. Er hatte vor Schmerzen die Augen zusammengepresst und sich den Verband fest auf die Wunde gedrückt. Er wollte sich nicht eingestehen, dass seine Verletzung schwer und vermutlich endgültig war. Seine Finger bohrten sich in den Verband.

Doch dann öffnete er schlagartig die Augen und starrte seinen Vetter an, der ihn überrascht anblickte. Der Schmerz, der ihn mit der jähen Erkenntnis überkam war größer als jede Wunde, die er je am Körper gespürt hatte. Benedicts Stimme war schwach, doch seine Worte waren klar und deutlich, als er mit bebenden Lippen den Mann ansah, der seine Familie verraten hatte.

„Niemand hat etwas von einer Prophezeiung gesagt."

Ihre Blicke trafen sich für einen endlosen und schmerzhaften Moment.

- 12 -

Erschöpft und ausgelaugt saß Manoel im Krähennest und starrte mit leerem Blick auf die See. Er war am Ende seiner Kräfte, hatte heute Dinge gesehen und erlebt, die er sich nicht erklären konnte und besser vergessen wollte. Diese ganzen Ereignisse hatten sich ziemlich überschlagen. Zuerst griffen unbekannte Feinde ihre Stadt an, dann tauchte ein feuerspeiender Drache auf. An diese merkwürdige und gewaltige Meereskreatur wollte er erst gar nicht denken. In all den Jahren, die er bereits Matrose war, hatte er vieles erlebt. Die gewaltigen weißen Haie vor der Verheerten Küste, die schwebenden Spitzen von Vernas, mehrfach schon Wale, diese friedvollen Giganten der Meere. Er war sogar der felsenfesten Überzeugung eine Meernixe oder Esocaoc in den azurblauen klaren Wassern von Apunta erspäht zu haben.

Aber dieses Wesen. Was immer es war, es war größer als der größte Wal, von denen er gehört hatte, dass sie über dreißig Meter lang werden sollten. Und dieses floureszierende Leuchten. Er hatte gesehen, dass es von dem Geschöpf ausging. Von dessen Finnen, oder Flossen, Stacheln, Klauen, Tentakel oder was auch immer das alles war, das er zu sehen geglaubt hatte. Ein wenig erinnerte dieses Licht ihn doch tatsächlich an Magie.

Manoel seufzte und sah vom aufklarenden Himmel wieder auf das Meer. Er würde sich wohl mal Meinungen der anderen einholen müssen. Seine Muskeln zuckten zusammen. Da war es wieder! Er sprang auf und wäre dabei fast auf dem glitschigen Boden ausgerutscht. Der Ausguck starrte auf das näher kommende, leuchtende Etwas, das sich durch die Wellen schob und mit beständiger Geschwindigkeit immer näher kam. Er rief panisch nach unten. Dabei fiel ihm ein kleines Beiboot im Wasser auf, das Richtung Land fuhr, doch er rief und rief aus Leibeskräften.

Das Geschöpf steuerte direkt auf sie zu. Plötzlich erkannte er eine gewaltige Finne, die am Rücken der Kreatur aus dem Wasser ragte und das Wasser spaltete, wie ein Schiffbug. Manoel schrie und schrie, sah, wie die Menschen unter ihm aufmerksam wurden und plötzlich Panik ausbrach. Ein jäher Ruck durchfuhr das Schiff. Die Schildmaid war mit neunundsechzig Metern Länge eines der größten Kriegsschiffe der Flotte und dennoch schien die Kreatur sie noch um etliche Meter zu übertreffen.

Manoel wurde fast aus dem Krähennest geschleudert, schrie laut und ängstlich auf und klammerte sich panisch mit aller Kraft an das Holz. Er hatte nie Probleme mit der enormen Höhe gehabt, aber erst jetzt wurde ihm bewusst, wie lang er fiel, bis er auf Deck oder im Wasser aufschlagen und sein Körper zerschellen würde.

***

Niemand an Deck wusste, wie ihm geschah. Honatius stürzte die Treppe hinab, die er gerade erklommen hatte und stöhnte auf. Viviane schrie und Marek polterte über den Boden. Es schien, als würde das Meer unter ihnen brodeln, als sich die Wassermassen unter einer gewaltigen Welle hoben. An Deck eilten alle zu der Seite, von der die Kreatur kam und schrien panisch beim Anblick des Titanen auf. Marek hatte es trotz allem als erster wieder an Oberdeck geschafft und war zur Reling gerannt.

„Seht!" Zu der Kreatur gehörte eine Reihe unterschiedlich großer Finnen, die meterhoch aus dem Wasser ragten. Mit dem Aufbäumen der Wassermassen brach eine gewaltige Rückenflosse in die Höhe und teilte die Wellen. Sie erinnerte dabei entfernt an einen luftholenden Wal, dessen gewaltiger Körper bedächtig zurück in die kalten Fluten sank. An der Rückenflosse hingen fluoreszierende fremdartige Fische. Sie hatten sich offensichtlich dank ihrem breiten Maul an der schuppigen Haut der gewaltigen Kreatur festgesaugt, die schwach azurblau und türkis schimmerte. Eine unglaubliche Energie ging von dem gigantischen Meereswesen aus. Honatius und Mira zitterten, spürten wie ihre Haut kribbelte. Sie fühlten die warme Präsenz und Aura dessen, was sie als Magie kannten in einer reinen, ungefilterten Form. Es war, als bräche eine Kaskade von Emotionen und Energien über sie herein. Anders als beim Abyss-Drachen durchströmte sie aber ein wohliges Gefühl – so etwas wie Zuversicht, behauptete Mira später.

Honatius sah zu Mira, die diese Empfindung ein dutzendmal stärker wahrnehmen musste als er. Immerhin war sie eine wahre Magierin. Das Mädchen weinte, ohne zu wissen warum. Sie war überwältigt von dem, was sie durchströmte und erkannte, dass diese Kreatur wahrhaftig Magie *war*.

„Es ist atemberaubend", wisperte sie und sah zu Honatius herüber, der verstand was sie meinte. Er spürte mehr als nur die Magie. Er vernahm eine uralte fremde Sprache, die in seinen Kopf drang und er nicht zu übersetzen vermochte. Doch er wusste, dass der Gesang, einem Wal gleich, etwas völlig anderes war. Ein uraltes Relikt aus längst vergangener Zeit, so wie das magische Wesen.

Mira japste erschrocken, denn die Magie formte sich vor ihrem inneren Auge und entblößte sich für sie in ihrer reinsten Form, gab sich auch ihr als das zu erkennen, was sie war: Der Wächter Aeldions, die Träne Avaelins.

Dieses Wissen war plötzlich einfach da, als hätte es ihr ein Wispern ins Gedächtnis gelegt und nun offenbart, was sie schon immer wusste. Mit Honatius geschah das gleiche. Der Wächter kommunizierte mit den beiden auf seine eigene Art und gab sich ihnen zu erkennen.

„Das ist kein Drache", flüsterte Mira.

„Der Wächter ist erschienen, jetzt da Andrakon entfesselt wurde", bestätigte Honatius, berührte ihre Schulter und drückte sie sanft und zur Bestätigung: „Es ist der Leviathan und er ist hier, um uns zu beschützen."

Der Leviathan tauchte langsam ab. Mit einem letzten Aufbauschen der wilden See, verschwand das gewaltige Geschöpf in der

Tiefe der See. Sie konnten noch für einen Moment das sphärische Leuchten unter der Wasseroberfläche sehen. Dann beruhigte sich die See und der Götterdrachen war verschwunden.

Mira hatte noch immer Tränen in den Augen, so überwältigt war sie von der bloßen Anwesenheit Leviathans und seiner allumgebenden Magie, die jetzt wieder verebbt war.
Sie spürte, dass sich die Welt gewandelt hatte.
Nun waren die Avatare von Licht und Schatten in die Welt zurückgekehrt. Der Kampf um das Schicksal Aeldions würde schon bald beginnen.

Honatius Gedanken sprangen zurück in die Gegenwart, als er den Stoff und die Verbände in seinen Händen wahrnahm und sich schuldbewusst erinnerte, dass sein Freund auf ihn wartete. Er berührte Viviane sanft an der Hand und bedeutete ihr, ihm zu folgen. Er hatte bereits genug Zeit verschwendet.
Seine Gedanken überschlugen sich, denn er verstand, dass fortan nichts mehr so sein würde, wie zuvor. Jetzt zählte es aber einzig und allein, seinem alten Freund zu helfen. Viviane begleitete ihn zurück zur Kajüte des Kapitäns, doch sie wurden beide unerwartet von einem aufgewühlten Alan aufgehalten.

„Bitte", seine Stimme zitterte, er hielt die Hände besänftigend Viviane entgegen, hielt sie davon ab weiter zu gehen. Sein Blick kreuzte sich mit dem von Honatius, der an ihm vorbei eilte. Alan sprach nicht weiter, doch sein Blick sprach Bände. Viviane starrte ihn einen unsäglich langen Moment an und Tränen brachen aus ihr heraus. Ein eisiger Schauer durchfuhr ihren Körper. Der Stich von Tausend kalten Nadeln durchbohrte ihr Fleisch, ihr Herz und heiße Tränen brannten in ihren Augen, schnitten über ihre heißen Wangen.

Sie spürte nicht mehr, wie ihre Knie nachgaben. Spürte nicht, wie sie auf den Boden aufschlug. Hörte nicht die Rufe der anderen. Sah nicht das verlassene Zimmer und den leblosen Körper ihres Mannes auf seiner Bahre liegen.

Was uns bleibt

Nach dem Feuer bleibt meist nur Asche,
doch erkenne, was daraus erstehen kann.

Alles hatte sich mit einem Schlag verändert.

Marek verstand nichts mehr. Alles was ihm blieb, waren Schmerz und Leid. Leere füllte sein Herz, der Schmerz den Rest seines Körpers.

Er fühlte sich ausgelaugt, allein, hilflos und dumm. Ein unwissendes Kind, zurückgelassen in einem stillen dunklen Zimmer ohne Kerze oder Licht. In all seinem Schmerz konnte er sich nur auf weniges so sehr konzentrieren, wie seine Verzweiflung und die daraus resultierende Wut. Zorn auf sich selbst und alle – auf die ganze Welt. Doch am meisten hasste er die Götter und den Mann, der ihm seinen Vater genommen hatte.

Es brannte und schmerzte, als hätte er siedendes Öl auf und unter seiner Haut, das sich durch seinen Körper bis hinab zu seiner Seele fraß und ihn langsam aber sicher zerstörte. Marek verstand nicht, wieso er dieses Leid ertragen musste. Er hatte einige gefährliche Erlebnisse überstanden, hatte gelernt mit Eldin umzugehen. Hatte bis vor kurzem geglaubt, dass er es akzeptiert hatte, von Datura erwählt worden zu sein.

Den Daemon hatte er genauso wenig vergessen, wie seine Freunde Gimion und Talars, oder die Geschehnisse auf seiner Reise in diese neue Heimat. Durch all diese Erlebnisse hatte er überhaupt erst von seiner Bestimmung erfahren. Und dabei hatte er immer geglaubt, sein Vater würde ihm zur Seite stehen und ihn beschützen. So, wie Benedict es ihm immer wieder zugesichert hatte.

Doch jetzt verfluchte er sich und allen voran Datura dafür, dass er Eldin erhalten hatte. Wieso hatte der Gott ihm, einem unerfahrenen, unwissenden und törichten Kind, damals diese immense Verantwortung und Macht aufgetragen?

Er verstand nicht, wieso er der Auserwählte war, aber er wusste, dass er den Gott dafür hasste und verantwortlich machte – für alles, was seitdem geschehen war. Alle Götter. Wenn sie es denn waren. Die Zweifel nagten so sehr an ihm, dass er mehrmals über die Worte von Arkasha nachgedacht hatte. Wer oder was waren die Götter, denen die Völker Aeldions huldigten?

Marek hatte so vieles durchgemacht, doch nichts davon hatte ihn innerlich so sehr zerrüttet und zerrissen, wie der Tod seines Vaters und das Verschwinden von Adan. Marek wusste nicht mehr weiter. Lange Zeit hatte er sich der Illusion hingegeben, zu wissen was er tat, was er tun musste und wohin seine Reise gehen würde. Doch nun musste er sich eingestehen, dass er gar nichts wusste. Und am wenigsten verstand Marek das rätselhafte Verschwinden seines Bruders.

Warum war Adan in Ohnmacht gefallen, als der Drachen erschien? Was hatte Reno ihm angetan und wohin war er mit ihm verschwunden? Warum hatte er Adan überhaupt entführt? Das alles ergab überhaupt keinen Sinn.

Von dem Verräter fehlte jede Spur. Niemand hatte etwas von ihm gesehen oder gehört. Er war wie auf magische Weise verschwunden. Der einzige Hinweis auf den Verbleib des Mörders und Verräters war die Aussage des Ausgucks namens Manoel, der ein kleines Beiboot gesehen hatte, kurz bevor der Leviathan erschienen war.

Marek unterdrückte das Gefühl der Trauer und des Zorns. Doch er war zu schwach und die Tränen platzten aus ihm heraus. Wieder kam ihm ein bitterer Geschmack in den Hals, als er daran dachte, dass er nicht mehr da war.

Was war wirklich geschehen und hatte Reno dazu bewegt zu tun, was er getan hatte? Marek schwor sich in diesem Moment, wo auch immer Reno sich nun versteckte, er würde ihn suchen, finden und zur Rede stellen. Und ihn dann *verbrennen*.

Die Stadt trug zwanzig Tage Trauer.

Inmitten der Trümmer hatte man mit dem Wiederaufbau begonnen, der noch Monate, wenn nicht gar Jahre dauern würde, die Toten zu Grabe getragen, wenn etwas von ihnen gefunden worden war – oder eine symbolische Seebestattung durchgeführt. Hunderte Lichter schwammen auf dem Wasser entlang der Küste. Jedes stand für einen vermissten oder getöteten Menschen.

Es war still und ruhig geworden nach der Schlacht um Xatiox. In der Luft hing noch Tage danach der Geruch verbrannten Holzes und mischte sich mit dem Salzgeruch der See. Noch immer ragten an manchen Orten die gewaltigen geborstenen Wracks der Luftschiffe inmitten der Stadt empor.

Aus der Hauptstadt waren Soldaten angerückt und mit ihnen eine ganze Heerschar an freien Handwerkern, Maurern, Zimmermännern und Sargträgern. Von überall her kamen helfende Hände, selbst Shiv und Trodox entsendeten Hilfsgüter – und wollten sich vermutlich selbst ein Bild von dem Chaos und Erscheinen des Abyss-Drachen machen.

Der König selbst war gekommen, um das Ausmaß des Angriffes zu begutachten und von seinem Sohn alles zu erfahren, was sich hier zugetragen hatte. Angeblich hatte man schon bald einen Kriegsrat einberufen und Vorbereitungen für einen Vergeltungsschlag getroffen. Die Maschinerie des Krieges war in Bewegung geraten. Die Trojoxanten sollten zur Rechenschaft gezogen werden. Es würde Krieg geben.

Das alles interessierte Marek nicht.

Er hatte nicht nur seinen Vater, sondern auch seinen Bruder verloren. Viele Tage verbrachte er schweigend, manche verschwand er stundenlang, ohne jemandem zu sagen, wohin er ging. Marek war in sich gekehrt und verschlossen, versagte sich selbst seinen Freunden und seiner Familie – den Übriggebliebenen.

Jaleel war nicht ein Mal bei ihnen gewesen und Marek fehlte es an Mut und Kraft, ihn zu besuchen. Als er es schließlich tat, fand er seinen Freund trauernd im großen Herrenhaus vor und sie umarmten einander schweigend und weinten leise.

In einer ruhigen Minute nahm Cacilia ihn zur Seite und beichtete, dass sie Jaleel nachts nach seinem Vater schreien hörte. Marek fühlte sich schuldig und verantwortlich für Balthazars Tod. Was hatte die Macht genutzt, die er besaß. Er konnte nicht einmal jene beschützen, die er liebte.

„Macht bedeutet Leid", entfuhr es ihm schließlich, doch es war Viviane, die ihn an sich drückte und festhielt. Sein Zorn und seine Verzweiflung überkamen ihn und er gab sich seinen Gefühlen hin und weinte, wie er noch nie in den Armen seiner Mutter geweint hatte.

∗∗∗

Marek schreckte nachts schweißgebadet auf, träumte von dem Drachenfeuer, das alles vernichtete, sah den wahnsinnigen Arkasha, den Mörder Sathus und dessen hasserfüllte Augen, sah den leblosen Körper seines Vaters auf einer Bahre vor ihm. Und alles verblasste und verschwand. Wie all diese Dinge, war auch das Kind in ihm verschwunden.
Er hatte verloren, was er liebte. Marek verstand aber, dass er nur einer von vielen war, die Opfer dieses Krieges. Er verstand, dass er kein gewöhnliches Opfer war. Für ihn stand fest, dass er Mitschuld an all dem Elend der Leute trug, die ihre zertrümmerten Häuser nach irgendetwas brauchbarem durchsuchten, verzweifelt die Trümmer der Ruinen ihrer Träume wieder aufbauten oder einfach alles verloren hatten. Er wusste zum Beispiel immer noch nicht, ob sein Freund Rufus noch lebte. Vivianes Freundin Alissia hatte die Nacht wohlbehalten überstanden.

Marek war der Auserwählte. Er konnte Veränderung bringen. Hoffnung.
Eldin hatte die Macht, Kriege zu beenden, ehe sie begannen. Keine Armee war nötig, wenn ein Land einen Heiligen Schwertträger hatte. Und dennoch. Er war ein dummes Kind, kein

Krieger. Adan – und vor allem sein Vater – hatten ihn immer wieder ermahnt, sich nicht zu sehr einzureden, ein mächtiger Held zu sein. Sein Vater hatte ihn bis zuletzt getadelt, nicht unachtsam mit seiner Macht umzugehen. Nun waren sie beide fort. Benedict tot und begraben, Adan spurlos verschwunden, entführt vom Mörder seines Vaters.

Adan. Wegen ihm war Sathus mit den Trojoxanten gekommen. Weil er weiße Augen hatte und irgendeine beschissene Prophezeiung sagte, dass dies sein Todesurteil sei. Als der König Marek gegenüber gestanden hatte, sprach er von Auserwählten, Bestimmungen und dem Schicksal. Und was war aus ihm geworden?

Marek hatte gesehen, wie sein Vater dem Trojoxanten das Gesicht aufgeschlitzt hatte und wie das Luftschiff in einem Feueball explodierte. Der Priester Arkasha war tot, zerfetzt von Miras Magie, Sathus wurde in den Flammen seines eigenen Wahnsinns verbrannt und in seine Flotte vernichtet. Warum also im Namen der fünf Götter hatte Reno seinen Vater ermordet und Adan verschleppt? Wenn er für die Trojoxanten gearbeitet hatte, gab es vielleicht einen weiteren Drahtzieher, dem er Adan jetzt auslieferte. Und wofür? Geld?

Er war es gewesen, der die Ragnar nach Talon geschickt hatte! Reno musste es gewesen sein. Er war ein Spion, Verräter und Mörder. Er hatte sie verraten, ihren Aufenthaltsort an Sathus weiter gegeben. Doch wofür?
War er wirklich so gierig, dass er Gold über das Leben seiner eigenen Familie legte? Er war der Vetter von Benedict. Ein Teil von Mareks Familie. Ein Teil der Familie! Wieso hatte er das getan?

Familie ist das Letzte, was uns zusammenhält, wenn die Welt in sich zerfällt.
Dieser schöne Spruch löste jetzt nur noch Verbitterung in Marek aus. Er erwischte sich erneut dabei, wie düstere Gedanken in seinem Kopf kreisten und ihm den Blick auf das Wesentliche vernebelten.

Er war ein Auserwählter und jetzt kein Kind mehr. Nach all diesen Geschehnissen war ihm klar geworden, dass er sich in den letzten Jahren versteckt und somit alles riskiert hatte, statt sich seiner Aufgabe zu widmen. Er war Träger einer mächtigen Waffe.

Doch warum er?

Konnte es kein anderer sein?

Marek hatte sich nie gewünscht, ein Held zu sein, oder große Abenteuer zu bestehen. Seine Erlebnisse sahen anders aus. In seinen Abenteuern wäre niemals sein Vater umgekommen oder sein Bruder verschwunden, der vielleicht jetzt auch tot war. Marek erschauderte bei dem fürchterlichen Gedanken. Was, wenn Reno ihn entführt und zu den Trojoxanten gebracht hatte?

Marek fiel auf sein Bett, vergrub sein Gesicht im Kissen und schlief irgendwann vor Erschöpfung ein, wie die letzten Tage auch. Doch dann eines Tages nahm er Eldin und fasste einen mutigen Entschluss. *Ich werde meiner Bestimmung folgen.*

- 2 -

Mira hatte an der Tür gehorcht.

Sie wollte klopfen, doch ihre Hand hielt in der Bewegung inne, als sie erneut das unwirkliche Schluchzen und Weinen hörte. Marek war immer so mutig und haltlos gewesen. Jetzt war er ein verängstigter, stiller Junge. Sie schluckte den schweren Kloß herunter, traute sich nicht, die simple Handbewegung fortzuführen, denn sie wusste, dass sie ihn trösten konnte, aber nichts bewirken würde.

Mira schlenderte schwermütig zum Balkon. Ihre Hand streifte die Wand. Die Berührung gab ihr das Gefühl, nicht zu träumen. Das Haus der Tok stand in dem Teil von Xatiox, der halbwegs von den Bränden und Brandschatzungen verschont geblieben war. Das junge Mädchen blieb an der Tür vor dem Balkon stehen und blickte traurig darauf. Sie schniefte und wusch sich eine Träne aus dem Gesicht, bevor sie die Balkontür öffnete und mit ihren nackten Füßen auf den kalten Stein hinaus trat, so wie es Adan so gern getan hatte.

Sie sah sich um. Selbst drei Wochen nach dem Angriff stiegen noch von manchen Stellen schwache Rauchwolken in den Himmel auf. Mira lehnte sich über die Balustrade. Mit einem traurigen Blick sah sie hinauf in den trüben Himmel und fragte sich, was wohl aus den ‚Fliegenden Salamandern' geworden war. Doch am meisten quälte sie die Frage, wo Adan war. Die Suche nach ihm war ohne Erfolg geblieben. Ihre letzte Erinnerung klammerte sie an seinen bewusstlosen Körper, doch in ihrem Kopf hallte sein Lachen nach. Sie erinnerte sich an den Moment, als er sie liebevoll und voller Zuneigung in den Arm genommen und fest an sich gedrückt hatte.

Sie hatten alles abgesucht. Das ganze Schiff wurde von oben bis unten durchkämmt, sämtliche übrig gebliebenen Beiboote – die Schildmaid hatte etliche besessen - doch während dieser Nacht des Chaos waren einige zu Wasser gelassen worden, sodass niemand einen Überblick behalten konnte. Niemand hatte etwas gesehen. Außer der verängstigte Ausguck namens Manoel, der mehr als einmal dazu von diversen Stellen verhört worden war. Die Suche blieb erfolglos. Nirgends auch nur eine Spur von Adan. Es war, als hätte ihn der Erdboden verschluckt. Und auch Reno, den niemand seither mehr gesehen hatte.

Mira weinte.

Sie hatte für einen Tag eine Familie gehabt, doch dann waren die Trojoxanten gekommen und hatten ihr mit einem Mal Adoptiv-Vater und -Bruder genommen. Mira war sich sicher, so traurig und verzweifelt sie auch war, sie war wild entschlossen, Rache zu üben und Adan zu finden. Sie würde Marek helfen, wo immer sie konnte. Er war zwar der Auserwählte, brauchte aber nun mehr denn je ihre Hilfe, als Freundin und Magierin. Sie würde ihre Fähigkeiten als Schwarzmagierin perfektionieren. Sie fuhr sich über die lange Narbe vom Schlüsselbein zur Brust, die sie Arkasha verdankte.

Niemand wird je wieder mich noch einen Menschen bedrohen, den ich liebe.

Sie schluchzte und ging dann zurück ins Haus, schloss leise die Balkontür und ging auf ihr Zimmer. Dort legte sie sich ebenfalls hin und schlief ein. Selbst jetzt war sie noch erschöpft und ermüdet von dem Geschehenen, ebenso wie die folgenden Tage und Wochen.

- 3 -

Keiner kam in dem Folgemonat zur Ruhe.

Jaleels Familie traf es besonders hart. Durch den Tod von Balthazar verloren sie die Reedereien an seine Geschäftspartner, die ihnen in den Rücken fielen und sich als habgierige Geschäftsmänner entpuppten. Kurz nachdem dies bekannt wurde, war ein neuerliches Feuer ausgebrochen und hatte die Häuser der verräterischen Gauner vollständig niedergebrannt. Sie wurden obdachlos und bettelten inzwischen, während Jaleels Mutter mutig und mit Unterstützung eines neuen Geschäftspartners wieder auf die Beine kam, die Reederei wieder aufkaufte und unter dessen Obhut und Leitung die Geschäfte verwaltete.

Jaleel war sich sicher, dass sein Freund Marek eventuell ein klitzeklein wenig nachgeholfen hatte, doch er sprach ihn nie darauf an. Sein Freund hatte sich verändert. Er war ruhiger und härter geworden, was Jaleel bekümmerte, denn sie waren immer noch junge Burschen und beste Freunde. Und dennoch dankte er ihm heimlich von Herzen und war stolz auf seinen besten Freund. Trotz der Wünsche seines verstorbenen Vaters, wagte Jaleel seiner Mutter zu gestehen, dass er die Reederei nicht übernehmen wollte und konnte. Zumindest noch nicht. Sie zeigte sich wenig überrascht und bewies, dass sie mindestens genauso viel Geschick und Feingefühl besaß wie einst Balthazar, auch wenn die Reederei nun ihrem Bekannten gehörte.

***

Eines morgens wachte Jaleel sehr früh auf und hatte den schlaftrunkenen Einfall, hinunter zu den Toks zu laufen und die Brüder zu Dummheiten zu überreden, statt die Schulbank zu drücken. Dann überkam ihn mit einem dünnen Sonnenstrahl der wache Gedanke, dass sie dies nie wieder so tun können wie früher. Er rieb sich den Schlaf aus den Augen, seufzte und sah zu seiner Mutter herüber, die seit jener Nacht mit ihm in einem Zimmer schlief. Alleine schrie und wimmerte sie im Traum.

Nichts ist mehr, wie es einmal war.
Jaleel war an diesem Tag aufgestanden, zuerst an die Grabhügel gegangen und hatte Balthazar und Benedict eine selbst-geschnitzte Kette mit den Runen der Heiligen Fünf auf die Gräber gelegt. Unter den vielen Sträußen, die bereits dort lagen nahm er die verwelkten weg und putzte die Oberfläche der Steinplatten. Dann stand er vor dem Stein neben Benedicts Grab. Die Runen für Adans Namen waren eingraviert und darunter die für Hoffnung. Niemand glaubte wirklich, dass er tot war.
Und dennoch.
Adan war fort.
Ohne ein Zeichen verschwunden und unauffindbar.

Wo auch immer du stecken magst, ich hoffe dir geht es da so gut, dass du einen Grund hast, nicht zu uns zurückzukehren. Ansonsten kriegen wir ein ernstes Problem miteinander.

Jaleel schmunzelte. Tief im Innern hatte er das Gefühl, dass Adan alles andere als tot war. Es war unbegreiflich und er konnte es sich auch nicht wirklich erklären. Aber es war da, wie die Luft und die Magie, die sie alle umgab. Er hatte so ein Gefühl, als wäre es nicht das Ende, sondern erst der Anfang. Jaleel sah traurig auf Adans Gedenkstein. *Wieso werd' ich das Gefühl nicht los, dass alles, was passiert ist, vorbestimmt war?*

Jaleel ging langsam zurück in die Stadt und besuchte die Toks. Er klopfte an die Tür an. Niemand öffnete. Jaleel blieb noch eine Weile vor der Tür stehen. Manche die an ihm vorbeiliefen sahen ihn seltsam an, doch er starrte unentwegt auf die geschlossene Tür. Dann als er sich endlich zum Gehen aufrappelte, öffnete sie sich langsam und Viviane trat heraus. Sie trug ein schlichtes, schwarzes Kleid und hatte tiefe, dunkle Augenränder. Ohne etwas zu sagen, trat er mit einem Lächeln ein, das sie zögerlich erwiderte. Das freundschaftliche Verhältnis zwischen ihr und ihm war längst schon ein mütterliches Gefühl geworden. Viviane kam sich vor, als hätte sie alles verloren und dennoch immer wieder etwas hinzugewonnen. Sie lächelte den jungen Pan-Thar liebevoll an und strich ihm durch seine schwarze Mähne.

„Sie sind oben", waren ihre einzigen Worte, bevor sie die Tür hinter Jaleel schloss und dann zurück in die Küche ging. Anstatt hinauf zu gehen, folgte er ihr und umarmte sie. Da umschlang sie ihn und weinte erneut. Jaleel tröstete sie und schloss sich ihrer Trauer an.

**

Viviane hatte in der Küche gestanden und Feuerholz in den Ofen gelegt, als sie sich verbittert an den Abend mit Reno erinnerte. Sie sah zurück an den Tisch, wo sie alle gesessen und seinen Lügen gelauscht hatten. Viviane hatte ihn noch nie wirklich leiden können, er hatte schon immer eine seltsam beunruhigende Ausstrahlung gehabt. Jetzt spürte sie nichts anderes als einen abgrundtiefen Hass. Er war ein Teil ihrer Familie gewesen und hatte sie alle verraten.

Was auch immer ihn getrieben hatte, sie hätte nie damit gerechnet, dass ein Mensch sein Leben so voller Lügen spickte und jene betrog, die zu ihm gehörten. Nichts von alldem, was er je gesagt oder getan hatte, schien nun mehr aufrichtig. Ein Lügner war ein Lügner. Reno war Lügner und Verräter. Und ein Mörder.

Wieso hatte dieser Mann, dem sie vertraut hatten, sie so hintergangen? Wenn es stimmte, war er der Spion, der sie ans Messer geliefert hatte. Je mehr sie darüber nachdachte, umso deutlicher wurden ihr die Zusammenhänge bewusst. Reno war damals vor so vielen Jahren in Talon zu Besuch gewesen. Jahre später hatten die Ragnar angegriffen. Und damit hatte alles begonnen. Dann war er ihnen in Xatiox begegnet und dementsprechend überrascht über ihre Anwesenheit dort.

Natürlich, er hat erwartet, dass wir von den Ragnar in Talon überrascht und getötet wurden. Was ist in den letzten Jahren geschehen, das dich zu so einem Menschen gemacht hat?

Und dann, nachdem er wusste, dass sie nun in Xatiox waren, war ihr Feind in jener verhängnisvollen Nacht aufgetaucht. Und alles hatte sich verändert.

Mein kleiner Adan.

Schon immer hatte sie sich Sorgen um ihn gemacht. Doch nun war er fort. Fort, fort, fort. Wie Ben. Viviane schluchzte und weinte, hatte das schreckliche Bild vor Augen, das sie nie vergessen würde und verdrängen könnte. Benedict, leblos.

Nach allem, was er durchgemacht hatte, nach allem, was sie durchgestanden und überlebt hatten, war es sein Vetter, der ihn feige erstickt hatte.

Und Adan. Wo war Adan?

Was hatte Reno nur mit ihm getan? Wieso? Ihr Herz verkrampfte sich bei den Gedanken daran. Sie hätte dort sterben sollen, nicht Benedict. Er war stark und mutig. Benedict hatte das Gleiche immer von ihr behauptet. Doch nun fühlte sie sich nackt und schwach, hilflos, verzweifelt und allein.

Du wirst lernen müssen, Dinge loszulassen, die du liebst.

Die Worte hallten in ihrem Kopf wieder, wie eine Schmach. Wie konnte diese fremde Stimme von ihr verlangen, diese Grausam-keiten zu ertragen?

Suche die Antwort nicht und du wirst sie finden. Viviane schluchzte. Diese fremde Stimme. Warum hatte sie ihr nicht geraten, was zu tun war und wie sie es verhindern konnte?

Viviane konnte nicht glauben, dass dies alles dem Schicksal überlassen und vorherbestimmt war. Sie verfluchte die Götter und wünschte sich zurück in die Zeit, als alles noch einfach war. Zurück an den Abend und den Tanz, als sie diesen vorlauten und geheimnisvollen Benedict kennen- und lieben gelernt hatte.

- 4 -

Tiefe Schwärze und ewige Dunkelheit.

Ein sich wiederholendes, leises Geräusch, das nach und nach lauter wurde und in einem gleichmäßigen Rhythmus schlug.

Kälte. Es war ein sehr langsamer Herzschlag. Unheimlich. Er war nun genau zu hören. In der Dunkelheit pulsierte ein schwacher Schimmer gleichmäßig zum Herzschlag. Das fahle Licht kam näher und wurde größer. Das Pochen wurde lauter. Es wurde wärmer. Der Schimmer nahm langsam Form an. Ein schmaler Spalt tat sich in der Schwärze auf. Licht. Der Herzschlag verstummte. Das Licht formte sich zu einem schmalen Etwas, das funkelnd in der Dunkelheit schwebte. Stille.

Doch da plötzlich wurde die Dunkelheit rings um das Etwas verdrängt und aus der Schwärze brach ein Nebel. Das Licht pulsierte in verschiedenen Farben, die sich immer wieder abwechselten. Muster. Sie wiederholten sich. Das Licht spaltete sich in drei Teilstücke, die nebeneinander schwebten. Das Formlose nahm nun Gestalt an und wurde zu Kristallen:

Das Linke leuchtete abwechselnd in den Farben Rot und Orange, das rechte in den Farben Gelb und Grün und das in der Mitte wechselte zwischen den Farben Blau und Purpur.

Die drei Kristalle schwebten nun in einem Kreis um einen Lichtstrahl, der wie eine Säule aus der Dunkelheit nach oben ragte. Aus dieser trat nun eine Lichtgestalt heraus. Sie nahm die Gestalt einer Frau an.

„Hör mir zu. Es hat begonnen. Und dies war erst der Anfang. Die Dunkelheit hat sich erhoben. Sie führt die Trojoxanten in die Welt, doch ihr habt es verhindert. Vorerst brauchst du sie nicht zu fürchten. Doch die Dunkelheit kehrt zurück. Der Schatten wird sich über die Welt niederlegen und nichts wird mehr so sein, wie es einmal war.

Das Dunkel und Andrakon sind erneut erwacht und fallen über diese Welt her. Du bist ein Teil des Gesamten, Wächter. Aus diesem Grunde ersuche ich dich nun und gebe dir dieses Wissen. Es sind Dinge in Bewegung geraten, die nun unaufhaltsam weitergehen werden. Das Dunkel ist mächtiger denn je und die Mächte derer, die nach der Vernichtung der jetzigen Welt trachten, werden von Tag zu Tag stärker.

Ihr müsst die Anderen finden und vereinen, um den Untergang der Welt wie ihr sie kennt, zu verhindern. Noch ehe der Tag der Dunklen Sonne droht, muss deine Aufgabe vollendet sein, Wächter. Sammle die verborgenen Kräfte, die dir inne wohnen und nutze sie gut. Dir obliegt die Aufgabe des Schutzes des Schwertträgers, Wächter des Feuers. Du musst dafür Sorge tragen, dass die Heiligen Schwertträger einander finden und gemeinsam gegen die Dunkelheit ausziehen.

Der Aufstrebende, dessen Zukunft in seinem eigenen Ermessen liegen wird.
Der Verräter, dessen Verrat nicht an den eigenen sein wird.
Der Sünder, dessen Vergangenheit ihn einholen und verändern wird.
Der Eitle, der zuletzt andere über sich selbst stellen wird.

Dieses Unterfangen wird schwerer, als alles andere zuvor sein. Ihr habt schon vieles erlebt und gesehen, doch ihr steht erst am Anfang eurer Reise. Die Suche wird langwierig und schwer werden. Euch werden sich immer neue Hürden in den Weg stellen. Vereint und mit der Kraft eurer Herzen, werdet ihr gemeinsam an euer Ziel gelangen.

Eldin. Feuer steht für Emotionen.
Valar. Erde steht für Macht.
Luvia. Luft steht für Intellekt.
Kris. Wasser steht für Wissensdurst.

Ihr müsst die Schreine der Heiligen Schwerter finden, selbst wenn euch dieses Unterfangen alles abverlangen wird. Ihr werdet bis an eure Grenzen gebracht werden, doch wenn ihr an euch und eure Mission glaubt, werdet ihr es schaffen."

Die Frau trat zwischen den drei Kristallen hindurch und deutete dann auf sie: „Das, was du hier siehst, sind die Schlüssel, die die Tore der Schreine öffnen werden, in denen die Göttlichen Schwerter versiegelt sind. Ohne diese magischen Kristalle werdet ihr nicht weiterkommen. Doch es benötigt mehr, als nur die Kristalle, um die Türen zu öffnen. Einzig der Auserwählte für das jeweilige Göttliche Schwert kann diese Kristalle verwenden und somit die Türen öffnen. Es gilt eine einfache Regel:
Zwei Kristalle werden zu einem Schlüssel. Ihre Farben brechen sich ineinander. Findet die zueinander gehörigen Paare. Ohne ihre Kombination bleiben die Kristalle in ihrer Ursprungsform

und können ihre wahre magische Kraft nicht entfesseln. Sie sind der Schlüssel zu den Schreinen! Und sie suchen einander."

Da trat die Frau wieder zwischen die Kristalle, die sich auflösten und in der Schwärze verschwanden: „Einst von den Göttern geschaffen, wurden sie vor ihnen versteckt und niemand kennt ihre Aufenthaltsorte außer desjenigen, der sie schuf. Und der ist unerreichbar. Sie zu finden mag vielleicht wie ein unlösbarea Unterfangen wirken. Nicht größer als ein Daumen, sind sie dennoch mächtiger als alles andere. Die Suche zu beginnen ist nicht vergebens. Mit der Hilfe dieser magischen Karte werdet ihr in der Lage sein, die Kristalle und schließlich auch die Schreine zu finden. Und das ist der Vorteil, den eure Feinde nicht haben."

Sie machte eine weite Geste: „Deine Aufgabe, Wächter, ist nicht einfach. Geh und begleite Marek. Sucht die Heiligen Schwertträger und die Kristallschlüssel. Sie werden euch zu den Schreinen und dem Vermächtnis der Götter führen. Doch seid gewarnt. Ihr seid nicht die Einzigen, die nach den Schreinen suchen. Eine dunkle Macht hat sich erhoben und greift nach ihnen. Der Wettlauf mit der Zeit hat begonnen."

- 5 -

Honatius schreckte überrascht in seinem Bett auf.
Ein warmer, verheißungsvoller Sonnenstrahl küsste seine Haut und blendete ihn. Er sah sich hastig um. Er war in seinem Zimmer. Der alte Trodainer setzte sich auf und sah auf seine alten schwieligen Hände. Sie zitterten.

Seine Kräfte waren immer noch nicht kuriert und er immer noch geschwächt. Die geliehene Magie schlummerte noch immer in ihm, das konnte er spüren. Er hatte diesen Pakt geschlossen, um sie alle zu schützen, noch bevor er sie persönlich überhaupt gekannt hatte. Und dennoch spürte er, dass die in ihm schlummernde Energie nicht ewig währen würde. Seine Hände zitterten aber nicht deswegen, sondern weil die Energie erstarkt war.

Er wusste genau, dass sie solange erhalten blieb, wie er seinen Eid hielt und ihm dieses unerwartet lange Leben geschenkt hatte. Honatius hatte seine Aufgabe noch nicht erfüllt.

Die Wächterin Asyna.

Sie war der Dreh und Angelpunkt aller Geschehnisse. Soweit er gelernt hatte, war sie auch den anderen in ihren Träumen erschienen. Ob er ihr vollends vertrauen konnte, bezweifelte er. Doch bisher wollte sie ihm und seinen Schützlingen immer nur Gutes. Die Wächterin half ihm also erneut.

Honatius richtete sich langsam auf. Er schlüpfte in seine Schuhe und stand noch ein wenig wackelig auf den Beinen. Er ging an den Tisch, der gegenüber seines Bettes stand und setzte sich dort auf seinen Stuhl.

Auserwählte, Kristalle, Schwerter. Und ich stecke knietief in dieser Geschichte.

Er sah aus dem Fenster in den klaren Himmel.

Das heißt also, dass ich mit Marek umherreisen muss. Er ist der Träger für Eldin, doch wer sind die anderen Auserwählten?
„Feuer steht für Emotionen", er schnaufte und musste sich nicht fragen, ob der impulsive und temperamentvolle Marek der rechtmäßige Auserwählte war. „Da sagt sie was."

Honatius griff ohne hinzuschauen in die oberste Schublade der Kommode neben sich und holte seine Pfeife heraus, die er stumm füllte. Beim Rauchen konnte er sich gut konzentrieren. Er versuchte sich an alle Aspekte seines Traums zu erinnern und hustete als ihm die Karte einfiel, von der die Wächterin gesprochen hatte. Er sah sich um. Irgendwie glaubte er nicht recht daran, irgendwo in seinem Zimmer nun diese magische Karte zu finden. Dennoch stand er auf, lief langsam umher und suchte nach etwas auffälligem.

Da hörte er draußen auf dem Flur ein unterdrücktes Schniefen und Schritte. Er sah zur Tür. Einen Augenblick später hörte er das sanfte Schließen der Tür am Ende des Flurs. Trauer lag immer noch tief über der Stadt. Er selbst verarbeitete den Kummer nicht in Tränen. Seinen Schmerz verbarg er lieber im Inneren. Aber es war nicht so, als wolle er gefühlskalt erscheinen, es war seine ganz eigene Art mit der Situation umzugehen.

Honatius seufzte. Ihm war das Rauchen vergangen. Er legte die Pfeife auf den Tisch und blickte hinüber zu seinem Bett. Da bemerkte er etwas unter seinem Kopfkissen. Er eilte hin und hob das Kissen, seine Augen weiteten sich vor Erstaunen.

Ein Zylinder aus dünnem Leder lag dort. Zumindest dachte er im ersten Moment, dass es schwarzes Leder war. Als er das Material berührte, fühlte es sich seltsam metallisch an. Feine, kaum sichtbare helle Linien fuhren über die Oberfläche und bildeten dünne Rillen, die Runen preisgaben, je nachdem wie er es ins Licht hielt. Hastig nahm Honatius die Rolle, berührte den Griff, löste zwei filigrane Schnallen und entrollte den Stoff, der kein Stoff war. Er starrte nicht auf Papyrus sondern auf ein feines glänzendes, dunkles Material, das er noch nie zuvor auf Aeldion gesehen hatte. Haardünne Linien schimmerten schwach und bildeten Konturen und Umrisse auf der dunklen Fläche.

Es dauerte eine Weile bis er erkannte, dass es doch eine Karte der Kontinente war. Es war, als zeichnete das Licht die Karte immer wieder neu. Feine, leuchtende Linien fuhren dort entlang, als würde ein Zeichner mit glühender Kohle die Ränder der Länder setzten. Dann veränderte sich die Karte und er sah Ayanox. Weitere Umrisse bildeten sich. Die feinen Linien schienen in stetiger Bewegung, formten sich neu, leuchteten kurz auf und verschwanden dann wieder.

Fasziniert von der Karte erschrak er, als etwas zwischen seinen Fingern und der Halterolle auf den Boden und unter sein Bett fiel. Honatius hob die Karte gegen das Licht und konnte schwören, dass sich die Linien erneut veränderten, etwas ganz anderes darstellten. Zuerst konnte er es nicht zuordnen und erkennen. Dann realisierte er feine Linien als Umrisse einer ihm wohlbekannten Küste.

Seine Augen folgten aufgeregt den feinen Lichtlinien, wie sie sich verformten, hektisch hin und her zuckten und immer mehr ein deutlicheres Bild vor ihm abzeichneten. Dann traf es ihn wie ein

Schlag, als er erkannte, dass es die Bucht von Xatiox war. Dünne Linien huschten über die fremdartige dunkle Oberfläche, zuckten wild durcheinander und begannen kubische Formen zu bilden. Jetzt realisierte er, was er da wirklich vor sich sah. Die Hafenstadt. So, wie es ein Vogel von oben sehen würde. Und es hörte gar nicht mehr auf. Immer wieder zeichnete sich die Karte neu, wurde größer und genauer. Er sah die Stadt, die immer näher kam. Dann plötzlich begannen die Linien ein neues Bild zu zeichnen, hektisch und schnell. Als sie sich nicht mehr rührten, ließ Honatius erschrocken die Schriftrolle zu Boden fallen.

Der Schreck saß ihm tief in der Brust. Vorsichtig und wirklich verängstigt trat er näher an die aufgerollte Karte voller leuchtender, haarfeiner Linien und er sah sich selbst in diesem Zimmer auf der Zeichnung, in eben diesem Moment. Wie er die Karte anstarrte und die Karte zurück starrte.

Honatius erinnerte sich an das, was zu Boden gefallen war, beugte sich herab und kniete über der Karte. Er neigte den Kopf zur Seite und lugte unter sein Bett, suchte nach dem Gegenstand. Und ebenso wie die Karte und er sich angestarrt hatten, starrte er nun ungläubig auf einen daumengroßen, fleckig trüben, violetten Kristall, dessen Inneres schwach zu leuchten schien.

Seine alten Finger schnappten nach dem farbigen Mineral. Er betrachtete das Ding in seiner Hand, sah darüber hinweg auf die Karte, die noch immer auf dem Boden lag und langsam verblasste. Er starrte auf eine leere, nachtschwarze, glänzende Oberfläche. Fasziniert betrachtete er den Kristall in seiner Hand und spürte die Magie, die in ihm schlummerte. Eine Magie, die er noch nie zuvor gespürt hatte und eine Kraft, die es in dieser Welt schon sehr lange nicht mehr gegeben hatte.

Der Kristall strahlte eine wohlige Wärme aus und glühte sanft in seiner Hand. Er war das Zeugnis einer fast vergessenen Ära und kündete verheißungsvoll von deren möglicher Rückkehr.

Mit einem jähen Knarzen öffnete sich die Tür hinter ihm und der alte Mann zuckte zusammen. Herausgerissen aus seinen Gedanken starrte er auf das rothaarige Mädchen, dessen wissbegieriger Blick zuerst auf sein überraschtes und sorgenzerfressenes Gesicht fiel und dann auf den schwach glimmenden Kristall in seiner runzligen Hand. Ihre Augen wanderten herab zu dem schwarzen Pergament am Boden und es lag etwas in ihren Augen, das Honatius nur schwerlich zuordnen konnte. Doch als sich ihre Lippen zu einem verbissenen Grinsen verzogen, verstand er, dass auch sie die Aura der Magie spürte, die diesen Raum erfüllte und von der Karte ausging.

Beide verstanden die jähe Wendung der Dinge und wussten, dass es fortan an ihnen lag, diese neue Erkenntnis behutsam einzusetzen. Etwas neues, verheißungsvolles legte sich über das schwer gewordene Herz der Schwarzmagierin und sie wusste, egal was nun folgte, alles würde sich verändern.

Ein neues Gefühl überkam sie, ein Gefühl, das zu dieser Zeit bitter nötig war und selbst als kleiner Funken in ewiger Dunkelheit das schwerste Herz wieder zum Pochen bringen konnte: Hoffnung.

Ohne auch nur ein Wort zu sagen trat Mira ein, lächelte wissbegierig und schloss die Tür hinter sich.

Epilog

Orin Grekk verharrte in der Bewegung.

Sein wachsamer Blick wanderte hinauf zum klaren Himmel. Er spürte in diesem Moment die unverwechselbare Veränderung, wie vermutlich alle seines Volkes. Etwas war geschehen. In weiter Ferne. Doch er nahm es wahr, wie es alle seines Volkes taten. Das Gefüge der Welt hatte sich soeben neu ausgerichtet. Die jahrhundertlange Abstinenz der Dunkelheit war beendet. Es war geschehen, er war zurückgekehrt, der Avatar der Finsternis: die Träne des Schwarzen Mondes, Andrakon.

Die Alten hatten diesen Tag vorhergesehen und gefürchtet. Jedoch war es nicht Furcht, sondern Resignation und Bereitschaft, die ihn durchfuhr. Wie seine Vorfahren und alle seines Stammes, hatte er sich sein Leben lang darauf vorbereitet. Sein Volk wartete nur auf die Erfüllung ihrer Pflicht. Wartete, dass geschah, was nicht geschehen sollte. Was einst begonnen wurde, konnte nun ein Ende finden. So hatten es die Weisen vorausgesagt. Der mögliche und erhoffte Erfolg war abzuwarten, ihn zu erreichen ihr festgesetztes Ziel. Ihr Leben galt diesem Eid. Sein Volk hatte sich dieser Aufgabe verschworen und war bereit, dafür mehr zu geben, als es bisher geopfert hatte. Und das war bereits sehr viel gewesen.

Sein Reittier fauchte unruhig neben ihm und scharrte eine Kuhle in den tiefen Schnee. Auch die anderen in den Stallungen trieben jetzt nervös Rauch aus ihren ledrigen Nüstern. Orin legte seine Hand beruhigend auf die Seite seines treuen Gefährten und tätschelte ihn, wohlwissend, dass er diese Berührung durch seine natürliche Panzerung wohl kaum spürte.

Sein Lehrling watete durch den knirschenden, hüfthohen Schnee auf ihn zu und berichtete aufgeregt, was er gespürt hatte. „Ja", beteuerte Orin Grekk mit schwerem Herzen, „die Barriere ist gebrochen. Geh in die Kaverne und bereite alles vor. Sie wird bald zurückkehren. Und mit Glück hat sie ihre Aufgabe erfüllt."

Er ignorierte den aufgeregten Burschen, der sich die Kapuze tief übers Gesicht zog, um sich vor der schneidenden eisigen Luft zu schützen, sich auf sein Reittier schwang und dann hinter einer Schneewehe verschwand. Er sah herüber zu den verbliebenen Reittieren und nickte grimmig. Gelegentlich fauchte eines oder stieß eine Flammensäule in die verdampfende eisige Luft über sich.

„So beginnt es also."

Eine Tür schließt sich …

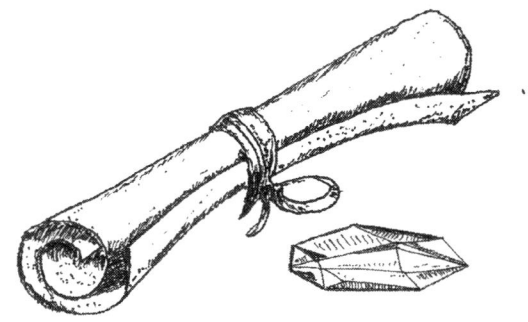

… doch die Tür nach Aeldion bleibt geöffnet.

Ostmark
~ Xatiox ~

Anhänge

Pantheon von Aeldion

Anagalis | Gott der Winde und des Himmels
Andamant | Herr des Frosts
Andrakon | Der Abyss-Drache
Antharion | Schattenweber, Herr der Finsternis
Avaelin | Herrin der See
Datura | Schmied der Flammen
Ethion | Herr des Lichts, Gottkönig
Faora | Hüterin der Tiere
Farenna | Hüterin der Pflanzen
Nairu | Mutter der Erde
Ouros | Wächter des Gleichgewichts

Ihre Kinder

Ayan | Auch die Menschen genannt, beherrschen Ayanox
Fionis | Tiermenschen unterschiedlichster Arten
        (z.B. Pan-Thar, Nju, Luthan, Feli'Dae, Titu'Ian …)
Orani | Stolzes Seefahrervolk, beherrscht Shadia
Ragnar | Das Volk des Todes, näheres unbekannt
Shivianer | Das gezeichnete Volk, beherrscht Shiv
Trojoxanten | Kriegerisches Volk, beherrscht Trojox
Vilandri | Magiebegabtes Volk, beherrscht Trodox

Die Heiligen Schwerter

Andar | Das Schwert der Kälte
Eldin | Das Schwert des Feuers
Ghor | Das Schwert der Tiere
Ilithis | Das Schwert der Pflanzen
Kris | Die Klinge des Wasser
Luvia | Der Dolch der Luft
Skaar | Das Schwert der Schatten
Valar | Das Schwert der Erde

Personen Glossar

Adan Tok | Der Junge mit weißen Augen
Adara Shivara Aska Ildram | (kurz) Shiva, Thronerbin von Shiv
Alan Diran | Tempelgroßmeister von Hohenwacht
Alissia Larroc | beste Freundin von Viviane
Arad Beneza'Olar | Imperator von Shadia
Arkas von Troje | Prinz von Troje, Diplomaten Kaste
Arkasha | Angehender Hohepriester von Troje
Armand Flutschild | Kapitän der Noomi
Aubrel Dam Groor | Patriarch der „Sanktum Ivaelion"
Balthazar Rook | Reederei-Besitzer, Kaufmann
Benedict Tok | Im Exil lebender Heiliger Schwertträger
Bjarn Thristhale | Botschafter aus Ayan, der Königsstadt
Brathak von Urgrosh | Ragnar, Hauptmann
Cacilia Rook | Mutter von Jaleel
Corhal Daljero | Mentor der Prinzessin von Shiv
Dante Vandamiak Bondarric | Prinz und Truchsess von Xatiox
Darnadus von Argedier | Kurator der Magicros Gilde in Ayanox
David Tok | Bruder von Benedict, verstorben
Demian | (*ehemals?*) Leibwächter der Prinzessin von Shiv
Dorgan | Trojoxant, Anführer der Spione in Ayanox
Eirien Silberfasan | Trodainerin
Erres Lithlonn | Botschafter der Vilendri
Fath Kajalas Illidos VII | Gemahl der Königin von Aicastana
Fynn | Luthan, Bruder von Jarell, Räuber
Ganaleth Windhelm | Offizier der Stadtwache
Gimion Giarson | Nju, Anführer des Rotkrallen-Klans
Grazz | Gnom, Dieb
Grem der Schlächter | Trojoxant, Krieger
Gohm | Zwilling von Gohn
Gohn | Zwilling von Gohm
Haru | Hermelin, Begleiter von Honatius Silberwiesel
Heck | Orani, Steuermann der Selphie
Honatius Silberwiesel | Trodainer, liebt seinen Bart
Janos Aldholz | Freischärler aus Ruhr
Jarell | Luthan, Bruder von Fynn, Räuber
Oscar Gregory | Waffenmeister der Akademie zu Hohenwacht
Iber Pardel Lynix | Rufname Rufus, Luthan aus Skyrillia, Händler
Ildrith der Erste | Shivianer, Gründer der Allianz
Jaleel Rook | Pan-Thar, Freund von Marek und Adan
Jenna | Tänzerin, „Fliegende Salamander"
Jonathan Korn | Bürgermeister von Talon

Jorek | Scharfschütze, Stadtwache von Xatiox
Kajima | Admiral, Imperiale Flotte von Trodox
Kronos von Troje | Trojoxant, Heerführer, Vater von Sathus und Arkas
Kuja von Trojox | Trojoxant, Herrscher der Ragnar
Logor | Ragnar, Krieger
Loues Porter | Kapitän der Fregatte ‚Alana'
Malacis Apor | Botschafter von Shiv
Marek Tok | Träger von Eldin, Bruder von Adan, sehr impulsiv
Marcus | Schauspieler, „Fliegende Salamander"
Martin Windwasser | Adjutant von Prinz Dante
Michelle Genner | Dorfschönheit von Talon
Mira | Das fremde Mädchen, Schwarzmagierin
Naduh | Troll der Schauspieltruppe „Fliegende Salamander"
Omrin Banthu| Trodainer, Lehrmeister von Honatius
Oolon Rabenschwarz | Magister und Gelehrter
Ovorin | Wächter des Feuerschreins
Partan Tribolis | General der Stadtwache von Xatiox
Reno Anderlast | Kapitän der Selphie, Benedicts Vetter
Samso Glasner | Schüler der Akademie, Bonze
Sathus von Troje | König der Trojoxanten
Steven Orval | Adjutant von Prinz Dante
Talars Talvirson| Nju, Späher des Rotkrallen-Klans
Takem | Trojoxant, Loyalist, Soldat des Königs, Sohn von Dorgan
Torgren | Trojoxant, Takems jüngerer Bruder
Thanara Shevalomar Aica Ildram | Königin von Aicastana
Thalira von Troje | Trojoxantin, Mutter von Arkas und Sathus
Vincent Belaskar | Adjutant von Prinz Dante
Viviane Tok | geborene Auenberg, Mutter des Auserwählten
Weimar | Geschichtenerzähler aus Njuvenheim
Xander Xelophylisios | Direktor der „Fliegenden Salamander"

Glossar

Aicastana | Die Stadt der Morgenröte, Hauptstadt der Shivianer
Akanju | Der legendäre Auserwählte der Nju, „Feuerschwinger"
Apunta | tropisches Atollgebiet, östlich von Shadia
Arglesh | Hauptstadt von Liszth, Shadia
Ashur | Wappentier Daturas
Ava Midnath | Sekte der Schwarzmagier
Avaelins Wacht | Legendäre Armada zum Schutz vor Trojox
Ayan | Hauptstadt der Vereinten Nördlichen Reiche
Donnerschwinge | Graudrache aus alten Legenden

Esocaoc | geheimnisvolles Meeresvolk
Feli'Dae | Fionis, die Katzenartigen
Fuchsnest | Ortschaft an der Königsstraße
Gnome | Die Kleinwüchsigen, anzutreffen auf jedem Kontinent
Hohenwacht | Akademie und Sitz der Tempelgarde von Xatiox
Khal Midnath | Magie-Jäger, Inquisition
Kharrok | verschneites Königreich im Nordwesten von Ajanox
Kirath Annun | Die steinerne Stadt der Nju
Korask-Eber | Wildtier, heimisch in Trojox
Korrys Wolf | Raubtier, heimisch in Trojox
Korvan | Handelsstadt an den Weinbergen von Laventh
Konklave, Das | Versammlung der Kasten-Führer
Landris | Region im Westen von Trodox, Produzent der Luftschiffe
Laventh | Weinregion in der Südmark, Nördliches Vereintes Königreich
Leviathan | Der Wächter, Die Träne Avaelins
Mittelland | Gebirge und Tal, Grenze der vier Gemarkungen
Njuvenheim | Ortschaft im Mittelgebirge
Nördliches Vereintes Königreich | Bund aus vier Gemarkungen unter der Schirmherrschaft des Hochkönigs in der Hauptstadt Ayan
Rhey'Na'Ghovana | Hauptstadt der Vilandri
Rotkrallen-Klan | Nju Klan, Wächter des Feuerschreins
Sanktum Ivaelon | geistlicher Orden, Kirche der Götterdiener
Shagai | Die Erdlebenden, Shivianer
Skandinar-Gebirge | Gebirgsmassiv im Norden Ayans
Talon | Siedlung im Mittelland Heimatstadt der Familie Tok
Tha'ur | Fionis, Die Stierartigen, Nomadenvolk
Trodainer | Druide, versteht Sprache von Pflanze und Tier
Troje | Festungssiedlung und Sitz des Konklave
Urkal-Gebirge | Natürliche Grenze zw. West- und Ostmark
Vereinte Nördliche Reiche | Bestehend aus Vier Gemarkungen
Verheerte Küste | Küstengebiet südlich von Shadia
Vernas | die schwebenden Spitzen, Naturphänomen
Weißdorn-Klan | Nju Klan im Nebelgebirge
Wissenshüter | Orden der Geschichtsschreiber
Wyvern | flugunfähige, zweibeinige Drachenart
Xatiox | Hafenstadt und Handelszentrum der Ostmark

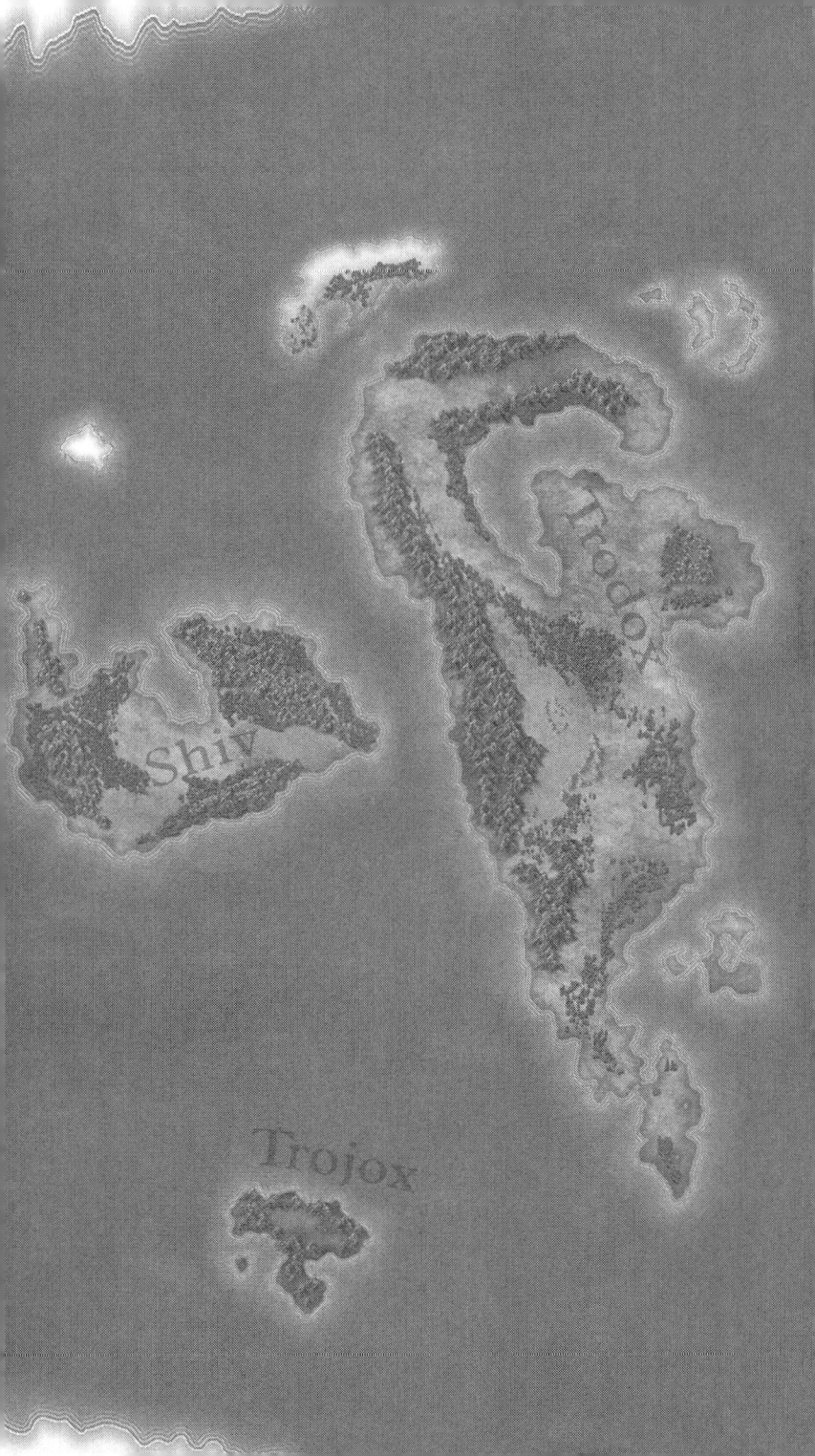

Nachwort

Ich kann es gar nicht erklären oder in Worte fassen, was es für mich bedeutet, diese letzten Seiten meines zweiten Buches mit Inhalt zu füllen. Immerhin ist jetzt fast exakt ein Jahr vergangen, seitdem „Das Vermächtnis der Götter" das Licht der Welt außerhalb meines Kopfes, Laptops und meiner vier Wände erblickt hat. Diese Reise durch Aeldion habe ich vor nun über zwanzig Jahren begonnen, alles aus einer Laune der Langeweile heraus – was sonst, außer Windsurfen Lernen habe ich wohl vom Rügenurlaub 2001 damals mitgenommen? Die auf ein kariertes Blatt gezeichnete Weltkarte, mit den euch jetzt so bekannten Kontinenten, hieß damals noch ‚Ascherim'. Nachdem ich die Landmassen gezeichnet und ihnen erste Namen gab, kamen mir direkt erste Gedanken, inspiriert durch Herr der Ringe und so fantastische Games, die man als Kind der 90er und frühen 00er nun eben gespielt hatte. Eine große Inspiration war für mich ein Konsolen-RPG, das mein 12-jähriges Ich vergötterte – und die Prämisse, dass die Helden des Spiels gegen übermächtige Götter antreten mussten und auf dem Weg dorthin etliche Hürden, Abenteuer und Leiden auf sich nehmen mussten, hatte mich wirklich geprägt. Ebenso wie meine Liebe zu dem heute legendären aber oft unterschätzten neunten Teil eines Fantasy Rollenspiels. Aufmerksame Leser haben sicherlich meine mehr oder weniger dezent eingestreuten Hommagen und Verneigungen an dieses Meisterwerk bemerkt, das mich ebenso tief beeindruckt, wie gefesselt hatte.

Ich hoffe zumindest, dass euch der zweite Teil der Reise mit Mareks Familie ebenso begeistern konnte, wie mich seinerzeit die Liebe zu besagten digitalen Medien und der Faszination für die Magie und das Fantastische aus Tolkiens epochalem Meisterwerk.

Danksagung

Mein erster Dank geht natürlich an DICH, denn du hast entweder zuerst hierher geblättert und bewiesen, dass Neugier sich auszahlt, oder – was mich natürlich noch mehr freuen würde – das Buch von Anfang bis Ende gelesen.

Ich bedanke mich diesmal besonders bei meinem Schreibbuddy Lucas Schäfers für das tolle Korrektorat. Wer seinen Namen nicht kennt, hat eindeutig ein grandioses SciFi-Epos mit „DAS ROTER WINTER PROTOKOLL" verpasst und sollte das dringend nachholen. Zumal auch da ein zweiter Band schon bald folgen sollte. Mir haben all die Jahre des Schreibens immer Gleichgesinnte gefehlt, mit denen ich so herrlich und ausführlich über das Schreiben und die damit verbundenen Hürden debattieren konnte, wie jetzt mit dir!

Vielleicht sind euch die grandiosen Illustrationen aufgefallen, die es in dieses Buch geschafft haben. Sie stammen allesamt von meinem talentierten Schwiegervater Heiko Schilling, der in seiner wohlverdienten Freizeit mit seinen Zeichenkünsten zur Verschönerung meines Buches beitrug.

Zwar bin ich mir nicht sicher, ob man das in einem Buch so explizit tut, aber da ich dank Instagram so eine tolle Community aufbauen und wahnsinnig tolle Menschen kennenlernen durfte, möchte ich mich bei EUCH ALLEN bedanken!

Noch nie war es einfacher für Leser und Autoren, sich untereinander auszutauschen. Gerade durch regelmäßige Posts ergibt sich für mich die Möglichkeit, euch das Warten auf die Fortsetzungen mit kleinen Geschichten, Anekdoten oder Beschreibungen zu verschönern. Mich regelmäßig auszutauschen, ob nun mit anderen Autor:innen oder Lesenden, gibt mir immer wieder Motivation, die mir in meinem dunklen Kämmerlein gefehlt hatte.

Und wie es meistens so ist, gibt es auch (für einen so unbedeutenden und kleinen Autoren wie mich) Menschen, die ich eigentlich fast nur über Instagram und die Ferne kenne – aber kenne!

Und da möchte ich jetzt auch wirklich mal in all meiner verschrobenen Art folgenden „Fans" von tiefstem Herzen für ihre aufgebrachte Leidenschaft für meine Geschichten danken!

Bernd, Tamara, Elisa, Melina, Clemens, Kathi, Vivian, Michelle, Katharina … wenn ihr das lest, fühlt euch alle mal besonders geehrt!

Meine Familie hat mit dem Entstehungsprozess des Buches zwar am wenigsten zu tun, dennoch sind sie meine größten Fans weswegen ich auch ihnen und meinem Bruder Florian Danke sagen will. Genau so sehr Danke an Heiko, Birgit und Silke. Besonders, da wir in diesem zweiten Corona-Jahr einige schwere Zeiten miteinander durchgemacht haben und gemeinsam bewältigten.
Dabei spanne ich jetzt den Bogen zum Kernthema meines Buches: Denn es geht um die Liebe und den Zusammenhalt von Familie, der Liebe, die man trotz aller Wut, Verzweiflung oder Trauer mit und füreinander in diesen dunklen Momenten aufbringt.

Die Liebe der Familie ist das Licht in der Finsternis, die uns zu übermannen droht und hat mir erneut gezeigt, dass Blut dicker als Wasser ist.

Ein weiterer großer Dank gebührt natürlich Jasmin (noch) Schilling, der ich dieses Jahr eine besondere Frage stellte, weswegen ihr sie vermutlich ab Band 3 nicht mehr unter ihrem jetzigen Nachnamen finden werdet. Immerhin plant sie bereits fleißig ein gewisses Ereignis, so wie ich bereits die Federn für die Fortsetzung der Fortsetzung gespitzt habe.

Die Tür steht nun offen!

Die Reise der Familie hat ein vorzeitiges Ende genommen. Das Abenteuer von Marek geht aber weiter. Wie ihr euch nach diesem bitteren Ende vermutlich denken könnt, wird es nicht bei diesem Finale bleiben. Marek hat eine Aufgabe und ihm bleibt auch nichts anderes mehr übrig, als sich daran zu machen, seinem Schicksal endlich entgegen zu treten. Wenigstens sieht es stark danach aus, dass er diesen beschwerlichen Weg nicht alleine bestreiten muss, wenn auch ohne die Hilfe seines Vaters oder Bruders. Mit Honatius, Jaleel und Mira hat er aber denke ich sehr tolle Begleiter an seiner Seite, die ihn auf seinem beschwerlichen Weg begleiten werden.

Ich freue mich darauf, wenn wir uns wieder sehen und gemeinsam erleben, welche Abenteuer und Gefahren auf Marek und seine Freunde lauern, welche neuen – und vielleicht auch alten – Bekannten sie treffen werden und ob sie all das noch vor dem Tag der Dunklen Sonne schaffen können?

Wir sehen uns wieder in Aeldion,

Christopher Marx

 **In die Finsternis**
E-Book

 **Das letzte Erwachen**
E-Book

 **Nachtschwinge**
E-Book

Das Vermächtnis der Götter
Aeldion Saga | Band 1

Als Taschenbuch und E-Book
auf Amazon und bei ausgewählten
Händlern erhältlich

Kinder des Schicksals
Aeldion Saga | Band 2

Jetzt erhältlich

Das Abenteuer geht weiter !

Aeldion Saga | Band 3

Die Rückkehr nach Aeldion
erscheint 2023

@aeldionsaga

 @christophermarx

Printed in Poland
by Amazon Fulfillment
Poland Sp. z o.o., Wrocław

81453439R00308